RALF SIMON

Das Gedächtnis der Interpretation

STUDIEN ZUM ACHTZEHNTEN JAHRHUNDERT

Herausgegeben von der Deutschen Gesellschaft
für die Erforschung des achtzehnten Jahrhunderts
Band 23

FELIX MEINER VERLAG · HAMBURG

S. Synthese

S 10 Sprachen - fehlt

S 12: Text

29 f. Seelenwanderung

S 31: Kapitel

S 40 Stichworte

S 59: Herausholen Schema

63 Seelenwaffen

S. 68 Verweis auf Sprachursprungsschrift.
Dort bei ... Erinnerung:

S 102 zu Levi-Strauss

S 112. Rhetorik-Begriff.

S 119: Pantomime - Ausdruck - Ansätze

S 148 Gedichtbildung und einmal

S 173: Unterschied - [illegible]

S 166 ff: gegen Ankündigung Schulische Belege

S 179 f Begriffsverweis [illegible]

S. 184 - Arbitrarität.
Ursprung der Sprache

[illegible] Sprache (Adam)

RALF SIMON

Das Gedächtnis der Interpretation

Gedächtnistheorie als Fundament für
Hermeneutik, Ästhetik und Interpretation
bei Johann Gottfried Herder

FELIX MEINER VERLAG · HAMBURG

Die Deutsche Bibliothek – CIP-Einheitsaufnahme

Simon, Ralf: Das Gedächtnis der Interpretation: Gedächtnistheorie als Fundament für Hermeneutik, Ästhetik und Interpretation bei Johann Gottfried Herder / Ralf Simon. – Hamburg : Meiner, 1998
(Studien zum achtzehnten Jahrhundert; Bd. 23)
ISBN 3-7873-1356-7

Als Habilitationsschrift auf Empfehlung der Philosophischen Fakultät der Rheinischen Friedrich-Wilhelms-Universität Bonn gedruckt mit Unterstützung der Deutschen Forschungsgemeinschaft.

 – Satz: Kusel, Hamburg. Druck: Strauss, Mörlenbach. Bindung: Keller, Kleinlüder. Einbandgestaltung: Jens Peter Mardersteig. Werkdruckpapier, alterungsbeständig nach ANSI-Norm resp. DIN-ISO 9706, hergestellt aus 100 % chlorfrei gebleichtem Zellstoff. Printed in Germany. ♾

Inhalt

Analytisches Inhaltsverzeichnis VII
Vorwort XV

Erster Teil · Gedächtnistheorie

1. Der Gedächtnisbegriff bei Herder 1
2. Rhetorische Mnemonik und vermögenstheoretischer Gedächtnisbegriff 9
3. Sensualistischer Platonismus: Gedächtnis und Selbstreflexion 26
4. Die Metaposition des Gedächtnisses als Reflexionsmedium der Vermögenstheorie 40
5. Exkurs zum Verhältnis von Einbildungskraft und Gedächtnis 48
6. Philosophie als Analysis 51
7. Theologische memoria: Schöpfungshieroglyphe 72
8. Entwurf eines Gedächtnisraums: Herders Geschichtsphilosophie 110
9. Zusammenfassung und Überleitung: Gedächtnis und Interpretation 145

Zweiter Teil · Herders Hermeneutik

1. Herders allgemeine Hermeneutik: Grundlegende Sympathetik und monadische Zeichenlogik 153
2. Herders spezielle Hermeneutik als Theorie des Lesens 189
3. Exkurs: Mehrfacher Schriftsinn? 220

Dritter Teil · Das Ästhetische und die Rede über das Ästhetische

1. Zur Frage der Begründbarkeit einer interpretierenden Diskurslogik aus der Ästhetik 227

Vierter Teil · Poetik und Interpretation

1. Eine Vorbemerkung 285
2. Herders Poetik: Fabel. Über das mimetische Vermögen 288
3. Die Praxis der Interpretation bei Herder 316

Literaturverzeichnis 345
Personenregister 361
Sachregister 367

Analytisches Inhaltsverzeichnis

Vorwort XV

Herder als Gründerfigur (XV) – Herder-Forschung (XV) – Fragestellung (XVII) – Resümee (XVIII) – Bezug zur engeren Forschungslage (XXII) – Zitationsweise (XXV) – Dank (XXVI)

Erster Teil · Gedächtnistheorie 1

1. Der Gedächtnisbegriff bei Herder 1

Einleitendes zum Gedächtnisbegriff bei Herder (1) – Dichtung als Gedächtniskunst: Tanz (2), Symmetrie (3), Melodie und Ton (3), Bilderreichtum (4) – das tote Gedächtnis der Schrift als kulturkritischer Gedächtnisbegriff (5) – der Gedächtnisbegriff in den Schulreden (6) – Gedächtnis versus Einbildungskraft? (7) – Die Metaphorik der memoria bei Herder: Sprache als Schatzhaus und Schatzkammer (8)

2. Rhetorische Mnemonik und vermögenstheoretischer Gedächtnisbegriff 9

These: die vermögenstheoretische Assoziationsphilosophie verarbeitet die rhetorische Mnemonik (9) – Rhetorik: Theorie des künstlichen Gedächtnisses (Cicero, *Ad Herennium*, Quintilian) (10) – Gedächtnisbegriff bei Hume (13) – Humes vermögenstheoretische Assoziationspsychologie als umformulierte rhetorische Mnemotechnik (16) – Metaposition des Gedächtnisses bei Hume (17) – Muratori: rhetorische Mnemonik als Hintergrundsmodell des Gedächtnisbegriffs (17) – architekturale Metaphorik der rhetorischen Gedächtniskunst als Fundament für den bei Locke grundlegenden Gedächtnisbegriff (18) – zur Kenntnis der rhetorischen ars mnemonica bei Wolff, Meissner und Walch (19) – Gedächtniskunst bei Moses Mendelssohn (21) – Kenntnis der rhetorischen memoria-Terminologie bei Herder: mnemonische Architekturalität der Schöpfungshieroglyphe (22), Sach- und Wortgedächtnis (22), Schatzkammer- und Thesaurusmetaphorik (23), Wurzelwörter in der Funktion von imagines agentes (24) – Überleitung zur weiteren Analyse des Herderschen Gedächtnisbegriffs (24)

3. Sensualistischer Platonismus: Gedächtnis und Selbstreflexion 26

Die Rolle des Gedächtnisbegriffs in der Diskussion der angeborenen Ideen bei Locke (26) – Locke: Gedächtnis und Selbstbewußtsein (27) – Herders sensualistischer Platonismus: déjà-vu und die Erfahrungen der frühen Kindheit (28) – Reflexionsgedanke: Aktdifferenz der Selbstreflexion und Gedächtnis bei Wolff (29), bei Descartes (30), bei Diderot (31) – Herders Rekonstruktion der frühen Kindheit streicht die Aktdifferenz der Selbstreflexion und ermöglicht protoreflexive Reflexion als sensualistischen Grund Platonischer Anamnesiserfahrungen (31) – Quellen für Herders Theorem der kindlichen protoreflexiven Reflexion: Locke (35), Leibniz (35) – Herder: Gedächtnis und Phantasie als erste entstandene Vermögen nach dem Sündenfall (37)

4. Die Metaposition des Gedächtnisses als Reflexionsmedium der Vermögenstheorie 40

Gedächtnis und Einbildungskraft in der Vermögenstheorie des 18. Jahrhunderts (40) – das Gedächtnis speichert die Leistungen der anderen Vermögen und befindet sich in einer vermögenstheoretischen Metaposition: Flögel (41), Rhetorik (42), Descartes (43), Diderot (43), Krüger (44), Muratori (46), Condillac (47)

5. Exkurs zum Verhältnis von Einbildungskraft und Gedächtnis 48

Gedächtnis und reproduktive Einbildungskraft (48) – Wolffs ›kleine‹ Definition des Gedächtnisses (49) – Muratoris Eingliederung des Gedächtnisses in eine ›große‹ Definition der Einbildungskraft (50) – Dilemma der Begriffsgeschichte (50) – hermeneutische Entscheidung für den Gedächtnisbegriff (50)

6. Philosophie als Analysis 51

Der Analysisgedanke in der Herderforschung (51) – Analysis bei Descartes (52) – Analysis unter den Bedingungen von Herders Sprachphilosophie (53) – Analysis bei Kant (54) – Herders analytische Sprachphilosophie als Radikalisierung des vorkritischen Kant (55) – Analysis führt bei Herder nicht auf eine logische Matrix, sondern zur Seinsgewißheit (56) – Analysis in Leibniz' Monadenmodell und Herders veränderte Aufnahme des Monadenbegriffs (58) – memoria und Analysis: rekursive Begriffsbildung (58) – Leibniz' Aufsatz *Meditationes de cognitione, veritate et ideis*: Merkmalsanalyse als memoria-Argument (60) – Herder: Analysis als Erinnerung der sinnlichen Fundamente einer sprachlichen Weltsicht (61) – sensualistischer Platonismus und philosophische Analysis (63) – Ästhetik als Analysis der sinnlichen Sprache und als Theorie des Wahrnehmens (Aisthesis) (64) – Ursprünglicher Synkretismus der Sinne (67) – die Gliederung der Künste nach den Sinnen widerspricht der Ursprünglichkeit des Synkretismus der Sinne (68) – Individualität (69) – Metaphorizität (70) – Individualität der Nationen (71)

7. Theologische memoria: Schöpfungshieroglyphe 72

Herders Orientdiskurs (72) – der Morgenländer als Autor der Schöpfungshieroglyphe (74) – Schöpfungshieroglyphe als mnemonische Figur (75) – Sabbat (76) – Einfühlung in den Morgenländer: Herders vorkopernikanische Anthropologie (77) – Einfühlung als Leugnung des Sündenfalls (78) – *Aelteste Urkunde*: Morgenröte (81) – Offenbarung und Herablassung in der *Aeltesten Urkunde* (82) – Schöpfungshieroglyphe als göttliche Offenbarung (83) – hybrider Universalitätsanspruch der Schöpfungshieroglyphe (85) – Herders die Theologie sprengender Erklärungsanspruch (86) – Lehrmethode Gottes als Selbstunterricht? (87) – in der geoffenbarten Schöpfungshieroglyphe findet sich die Urgeschichte der Rationalität (88) – dialektische Struktur der Schöpfungshieroglyphe (91) – temporales Paradox (92) – das morgenländische Zelt als memoria-Raum mit dem Schöpfungsbericht als imagines agentes (93) – Weltgeschichte in der Ordnung der Schöpfungshieroglyphe (94) – Sozialordnung in der Form der Schöpfungshieroglyphe (95) – zum methodologischen Status der Schöpfungshieroglyphe als Gliederungsprinzip am Beispiel des Aufsatzes *Liebe und Selbstheit* (96) – Schöpfungshieroglyphe als strukurale Mythenanalyse (Lévi-Strauss) (99) – immanenter Strukturalismus mnemonischer Metaphysiken (103) – memoria und inventio (104) – methodo tabellari (105) – entontologisierender Formalismus der Schöpfungshieroglyphe (108) – Schöpfungshieroglyphe als Bündelung von Herders memoria-Theoremen (109)

8. Entwurf eines Gedächtnisraums:
Herders Geschichtsphilosophie 110

Blumenberg: absolute Metapher (110) – eine von Herders Geschichtsmetaphern: Weltbaum (111) – kopernikanisches Weltbild: kosmologische Entmächtigung des Menschen (115) – philosophischer Idealismus: epistemologische Ermächtigung des Menschen (116) – Einfühlung und Historismus (117) – das Ganze der Geschichte: narrative Strategien der Metaerzählung bei Herder (118) – (a) Erzählprinzipien: synkretistische Epigenesis und Negation (119) – (b) Schöpfungshieroglyphe als Metaerzählung der Geschichte (122) – (c) Dekonstruktion der absoluten Metaphern als Form der Metaerzählung (125) – (d) Kulturkritik (127) – (e) Nemesis, Billigkeit (128) – reflexionstheoretische Systematik von Herders Metaerzählungen (135) – Horizontalisierung der Reflexionspotenzen als Gedächtnisraum des Geschichtlichen (136) – zu Hans Adlers These, Herders Geschichtsphilosophie sei die Anwendung seiner ästhetischen Gnoseologie (138) – historia magistra vitae als memoria-Topos (141) – Nemesis und Gedächtnis (143) – Herders memoria-Bilder der Nemesis (144)

9. Zusammenfassung und Überleitung: Gedächtnis und Interpretation 145

Interpretation und historischer Kontext (145) – Temporalisierung der Vermögenstheorie (147) – gegenwärtige Erfahrbarkeit des Mythos (148) – Zusammenfassung (149) – Notwendigkeit einer hermeneutischen Theorie (Überleitung zum nächsten Kapitel) (150)

ZWEITER TEIL · Herders Hermeneutik 153

1. Herders allgemeine Hermeneutik: Grundlegende Sympathetik und monadische Zeichenlogik 153

Einleitendes zum Begriff der Hermeneutik (153) – Forschungslage zu Herders Hermeneutik (155) – Sprachphilosophie als Hermeneutik (158) – kurzer Grundriß (158) – Körper als Saiteninstrument, antimonadische Sympathie (Natursprache) (159) – basale Sympathetik und Seinsgewißheit (161) – Begriffsgeschichtliches zur Sympathetik: Hermetik (163) – Übersetzung der hermetischen Sympathievorstellungen in physiologische (167) – Theorie der Nerven: Krüger (168), Mendelssohn (170) – die physiologisch wahrere Erscheinung der hermetischen Sympathievorstellungen (171) – sympathetisches Reagieren als basale vorsemiotische Übereinkunft (173) – sympathetisches Mitempfinden des Schmerzes (Herders Diskussion von Lessings *Laokoon*) (174) – Sympathie, Ton etc. als musiktheoretische Begriffe (175) – Rousseaus Sprachphilosophie: der Schrei (cri) als erste sympathetische Sprache (175) – Sympathetik als Basis der Hermeneutik (176) – zum argumentativen Aufbau der *Sprachursprungsschrift* (177) – menschliche Sprache: Besonnenheit, Freiheit (177) – antimonadische Sprache der Inwendigkeit (178) – inneres Dialogisieren (180) – erste Sprachlaute (181) – die grundsätzliche Metaphorizität der Sprache deckt die Ebene der nichtarbiträren adamitischen Sprache zu (182) – das Sozialwerden der Sprache (186) – Sprache als individualisierendes Netz von Differenzen (186) – Einfühlung und Polemik (188)

2. Herders spezielle Hermeneutik als Theorie des Lesens 189

Lesen als Verlebendigung und die Erinnerung an Tote (189) – Theorie des Lesens (191) – Lesen als Sehen (192) – Lesen als Hören (194) – der innere Dialog von Leser und Hörer in jedem Verstehen (194) – Lesen als mehrfach gegliederte Übersetzungsarbeit zwischen Mündlichkeit und Schriftlichkeit (195) – grundlegende hermeneutische Übersetzung am Beispiel Homers (197) – Theorie der semantisch bestimmten Töne (198) – differenzierte Töne: Batteux (200), Schröder (201), Mendelssohn (202) – Krüger: physiologische Hermeneutik der individuellen Töne (206) – memoria: anthropologisches Archiv der Töne (206) – Herders Überlegungen zu den Tönen (207) – Herders Poesiebegriff (211) – Herder: die Bedeutung der spezifizierten Töne für den Prozeß des Lesens (215) – Übersetzung als Einstimmen in den Ton (218) – das Archiv der Töne ist auch Ergebnis des Lesens (219) – eine Schlußbemerkung (219)

3. Exkurs: Mehrfacher Schriftsinn? 220

DRITTER TEIL · Das Ästhetische und die Rede über das Ästhetische .. 227

1. Zur Frage der Begründbarkeit einer interpretierenden Diskurslogik aus der Ästhetik 227

Vorbemerkung (227) – Wissenschaftliche Ästhetik versus schönes Denken? (227) – Ästhetik und memoria (228) – Baumgartens Ästhetikdefinition (230) – Baumgartens Begriff des Sensitiven (231) – Methodenvorbild der Logik bei Baumgarten (231) – Ästhetik als schönes Denken: Friedrich Schlegel, Jean Paul (233) – Herder: Ästhetik als strenge Wissenschaft (235) – die Frage nach der Interpretationspraxis als schöner Rede bei Herder (236) – zur Rolle von Leibniz in der deutschen Philosophie und Ästhetik (237) – Leibniz: Begriff des Individuums (238) – individuum als ens omnimode determinatum: Wolff, Moritz, Lessing, Crusius (241) – Hinführung zu Baumgartens Begriff einer individuellen ästhetikologischen Wahrheit (243) – Baumgarten: Verbindung der Begriffe des Individuellen und des poema (249) – Baumgarten: die Einheit der sinnlichen Vorstellungen im Gedicht (252) – Theorie des Beispiels (exemplum): Aristoteles, Fabel, Breitingers Gleichnisbegriff (254) – Logik des Beispiels und poema: sinnliche Verknüpfung des Sinnlichen (Baumgarten) (256) – ursprüngliche Doublette (258) – Terminologietransfer der gefundenen Bestimmungen von poema und individuum: Ode bei Herder (259) – Interpretation eines individuellen poema (260) – Interpretation als Projektionsverhältnis zweier ursprünglicher Doubletten (261) – Herder überwindet Baumgarten, indem er dessen Ästhetik als Interpretationspraxis weiterdenkt (263) – das Projektionsverhältnis der Interpretation in der Autonomieästhetik von Moritz (264) – zum systematischen Stellenwert des Paraphrasebegriffs als Interpretationsstrategie des sinnlich-individuellen poema (266) – Begriffs- und Problemgeschichte zur Paraphrase (267) – Paraphrase bei Herder (278) – immanente Interpretation (282) – das Schöne der Kunst und seine Beschreibung bei Moritz (282) – zum prekären Status der paraphrastischen Interpretation als ›Zwischensprache‹ (283)

VIERTER TEIL · Poetik und Interpretation 285

1. Eine Vorbemerkung 285

2. Herders Poetik:
Fabel. Über das mimetische Vermögen 288

Die Zweigliedrigkeit der Fabel widerspricht Herders Argumentationsstil (288) – Herders Programm der archäologischen Freilegung der Äsopischen Fabel (289) – Herder: gegen den moralischen Satz (290) – aisthetische Genese der Fabel (als Modell der Dichtung überhaupt) aus den Bedingungen des Wahrnehmens (291) – ontologische Fundierung der Fabel (Herders Abhandlung von 1801) (294) – die Ursprungsfrage der Dichtung (Fabel) im theologischen Kontext (296) – Herders Beispiel vom Blöken des Lamms als Grundmodell der Fabel (298) – Herders Theorie der Tiere (299) – Tierseele (301) – adamitische Benennung (301) – zum anthropologischen Diskurs der Tier / Mensch-Differenz (303) – der Mensch als Summe von Tiernachahmungen: Diderot, Aristoteles, Platon, Rousseau, Leibniz (305) – Herder: Tierseele und Aisthesis (308) – anthropologische memoria-Archive: Sammlung der Töne in den Volksliedern (310) – Fabelsammlung als Darstellung des integralen Menschen in seiner Ganzheit der ihn definierenden Tiernachahmungen und Töne (311) – Sündenfall: verändertes Verhältnis zu den Tieren (313) – Gattungspoetik als Gattungsgeschichte; Gattungsgeschichte verkürzt auf Ursprungstexte (315)

3. Die Praxis der Interpretation bei Herder 316

Die schöne Rede der Interpretation als Reaktion auf das von der Ästhetik konstruierte Andere ihrer selbst (316) – zusammenfassender Aufriß der Beobachtungs- und Thematisierungsregister Herderscher Interpretationspraxis (317) – Herders Shakespeare-Deutung: historische Kontextualisierung als memoria-Verfahren (318), Paraphrase als Darstellung des Sinnlich-Individuellen (319), mögliche poetische Welten (320), Chronotopos (321), Problem der ästhetischen Einheit (322), Interpretation einer möglichen Welt anstelle ihrer philosophischen Demonstration (322), Interpretation als schöne Rede (323), Herders Shakespearetext als Versammlung aller Theoriebausteine Herders (325) – Herder über Klopstock: prekäre Verkürzung der hermeneutischen Theoreme (325), singuläre Sätze (327), Verkennung der Klopstockschen Modernität (327) – braucht Herder historische Distanz, um analytische Distanz herstellen zu können? (328) – Herders Theorie der Ode: vermögenstheoretische Definition führt in eine Aporie (329), Simulation der Empfindung und ursprüngliche Doublette (331) – Intertextualität (333) – der implizite Leser (336) – Herders Apokalypseauslegung (*Maran Atha*): Intertextualität und pragmatische

Situierung (337), Paraphrase (338), apokalyptische Hermeneutik (340), die Einheit des apokalyptischen Textes: Schöpfungshieroglyphe (340), die Stimme (341)

LITERATURVERZEICHNIS 345
PERSONENREGISTER 361
SACHREGISTER 367

Vorwort

Johann Gottfried Herder gilt gemeinhin als der große Anreger, dessen vor allem frühes Werk einige Schlüssel- und Initialtexte für nachfolgende Diskurse enthält. Seine *Sprachursprungsschrift* ist einer der Texte, die nicht allein auf die Zeitgenossen bis hin zu Humboldts sprachtheoretischen Überlegungen gewirkt haben, sondern der auch noch in der Sprachphilosophie des 20. Jahrhunderts von grundlegender Wichtigkeit bleibt. Zentrale Theoreme dieser Schrift wurden in die philosophische Anthropologie integriert. Für die Frühgeschichte der philosophischen Ästhetik kann Herder als eigenständiger Theoretiker gelten: im 18. Jahrhundert vielleicht als der einzige, der Baumgartens aisthetisches Ästhetikprojekt auf der Ebene einer Theorie des Sensitiven weitergedacht hat. Herders Geschichtsphilosophie gilt als Gründungsdokument des Historismus. Die frühen Texte über Ossian und Shakespeare werden von der Literaturgeschichtsschreibung zu den wichtigsten Anregungen für den Sturm und Drang gezählt. Das für die Romantik so wichtige Paradigma des Volksliedes wurde von Herder entwickelt. Die Komparatistik nimmt Herder in ihre Ahnenreihe auf. Und schließlich sind es seine literaturwissenschaftlichen Schriften, in denen ein anderer, neuer Ton vernehmbar wird: ein Ton, der Poesie unter anderen als nur rhetorischen Prämissen zur Sprache bringt.

Zu dem Topos, ein Anreger gewesen zu sein, gesellt sich der andere Topos, nach dem Herders tatsächliche Wirkung anonym blieb. Goethe spricht davon, daß Herdersche Gedanken in einem solchen Maße zum intellektuellen Gemeingut geworden seien, daß man sie als Herdersche kaum mehr identifizieren könne.[1] Die Kehrseite dieser ebenso breiten wie anonymen Wirkungsgeschichte ist, daß Herder recht schnell zu einem zwar stets honorig genannten, aber weitgehend ungelesenen Autor wurde.

In einem gewissen Sinne richtet sich die neuere Herder-Forschung an diesen beiden Topoi aus: Der nunmehr gelesene Herder wird als dieser Anreger jetzt auch tatsächlich gedacht. Es zeigt sich dabei, daß das, was in Rezep-

[1] Das Goethe-Zitat findet sich in W VI, 936. Noch Bernhard Becker (Phasen der Herder-Rezeption von 1871–1945, in: *Johann Gottfried Herder 1744–1803*, Hg.: Gerhard Sauder, Hamburg 1987, S. 424) schließt sich dieser These an. – Ich zitiere Herders Werke nach der Ausgabe Suphan mit der Sigle ›SWS‹, nach der Studienausgabe von Pross mit der Sigle ›Pross‹ und nach der Studienausgabe des Deutschen Klassiker Verlages mit der Sigle ›W‹. Näheres zur Zitation folgt am Ende des Vorworts; vgl. auch das Literaturverzeichnis.

tionsprozessen stets nur verkürzend weitergegeben werden kann, bei Herder selbst komplexer und widerständiger angelegt ist. So einfach ist Herder dann auch wieder nicht nur ein Historist, so schlichtweg modern ist seine Sprachphilosophie ebensowenig wie seine Überlegungen zur Ästhetik in ein Kontinuum von Baumgarten bis Hegel einzuordnen wären.

Die neuere Herder-Forschung hat, sieht man von der unermüdlichen Arbeit Hans-Dietrich Irmschers ab, in größerem Umfange erst in den 80er Jahren einigen Auftrieb erhalten. Äußere Anlässe waren drei Studienausgaben. Wolfgang Pross legt seit 1984 eine auf drei Bände konzipierte Studienausgabe vor, die, was den Umfang der Texte angeht, kaum ein größeres Interesse hätte nach sich ziehen können. Was die gebotenen Texte selbst betrifft, ist die editorische Seite dieser Studienausgabe einiger Kritik ausgesetzt gewesen.[2] Ihr eigentliches Ereignis war jedoch der quellenkritische Kommentar. Pross wies auf, in welchem Maße der extensive Leser Herder aus den verschiedensten Gebieten Wissensbestände in seine Texte eingearbeitet hat und wie sehr diese folglich, trotz aller Rhetorik der Spontaneität, intertextuell sind. Die Studienausgaben des Aufbau-Verlags[3] und stärker noch die des Deutschen Klassiker Verlags haben durch die ausführliche Kommentierung und durch die breitere Textbasis dann zunehmend den ganzen Herder präsentiert. Institutionell wurde der Prozeß einer wachsenden Beschäftigung mit Herder durch die Gründung der Internationalen Herder-Gesellschaft und durch die von ihr veranstalteten Kongresse unterstützt. So kann man heute – neben der nach wie vor unverzichtbaren Suphan-Ausgabe – mit drei, zum Teil umfangreichen Studienausgaben, mehreren Kongressbänden und neuerdings auch einigen Habilitationen zu Herder auf eine differenzierte Forschung zurückgreifen, an die vor zehn Jahren, Mitte der 80er Jahre, noch kaum zu denken war.

Eine derart ausdifferenzierte Forschungslage, an der nicht wenige Editoren und folglich intime Kenner des Herderschen Werks und auch des Nachlasses beteiligt sind, hat für Forschungsvorhaben, die an Herder anschließen, einige Konsequenzen. Der ›große Wurf‹, der einen Autor neu und überraschend darzustellen vermöchte, kann angesichts der skizzierten Sachlage kein Ziel

[2] Vgl. Hans Dietrich Irmscher, Rezension zu Pross I, in: Germanistik 25 (1984), S. 514 f.

[3] Unter den in Einzelausgaben herausgegebenen Werken Herders ragen vor allem die Edition der *Schriften zur Literatur 1* (*Über die neuere deutsche Literatur*, Hg.: Regine Otto, Berlin und Weimar 1985) und *Schriften zur Literatur 2/1* (*Kritische Wälder*, Hg.: Regine Otto, Berlin und Weimar 1990) heraus. Neben der sorgfältigen Kommentierung und der Edition von Nachlaßtexten ist es vor allem das über 100 Seiten umfangreiche Register, das im Band 2/2 der *Schriften zur Literatur* (Hg.: Regine Otto, Berlin und Weimar 1990) der Herder-Forschung einen Überblick über die Terminologie des frühen Herder gibt.

sein. In eine differenzierte Forschung kann sich nur ein ebenso differenziertes Interesse plazieren: eines, das seinen Zugang präzis definiert und methodisch elaboriert ausführt.

Das Interesse, das meiner Herder-Lektüre zugrundeliegt, ist zuvörderst ein historisches. Freilich versteckt sich hinter der Argumentationsführung auch ein systematisches Anliegen. Gleichsam unterhalb der Prozesse disziplinärer Formationen möchte ich in der Lektüre der Herderschen Texte der literaturwissenschaftlichen Fragestellung nachgehen, wie eine Erkenntnis von Texten möglich sei, sofern diese als poetische, als individuelle und als sinnliche gedacht werden. Die Antwort wird sich in einem näher zu beschreibenden Begriff der paraphrasierenden Interpretation finden. Diese eng begrenzte Fragestellung kann allerdings, wie sich zeigen wird, nur aus einem weit gesteckten philosophischen Theoriefeld heraus verhandelt werden. Zur Diskussion stehen daher Herders Theoriemodelle der Hermeneutik, Ästhetik, Poetik und Gedächtnistheorie. Erst aus ihren Argumentationsbeständen lassen sich die Begriffe eines individuellen, sinnlichen und einheitlichen poetischen Textes, dann eines Verstehens von Individuellem und schließlich einer Interpretation gewinnen. Mag auch die anfängliche Fragestellung begrenzt sein, so arbeitet doch der Umweg, den die Antwort zu nehmen hat, die substantiellen Theoriehintergründe desjenigen philosophisch-ästhetischen Denkens auf, die für die Literaturwissenschaft und für die Interpretation von Wichtigkeit sind.

Die Fragestellung ist zunächst selbst zu begründen, zumal wenn sie sich im Durchgang durch historisches Material realisieren will. Warum ist gerade Herder derjenige Autor, an den sich diese Frage stellen läßt?

Betrachtet man diejenigen Texte, die traditionell einerseits als Interpretationen, andererseits als poetologische Lektüren bezeichnet werden, so erscheint als Eigentümlichkeit ihrer Schreibweise, daß sie selber noch einmal poetische Passagen enthalten. Interpretationen haben den poetischen Text nicht nur zum Gegenstand, sie wiederholen seine Poetizität in einem nacherzählenden, poetisierenden und paraphrasierenden Duktus. Avanciertere Theoriesprachen innerhalb der Literaturwissenschaft betrachten dieses Vorgehen in der Regel mit einigem Mißtrauen und pochen etwa darauf, die Metasprache der Literaturwissenschaft nicht mit ihrem Objekt, der poetischen Sprache, zu vermischen. Es fällt freilich auf, daß bislang nirgends der Versuch unternommen wurde, die textuelle Funktion paraphrasierender Passagen in Interpretationen und poetologischen Lektüren anders als in pauschalisierenden Verboten zu thematisieren. Die Frage, ob es jenseits der Tatsache, daß solche Paraphrasen sehr oft mißlingen, nicht doch Gründe geben könnte, die zu ihrer Notwendigkeit beitragen, ist noch nicht gestellt worden.

Herder ist wohl der erste Autor, der den Diskurs der paraphrasierenden Lektüre begonnen hat. Er redet nicht nur über Shakespeare, sondern läßt dessen poetische Welt innerhalb der Interpretation unter Zuhilfenahme poetisierender Darstellung noch einmal präsent werden. Die Frage also, was poetische Passagen in interpretierenden Texten zu suchen haben, läßt sich, insofern man ihr historisch nachgehen will, bei Herder behandeln. Und zwar läßt sie sich, so die These, exklusiv bei Herder behandeln. Denn sein Theorieprofil ist in einer Weise rekonstruierbar, daß der Diskurs interpretierender Literaturwissenschaft als Folge einer komplexen Theorieformation erscheint.

Damit der Leser, gleichsam im hermeneutischen Vorgriff, eine Idee des Gedankenganges bekommen kann, sei er im folgenden resümiert.

Im ERSTEN TEIL arbeite ich Herders Überlegungen zum Gedächtnis auf. Weil seine Interpretationen in einem umfassenden Sinne eine ebenso geschichtsphilosophische wie anthropologische Archäologie praktizieren, ist die Grundlegung einer Gedächtniskonzeption und die Theorie eines Zugangs zu den Speichern der memoria[4] für Herders Diskursformation von eminenter Wichtigkeit. Es ist daher kein Zufall, daß sich gerade bei diesem Autor ein weites Feld von memoria-Modellen findet. Herder rückt von diesem Frageinteresse her in das Zentrum aktueller Theoriedebatten. Schon die in den

[4] Ich benutze den Terminus ›memoria‹ nicht in dem engeren Sinne eines rhetorischen Begriffs, der auf die Mnemotechnik verweist, wie sie in der Rhetorik als vierter Schritt auf inventio, dispositio, elocutio folgt und der pronuntiatio vorausgeht. Der Begriff ist in der aktuellen Diskussion eher zu einem Oberbegriff für alle Überlegungen geworden, die gedächtnistheoretische Argumentationen in den Mittelpunkt stellen. So hat auch neuerdings die Arbeitsgruppe Poetik und Hermeneutik ihren Tagungsband XV ›Memoria‹ (München 1993) genannt, ohne daß die rhetorische Mnemonik das bestimmende Modell wäre. In diesem Sinne soll hier ›memoria‹ das Gesamt der gedächtnistheoretischen Überlegungen treffen. – Versuche, das Theoriefeld durch terminologische Festlegungen vorweg zu gliedern, scheinen mir überhaupt angesichts des flottierenden Sprachgebrauchs aussichtslose und willkürliche Unterfangen zu sein. Man könnte natürlich auf die Idee kommen, das umfangreiche Vokabular zu distinkten Unterscheidungen zu nutzen. Gedächtnis, Memoria, Mnemosyne, Mnemotechnik, Mnemonik, Erinnern, Anamnesis, Mnemologie, Gedächtniskunst etc.: diese und weitere Namen bieten sich an und werden als Buchtitel auch genutzt, um bestimmten Facetten des weiten Feldes der Gedächtnistheorie nachzuspüren. In dieser Arbeit bestimmen jeweils der Kontext der Argumentation und die näher charakterisierenden Attribute, welcher Begriff gemeint ist. Denke ich im engeren Sinne an die Rhetorik, so schreibe ich z. B. ›rhetorische memoria‹. Neben der Frage der Benennungskonventionen gibt es für die Entscheidung, die Gedächtnisterminologie flexibel zu benutzen, noch einen sachlichen Grund. Herder verhandelt alle Traditionen der memoria, ohne sie begrifflich zu trennen, und er bringt auch verschiedene Traditionen zusammen. Würde man mit begrifflichen Fixierungen an Herders Vokabular herangehen, so käme man in die unglückliche Lage, sich einer permanenten und jeweils kommentarbedürftigen Nichtübereinstimmung zwischen Herder-Zitat und eigener Terminologievolte gegenüberzusehen.

60er Jahren von Kristeva begründete Intertextualitätsbegrifflichkeit mußte mit Gedächtnismetaphern arbeiten: Die im Tiefentresor der Textualität gespeicherten Genotexte müssen eine Art von aktualisierbarer Präsenz besitzen, um für die Textproduktion abgerufen werden zu können.[5] Das in der gegenwärtigen Diskussion aktuelle memoria-Thema zieht aus dem Intertextualitätsparadigma die anthropologische Konsequenz. Ist die Rede von der Präsenz der Prätexte im semantischen Tresor der Intertextualität noch eine weitgehend metaphorische, so wird der Gedächtnisbegriff nun als Teil einer umfassenden Kulturanthropologie erkannt. Es ist daher nur konsequent, daß etwa die Konstanzer Theorieprojekte[6] von der Intertextualität zur memoria fortschreiten und Anthropologie als neues Paradigma benennen. Herder ist ein Autor, bei dem in der Tat ein Kulturbegriff mit einem differenzierten Theoriefeld zum Gedächtnis zusammentrifft. Beides wird einer Lektüre zugänglich gemacht, die von der Komparatistik als eine Version des Weltliteratur-Begriffs aufgefaßt werden kann. Kultur, Gedächtnis, Intertextualität: Diese von gegenwärtiger Theorieevolution nahegelegte Konstellation findet eine Ausprägung bei Herder, und zwar in überraschend konkreter Weise – vielleicht ist Herder, als Gründergestalt einiger Modernediskurse, der letzte Autor, bei dem sich die ganze Gedankenmasse der Gedächtnis- und Erinnerungsmodelle finden läßt. Ich beginne also, nach einem einleitenden Kapitel, mit der Analyse der memoria.

2. Kapitel: *Rhetorische Mnemonik und vermögenstheoretischer Gedächtnisbegriff* – Die erste These lautet: Die Assoziationspsychologie der empiristischen Philosophien nimmt das Erbe der rhetorischen Mnemotechnik auf. Bei Locke und Hume läßt sich sehr genau aufweisen, daß das Modell, Gedankenverbindungen kämen durch habitualisierte Assoziationen zustande, den Grundlinien der Mnemotechnik folgt. Vor allem die Hintergrundsmetaphorik ist bei den empiristischen Philosophen deutlich als Leihgabe aus der Rhetorik zu erkennen.

3. Kapitel: *Sensualistischer Platonismus: Gedächtnis und Selbstreflexion* – Herder adaptiert die Platonische Anamnesis sensualistisch, indem er die erinnerten Ideen als frühkindliche Erfahrungen denkt. Interessant ist dabei, daß er das Kind als Bewußtsein ohne Selbstbewußtsein konzipieren muß. Nur so wird erklärbar, warum Weltwahrnehmung ohne Bewußtsein ihrer selbst zu einem vollständigen Modell der Welt zu werden vermag. Zugleich

[5] Vgl. Julia Kristeva, Probleme der Textstrukturation, in: *Strukturalismus in der Literaturwissenschaft*, Hg.: Heinz Blumensath, Köln 1972, S. 243–262.

[6] Vgl. neuerdings: *Memoria. Vergessen und Erinnern (Poetik und Hermeneutik XV)*, Hg.: Anselm Haverkamp und Renate Lachmann, München 1993.

ist die frühkindliche Wahrnehmung später vollständig vergessen, kann aber platonisch, durch blitzhaftes déjà-vu, wiedererinnert werden.

4. Kapitel: *Die Metaposition des Gedächtnisses als Reflexionsmedium der Vermögenstheorie* – Vermögenstheoretisch nimmt das Gedächtnis eine Art von Metaposition ein. In ihm ist alles gespeichert, was je vom Apparat der Vermögen produziert wurde. Damit ist das Gedächtnis im kleinen der Vermögensapparat noch einmal – nur immer zeitlich einen Schritt hinterher. Dennoch wird das Gedächtnis zu einer Art von Leitvermögen. Seine konservative Funktion sichert ab, daß zukünftige Synthesen eine stabile Ontologie der Wahrnehmung produzieren. Das Gedächtnis ist das Modell, nach dem Vermögenstheorie systemimmanent das eigene Zusammenspiel der Vermögen als System konzeptualisieren kann.

6. Kapitel: *Philosophie als Analysis* – Herder steht in einer Tradition, in der Philosophie als Begriffsanalysis gedacht wird (Descartes, Leibniz). Solche analytische Philosophie läßt sich als Gedächtnisarbeit verstehen, da Herder eine Art von sinnlicher characteristica universalis denkt: In den Begriffen ist die sinnliche Vorgeschichte der menschlichen Kulturentwicklung aufbewahrt. Die Analysis der Begriffe ist eine Art von phylogenetischer Erinnerungsarbeit.

7. Kapitel: *Theologische memoria: Schöpfungshieroglyphe* – Herder notiert die sieben Tage des Schöpfungsgesangs als mnemonische Hieroglyphe, die, dialektisch in eine Figur gebracht, den Zeltpflöcken des Zeltes der Morgenländer entspricht. Näher untersucht, bezieht sich diese Vorstellung auf die architektonischen Modelle der rhetorischen Mnemotechnik. Die Siebenerfigur wird nun bei ihm zu einem allgemeinen Symbol. Ihr entsprechen die sieben Glieder des Adam Kadmon, die sieben Etappen der Weltgeschichte und ein Großteil der immanenten Gliederungen von Herders eigenen Texten, die dadurch zu einer verstörenden Inszenierung adamitischen Wissens werden. Die Schöpfungshieroglyphe wird als Urgeschichte der Rationalität interpretiert und ihre Methodik mit Hilfe strukturaler Modelle analysiert.

8. Kapitel: *Entwurf eines Gedächtnisraums: Herders Geschichtsphilosophie* – Herder hat neben der Schöpfungshieroglyphe weitere Strategien, Geschichte zu erzählen. Das Problem ist: wenn Herder historistisch auf die Individualität geschichtlicher Gestalten und Epochen setzt, wie kann er dann überhaupt noch Universalgeschichte narrativ als Einheit gestalten? Erstens durch die Schöpfungshieroglyphe als in sich dialektischer Ordnung, die das Geschichtsganze als Makroanthropos denkt. Zweitens dekonstruiert Herder geschichtsphilosophische Fortschrittsmetaphern bzw. absolute Metaphern. Geschichte ist drittens narrativ konzipierbar durch einen immer nur ad hoc motivierten Übergang von einer geschichtlichen Gestalt zu einer weiteren.

Sie kann viertens erzählt werden, wenn man den geschichtlichen Erinnerungsraum als Exempelsammlung für Zivilisations- und Kulturkritik denkt. Schließlich wird beim späten Herder das Nemesiskonzept zu einer Argumentationsfigur, mit der das Geschichtsganze als Einheit gedeutet werden kann. Ich habe versucht, diese verschiedenen Weisen von Geschichtsnarration in der Terminologie der memoria zu diskutieren und sie reflexionstheoretisch zu erklären. Geschichtsphilosophie erscheint damit als eine konstruktivistische Praxis der Erinnerung.

Insgesamt dient diese Gedächtnisanalyse dem Argumentationsziel, die verschiedenen Archive der Erinnerung zu sichten, denen sich ein Interpret älterer Texte bedienen muß, wenn er seinen Diskurs der Interpretation führen will. Herders Gedächtnismodelle sind solche, durch die sich ein interpretierender Diskurs das Repertoire bzw. die Redekompetenz verschafft, um auf poetische Texte zu reagieren.

ZWEITER TEIL: *Herders Hermeneutik* – Ein langes Kapitel widme ich Herders Hermeneutik. Im Zentrum der Argumentation steht der Begriff des Tons. Herders These ist, daß man vorgängig in den Ton eines Textes eingestimmt sein muß, um ihn verstehen zu können. Es liegt wieder die Idee eines anthropologischen Archivs der Töne zugrunde, das u. a. durch die Volksliedersammlung (als Sammlung ihrer Töne und nicht ihrer Texte) zur Darstellung gebracht wird. Sympathetisch in den Ton gestimmt, verstehen wir einen Text, schon bevor wir ihn semantisch analysieren. Begriffsgeschichtliche Analysen zum Wortfeld Sympathie, Stimmung und Ton machen das Argument plausibel. Herder analysiert auch das Lesen als Hören. Den Hintergrund bildet eine sehr interessante Theorie vom ursprünglichen Synkretismus der Sinne, aus der eine Theorie der Metaphorizität und eine spekulative Etymologie begründet wird. Insgesamt stellt sich die Hermeneutik Herders als eine Oszillation von antimonadischer Sympathetik und monadischer Schließung durch Zeichenlogiken dar. – Auch in seinen hermeneutischen Überlegungen wird deutlich, daß die Rede über Texte nur über die Vermittlung eines anthropologischen Archivs, also über memoria laufen kann.

DRITTER TEIL: *Das Ästhetische und die Rede über das Ästhetische* – Ausgehend von Leibniz und Baumgarten wird der Ästhetikbegriff Herders rekonstruiert, hier unter der spezifischen Fragestellung, wie eine Rede über das Ästhetische zu denken sei, wenn es als sinnliche und individuelle Kompaktheit gefaßt wird, der ein begriffliches Denken allein nicht beizukommen vermag. Wenn der Nexus der sinnlichen Vorstellungen im poetischen Text selbst wieder durch sinnliche Vorstellungen geleistet wird, dann kann die Logik der begrifflichen Verknüpfung allein nicht das Spezifische und Individuelle eines solchen Textes erfassen. Im Begriff der Paraphrase entdeckt sich diejenige

Strategie, durch die eine Interpretation ihren hermeneutischen Zugriff mit dem poetischen Text sowohl begrifflich als auch ›sinnlich‹ verbinden kann.

VIERTER TEIL: *Poetik und Interpretation* – Hier versuche ich, Herders literaturwissenschaftliche Praxis vor dem Hintergrund des ausgeführten Theoriefeldes zu verstehen. Als Beispiel für eine gattungstheoretische Argumentation wird seine Fabeltheorie analysiert. Herder hat die These, daß die Menschengeschichte von einer tierischen Vorgeschichte geprägt wird. Ursprünglich war der Mensch Bruder der Tiere. Er wird zum Menschen, indem er Tiere nachahmt. Damit ist er die Summe aller Tiereigenschaften bzw. Tiercharaktere. Davon erzählt die Fabel. Sie ist keine didaktische Form. Vielmehr berichtet sie von der anthropogenen Mimikry, in der der Mensch die Tiereigenschaften in das Repertoire seiner Handlungskompetenz aufnimmt. Eine Fabelsammlung würde demnach die Gesamtheit des Anthropologischen darstellen bzw. das Gedächtnis-Archiv der möglichen Menschwerdungen sein. Das Kapitel über *Die Praxis der Interpretation bei Herder* befaßt sich vor allem mit Herders Shakespeare-Deutung, seinen Überlegungen zur Ode und zu Klopstock und mit seiner Apokalypsedeutung. An seinen Paraphrasen des Textes der Johannes-Apokalypse kann man deutlich ablesen, in welchem Maße Herder die Apokalypse in seinen Text der Interpretation hineinzieht, so daß die Interpretation selbst zum Apokalypsediskurs wird. Damit ist zugleich die Problematik paraphrasierender Interpretation insgesamt angedeutet.

Soweit der Abriß des Argumentationsganges. Herders Interpretationen setzen sich also aus Erinnerungsstrategien und memoria-Modellen zusammen, aus einer Hermeneutik-Konzeption, die zu oberflächlich als Einfühlungshermeneutik denunziert wurde und aus einer durchreflektierten Ästhetik, die sich als aisthetische Gnoseologie realisiert. Bei näherer Betrachtung erweist sich, daß es die Gedächtnistheorie ist, die für die Hermeneutik ebenso wie für die Ästhetik fundierend ist. Selbst in den Interpretationen Herders tauchen die Strukturen des Gedächtnisdiskurses immer wieder auf. So hat der Argumentationsgang zweierlei zum Ergebnis: erstens wird nachgewiesen, in welchem Ausmaße alle Theorieformationen Herders gedächtnistheoretisch fundiert sind, und zweitens wird der Begriff der paraphrasierenden Interpretation aus dieser Konstellation ›starker‹ Theoriediskurse hergeleitet und begründet – womit zugleich der Konnex zum engeren literaturwissenschaftlichen Thema der Interpretation geknüpft ist.

Es stellt sich die Frage nach der Verortung meiner Arbeit im Kontext der Herder-Forschung. Über das Gedächtnisthema bei Herder hat, soweit ich sehe, noch kein Autor Ausführlicheres geschrieben. Daß Herder Poesie und Gedächtnis identifiziere, findet sich zuweilen als Aperçu, und daß die Schöpfungshieroglyphe eine mnemonische Figur sei, wird in den Spezialuntersuchungen regelmäßig erwähnt. Dennoch unternimmt es kein Aufsatz der eigens zur *Aeltesten Urkunde* veranstalteten Tagung[7], die Schöpfungshieroglyphe mitsamt ihrem universellen Anspruch aus dem Gedächtnisthema heraus zu entwickeln. Insofern arbeitet der erste Teil Herders Theorieensemble von einem Gesichtspunkt her auf, der bislang in der Herder-Forschung nicht thematisch war.

Auch die Forschung zu Herders Hermeneutik bietet überraschend wenig Arbeiten. Obwohl der Name Herders fast immer fällt, wenn es um die Geschichte der Hermeneutik geht (wieder ein Beispiel für ein name-dropping eines ungelesenen Autors), sind eigentlich nur der frühe Aufsatz von Irmscher[8] und das Buch von Weimar zu nennen.[9] Ansonsten geistert das Vorurteil, Herder praktiziere eine Einfühlungshermeneutik, die im Verein mit seinem Historismus schnell einem ideologiekritischen Verdikt unterfällt. Daß er aber seine Sympathetik im medizinischen Sinne versteht und daß sein Tonbegriff und die Einfühlung in den Ton eines Individuums präzise gedacht sind, qualifiziert seine hermeneutischen Überlegungen als solche, die an einem in sich reflektierten Theoriebestand teilhaben und nur dem oberflächlichen Blick als theorieabstinente Einfühlung erscheinen.

Um so intensiver ist die Diskussion um Herders Ästhetik. Die Habilitationsschrift Adlers[10] und das ambitionierte Buch von Solms[11] – beide Arbeiten erschienen gleichzeitig – arbeiten den Schritt von Baumgarten zu Herder umfassend auf. Die durchaus schon recht elaborierte Baumgarten-Forschung ist auf diese Weise in der Herder-Forschung präsent geworden. Hinzu kommen die Kommentare der Studienausgaben, vor allem von Pross und Gaier[12], sowie einzelne Aufsätze.[13] Die Fragestellung dieser Untersuchung liegt prä-

[7] Vgl. *Bückeburger Gespräche über Johann Gottfried Herder 1988. Älteste Urkunde des Menschengeschlechts,* Hg.: Brigitte Poschmann, Rinteln 1989.

[8] Hans Dietrich Irmscher, Grundzüge der Hermeneutik Herders, in: *Bückeburger Gespräche über Johann Gottfried Herder 1971,* Hg.: Johann Gottfried Maltusch, Bückeburg 1973, S. 17–57.

[9] Klaus Weimar, *Historische Einleitung zur literaturwissenschaftlichen Hermeneutik,* Tübingen 1975.

[10] Hans Adler, *Die Prägnanz des Dunklen: Gnoseologie, Ästhetik, Geschichtsphilosophie bei Johann Gottfried Herder*, Hamburg 1990. Als ältere Arbeiten zum Thema sind vor allem Armand Nivelle (*Kunst- und Dichtungstheorien zwischen Aufklärung und Klassik,* Berlin 1960) und Alfred Baeumler (*Das Irrationalitätsproblem in der Ästhetik und Logik des 18. Jahrhunderts bis zur Kritik der Urteilskraft, Tübingen* ^{2}1967) zu nennen, wobei Baeumler nur am Rande auf Herder zu sprechen kommt.

[11] Friedhelm Solms, *Disciplina aesthetica: Zur Frühgeschichte der ästhetischen Theorie bei Baumgarten und Herder,* Stuttgart 1990.

[12] Vgl. vor allem Gaiers Kommentare in W I.

[13] Vgl. vor allem Hans Dietrich Irmscher (Zur Ästhetik des jungen Herder, in: *Johann Gott-*

zis neben dem Rekonstruktionsinteresse der genannten Arbeiten. Herder entwickelt eine wissenschaftliche Ästhetik und bezieht expressis verbis Opposition gegen das schöne Denken, das Baumgarten als Vorgehensweise der Ästhetik vorgeschlagen hat. Nun praktiziert aber Herder in seinen Interpretationen genau das, was man schönes Denken nennen kann. Es stellt sich also die Frage, ob er seine Interpretationen in einem theorielosen Feld und gänzlich abgelöst von den ästhetischen Überlegungen plaziert. Oder gibt es eine Möglichkeit, zu einer Begründung der Interpretationspraxis zu kommen, die sich trotz Herders Verdikt gegen das schöne Denken auf die philosophische Ästhetik beziehen kann? Diese Möglichkeit steht hier zur Diskussion; sie wurde in der Forschung bislang nicht einmal als eine dringliche Fragestellung erkannt. Adler vermerkt nur, er wolle sich einer aesthetica specialis Herders nicht widmen.[14] Das Problem, ob es eine Begründbarkeit eines solchen wirkmächtigen Diskurses, wie Herders *Shakespear* ihn beginnt, geben kann – und zwar aus der philosophischen Ästhetik als starker Theoriegestalt heraus –, bleibt in allen Arbeiten undiskutiert.

Die Forschungsbeiträge, die Herder als Literaturkritiker bzw. Literaturwissenschaftler untersuchen, kranken allesamt daran, daß ihren Analysen der Hintergrund der Theoriemodelle Herders fehlt.[15] So werden oberflächliche und spontane Einteilungen und Distinktionen vorgeschlagen, aber die jederzeit präsente Terminologie Herders wird nicht erkannt. Am deutlichsten sichtbar ist dies bei den literaturwissenschaftlichen Abhandlungen zur Geschichte und Theorie der Fabel, in denen sich stets ein Herder-Kapitel findet. An Herders Argumentationen wird in der Regel nur die Oberflächensemantik einer Popularphilosophie wahrgenommen, aber weder die hermeneutische, noch die aisthetische und gedächtnistheoretische Fundierung erkannt.

Eine Schieflage der gegenwärtigen Herderforschung entsteht, so wie ich es rekonstruiere, nach den jüngsten Arbeiten zu Herders philosophischer

fried Herder 1744–1803, Hg.: Gerhard Sauder, Hamburg 1987, S. 43–76.) und Hans Adler (Fundus animae - der Grund der Seele. Zur Gnoseologie des Dunklen in der Aufklärung, in: DVjs 62 (1988), S. 197–220).

14 Adler 1990, S. X.

15 So vor allem Waltraud Briegel-Florig (*Geschichte der Fabelforschung in Deutschland*, Diss. Freiburg 1965), Dieter Lohmeier (*Herder und Klopstock. Herders Auseinandersetzung mit der Persönlichkeit und dem Werk Klopstocks*, Bad Homburg v. d. H. 1968), Thomas Noel (*Theories of the fable in the eigtheenth century*, New York und London 1975), Monika Schrader (*Sprache und Lebenswelt. Fabeltheorien des 18. Jahrhunderts*, Hildesheim u. a. 1991), Ingrid Wendorff (*Herders Klopstockrezeption im Lichte seiner frühen Kunsttheorie*, Hamburg 1990), Anton Kathan (*Herders Literaturkritik. Untersuchungen zur Methodik und Struktur am Beispiel der frühen Werke*, Göppingen 1969).

Grundlegung[16] dadurch, daß die vermeintlich unphilosophischen Texte Herders noch nicht als solche erkannt wurden, die sich auf dem gleichen Niveau wie die philosophischen befinden. Diese Arbeit soll ein Beitrag dazu sein, die Theoriemodelle – memoria, Hermeneutik, Ästhetik – mit der literaturwissenschaftlichen Praxis – Gattungspoetik, Interpretation – so engmaschig wie möglich zu verknüpfen.

Die vorliegende Untersuchung wurde im Spätsommer 1995 als Habilitationsschrift der Philosophischen Fakultät der Rheinischen Friedrich-Wilhelms-Universität Bonn vorgelegt. Ein umfangreicher literaturwissenschaftlicher Theorieteil, der sich an die Herder-Exegese anschloß, wurde für die Publikation gestrichen. Ich werde ihn an anderer Stelle veröffentlichen.[17] Im Winter 1996/97 wurde der Text noch einmal gründlich überarbeitet, allerdings ohne den Anspruch, neueste Veröffentlichungen noch einarbeiten zu wollen. In der Zwischenzeit sind einige Bücher erschienen, die nicht mehr in der gebotenen Ausführlichkeit rezipiert werden konnten. Zur Herder-Studie von Andreas Herz[18] werde ich mich in einer Rezension äußern. Regina Freudenfeld[19] legte eine Untersuchung zur Mnemologie der Aufklärung vor. Sie kann in dem wenig erforschten Untersuchungsfeld wertvolle Hinweise geben, von denen ich noch einige in die Fußnoten eingearbeitet habe.[20]

Ich zitiere grundsätzlich nach der Ausgabe von Suphan.[21] Die Studienausgabe des Deutschen Klassiker Verlages[22] wurde aber durchgehend konsultiert.

[16] Neben Adler (1990) und Solms (1990) ist natürlich die Habilitationsschrift von Marion Heinz (*Sensualistischer Idealismus. Untersuchungen zur Erkenntnistheorie und Metaphysik des jungen Herder* (1763–1778), Hamburg 1994) zu erwähnen, in der die Philosophie des jungen Herder analysiert wird.

[17] Eine erste Zusammenfassung des Theorieteils wird in dem Sammelband zu der Tagung »Strukturalismus. Osteuropa und die Entstehung einer universalen Wissenschaftskultur der Moderne«, (veranstaltet von Walter Schmitz und Ludger Udolph) unter dem Titel erscheinen: Re-entry der Funktionen in die Funktionen. Versuch einer Reformulierung des Jakobsonschen Sechs-Funktionen-Modells der Sprache.

[18] Andreas Herz, *Dunkler Spiegel – helles Dasein. Natur, Geschichte, Kunst im Werk Johann Gottfried Herders*, Heidelberg 1996.

[19] Regina Freudenfeld, *Gedächtniszeichen. Mnemologie in der deutschen und französischen Aufklärung*, Tübingen 1996.

[20] Auch das Buch von Gesine Lenore Schiewer, *Cognitio symbolica. Lamberts semiotische Wissenschaft und ihre Diskussion bei Herder, Jean Paul und Novalis* (Tübingen 1996) kam zu spät, um auf meine Konzeption noch Einfluß nehmen zu können.

[21] Die Zitate werden im laufenden Text nach der Sigle ›SWS‹ angegeben. Es folgen Band- und Seitenzahl. Konform mit den Usancen der Herder-Forschung übernehme ich den Sperr- und Kursivdruck nicht in die Zitate.

[22] Ich zitiere diese Ausgabe im laufenden Text nach der Sigle ›W‹. Es folgen Band- und Seitenzahl. Auch hier übernehme ich nicht den Sperr- und Kursivdruck.

Nach wie vor bleibt ›Suphan‹ trotz der bekannten Mängel unverzichtbar, zumal in der Studienausgabe sehr viele Texte fehlen. Einige Nachlaßeditionen, wie z. B. der *Versuch über das Sein,* die Arbeiten zu Herders Baumgarten-Rezeption und die frühen Studien zur Ode werden ebenso wie die Vorreden zu den Volksliedern aus der Studienausgabe zitiert. Um die Anzahl der Fußnoten in gewissen Grenzen zu halten, habe ich Herder-Zitate im fortlaufenden Text nachgewiesen. Jedes zuerst zitierte Buch wird in der Fußnote vollständig aufgeführt. Bei der weiteren Zitation findet sich dann neben dem Autornamen entweder das Titelstichwort (bei den Quellen) oder die Jahreszahl (bei der Forschungsliteratur). Beide Verweise reichen aus, um im Literaturverzeichnis schnell die vollständige Angabe zu finden.

Mein Dank gilt der Deutschen Forschungsgemeinschaft, die die Drucklegung des Werkes ebenso großzügig unterstützt (Druckkostenzuschuß) wie den Verfasser selbst (Heisenberg-Stipendium). Ich danke vor allem meinem akademischen Lehrer Professor Kurt Wölfel. Daß schließlich aus der Theorieorientiertheit dieser Untersuchung eine Art von Plädoyer für eine textnahe Interpretation erwuchs, mag als Hommage an die langen Jahre der intensiven Diskussion mit ihm verstanden werden. Ebenso danke ich Professor Jürgen Fohrmann, Dr. Ingeborg Harms, Dr. Thomas Wirtz, Dr. Rembert Hüser und Hedwig Pompe für ihre Diskussionsbereitschaft. Meine Frau Andrea Simon hat die Entstehung der Arbeit mit kritischer Aufmerksamkeit begleitet und die Mühen des Korrekturlesens auf sich genommen. Ihr ist das Buch gewidmet.

Erster Teil
Gedächtnistheorie

1. Der Gedächtnisbegriff bei Herder

Der Begriff des Gedächtnisses findet sich im Kreuzungspunkt mehrerer Diskurse. Die antike Mnemonik ebenso wie die Platonische Anamnesis haben zu ihm wirkmächtige Traditionen begründet. Im christlichen Kontext spielt das Gedächtnis in den Andachtsübungen und in den theologischen Theoriebildungen eine wichtige Rolle. Als im 18. Jahrhundert die Differenz von Mündlichkeit und Schriftlichkeit thematisch wird, rückt mit der Reflexion auf die medialen Bedingungen des Wissens zugleich auch der Gedächtnisbegriff in das Zentrum des Denkens. Schließlich lassen sich verschiedene philosophische Diskurse durch den Bezug auf die Hintergrundsvorstellungen[1] des Gedächtnisses verstehen: so vor allem die im 18. Jahrhundert entstehende Geschichtsphilosophie, die als eine theoriegeleitete Konzeptualisierung historischen Erinnerns gedacht werden kann.

Herder nimmt teil an allen diesen Gedächtnisdiskursen. Er benutzt dabei die entsprechenden Terminologien, ohne allerdings eigens eine Theorie des Gedächtnisses zu entwerfen. Die Verschiedenheit der aufgeführten Gedächtnisdiskurse – die Liste wäre zu verlängern – macht es problematisch, aus ihnen eine einheitliche und konsistente Theorie zu entwerfen. Gleichwohl gibt es einen Fluchtpunkt. Allen Gedächtnistheorien gemeinsam ist die Idee eines ihnen zugrundeliegenden oder vielleicht auch erst durch sie zu schaffenden Archivs. Die Terminologie des Thesaurus, des Schatzhauses, des Archivs oder des Registers und Wörterbuchs erscheint als grundlegende Leitvorstellung. Herders durchgängige Zitation aller dieser Gedächtnisdiskurse findet ihr Telos in den Vorstellungen solcher Archive.

Herder braucht sowohl in seinen hermeneutischen wie in seinen poetologischen Überlegungen diese Archive. So erklärt er das Verstehen aus einem Archiv von anthropologisch gegebenen Tönen, die ein Reagieren auf jeden

[1] Hintergrundsvorstellung bzw. Hintergrundsmetaphorik ist ein Begriff von Hans Blumenberg. Er versucht mit dieser Terminologie die in Theoriediskursen oft unerörtert gelassenen Modellvorstellungen und Bildstrukturen zu erfassen, die im Vorfeld der Begriffsbildung die Theoriekonstruktionen imaginativ vorzeichnen. Es wird sich in den folgenden Ausführungen erweisen, daß gerade die architekturale Struktur des memoria-Denkens eine solche vielbenutzte Hintergrundsmetaphorik ist. – Vgl. Hans Blumenberg, *Paradigmen zu einer Metaphorologie*, Bonn 1960, S. 69 ff. u. ö.

zu verstehenden Ton ermöglichen. In seiner Poetik der Fabel arbeitet er an der Idee eines Archivs von Tiercharakteren, die das mimetische Erbe der menschlichen Stammesgeschichte bilden. Es scheint möglich zu sein, in der Gedächtnisterminologie eine Art von Leitfaden durch das Gewirr der Herderschen Texte und ihrer Textualität zu entdecken. Diesem Leitfaden folgend können Gedankenformationen verbunden werden, die als philosophische Grundlegung einerseits und als exegetische Anwendung andererseits von der Herder-Forschung bislang getrennt behandelt wurden.

In diesem ersten, einleitenden Kapitel geht es am Beispiel der Ossian-Exegese darum, eine Idee von der Reichweite und Relevanz der Gedächtnisterminologie bei Herder zu vermitteln. Zugleich wird eine Begriffsebene erörtert, nach der das Gedächtnis einer eindeutig negativen Wertung unterliegt.

Im *Briefwechsel über Ossian* zählt Herder die Charakteristika auf, mit denen ein »wildes Volk« (SWS V, 164) seine »Lieder« (ebd.) zum ewigen »Erb- und Lustgesang« (ebd.) macht. Das Tanzmäßige des Gesanges, Bilderreichtum, der Notdrang des Inhalts, durchgängige Symmetrie und melodiöser Gang[2] gehören dazu: »Das sind die Pfeile dieses wilden Apollo, womit er Herzen durchbohrt, und woran er Seelen und Gedächtniße heftet!« (ebd.). Wenn Herder von älteren Formen der Poesie spricht, so ist es nicht nur eine nebensächliche Auszeichnung, daß es sich dabei um Gedächtniskunst handle. Vielmehr scheint Herders Poesiebegriff mit dem des Gedächtnisses weitgehend identisch zu sein. Die ausführlichsten Überlegungen dazu finden sich in den Vorarbeiten zur *Aeltesten Urkunde*.

Schon das, was Herder im Ossian-Essay das Tanzmäßige des Gesanges nennt, ist in der *Aeltesten Urkunde* eine Gedächtnis-Praxis. Die Notierung des Schöpfungsgesanges (1. Mose 1) in der Form der Schöpfungshieroglyphe[3] führt zu der Idee, in deren räumlicher Anordnung eine »ganze Symmetrische Struktur« zu sehen, die »nur eine Pindarische Strophe, Antistrophe und Epode seyn kann« (SWS VI, 39). Bezug genommen ist mit dem Pindar-Verweis auf die bei rituellen Gesängen tanzend ausgeführte Wendung (Strophe) des Chors zum Altar, dem von der anderen Seite eine Gegenwendung (Antistrophe) des zweiten Chorteils entspricht, zu der die metrisch abweichende Epode eine Zäsur setzt. Herder betont, daß diese Form nicht allein ein Eigentum Pindars sei: »[...] alle alte einfältigen Poesien wilder Völker lie-

[2] Vgl. die Formulierungen in SWS V, 164.

[3] Zur Schöpfungshieroglyphe folgt noch ein ausführliches Kapitel. Hier sei zum Verständnis des Begriffs nur angedeutet, daß Herder die sieben Tage des Schöpfungsberichts räumlich in eine Figur einordnet. Es entsteht – unter der Ausnutzung des inneren Parallelismus des Schöpfungsgesanges – ein in sich gestaffeltes mnemonisches Bildzeichen, das Herder als Strukturierungsanweisung für vielfältige Textorganisationen benutzt.

ben diesen zweistimmigen Rhythmus: sie mögen in Norden oder Westen, in Wäldern oder auf Bergen gewohnt haben: Skandinavier und Nordamerikaner, Letten und Lappländer: je mehr sich ihre Sprache der Poesie, und ihre Poesie dem Liede, dem Erhabnen, dem Zaubermäßigen nähert, desto mehr wird sie Antiphonie! Parallelismus!« (ebd., 41). Und er fährt fort: »Da entstand also der leichteste Tanz, zwei gegeneinander tanzende Chöre, die leichteste Symmetrie der Gedanken, Wiederholungen, Gegensätze, Räthsel und Antwort« (ebd., 42). Der den Gesang begleitende Tanz ist im Augenblick seiner Aufführung sinnliche Gegenwart für die Bewegung des Inhalts einer solchen Gedächtnispoesie und damit mnemonisches Mittel.

Symmetrie, eine weitere der im *Ossian*-Essay gegebenen Qualifizierungen älterer mnemonischer Poesie, gehört auf allen Ebenen zum mnemotechnischen Inventar, am deutlichsten beim Reim: »Der Reim [...] leimt die Rede ins Gedächtnis« (SWS VIII, 421). Es ist in den Vorarbeiten zur *Aeltesten Urkunde* die ganze Struktur der Schöpfungshieroglyphe, die mit den Begriffen des Parallelismus und der Symmetrie der Gedächtniskunst zugeordnet wird. Dieser Parallelismus wird der »Anfang der Dichtkunst seyn, wie die leichteste Symmetrie in der Baukunst, im Tanz, im Gesange, in der Menschlichen Gestalt, in der Zeichnung und in Allem« (SWS VI, 43). Die gesamte hebräische Dichtkunst ist »bis auf den innern Bau ihrer Poetischen Sprache ein fortgehender Parallelismus« (ebd., 40). So wird die innere Organisation der frühen und ursprünglichen Poesie in Vorstellungen des Gedächtnisses formuliert.

Der melodiöse Klang der Poesie, von dem im *Ossian*-Essay gesprochen wird, erweist sich bei näherem Hinsehen ebenfalls als Gedächtnistechnik. In der Vorrede zum zweiten Teil der *Volkslieder*[4] bestimmt Herder das »Wesen des Liedes« (W III, 246) darin, »Gesang, nicht Gemälde« zu sein, im »melodischen Gange der Leidenschaften oder Empfindungen« bzw. in der »Weise«, im »Ton«, in der »poetischen Modulation« (ebd.) seine innere Einheit zu finden. Dabei sind der Inhalt und die in den Zufälligkeiten der Überlieferung geschehenden Änderungen nicht das Wichtigste (ebd., 247); zentraler bleibt die »Seele des Liedes, poetische Tonart, Melodie« (ebd.). In Herders Lyrikbegriff findet die für die Lyrikgeschichte des späteren 18. Jahrhunderts zentrale Umorientierung von Lyrik als Mimesis affektgeladenen Sprechens oder Handelns auf Musikalität statt.[5] Und diese Musikalität hat unter anderem eine mnemonische Funktion. Denn es gibt nach Herder so etwas wie eine Kor-

[4] Die Vorreden zu Herders Volksliedersammlungen zitiere ich grundsätzlich aus dem Band III der Studienausgabe.

[5] Vgl. dazu ausführlicher den Kommentar von Gaier in W III, 1081.

respondenz zwischen dem jeweiligen charakteristischen Ton und dem idealen Inhalt eines Liedes. Herders Übersetzungsarbeit versucht denn auch, nicht in wörtlicher Übertragung die Inhalte zu retten, sondern sie – eventuell sogar durch Abänderung – als die ideal zum Ton passenden zu rekonstruieren. Wäre das Volksliederprojekt als Sammlung aller Töne vollständig und wäre die Übersetzung und Edition die Zuweisung der jeweils idealen Inhalte, so würde Herders Sammlung die Gesamtheit aller zu den elementaren Tonlagen passenden Inhalte sein und damit eine Art von Anthropologie. Nach der These, die Gaier in seinem Kommentar aufstellt, arbeitet Herder an der Restitution des mystischen Menschen[6], indem er mit der angestrebten Gesamtheit der gesammelten Töne zugleich die aisthetische Gesamtheit der menschenmöglichen Gefühle, Empfindungen und Leidenschaften gesammelt hätte: eine Art Thesaurus anthropologischer Grundbefindlichkeiten, die dem Menschen des 18. Jahrhunderts verloren gegangen seien, ihm aber im emphatisch verstandenen Volksliederprojekt wieder zurückgegeben werden können. Im melodiösen Gang eines Liedes ist jeweils eine dieser anthropologischen Grundbefindlichkeiten erinnert. Die Volkslieder speichern in ihren Tönen grundlegende Artikulationsdimensionen des Menschen; ihre Sammlung ist eine Art von mnemonischem Archiv.

Schließlich bleibt von der ursprünglichen Poesie als den »Pfeilen dieses wilden Apollo« (SWS V, 164), wie es im *Ossian* heißt, noch der Bilderreichtum zu erörtern, der als Funktion des Gedächtnisses insofern bestimmt werden kann, als es die sinnliche Intensität von Bildern ist, die sich den frühen Gesängen einprägt. Der Naturmensch, der »im Taumel seiner Affektbegeisterung« (W I, 67)[7] redet, drückt eine Folge von Naturzeichen aus (ebd.), die als »Sprache der Empfindung« (ebd.) nicht den logischen Kohärenzen folgt, keine grammatikalische Ordnung hat und auch nicht die Begriffe auseinander entwickelt. Vielmehr entstehen in wilden Sprüngen aneinander gereihte Bilder, die in ihrem isolierten Dasein jeweils die Gesamtheit einer Empfindung ausdrücken. Es sind diese poetischen Bilder, die die erste Form eines Gedächtnisses unter den Bedingungen einer Poesie der Empfindung und Leidenschaft darstellen.

Herders Poesiebegriff ist, so lautet ein erstes Fazit, mit dem Begriff des Gedächtnisses bzw. der Erinnerung weitgehend identisch. Die einzelnen Charakteristika wilder und früher Poesie, die Herder aufzählt, lassen sich

Poesie
Mnem.

[6] Vgl. Gaiers umfangreiches Nachwort in W III, 888.

[7] Ich zitiere das Textkonvolut zu Herders frühen Odenentwürfen aus der Studienausgabe (W I, 57–99), die gegenüber Suphan einen umfangreicheren und besseren Text bietet. Nachlaßtexte werden in der Regel nach der zuverlässigeren Studienausgabe zitiert.

insgesamt in der Gedächtnisterminologie reformulieren.[8] Es muß folglich, will man von Herders Literaturwissenschaft und von seinem Poesiebegriff handeln, darum gehen, diesen Gedächtnisbegriff zu rekonstruieren.

Eine nähere Durchsicht der Stellen zum Gedächtnisbegriff macht freilich deutlich, daß Herder in zumindest einer Variante einen Wortgebrauch kennt, in dem das Gedächtnis einer negativen Wertung unterzogen wird. »Wortgedächtniß, Schaalen ohne Kern und Körper ohne Seele sind unnütz« (SWS VIII, 227), sagt er in der letzten Fassung seiner Schrift *Vom Erkennen und Empfinden der menschlichen Seele* (1778). Verglichen mit dem Gedächtnis der frühen sinnlichen Menschen erscheint an vielen Stellen in Herders Werk das Gedächtnis der gegenwärtigen Menschen als nur mechanisches Vermögen einer toten Gelehrsamkeit. »Ihren Gesängen war das Geist, was unsern ein toter Buchstab des Gedächtnisses, oder einer veräußerten Phantasie sein muß« (W I, 83). Während die Mythologie für die griechischen Oden »Vergötterung« (ebd., 85) ist, »wird sie uns eine Bildergallerie die wir aus unserm Gedächtnis aufregen, um unser Dichtungsvermögen ruhen zu lassen« (ebd.). Offensichtlich ist Gedächtnis hier der Name für ein bloßes Verwalten, das fruchtlos in die Vergangenheit schiebt, was als lebendige Dichtung doch gewünschte Gegenwart sein soll. Gedächtnis scheint ebenso wie Poesie der Mündlichkeit zuzugehören, während die Schrift das Gedächtnis in ein anderes Medium übersetzt und damit auch die Möglichkeit von Poesie in Frage stellt.

Die Schwächung durch Abstraktion und die Sonderung der Sinne, die Herder an der gegenwärtigen Kultur beklagt, gehen damit einher, daß »mit Erinnerung und Vernunftgeschäfte unser ganzes Gefühl in kleine Fäden« (SWS VI, 273) aufgelöst wird. Auch hier steht Gedächtnis bzw. Erinnerung für ein Vermögen, das den Bezug zur lebendigen Totalität der Sinneskräfte unterbindet. In den *Ideen* gilt die Schrift einerseits als das »Mittel der gelehrten Bildung« (SWS XIII, 366); andererseits nimmt Herder aber auf den Platonischen Gedanken[9] Bezug, daß sich »das Gedächtniß der Menschen und

[8] Von der oral-poetry-Theorie aus läßt sich alles, was uns als poetisches Kunstmittel gilt, funktional im Sinne der Gedächtniskunst verstehen. Metrum, Gesang, Tanz, Reim, Parallelismen und Wiederholungsstrukturen sind Hilfsmittel für den Rhapsoden, um die Informationsdichte seiner Erzählung zu vermindern und sie dadurch mnemonisch verfügbar zu machen. Vgl. zur oral poetry: Edward R. Haymes, *Das mündliche Epos*, Stuttgart 1977 und Heinz Schlaffer, Einleitung zu: Jack Goody, Ian Watt und Kathleen Gough, *Entstehung und Folgen der Schriftkultur*, Frankfurt am Main 1976, S. 7–23.

[9] Vgl. Platons *Phaidros* (274c–275b = Platon, *Sämtliche Werke* in der Übersetzung von Friedrich Schleiermacher, Hg.: Walter F. Otto und Ernesto Grassi, 6 Bände, Hamburg 1957–1981, Bd. IV, S. 55), wo die Erfindung der Schrift mit dem Verlust des Gedächtnisses gekoppelt wird.

Gott der Ahnungen

ihre lebendige Geisteskraft bei diesem künstlichen Hülfsmittel vorgezeichneter Gedankenformen schwächte« (ebd.). Deutlich ist zu sehen, daß sich die Bewertung des Gedächtnisses ändert, je nachdem, ob es sich als lebendiges Gedächtnis im Kontinuum der Mündlichkeit bewegt oder als tote Gelehrsamkeit in der Erstarrung der Schrift verharrt.

Es sind vor allem die Schulreden, die diese negative, kulturkritisch geprägte Bewertung des Gedächtnisses weiter ausführen. Herder schließt sich hier einem gegen das mechanische Gedächtnis gerichteten Diskurs der Aufklärung an. In Absetzung vom barocken Gelehrsamkeitsideal des akkumulierten Wissens formiert sich u. a. bei Thomasius und Weise eine Kritik an einem Auswendiglernen, das sich nicht über die Urteilskraft (iudicium) vermittelt und folglich auch Vorurteile und überholtes Wissen tradiert.[10] Gedächtnis tritt in eine Opposition zu Verstand und Urteilskraft; die Memoriabestände des nur quantitativ angehäuften Wissens verhindern das lebendige und aufklärerische Selbstdenken. Herder übernimmt diese gedächtniskritische Position in seine Pädagogik. Wenn auch im Schulunterricht Fleiß und wiederholtes Üben unabdinglich ist, so muß es dem Lehrer doch gleichwohl darum zu tun sein, seine Schüler nicht durch eine tote Gedächtnisarbeit dem Lern- und Bildungsstoff zu entfremden. »Was soll nehmlich aller Kram der Wissenschaft und des Gedächtnißlernens, wenn unsre Seele dadurch nicht zu guten Gesinnungen gebildet, wenn unser Herz und Leben nicht durch gute Uebungen genährt wird?« (SWS XXX, 45). So wie Herder das lebendige Gedächtnis an die Mündlichkeit knüpft, obliegt es auch der Gegenwart des Lehrers, aus totem Bücherwissen eine lebensrelevante Praxis zu gestalten. Einer der Begriffe, die die im Schulunterricht unumgehbaren Gedächtnisübungen in lebendige Bildung[11] übersetzen, ist der der Grazie:[12] »Nicht eigentliche Gelehrsamkeit, aber Talente, Talente muß ein Schullehrer haben, um leicht und doch gründlich, ganz und doch spielend seinen Lieblingen die Wissenschaft einzuzaubern. Und dies ist die Gratie, ohne die er immer ein unvollendeter Lehrer bleibt.« (ebd., 21).

Herder übernimmt also einen gedächtniskritischen Diskurs aus der Aufklärung, verbindet ihn mit einer kulturgeschichtlichen Reflexion über die Funktion des lebendigen bzw. toten Gedächtnisses im Kontext mündlich

[10] Vgl. zu diesem Gedanken auch die Ausführungen von Freudenfeld (1996, S. 28 ff.).

[11] In seiner Schulrede zum Begriff der schönen Wissenschaften benutzt Herder das Attribut ›schön‹ nur für solche Wissenschaften, deren Einübung alle Seelenkräfte »bildet«, während die einseitige Betonung des Gedächtnisses eine weder schöne noch bildende Marter sei (SWS XXX, 79).

[12] An anderer Stelle spricht er davon, daß die Übungen »liberal« sein sollen, um nicht zu gezwungenem »Exercitien-Schul- und Knabenwerk« zu werden (ebd., 65).

bzw. schriftlich geprägter Kulturen und wendet dies in seiner Pädagogik an. Aber schon in seinen Schulreden zeigt sich auch eine andere und positivere Rede über das Gedächtnis. Herder spricht nämlich von dem »Schatz von Entdeckungen« (ebd., 9), der in der »Sprache der Gelehrsamkeit« (ebd.) zu finden sei. Überhaupt sei eine jede Sprache ein »Schlüssel zu vielen Schatzkammern« (ebd., 10). Kaum daß Herder das falsche Gedächtniswissen aus seiner Pädagogik verbannt hat, taucht das Gedächtnis auf einer tieferen Ebene wieder auf. Die Thesaurusmetaphern verweisen auf diejenigen Archive, zu denen ein Wissen, das nicht durch falsche Gedächtnisarbeit korrumpiert wurde, Zugang erhalten soll.

Eine zweite, möglicherweise negative Konnotierung des Gedächtnisbegriffs deutet sich im Kontext der poetologischen Diskussion um die produktive Funktion der Einbildungskraft an. Ihr gegenüber spielt bei vielen Theoretikern des 18. Jahrhunderts das Gedächtnis im Prozeß des poetischen Produzierens eine nur untergeordnete Rolle. Innerhalb der Auseinandersetzung mit Baumgartens *Aesthetica* notiert Herder in einem *Plan zu einer Aesthetik*: »[...] das Schöne in den untern Kräften: Einbildung, Witz Dichtung; (warum nicht Gedächtnis; s. Baumgarten Metaphysik Crusius Noologie) Home Kritik, und Addisons Versuch über die Einbildungskraft etc.« (W I, 668). Gaier, der in seinem Kommentar die Herderschen Verweise aufarbeitet[13], kommt zu dem Schluß, daß weder bei Home noch bei Addison und Baumgarten[14] das Gedächtnis eine wesentliche Rolle für die künstlerische Produktion spiele; Herder wolle offensichtlich das reproduktive Gedächtnis aus dem kreativen Prozeß ausschließen und sich der Einbildungskraft zuwenden, was Gaier als »Schritt weg von der Nachahmungsästhetik«[15] bewertet. In der Tat wäre dieser Begriff des Gedächtnisses, nach dem es als nur reproduktives Vermögen der produktiven Einbildungskraft gegenüberstände, nicht geeignet, in der Herderschen Ästhetik eine wesentliche Rolle zu spielen.

Gleichwohl läßt aber der zitierte Eintrag die Möglichkeit offen, die Formulierung »warum nicht Gedächtnis« auch in dem Sinne zu lesen, daß Herder Baumgarten, Crusius, Home und Addison wegen ihrer Nichtaufnahme des Gedächtnisses kritisieren wollte; »warum nicht Gedächtnis« hieße dann,

[13] Vgl. Gaier in W I, 1259 f.

[14] Zumindest im Falle Baumgartens ist das Gedächtnis für die ästhetische Theoriebildung doch von einiger Wichtigkeit. Im § 1 der *Aesthetica* definiert Baumgarten den Begriff der Ästhetik u.a. durch den des analogon rationis, welches wiederum auch das Gedächtnis enthält. Vgl. dazu meine Ausführungen in dem Kapitel *Das Ästhetische und die Rede über das Ästhetische*.

[15] Gaier in W I, 1260.

daß begründet werden sollte, aufgrund welcher Theoriezwänge diese Autoren das Gedächtnis illegitimerweise ausschließen.

Wie immer diese sehr kryptische Bemerkung auch zu verstehen sei, wichtig ist die Einsicht, daß es hierbei um eine Begriffsebene geht, die nicht in die wesentlichen Theoriekonzepte Herders eingreift. Derjenige Gedächtnisbegriff, den Herder in seiner kulturkritischen Gegenwartsschelte als tote Gelehrsamkeit denunziert, hat mit den elaborierten Gedächtniskonzepten, die sich bei ihm finden, ebenso wenig zu tun wie ein als bloß reproduktives Vermögen verstandener Gedächtnisbegriff.

Wenn die These lautet, daß weder die soeben diskutierte Notiz aus dem *Plan zu einer Aesthetik* noch die Semantik des kulturkritischen Gedächtnisbegriffs in das Zentrum der Herderschen memoria-Konzeption gehört, dann bedarf es einer ausholenden Analysebewegung, um an die grundlegende Ebene der Gedächtnistheoreme heranzukommen. Wieder soll ein Zitat in die Problematik einleiten. Herder schreibt in den Vorarbeiten zur *Aeltesten Urkunde* über den mosaischen Schöpfungsbericht, den er als einen poetischen Text versteht: »Und als eine mündliche Sage, als ein Lied des ewigen Andenkens betrachtet – da ists eine lebendige Gedächtniskunst. Hauptbild, und Nebensatz, Schlußformel, und Wiederholungssentenzen sind gleichsam Stäbe der Erinnerung, feste ewige Stäbe. Wer das Studium der Hebräer in dieser Gedächtniskunst aus ihren Alphabetischen Liedern, Buchstaben und Namenspielen u.s.w. kennet, und mit mir so gleich das viele Memoriale in Einzelnen Stücken dieses Gedichts durchgehet, wird nicht abgeneigt sein, es recht für ein Meisterstück der uralten Orientalischen Mnemosyne zu erkennen« (W V, 48). Das Poetische des Schöpfungsgesanges wird mit dem Gedächtnisaspekt offensichtlich identifiziert. Damit aber nicht genug: wenn Herder über die Sprache spricht, dann ist es eine schon fast stehende Redewendung, sie mit der alten memoria-Metapher als Schatzhaus oder als »Schatzkammer Menschlicher Gedanken« (SWS V, 136; vgl. SWS XI, 63 u. ö.) zu bezeichnen. Auch als »Fundbuch« (SWS XXI, 19) der menschlichen Begriffe und des Verstandes, ja als Wörterbuch[16] wird sie benannt.[17]

[16] SWS V, 83, 84, 86 u. ö.; SWS XI, 232; SWS XII, 7, 12; W V, 159 – Die Liste der Stellen, an denen der Begriff Wörterbuch als mehr oder weniger metaphorischer Terminus für das lexikalische Inventar einer Sprache benutzt wird, ließe sich weiterführen.

[17] Für diese Vorstellung gibt es bei Klopstock eine Formulierung, die in direkter Entsprechung zu einer analogen Reihe von Formulierungen bei Herder gelesen werden kann. Daß die Sprache ein memoria-Archiv sei, beschreibt Klopstock folgendermaßen: »Die Sprache eines Volks bewahrt seine Begriffe, Empfindungen, Leidenschaften, dies alles oft bis zur feinsten Nebenausbildung, wie in einem Behältnis auf. Man könnte das Aufbewahrte die Seele der Sprache nennen.« Vgl. Klopstocks 1779 geschriebene Abhandlung *Vom edlen Ausdruck*

Alle diese Vorstellungen vom Gedächtnis, das als Poesie die Gesamtheit einer kulturellen Empfindungsweise transportiert oder das den Inbegriff des in einer Sprache Ausdrückbaren in Form eines Wörterbuchs oder einer Schatzkammer abspeichert, arbeiten mit einer Gedächtniskonzeption, in der mehr als nur die Erfahrungen eines Individuums aufbewahrt sind. Herder denkt das Gedächtnis als ein in phylogenetische Dimensionen reichendes Vermögen, in dem eine Gesamtheit von vergangenen Erfahrungen aufbewahrt ist.

Die Idee, das Gedächtnis sei eine Art von Versammlungsort anderer Wahrnehmungsweisen, ist in der Vermögenstheorie des 18. Jahrhunderts vorgebildet. Die dort angelegten Argumentationsbestände nehmen die Tradition der rhetorischen Mnemotechnik in sich auf. Die Entfaltung dieser Sachlage wird im folgenden in Herders mnemonische Modelle einführen.

2. *Rhetorische Mnemonik und vermögenstheoretischer Gedächtnisbegriff*

Mit dem sogenannten ›Ende der Rhetorik‹ im Laufe des 18. Jahrhunderts wandert die rhetorische memoria über den Umweg der Vermögenstheorie in die Ästhetik ein. Ich werde den Prozeß nachverfolgen, in dem die memoria-Funktionen im Bereich der (produktiven) Einbildungskraft wieder auftauchen. Deren Eigenschaft, nicht anwesende Dinge vorzustellen, bildet für die Ästhetik das Scharnier, Gedächtnisleistung und poetische Erfindung zu verbinden.

Wichtig für den Wechsel der Gedächtniskunst in die Vermögenstheorie ist dabei der Assoziationsbegriff in der englischen Tradition der empiristischen und vermögenstheoretischen Philosophie. Assoziation ist an Gewohnheiten, also an kulturelle Muster, an Denkbahnungen gebunden. Diese sind aber, so die These, Residuen der vormaligen memoria-Museen. So wäre in der vermögenstheoretischen Verwindung des Gedächtnisbegriffs die memoria-Tradition solange verborgen, bis sie bei Herder wieder aktualisiert wird durch die Semiotisierung der Vermögenstheorie im Rahmen ihrer Einrichtung als aisthetischer Erinnerungsraum der Kultur.

Daß das Gedächtnis von der Rhetorik in die Vermögenstheorie wechselt, mag mit jener allgemeinen Bewegung der neuzeitlichen Philosophie zusammenhängen, die Ernst Cassirer mit der Formel ›vom Substanzbegriff zum Funktionsbegriff‹ zu beschreiben versucht hat. Aleida Assmann formuliert den Sachverhalt folgendermaßen: »Bis an die Schwelle der Neuzeit war *Me-*

(in: Friedrich Klopstock, *Ausgewählte Werke*, Hg.: Karl August Schleiden, Wiesbaden o. J., 2 Bände, Bd. II, S. 979).

moria eine Kulturtechnik, der Schrift vergleichbar. Sie war ähnlich wie das Alphabet eine *ars*, ein Regelsystem, das man erlernen und anwenden konnte. Der Prestigeverfall dieser antiken Kulturtechnik im 17. und 18. Jahrhundert hat zur Entdeckung der *Erinnerung* geführt, die im Gegensatz zur Memoria eine *vis*, eine individuelle Naturkraft ist.«[18] Das rhetorische Regelsystem zum Erlernen fixierter Memorate wird durch das Konzept der Erinnerung und der Assoziation ersetzt. Der damit einhergehenden Dynamisierung des Gedächtnisses steht allerdings, wie bei Hume und Locke nachzuweisen sein wird, eine nach wie vor auf die rhetorischen Terminologien zurückdatierende Begrifflichkeit entgegen, die in den eher zeitlich gedachten Assoziationsbegriff wieder die Raummetaphorik der rhetorischen memoria einführt.

Daß die empirischen Philosophien mit ihrem Assoziationsbegriff Argumentationsbestände der rhetorischen Mnemotechnik übernehmen können, ist in dieser schon vorbereitet. Mustert man die memoria-Passagen der drei klassischen Quellen[19] für die rhetorische Gedächtnislehre durch – Cicero[20], *Ad Herennium*[21], Quintilian[22] –, so ergibt sich ein recht einheitliches Bild von der Struktur des künstlichen Gedächtnisses. Cicero, nachdem er die Gründungsgeschichte von der Erfindung der Gedächtniskunst durch Simonides von Keos referiert hat[23], führt zur Technik des künstlichen Gedächt-

[18] Aleida Assmann, Die Wunde der Zeit. Wordsworth und die romantische Erinnerung, in: *Memoria. Vergessen und Erinnern (Poetik und Hermeneutik XV)*, Hg.: Anselm Haverkamp und Renate Lachmann, München 1993, S. 358. Vgl. den Gedanken auch bei Freudenfeld 1996, S. 48.

[19] Francis A. Yates (*Gedächtnis und Erinnern: Mnemonik von Aristoteles bis Shakespeare*, Weinheim ²1991) behandelt im ersten Kapitel ihres Buches Ciceros *De oratore*, die *Rhetorica ad Herennium* und Quintilians *Institutio oratoria* als die drei modellbildenden Texte zur Gedächtnislehre. Spätere Gedächtnistheorien haben, so Yates, sich stets auf diese Quellen bezogen.

[20] Das Kapitel zum Gedächtnis findet sich in Ciceros *De oratore* im zweiten Buch, Absatz 350 bis 360 (II,350–360). Ich zitiere nach dieser Notation und nicht nach Seitenzahl (Marcus Tullius Cicero, *De oratore/ Über den Redner* (lat./ dt.), übersetzt und herausgegeben von Harald Merklin, Stuttgart ²1991).

[21] Auch hier zitiere ich nach Buch und Absatzzählung. Die Passage zum Gedächtnis steht III,26–40 (*Rhetorica ad Herennium* (lat./ dt.), herausgegeben und übersetzt von Theodor Nüßlein, Darmstadt 1994).

[22] In Quintilians *Institutio oratoria* wird im zweiten Kapitel des elften Buches, Absatz 1 bis 51 vom Gedächtnis gehandelt. Ich zitiere auch hier nach der gebräuchlichen Art und Weise: XI,2,1–51 (Marcus Fabius Quintilianus, *Institutio oratoria/ Ausbildung des Redners* (lat./ dt.), übersetzt und herausgegeben von Helmut Rahn, Darmstadt ³1995, 2 Bände).

[23] Ich lasse hier und im folgenden unbeachtet, daß Cicero seinen Text als Gespräch präsentiert. Eine einläßlichere Untersuchung hätte mit ins Kalkül zu ziehen, wie die verschiedenen Dialogpartner zueinander stehen und ob sie, evtl. auch gegenüber Cicero, abweichende Positionen vertreten.

nisses aus: »Wer diese Seite seines Geistes zu trainieren suche, müsse deshalb bestimmte Plätze wählen, sich die Dinge, die er im Gedächtnis zu behalten wünsche, in seiner Phantasie vorstellen (effingenda animo) und sie auf die bewußten Plätze setzen. So werde die Reihenfolge dieser Plätze die Anordnung des Stoffs bewahren, das Bild der Dinge aber die Dinge selbst bezeichnen, und wir könnten die Plätze an Stelle der Wachstafel, die Bilder statt der Buchstaben benützen.«[24]

Die Vorschrift als solche ist recht einfach: der Memorierende soll sich zunächst einen Raum einprägen, sich dort in der Reihenfolge, in der er durch den Raum geht, Orte merken und an diesen die Bilder der Dinge, die er erinnern will, deponieren. Wenn er sich später wiedererinnern möchte, so stellt er sich den Raum vor. Dabei kommen ihm die Orte und mit den Orten die dort abgestellten Bilder ins Gedächtnis. Mit den Bildern aber hat er die Beziehung zum eigentlichen Memorat. Durch die räumliche Ordnung ist zudem die richtige Reihenfolge der Bilder und Memorate gewährleistet. Wie man einen Raum nach mehreren Seiten durchqueren und einen Gang durch ihn an verschiedenen Stellen beginnen kann, so läßt sich die räumlich strukturierte Erinnerungsreihe an beliebigen Punkten beginnen und vorwärts oder rückwärts durchlaufen.[25]

In der Gedächtniskunst gibt es daher zweierlei Lehren: die von den geeigneten Räumen bzw. Orten und die von den Bildern. Schon Cicero betont, daß es vor allem lebendige Bilder (imagines agentes) sind, die im Gedächtnis haften bleiben.[26] In der *Rhetorica ad Herennium* wird für die imagines agentes ein eindringliches Beispiel gegeben.[27] Am Ringfinger gehaltene Widderhoden (testiculi) sollen in einem Gedächtnisbild daran erinnern, daß in einem Mordprozeß Zeugen (testes) vorhanden sind, wie Yates auf der Basis der Klangähnlichkeit der Worte auslegt[28] bzw. daß Zeugen bestochen worden sind, wie Nüßlein kommentiert.[29] Die affektive Aufgeladenheit dieses Bildes garantiert seine Erinnerbarkeit. *Ad Herennium* führt weiter aus, daß zur Konstruktion solcher imagines agentes vor allem außergewöhnliche Vorfälle, lächerliche oder schreckliche Vorgänge ersonnen werden müssen, »z. B. eine blutige oder mit Schmutz beschmierte oder mit roter Farbe bestrichene Ge-

[24] Cicero, *De oratore,* II,354.

[25] Die Schilderung bei Cicero wird in ähnlicher Weise in *Ad Herennium* (III,29–30) und in Quintilians *Institutio oratoria* (XI,2,17) gegeben.

[26] Cicero, *De oratore,* II,358.

[27] Vgl. zum Folgenden *Ad Herennium*, III,33.

[28] Yates ^{2}1991, S. 19.

[29] Nüßlein vermerkt in seinem Kommentar zu *Ad Herennium*, daß die testiculi arientini als Geldbeutel dienten und folglich auf eine Bestechung von Zeugen angespielt sein könnte (vgl. in *Rhetorica ad Herennium*, S. 379).

stalt.«[30] Dabei sei freilich zu beachten, daß die Bestimmungen dessen, was ein Mensch als außergewöhnlich wahrnimmt oder nicht, von Individuum zu Individuum unterschiedlich seien: »Was für uns sorgfältig gekennzeichnet ist, das scheint anderen wenig auffallend.«[31] Die Bilder sind deshalb individueller Besitz.[32] *Ad Herennium* (und ebenso Quintilian[33]) geht also nicht von einem kodifizierten Bestand von imagines agentes aus, sondern gesteht zu, daß sich jeder Mensch gemäß seiner affektiven Disposition Merkbilder zusammenstellen könne.

Selbst für die Merkräume gilt diese Individualität. Zwar wird davon ausgegangen, daß man sich reale Räume einprägt; *Ad Herennium* führt denn auch genau aus, wie diese Räume im einzelnen gestaltet sein sollten, damit sie gute Merkräume werden.[34] Gleichwohl sieht der Text aber ebenfalls vor, daß sich ein Mnemoniker seine Räume selbst schafft und zwar beliebig viele.[35] Auch bei Quintilian findet sich die Anweisung, man könne sich seine Merkräume selber machen: »Erforderlich sind also Örtlichkeiten, die man entweder selbst erfinden oder aus dem Leben nehmen kann.«[36]

Daß in der späteren Geschichte der Mnemonik in der Tat nicht allein reale Architekturen, sondern überhaupt räumlich vorzustellende Ordnungsschemata die Funktion der Merkräume übernehmen, läßt sich also durchaus mit den klassischen Quellen der rhetorischen Gedächtniskunst in Übereinstimmung bringen. Herders Schöpfungshieroglyphe als Anordnung der sieben Tagewerke in der räumlichen Form des Zeltes des Morgenländers ist einer dieser selbstgemachten Merkräume.

Die rhetorische Mnemonik entwirft in ihrer Lehre der Orte und Bilder eine Art von Assoziationstheorie. Wenn man die Anweisungen für das künstliche Gedächtnis als Bewußtseinstheorie lesen würde, wäre man bei empiristischen Assoziationstheorien. Philosophisch ist nämlich das Gedächtnis, wie in den nächsten Kapiteln näher ausgeführt wird, der Name für eine Bewußtseinstheorie. Ohne Gedächtnis hätte das Denken kein Kontinuum und bestände nur in punktuellen Akten. Erst das Erinnern von stets schon Gedachtem sichert dem gegenwärtigen Denken seine Synthesisfunktion. Einer gerade aktuellen Wahrnehmung muß sich aus dem Gedächtnis ein weiteres

30 *Ad Herennium*, III,37.

31 Ebd., 38.

32 Ebd., 39: »Deshalb soll jeder zu seinem eigenen Vorteil Bilder zusammenstellen.«

33 Quintilian, *Institutio oratoria*, XI, 2, 21: »Auch künstlich kann man sich solche Bilder herrichten.«

34 *Ad Herennium*, III,31.

35 Ebd., 32.

36 Quintilian, *Institutio oratoria*, XI,2,21.

Moment des Bewußtseins zugesellen, um aus diesem Zusammentreffen eine neue Synthese erstehen zu lassen. Was man die individuelle Weltwahrnehmung eines Menschen nennen könnte – seine Weltanschauung als habitueller Komplex bestimmter Reaktionsweisen und Assoziationsmuster –, ist stets auch mnemonisch zu konzipieren: als Inbegriff bisherigen Wahrnehmens und Reagierens. Der Habitus eines Menschen ist sein System von Merkorten und seine durch prägende Erlebnisse (imagines agentes) geformte Aufmerksamkeits- und Relevanzstruktur. Es liegt nahe, daß die rhetorische Mnemonik, sobald sie philosophische Substanz erlangt, zu Modellen von Bewußtsein führen muß, die auf der Idee der Assoziation beruhen.[37]

Im folgenden wird es darum gehen, wie die empiristischen Philosophien diese sachlich[38] naheliegende Transformation der Rhetorik in Philosophie gestalten. Ist erst einmal ein systematischer Ort für das Gedächtnis geschaffen, so wird die neuerliche Einführung des Gedächtnisses in diesen Kontext um so plausibler erscheinen können.

Die zentrale Stellung des in seiner fundierenden Funktion unbedacht bleibenden, aber dennoch umso ausgiebiger in Anspruch genommenen Gedächtnisses läßt sich an David Humes *An Enquiry concerning human Understanding* von 1758 ablesen. Stereotyp erscheint im Text, wenn vom Gedächtnis die Rede ist, die Formel vom »Zeugnis der Sinne oder des Gedächtnisses«.[39] Zweierlei ist darin impliziert. Zum einen wird das Gedächtnis – Descartes aufnehmend[40] – noch so weit den niederen Vermögen zugerechnet, daß es

[37] Auch Freudenfeld (1996, S. 154 f.; vgl. auch S. 21 f.) weist im Zusammenhang ihrer Erörterung von Condillac auf den gedächtnistheoretischen Gehalt des Assoziationsbegriffs hin: »Es [das Prinzip der Ideenverknüpfung, R. S.] verweist damit auf einen assoziativen bzw. mnemonischen Charakter, dem in der Forschungsliteratur noch nicht genügend Aufmerksamkeit zuerkannt worden ist.« Weil Freudenfeld aber nicht mehr von den rhetorischen memoria-Modellen ausgeht, entdeckt sie auch nicht deren von mir analysierten Zusammenhang zur Assoziationslehre. – Kritisch ist zu dem verdienstvollen Buch von Freundenfeld anzumerken, daß sie zu wenig mit dem Fortbestand der klassischen rhetorischen Gedächtniskunst rechnet. So ist ihr bei Christian Wolff z. B. die Abhandlung über die Tabellen entgangen, in der Wolff die ganze antike Gedächtniskunst reformuliert (vgl. Christian Wolff, *Von Verfertigung und Nutzen der Tabellen*, 1737). Dadurch geraten ihre Urteile zu Wolff in eine Schieflage, und ebenso bleiben viele andere Autoren unerwähnt.

[38] Um es eigens zu betonen: das Argument ist vor allem als sachliches gedacht und nicht nur als ein Nachweis realer historischer Filiationen.

[39] David Hume, *Eine Untersuchung über den menschlichen Verstand* (*An Enquiry Concerning Human Understanding*, 1748/58), übersetzt und herausgegeben von Herbert Herring, Stuttgart 1990, S. 42, 65 f., 69, 101 u. ö.

[40] René Descartes unterscheidet eine Grundkraft (*Regulae ad directionem ingenii* (1701)/ *Regeln zur Ausrichtung der Erkenntniskraft* (lat./ dt.), übersetzt und herausgegeben von Heinrich Springmeyer, Lüder Gäbe und Hans Günter Zekl, Hamburg 1973, XII,10: »una et eadem vis«), die nach ihren verschiedenen Funktionen »einmal reiner Verstand,

zur Sinnlichkeit des Menschen gehört. Im Gegensatz zur Einbildungskraft, die Hume mit der Freiheit der Kombination ausstattet, so daß sie Fiktionen und Chimären entwerfen kann[41], ist das Gedächtnis wie die Sinne zunächst ein Ort der reinen Rezeptivität, an dem abgelagert wird, was in den Sinnen oder was als Vorstellungen auftritt. Weil beim Gedächtnis zweitens keine Spontaneität vorhanden ist, kann es, in Fortführung des Aristotelischen Gedankens[42], sowenig wie die Sinne, sofern sie rein für sich genommen sind, irren. Deshalb wird dem Gedächtnis eine Evidenzqualität zugeschrieben.

Da Hume der Vernunft keine Sphäre reiner Apriorität zudenkt, sondern vielmehr die Prinzipien der Vorstellungsverknüpfung (Ähnlichkeit, Kontiguität, Kausalität)[43] als habituelle Gewohnheitsschemata aus der Erfahrung begründet, wird die Konstanz der Erfahrungswelt zur conditio sine qua non der Habitualisierung. In einem Negativexperiment spekuliert er darüber, was geschehen würde, wenn man sich nicht auf die Konstanz der Welt verlassen könnte, wenn also »alles Naturgeschehen derart dem Wechsel unterläge, daß nicht zwei Ereignisse Ähnlichkeit miteinander hätten.«[44] In einem solchen Fall gäbe es keine Möglichkeit, die Begriffe von Notwendigkeit und Verursachung, die gewohnheitsmäßig entstehen, weil am Naturgeschehen Gleichför-

einmal Einbildungskraft, einmal Gedächtnis, einmal Sinn genannt« (ebd., XII,10) wird, von einem solchen Gedächtnisbegriff, der dem Körper zugehört (ebd., XII,8) und »dem Gedächtnis der Tiere ähnelt« (ebd., XII,11). Hume scheint sich, sollte er hier Descartes aufnehmen, auf die letztere Begriffsbestimmung zu beziehen. Zum Gedächtnis der Tiere vgl. bei Solms (1990, S. 43) den Exkurs zum Begriff analogon rationis.

[41] Hume, *Enquiry*, S. 68.

[42] Nach Aristoteles können die Sinne an sich nicht irren. Das Denken selbst kann wahr oder falsch sein, jedoch gibt es Kriterien, die in bezug auf die Wahrheitsfrage Entscheidungen herbeiführen können. Die Phantasie (bzw. Einbildungskraft) bestimmt er als ambivalentes Vermögen, das, zwischen Sinnlichkeit und Denken stehend, sich von der Sinnlichkeit darin unterscheidet, auch falsch sein zu können und vom Denken insofern, als es kein Wahrheitskriterium hat. Damit ist die Einbildungskraft das Vermögen des Irrtums, das keine Garantie bei sich führt, je aus einem Irrtum herauskommen zu können. (Vgl. dazu Aristoteles, *Über die Seele*, Hg.: Horst Seidl, Hamburg 1995, Buch III, Kapitel 3 (427a 17 – 429a 9) und Giorgio Camassa, Phantasia, in: Historisches Wörterbuch der Philosophie, Hg.: Joachim Ritter und Karlfried Gründer, Band 7, Darmstadt 1989, S. 516 ff.). Bei Hume ist die von Descartes übernommene Bestimmung, daß das Gedächtnis zur Sinnlichkeit gehört, mit dem Aristotelischen Moment kombiniert, daß es folglich nicht irren kann. Da die Einbildungskraft bei Hume für die Fiktionen zuständig ist, ist es auch hier naheliegend, daß Hume in der Begriffstradition des Aristotelismus steht. Die Tatsache, daß es für ihn ein Problem wird, fiction und belief (der Glaube an die fundierende Evidenz der durch Erfahrung zustandegekommenen Gewohnheit), die beide Produkte der Einbildungskraft sind, zu trennen, zeigt, daß die Aristotelische Bestimmung der grundsätzlichen Ambivalenz der Phantasie sehr weit in die Humesche Epistemologie hineinreicht.

[43] Hume, *Enquiry*, S. 39, 71 u. ö.

[44] Ebd., 108.

migkeit beobachtbar ist, zu etablieren.[45] Als einzige Instanz, die dann mit einer gewissen Konstanzgarantie welterschließend wirken kann, müßte folglich ein Vermögen einspringen, das so fundamental ist, daß es nicht durch die Freiheit der Einbildungskraft und auch nicht durch die erst habituell zustandegekommenen Funktionen der Urteilskraft korrumpiert werden kann. Es ist das Gedächtnis: »Schlüsse und vernünftige Erwägungen über das Naturgeschehen wären von diesem Augenblick an [=wenn es keine Gleichförmigkeit im Naturgeschehen mehr gäbe, R. S.] zu Ende, und Gedächtnis und Sinne wären die einzigen Kanäle, durch die uns Erkenntnis eines wirklich Seienden möglicherweise bewußt werden könnte.«[46] Bei Hume ist offensichtlich in der vermögenstheoretischen Ausstattung des Menschen das Gedächtnis das Korrelat zur ontologischen Stabilität der Welt.

Dem entspricht, daß in der Bestimmung der Einbildungskraft auf einen »ursprünglichen Bestand von Vorstellungen«[47] Bezug genommen wird, mit dem die Einbildungskraft ihre Operationen des Mischens, Verbindens, Trennens und Erdichtens vornimmt. Fiele dieser Bestand – das Archiv des im Gedächtnis Abgespeicherten – weg, so würde das Denken haltlos oder, wie Hume sagt, »rein hypothetisch«: »Kurz, wenn wir nicht von einer dem Gedächtnis oder den Sinnen gegenwärtigen Tatsache ausgehen, würde unser Denken rein hypothetisch bleiben. [...] Aller Glaube an Tatsachen oder wirkliche Existenz stammt lediglich von einem dem Gedächtnis oder den Sinnen gegenwärtigen Gegenstand und einer gewohnheitsmäßigen Verbindung zwischen diesem und irgend einem anderen Gegenstand.«[48]

Humes Überlegungen zum Gedächtnis laufen auf eine Zweiteilung hinaus. Zum einen gibt es dasjenige Gedächtnis, in dem Vorstellungen (ideas) und Eindrücke (impressions) in einer atomaren und unverbundenen Weise archiviert sind. Ihnen entspricht die Welt der singulären Tatsachen, Sachverhalte und Vorkommnisse. Zum anderen gibt es die Gewohnheiten, also die durch Erfahrung und durch die Prinzipien der Vorstellungsverknüpfung habitualisierten Verbindungen der Dinge, denen die Naturvorkommnisse als verläßliche und gleichförmige Ordnung entsprechen. Natürlich sind die Gewohnheiten ebenso wie die Vorstellungen und Eindrücke im Gedächtnis abgespeichert. Hume muß sie aber trennen, damit er ein Wahrheitskriterium entwickeln kann. Die Unterscheidung atomarer Einheiten von ihrer Verknüpfung ist die Unterscheidung von Ontologie und Epistemologie, und

[45] Ebd., 109.
[46] Ebd., 108 f.
[47] Ebd., 68.
[48] Ebd., 66.

erst dieses Auseinanderhalten kann eine Rede über Wahrheit und Falschheit, Freiheit und Notwendigkeit etablieren.

Daß Hume die Gewohnheit, die nichts anderes als ein Name für eine im Gedächtnis gespeicherte Formalebene ist (die Formalität der Verknüpfungsmodi), vom Gedächtnis als Namen für die einzelnen Inhalte unterscheidet, läßt theorietypologisch eine sehr weitreichende Beobachtung zu. Hume stellt sich in der terminologischen Trennung von Form und Inhalt des Gedächtnisses die Welt so vor, wie der rhetorische Mnemotechniker seinen Merkraum. Den an definierten und distinkt voneinander abgegrenzten Orten des Merkraumes abgestellten imagines agentes entsprechen bei Hume die vereinzelten Tatsachen (Inhaltsaspekt des Gedächtnisses, korrespondierend zur Ontologie). Aber wie der Mnemotechniker durch seine Fortbewegung durch den identisch bleibenden memoria-Raum eine Konstanz der Bilderabfolge sicherstellt, so tritt bei Hume die Gewohnheit (Formaspekt des Gedächtnisses, korrespondierend zur Epistemologie) als Verknüpfungsweise der einzelnen ideas bzw. impressions auf.

Es ist also möglich, die Humesche Assoziationspsychologie als in Vermögenstheorie umformulierte rhetorische Mnemotechnik zu lesen. Damit tritt hier die Vermögenstheorie das Erbe der rhetorischen memoria an. Dem Merkraum, den der Mnemotechniker sich auch individuell konstruieren kann, entspricht bei Hume die Gewohnheit (custom) oder die Lebenspraxis (habit).[49] Das Ortssystem, in das die einzelnen Vorstellungen eingegliedert werden, ist als habituell zustandegekommener Assoziationskomplex in eben dem Sinne individuell, wie der memoria-Raum zwar in seiner Struktur des Raumes überhaupt von der objektiven Welt abhängt, aber in seiner Besonderung doch eigener Logik folgen kann. So ist bei Hume zwar die jeweils habituelle Assoziation von Vorstellungen singulär, aber sie korrespondiert doch mit der Ordnung der objektiven Welt, von der sie nicht zu weit abweichen kann. Theorietypologisch entspricht diese Konzeption den Modellen der rhetorischen Mnemonik. Innerpsychisch geht Hume von einem System (Gewohnheit) aus, in das die einzelnen Vorstellungen eingegliedert werden. Unschwer ist dies als die Unterscheidung von Merkraum und imagines agentes wiederzuerkennen. Außerhalb der Psyche korrespondiert diesem Geschehen aber wie in der Rhetorik stabilisierend die reale Welt mit ihren objektiven Sachverhalten. – Bei Herder wird zu beobachten sein, wie der vermögenstheoretische Begriff des Gedächtnisses seine versteckte rhetorische Vorgeschichte langsam wieder preisgibt.

[49] Ebd., 62.

An Humes Überlegungen zum Gedächtnis ist, gerade unter der These einer Überschneidung rhetorischer und vermögenstheoretischer Argumentationslinien, der Gedanke einer Metaposition des Gedächtnisses interessant.[50] Nimmt man gegen Humes Terminologievolte – aber konform mit der Sache selbst – die Gewohnheit als Formalaspekt mit ins Gedächtnis hinein, so ist auch hier das Gedächtnis der Ort, an dem die steuernden Schemata von Weltwahrnehmung zu finden sind. Ist der Inhaltsaspekt für die Ontologizität zuständig und der Formalaspekt für die Konstanz der Verknüpfungen von singulären Tatsachen, so wird alles, was der Spontaneität von Weltwahrnehmung als Weltkonstruktion überantwortet ist, von den vorgängigen Gewohnheitshandlungen gesteuert. Bei Hume ist der Mensch immer schon durch seinen memoria-Raum gegangen (nämlich: er hat ein Gedächtnis infolge seines immer schon In-der-Welt-Seins), und nur deshalb kann er neue Eindrücke und Vorstellungen in seinem permanenten Wandeln durch die Architektur seines Merkraumes richtig zuordnen und plazieren. Die Spontaneität von Einbildungskraft und Vernunft sitzt einer Ordnung auf, in der stets schon integriert ist, was sie vorher immer schon gemacht hat. Das Gedächtnis ist bei Hume der Ort, an dem der gesamte Vermögenshaushalt des Menschen mit dem Inbegriff seiner bisherigen Perzeption von Welt als Schema vorliegt. Und er liegt vor in der Weise der alten rhetorischen Mnemotechnik.

Was hier als These erst nur aus dem Text Humes herausgelesen wurde, läßt sich in Muratoris Schrift *Über die Einbildungskraft des Menschen* (1785)[51] als explizites Theorem finden. Der Herausgeber, Übersetzer und Kommentator Richerz merkt an: »Die Thätigkeit der Imagination steht nehmlich, wie die des Gedächtnisses unter gewissen Gesetzen, welche unter dem Namen der Assoziationsgesetze von scharfsinnigen Psychologen bekanntgemacht worden sind.«[52] Der im 18. Jahrhundert geläufigen Tendenz, Einbildungskraft und Gedächtnis ineinander laufen zu lassen, wird hier entsprochen, indem

[50] Zu dem systematischen Gedanken einer Metaposition des Gedächtnisses siehe ausführlicher weiter unten.

[51] Silvio Vietta (*Literarische Phantasie: Theorie und Geschichte. Barock und Aufklärung*, Stuttgart 1986, S. 217 ff.) behandelt Muratoris Text und vor allem den Kommentar von Richerz als ein typisches Dokument für den Diskurs über die Begriffe Einbildungskraft und Gedächtnis in der deutschen Spätaufklärung. In diesem Sinne wird die Schrift über die Einbildungskraft auch in der Herder-Kommentierung herangezogen (W IV, 1134). Herder kennt den Autor vornehmlich als Verfasser historiographischer Schriften (vgl. SWS V, 432 und SWS XV, 83), aber auch als einen Autor, der poetologische Texte verfaßt hat (SWS XVIII, 36).

[52] Ludovico Antonio Muratori, *Über die Einbildungskraft des Menschen*. Mit vielen Zusätzen herausgegeben von Georg Herman Richerz, Leipzig 1785 (zuerst: Venedig 1745), S. 57.

beide mit dem Assoziationsbegriff wohl der englischen Philosophen zusammengebracht werden. Wenn man aber Gedächtnis und Assoziation in einen Konnex bringt, so tritt als Hintergrundsvorstellung die Mnemotechnik ein. Daß Richerz in der vermögenstheoretisch argumentierenden Assoziationspsychologie den Gedächtnisbegriff aufspürt, kann als Hinweis auf die Wahrscheinlichkeit der These gelten, das Gedächtnis als Vermögen trete die Nachfolge der Mnemotechnik an.

Auch John Locke betont in seinem *Essay concerning Human Understanding* die für ihn schlechterdings grundlegende Funktion des Gedächtnisses: »Nächst der Wahrnehmung ist das Gedächtnis für ein denkfähiges Wesen am notwendigsten. Seine Bedeutung ist so groß, daß, wenn es fehlt, alle unsere übrigen Fähigkeiten großenteils nutzlos sind.«[53] Ebenso wie im Humeschen Empirismus tendiert Locke zu einer Theorie des Gedächtnisses, die zumindest in der Metaphorik an die Mnemotechnik erinnert, während jedoch die umfangreicheren Argumentationslinien wohl in der Tradition der Platonischen Anamnesislehre stehen (s. dazu unten).

Locke betont, daß Ideen vor allem dann memoriert werden, wenn sie durch Schmerz oder Freude affektiv aufgeladen sind[54], er konzipiert das Gedächtnis architektural[55], und er spricht davon, daß unsere Ideen in einem Grab liegen, »an das wir herantreten und an dem zwar die Grabplatte und der Marmor noch erhalten sind, die Inschrift aber durch die Zeit ausgelöscht und die bildlichen Darstellungen verwittert sind.«[56] Affektivität, Architektur, Beschriftung der Memorate bzw. bildliche Darstellung als Markierung: das sind die wesentlichen Elemente der rhetorischen memoria, die sich in Lockes *Essay*, Kapitel X des Zweiten Buches (*Über die Erinnerung*) finden und die, sei es als Aufnahme einer nicht genannten Tradition oder als ihre spontane Neuerfindung indizieren, daß gerade empiristische Theorien eine Affinität zur Mnemotechnik haben. Bauer betont, daß »für Locke Erinnerung und Bewußtsein partiell identisch«[57] seien. Da nämlich das Gedächtnis die Fähigkeit

[53] John Locke, *Versuch über den menschlichen Verstand* (*An essay concerning human understanding*, 1690), übersetzt von Carl Winckler, Hamburg ^{4}1981, 4 Bücher in 2 Bänden, II,10,8 (Bd. I, S. 172). Ich zitiere Locke nach der Buch-, Kapitel- und Absatznummerierung. In Klammern folgt die Band- und Seitenzahl der deutschen Übersetzung.

[54] Ebd., II,10,3 (Bd. I, S. 168).

[55] Ebd., II,10,2 (Bd. I, S. 167). Locke bezeichnet das Gedächtnis als »Vorratskammer unserer Ideen« (ebd.) und benutzt damit die alte mnemonische Thesaurus-Metapher, die sich schon bei *Ad Herennium* (III,28), Cicero (*De oratore,* I, 18) und Quintilian (*Institutio oratoria*, XI,2,1) findet.

[56] Locke, *Human Understanding*, II,10,5 (Bd. I, S. 170).

[57] Markus Bauer, Melancholie und Memoria. Zur Theorie von Gedächtnisschwund und fixer Idee im 17. Jahrhundert, in: *Ars memorativa. Zur kulturgeschichtlichen Bedeutung der*

hat, Ideen als früher schon gehabte zu kodieren und sie dem Geist zur Verfügung zu stellen, ist für Locke Erinnerung »nur mehr gegenwärtiger Modus einfacher Reflexion.«[58] Die memoria-Terminologie werde daher, so Bauer, als Arsenal von Metaphern aktualisiert. Im Schritt von der rhetorischen Technik des Gedächtnisses zur philosophisch-empiristischen Theorie des Bewußtseins bleibt eine Hintergrundsmetaphorik erhalten, die theorietypologisch auf konstante Verfahren verweist.

In den philosophischen Texten der deutschen Schulphilosophie des 18. Jahrhunderts ist bei der Thematisierung des Gedächtnisses eine nur noch geringe Kenntnis der rhetorischen Gedächtniskunst zu bemerken. Christian Wolff kommt in seinen *Vernünfftigen Gedanken* im § 267 nur kurz auf die Gedächtniskunst zu sprechen.[59] Etwas ausführlicher sind die Anmerkungen im *Anderen Theil* der *Vernünfftigen Gedanken* zum § 267: Die Gedächtniskunst sei, so Wolff, in der »Regel der Einbildungen« gegründet.[60] Wolff entwickelt sowohl die Lehre von den Orten, wie die von den Bildern aus dem Axiom, daß das künstliche Gedächtnis nur das zu einer Technik aufarbeite, was immer schon in der »Regel der Imagination« (ebd.) impliziert sei.[61]

Gedächtniskunst 1400–1750, Hg.: Jörg Jochen Berns und Wolfgang Neuber, Tübingen 1993, S. 329.

[58] Ebd.

[59] »§ 267 Ja, daß man die Kraft des Gedächtnisses erweitern kan, bezeuget die Gedächtniß=Kunst, welche einige mit gutem Fortgange ausüben, deren Regeln nirgend anders als in dem Wesen des Gedächtnisses ihren Grund haben können, die wir aber für diesmal nicht untersuchen wollen« (Christian Wolff, *Vernünfftige Gedanken von Gott, der Welt und der Seele des Menschen, auch allen Dingen überhaupt*, Halle 1751. Nachdruck in: Christian Wolff, Gesammelte Werke, I. Abteilung, Deutsche Schriften, Band 2: Vernünftige Gedanken (2) (Deutsche Metaphysik), Hg.: Charles A. Corr, Hildesheim, Zürich, New York 1983, S. 149).

[60] Christian Wolff, *Der vernünfftigen Gedanken von Gott, der Welt und der Seele des Menschen, auch allen Dingen überhaupt, Anderer Theil, bestehend in ausführlichen Anmerckungen*, Franckfurt am Mayn 1740. Nachdruck in: Christian Wolff, Gesammelte Werke, I. Abteilung, Deutsche Schriften, Band 3: Anmerkungen zur Deutschen Metaphysik, Hg.: Charles A. Corr, Hildesheim, Zürich, New York 1983, S. 157.

[61] Dies ist übrigens ein Topos, der sich schon in den klassischen Texten zur Mnemonik findet. *Ad Herennium* betont, daß das künstliche Gedächtnis nur steigert, was die Natur schon angelegt habe (III, 28–29). Ähnlich argumentieren Cicero (*De oratore*, II,356–357) und Quintilian. Dieser bemerkt, daß die Kunstlehre des Gedächtnisses aus der Erfahrung abstamme (*Institutio oratoria*, XI,2,17). Natürliches und künstliches Gedächtnis treten damit in die Relation von impliziter und expliziter Struktur und eben nicht in eine Opposition. Daß Wolff diesen Gedanken aufnimmt, weist in diesem Punkt auf sein Verhaftetsein in der rhetorischen Tradition hin. Daß er aber andererseits die Gedächtniskunst in der Regel der Einbildungskraft fundiert, macht deutlich, daß er die Rhetorik in philosophische Vermögenstheorie umarbeitet.

Es ist charakteristisch, daß Wolff infolge seines sehr reduzierten Gedächtnisbegriffs[62] die Ars Mnemonica in der Imagination, also der Einbildungskraft gründet. Weil die Einbildungskraft bei ihm wesentliche Teile des Gedächtnisses übernommen hat, werden als ihre Eigenschaften diejenigen Hinweise verhandelt, die auf die Architekturalität der Mnemonik und auf die Funktion der künstlichen Bilder anspielen. Jene »Regel der Einbildung« wird in den *Vernünftigen Gedanken* im § 238 bei der Analyse der Einbildungskraft mit dem Gesetz der Assoziation zusammengebracht. Auch hier ist also zu sehen, daß die Assoziationspsychologie, indem sie der Einbildungskraft die Verbindung (Assoziation) von Ideen zuschreibt, Traditionsbestände der Mnemonik zitiert, die dann in jener beiläufigen Bemerkung Wolffs zur Gedächtniskunst wieder auftauchen.

In Meissners Lexikon zu Wolffs Terminologie ist der Artikel zur Gedächtniskunst, der Wolffs Bemerkung fast wörtlich wiederholt, nur unwesentlich kürzer als der zum Gedächtnis: vielleicht ein Hinweis darauf, daß trotz der in der Philosophie eher am Rande stehenden Mnemonik dennoch eine Traditionslinie präsent ist, die für den kompilierenden Lexikographen Meissner den Eintrag zur Gedächtniskunst wichtig machte.[63]

Eine ähnliche Beobachtung läßt sich in Walchs *Philosophischem Lexikon* (1726) machen. Während der Gedächtnisartikel relativ kurz ist und mit seinem Schwergewicht auf der physiologischen Theorie vom Sitz des Gedächtnisses in der hinteren Hirnhälfte wenig philosophische Substanz hat, dokumentiert der Artikel »Gedächtnis=Kunst« eine genaue Kenntnis der rhetorischen memoria-Tradition. Es wird die Ursprungsmythe des Simonides zitiert[64] und mit der Beschreibung des künstlichen Gedächtnisses eine präzise Zusammenfassung der rhetorischen Gedächtniskunst gegeben: »Noch künstlicher machen es diejenigen, welche vorschlagen, daß man sich ein gewisses Haus, oder eine Stadt nach den unterschiedenen Verhältnissen und Plätzen so einbilden müsse, als hätte man sie gemahlet vor sich wie Repositoria, darein man die Dinge, oder Ideen, welcher man sich zu erinnern wünschte, eintragen müsse, und zwar unter einer merkwürdigen Phantasie.«[65]

Gerade die beiden zitierten philosophischen Lexika zeigen deutlich, daß im 18. Jahrhundert neben dem vermögenstheoretischen Begriff des Gedächt-

[62] Siehe dazu unten den *Exkurs zum Verhältnis von Einbildungskraft und Gedächtnis*.

[63] Heinrich Adam Meissner, *Philosophisches Lexikon aus Christian Wolffs sämtlichen deutschen Schriften*, Bayreuth und Hof 1737, S. 209 f.

[64] Johann Georg Walch, *Philosophisches Lexikon*, Leipzig 1726, S. 1100. (In dem von mir benutzten Exemplar hat die Spalte infolge eines Druckfehlers fälschlicherweise die Seitenzahl 1010; richtig muß es heißen: 1100).

[65] Ebd., 1099.

nisses immer auch der rhetorische noch nebenher läuft und dies nicht allein in den Rhetoriken (dort sogar überraschend wenig), sondern auch in den philosophischen Arbeiten.

An einer Fußnote, die Moses Mendelssohn in der *Nachschrift* zu seinem *Sendschreiben an den Herrn Magister Lessing in Leipzig* formuliert, läßt sich die ebenso schnelle wie reibungslose Rerhetorisierung der vermögenstheoretischen Assoziationspsychologie studieren. Mendelssohn handelt von der Rousseauschen Sprachursprungstheorie, indem er dem Gedanken folgt, daß »ein jeder, der auf seine eigene Empfindungen achthat«[66], bemerken wird, daß seine Begriffe miteinander verknüpft sind. Mendelssohn gibt das Beispiel, wie er von der Idee des Schachspiels auf die Erinnerung an ein konkretes Schachspiel, dann auf die Erinnerung eines dabei stattgefundenen Gesprächs und schließlich auf die Erinnerung des lächerlichen Betragens eines der Teilnehmer kommt. »Man siehet deutlich, daß alle diese Begriffe gewissermaßen mit einander verknüpft sind, und daß die Seele nur vermittelst dieser Verknüpfung von einem auf den andern fortgeht.«[67] Die Begrifflichkeit der Verknüpfung – bei Hume als notwendige Verknüpfung connexion bzw. als häufige Verbindung conjunction – ist die der Assoziationspsychologie. Memoria wird als syntagmatische Bahnung durchs Paradigma konzipiert: in Mendelssohns Beispiel nicht auf der Ebene notwendiger, also schon vorgebahnter Spuren ins Paradigma hinein, sondern als individuelle Eröffnung von ›conjunctions‹. Innerhalb des Argumentationsganges soll das Theorem von der Verknüpfung die »Uebergänge von einem Begriffe auf den andern«[68] erklären, die bei nachahmenden Tönen eine gemeinschaftliche Notwendigkeit mit sich führen und damit Sprache als Gemeinschaftswerk erklären können.

Die Fußnote, die diesem Passus beigefügt ist, lautet: »Wenn man diesen Lehrsätzen gehörig nachdächte, so könnte man auf besondre Kunstgriffe geraten, unserm Gedächtnisse zu Hülfe zu kommen. Ich habe einen Menschen gekannt, der, wenn er sich alles genau erinnern wollte, was bei einer gewissen Gelegenheit vorgefallen ist, die Sprache, Mienen und Gebärden der redenden Personen nachahmte, und alle ihre Worte laut zu wiederholen anfing. Durch diesen erneuerten lebhaften Eindruck erinnerte er sich der kleinsten Umstände so genau, daß sich alle darüber verwunderten, die seinen Kunstgriff anfangs verspotteten.«[69] Jenseits einer dokumentierten Kenntnis der Gedächtniskunst kommt Mendelssohn im Weiterdenken der Assoziationspsy-

66 Moses Mendelssohn, *Schriften über Religion und Aufklärung*, Hg.: Martina Thom, Darmstadt 1989, S. 98.

67 Ebd.

68 Ebd., 99.

69 Ebd.

chologie zur spontanen Entdeckung der mnemotechnischen Grundtatsachen: ein Beweis für die Nähe beider Argumentationen. Was passiert, »wenn man diesen Lehrsätzen gehörig nachdächte«, kann man wenig später bei Herder lesen.

In Herders Texten lassen sich, freilich verstreut über das Gesamtwerk, sämtliche Elemente der rhetorischen Mnemotechnik nachweisen. In seiner Konzeption der theologischen memoria[70] formuliert er mit dem Grundriß des Zeltes des Morgenländers einen Merkraum, den er mit den affektiv aufgeladenen Bildern des Schöpfungsliedes illustriert. Der Schöpfungsgesang wird in eine architekturale Struktur übersetzt: Expressis verbis ist die Schöpfungshieroglyphe auch eine mnemotechnische Figur, nämlich Gedächtnislied.

Aber auch außerhalb der Theologie finden sich Kernbestände der Gedächtniskunst. So weist ein Passus aus der *Metakritik* (*Verstand und Erfahrung*, 1799), in dem vom »Ursprunge und der Entwickelung menschlicher Verstandesbegriffe« (SWS XXI, 82) die Rede ist, auf die alte rhetorische Unterscheidung von Sach- und Wortgedächtnis hin. »Jeder Mensch hat seine Einbildungskraft, wie er ein eigner Mensch ist; bei diesem sind Töne mächtig, und rufen das Ganze; bei jenem Farbe, Gestalt, Wort, Handlung. Das Gedächtnis charakterisirt sich eben so verschieden, daher man es bald ein Sach-, bald ein Wortgedächtnis nennet; es giebt aber auch ein Gestalt-, ein Farben- und Tongedächtnis« (ebd., 85). Der Unterschied von Sachgedächtnis (memoria rerum) und Wortgedächtnis (memoria verborum) findet sich schon in den Gedächtnisabschnitten von *Ad Herennium* und Ciceros *De oratore*.[71] In der Rhetorik ist die Dichotomie von res und verbum wohldefiniert. Während inventio und dispositio vor allem die Sachen betreffen, also die Inhalte, von denen geredet werden soll, ist die elocutio für das Finden der geeigneten Worte und Formulierungen, also für die verba zuständig. In der Gedächtniskunst findet auf der Basis dieser Unterscheidung eine Diskussion darüber statt, ob sich ein Redner die Gegenstände, über die er reden will,

[70] Siehe dazu unten das Kapitel zur Schöpfungshieroglyphe.

[71] *Ad Herennium* handelt von der memoria rerum (III,33) und von der schwierigeren memoria verborum (III,34). Cicero betont, daß wir uns dasjenige besser einprägen können, was sich uns durch die Wahrnehmung der Sinne mitgeteilt hat (*De oratore,* II,357). Da nun der Gesichtssinn der stärkste sei, würde man das Gesehene leichter behalten. Dem Gesehenen entsprechen die körperlichen Dinge. Damit ist für Cicero die Vorrangstellung der memoria rerum begründet. Das Wortgedächtnis wird von ihm als weniger notwendig bezeichnet (ebd., II,359). Quintilian optiert gegen das Wortgedächtnis, da die Technik, für jedes Wort ein eigenes imago agens zu erstellen, das Gedächtnis überlasten würde (*Institutio oratoria*, XI,2,24–26).

merken soll oder ob er die Worte selbst zu memorieren hat, was ohne Zweifel die schwierigere Aufgabe ist.

Herder, der in seiner Sprachphilosophie die Merkbarkeit einer Sache dadurch garantiert, daß ihr ein Merkzeichen zugeordnet wird – ein zutiefst sprachlicher Vorgang –, denkt Sach- und Wortgedächtnis weniger als Alternative denn als Bedingungsverhältnis. Eine Sache kann nur dann memoriert werden, wenn sie sprachlich erfaßt ist, ebenso wie das Gedächtnis erst dann überhaupt vorhanden ist, wenn die kognitive und nach Herders These dann immer auch schon sprachbegleitete Funktion des Unterscheidens eintritt und damit das Unterschiedene aufbewahrt werden muß. Gleichwohl gibt es natürlich vorherrschende Orientierungen, je nachdem ob ein Merkmal nur eingesetzt wird, um eine Sache zu erinnern oder ob die Sache selbst schon gänzlich in der Sprache formuliert ist. Herder unterscheidet Sach- und Wortgedächtnis graduell und nicht grundsätzlich, wie die Mnemotechniker es taten. Daß ein Gestalt-, Farben- und Tongedächtnis bei Herder hinzukommt, deutet den Gradualismus an. Es sind jeweils nur Äußerungsweisen des Gedächtnisses gemeint, die nach kognitiven Differenzen (Sach- und Wortgedächtnis) und nach der Logik der Sinne unterschieden werden: Das Gestaltgedächtnis geht aufs Fühlen, das Tongedächtnis aufs Hören und das Farbengedächtnis aufs Sehen; es fehlen Geruchs- und Geschmacksgedächtnis.[72]

Auch Herders Metaphorik speist sich zu einem großen Teil aus der Tradition der memoria. Zu seiner Vorstellung einer jeweils individuell-sinnlichen Sprache, in der die Ontogenese eines Individuums so aufgespeichert ist wie analog in der Nationalsprache die Charakteristika des Volks, gehört die Idee der Sprache als Schatz. Sehr oft spricht er vom »Schatz Menschlicher Begriffe« (SWS I, 389), der gesammelt werden müsse, damit man die Weltsicht jeweils einer Einheit – sei es das Individuum oder das Volk – analysieren könne. Die Sprache ist eine Schatzkammer; ähnliche Vorstellungen tauchen in den Begriffen Register, Archiv, Thesaurus, Lagerhaus auf: »Sprache ist und bleibt auch hier das Lagerbuch des menschlichen Verstandes« (SWS XXI, 103). In der Tradition der rhetorischen Gedächtniskunst werden die Vorstellungen vom Gedächtnis als Schatzkammer bzw. Thesaurus[73] von

[72] Cicero hatte die Prävalenz des Sachgedächtnisses aus dessen Nähe zum Gesichtssinn als dem deutlichsten der fünf Sinne hergeleitet (*De oratore*, II,357). Herder kehrt bekanntlich die Hierarchie der Sinne um und macht den Tastsinn zum ontologischen Fundament der fünf Sinne. Diese geänderte Stellung der Sinne wird wohl der Grund sein, warum Herder sich auf die einfache Dichotomie von Wortgedächtnis und Sachgedächtnis qua visuelles Gedächtnis nicht einläßt und anstatt dessen jedem Sinn sein Gedächtnis zudenkt.

[73] Auf die Thesaurus-Stellen in den klassischen Rhetoriken habe ich in der Fußnote 55 hingewiesen. – Freudenfeld (1996, S. 31–34) weist daraufhin, daß die barocken Exerpten-

Anfang an mit der architekturalen Struktur des künstlichen Gedächtnisses in Verbindung gebracht; vor allem in der weitausholenden Gedächtnisanalyse in den *Confessiones* des Augustinus finden sich lange Passagen auf der Basis dieser Metaphorik.[74] Herder scheint also die Vorstellung zu haben, daß im Sinne dieser Gedächtniskunst die Sprache eine Art von Gedächtnisraum sei. Die ersten Wurzelworte, die für die Entwicklung einer Sprache dieselbe elementare und prägende Funktion haben wie die ersten Differenzierungen in der monistischen Einheit der Seele, wären dann offensichtlich die imagines agentes dieser Sprache.

Die Diskussion des Etymologiegedankens in der *Sprachursprungsschrift* zielt auf den – trotz ihrer Unrekonstruierbarkeit – energetisch prägenden Einfluß der ersten ursprünglichen Wurzelwörter ab. Obwohl diese Wurzeln als solche nicht positiv nachweisbar sind, hat doch ihr energetischer Aspekt gleichsam in eine Sprache hineingestrahlt und deren Skandierung der Wirklichkeit geprägt. So wie der Mnemotechniker den zunächst leeren Merkraum mit affektgeladenen Bilder besetzt, um eine modellierte Struktur vorzufinden, die er als qualifiziertes Ortssystem für seine Memorate benutzen kann, entwirft nach Herder die Sprache in ihrem Diskursraum eine ursprünglich energetische Ordnung von affektiven Wurzelwörtern, die die Bahnungen späterer Sprache vorbereiten. Wenn auch die Wurzeln gänzlich in den Sprachprozeß aufgehoben werden – wegen der grundsätzlichen, die Ursprünge verwischenden Metaphorizität der Sprache –, so bleibt doch die energetische Modellierung durch alle Transformationen erhalten und sorgt für die jeweils individuellen Strukturierungen der Sprache.

Herder nimmt die Grundmodelle der rhetorischen Mnemonik in Form von Hintergrundsmetaphern in seinen Sprachbegriff auf; er benutzt mit der Unterscheidung von Wort- und Sachgedächtnis die spezielle Terminologie der rhetorischen Mnemonik; er stellt in der Schöpfungshieroglyphe den Konnex von architekturaler Ordnung und Gedächtnis her: dies alles läßt auf eine enge Vertrautheit mit der rhetorischen Tradition schließen. Am deutlichsten aber wird sich in der Analyse seiner theologischen memoria zeigen, daß das Gedächtnisthema zum zentralen Bestand von Herders Denken zählt.

Der Assoziationsbegriff der englischen Philosophen führt bei Herder zu einer Konzeption, die die gewohnheitsmäßige (habituelle) Verbindung von Wahrnehmungen nicht allein vor dem metaphorischen Hintergrund der Mnemonik denkt, sondern den jeweils individuellen Habitus eines Menschen oder

sammlungen und Kollektaneen, der traditionellen Thesaurus-Metaphorik folgend, als Schatzkammern und Gedächtnismagazine bezeichnet wurden.

[74] Aurelius Augustin, *Bekenntnisse*, übertragen von Herman Hefele, Berlin 1961, Buch X, Kapitel 8 bis 26.

auch eines Volks (als Makroanthropos) zu erinnern versucht. Weil er seine Ästhetik in einer Theorie der Aisthesis fundiert, gehört die Rekonstruktion von Wahrnehmungsstrukturen zum inneren Kern seines Theorieprojekts. Herder braucht also Strategien des Erinnerns, memoria-Pfade in die genetische Struktur der Wahrnehmung qua Aisthesis hinein. Was die Assoziationspsychologien als Bestand von memoria-Theorien in sich versteckt haben, befördert er wieder ans Licht. Sein Theorieprojekt läßt sich auch so verstehen, daß er im zeitgenössischen Assoziationsbegriff die Topographie der alten memoria wiederentdeckt und infolge dessen aus den habituellen Verknüpfungen eine umfangreiche Gedächtnisformation herausliest: als Weg in das Gedächtnis der Kultur, der Menschheit, der Wahrnehmung hinein. Um dieses Konzept stark zu machen, muß Herder freilich den Zugangsweg, also die Erinnerung als Eröffnung des Gedächtnisses, selbst einer Theoretisierung unterziehen. Warum ist die Struktur des Gedächtnisses geeignet, die Archive aufzuschließen, damit über sie zu einer aisthetischen Theorie der Ästhetik fortgeschritten werden kann?

Die Theoriebausteine für dieses Projekt liegen auf der Hand. Herder braucht erstens eine Theorie der Erinnerung, und er findet sie in der Aufnahme des Platonischen Anamnesisgedankens.[75] Er braucht weiterhin eine Theorie, die das Gedächtnis als ein Vermögen plausibel macht, welches die Leistungen der anderen Vermögen so in sich fassen kann, daß die memoria-Analyse des menschlichen Geistes nicht reduktiv wirkt. Gedächtnis muß einen umfassenderen Geltungsbereich haben, als nur den eines rein reproduktiven und passiven Vermögens.[76] Schließlich findet sich in der philosophischen Analysis eine Technik[77], mit der die angestrebte Theorie der Aisthesis vor dem Hintergrund des nun schon weitgehend gesicherten Gedächtnisbegriffs konkret erarbeitet werden kann. Die analytische Zergliederung der Begriffe muß, so Herder in verändernder Aufnahme der Leibnizschen characteristica universalis, auf deren sinnlichen Grund zurückführen. Die Sprache wird ihm folglich zum Mittel, um durch sie als Gedächtnisraum hin zum eigentlichen Ziel, der Genese der Aisthesis, zu kommen. Erst nach dieser Begründung für den Zugangsweg zum Gedächtnis können mit den Konzepten der theologischen memoria und der Geschichtsphilosophie Herders explizite Gedächtnistheorien ausfindig gemacht werden. Die theologische memoria realisiert sich in der Gestalt der Schöpfungshieroglyphe, die als solche einen Ursprung figuriert – den gleichzeitigen von Schrift und Sprache

[75] Siehe dazu das Kapitel: *Sensualistischer Platonismus: Gedächtnis und Selbstreflexion*.

[76] Dieser Gedanke wird in dem Kapitel *Die Metaposition des Gedächtnisses als Reflexionsmedium der Vermögenstheorie* aufgearbeitet.

[77] Vgl. das Kapitel *Philosophie als Analysis*.

– und die weiterhin selbst zum Ursprung einer mnemonischen Theorie der Geschichte wird. Geschichte schließlich wird als memoria-Archiv begriffen, um u. a. in der Aufnahme der Lebensaltermetaphorik eine phylo-/ontogenetische Parallele zu denken, durch die historische Wahrnehmungsbedingungen rekonstruiert werden können.

Die Frage nach der Bedeutung des Gedächtnisthemas für den Poesiebegriff und für die Logik der Interpretation wird sich anschließen, wenn diese Gedankengänge aufgearbeitet worden sind.

3. Sensualistischer Platonismus: Gedächtnis und Selbstreflexion

Die zentrale philosophische Tradition des Erinnerungsbegriffs nimmt ihren Ausgang bei Platons Anamnesislehre. Vernunft wird begründet aus einer apriorischen Teilhabe an den vorgewußten, aber wieder vergessenen Wahrheiten der Ideen. Die Platonische Maieutik ist die Redetaktik des Wiedererinnerns, also eine Gedächtnis-Praxis. Herders Anschluß an Platon kann, gemäß seinen sensualistischen Prämissen, kein Anschluß an den Platonischen Idealismus sein. Es ist daher notwendig, in der Rekonstruktion von Herders Bezug auf Platon dort anzusetzen, wo dieser in empiristischen Diskursen diskutiert wird. John Lockes Auseinandersetzung mit Platon mag dafür ein günstiger Ausgangspunkt sein.

Die Überlegungen, die bei Locke um den Begriff des Erinnerns herum plaziert sind, arbeiten, trotz der mnemotechnischen Hintergrundsmetaphorik, am Argumentationsbestand der Platonischen Anamnesislehre. In seinem *Essay concerning human Understanding* diskutiert Locke innerhalb seines empiristischen Ansatzes die Frage nach der Ursache der Ideen. Ob es neben der Wahrnehmung und neben der Reflexion andere Ursachen für das Vorhandensein von Ideen geben könne, ist für ihn mit der Frage identisch, ob die Seele von sich aus Inhalte mitbringe. Wenn sie dies täte, würde das, so Locke, zu der These führen, daß die Seele unabhängig vom Körper eine beständig denkende Einheit sei, die unbehelligt von den konkreten Erfahrungen des Menschen aktiv ist. Die Seele wäre dann die im Menschen befindliche – wenngleich nicht von ihm abhängige – Entsprechung zur permanenten Tätigkeit »des unendlichen Schöpfers und Erhalters aller Dinge«[78], also eine Art Analogon zum Prinzip der creatio continua. Locke diskutiert diese metaphysische These vor allem am Beispiel des Schlafes. Diejenigen, die von angeborenen Ideen reden und die Seele so konzipieren, daß sie mit diesen Ideen einen

[78] Locke, *Human Understanding*, II,1,10 (Bd. I, S. 113).

immerwährenden Umgang pflegt, müßten behaupten, daß im Schlaf, selbst wenn sich der Schläfer an nichts erinnert, ein ständiges Denken stattfindet. Lockes Einwand ist, daß dies zu der Paradoxie führt, den Menschen zweizuteilen, Schlafenden und Wachenden als zwei Personen zu denken.[79] Es entstünde der Begriff eines Wissens ohne Bewußtsein von ihm, und dies wäre offensichtlich ein Unding.

Aus dem Konnex von Gedächtnis und Selbstreferenz von Wissen wird deutlich, daß Locke das Gedächtnis als ein wesentliches Moment von Identität und Selbstbewußtsein konzipiert. Ein Denken ohne Erinnerung, sprich: eine tätige Seele ohne begleitendes Notat ist eine »Absurdität«[80] und »äußerst nutzlos«[81]: »Wenn sich die Seele ihrer eigenen Gedanken nicht erinnern kann, wenn sie sie für ihren eigenen Gebrauch nicht aufzubewahren und im gegebenen Fall nicht wieder zurückzurufen vermag, wenn sie nicht über das Vergangene nachdenken und von ihren früheren Erfahrungen, Überlegungen und Betrachtungen keinen Gebrauch machen kann, zu welchem Zweck denkt sie dann?«[82] In der Tat ist dieser Gedanke nicht allein in sich widersprüchlich, er ist auch innerhalb der Ökonomie einer Schöpfungsteleologie unsinnig. Gott hätte nämlich ein sinnloses und zweckloses Denken geschaffen, das agiert wie »in den Staub geschriebene Schriftzeichen, die der erste Windhauch verwischt.«[83]

Wenn also, so der Beweisgang, nur ein solches Denken sinnvoll als Denken bestimmbar und zweckmäßig integrierbar ist, das mit einem Wissen von sich, also mit einem Gedächtnis ausgestattet ist, dann können nur solche Ideen ihrem Begriff nach vorhanden sein, deren Zustandegekommensein nachvollziehbar ist: entweder durch den äußeren Sinn als Wahrnehmung oder durch den inneren Sinn als Beobachtung des Gemüts bzw. als Reflexion. Damit ist die These von einer selbstdenkenden Seele mitsamt angeborenen Ideen widerlegt. An die Verfechter der von ihm widerlegten These wendet sich Locke daher mit der Aufforderung, das Unmögliche eines Denkens ohne Erinnerung evident zu machen: »Gern würde ich auch von denjenigen, die so zuversichtlich behaupten, daß die menschliche Seele oder, was gleichbedeutend ist, der Mensch beständig denkt, darüber Aufschluß erhalten, wie sie zu dieser Kenntnis gelangen, ja, woher sie wissen, daß sie denken, wenn sie das selbst nicht wahrnehmen.«[84]

[79] Ebd., II,1,11 (Bd. I, S. 115).
[80] Ebd., II,1,15 (S. 118).
[81] Ebd. (S. 117).
[82] Ebd. (S. 118).
[83] Ebd. (S. 118).
[84] Ebd., II,1,18 (S. 121).

Herder steht als sensualistischer Idealist[85] in dem Konflikt, einerseits hinter die von Locke geführte Argumentation nicht zurückfallen zu wollen, andererseits aber nicht auf die Erklärungsmächtigkeit des Platonischen Ansatzes verzichten zu können. Er antwortet gleichsam direkt auf Lockes Aufforderung, indem er mit dem Phänomen des déjà-vu genau die von Locke namhaft zu machende Erfahrung angibt. Der Weg, den Herder in der Verfolgung des Platonischen Anamnesisgedankens gehen mußte, schloß einen Apriorismus der Ideen ebenso wie eine apriorische Philosophie der Vernunft aus. Dennoch verbarg sich für ihn im Platonischen Entwurf die Möglichkeit einer Anknüpfung. Vernunft ist hier ein Zweites, das nur im Zusammenhang zu einem Vorgeordneten denkbar ist. Diese Nachstellung eröffnet die Möglichkeit einer Temporalisierung. Sie läßt den Raum für eine Vernunftkonzeption entstehen, in der zwar Vernunft als Vernehmen gedacht ist, aber als empirisches Vernehmen[86] empirischer Wahrheiten. Daß Herder dem Lockeschen Empirismus empiristisch widerspricht und gleichzeitig mit dem déjà-vu eine Erfahrung benennt, die den Gedankengang Lockes durch die Behauptung einer dem Bewußtsein entzogenen Wahrnehmung in Schwierigkeiten bringt, macht Herders seltsame Gedankenformation deutlich, einerseits Sensualist zu sein, andererseits aber den Bestand idealistischer Theoreme und Modelle nicht einfach nur zu negieren, sondern ihn sensualistisch aufzunehmen. Wie lautet nun sein Argument? Seelenwanderung

In seinen Gesprächen *Ueber die Seelenwanderung* (SWS XV, 243 ff.) setzt Herder am stärksten Punkt der Platonischen Anamnesislehre an, nämlich an der Wahrnehmung, daß es Erkenntnisse und Begebenheiten gebe, die sich nicht aus dem herleiten lassen, was der Vernunft bewußtermaßen zur Verfügung steht. Würde er diesem Gedanken widersprechen, so wäre das Platonische Modell seines Eröffnungsschrittes beraubt. Herder aber gesteht die Evidenz dieses Arguments als solche zu und diskutiert mögliche Erklärungsmodelle. Es ist die Idee der Seelenwanderung, die theorietypologisch die Stelle der Ideenlehre und ihres Theorems der angeborenen Ideen einnimmt und die genau dieselben Begründungsprobleme aufwirft. Charikles, der Verfechter apriorischen Bezugs zu vorgewußter Wahrheit, führt das Phänomen des déjà-vu, das sich seiner Meinung nach nur als reale Wiederholung eines Vor-

[85] Der Begriff ist natürlich eine contradictio in adiecto. Inwiefern er dennoch genau die Sache trifft, wird auszuführen sein. In der Herder-Forschung sind Kennzeichnungen wie diese keine Seltenheit. Zu erinnern ist an den Titel der jüngst erschienen Habilitationsschrift von Marion Heinz (1994): *Sensualistischer Idealismus*. Um Formeln wie sensualistischer Monismus kreisen die Bestimmungen, die Panajotis Kondylis (*Die Aufklärung im Rahmen des neuzeitlichen Rationalismus*, München 1986, S. 622 ff.) zu Herder prägt.

[86] Zum Gedanken, Vernunft als Vernehmen zu konzipieren, vgl. u.a. SWS XXI, 199 f.

gangs aus einem früheren Leben denken läßt, auf die Seelenwanderung zurück.[87] Theagenes, der an der Empirisierung und Entmythologisierung der Palingenesie und damit der Sache nach auch an der Zurücknahme der Ideenlehre arbeitet, argumentiert dagegen. Das déjà-vu, das er als solches zugesteht (ebd., 254), läßt sich ihm zufolge aus einem gleichsam vorbewußten Reflexionsspiel des Kindes erklären, das eine Welt von Orten und Bildern traumhaft durchspiele. Später gebe es dann Korrespondenzen von Wirklichkeit und erinnertem Kindheitstraum. Herder hat mit diesem Theorem die Lockesche Kritik an Platon in eine Anamnesiskonzeption übernommen, die dennoch alle Erklärungsmöglichkeiten des Platonismus offen hält.

An der Argumentationsfigur interessiert zweierlei: zum einen die Voraussetzung, daß diese halbbewußten Kindheitsträume genug Welt enthalten, um tatsächlich die déjà-vu-Funktion übernehmen zu können und zum anderen der den Reflexionsgedanken genetisierende Zustand protoreflexiver Reflexion. Wenn Herder das Modell des kindlichen Denkens benutzt, um Reflexion ohne Selbstbewußtsein zu konstruieren, dann setzt er die grundlegende Bedingung aller Reflexionstheorie außer Kraft. – Ein kurzer Exkurs soll im folgenden das traditionelle Philosophem des Reflexionsgedankens skizzieren, um Herders Gedankenzug besser verorten zu können.

Zum Reflexionsgedanken gehört die Trennung von reflektierendem und reflektiertem Ich, von Tätigkeit und Produkt. Die auf der Zeitlinie fortschreitende Punktualität der Ichevidenz in ihrem permanenten Akt der Selbstidentifikation läßt die aus dem Intervall der Gegenwärtigkeit herausfallenden getätigten Denkakte frei werden und schiebt sie als Produkte in einen Hintergrund ab, so daß sie sich weiter hinten auf der Zeitlinie als Archiv der vergangenen Denkakte ansammeln. Voraussetzung für diesen Prozeß ist die zeitliche Aktdifferenz der Selbstreflexion.[88]

Bei dem Rekurs auf Locke war zu sehen, daß für ihn ein sinnvoller Begriff von Identität mit dem Vorhandensein eines Gedächtnisses zusammenhängt. Der tiefere systematische Grund dafür ist wohl in der jetzt explizierten Aktdifferenz der Selbstreflexion zu finden. Jenes Archiv, das sich aus der im Reflexionsvorgang vollziehenden Abspaltung der Denkakte ergibt, ist das Gedächtnis. Es ist der mit dem Denken zugleich entstehende Rückhalt des Denkens, die Einsortierung der Syntagmalinie des Denkens in die Ordnung des Paradigmas und im Zirkel der Selbstreferenz von Reflexion auch zugleich

87 »Haben Sie nicht oft Erinnerungen eines vorigen Zustandes gehabt, den Sie in dieses Leben nirgend hinzusetzen wußten?« (SWS XV, 253).

88 Die systematische Erläuterung des Terminus »Aktdifferenz der Selbstreflexion« findet sich bei Peter Baumanns (*Fichtes Wissenschaftslehre. Probleme ihres Anfangs. Mit einem Kommentar zu § 1 der »Grundlage der gesamten Wissenschaftslehre«*, Bonn 1974, S. 37).

diejenige Markierung, die ein aktuelles Denken mit einem Wissen von sich versieht, mit einer memoria-Marke.

Christian Wolff hat im § 734 seiner *Vernünfftigen Gedanken* den Zusammenhang von Bewußtsein und Gedächtnis mit der ihm eigenen Einfachheit formuliert: »Wer die Gedancken gegen einander hält, der muß nicht allein behalten können, was er dencket, sondern auch wissen, daß er den Gedancken schon hiervon gehabt, und demnach mit einem Gedächtnisse begabet seyn. Da nun derjenige, der sich seiner und anderer Dinge bewußt ist, Gedancken gegen einander hält, und von einander unterscheidet; so muß er auch ein Gedächtniß haben. Und solchergestalt wird zum Bewußtseyn ein Gedächtniß erfordert.«[89] Der grundlegende Akt des Denkens, die Differenzanalyse, geht zeitlich vor sich: »Nehmlich wenn wir etwas gedencken; so behalten wir einen Gedancken durch eine merckliche Zeit, und unterscheiden ihn gleichsam von sich selbst durch die Theile der Zeit, die wir, ob zwar nur undeutlich von einander unterscheiden.«[90] Damit das Denken die durch die Differenzanalyse gewonnenen Bestimmungen weiterverwerten kann, müssen diese, schon in einem jeden Gedankenzug, im Gedächtnis zwischengelagert werden. Folglich gehört zum Denken ein Gedächtnis[91] als Selbstreferenz des Denkens im Modus seiner eigenen Vergangenheit, und Selbstreferenz von Denken ist traditionell der Name für Bewußtsein.

Der Gedanke findet sich schon in Descartes' *Regulae*.[92] Von der Deduktion (als Oppositionsbegriff nicht zu Induktion, sondern zu Intuition) sagt er, sofern sie »vielfach und verwickelt« ist: »Im letzteren Falle haben wir ihr den Namen einer Aufzählung oder Induktion gegeben, weil sie dann nicht auf

[89] Wolff, *Vernünfftige Gedanken*, S. 458.

[90] Ebd. (= § 735).

[91] Wolff verfolgt diesen Gedanken auch auf der ganz formalen Ebene der »förmlichen Schlüsse« (ebd., S. 201 = § 345). In syllogistischen Schlußverfahren werden Obersätze nämlich, weil sie »ein Glied mit dem Untersatze gemein« (ebd.) haben, »vermittelst der Einbildungs=Kraft und des Gedächtnisses« (ebd., S. 202 = § 345) hervorgebracht, um mit dem neuen Element des Untersatzes die neue Erkenntnis zu erlangen. Auch hier ist es also das Gedächtnis, dessen über die Punktualität hinausgehende Konstanz dem fortschreitenden Denken diejenigen Elemente reicht, die es zu seinen Schlußverfahren benötigt. Gegenüber der eindimensionalen Linie des Denkens etabliert das Gedächtnis eine zweite Dimension, die als Widerpart zugleich Reflexion ist.

[92] Es sei darauf hingewiesen, daß sich bei Quintilian zu Beginn des Gedächtniskapitels der Gedanke findet, daß in jedem Denkakt eine Synthesis von Gegenwärtigem und Erinnertem liegt. »Denn während wir das eine sagen, müssen wir schon im Blick haben, was wir sagen wollen; während so die Gedankenarbeit immer schon weiterläuft, gilt ihr Suchen dem, was erst später kommt, alles aber, was sie gefunden hat, gibt sie gleichsam dem Gedächtnis zur Verwahrung« (*Institutio oratoria*, XI,2,3). – Es soll aber nicht behauptet werden, daß diese Stelle die Quelle für den systematischen Gedanken der Gedächtnisfunktion in jedem Denken sei.

einmal vom Verstande erfaßt werden kann, sondern ihre Zuverlässigkeit in gewisser Weise vom Gedächtnis abhängt, in dem die Urteile über die einzelnen aufgezählten Teilmomente aufbewahrt werden müssen, um aus ihrer Gesamtheit einen einzigen Sachverhalt zu erschließen.«[93] Wie bei Wolff ist hier schon die Zeitlichkeit des Verstandes und damit seine abstrakte Vereinzelung dadurch aufgehoben, daß das Gedächtnis als Archiv der Gesamtheit aller gerade nicht behandelten Aspekte dient und sie sukzessiv nachzuliefern in der Lage ist.

Auch Diderot stellt die Relation auf, daß das Gedächtnis die Ganzheit der Momente garantieren muß, während der aktuelle Urteilsvollzug immer nur wenige Begriffsmomente brauchen kann: »Setzt aber nicht auch Ihrer Ansicht nach das Gedächtnis bei einem Urteil zwei Ideen voraus, die dem Geist zugleich gegenwärtig sind: die Idee, die man in diesem Augenblick hat, und die Erinnerung an die Idee, die man kurz vorher gehabt hat? Ich selbst denke, daß gerade aus diesem Grund Urteilskraft und gutes Gedächtnis selten zusammentreffen. Gutes Gedächtnis setzt eine große Fertigkeit voraus, auf einmal oder schnell nacheinander verschiedene Ideen zu haben, und diese Fertigkeit beeinträchtigt den ruhigen Vergleich einer kleinen Anzahl von Ideen, die der Geist sozusagen ›fixieren‹ muß.«[94]

Fällt nun diese in der Dichotomie von Denken und Gedächtnis sich bezeugende Aktdifferenz des Denkens weg, wie Herder – um wieder zum Hauptgedanken zurückzukommen – es sich im Reflexionsspiel des Kindes vorstellt, so würde keine Trennung von Vergangenheit und Gegenwart der Reflexion eintreten: Das Archiv wäre immer ganz da, in magischer Gleichzeitigkeit mit dem Ich. Diese Gedankenfigur beschreibt einen Grenzwert. Die Scholastik imaginiert dafür die Wahrnehmungsbedingungen der Engel, Fichte denkt im absoluten Akt des Sichsetzens des absoluten Ich eine vorreflexive Spontaneität, Schelling konzipiert in Gott eine traumhafte, im magischen Nu ablaufende transzendentale Weltgeschichte vor allem Entschluß zur Schöpfung. Gemeinsam ist diesen Modellen, daß sie das Selbstbewußtseinstheorem unter Umgehung des Selbst, aber bei Erhaltung des Bewußtseins genetisieren wollen. Indem Zeitlichkeit strategisch herausgestrichen wird, um dann das Einsetzen von Zeit erklären zu können, wird von der conditio humana – Sinnlichkeit, Diskursivität etc. – mit dem Ziel abstrahiert, sie genetisch zu erklären.

Herder weist diese Figur dem Kind zu. Er entwirft damit einen Grenzbegriff, der nicht als empirische Mutmaßung verstanden werden sollte, sondern

[93] Descartes, *Regulae*, XI,2.

[94] Vgl. Diderots *Brief über die Taubstummen* in: Denis Diderot, *Ästhetische Schriften*, Hg.: Friedrich Bassenge, Berlin und Weimar 1967, 2 Bände: I, 49.

als Konstruktion aus den Begriffsimplikationen von Selbstbewußtsein. Ein traumhaftes Ablaufen von Weltimagination ohne Intervention eines aufmerkenden ›Ich denke‹, ein Vorstellen ohne objektivierendes Vor-Stellen, ein Erleben ohne die rekursive Funktion des Erlebnisses, würde in der Tat als Vorschematisierung künftigen bewußten Weltwahrnehmens auf seine Weise die ganze Welt schon in sich enthalten. Protoreflexive Reflexion wäre durch keine selbstbezügliche Schließung gebremst und hätte deshalb eine größere Weltwahrnehmung als eine Reflexion sie haben kann, die ihr Reflektiertes ständig konzeptualisieren muß.

Im philosophischen Haupttext Herders, dem *Vierten Kritischen Wäldchen* wird dieser Konnex von kindlicher Wahrnehmung, déjà-vu und Platonischer Anamnesis in einem zusammenhängenden Gedankengang formuliert. In den frühesten »Entwicklungen unsrer innern Gedankenkraft« (SWS IV, 30) sind die Sensationen nahe an der Seele und »falten sich« – wie Herder in umkehrender Aufnahme der Leibnizschen Terminologien des Eingefaltetseins aller Weltperzeption in der Monade formuliert[95] – »so nahe an unser Ich, daß wir sie für angebohrne Gefühle halten« (ebd.). Diese »ersten Phantasien eines Kindes werden feurige, ewige Bilder, sie geben seiner ganzen Seele Gestalt und Farbe, und der Philosoph, der sie ganz in ihrer Flammenschrift kennete und übersehen könnte, würde die ersten Buchstaben seiner ganzen Denkart in ihnen sehen« (ebd., 32). Als »dunkle Anerinnerungen«, als Gefühl, etwas »schon gesehen, schon einmal erlebt« (ebd.) zu haben, »liegen solche dunkle Ideen in uns« (ebd.). Herder nennt sie den »dunklen Grund« (ebd., 33) und spielt damit auf den Terminus fundus animae[96] bei Baumgarten an und auf dessen Bestimmung im §1 der *Aesthetica*, Ästhetik sei als Analyse des analogon rationis zugleich ars analogi rationis.

Im »Erwachen unsrer Seele« (ebd., 32) werden die Kräfte der Seele unterschieden. Ihr anfänglicher Monismus, der mit einer ursprünglichen Nähe von

[95] Die Leibnizsche Terminologie verweist auf die Quelle für Herders Gedanken, gegen Lockes Argument doch die Möglichkeit einer Tätigkeit der Seele anzunehmen, die vom bewußten Subjekt nicht registriert wird. Leibniz entwickelt, ausgehend vom Paradigma der Infinitesimalrechnung, eine Theorie der unendlich kleinen und folglich auch unbewußten Vorstellungen (petites perceptions). In Mendelssohns *Abhandlung über die Evidenz in metaphysischen Wissenschaften* (1764) taucht dieses Leibnizsche Theorem, wie bei vielen Zeitgenossen, auf: »Diese Vorstellungen aber können von der Beschaffenheit der eingewickelten Begriffe sein, davon wir oben gesehen, daß sie allezeit in der Seele, ohne von ihr bemerkt zu werden, anzutreffen sein können. […] so ist es leicht möglich, daß es einen Zustand der Seele geben könne, in welchem alle ihre Vorstellungen diese Beschaffenheit haben, daß sie von ihr selbst nicht erkannt werden, wie z.B. im Schlafe« (Mendelssohn, *Schriften über Religion*, S. 114).

[96] Siehe dazu die Arbeiten von Adler 1988 und 1990.

Sensation und Seele einherging, wird in einen Prozeß der internen Differenzierung, des Klarwerdens der dunklen und verworrenen Ideen, in eine Auseinanderfaltung getrieben, die Herder gemäß der Terminologie seiner Zeit in den Begriffen der Vermögenstheorie formuliert. Die beiden ersten Vermögen, die dabei entstehen, sind Phantasie und Gedächtnis (ebd.). Notwendigerweise müssen es diese sein, wenn der Prozeß auf die Bildung von Selbstbewußtsein hinauslaufen soll. Nach Wolff (s. o.) impliziert Differenzanalyse immer Gedächtnis. Es muß, wenn die primären Erfahrungen protoreflexiven Bewußtseins durch Differenzierung reflexiv werden, eine Instanz vorhanden sein, die aufspeichert, was jeweils in der Dichotomie einer Differenz gerade nicht benutzt wird (immer nur die eine Seite der Differenz kann benutzt werden; die andere liegt für eine Zeit still): Diese Instanz ist das Gedächtnis. Die Phantasie als Zugriffsinstanz auf das Gedächtnis ist, modern gesprochen, die Benutzeroberfläche für den Speicher. In seiner Kantkritik *Verstand und Erfahrung* von 1799 formuliert Herder diesen Zusammenhang von Urteilshandlung und Gedächtnis, sowie dessen Angewiesenheit auf die Phantasie (Einbildungskraft): »Gedächtnis nennen wir den innern Behalter, der diese empfangenen Eindrücke in uns aufbewahrt, aus welchem bei gegebnen ähnlichen Merkmalen oder Aufrufungen sie die Erinnerung wieder hervorruft. Gedächtnis, Erinnerung, vortrefliche Gaben und Namen! Gedächtnis zeigt an, daß etwas mit einem Merkmal gedacht sey und wieder gedacht werde; Erinnerung, daß ich einer innegewordenen Sache wieder inne werde. Beide, sagt man mit Recht, wirken durch die Einbildungskraft« (SWS XXI, 84).

Auch an der diskutierten Stelle des *Vierten Kritischen Wäldchens* deutet Herder die weitreichenden Konsequenzen dieses Gedankenganges an. Der dunkle Grund der ersten Sensationen, die sich so eng an die Seele falten, daß er mit ihr identisch zu sein scheint, »schattieret« (SWS IV, 33) die »später aufgetragnen Bilder und Farben« (ebd.), so daß jede spätere Erfahrung immer nur in das Raster der protoreflexiv gemachten eingetragen wird und zu dessen Explikation gerät.

Damit ist alle Erfahrung immer schon gemacht, das Neue Wiedererinnerung im Platonischen Sinne, freilich aber nicht mit Bezug auf einen Ideenhimmel, sondern als Nachvollzug der sinnlichen Lineamente der Seele.[97]

[97] Eine charakteristische Stelle für Herders sensualistische Adaptation Platons findet sich in der frühen Skizze *Zum Sinn des Gefühls*. Herder konstruiert, wie »ein geborner Blinder sich gleichsam erinnern kann, wie die Seele sich ihren Körper bereitet, wie aus jeder Kraft jeder Sinn gleichsam gebildet wurde« (Pross II, 244). Ein Blinder kann dies exklusiv, weil er nicht durch das Sehen von seinem Selbstbezug abgelenkt ist. Indem Herder Reflexion als Körperlogik buchstabiert, wird ihm das Gefühl zu demjenigen Sinn, der das elementare Beisichbleiben garantiert, während das Sehen im Sinne des Heideggerschen

Auch das Traumargument taucht auf: »Ein Kind kann oft nicht Träume und wachende Bilder unterscheiden; es träumt wachend und nimmt oft als geschehen an, was nur ein Traum war« (ebd.). Da die frühkindliche Einzeichnung des Wahrgenommenen in die Seele die Sensationen unendlich nahe aneinander faltet, werden Träume ebenso in die protoreflexive Wahrnehmung aufgenommen. Weiterhin wirkt die Seele in diesem vor aller Unterscheidung liegenden Zustand als ganze Seele: »Unsre Kindheit ist ein dunkler Traum von Vorstellungen, so wie er gleichsam nur auf das Pflanzengefühl folgen kann; aber in diesem dunklen Traume würkt die Seele mit allen Kräften« (SWS IV, 31). Wenn die Ausdifferenzierung mit diesem Material arbeitet und neue Erfahrungen sich nur in die schon vorhandenen Bahnen einschreiben, dann ist in der Tat in der Kindheit schon die Ganzheit dessen erfahren, was spätere Erfahrung dann, freilich nicht dunkel und verworren, sondern in stetig wachsender Klarheit vollzieht. Herder genetisiert den Platonismus sensualistisch: Die Gefühle, als »Stamm unsrer Begriffe« (ebd.) werden so benutzt, »als wären sie angebohrne Gefühle« (ebd.), während sie dies nur im Modus des »als ob« (ebd.) sind.

Gedächtnis, so läßt sich diese Gedankenformation zusammenfassen, speichert die ersten kindlichen Erfahrungen und etabliert einen Ordnungsraster, der zunehmend der Individualität einer Erfahrungsart Rechnung trägt. Dabei werden im internen Prozeß der Ausdifferenzierung der Seele die prägenden Erfahrungen in die paradigmatischen Cluster der jeweiligen Differenzierungshinsichten eingetragen. Das Gedächtnis steuert zugleich jede weitere Wahrnehmung, denn die Gesamtheit alles möglichen zukünftigen Wahrnehmens ist im dunklen Grund der Seele (fundus animae) immer schon vorhanden, wie die Erfahrung des déjà-vu zeigt. Eine Erfahrung expliziert stets nur, was dunkel und verworren schon erfahren wurde, und die Vernunft kann nur aufklären, was im Ähnlichen der Vernunft, im analogon rationis als der Gesamtheit aller sinnlichen Vermögen[98], schon vorstrukturiert ist. Die Genese von Selbstbewußtsein aus protoreflexiver Erfahrung und die Totalität allen Wahrnehmens sind damit immer schon im Gedächtnis konzeptuali-

Vorstellens als Vonsichwegstellen zu einer Zerstreuung führt: wir »haben es nicht nötig, uns zu begegnen« (ebd.). Deshalb ist ein Blinder der bessere Metaphysiker: er kann die Kräfte der Seele intensiver studieren. Herder bringt diese rein sensualistische Argumentation mit Platon zusammen: »Er [der Blinde] würde wenn er zurückginge auf alles kommen, und sich Platonisch alles erinnern: das wäre Philosophie« (ebd.). Offensichtlich ist hier die Idee von Philosophie als Analysis mit Herders Platonismusvariante zusammengebracht, die zugleich auch eine sensualistische Theorie des Selbstbewußtseins ist.

[98] Vgl. zu dieser Begriffsdefinition Alexander Gottlieb Baumgarten, *Metaphysica*, Halle 1739, § 640. Ich werde auf diesen Begriff später ausführlich zurückkommen.

siert.[99] Die Vernunft kann ihrem Begriff nach nur das Vernünftige am analogon rationis erkennen, also nur denjenigen Teil der Strukturiertheit, der sich im Prozeß der Erfahrung zur Klarheit entwickelt. Um den dunklen Grund, das analogon rationis, explizierbar zu machen, muß offensichtlich eine Instanz eintreten, die selbst, obwohl sie intelligible und erklärende Kraft hat, noch wesentlich sinnlich ist. Es wird sich erweisen, daß dieses Zwischenglied im Begriff des Kunstwerks gefunden wird.

Wie kommt Herder zu dieser sensualistisch-empiristischen Umformulierung des Platonismus? Gibt es für seine Argumentation eine direktere Quelle, als die bislang genannten? Denn was Herder am Beispiel des Kindes ausführt, verweist auf ein allgemeines und theoretisch konsistentes Modell, das anders als nur aus einem Puzzle von verschiedenen Vorgängertheorien entstanden sein muß.

Es wird sich zeigen, daß Herder vor allem Leibniz aufnimmt und weiterentwickelt. John Locke handelt im ersten Buch seines *Essay concerning human Understanding* davon, daß weder Ideen noch Prinzipien angeboren seien. Locke muß in seinem Gedankengang, wie ich schon zu Anfang dieses Kapitel referiert habe, leugnen, daß es sinnvoll wäre, von einer Wahrheit zu sprechen, die nicht unter den Bedingungen des Wissens von ihr steht. Herder hat aber ganz offensichtlich mit dem déjà-vu-Argument eine solche Wahrheit namhaft gemacht: nämlich die Wahrnehmung, ganz von außerhalb käme etwas in die Seele, das ihr gleichwohl nicht durch bewußte Erfahrung gegeben sein kann, weil es in den dunklen Grund der protoreflexiven Reflexion zurückreicht. Ihm mußte sich also das Problem stellen, wie der zentrale Gedanke der Platonischen Erkenntnistheorie, die Anamnesis-Konzeption, mit dem Empirismus eines John Locke zusammenzubringen ist, so daß beide Gedankenbewegungen gerettet werden können: wie das déjà-vu-Phänomen zu erklären sei, ohne wieder in Platonische Metaphysik zurückzufallen.

Überlegungen in diese Richtung finden sich in Leibniz' *Nouveaux Essais sur l' Entendement humain* von 1765. Leibniz legt seinen Text als fortlaufen-

[99] Daß mit einer Gedächtnisanalyse eine Theorie des Selbstbewußtseins verhandelt werden kann, ist traditionsbildend schon in Augustins berühmtem zehnten Buch der *Bekenntnisse* greifbar. Dort führt die Absicht des Gott suchenden und Gott bekennenden Sprechers zu einem Gang in das Innere der eigenen Seele, durch die hindurch der Bezug zu Gott offenbar werden soll. Diese Selbstanalyse vollzieht sich in Form einer Theorie des Gedächtnisses, welche, vermittelt über die temporalen und epistemologischen Paradoxa (etwa, daß man sich an das Vergessen erinnert) zu der Erkenntnis führt, daß Gott Grund und Ermöglichung des Gedächtnisses sei. Mit dieser Erkenntnis verbindet sich aber auch eine Analyse des reflexiven Selbstbezugs: was im Gedächtnis vorfindbar ist, geht zwar zuletzt auf Gott zurück, wird aber zugleich der Evidenz des Selbstbewußtseins zugeschrieben. Vgl. Augustin, *Bekenntnisse*, S. 295 ff. (= Buch X, 7. Kapitel und folgende).

den Kommentar zu Lockes *Essay* an. Seine beiden Sprecher, den Locke freundlich gesonnenen Philalethe und den die Leibnizschen Ansichten vertretenden Theophile läßt er in einen Disput eintreten, in dem es aufgrund der dialogischen Form möglich ist, Gedanken zu erörtern, die gleichwohl nicht beweisrelevant sind, sondern in der gesprächsweisen Erörterung auch wieder liegen bleiben können. So stellt sich Philalethe die Frage: »Ist es aber möglich, daß Kinder Begriffe aufnehmen, die ihnen von außen zukommen, und dennoch keine Kenntnis von dem haben, was man ihnen als eingeboren und einen Teil ihres Geistes ausmachend voraussetzt?«[100] Wenig später führt Theophile aus: »Alle, die eingeborene Wahrheiten annehmen, ohne sie auf platonische Wiedererinnerung zu gründen, nehmen solche an, an die man noch nicht gedacht hat.«[101]

Herder brauchte bei diesen Gedankenzügen nur noch wenig zu ergänzen. Erwogen wird, daß Kinder Gedanken von außen aufnehmen, die sonst als eingeborene bezeichnet werden, und erwogen wird zweitens, daß eine nichtplatonische Anamnesis von Wahrheiten sprechen kann, die nicht ursprünglich mit einem Wissen von sich begleitet sind. Es lag nahe, diese beiden Gedanken zu einer Theorie der kindlichen Wahrnehmung zusammenzuziehen. Schon in Lockes *Essay* war das kindliche Wahrnehmen ein wesentliches Modell bei der Argumentation gegen die Vorstellung vom Eingeborensein der Ideen. Erst die weiter ausholenden Gedanken von Leibniz aber eröffnen die Möglichkeit, als Spezifikum kindlichen Wahrnehmens zu behaupten, daß es ohne Wissen von der Wahrnehmung vor sich gehe. So gedacht können die Ideen, die später in déjà-vu-Erlebnissen wiedererinnert werden, in den Geist Einzug halten, ohne daß dieser Akt vom kindlichen Ich notiert werden muß. Herders Idee von Kindheit zieht eine philosophische Diskussion in eine ontogenetische These zusammen.

Er konnte dabei weitere Bestandteile der Leibnizschen Philosophie übernehmen. Insbesondere die Idee von den unbewußten Vorstellungen (petites perceptions) kam ihm zustatten. Weil in Leibniz' Monaden-Konzeption die Seele eine ständig wirkende, genauer: vorstellende Kraft ist, kann sie weder aufhören, tätig zu sein, noch könnte sie in sich etwas haben, wovon sie nichts weiß, denn sie ist ja der Inbegriff permanenten Sichexplizierens qua Vorstellungen habend. Der Monade müßte also eine durchgängige Selbstpräsenz eigen sein, was aber jede Möglichkeit vernichten würde, so etwas wie Entwicklung zu denken. Leibniz löst das Problem mit dem Begriff der unbewußten

Kröller

[100] Gottfried Wilhelm Leibniz, *Nouveaux Essais sur l' Entendement Humain/Neue Abhandlungen über den menschlichen Verstand* (frz./dt.), Hg.: Wolf von Engelhardt und Hans Heinz Holz, Frankfurt am Main 1961, 2 Bände: I, 45.

[101] Ebd., I, 47.

Vorstellungen. Die Seele kann auch dunkle Vorstellungen haben, die so klein sind, daß sie unterhalb des begrifflich Wahrnehmbaren bleiben.

Herder hat diese Anregung aufgenommen. Er denkt sich frühkindliche Wahrnehmung, sofern sie noch nicht von einem Selbstbewußtsein kontrolliert wird, als so eng an die Seele gefaltet (s. o.), daß sie von den Gedanken der Seele ununterscheidbar ist. Die frühesten und dunkelsten Sensationen erfährt das Kind jenseits begrifflicher Prägnanz und auch jenseits der Subjekt-Objekt-Trennung. Jenes Konglomerat von Vorstellungen und Sensationen, das sich beim Kind in eine dunkle Einheit zusammenfindet – wofür Namen wie analogon rationis und fundus animae einstehen –, besteht aus petites perceptions. Herder kann aus seiner Leibniz-Lektüre nicht nur sein Modell von Kindheit und darauf aufbauend seine Anthropologie herleiten, er findet auch die begrifflichen Möglichkeiten, den Vorgang, den Platon mit der Wiedererinnerung beschreibt, als ganz sinnlichen Vorgang zu erklären.

In der *Aeltesten Urkunde* bietet Herder eine interessante theologische Variante des Gedankengangs. Aus der Diskussion des Sündenfalls zieht er eine genetische Theorie der Seelenkräfte, wiederum mit Gedächtnis und Phantasie als den ersten Vermögen.[102] Im Zusammenhang seines Kommentars zur Verführungsszene schreibt er: »Auch in diesem Schritt der Geschichte, welche Wahrheit! Eine Theorie unsrer Seelenkräfte in ihrer Entwicklung – am Baum des Erkenntnisses versucht, bliebe kein Roman mehr. Wie da sich der Keim freilich aufschloß! wie, als man vom Gebot wich, durch ein »Ja sollte?« die Saite schwirrte: Gedächtniß brachte sie zurück: eine Kombination zweier Begriffe, eines Namens und einer Erfahrung spannet sie auf! Phantasie ist im Götterlande; dichtet. Was kann sie dichten? Alles und Nichts. Sinnliche Aufmerksamkeit gab dem Nichts Wesen: die Lust entzündet That. Irrthum aus vielen willigen Irrthümern, Sünde. Im Schoos Eines Sinnes, Einer Begierde gebar sich das ganze Gespinnst unsrer seynsollenden Seelenkräfte und Wesen« (SWS VII, 88 f.). Der Passus ist schwer zu rekonstruieren. Sündenfall und Vermögenstheorie gehören offensichtlich zusammen, und da der Sündenfall mit Selbsterkenntnis zu tun hat, kommt diese in einen Bezug zum Gedächtnis.

[102] Ausgehend von der für Herder grundlegenden, aus seiner Newton-Rezeption übernommenen Terminologie von Anziehung und Abstoßung ließe sich darüber nachdenken, ob die Tatsache, daß Gedächtnis und Phantasie (Einbildungskraft) nach der Ausdifferenzierung der Sinne die beiden ersten Vermögen sind, mit der mechanistischen Vorstellung eines Kräftespiels zusammenhängt. Ohne Zweifel nämlich tendiert das Gedächtnis eher in Richtung Zusammenziehung, ist ein Insichkehren, hat eine zentripetale Dimension, während die Phantasie ein Produzieren, Aussichherausgehen ist und zentrifugale Kraft wäre.

Nach Herders Auslegung ist das Sprechen der Schlange eine Imagination Evas, die sich wie die ursprünglichen und wilden Menschen mit sich selbst unterhält: »Der Mensch muß sprechen und macht sich Gesellschaft. Alle Einsamen sprechen laut, mit sich selbst. [...] Der Wilde belebt alles, spricht mit Allem« (ebd., 80). Die im Selbstgespräch Evas imaginierte Unterhaltung mit der Schlange wird von Herder als »Conversation« (ebd., 82) – vgl. das Schwirren der Saite im Ausgangszitat – bestimmt: »eine Thatsache wird flüssig gemacht« (ebd.), Eva »beschwatzet und schwatzet weg« (ebd.) und löst damit die Eindeutigkeit des göttlichen Verbots, vom Baum der Erkenntnis zu essen, auf. Das Sollen und Dürfen wird verschoben, indem der Name »Baum des Erkenntnisses« mit der »Nebenbedeutung« (ebd., 84) der »Erkenntnis Gutes und Böses« (ebd.) kombiniert wird. Diese »leichte Verbindung zweier Bedeutungen« (ebd.) ist es, die Herder im Ausgangszitat als »Kombination zweier Begriffe, eines Namens und einer Erfahrung« (ebd., 89) bestimmt. In diesem Schluß, eine der »bündigen Analogischen Schlußfolgen der Täuscherei« (ebd., 85), ist der Sündenfall als Selbstvergottung[103] Evas vollzogen.

Gedächtnis ist in dieser Gedankenformation diejenige Instanz, die eintreten muß, damit aus der paradiesischen Einheitserfahrung, die hier im theologischen Kontext parallel zur ursprünglichen Einheit der Seele mit den Sensationen (s. o.) steht, eine sich als Urteilshandlung vollziehende Ausdifferenzierung werden kann. So wie die Seele nach der Argumentation des *Vierten Kritischen Wäldchens* im Prozeß des Unterscheidens die Differenzen im Gedächtnis zu weiteren Anwendungen auf weitere Differenzen zwischenspeichern muß, so löst sich die paradiesische Einheit in dem Moment auf, wo »Nebenbedeutungen« (ebd., 84) die Eindeutigkeit des göttlichen Gebots in die Verschiebungen der »Conversation« (ebd., 82) einbinden. Herder deutet den Sündenfall als Geburtsstunde von Autonomie, von Selbstreflexion als Urteilsvollzug, der sich notwendig aus dem vorausgesetzten Einheitsbezug verabschiedet. Der Sündenfall als vom göttlichen Gebot abweichende und Selbstbewußtsein hervorbringende Urteilshandlung braucht so konstitutiv ein Gedächtnis, wie überhaupt jede Urteilshandlung, wie bei Wolff zu lernen ist, in der »Kombination zweier Begriffe« (ebd., 89) jeweils den Begriff, der dem aktuellen zugesellt werden soll, aus dem Gedächtnis holen muß.[104]

103 Es tauchen in dem schwer lesbaren Text Formulierungen auf wie: »selbstgewordnen Gott« (SWS VII, 84); der Eva in den Mund gelegte Satz: »Weil die Schlange ungerochen frißt, kann ich zu Gott werden, wenn ich davon esse« (ebd., 85); »Göttergleiche [...] Allwissenheit« (ebd., 86).

104 An dem Herderschen Gedankengang wäre freilich auszusetzen, daß schon das Gebot, um verstanden und befolgt werden zu können, Gedächtnis und Selbstreflexion vor-

Damit ist der aus dem sensualistischen Platonismus gefolgerte Zusammenhang von Urteilshandlung, Selbstbewußtsein, Genetisierung von Reflexion, Begründung von Totalitätsrepräsentation und Gedächtnis theologisch bestätigt und um das Moment des Sündenfalls als Konstituierung von Autonomie ergänzt.

Indem Herder dieses Modell zu Grunde legt, kann er mehrere Gedankenmotive integrieren. Die Erinnerung, scheinbar von jenseits der Vernunft herkommend und in ihr auftauchend, muß dennoch nicht in ein Jenseits verlegt werden, sondern kann der individualisierten Geschichte der Vernunft zugeschrieben werden. Was sich im Kulturprozeß als Aufeinanderfolge der verschiedenen Logiken darstellt – Gaier hat dies mit dem Terminus des Herderschen triceps formalisiert[105] –, wiederholt sich ontogenetisch in der Entwicklung jedes Individuums. Der mehrfach vermittelte Weg von der sinnlichen zur verstandesbezogenen Menschheit ist zugleich strukturhomolog zur Individualgenese. Weil aber die sensualistische Anamnesis bis in die Tiefen der frühesten Kindheit hineinreicht, holt sie mit der Strukturhomologie von Phylo- und Ontogenese auch allgemeinere Strukturen herauf. Somit ist Erinnerung immer zugleich Arbeit an der Logik der überlieferten Kulturdenkmäler wie auch Rekonstruktion eigener Vergangenheit. Die Platonische Wiedererinnerung ist vom Ideenhimmel herabgeholt in eine sensualistische Theorie des internen Konstruktivismus von Vernunft, ohne daß eine der Leistungen der Platonischen Ideenlehre bzw. des Theorems der Seelenwanderung dabei verloren ginge. Im Gegenteil: memoria erhält so eine explizite Zugriffsdimension.

Neben der Entmythologisierung der Ideenlehre wie der Seelenwanderung und neben der eröffneten Theorie des Zugriffs auf die Archive kann Herder das Selbstbewußtseinstheorem, das in seinem evidenten Gegebensein nahezu untheoretisierbar scheint, dennoch, zumindest im Begriffsexperiment, hintergehen. Damit hat er die Möglichkeit, eine komplette Welt zu denken, die nicht unter dem Zwang der rekursiven Schließung durch die Subjektslogik steht. Folglich beginnt seine Literaturwissenschaft, wenn sie in noch auszuführender Weise ein Parallelunternehmen zu diesem Gedankengang ist, mit einer betonten Historisierung. Die immanente Geschichtlichkeit des Individuums als Diskursziel des neuen Denkens muß in Herders Theorie frühester Dichtung zum zentralen Thema werden.

aussetzt. Gedächtnis kann nicht erst mit dem Sündenfall in die Welt kommen, wenn es auch hier erst ausdrücklich und bewußtermaßen benutzt wird.

[105] Ulrich Gaier, Poesie als Metatheorie. Zeichenbegriffe des frühen Herder, in: *Johann Gottfried Herder 1744–1803*, Hg.: Gerhard Sauder, Hamburg 1987, S. 202–224.

4. *Die Metaposition des Gedächtnisses als Reflexionsmedium der Vermögenstheorie*

»Das Gedächtnis ist für alle Tätigkeiten der Vernunft notwendig«
(Blaise Pascal)[106]

Das Gedächtnis zählt zur Einbildungskraft, ist deren reproduktiver Teil.[107] Die Einbildungskraft selbst gehört zu den unteren Vermögen. Aus einer Analyse der Einbildungskraft speist sich das poetologische Denken des 18. Jahrhunderts. In einer kritischen Variante wird Einbildungskraft als eine gefährliche Form der Abirrung von den Wegen der Vernunft gedeutet. In einer eher progressiven, die Positivität der dichterischen Produktion zur Geltung bringenden Version erscheint sie als das zentrale Vermögen, von dem sich der Prozeß der Poetik bis zum magischen Idealismus des Novalis herleitet.[108]

Das Gedächtnis wird in den im engeren Sinne zur Vermögenstheorie gehörigen Schriften zumeist nur am Rande erwähnt. Es ist für die produktive Einbildungskraft die Bedingung der Möglichkeit, aus den verfügbaren Materialien neue Synthesen zu erstellen, die dann – je nach Wertung – als Chimären oder als Dichtung erscheinen. Gedächtnis (reproduktive Einbildungskraft) ist das Archiv, in dem im passiven Nebeneinander versammelt ist, was produktive Einbildungskraft, Dichtungskraft und Erfindungskraft dann zu ihren spezifischen Synthesenbildungen benutzen. Gleichwohl läßt die Vorgängigkeit des Gedächtnisses, die in den vermögenstheoretischen Diskursen selten genug als solche theoretisiert wird, die Frage entstehen, ob es nicht doch eine viel fundamentalere Bedeutung für das Konstrukt der Vermögenstheorie hat, als dies auf den ersten Blick der Fall zu sein scheint.

Einer näheren Beschäftigung mit den vermögenstheoretischen Texten des 18. Jahrhunderts könnte nämlich auffallen, daß die Worte Gedächtnis und Erinnerung zum einen in einem terminologischen Sinne in den jeweils ihnen gewidmeten Paragraphen auftauchen, zum anderen aber in einem weiteren Kontext außerhalb ihres Zuständigkeitsbereiches eine Rolle spielen. Das gilt für andere Begriffe natürlich auch; das Wort Vernunft taucht nicht nur in den Kapiteln auf, die von der Vernunft handeln.

Beim Gedächtnis aber scheint mir eine spezifische Funktion vorzuliegen. Die Vernunft kann sich zunächst nur auf ihrem eigenen Gebiet bewegen; nur

[106] Blaise Pascal, *Gedanken* (*Pensées*, 1670), übersetzt von Wolfgang Rüttenauer, Basel o. J., S. 339 (= § 699).

[107] Zum Verhältnis von Gedächtnis und Einbildungskraft vgl. den *Exkurs zum Verhältnis von Einbildungskraft und Gedächtnis*.

[108] Vgl. zur Geschichte der Einbildungskraft Vietta 1986.

das Vernünftige wird für sie relevant. Sinnliches wird an andere Vermögen delegiert, die ihrerseits auch spezialisiert sind. Vermögenstheorie ist das Modell einer hochdifferenzierten Arbeitsteilung im Haushalt der Seele. Das Gedächtnis aber ist nicht auf solches bezogen, das aus dem Gedächtnis selbst kommt, sondern es kann sich merken und folglich in sein Archiv abspeichern, was immer von den anderen Vermögen produziert wurde. Gedächtnis ist das passive Aufnehmen und insofern nicht spezialisiert. Damit hat es alles in sich, was vorher irgend von den Vermögen geleistet wurde.

Ein gutes Beispiel für diese These ist Flögels *Einleitung in die Erfindungskunst* (1760), ein kompilatorisches und wenig originelles Werk, auf das Herder, wie Pross in seinem Kommentar vermutet[109], in seinem frühen *Versuch einer Geschichte der lyrischen Dichtkunst* (1764) anspielt. Flögel sondiert in endlosen Einteilungen und Untergliederungen das Gebiet der Wissenschaften und der Seelenvermögen, um der Erfindungskunst jeweils ihren Platz zuzuweisen. An Vermögen zählt er auf: Empfindung, Einbildungskraft, Witz, Scharfsinnigkeit, Gedächtnis, Dichtungskraft, Beurteilungskraft, Vorhersehungskraft, Vermutungskraft, Bezeichnungsvermögen, Verstand und Vernunft. Zudem nennt er als eigene Funktionen die Aufmerksamkeit, das Durchdenken, das Zusammenhalten und die Abstraktion. Die beiden Kapitel über das Gedächtnis (§§ 626, 627) bieten nur dürre Nominaldefinitionen und den Hinweis auf Witz und Einbildungskraft, die für die Gedächtnisfunktion eine Rolle spielen.

Gleichwohl tauchen aber den ganzen Text hindurch Gedächtnismetaphern und -modelle auf. Begriffe wie Natur als Vorratskammer[110], die zum Erfinden unumgängliche Vorratskammer des Gedächtnisses[111], das Magazin der Natur[112], Natur als Gebäude[113], nach dessen Grundriß der Künstler sein Werk schafft und Formeln wie »Schatzkammer der Erfindung«[114] indizieren, daß Flögel sein Modell auf der Basis einer Vorstellung von Archiven oder Speichern entwirft. Die mnemonische Technik der methodo tabellari[115] wird bei ihm der Erfindungskunst zugeschrieben[116], ebenso die Topik[117], die ih-

[109] Pross I, 713.

[110] Carl Friedrich Flögel, *Einleitung in die Erfindungskunst*, Breslau und Leipzig 1760, S. 41.

[111] Ebd., 437.

[112] Ebd., 41.

[113] Ebd., 42.

[114] Ebd., 62.

[115] Zur methodo tabellari folgt eine ausführlichere Darstellung in dem Kapitel über die *Theologische memoria*: *Schöpfungshieroglyphe*.

[116] Ebd., 433 f., 438.

[117] Ebd., 445–467.

rerseits im Gedächtnis[118] verwaltet wird. Vollends im § 637 wird das Gedächtnis bei der Definition der Vernunft zusammen mit anderen Vermögen als »Arten der Vernunft«[119] bezeichnet. Wenn Vernunft das Vermögen ist, »sich den Zusammenhang der Dinge vorzustellen« (ebd.), dann ist in der Tat derjenige Zusammenhang der Dinge, der im Gebäude des Gedächtnisses immer schon gegeben ist und der durch die anderen Vermögen aktualisiert und weiterverarbeitet wird, für diese Vorstellung von Vernunft grundlegend. Flögels *Erfindungskunst* zeigt, in welchem Maße Gedächtnismodelle eine traditionell angelegte Vermögensstrata fundieren.

Das Gedächtnis ist einer aktuellen Synthesenbildung immer nur um einen Zeitintervall hinterher. Innerhalb des Ganzen der Vermögen ist es jenes Vermögen, das mit Ausnahme der Gegenwärtigkeit alle anderen Vermögensleistungen als er-›innerte‹ in sich ›aufgehoben‹ hat. Es repräsentiert im System der Vermögen als eine Art Mikrokosmos das System der Vermögen noch einmal. Bei Flögel bildet das Inventar der mnemonischen Begriffe die eigentliche Begründungsebene für die anderen Vermögen. Das Gedächtnis erhält überraschenderweise – so die hier vertretene These – eine Metaposition, die im Gesamt der Vermögen eine Steuerungsfunktion übernimmt.

Belege dafür lassen sich auch bei anderen Autoren finden. Schon in den klassischen Texten zur rhetorischen Mnemonik ist die memoria eine Art von Supervermögen, wenngleich sie in der Gesamtsystematik der Rhetorik eher eine untergeordnete Rolle spielt. Auch hier ist die im Hintergrund bleibende Theoriefunktion wichtiger als die ausdrücklich vollzogenen Strategien. Cicero schreibt: »Was soll ich über die Schatzkammer aller Dinge (thesauro rerum omnium), das Gedächtnis, sagen? Wenn es nicht wie ein Wächter für die entdeckten und erdachten Argumente und Formulierungen (custos inventis cogitatisque rebus et verbis) hinzugezogen würde, so wären offensichtlich alle Qualitäten des Redners, und seien sie auch noch so glänzend, dem Untergang geweiht.«[120]

Ähnlich argumentiert *Ad Herennium*, wo das Gedächtnis als Hüter aller Teile der Redekunst bezeichnet wird.[121] Auch Quintilian eröffnet sein Gedächtniskapitel mit dem Hinweis, daß ohne die Schatzkammer des Gedächtnisses alles Lernen und Lehren vergeblich sei und daß nur die handhabbare Fülle der Vorräte einem Redner helfen könne.[122]

[118] Ebd., § 610.

[119] Ebd., S. 474.

[120] Cicero, *De oratore*, I,18.

[121] »Nunc ad thesaurum inventorum atque ad omnium partium rhetoricae custodem, memoriam, transeamus« *(Ad Herennium*, III,28).

[122] Quintilian, *Institutio oratoria*, XI,2,1.

Ein philosophisch interessanter Gedankengang ist in Descartes' *Regulae* zu finden. Hier wird die Einbildungskraft weitgehend ins Gedächtnis hineingezogen, das zum eigentlichen Vermögen des Absoluten wird. Der Interpretation Josef Simons[123] zufolge ist bei Descartes der Verstand in seiner singulären Tätigkeit des Subsumierens abstrakt. Erst die Einbildungskraft bringt gegenüber den vereinzelten Verstandessynthesen das Ganze ins Spiel, nämlich die Vielzahl der Momente, die der Verstand noch nicht subsumiert hat. Sie erinnert den Verstand an diese Unendlichkeit und ist insofern Gedächtnis: »Die Einbildungskraft ist Gedächtnis, insofern sie dem Verstand vorstellt, was er als endlicher wesentlich ›vergessen‹ *mußte*, um sich klar und deutlich auf Bestimmtes konzentrieren zu können. [...] Sie [die Einbildungskraft, R. S.] ist das ›Gedächtnis‹ der Ideen.«[124] Entgegen der progressiven, auf neue Synthesis ausgehenden Verstandesfunktion ist also das Gedächtnis bei Descartes der Garant für die Absolutheit der Methode. Nur weil im Gedächtnis die Totalität bisheriger Ideen und Synthesen vorhanden ist, ist es im Verein der Vermögen dasjenige, das den ganzen Vermögensapparat in sich aufgehoben hat und dadurch gegenüber dem singulären Fortschreiten des Geistes die Gesamtheit repräsentiert.

In den Schlußbemerkungen der *Meditationes* zieht Descartes zur Entkräftung der Irrealisierung des Seins durch das Traumargument und zur Begründung einer ontologischen Konstanzgarantie von Welt neben dem Argument, daß Gott kein Betrüger sein könne, das Gedächtnis heran. Nur dann, wenn sich aktuelle Wahrnehmungen »ohne jede Unterbrechung« in die im Gedächtnis vorhandenen kontinuierlichen Verknüpfungsmuster eingliedern lassen, sind sie wahr.[125] Denn was im Traum wahrgenommen wird, läßt sich eben nicht mit dem, was im Gedächtnis vorhanden ist, verbinden. Daß hier das Gedächtnis zusammen mit der göttlichen Wahrhaftigkeitsgarantie das Kriterium für die Bewahrheitung von Wahrnehmung bildet, zeigt, wie wichtig bei Descartes dieses Vermögen im Gesamt der menschlichen Erkenntnisfähigkeiten ist.

In Diderots *Eléments de physiologie*[126] findet sich eine sehr überraschende Differenzierung von Gedächtnis und Einbildungskraft. Beide Vermögen werden nicht durch Abgrenzung verschiedener Tätigkeitsfelder unterschieden,

[123] Josef Simon, *Wahrheit als Freiheit. Zur Entwicklung der Wahrheitsfrage in der neueren Philosophie*, Berlin und New York 1978, S. 160–162.

[124] Ebd., 161.

[125] René Descartes, *Meditationes de prima philosophia* (1641)/ *Meditationen über die Grundlagen der Philosophie* (lat./ dt.), Hg. Lüder Gäbe, Hamburg [2]1977, S. 161 (Meditatio VI,24).

[126] Der Text wurde posthum, erst 1875 veröffentlicht.

sondern durch ihre Verfahrensweisen: »Das Gedächtnis betrifft Zeichen, die Einbildungskraft betrifft Gegenstände. Das Gedächtnis bringt die Gelehrten hervor, die Einbildungskraft die Dichter.«[127] Auf diese Weise können sich beide Vermögen auf dasselbe Gebiet beziehen und sich dort dadurch unterscheiden, daß das eine eher mit Zeichen, das andere mit Vorstellungen zu tun hat. Freilich wird dem Gedächtnis die größere Bedeutung zugestanden. Diderot bringt im Kapitel XXXII der *Eléments* eine Beispielreihe, in der von Personen berichtet wird, die sich plötzlich längst vergessener Dinge detailgenau erinnern: »Ein Kind, das in Rußland bis zum fünften Lebensjahr erzogen worden ist, vergißt die russische Sprache, spricht sie aber noch bei hohem Fieber – allerdings kindlich. Wird es wieder gesund, so vergißt es das Russisch wieder.«[128] Dieses und ähnliche Beispiele führen Diderot zu der These, »daß alles, was wir gesehen, kennengelernt, wahrgenommen und gehört haben [...]; daß alles das in uns ohne unser Wissen weiterbesteht.«[129] Wenn aber alles jemals im Geiste irgendwie Notierte auch ohne unser Wissen weiterbesteht, liegt der Schluß nahe, daß man das, was der Geist hervorbringt, als etwas interpretieren kann, das im Gedächtnis, aber ohne unser Wissen, schon vorhanden war. Und dann wäre das Gedächtnis der Inbegriff aller Handlungen des Geistes: »Ist das Gedächtnis die Quelle der Einbildungskraft, der Klugheit, des Scharfsinns, des Genies? Macht die Mannigfaltigkeit des Gedächtnisses allein die Mannigfaltigkeit der Geister aus?«[130] Diderots Überlegungen zum Gedächtnis, mehr eine Ansammlung von Fragen als ein Aufriß konsistenter Theorie, nobilitieren das Gedächtnis, das zunächst nur das passive Organ des Aufnehmens ist, zur Quelle der anderen Vermögen. Es wird in einer Verwindung des vermögenstheoretischen Diskurses vom Doppel des Vermögensapparates zu dem Ort, an dem das Ganze ist.

Johann Gottlob Krüger[131] schreibt in seiner *Experimental=Seelenlehre*: »Gewiß, wenn wir es recht bedenken, so kann der Werth des Gedächtnißes niemahls genug geschäzt werden. Es ist ein Buch, deßen unsichtbare Buchstaben unsern ganzen verfloßenen Lebenslauf in sich enthalten, und ein Gemählde der vergangenen Zeit, dessen Fehler wir in der gegenwärtigen nicht

[127] Denis Diderot, *Philosophische Schriften*, Hg.: Theodor Lücke, Berlin 1984, 2 Bände: I, 681.

[128] Ebd., 704.

[129] Ebd., 702.

[130] Ebd., 703.

[131] Ob Herder mit den Schriften Johann Gottlob Krügers bestens bekannt war und ob er vor allem Krügers *Naturlehre* ausführlich studiert hat, wie Pross (vgl. Pross II, 870 u. ö.) und Gaier (vgl. Gaiers Kommentare in W I, 1286 u. ö.) in ihren Kommentaren unterstellen, ist keineswegs sicher. Dennoch läßt sich Krüger als Quelle zitieren, weil er einen Wissensbestand bündelt, der zum Gemeingut der Zeit zählte.

vermeiden würden, wenn wir sie nicht in jener erblickten. Es ist das Archiv der Seele und die Schatzkammer, in welcher sie ihre größten Kostbarkeiten verwahret.«[132] Und ein wenig später führt Krüger in der beliebten Argumentationsweise, komponentenanalytisch zu imaginieren, wie der Apparat der Vermögen bei Wegfall eines Vermögens funktionieren würde, aus: »Kurz, ein Mensch, welcher lauter Verstand wäre [und kein Gedächtnis hätte, R. S.], würde gar keinen Verstand haben; und also in der That unglücklicher als der seyn, welcher ein gutes Gedächtnis und keinen Verstand hätte.«[133] Das Argument ist eindeutig: Es läßt sich bei Wegfall des Gedächtnisses kein Verstand, definiert als Vermögen deutliche Begriffe zu haben[134], denken. Folglich muß das Gedächtnis – der Aufbewahrungsort der von den anderen Vermögen geleisteten Funktionen – als ein schlechthin grundlegendes Vermögen angesehen werden. Nach dem obigen Zitat ist es sogar ein Regulativ, da es frühere Fehler erkennen und also gegenwärtige verhindern hilft. Diese Rolle kann es aber nur übernehmen, wenn es hinsichtlich der verschiedenen Funktionen der Sinnlichkeit, des Witzes, des Verstandes und der Vernunft unspezifisch ist, also als eine Art von Metavermögen alle diese Funktionen speichert und einordnet.[135] Es ist das gesamte Modell des Seelenhaushaltes noch einmal.

Als passivstes Moment im ganzen Apparat der Vermögen, passiver sogar als die Sinnlichkeit, die sich immerhin aufnehmend verhalten muß, wenn sie erst einmal angestoßen wurde, ist das Gedächtnis das Modell, auf das das Zu-

[132] Johann Gottlob Krüger, *Versuch einer Experimental = Seelenlehre*, Halle und Helmstädt 1756, S. 216 f.

[133] Ebd., 217 f.

[134] Ebd., 228.

[135] Spätestens an dieser Stelle ist eine methodologische Anmerkung vonnöten. Gegen die vorgestellte Gedankenformation könnte eingewandt werden, es werde unter dem Namen des Gedächtnisses philosophische Ursprungstheorie verhandelt, ohne daß jedoch deren Aporien diskutiert würden. Während die Ursprungsfrage die logischen Paradoxien der Reflexionsphilosophie nach sich ziehe, habe man mit dem Gedächtnis eine Kopie jener Ursprungstopik vorliegen, mit der man arbeiten könne, ohne sie, als Kopie, selbst nach ihrem Ursprung befragen zu müssen. In der Tat ist das in diesem möglichen Einwand Formulierte die Absicht meiner Argumentationsführung. Ich kann phänomenologisch vom Tatbestand des Gedächtnisses ausgehen, dessen Ordnungsmuster und Archivfunktionen anhand der historischen Quellen aufarbeiten, ohne in die Schwierigkeiten der Reflexionsphilosophie zu geraten. Dabei bewegt sich die Argumentation im übrigen innerhalb traditioneller Modelle der Gedächtnismetaphorik (vgl. Aleida Assmann, Zur Metaphorik der Erinnerung, in: *Mnemosyne. Formen und Funktionen der kulturellen Erinnerung*, Hg.: Aleida Assmann und Dietrich Harth, Frankfurt am Main 1991, S. 13–35): Gebäude-Metaphern dienen in den räumlichen memoria-Konzepten als Archivmodelle, in denen sich die Ordnung der Welt abbildet. Erst die zeitliche Gedächtnismetaphorik führt in die Nähe der philosophisch zu behandelnden Ursprungsfrage. Aber auch dort ist sie durch traditionelle Bildvorstellungen historisch (und rhetorisch) aufzufangen.

sammenspiel der Vermögen Bezug nehmen muß, um seiner konservativen Funktion der Welterfassung im Sinne einer kontinuierlichen Ontologie zu genügen. Will man verstehen, wie Weltzusammenhang sich herstellt, so erscheint es sinnvoll, nicht das aktuelle Zusammenspiel der Vermögen zu betrachten, sondern die im Gedächtnis abgespeicherten Modelle. Denn sie sind die Vorbilder für das je aktuelle Zusammenspiel. Was Gadamer die Vorurteilsstruktur des Verstehens nannte und was bei Herder und seinen Zeitgenossen zu einer expliziten Theorie des Vorurteils führte, ist genau dieses Moment, daß im Gedächtnis die Arbeitsteilung der Vermögen immer schon vorschematisiert ist[136] und daß jeder aktuellen Synthesenbildung das Modell einer in der Vergangenheit schon stattgefundenen vorangeht.

Ein weiteres charakteristisches Beispiel für die Möglichkeit, das Gedächtnis von der bloßen Funktion zu befreien, Zulieferer für die Synthesenbildungen der anderen Vermögen zu sein, findet sich in der Schrift *Über die Einbildungskraft des Menschen* von Ludovico Antonio Muratori, die mit umfangreichen Kommentaren versehen 1785 von Georg Hermann Richerz ins Deutsche übersetzt und herausgegeben wurde. Die Spannung zwischen dem Originaltext Muratoris und seinem Kommentator vermag sehr genau zu veranschaulichen, welche Deutungsmöglichkeiten in dem Verhältnis des Gedächtnisses zu den übrigen Vermögen liegen. Muratori denkt das Gedächtnis als »Magazin«[137], in dem niedergelegt wird, was die Einbildungskraft und die Sinne an Materiellem aufzubieten haben. »Bild« oder »Idee« heißt ihm »jede Spur äußerer Gegenstände, die sich im Gehirn oder der Einbildungskraft vestsetzt.«[138] Diese »Idee, oder das Bild, oder der Charakter, mit einem Wort, irgend eine Notiz von einem solchen Gegenstande [wird] vermittelst der Nerven und Lebensgeister zum Gehirn gebracht, und in die Zellchen und Falten des Gehirns niedergelegt.«[139] Dort bildet es jenes Magazin. Muratori ergänzt freilich diesen Gedankengang, der zuerst ganz physiologisch aussah: »Allein wir erkannten, daß die Bilder der Dinge sich dem Gehirn eindrückten, und daß die Sammlung dieser Bilder die Phantasie ausmacht. Darum hat das Gedächtnis, physisch betrachtet, seinen Sitz in der Einbildungskraft selbst. [...] Eigentlich kömmt der Aktus des Erinnerns dem Verstande zu. Nur die Einbildungskraft ist das Feld, auf welchem dieser Aktus vorgeht.«[140]

136 Zur Vorurteilstheorie im 18. Jahrhundert vgl. Karl Menges, Vom Vorurteil des Vorurteils, in: *Begegnung mit dem »Fremden«: Grenzen – Traditionen – Vergleiche.* Akten des VIII. Internationalen Germanistenkongresses, Tokyo 1990, Hg.: Eijiro Iwasaki, München 1992.

137 Muratori, *Einbildungskraft*, S. 37.

138 Ebd., 46.

139 Ebd., 37.

140 Ebd., 178 f.

Tendenziell werden hier Einbildungskraft und Gedächtnis einander angenähert. Der Ort im Gehirn, an dem das »Magazin« der Bilder und Ideen niedergelegt ist, ist zugleich das »Feld« der Einbildungskraft. Der Kommentator Richerz folgert: »Gedächtnis und Einbildungskraft sind im Grunde nur einerlei Kraft des Menschen, welche lediglich nach ihren verschiedenen Operationen, oder richtiger, nach der Verschiedenheit der Merkmale, die sich in ihren Produkten zu erkennen geben, verschiedene Namen erhält. Beyde haben das Gemeinschaftliche, daß sie Eindrücke und Ideen aufbewahren und wieder hervorbringen – nämlich vormals erhaltene Eindrücke und Ideen, deren veranlassende Ursache abwesend ist.«[141] Die Einbildungskraft aber »schränkt sich nicht ausschliessend auf jene Bilder ein«, die von körperlichen Dingen herrühren. Muratori ergänzt: »Die Seele selbst versorgt sie mit einer sehr großen Menge anderer Ideen, die man intellektuelle oder geistige nennt, weil sie der Verstand erfunden, oder gebildet und von der Materie abgezogen hat.«[142] Der Schluß liegt nahe, daß zum Gegenstand des Gedächtnisses auch jede gerade stattgefundene Synthese z. B. auf der Ebene der Vernunft werden kann wie ebenso jede Leistung der unteren Vermögen, sofern diese klar genug ist, um einen Index der Erinnerbarkeit zu haben.

Unter sensualistischen Prämissen führt bei Condillac die These, das Gedächtnis sei die memorierte Versammlung der Leistungen der anderen Vermögen ebenfalls zur Ausweitung des Gedächtnisses. Anstatt zeichentheoretisch vorzugehen und alles an das Gedächtnis zu verweisen, was zu einem Zeichen umformuliert und deshalb merkbar ist, wird bei Condillac das Gedächtnis über seinen Sitz im Gehirn hinaus ausgeweitet und auch als den Sinnesorganen einwohnend gedacht. »Wir haben gesehen, daß das Gedächtnis seinen Sitz hauptsächlich im Gehirn hat. Wie mir scheint, befindet es sich außerdem in allen unseren Sinnesorganen; denn es muß überall dort sein, wo sich die veranlassende Ursache dieser Ideen, die wir uns wieder vergegenwärtigen, befindet«.[143] Und etwas später: »Das Sprachgedächtnis hat also seinen Sitz nicht allein in den Gewohnheiten des Gehirns, sondern auch in den Gewohnheiten der Gehör-, Sprech- und Sehorgane.« Für den Sensualismus Condillacs wäre schon die Übersetzung der Sinneseindrücke in Zeichen ein zu idealistisches Theorem. Folglich muß die Option, dem Gedächtnis die Memorierbarkeit alles dessen zuzuschreiben, was zum Zeichen wird, ausfallen. Die Idee, das Gedächtnis in die Sinne zu verlegen, ist die sensualistische

[141] Ebd., 50 f.

[142] Ebd., 47.

[143] Étienne Bonnot de Condillac, *Die Logik oder die Anfänge der Kunst des Denkens/ La Logique, ou les premiers Dévelopements de l'Art de Penser* (1780), übersetzt von Erich Salewski, Hg.: Georg Klaus, Berlin 1959, S. 57 f.

Version des Gedankens, bei Umgehung einer ursprünglich semiotisch orientierten Theorie dennoch die Metaposition des Gedächtnisses zu retten: Nun steckt es, statt semiotisch alle Leistungen in sich zu versammeln, in allen Sinnen und Sinnesorganen.

In der Vermögenstheorie des 18. Jahrhunderts, so läßt sich zusammenfassen, arbeiten nicht wenige Texte an dem Versuch, das Gedächtnis als eine Art von Supervermögen aufzubauen, ihm eine Metaposition zuzuschreiben. Daß Herder, wie eingangs nachgewiesen wurde, den Begriff früher Poesie schlichtweg mit dem Gedächtnis identifiziert, verweist implizit auf diese, wenngleich nicht offizielle, so doch epistemologisch dominante Position des Gedächtnisses in den Diskursen des 18. Jahrhunderts. Und erst diese gedächtnistheoretische Reflexion ermöglicht es ihm, weiterreichende theologische, geschichtsphilosophische, poetische und ästhetische Gedächtnistheorien zu erschließen.

Es wird sich erweisen, daß diese Tendenz mit einem anderen Thema des 17. und 18. Jahrhunderts konform geht, nämlich mit der Idee, Philosophie als Analysis zu konzipieren. Eine rekursive Begrifflichkeit hat nur dann Sinn, wenn ihr Rekurs auf Substantielles stößt, und dazu bereitet ihr unter anderem der Gedächtnisbegriff der Vermögenstheorie den Boden. – Zuvor sei jedoch ein kurzer Exkurs erlaubt.

5. Exkurs zum Verhältnis von Einbildungskraft und Gedächtnis

Sofern das Gedächtnis als reproduktiver Teil der Einbildungskraft gedacht wird, erscheint es nur als ein Teilaspekt eines übergeordneten Vermögens. Es so in den Vordergrund zu stellen, wie es hier getan wird, ist daher rechtfertigungsbedürftig. Als immanente Begründung des Vorgehens kann die Leitthese angesehen werden, nach der nicht die durch die Spontaneität von Einbildungskraft, Witz, Verstand und Vernunft geleisteten progressiven Synthesen für Herders Epistemologie und für große Teile vor allem der empiristischen Philosophie des 18. Jahrhunderts bestimmend sind, sondern vielmehr die regressive Analysis von jeweils schon geleisteter und folglich im Gedächtnis aufgespeicherter Denkarbeit. Herder zufolge liegt Wahrheit nicht im nach vorne orientierten Denken, sondern in seiner Vergangenheit, in einer Archäologie, die als Theorie der immanenten Geschichtlichkeit des Denkens ausführbar ist. Damit ist der reproduktive Teil der Einbildungskraft als der Speicher aller ihrer immer schon vergangenen produktiven Akte zentraler als die jeweils neu entstehenden Synthesen.

Freilich läßt sich auch unabhängig von dieser gliedernden These nach den Gründen für die zuweilen sehr geringe ›offizielle‹ Bedeutung des Gedächtnisses in den vermögenstheoretischen Diskursen fragen. Zunächst ist festzuhalten, daß die Vermögenstheorie weit davon entfernt ist, ein einheitliches Terminologiefeld zu sein. Begriffsgeschichtliche Untersuchungen, wie sie etwa zu Termini wie Witz, Verstand und Einbildungskraft vorliegen, tragen allesamt den Makel ihrer spezifischen Blindheit, daß sie in ihrer diachronen Orientierung die jeweiligen synchronen Verschiebungen ausblenden müssen. Schaut man sich allein die Definitionen z. B. von Witz an, die das 18. Jahrhundert zu bieten hat, so wird man auf den ersten Blick eine hohe Konstanz von fast schon formelhaft erstarrten Stereotypen der Definition feststellen. Das Bild verändert sich allerdings, wenn man bei jeweils einem Autor in das interne strukturale Spiel Einsicht hält, mit dem er die Ökonomie des Seelenhaushalts gliedert. Als Faustregel kann gelten: je mehr Vermögen ein Autor vorschlägt, desto dünner werden die einzelnen Vermögen. Nicht wenige Autoren des 18. Jahrhunderts gehen so vor, wie Nietzsche es einmal polemisch charakterisiert; auf die Frage, wie man ein Problem löst, heißt die Antwort: vermöge eines Vermögens.

Infolge der Ausdünnung eines Vermögens durch die Verteilung seiner Problemsubstanz auf mehrere neue Vermögen entsteht für den Leser der einschlägigen Texte ein hermeneutisches Problem. Es sei an Wolffs Definition des Gedächtnisses vorgeführt. Wolff definiert die Empfindungskraft (facultas sentiendi) als Vorstellung gegenwärtiger Dinge, »die in unsere Gliedmassen der Sinnen würken«, Einbildungskraft ist die »Vorstellung von dergleichen abwesenden Dingen, die wir zum Theil vorhin gehabt, oder die wir eben nicht so gehabt, wie sie jetzt vorkommen.«[144] Das »Vermögen sich zu besinnen« nennt er reminiscentia.[145] Für das Gedächtnis bleibt in diesem enggestaffelten Definitionsfeld dann nur noch die Bestimmung übrig, es das »Vermögen, eine Sache wieder zu erkennen« zu nennen.[146] Da Wolff der Einbildungskraft ihren produktiven Teil – vorgestellte Dinge neu zu verknüpfen – dadurch raubt, daß er das Vermögen der Dichtungs- bzw. Erfindungskraft (facultas fingendi) einführt, muß er sie auf eine Weise definieren, die eigentlich dem Gedächtnis zugehört, nämlich abwesende Dinge per Wiedererinnerung vorzustellen. Um diese Bestimmung ärmer wird der Gedächtnisbegriff zusätzlich dadurch ausgedünnt, daß auch noch das Erinnern (das sich auf etwas Besinnen mit der Folge, es langsam zu entwickeln) als eigenes Vermögen definiert wird (reminiscentia). So bleibt für das Gedächtnis nur eine ganz formale Funktion übrig: zu notieren, daß etwas, was in der Seele ist, dort schon einmal war.

144 Wolff, *Vernünfftige Gedanken anderer Theil*, S. 150.
145 Ebd., 155.
146 Ebd., 151.

Es ist evident, daß diese ›kleine‹ Definition nur dadurch zustande kommt, daß Differenzierungen, die innerhalb des Vermögens ›Gedächtnis‹ vorgenommen werden müßten, einfach als neue Vermögen vorgestellt werden. Bei einer Analyse von Muratoris Abhandlung *Über die Einbildungskraft* ist hingegen die Tendenz zu beobachten, Differenzierungen nicht in neue Vermögen auszubreiten, sondern sie in ein Supervermögen implodieren zu lassen: Gedächtnis und Einbildungskraft wurden kurzerhand einem ›größeren‹ Begriff der Einbildungskraft eingegliedert. Hinsichtlich des Vorhandenseins grundsätzlicher begrifflicher Differenzierungen aber unterscheiden sich die beiden Texte Wolffs und Muratoris nur in kleinen Details. Sie argumentieren auf derselben Grundlage von Unterscheidungen, nur verteilen sie sie auf andere begriffliche Einheiten. In Walchs *Philosophischem Lexikon* wird etwa das Recht Wolffs bestritten, Gedächtnis und Einbildungskraft zu trennen: »mit eben dem Grund kan ein anderer Philosophus sie [die Einbildungskraft, R. S.] als eine Kraft des Gedächtnisses ansehen.«[147] Es ist offensichtlich gleichgültig, wie man die Namen auf die begrifflichen Differenzen anwendet. Hauptsache ist, und der Fortlauf des Artikels bei Walch demonstriert das, daß die Begriffsbestimmungen als solche aufrecht erhalten bleiben.

Unter hermeneutischer Fragestellung stellt sich das Problem, wie mit diesem Befund umzugehen sei. Soll man dem ausgedünnten Gedächtnisbegriff bei Wolff, konform mit den zitierbaren Stellen, also ›philologisch korrekt‹, folgen? Oder soll man – im Bewußtsein, einem hermeneutischen Zirkelschluß aufzusitzen – konform mit der Sache argumentieren und diejenigen Vermögen wieder in den Gedächtnisbegriff hereinholen, die ›eigentlich‹ dem Gedächtnis zustehen? Die erste Möglichkeit wäre die Option von Begriffsgeschichte unter Ausblendung von Problemgeschichte, die zweite Möglichkeit diskutierte die Problemlage kontrafaktisch zur Zitatbasis. A fortiori läßt sich diese schlechte Alternative nicht entscheiden. Strategisch, da die Argumentation auf eine Herderanalyse hinauslaufen soll, erscheint es angebracht, die zweite Möglichkeit zu wählen, da Herder begriffsgeschichtlich weniger gut beizukommen ist als in der Diskussion einer von ihm sehr spezifisch aufgenommenen Problemlage.

Grundsätzlich wäre allerdings im Blick auf Herder schon beim jetzigen Stand der Argumentation zu begründen, warum die Option für das Gedächtnis sinnvoller scheint als die für die Einbildungskraft. Herder arbeitet nicht am Projekt einer Poetik und schon gar nicht am Projekt einer Produktionspoetik, wie sie bis ins 18. Jahrhundert hinein durch das Paradigma der Rhetorik naheliegt. Hier wäre nämlich der Begriff der Einbildungskraft zu plazie-

[147] Walch, *Philosophisches Lexikon*, S. 1094.

ren. Vielmehr versucht er eine allgemeine Ästhetik zu entwickeln, die stärker noch als bei Baumgarten den Begriff der Aisthesis in den Mittelpunkt stellt und die als Archäologie der geschichtlich (phylogenetisch) verstandenen Sinnlichkeit von vornherein auf memoria angewiesen ist. Nur die Erinnerbarkeit des Sinnlichen in einer Geschichte der Sinnlichkeit, also in einem Projekt historischer Anthropologie, kann die Theoretisierbarkeit von Aisthesis sicherstellen. Deshalb war die Leitvorstellung in der Analyse des Gedächtnisses bei den diskutierten Texten, im changierenden Spiel der Zuschreibungen zwischen Einbildungskraft und Gedächtnis auf letzteres zu setzen.

6. *Philosophie als Analysis*

»Was nach meiner Idee die einzige Methode der ganzen Aesthetik wäre; Analysis, strenge Analysis der Begriffe [...]« (SWS IV, 55). – »Wären all unsre Begriffe in Wißenschaften und Künsten auf ihren Ursprung zurückgeführt, oder könnten sie dahin zurückgeführt werden; da würden sich Verbindungen sondern und Sonderungen binden, wie man sie in der großen Verwirrung aller Dinge, die wir Leben nennen, nicht ordnet« (SWS VIII, 10). – Wenn Herder Philosophie als Analysis bestimmt, dann nimmt er eine Begriffstradition auf, die die neuzeitliche Philosophie vor allem des 17. und 18. Jahrhunderts nachhaltig geprägt hat. Am Vorbild vornehmlich der axiomatischen Methode Euklids, aber auch in Aufnahme neuerer mathematischer Modelle orientiert sich das Methodenideal der neueren Philosophie am Begriff der Analysis.[148] Es gilt, diese Tradition aufzuarbeiten, um Herders Anschluß an dieses Methodenideal und seine Umformung zum memoria-Argument zu rekonstruieren.

In der Herder-Forschung wurde verschiedentlich auf den Analysis-Begriff Bezug genommen. Hans Dietrich Irmscher kommt in seiner Studie *Zur Ästhetik des jungen Herder* kurz auf die Konzepte der analytischen Methode und der unzergliederlichen Begriffe zu sprechen, arbeitet aber dabei – wie im Kontext eines Aufsatzes auch nicht anders zu erwarten – den Traditionshintergrund nur andeutungsweise auf.[149] Robert E. Norton widmet das erste Kapitel seines Herderbuches[150] der philosophischen Tradition der analy-

[148] Hans-Jürgen Engfer, *Philosophie als Analysis. Studien zur Entwicklung philosophischer Analysiskonzeptionen unter dem Einfluß mathematischer Methodenmodelle im 17. und frühen 18. Jahrhundert*, Stuttgart und Bad Cannstatt 1982.

[149] Irmscher 1987, S. 50–53, 55 f., 60 f.

[150] Robert E. Norton, *Herder's Aesthetics and the European Enlightenment*, Ithaca und London 1991, S. 11–50.

tischen Methode, die er zugleich als die Methode des Herderschen Philosophierens erkennt. Ganz zu recht weist er mehrfach darauf hin, daß die Qualifizierung Herders als eines unmethodischen Denkers falsch ist. Allerdings sieht Norton nicht den Bezug der philosophischen Analysis zum memoria-Thema[151], weshalb er die Analyse nur als Methode auffassen kann. Am Ende seiner Erörterungen übernimmt er die Herdersche Trias der unzergliederlichen Begriffe Raum, Zeit und Kraft, übersetzt sie gemäß Herder in die Sinne Gesicht, Gehör, Gefühl und bezieht diese auf die Künste Malerei, Musik und Plastik.[152] Diese aus dem *Vierten Kritischen Wäldchen* übernommene Systematik, die für Nortons Interpretation strukturierend bleibt, hat jedoch schon bei Herder ihre Schwierigkeiten. Die Poesie und allgemeiner: die Sprache taucht in ihr nämlich nicht auf. Herder betont an mehreren Stellen, daß nicht die Differenz der Sinne (und aus ihr begründet: die Differenz der Künste) ursprünglich sei, sondern daß vielmehr die Sinne zunächst ein Ganzes seien, das sich erst in einem Prozeß einer Ausdifferenzierung zu einzelnen Sinnen auseinanderlege. Aber selbst dann gibt es immer wieder Interferenzen zwischen den Sinnen, Übertragungen von Verfahrensweisen des einen Sinns auf den anderen. Von diesem Gedanken her erscheint sowohl der Herdersche Rigorismus, die Künste auf die Sinne zu beziehen als auch die daran sich orientierende Interpretation Nortons problematisch. Vielmehr ist darüber nachzudenken, welchen Status Herders Gedanken zur Ästhetik haben, wenn er selbst die Fundierung der Künste durch die Sinne dadurch in Frage stellt, daß er die Ordnung der Sinne noch einmal hintergeht. Philosophische Analysis, wenn sie als memoria-Praxis in das aisthetische Dunkel der Seele hinabsteigt, wird anders zu denken sein, als es zunächst in der Orientierung an der ästhetischen Systematik des *Vierten Kritischen Wäldchens* erscheint. Deshalb ist es trotz Nortons ausführlicher Analyse geboten, sich wiederum mit dem Analysis-Begriff zu beschäftigen.

In den *Regulae* des Descartes wird die philosophische Methode als Analyse bestimmt. Engfer faßt zusammen: »Das in den *Regulae* entworfene Programm einer analytischen Methode, die für alle Wissenschaften gelten soll,

[151] Den Zusammenhang von memoria und Analysis hat neuerdings Inka Mülder-Bach, wenngleich nur in einer kurzen Bemerkung, zur Sprache gebracht: »[...] Analysis als Anamnesis also – mit dem entscheidenden Unterschied allerdings, daß der Gedanke, den die Seele erinnert, kein apriorischer, sondern ein empirischer ist [...]« (Inka Mülder-Bach, Eine »neue Logik für den Liebhaber«. Herders Theorie der Plastik, in: *Der ganze Mensch. Anthropologie und Literatur im 18. Jahrhundert*, Hg.: Hans-Jürgen Schings, Stuttgart 1994, S. 347). Aber auch Mülder-Bach streift in ihrem Aufsatz sowohl das Thema der philosophischen Analyse wie auch das des Gedächtnisses nur im Vorbeigehen, um anderen Themenstellungen zu folgen.

[152] Norton 1991, S. 43 f.

besteht dann also insgesamt aus einem analytischen und einem synthetischen Teilschritt. Ausgangspunkt des Verfahrens sind Sätze, die uns – u.a. wegen der Vieldeutigkeit und Fehlerhaftigkeit der Tradition – zunächst als verwickelte und dunkle Sätze gegeben sind, über deren Wahrheit wir unsicher sind. Diese Sätze werden im analytischen Teilschritt in einer inhaltlichen Analyse in einfachere und schließlich in einfache Sätze zerlegt, die einfache Sachverhalte repräsentieren und intuitiv unmittelbar als wahr erkannt werden. Und im synthetischen Teilschritt werden aus diesen intuitiv als wahr erkannten Sätzen wieder die zusammengesetzten deduziert.«[153]

Die Cartesianischen *Meditationes* bieten ein Beispiel einer solchen Methode. Im Zweifelsexperiment wird per Analysis durch eine systematische Reduktion komplexer Sachverhalte schließlich zu der intuitiven Gewißheit des vielinterpretierten cogito ergo sum gefunden und von dort ausgehend per Synthesis über eine Reihe selbstevidenter Axiome zum Aufbau der Welt vorangeschritten. Der von der philosophischen Tradition zumeist als Gründungstext der modernen Philosophie gelesene Gedankengang der *Meditationes* stellt sich, von den *Regulae* her gelesen, nur als ein Beispiel der Methode dar.

Es ist evident, daß Herders Begriff der Analysis weder einem mathematischen Wissenschaftsideal folgt noch auch nur ein Teilschritt ist, dem dann notwendig eine Synthesis zu folgen hätte. Die Sprachidee Herders, nach der Sprachen (im Plural) von den Lebensbedingungen der Menschen geprägt sind, sich als Ideolekte zuerst einer Familienideologie, später dann der Ideologie eines Stammes und schließlich einer Nation entwickeln[154], setzt die für eine rationalistische Analysiskonzeption grundlegende Annahme außer Kraft, daß es für die gemeinsame Welt auch gemeinsame sprachliche Repräsentationen gibt, die im Prozeß der Analyse festgestellt werden könnten. Wenn nach Herder die Divergenz der Sprachen zugleich die Divergenz der Weltbilder ist, ja sogar im Verkehr der Individuen untereinander die wesentliche Differenz der Sprache nicht zu tilgen ist[155], dann führt eine Analysis nicht zu evidenten, gleichsam atomaren Sätzen, die jedem intuitiv als unmittelbare Entsprechung zu einfachen Sachverhalten einleuchten.

Vielmehr führt eine Analysis in den dunklen Grund der Seele (fundus animae), in dem das Körpergewordensein des Geistes sich zu nie restlos auflösbaren Verquickungen von Sinnlichkeit und Urteilshandlungen habitualisiert hat. Baumgarten, dessen *Aesthetica* erst dadurch ermöglicht wurde, daß er

[153] Engfer 1982, S. 137.
[154] Vgl. dazu die *Sprachursprungsschrift* SWS V, 112 ff.
[155] Ebd., 124 f.

den Komplex der gesamten unteren Vermögen im Begriff des analogon rationis gebündelt hat[156], hat Herder mit dem Gedanken vorgearbeitet, daß in diesem ›Ähnlichen der Vernunft‹ eine originäre Erkenntnisleistung vorliegt, die nicht in der Logik, sondern eben in der neuen Wissenschaft der Ästhetik zu behandeln sei. Da nun dieses Sinnliche aus kontingenten ontogenetischen und schwer zu rekonstruierenden phylogenetischen Konglomeraten besteht, in denen der Synkretismus der fünf Sinne[157] jeweils individuelle Synthesen produziert, und da zweitens diese Sinnlichkeit der Fundus ist, aus dem sich die Sprachlichkeit eines Individuums wie auch, im Größeren gedacht, eines Volkes entwickelt, führt eine Analysis von Sprache immer nur tiefer in die Individualität hinein, anstatt daß sie rationalistisch zu evidenten Grundtatsachen käme. Analysis ist daher Explikation von Aisthesis. Ein synthetischer Wiederaufbau aus gewonnenen Basissätzen würde – abgesehen davon, daß solche einfachen Basissätze ihrem Begriff nach nie zustande kommen – zu nichts anderem führen, als zu einer weiteren Rede über Individualität. Folglich fällt der synthetische Teilschritt bei Herder weg.

In einem gewissen Sinne hat der vorkritische Kant diesem Gedanken Herders vorgearbeitet. In seiner Schrift *Untersuchung über die Deutlichkeit der Grundsätze der natürlichen Theologie und der Moral* von 1764 bestimmt auch er die Methode der Philosophie, die »einfältig und behutsam«[158] sein solle, als Analysis: »Es ist das Geschäft der Weltweisheit, Begriffe, die als verworren gegeben sind, zu zergliedern, ausführlich und bestimmt zu machen.«[159] Auch Kant orientiert sich am Methodenvorbild der Mathematik, allerdings gerade nicht in der Absicht, es für die Philosophie verbindlich zu machen, sondern im Gegenteil aus der Intention heraus, der Weltweisheit einen Methodenbegriff zuzuschreiben, der sich aus der Opposition zur Mathematik herleitet. Die Mathematik nämlich sei durchaus synthetisch, sie habe »gegebene Begriffe von Größen, die klar und sicher sind, zu verknüpfen und zu vergleichen, um zu sehen, was hieraus gefolgert werden könne.«[160] Während also die Mathematik in der »Bedeutung der Zeichen sicher«[161] ist und folglich unter Zugrundelegung evidenter Verknüpfungsregeln in der Erkenntnis

[156] Baeumler ²1967, S. 195 f. – Ich werde auf dieses Theorem in meinem Baumgartenkapitel *Das Ästhetische und die Rede über das Ästhetische* ausführlich zu sprechen kommen.

[157] Das Theorem des ursprünglichen Synkretismus der fünf Sinne werde ich weiter unten in diesem Kapitel erläutern.

[158] Immanuel Kant, Untersuchung über die Deutlichkeit der Grundsätze der natürlichen Theologie und der Moral (1764), in: Immanuel Kant, *Vorkritische Schriften bis 1768* (Band 2), Hg.: Wilhelm Weischedel, Frankfurt am Main ³1981, S. 743.

[159] Ebd., 746.

[160] Ebd.

[161] Ebd., 754.

voran gehen kann, ist im Gegenteil die Philosophie niemals fähig, zu einer synthetischen Wissenschaft werden zu können. Kant argumentiert, daß es für eine synthetische Wissenschaft »unvermeidlich sei, in der Zergliederung auf unauflösliche Begriffe zu kommen.«[162] Nun gebe es aber in der Weltweisheit dermaßen viele und unterschiedliche Erkenntnisse, daß »viele [Grundbegriffe, R. S.] beinahe gar nicht aufgelöset werden können.«[163] Und Kant fährt fort: » [...] ich wundere mich über diese Unauflöslichkeit nicht. Denn bei Begriffen von so verschiedener Art müssen wohl unterschiedliche Elementarbegriffe zum Grunde liegen.«[164]

In dem Gedankengang verstecken sich zwei Argumente. Zum einen sagt Kant, daß die Vielheit der philosophischen Probleme eine so lange analytische Arbeit erfordern würde, daß aus Zeitgründen niemand sie leisten könne. Zum anderen sind die Probleme so divergent, daß sich – unterstellt, man könnte die Begriffe doch auf Elementarbegriffe bringen – dabei keine einheitliche und kontinuierliche Matrix von Grundbegriffen ergeben würde. Die Analysis des Schönen, Erhabenen, des Raumes, des Begriffs vom Nacheinander etc. würde auf eine Vielheit nicht zusammenhängender Grundbegriffe führen, die keine einheitliche Basis für sichere synthetische Schlüsse bereitstellt. Solche prinzipielle Untauglichkeit der Sprache zu philosophischer Synthesis begründet Kant mit einem sprachpragmatischen Philosophem: »In der Philosophie überhaupt, und der Metaphysik insonderheit, haben die Worte ihre Bedeutung durch den Redegebrauch.«[165] Derart sprachphilosophisch zu einem Pragmatismus geführt, bleibt Kant nichts anderes übrig, als die Aufgabe der Philosophie in der Analyse von undeutlichen und verworrenen Erkenntnissen zu finden.

Herders Sprachphilosophie läßt sich als der Versuch verstehen, den von Kant angedeuteten Weg weiterzugehen. Das Konzept verschiedener Sprach- qua Weltbilder, das Herder entwickelt und bei dem er sich durchaus als eigenständiger Kantschüler verstehen darf, denkt dem sprachpragmatischen Argument Kants eine stärkere Begründung zu. Wo in einer Ursprungstheorie der Sprache erwiesen ist, daß die Wurzeln der Sprache (›Wurzelwörter‹) von Sprache zu Sprache prinzipiell verschieden sind[166], ist zugleich die Möglich-

[162] Ebd., 749.
[163] Ebd.
[164] Ebd.
[165] Ebd., 754.
[166] Herders Argument in der *Sprachursprungsschrift* ist bekanntlich, daß die Wurzelwörter auf ursprüngliche, sinnliche und starke Eindrücke zurückgehen, die jeweils durch die verschiedenen Lebensumstände, Klimate und Kulturkontexte von Völkern grundsätzlich verschieden sind (vgl. SWS V, 52 ff., 70 ff.). Damit ist aber die Basis einer Sprache nicht mit der einer anderen Sprache vergleichbar und erst recht nicht auf sie abbildbar. Sprachen

keit verstellt, von einer verbindlichen Matrix von Elementarbegriffen ausgehen zu können. Jede Sprache hat ihre eigene grundlegende Sinnlichkeit. Von Sprache zu Sprache kann es folglich keine zusammenhängenden Elementarbegriffe (Kant) geben, die sich auf ein Modell *einer* Welt zurückbeziehen ließen. Herder entwickelt die radikalere Begründung für Kants Argument. Das Ergebnis ist bei beiden das gleiche: Philosophie als Analysis zu konzipieren und Synthesis auszuschließen. Es wäre eine systematische Überlegung wert, ob Kant den Weg zum transzendentalen Kritizismus hätte gehen können, wenn er sich im Anschluß an seinen Schüler Herder die von diesem formulierte stärkere Variante seines Arguments zu eigen gemacht hätte.

In seinem frühen Versuch *Von Baumgartens Denkart in seinen Schriften*[167] imaginiert Herder eine Sprache, die solche pragmatischen Verhinderungen von Synthesis ermöglichender, nämlich auf den Grund gehender Analysis nicht habe: »Eine völlig philosophische Sprache müßte die Rede der Götter sein, die es zusahen, wie sich die Dinge in der Welt bildeten, die die Wesen in ihrem Zustande des Werdens und Entstehens erblickten, und also jeden Namen der Sache genetisch und materiell erschufen« (W I, 655). Das Sprachideal einer analytischen Philosophie, wie es in den Cartesianischen *Regulae* vorgestellt wird, ist, so Herders Argument, eine Anmaßung von Göttlichkeit, nämlich nur erklärbar unter der Voraussetzung der Zeugenschaft mit dem Schöpfungsprozeß. Rückwärts, vom Geschaffenen her, läßt sich keine Analysis je so weit treiben, daß auf elementare Begriffe zu kommen wäre, die für eine »völlig philosophische Sprache«, nämlich für eine ars combinatoria, das Material bereitstellten. Folglich kann »diese Sprache des Olymps [...] kein menschlich Ohr hören« (ebd.). Menschen »bezeichnen die Dinge nicht wie sie sich erzeuget, sondern wie sie ihnen erscheinen: nicht nach ihrem Wesen, sondern nach ihrer Form; jenes kann scheinbare Substanzen, dieses leere Benennungen geben, und also beides trügen« (ebd.). Ein synthetisches, eine Vorstellung mit immer neuen Merkmalen gemäß seiner Prozessualität anreicherndes Denken würde entweder der bloßen Form aufsitzen und mit leeren Benennungen hantieren oder auf scheinbare Substanzen referieren. Die einzige Möglichkeit, die sich eröffnet, ist die kritische Analyse der jeweils vorliegenden Sprache. Sie erreicht ihren relativen Grenzwert in der jeweiligen Sinnlichkeit, sei es die eines Individuums oder die einer Nation.

In *Über die neuere deutsche Literatur* formuliert Herder seine spezifische Ausprägung des Analysisgedankens. Er geht davon aus, daß in der normalen

bleiben inkompatibel. Eine Analysis von Begriffen würde nicht auf ein elementares Weltmodell zurückführen, sondern in die sinnliche Individualität der Wahrnehmung.

[167] Ich zitiere die Fragmente Herders zu Baumgarten aus der Studienausgabe (W I, 651–694).

Sprache die Worte »sinnlich klar« (SWS I, 417) gegeben sind, also hinreichen, um Unterscheidungen zu machen und auf ihrer Basis zu kommunizieren. Was den sinnlich klaren Worten aber fehle, sei ein auf zweiter Beobachtungsebene situiertes Wissen von der Beschaffenheit der Unterscheidungen. Dieses läßt sich erst erlangen, wenn die Worte zu deutlichen Begriffen gemacht werden.[168] »Die wahre und einzige Methode der Philosophie ist also die analytische: diese muß nothwendig die Begriffe des gesunden Verstandes zum Grunde legen, und von hier sich zu Höhen der abstrahirenden Vernunft erheben. Alle wahrhaftig Philosophischen Begriffe sind dem Weltweisen gegeben [...] Sie sind ihm sinnlich klar gegeben, und jeder gute gesunde Verstand muß also durch die Philosophie gleichsam höher geleitet werden. Sie sind ihm aber verworren gegeben, er soll sie durch die Abstraktion deutlich darstellen, und zergliedert sie also, so weit er kann« (ebd., 418).

Die Frage, auf die alles ankommt, lautet natürlich: Wie weit kann der Verstand zergliedern? Käme er auf letzte elementare Begriffe, so könnte er dann unter Zugrundelegung einer Grammatik wieder zu einem synthetischen Denken voranschreiten. Herders Antwort ist auf den ersten Blick irritierend: »Man sieht auch, daß dieser Weg zu philosophiren Schranken habe: denn es muß endlich unzergliederliche Begriffe geben« (ebd., 419). Zunächst will es scheinen, als würde Herder tatsächlich für eine elementare Matrix von Grundbegriffen optieren und damit in einen Widerspruch zu seiner einer solchen Logik konträren Sprachphilosophie geraten. Im folgenden aber weist er diejenige »Schule der Weltweisen« zurück, die »glaubt, daß sich alles auf Gedanke, und selbst der Begrif des Seyns dahin zurückleiten lasse« (ebd.). Die unzergliederlichen Begriffe haben also gerade keinen intelligiblen Status, der sie kombinierbar machte. Unzergliederlich heißt bei Herder nicht, daß das Denken nun bei den elementaren logischen Merkmalen angelangt sei und daraus ein logisches Kalkül entwickeln könne, sondern daß es beim unmittelbar selbstevidenten Faktum der Seinsgewißheit angekommen ist. Der Begriff des Seins (und die unmittelbar unter ihm stehenden Begriffe Raum, Zeit und Kraft) ist, wie es im *Versuch über das Sein*[169] heißt, unzergliederlich und »völ-

[168] Die Terminologie stammt von Leibniz. Ich werde später ausführlicher davon handeln. Nach Leibniz (*Hauptschriften zur Grundlegung der Philosophie*, übersetzt von A. Buchenau und herausgegeben von E. Cassirer, Hamburg 1966, 2 Bände: I, 22 ff.) ist eine Erkenntnis entweder klar oder dunkel; wenn sie klar ist, dann ist sie entweder deutlich oder verworren. Es entsteht in dieser stemmatischen Definitionsvorkehrung das Problem, was eine klare und zugleich verworrene Erkenntnis sei. Herder bringt dies hier mit der Formel »sinnlich klar« zum Ausdruck. Für die Theoriebildung der Ästhetik ist diese problematische Form der Erkenntnis von äußerster Wichtigkeit.

[169] Ich zitiere auch diesen Text aus der Studienausgabe. Der *Versuch über das Sein* ist der letzten Zeit als eine Art von philosophischem Gründungsdokument für Herder erkannt

lig indemonstrabel« (W I, 12) eben deshalb, weil es der »allersinnlichste Begriff« (ebd.) ist.[170] Herder kennt also wie Descartes einen Grenzwert der Analysis, aber dieser verhindert die Synthesis, anstatt sie zu ermöglichen, weil er nicht begriffslogischer Natur ist, sondern eine Bezeichnung für eine Seinsgewißheit.

Es gibt noch einen anderen Grund für den Wegfall des synthetischen Schrittes nach dem schon geleisteten analytischen. In Leibniz' Monadenmodell repräsentiert die Monade die ganze Welt. Eine Analyse ihrer Perzeptionen wäre zugleich eine Analyse ihrer gesamten Weltrepräsentation. Engfer bemerkt zu Recht, daß die Analyse als die spezifische Erkenntnisweise der Monade immer zugleich eine reflexive Dimension hat, »weil die Welt in der Leibnizschen Philosophie der Monade nicht als ein Äußeres gegenübersteht, sondern immer schon in ihr repräsentiert und enthalten ist. Das Erkennen der geschaffenen Monade erscheint dann letzten Endes als eine analysierende Aufklärung der immer schon gegebenen Inhalte und also als Selbstaufklärung.«[171]

In Herders Sprachkonzept repräsentiert die Sprache auch ihre Welt, aber es ist nicht mehr die eine Welt, der die metaphysische Garantie der prästabilierten Harmonie der Monaden gegeben ist. Vielmehr sind die Sprachwelten prinzipiell nicht aufeinander abbildbar und auch nicht ineinander übersetzbar. Herder kann gleichwohl den Leibnizschen Grundgedanken für seine Zwecke übernehmen: daß eine Sprache die Welt repräsentiere und daß das Individuum als eine weltkonstruierende Einheit aufzufassen sei. Ästhetik denkt er im *Vierten Kritischen Wäldchen* daher als eine solche Analyse der Begriffe, in der der Fundus der unteren Vermögen zum Gegenstand wird. Indem er den Mechanismus aufdeckt, mit dem die Sinnlichkeit ihre habitualisierten Urteils- qua Wahrnehmungsvollzüge konzeptualisiert, ist seine Analyse als Theorie der Sinnlichkeit Ästhetik im Sinne einer gnoseologia inferior, Analysis im Sinne des ersten Teilschritts von Descartes und zugleich im Sinne des Leibnizschen Monadengedankens, modifiziert freilich durch den eigenen Gedanken einer irreduziblen Pluralität der (Sprach-)Welten.

Inwiefern ist näherhin das Konzept einer Philosophie als Analysis als memoria-Verfahren verstehbar? Das 18. Jahrhundert hat eine Form der rekursi-

und mehrfach analysiert worden. Neben den Kommentaren von Gaier (W I, 844–869) und Pross (I, 844–849) handeln ausführlich Heinz (1994, S. 1–25), Adler (1990, S. 49–63) und Manfred Baum (Herder's Essay on Being, in: *Herder today*, Hg.: Kurt Mueller-Vollmer, Berlin / New York 1990, S. 126–137) über diesen frühen Text.

[170] Ich werde auf diese Stelle in dem anderen Kontext meines Hermeneutik-Kapitels zurückkommen.

[171] Engfer 1982, S. 213 f.

ven Begriffsbildung entwickelt. Lockes Assoziationspsychologie, die aufgedeckte Vorurteilsstruktur des Denkens und die bei Baumgarten in die Bereiche der unteren Seelenvermögen vorstoßende individualisierende Begriffsanalyse[172]: diese Konzepte lassen deutlich werden, daß die Wurzel des Denkens nicht im Vollzug der jeweiligen Synthesenbildung zu suchen ist, sondern in den immer schon beendeten Synthesen.

Herders Gedanke der immanenten Geschichtlichkeit der Vernunft zieht die Konsequenz aus diesen Bestrebungen und denkt den Diskurs der Kultur- und Literaturwissenschaft als zurückgehende Analysis der Begriffe. So wird virtuell die gesamte Kulturarbeit als in den Begriffen gespeicherte anschaulich. Herder nennt das genetisches Erklären und nimmt damit eine Begriffs- sowie Gedankenkonstellation wörtlich. Er beginnt mit einem Denken, das man im Hegelschen Sinne konkret zu nennen wagen darf. Denn konkret ist, daß kein Denken, wie es Descartes unterstellt, je an einem Nullpunkt beginnen würde. Immer ist ihm schon eine Selbstvergewisserung des Seins, ein ursprünglicher Sensualismus vorausgegangen.[173] In dem Moment, in dem das Denken auf den Gedanken kommt, sich selbst zu denken, ist dieser Gedanke stets schon Moment einer langen Gedankenreihe. Anstatt in einem abstrakten Idealismus einen Nullpunkt des Denkens imaginieren zu wollen, zieht Herder eine radikale Konsequenz: Das jeweils gerade Gedachte ist das Ganze, weil in ihm die ganze es ermöglichende Geschichte ›aufgehoben‹ ist. Daß das Gedächtnis, wie oben als These vorgeschlagen wurde, eine Art von Metatheorem des Bewußtseins ist, führt zu dem Gedanken, die Logik des Denkens nicht synthetisch-progressiv beobachten zu wollen, sondern analytisch-regressiv. Wir haben immer schon getan, was wir als die Logik unseres zukünftigen Tuns einsehen wollen. Also brauchen wir keinen Einblick in den gegenwärtigen Mechanismus der Synthesen, sondern nur einen Zugang zur memoria.

Die Begrifflichkeit für diese Argumentationsstruktur nimmt Herder aus der zeitgenössischen Schulterminologie auf. In Leibnizens Projekt einer characteristica universalis müssen, damit aus den logischen Elementarwerten der notiones eine ars combinatoria entstehen kann, diese Elementarwerte durch eine Begriffsanalysis ermittelt werden. Leibniz entwickelt dies in seinem kleinen Aufsatz *Meditationes de cognitione, veritate et ideis* (1684)[174] und etabliert damit eine Terminologie der Begriffsanalyse, die schnell zum Gemein-

[172] Vgl. zu dieser Formulierung die Ausführungen bei Baeumler ^{2}1967, S. 207–231.

[173] Vgl. dazu den Text *Versuch über das Sein* (W I, 9–21).

[174] Leibniz, *Hauptschriften*, I, 22–29. – Zur Analyse dieser Schrift vgl. Solms (1990, S. 37 ff.), Adler (1990, S. 2–11) und Pross (II, 872 f.).

gut philosophischer und auch popularphilosophischer Schriften wurde. Leibniz geht in seiner Hierarchisierung der Deutlichkeitsgrade von Vorstellungen davon aus, daß Ideen oder Begriffe in einem symbolischen, nämlich diskursiven Nacheinander idealiter vollständig in ihre kleinsten Merkmale zerlegt werden könnten. Diese Merkmale (notiones) sind die Atome des Denkens und der Begriffsbildung. Wenn man diese Atome in ihrer Vollständigkeit hat und ihre Kombinationsregeln kennt, könnte man in einem mathematischen Kalkül vollständig kontrollierte Sprachen schaffen, die in der Form symbolischer Diskursivität ein Analogon der adäquaten Erkenntnis Gottes darstellen. Leibniz äußert sich allerdings skeptisch über die Möglichkeit des Menschen, diesen Grenzwert der adäquaten Erkenntnis zu erlangen.[175]

Leibnizens Merkmalsanalyse ist ein weiterer Weg in die memoria, seine Terminologie selbst schon memoria-Argument. An Descartes' Kriterium, daß eine klare und distinkte Erkenntnis auch wahr sein müsse, kritisiert Leibniz, daß letztendlich die Intuition, die über Klarheit und Distinktheit entscheide, nicht nachprüfbar sei und sich der Intersubjektivität entziehen könne.[176] Abweichend von Descartes entwickelt Leibniz daher eine andere Merkmalslogik. Eine Erkenntnis ist entweder klar (clara) oder dunkel (obscura); wenn sie klar ist, dann ist sie entweder deutlich (distincta) oder verworren (confusa). Also gibt es eine klare und verworrene Erkenntnis (cognitio clara et confusa). Das Kriterium für die Beurteilung einer Erkenntnis besteht in ihrer Wiedererkennbarkeit: »Klar hingegen ist eine Erkenntnis, wenn sie es mir ermöglicht, die vorgestellte Sache wiederzuerkennen.«[177] Klar und verworren ist eine Erkenntnis, die zur Wiedererkennung einer Sache hinreicht, ohne daß jedoch die Merkmale einzeln aufgezählt werden könnten: Sie werden »auf das einfache Zeugnis der Sinne hin«[178] wiedererkannt, wobei nun schon die Rede vom Wieder-›Erkennen‹ problematisch erscheint, da den Sinnen offensichtlich eine Erkenntnisfunktion zugeschrieben wird. Als Beispiel gibt Leibniz das ästhetische Urteil: »In ähnlicher Weise können wir beobachten, wie Maler und andere Künstler ganz vortrefflich erkennen, was richtig und was fehlerhaft gemacht ist, häufig aber nicht imstande sind, von ihrem Urteil Rechenschaft zu geben.«[179] Im Gegensatz dazu steht die deutliche und klare Erkenntnis, als deren Modell die Nominaldefinition gilt. In ihr ist durch die »Aufzählung der zureichenden Merkmale«[180]

[175] Leibniz, *Hauptschriften*, I, 27.
[176] Ebd.
[177] Ebd., 23.
[178] Ebd.
[179] Ebd.
[180] Ebd., 24.

gesichert, daß mit der Wiedererkennung zugleich der Zugriff auf das memoria-Archiv vorliegt.

Die deutliche Erkenntnis wird noch einmal in die adäquate bzw. inadäquate aufgespalten: Adäquat ist die Deutlichkeit der Erkenntnis dann, wenn »die Analysis bis ans letzte Ende durchgeführt«[181] worden ist.[182] Beide Bestimmungen – adäquat und inadäquat – werden noch einmal unterteilt: jeweils durch die Unterscheidung intuitiv und symbolisch. Der Begriff der symbolischen Erkenntnis wird bei Leibniz als eine Art von anthropologisch notwendiger Abkürzung der adäquaten Erkenntnis eingeführt. Weil wir bei einer sehr zusammengesetzten Vorstellung »nicht alle in sie eingehenden Merkmale zugleich denken«[183] können, verwenden wir Zeichen und Wörter an Stelle der Ideen.[184]

Der in seinem Status ungeklärte Begriff ist der der cognitio clara et confusa. Baumgarten nimmt den Begriff auf und positiviert ihn.[185] Zum einen gehören diese Erkenntnisse in jenen Teil der Seele, den er deren dunklen Grund – fundus animae – nennt, zum anderen ist es gerade diese unexplikable Fülle des Sinnlich-Konkreten in der cognitio clara et confusa, die Baumgarten denjenigen Dingen zuschreibt, die Prägnanz, Lebendigkeit und ästhetischen Reichtum besitzen. Aus der Leibnizschen Kritik am Cartesianischen Erkenntniskriterium führt über die memoria-Funktion des sinnlichen Wiedererkennens ein direkter Weg von der logischen Merkmalsanalyse in die Ästhetik Baumgartens. Und der Weg läuft auf Herder zu.

Zweierlei ist für Herder vorbereitet. Zum einen kann er den Gedanken des dunklen Grundes der Seele übernehmen mitsamt der Auszeichnung, dort eine Rehabilitierung der Sinnlichkeit zu betreiben, zum anderen hat er die Mittel in der Hand, Philosophie als memoria-Praxis der Analysis zu konzipieren. Hat Baumgarten eine Nische in der Schulterminologie der Leibniz-Wolffschen Schule genutzt, so entwickelt Herder nun gleichsam aus dieser Nische heraus das Programm einer Ästhetik. Wenn nach Leibniz die Nominaldefinition diejenigen Merkmale aufzählt, die sich das Denken vorher selbst gemacht hat, so kontert Herder mit dem Vorwurf, dieses Tun sei im Grunde

181 Ebd.

182 Probleme tauchen nach Leibniz bei der adäquaten Erkenntnis vor allem dann auf, wenn man es mit komplexen und zusammengesetzten Dingen zu tun hat und wenn man bei den unzergliederlichen Letztmerkmalen angelangt ist, die dann ja anders als durch Zergliederung analysiert werden müßten.

183 Ebd., 25.

184 Ebd., 24.

185 Ich referiere hier Solms, dem ich bei diesem Gedankengang nichts hinzuzufügen habe (1990, S. 39 ff.).

tautologisch, das Denken beschäftige sich dabei nur mit Begriffschimären. Was aber einzig zu neuen Erkenntnissen führen könne, sei nicht die Synthesis von selbstgemachten Merkmalen zu immer neuen Nominalkonstruktionen, sondern die Analyse jenes dunklen Grundes der Seele.[186] In diesem Sinne polemisiert Herder im *Vierten Kritischen Wäldchen* gegen seinen Kontrahenten Riedel, dem er die Methode des wahren Philosophen gegenüberstellt: »Er hat eine Menge allgemeiner, abstrakter Begriffe, weiß Gott, woher? aus Gerhard und Moses und Home und Winkelmann: die stellt er im Gewühl neben einander, und was er bei andern Autoren über sie findet, im Gewühl neben einander. Der wahre Philosoph hat keine, als wo sie ihm in einem Sinne erscheinet: da suchet er sie auf, da verfolgt er sie durch alle feinen Nervenäste [...] Diese Physiologie der Sinne und sinnlichen Begriffe, die bei einem Weisen alles ist, Objekt Hauptaugenmerk, Methode, ist bei Riedel Nichts.« (SWS IV, 55 f.). Im dunkeln Grund, dort wo die Nervenäste die physiologische Basis für die Begriffe sind, ist aufbewahrt, gleichsam eingeschrieben in noch unentzifferter Schrift, was die Seele an Möglichkeiten ihrer Selbstexplikation immer schon hat, wenn es nur per Analysis aus dem Dunkel des sinnlichen Gedächtnisses hervorgeholt werden kann.

In der analysierten Passage aus *Über die neuere deutsche Literatur* wird der Analysisgedanke expressis verbis mit dem memoria-Argument zusammengebracht. Herder setzt ein mit der Normalsprache, die zum Gegenstand der Analysis werden soll und nennt sie in einer von ihm vielbenutzten memoria-Metapher einen »Schatz von Begriffen« (SWS I, 417). Analysis ist also eine Art von Archäologie, sie hebt die in den Worten der gesunden Vernunft vorhandenen Begriffe. »Begriff« ist wohl auch hier wörtlich zu verstehen: als das sinnlich Begriffene und Ertastete, das sich in der Sprache als der Explikation jeweils einer Art von Seinsgewißheit eingeschrieben und aufbewahrt hat. So zumindest deutet Herder in der *Plastik* von 1770 das erste Tasten des Säuglings: »Seine erste Känntniß ist eigentlicher Begriff, Ideen durchs Gefühl« (SWS VIII, 120).[187]

Was die Analyse zutage fördert, ist der Thesaurus einer Weltsicht, die sich der Sprache als ihres Speichers bedient. Analysis ist Explikation des Paradig-

[186] Vgl. dazu die Bemerkung in der *Sprachursprungsschrift*: »Die allgemeinern Begriffe wurden ihr [der Sprache, R. S.] also erst später durch Abstraktion, Witz, Phantasie, Gleichnis, Analogie u. s. w. angebildet – im tiefsten Abgrunde der Sprache liegt keine Einzige!« (SWS V, 78).

[187] Auch in der *Plastik* von 1778 schlägt Herder diese wörtliche Deutung von »Begriff« vor: »Je mehr er Körper, als Körper, nicht angaffte und beträumte, sondern erfaßte, hatte, besaß; desto lebendiger ist sein Gefühl, es ist, wie auch das Wort sagt, Begrif der Sache« (SWS VIII, 7).

mas einer Weltsicht. Im Zuge dieser memoria-Konzeption von Sprache zitiert Herder die Platonische Anamnesis: »Eben von ihm [dem Gedanken, R. S.] muß ich ihn [den Ausdruck, R. S.] absondern, ihn in andre kleinere Bestimmungen auflösen, ihn immer in verständlichen, aber nach und nach in vernünftigern Worten zeigen, bis die Seele sich endlich gleichsam erinnert, was sie mit dem Worte gedacht hat, und vorher nicht sagen konnte, was sie in Platons Reich der Geister sahe, und jetzt nochmals siehet, was in ihr schlummerte, und jetzt erwachet« (SWS I, 418).

Die Aufnahme Platons folgt dem oben analysierten Muster: Die Seele erinnert sich nicht der Ideen, die sie im Himmel schaute, sondern ihrer vorreflexiven sinnlichen Vergangenheit. Die Analysis führt in die Sinnlichkeit hinab, und zwar bis zu dem Punkt ihrer Ursprungsgeschichte als dem Punkt ihres evidenten Gründungsmomentes als Seinsgewißheit. Es ist die Ordnung frühester sinnlicher Eindrücke, die in der Seele so vorliegen wie der Merkraum der Mnemonisten, der mit Merkbildern (imagines agentes) affektiv aufgeladen ist. Das déjà-vu, das oben analysiert wurde, verweist auf diese Ordnung, und sie wird expliziert in der Analyse der Sprache als dem Merkraum, in dem alles abgespeichert ist, was sich als Erfahrung eingeschrieben hat.[188]

Herder wird die Verbindung von Begriffsanalysis und Platonischer Maieutik aus Moses Mendelssohns *Abhandlung über die Evidenz in metaphysischen Wissenschaften* von 1764 übernommen haben. Mendelssohn verbindet dort die Idee einer Analysis der Begriffe mit der Terminologie des Eingewickeltseins aller Wahrheit in den Begriffen und der Zergliederung als Auseinanderlegung des Implizierten.[189] Als ein Verfahren, diese Auswickelung »durch geschicktes Fragen«[190] zu bewerkstelligen, wird Platons Maieutik angeführt: »[…] man siehet hieraus, daß unsere Begriffe bis auf den letzten Faden, sozusagen, ablaufen, wenn ein Sokrates sich die Mühe nimmt, sie abzuwickeln.«[191]

[188] Daß in der Tat die unzergliederlichen Begriffe keinen logischen Status haben, sondern sich jeweils auf die spezifischen Arten von Seinsunmittelbarkeit beziehen, wird aus einer Stelle aus den *Ideen zur Philosophie der Geschichte der Menschheit* deutlich: »Das Gedächtnis z. B. ist nach der verschiednen Organisation der Menschen verschieden; bey diesen formt und erhält es sich durch Bilder, bei jenen durch Zeichen der Abstraction« (SWS XIII, 186). So wie hier das Gedächtnis einer durch die verschiedensten Einflüsse modellierten Divergenz unterliegt, wird man auch die letzten unzergliederlichen Begriffe denken müssen. Seinsgewißheit ist nur der Name für einen unmittelbaren Bezug auf ein elementares Vorhandensein, das inhaltlich auf die unterschiedlichste Weise sich ausprägen mag. Welcher Art die Seinsgewißheit bei den Menschen sei, wird nach Herder jeweils aus ihren Lebensbedingungen, ontogenetisch und phylogenetisch, herzuleiten sein.

[189] Mendelssohn, *Schriften über Religion*, S. 112 u. ö.

[190] Ebd., 112.

[191] Ebd., 113.

Herders vom Ideenhimmel auf den Boden der sinnlichen Seinsgewißheit heruntergeholter sensualistischer Platonismus geht mit der Konzeption von Philosophie als Analysis eine Verbindung ein, in der die Erinnerungstechnik der Maieutik als eine Möglichkeit begriffen wird, zum Thesaurus der Begriffe, der in den Worten der normalen Sprache liegt, einen Zugang zu gewinnen. Verschiedene Modelle finden sich hier zusammen: Während sich die sinnlich-energetische Ordnung, die sich in der Sprache versteckt, nach dem Modell der Assoziationspsychologie als Wiederholung des mnemotechnischen Gedächtnismodells verstehen läßt, ist der von Herder sensualistisch umgedeutete Platonismus der Zugriff auf die Speicherdimension.

Daß das vermögenstheoretische Gedächtnis der virtuelle Speicher aller jeweils ausgeführten Synthesen ist und damit zugleich das Modell für zukünftiges Tun und daß das sinnliche Gedächtnis des dunklen Seelengrundes das Archiv der anthropologischen Möglichkeiten ist, qualifiziert philosophisches Nachdenken in einem ursprünglichen Sinne als Reflexion, als in den Grund gehen, als Analyse von Vergangenheit.

Wie aber kann man sich Zugang zu den Archiven verschaffen? Was Herder braucht, sind memoria-Räume, Diskurswege, die explikabel machen, was doch per definitionem nie vollständig explikabel sein kann, wenn der dunkle Grund fundierend, also dunkel bleiben soll. Die memoria-Räume werden daher von solcher Art sein, daß sie nicht erklären, sondern höchstens zu verstehen geben, daß sie Parallelveranstaltungen sind, die die Problematik verdoppeln und durch Paraphrase aufhellen, aber nicht lösen. Sie wiederholen in sich, was sie zu beenden nicht imstande sind. Kurz: die memoria-Räume werden dem Modell der ästhetischen Verdopplung folgen. Herder hat anzubieten: die Sprache als memoria-Raum, den Begriff der Nation[192], die Idee der Vernunft der Tiere.[193]

Zur Sprache: Herder transformiert die Idee der characteristica universalis in das Konzept der Nationalsprachen und legt als Basis nicht die logische Ordnung der Merkmale, sondern die sinnliche Ordnung erster sich ausdifferenzierender Artikulationen zugrunde, die erst in einem späteren Stadium sprachlich werden. Dennoch gibt es bei ihm das an Leibniz gemahnende Konzept einer ersten elementaren Sprachebene, die als Generationsmatrix für die darauf aufbauende Sprachordnung gilt. Herder kombiniert den logischen Begriff Merkmal mit dem Begriffsfeld von Merkzeichen, Denkmal, Merkwort,

[192] Siehe dazu mein Kapitel zur Geschichtsphilosophie: *Entwurf eines Gedächtnisraums: Herders Geschichtsphilosophie*.

[193] Siehe dazu mein Kapitel zur Fabel: *Herders Poetik: Fabel. Über das mimetische Vermögen*.

Machtwort, Wurzelwort. So wird in der *Sprachursprungsschrift* der Terminus »Merkmal der Besinnung« (SWS V, 35) in den des »innerlichen Merkworts« (ebd., 36) und dann in den Begriff des »Erinnerungszeichens« (ebd., 37) überführt: » dies Merkmal, wird mithin inneres Merkwort« (ebd., 39).[194] Die Leibnizsche logische Konzeption weicht bei Herder einer energetischen: In den Wörtern steckt gleichsam noch die Aufladung jener elementaren sinnlichen Sprachakte. ›Merkmal‹ wird daher als Terminus remetaphorisiert: Das Merkmal im Wort ist tatsächlich das sinnliche Mal, das als charakteristische Spur in ihm aufbewahrt ist und es mit einem Index versieht, so daß es memoriert, gemerkt werden kann. Hat bei Leibniz das Wort Charakteristik einen logischen Sinn, so wird es bei Herder zur individuellen und physiognomischen Auszeichnung – so kann er z. B. von einer »allgemeinen Charakteristik der Schöpfung« sprechen (SWS XXVII, 167), die durch die Sinnlichkeit der menschlichen Sprache entsteht. Diese Art von Charakteristik folgt einer mnemonischen Konzeption. Nicht der logische Wert, sondern der expressive, der auf die Energie des Ursprungs zurückdeutet, weist dem Wort – oder besser: demjenigen im Wort, das als Wurzel das Gedenken an den Ursprung lebendig hält – seine individuelle Gestalt zu. Es wird zu einem Kristall, in dem Geschichte eingeschlossen ist und darauf wartet, zum Leben erweckt zu werden.

Weist schon das Gedächtnis innerhalb der Vermögenstheorie auf eine Analyserichtung hin, die ein Zurück in die Konstitutionslogiken anstrebt, so geht die Begriffsanalyse Herders genau denselben Weg. Sie transformiert die Leibnizsche characteristica universalis in eine historisch-spekulative Etymologie mit dem Ziel einer aus den Worten zu entwickelnden Kultursemiotik und kombiniert solche individuelle Auszeichnung der Worte mit einem mnemonischen Moment. Was an den Worten ihre Kraft ist, ist auch das Merk-Mal, vermittels dessen sie memoriert und in die energetisch aufgeladene Semiotik eingeschrieben werden.[195]

[194] Im weiteren Verlauf der *Sprachursprungsschrift* werden dann diese inneren Differenzierungen, die Merk-Male mit Erinnerungszeichen identifizieren, zu den Wurzelwörtern der Sprache: »tönende Verba sind die ersten Machtelemente« (SWS V, 52) und ein paar Sätze später die »Grundwurzeln der Sprache« (ebd.). Machtelement und Machtwort, Wurzel, Merkmal, Erinnerungszeichen: diese Konstellation von Begriffen markiert ein Feld von sprachlich-sinnlichen Urbahnungen, das als jeweils individuelles die Stelle einnimmt, die bei Leibniz vom logischen Kalkül besetzt ist.

[195] An dieser Stelle wird deutlich, daß Herder Etymologie als memoria-Strategie nutzt. Entsprechende Gedankengänge lassen sich z. B. bei Charles de Brosses finden. (Es ist allerdings nicht zweifelsfrei nachweisbar, daß Herder de Brosses *Traité de la formation mécanique des langues* von 1765 schon zum Zeitpunkt der *Sprachursprungsschrift* gelesen hat: vgl. Pross II, 918. In einem Brief vom August 1777 an Hamann erwähnt Herder, daß er das

Die frühen Versuche zu einer Ästhetik im Anschluß an und in Weiterführung von Baumgarten folgen jedenfalls dem Schema, jeglichen Begriff in eine ursprüngliche räumlich-sinnliche Konkretheit zurückzuverfolgen. Weil die Begriffsanalysis bezüglich derjenigen Qualität der Worte, die ihren Merkmalscharakter ausmachen, nicht auf das klare Fundament der logischen characteristica universalis zurückgeht, sondern auf das anthropologische Archiv ursprünglicher Weltartikulationen, ist sie das eigentliche Verfahren der Ästhetik, sofern diese die Wissenschaft von den sinnlichen Konstituentien aller Weltkonstruktion ist. Herder entwickelt im *Vierten Kritischen Wäldchen* das Programm, die Ästhetik im Sinne einer Theorie der Kunst aus der Ästhetik im Sinne einer Theorie ursprünglichen Wahrnehmens zu denken.[196] Damit verbindet er genetisch die beiden Enden der Menschheitsentwicklung: Rekonstruktion ersten sinnlichen Wahrnehmens und Theorie der Kunst, also ursprüngliche Logik des Sinnlichen und späteste Logik der Vernunft sollen verknüpft werden. Indem der Nachweis angestrebt ist, daß noch die späte Ästhetik transformatorisch von den Energien jener frühen Aisthesis zehrt, wird zugleich die entworfene Kunsttheorie zur umfassenden Kultursemiotik. Denn um nichts anderes geht es, als um die Erkenntnis des Prozesses, wie aus sinnlichen Artikulationen Zeichen werden und wie diese Zeichen verstanden werden können als Rationalisierungen protosemiotischer Verhaltenssphären.

Die Ordnung einer so entwickelten Ästhetik bildet die Ordnung allen Wahrnehmens ab. Die Grundbegriffe der Ästhetik wären genetisierbar auf den in ihnen aufgehobenen Kulturprozeß hin. Sie wären, würden sie in Herders Sinn analysiert, Speicher der Kultur, memoria-Marken. Ästhetik hätte die sinnliche Geschichte der Menschheit zu rekonstruieren. Das Kunstwerk

anonym erschienene Werk schon kennt, es aber nicht de Brosses zugeschrieben habe: Briefe IV, 39.) De Brosses geht davon aus, daß durch die Beschaffenheit der menschlichen Sprechorgane und durch die Natur der Dinge eine natürliche Relation zwischen Stimme/Wort und Sachverhalt bestehe und daß es folglich eine Ursprache gegeben habe. Diese sei zwar historisch nicht mehr rekonstruierbar, es ließen sich aber vielleicht durch das Sammeln jener Wörter (paroles immédiates), die die Grundlage der anderen Wörter sind, Hypothesen über diese Ursprache bilden. Die etymologische Tiefenebene der Sprache erscheint hier als der Tresor, in dem die ursprüngliche Sprache verborgen ist und aus dem sie als solche nicht mehr befreit werden kann (vgl. zu de Brosses: Hans-Martin Gauger, *Die Anfänge der Synonymik: Girard (1718) und Roubaud (1785)*, Tübingen 1973, S. 71–80). – Der Konnex zwischen Etymologie und memoria wird, wie Freudenfeld (1996, S. 191–196) referiert, vor allem von Michaelis schon in seiner Preisschrift von 1760 betont.

[196] Daß Ästhetik im Sinne von Aisthesis (Wahrnehmung) der umfassende Rahmen für das Projekt einer Ästhetik des Kunstschönen ist, motiviert die Differenz der Begriffe Aisthesis und Ästhetik. In diesem Sinne spricht auch Irmscher (1987, S. 66) von »einer ästhesiologischen Begründung der Ästhetik«.

wird von der es inszenierenden Theorie zum Ort der Wiederkehr des Verdrängten gemacht: in ihm taucht die Logik des Sinnlichen wieder auf.[197] Die Begrifflichkeit der neuen Wissenschaft der Ästhetik wird zur Begrifflichkeit einer allgemeinen Kultursemiotik verallgemeinert, die Begriffe werden einer archäologischen Analysis unterzogen, so daß sie zu memoria-Marken des Kulturprozesses werden, und diese ganze Theoriearbeit, die ja zunächst nur auf der Seite der Kunsttheorie stattfand, wird zum Wesen der Kunst selbst erklärt. Begriffsanalysis im Sinne der zurückgehenden Aufhellung der in den Begriffen geleisteten Kulturarbeit wird zur Definition dessen, wovon das Kunstwerk handelt: Es ist Inszenierung des Kulturprozesses und damit die Zugriffsinstanz auf das Archiv der kulturellen memoria.

Die archäologische Analysis der Aisthesis ist bei Herder die Ebene der Letztbegründung für die Unreduzierbarkeit der Begriffsanalyse auf logische Elementareinheiten. Herders originelles Theorem ist dabei das eines ursprünglichen Synkretismus der Sinne[198], der sich zu habitualisierten und unmittelbaren Urteilshandlungen sedimentiert. Auf diese Weise für das vermittelte Denken opak geworden, widersteht dieser Synkretismus einer Auflösung und begründet schon auf der Ebene der Sinnlichkeit die Individualität. Herders Argument ist im *Vierten Kritischen Wäldchen*, daß wir mit dem Gesichtssinn eigentlich nur Flächen sehen (SWS IV, 44), während wir unsere Begriffe von soliden Formen und Körpern nur durch den Tastsinn, das Gefühl bekommen (ebd., 48). Wenn wir glauben, daß wir einen Körper sehen, so ist dies ein Irrtum: »Es ist blos eine gewohnheitsmäßige Verkürzung, daß wir Körper als Flächen sehen, und das durch das Gesicht zu erkennen glauben, was wir würklich in unsrer Kindheit, nicht anders, als durchs Gefühl und sehr langsam lernten« (ebd., 51). Wir wissen durch die grundlegende und ontologische Erfahrung des Tastens von der Solidität der Gegenstände und ihrer dreidimensionalen Körperlichkeit. Wenn wir sehen, dann übertragen wir dieses Wissen per habitualisierter Urteilshandlung vom Tastsinn auf das Sehen und gelangen auf diese Weise zu unserem Begriff von Welt.

[197] Die Unentbehrlichkeit der Muttersprache zu Dichtkunst und Beredsamkeit begründet Herder aus der sinnlichen Individualität, die eine jede Sprache auszeichnet: »Wer den Umfang einer Sprache übersieht: überschauet ein Feld von Gedanken, und wer sie genau ausdrücken lernt: sammlet sich eben hiemit einen Schatz bestimmter Begriffe« (SWS I, 6). Dieser in sich bestimmte Schatz bildet die sinnliche Vergangenheit einer jeweiligen Sprache, und nur aus ihr, der »Muttersprache«, kann sinnvollerweise »Dichtkunst« entspringen (ebd.).

[198] Schon Heinrich Lehwalder spricht davon, daß das Theorem der Synästhesie »das Originale seiner Leistung« sei (*Herders Lehre vom Empfinden. Versuch einer Interpretation von Herders Schrift »Vom Erkennen und Empfinden der menschlichen Seele« und zugleich ein Beitrag zur modernen Problematik des Empfindungsbegriffs*, Kiel 1954, S. 112).

In der *Sprachursprungsschrift* wird der Gedanke vom ursprünglichen Synkretismus der Sinne mit einer Sprachursprungsthese zusammengebracht. Herder geht davon aus, daß die Seele eine einheitliche positive Kraft (SWS V, 62) sei, die sich nur im Prozeß interner Unterscheidung in die fünf Sinne auseinanderlege. Auch hier wird dem Gefühl die gründende Funktion zugeschrieben (ebd., 61). Weil die Sinne als Unterscheidungen in der Seele nahe beieinander liegen (ebd., 63) und die Sensationen durch ein »inniges, starkes, unaussprechliches Band« (ebd., 61) zusammengehalten werden, sind wir »voll solcher Verknüpfungen der verschiedensten Sinne« (ebd.). Unser ganzer Sinnesapparat kann nur deshalb eine kohärente Welt vorstellen, weil wir die verschiedenen Sinne zusammen wirken lassen und zwar durch unmittelbare Urteilshandlungen, die ihren Grund in der ursprünglichen Nachbarschaft der Sinne haben.

Die Sprache wird nun von Herder dem Gehör als dem mittleren der Sinne zugeordnet. Während das Gefühl dunkel und das Sehen zu merkmalsintensiv ist, liegt das Gehör in der Mitte und entnimmt dem Ton wenige und deutliche Merkmale (ebd., 65 f.). Während das Gefühl überwältigt und das Gesicht zu kalt ist, dringt das Gehör als inniges Merkmal in unsere Seele (ebd., 66). In der Folge solcher Argumentationen entwickelt Herder die systematische Stellung des Gehörs als einem solchen Vermögen zur Sprache, das im Verein der habitualisierten Urteilshandlungen zwischen den Sinnen notwendig aus dem, was die anderen Sinne ihm abliefern, Sprache machen muß.

Dieser Gedanke eines ursprünglichen Synkretismus der Sinne hat nun allerdings die Tendenz, einen wesentlichen Theorieaufbau Herders zu unterlaufen. Herder begründet nämlich im *Vierten Kritischen Wäldchen* die verschiedenen Künste aus der Struktur der verschiedenen Sinne. Der Gesichtssinn begreift »Theile als außer sich neben einander« (SWS IV, 61), was man Fläche nennt und was, als schöne Kunst praktiziert, der Malerei entspricht (ebd., 62). Analog entsprechen dem Gehör »Theile in sich und in der Folge nach einander« (ebd., 61), nämlich Töne und als ihre Kunst Musik. Die Bildhauerei wird schließlich dem Gefühl und seiner Empfindung von Teilen »auf einmal in und neben einander« (ebd.), also von Körpern zugeordnet. Malerei stellt das flächige Kontinuum der Dinge dar, Bildhauerei die in sich gegründete Einzelheit, und die Musik rührt mit dem intensiven Ton die Saiten der Seele.

Eine solche Theorie läßt sich nur unter der Voraussetzung exponieren, daß die Funktionen der Sinne sich ursprünglich unterscheiden lassen. Herders Grundthese ist aber, daß sie ursprünglich gerade nicht unterschieden sind, sondern vielmehr in ein Spiel der Überschneidungen, Interferenzen und Synkretismen geraten. Der Versuch einer aisthetischen Herleitung der Künste wird bei Herder durch eine durchaus noch stärkere aisthetische Theoriebildung wiederum unterlaufen. Wären die fünf Sinne so distinkt voneinander unterscheidbar, wie diese Theorie der Künste voraussetzen muß, dann würde eine Begriffsanalysis eben doch auf elementare Begriffe stoßen, nämlich auf die physiologischen Grundgegebenheiten der Sinnlichkeit. Gerade aber die Tatsache des ursprünglichen Synkretismus der fünf Sinne bietet bei Herder gegenüber der exoterischen Version einer aisthetischen Ästhetik eine um so stärkere Theorievariante.

Herder deutet nämlich in der *Sprachursprungsschrift* an, daß die zwischen den Sinnen entstandenen Urteilsstrukturen individuelle sein können und sogar sein müssen. Schon im *Vierten Kritischen Wäldchen* spricht er von Sinnestäuschungen als Irrtümern (ebd., 52). Er folgt damit der Aristotelischen Vermögenstheorie[199], nach der in der Wahrnehmung kein Irrtum möglich sei, wohl aber im Urteil, wenngleich es dort aber auch explizite Wahrheitskriterien gebe und also ein falsches Urteil revidiert werden könne. Erst wenn sich beide Bereiche in der Einbildungskraft überschneiden, erwächst nach Aristoteles die Möglichkeit eines fundamentalen Irrtums. Ganz ähnlich argumentiert Herder: Weil er schon in den Sinnen Urteilshandlungen feststellt, ist die Möglichkeit fundamentaler und unrevidierbarer Irrtümer gegeben. Und wenn diese Urteilshandlungen sedimentierte Gewohnheiten aus der frühen Kindheit sind, also Erinnerungen, dann ist angesichts der nicht nur bei Herder bestehenden Nähe von Gedächtnis und Einbildungskraft der Ort des Irrtums derselbe wie bei Aristoteles.

Herders Terminologie folgend, lassen sich diese Irrtümer als Ursprung von Individualität verstehen. Jeder Mensch fügt seine ersten Erfahrungen zu einem »Begrif körperlicher Wahrheit« (ebd.) zusammen. Und diese Erfahrungen, die die Wege der zukünftigen habitualisierten Urteilsvollzüge bahnen, sind ihrem Begriff nach jeweils verschieden: »Die Seele, die im Gedränge solcher zusammenströmenden Empfindungen und in der Bedürfniß war, ein Wort zu schaffen, grif und bekam vielleicht das Wort eines nachbarlichen Sinnes« (SWS V, 63).[200]

[199] Aristoteles, *Seele*, Buch III, Kapitel 3.

[200] Nebenbei sei nur kurz auf die Ironie hingewiesen, daß Kant in seiner Rezension der Herderschen *Ideen* gerade die »nachbarlichen Übergänge aus dem Gebiete der philosophischen in den Bezirk der poetischen Sprache« kritisiert, offensichtlich ohne zu bemerken, daß in Herders Sprachphilosophie gerade das Theorem der Nachbarlichkeit der Sinne die grundlegende und begrifflich nicht zu beruhigende Metaphorizität von Sprache begründet. Vgl. Immanuel Kant, Rezensionen zu Johann Gottfried Herder: Ideen zur Philosophie der Geschichte der Menschheit, in: Immanuel Kant, *Schriften zur Anthropologie, Geschichtsphilosophie, Politik und Pädagogik* (Band 2), Hg.: Wilhelm Weischedel, Frankfurt am Main [8]1991, S. 799.

Diese aufregende Stelle begründet nicht nur die grundsätzliche Metaphorizität der Sprache aus einem ursprünglichen Synkretismus der Sinne, sondern auch den Begriff der Individualität. So wie die Seele das Wort eines nachbarlichen Sinnes nicht nur versehentlich greifen kann, sondern sogar muß, wenn anders Weltkonstruktion als urteilsmäßige Verbindung der Sinne stattfinden soll, genau so wird grundsätzlich jedes Individuum seine eigenen Nuancen in der Verbindung der Sinne knüpfen[201]: »Daß aber nicht bei zwei Menschen dieser Sinnenbeitrag an Art und Stärke, Tiefe und Ausbreitung Einerlei seyn kann, bezeugen viele Proben« (SWS VIII, 188). In seiner Schrift *Vom Erkennen und Empfinden der menschlichen Seele* (1778), aus der das letzte Zitat stammt, insistiert Herder auf der die Individualität begründenden Verschiedenheit solcher in der Sinnlichkeit gebahnten Verknüpfungspfade. Der Absatz *Unser Denken hängt ab vom Empfinden* (ebd., 207) beginnt mit folgenden Worten: »1. *Bei jedem einzelnen Menschen*. Wer ins Tollhaus gehet, findet alle Narren auf verschiedene Art, jeden in seiner Welt, rasen: so rasen wir alle sehr vernünftig, jeder nach seinen Säften und Launen. Der tiefste Grund unsres Daseyns ist individuell« (ebd.).

Im Tollhaus läßt sich Individualität, die sonst durch Vernünftigkeit gebremst ist, in nuce studieren. Wenn gilt, daß »das Gesicht vom Gefühl borgt, und glaubt zu sehen, was es nur fühlte« (ebd., 189) und wenn »Gesicht und Gehör einander wechselseitig entziffern« (ebd.), so könnte es passieren, daß aufgrund individueller Umstände bei einem Menschen das Sehen die Integration der anderen Sinne dominiert, während bei einem anderen dies das Gefühl oder der Geruch übernimmt. Die Form der Weltkonstruktion müßte dann, in der unendlichen Kombinatorik von einander sich aufschichtenden und sich stetig differenzierenden Urteilshandlungen zwischen den Sinnen aus einer je verschiedenen Sinnlichkeit entspringen.[202] Wenn in dieser Grundsätzlichkeit die sinnliche Organisation immer schon individuell ist, dann ist das Projekt einer aisthetischen Ästhetik mit seiner Abbildung der verschiedenen Künste auf die Sinne der Sache nach unangemessen. Im ur-

[201] In der Metakritik ist von »Ideosynkrasieen« als »eigenthümlichen Zusammenfaßungen« (SWS XXI, 85) die Rede. Jeder Mensch hat seine »leitenden Ideen und Hauptmotife« (ebd.), »*seine* Einbildungskraft« (ebd.). Herders Text schwankt an dieser Stelle unentschieden zwischen der Qualifikation, dergleichen Wahnsinn zu nennen oder es als individualisierende Auszeichnung dem Dichter und Künstler zuzuschreiben (ebd., 86).

[202] Mit Hilfe des systemtheoretischen Begriffs des Re-entry (Wiedereinführung eines Elements in einen laufenden Prozeß) ließe sich diese Herdersche Argumentationsfigur formalisieren. Jeweils wird die Logik eines Sinns in die des anderen einkopiert: Die entstehende Kombinatorik ergibt, je länger sie läuft, desto individuellere Sinnlichkeiten. Herder denkt den Re-entry jeweils eines der fünf Sinne in die anderen als einen fortlaufenden Prozeß, der Individualität generiert.

sprünglichen Synkretismus der Sinne ist ein Sinn nicht einfach nur er selbst, sondern stets von anderen Sinnen mitkonstruiert. In der Herder-Forschung wurde bislang zu wenig beachtet, daß das individuelle Konglomerat der »körperlichen Wahrheit« (SWS IV, 52) ursprünglicher ist, als die künstliche Gliederung, nach der Herder seine physiologische Ästhetik entwirft.

Auch anhand des größeren Statthalters für den Begriff der Individualität – der Nation – versucht Herder, diesen Gedanken der stets individuellen Synkretismen anzudeuten. »Eine Unendlichkeit müßte es werden, wenn man diese Verschiedenheit des Beitrages verschiedener Sinne über Länder, Zeiten und Völker verfolgen könnte: was z. B. daran Ursache sey, daß Franzose und Italiener sich bei Musik, Italiener und Niederländer sich bei Malerey so ein ander Ding denke? Denn offenbar werden die Künste auf dieser Wegscheide von Nationen mit andern Geistessinnen empfunden, mit andern Geistessinnen vollendet« (SWS VIII, 189).

Das Wort »Geistessinn«, eigentlich ein Selbstwiderspruch, hat in Herders Argumentation den präzisen Sinn, daß die Sinnlichkeit in sich selbst immer schon konstruktiv ist und damit geistig: Wenn die Malerei der Italiener anders ist als die der Niederländer, so wird dies seine Ursache darin haben, daß der Sinn des Sehens bei der einen Nation habituell mit anderen Sinnen eher verbunden ist als bei der anderen Nation. Und daraus entsteht auf der Ebene der Nationen ebenso wie auf der Ebene der Individuen jene prinzipielle Verschiedenheit, die Herder zu recht Individualität nennt.

In den *Ideen* macht er das Prinzip, daß »jeder Mensch ein eignes Maas, gleichsam eine eigne Stimmung aller sinnlichen Gefühle zu einander« (SWS XIII, 291) hat, zum Einteilungsgrund der Nationen. Wenn Herder schon 1766 in dem von Marion Heinz edierten Nachlaßfragment *Plato sagte, daß unser Lernen bloß Erinnerung sei* formuliert, daß jeder Mensch seinen »Individuellen Sinn und Urtheilsart, und Vorstellungsart«[203] habe und daß »die Proportion der Menschlichen Sinne in der Summe gleich aber in der Qualität nach der bestimmten äußeren Kraft und Bestreben individuell unterschieden sind«[204], dann ist es genau dieses Konzept einer individuellen Sinnlichkeit, welches Herder auf die größere Einheit Nation überträgt. Auch hier mag zwar die Summe und die Proportion der Sinne unterm Strich gleich sein, das strukturale Spiel aber, das in der temporal gestaffelten Kombinatorik der Sinne stattfindet, ist der Grund für eine irreduzible Individualität auch der einzelnen Nationalcharaktere.

203 Heinz 1994, S. 180.
204 Ebd., 179.

Für Herders Anthropologie heißt das nichts anderes, als daß sie direkt Kulturanthropologie werden kann. Und seiner Literaturwissenschaft ist es von vornherein nahegelegt, von der Nation als einem Kollektivindividuum so reden zu können, daß die einzelnen Dichtungen wie einzelne Sinne im großen Anthropos einer Nationaleinheit agieren. In dieser radikalen Aisthesis des Individuellen ist einer der Gründe zu finden, warum gleich mit ihrer Etablierung die Literaturwissenschaft auch ein Diskurs von der Nationalliteratur werden konnte.

Der radikale Begriff von Individualität hat natürlich Konsequenzen für das Konzept der Begriffsanalysis. Weil der Grund unseres Daseins – und Grund heißt hier Sinnlichkeit im Sinne von »Geistessinn« – individuell ist und weil nach Herders Sprachphilosophie die Worte als innere Merkworte ursprünglich das jeweils individuelle Gemenge der Sinne zur dann ebenso individuellen Vernunft konzeptualisieren, ist jede Sprache an diesen individuellen Ursprung gebunden und überhaupt erst in bezug auf ihn sinnvoll zu verstehen. Als »lauter taube Wörter« (SWS VIII, 180) müssen Herder daher die philosophischen Termini gelten, »bey denen man so wenig denken dörfe, als der Rechnende bei seinen Zahlen« (ebd.) und mit denen man »immerfort schließen könne, ohne zu denken« (ebd.). Die Polemik gegen eine characteristica universalis macht deutlich, daß erfundene Kunstworte nichts mehr aussagen, weil sie keinen Bezug zu dem Grund haben, aus dem heraus Sprache überhaupt nur begründbar ist. Sowenig also Individualität je logisch auflösbar ist und sowenig der aus der Ausdifferenzierung eines Monismus resultierende ursprüngliche Synkretismus der Sinne je auf einen Nullzustand vor der Vermischung zurückzubringen ist, sowenig wird Analysis von Begriffen an ein logisches Ende kommen. Sie wird zu relativen Enden gelangen: zu solchen, wo die Begriffe als evidente undemonstrabel und zu Gegenständen aisthetisch-ästhetischer Repräsentationen werden. Und vor allem wird sie in ihrem Gang in das aisthetische Dunkel die jeweils individuellen Synkretismen der Sinne erinnern und sich auf diese Weise als Teil der Herderschen Gedächtnistheorie konstituieren. Denn der Inhalt einer so verstandenen Analysis ist die archäologische Rekonstruktion vergangener Geschichten der Onto- wie der Phylogenese.

7. *Theologische memoria: Schöpfungshieroglyphe*

Herder entwickelt vor allem in seinen theologischen Schriften eine Theorie des Gedächtnisses. Es lohnt sich, bei den Texten, die in der Suphan-Ausgabe als Vorarbeiten zur *Aeltesten Urkunde des Menschengeschlechts* unter dem Namen *Fragmente zu einer Archäologie des Morgenlandes* publiziert und durch Rudolf Smends Edition des »Schaffhauser Urmanuskripts« *Über die ersten Urkunden des menschlichen Geschlechts. Einige Anmerkungen* ergänzt worden sind, anzusetzen und den Schritt zur *Aeltesten Urkunde* zu rekonstruieren.[205] Die Leitthese wird sein, daß sich hinter dem Offenbarungsbegriff der *Aeltesten Urkunde* eine mit den Mitteln der Gedächtnisterminologie formulierte Urgeschichte der Rationalität verbirgt, die als solche erst exponierbar wird, als Herder den Nationalcharakter der Schöpfungshieroglyphe durch ihre Theologisierung überwindet und im gleichen Zug die Theologisierung durch eine hybride Übertheologisierung außer Kraft setzt.

Die *Fragmente zu einer Archäologie des Morgenlandes* ziehen ihre vergleichsweise klare Diktion aus der Verschränkung einiger weniger Diskursmuster. Herder nimmt teil an einem Orientdiskurs[206], der durch eine grundsätzliche Dichotomisierung ausgezeichnet ist. Der Morgenländer ist zum einen ein von einer phantasmatischen Einbildungskraft geprägter Mensch[207], zum anderen aber auch einer, der aufgrund der klimatischen Be-

[205] Smend datiert das von ihm edierte Manuskript (weiterhin zitiert als: *Anmerkungen*) auf die Zeit »ganz am Ende der Rigaer Jahre« (W V, 1328), also ebenso wie Suphan seinen Text (weiterhin zitiert als: *Fragmente zu einer Archäologie*) auf Ende 1768 bis 1769 (vgl. bei Suphan SWS VI, V ff.). Arnold legt die *Fragmente zu einer Archäologie* zeitlich hinter das sogenannte »Schaffhauser Urmanuskript« (die *Anmerkungen*) auf etwa 1770, gibt aber zu bedenken, daß bei der Nähe der Vorarbeiten die Chronologie »hypothetisch« (Günter Arnold, Das Schaffhauser Urmanuskript der »Ältesten Urkunde des Menschengeschlechts« und sein Verhältnis zur Druckfassung, in: *Bückeburger Gespräche über Johann Gottfried Herder 1988. Älteste Urkunde des Menschengeschlechts*, Hg.: Brigitte Poschmann, Rinteln 1989, S. 57) bleiben muß und wohl nur durch inhaltliche Kriterien entschieden werden könnte (Arnold 1989, S. 55). Thomas Zippert (*Bildung durch Offenbarung. Das Offenbarungsverständnis des jungen Herder als Grundmotiv seines theologisch-philosophisch-literarischen Lebenswerks*, Marburg 1994, S. 146), schließt sich, auch mit Verweis auf Christoph Bultmann (Herder als Schüler des Philologen Michaelis. Zur Rigaer Erstfassung der »Archäologie«, in: *Bückeburger Gespräche über Johann Gottfried Herder. Älteste Urkunde des Menschengeschlechts*, Hg.: Brigitte Poschmann, Rinteln 1989, S. 64–80), dieser Datierung von Arnold an. Vgl. zur Datierungsfrage auch die Studie von Regine Otto, »Was bleibet aber« – stiften es die Editoren? Herders Vorarbeiten zur Ältesten Urkunde des Menschengeschlechts« in handschriftlicher Überlieferung, in: *Bückeburger Gespräche über Johann Gottfried Herder 1988. Älteste Urkunde des Menschengeschlechts*, Hg.: Brigitte Poschmann, Rinteln 1989, S. 29–49.

[206] Vgl. dazu Edward W. Said, *Orientalism*, London 1978, bes. Kapitel 2.

[207] Herder spricht ausdrücklich von der »Morgenländischen Einbildung« (SWS VI, 49), die vor allem in der »späteren Zeitfolge« (ebd.), als der Orient »vorwitziger« (ebd.) wurde, sich in allen möglichen »sublimen Erdenkungen und Mährchen« (ebd.) ergeht, Satane und Elohime imaginiert und in den »Abgrund der Zeiten und Weltdinge« (ebd.) hinabsteigt. Schon in der eigentlichen Schöpfungsurkunde sind aber die »Schreckbilder der Phantasiereichen Morgenländischen Einbildungskraft« (ebd., 9) am Werke, wenn der Schöpfungsbe-

dingungen nicht auf arbeitsame Kulturschaffung aus ist, sondern ein träges und ruhiges Leben führt: »Da ruhet alsdenn der fühlbare Morgenländer im Schatten seines Palmbaums, und ziehet Duft und Erholung mit allen Sinnen ein!« (SWS VI, 55).[208]

Gegen diese Lethargie muß Herder ein Bild des Morgenländers setzen, das würdig genug ist, um seiner Phantasietätigkeit die Leistung zutrauen zu können, zum Stifter der Schöpfungshieroglyphe aufzusteigen. Gegen die »verstümmelten Lappländer« und die »Affenmäßigen Neger« setzt er daher den »edlen, wohlgebildeten Morgenländer« und schreibt ihm Bestimmungen zu wie »Würde des Ansehens«, »im Clima der Schönheit geboren« und »edler Geist, der das Hohe und Große liebet« (ebd., 55). Die Liste der Zuschreibungen läßt sich mit Winckelmanns Ideal des Griechentums vergleichen. Herder konstruiert offensichtlich ein Orientbild, das die Funktionen übernehmen kann, die im Griechenlanddiskurs die Voraussetzungen für die kulturschaffende Rolle der griechischen Menschheit bereit stellte. In dieser Argumentation stattet Herder die Morgenländer mit derjenigen Würde aus, die sie als kollektive Verfasser der Schöpfungsurkunde glaubhaft machen.

Es bleibt ihre Faulheit, die andere Seite des dichotomischen Orientdiskurses. Indem Gott als Werkmeister dargestellt wird, der an der Schöpfung Schwerstarbeit zu verrichten hat und sich am Sabbat seine verdiente Ruhe gönnt[209], ist den Morgenländern damit der Plan einer Arbeitswoche aufgestellt: eine Disziplinierung, die ihrem Streben nach dem »Zustand der Wohllust« (ebd., 58) ebenso eine Erfüllung im Sabbat als auch eine Überwindung in den sechs Tagen der Arbeit anbietet. Herder kann in seiner Konstruktion sämtliche Bestandsteile des Orientdiskurses integrieren. Die Phantasie der Morgenländer erklärt die Intensität der Naturbilder des Schöpfungsberichts, ihre edle Schönheit macht sie würdig, die kollektive Verfasserschaft für die älteste Urkunde übernehmen zu können, und selbst ihre Trägheit kann positiv verwertet werden. Denn sie ist es eigentlich, die die Ordnung der Siebenzahl stiftet, als notwendige Ordnung der Arbeitswoche, in der Arbeitsnotwendigkeit und Ruhebedürfnis gleichermaßen bedacht sind: »Ihre

richt mit Nacht und Dunkelheit beginnt. Insgesamt zieht sich durch die *Fragmente zu einer Archäologie* eine Rede, die die morgenländische Einbildungskraft als phantasiereich, überschwenglich, sinnlich denkt und in ihrer Energie positiviert.

[208] Schon in den *Anmerkungen zu einer Archäologie* gibt es ähnliche Stellen: »Jagd, fliegende Leibesbewegung, und denn faule Ruhe in einem kühlen Schatten, das ist sein Leben« (W V, 73).

[209] Herder bezeichnet Gott in impliziter Absetzung vom absoluten Schöpfergott als Werkmeister (SWS VI, 11, 16, 29 ff. u. ö.) oder Arbeiter (W V, 34) und läßt ihn nicht souverän ex nihilo schaffen, sondern arbeiten, so daß er Erholung nötig hat (SWS VI, 57, 62).

Beschäftigung und Lebensart, insonderheit bei dem Ackerbau, macht ihrem Vieh; ihr Hang zur Leibeigenschaft und zum Despotismus macht ihren Sklaven und Weibern; ihr Klima endlich, das ihren Körper bei der Arbeit mehr auflöset, macht ihnen selbst und Vieh und Weibern und Sklaven einen Sabbath, einen Ruhetag nothwendig« (ebd.).

Herders Argumentation in den *Fragmenten zu einer Archäologie* ist aufklärerisch. Er bezieht sich auf die Argumentationsmuster der Klimatheorie[210], denkt Sozialstruktur, Arbeitsorganisation und Kultur aus einem Bedingungszusammenhang. Folglich braucht er auch keinen Offenbarungsbegriff. Was die Morgenländer im Schöpfungsbericht darstellen, wird vollständig erklärbar aus ihren Lebensbedingungen. Daß der Schöpfungsbericht als mnemonische Hieroglyphe strukturiert ist, läßt sich ebenso natürlich herleiten. Sie ist der mnemonische Ausdruck der morgenländischen Nationalpoesie, wobei Herder den Begriffsraum von Dichtung, Gesang, Poesie unmittelbar mit Mnemotechnik identifiziert. Was immer unter den Bedingungen der Oralität in der »lebendigen Gedächtnißkunst« (ebd., 45) festgehalten werden soll, kann nur durch Poetisierung in »Mnemonischen Liedern« (ebd.) in Form von Strophenordnung, Rhythmus, Reim und Namenspielen behalten werden.

So ist die Exposition der Hieroglyphe vollständig an den Modellen traditioneller Mnemotechnik orientiert, indem sie Gedächtniskunst und Rekonstruktion von Oralität archäologisch zusammenschließt. Die »offenbarste Symmetrie, den sichtbarsten Orientalischen Parallelismus« (ebd., 38) entdeckt Herder im Schöpfungsbericht, indem er ihn in eine bildliche Struktur übersetzt. Sie hat als solche die Form der »Pindarischen Strophe, Antistrophe und Epode« (ebd., 39) und wird in den *Anmerkungen* als »Pindarische Konstruktion« (W V, 47) bezeichnet.

Herder notiert den Mosaischen Schöpfungsbericht als Gedächtnisbild in der folgenden Anordnung (SWS VI, 39):

	1. Licht!	
2. Fußboden Gottes (Himmel! Höhe!)		3. Erdboden der Menschheit (Erde! Niedrigkeit!)
	4. Lichter!	
5. Geschöpf' in Wasser und Luft (Segen)		6. Geschöpfe der Erde (Segen)
	7. Sabbath!	

[210] Vgl. dazu Gonthier-Louis Fink, Von Winckelmann bis Herder. Die deutsche Klimatheorie in europäischer Perspektive, in: *Johann Gottfried Herder 1744–1803*, Hg.: Gerhard Sauder, Hamburg 1987, S. 157–176.

In dieser graphischen Anordnung, die nicht zufällig an die Art und Weise erinnert, in der Claude Lévi-Strauss die strukturale Notierung der Mytheme organisiert[211], beschreibt die Nummerierung den narrativen Verlauf des Schöpfungsberichts, die Senkrechte das semantische Paradigma (Parallelismus) und die Waagerechte den Gegensatz von Strophe und Antistrophe. Die Mittelachse bildet dazu die Epode, ist zugleich Spiegel der Opposita und semantisch die Achse der Erkenntnis, die vom Licht zu den Lichtern und schließlich zum Sabbat als dem Fest des eingedenkenden Aufbewahrens des Prozesses als Ganzem führt. Die Symmetrie des Bildes wird von Herder als mnemotechnisch notwendige Form begriffen, die »erhabne Gedanken« und »feurige Bilder« (ebd., 41) im »sinnlichen Gedächtniß« (ebd., 40) speichern kann. Ganz im Sinne der ursprünglichen rhetorischen Gedächtniskunst werden die einzelnen Bilder (imagines agentes) des Schöpfungsberichts einem konkreten memoria-Raum zugeordnet: dem Zelt des Morgenländers, das eben genau mit diesen sieben Pflöcken und in genau dieser Anordnung zum Stehen gebracht wird. Daß »Poesie und Rhythmus das Gedächtniß stützte« (ebd., 43), wäre noch eine formale und unspezifische Auszeichnung von Oralität. Daß aber Herder zu dem Theorem kommt, die Morgenländer würden die »Einprägung der Poesie ins Gedächtniß« (ebd.) »mit der Abstechung eines Zeltes allegorisiren« (ebd.), weist auf direkte Kenntnis der rhetorischen memoria-Tradition hin. Herder spricht von der »Mnemonischen Figur«, von »Gedächtnißstäben« (ebd., 44) und schließlich direkt von der »lebendigen Gedächtnißkunst selbst« (ebd., 45).

Herders Argumentation ist bis ins Einzelne die Ausführung der Gedächtnisregel, die Cicero in *De oratore* formuliert (s. o.). Die architekturale Struktur des Gedächtnisses in der rhetorischen memoria-Tradition wird von Herder mit dem Zelt der Morgenländer eingeführt, die sieben Memorate werden an die sieben Pflöcke des Zeltes plaziert und die Bilder als Kondensate ursprünglichen Naturwahrnehmens in mnemotechnischer Form hergestellt. Daß Herder das Wort »allegorisiren« benutzt (s. o.), ist durchaus kein Zufall: Denn die Technik der Allegorie, die die Semantizität der Übertragung (das Eine sagen und etwas Anderes meinen) in einem räumlichen Entsprechungssystem ausdrückt, ist als solche immer auch Mnemotechnik.

Die Frage danach, was eigentlich der Inhalt sei, der durch die Schöpfungshieroglyphe memoriert werden soll, läßt sich für die *Fragmente zu einer Ar-*

211 Claude Lévi-Strauss, Die Struktur der Mythen, in: Claude Lévi-Strauss, *Strukturale Anthropologie I*, Frankfurt am Main 1977, S. 234 ff. Die Erinnerung an die strukturale Mythenanalyse beansprucht durchaus Systematizität. Herders Argumentationsmethode läßt sich hier sehr weitgehend mit der strukturalen Verfahrensweise beschreiben; siehe dazu unten.

chäologie einfacher beantworten als für die *Aelteste Urkunde*: »Das ist offenbar der Ton des Ganzen: die sechs Tage beziehen sich auf den Sabbat, und der Schluß des Sabbat entsiegelt ja das ganze Stück. Ein ewiger Gedächtnißgesang also der Tage der Arbeit und der Ruhe! So lange die Hieroglyphe von Sieben in ihrer Parallele leben würde: so lange würde auch die Ordnung der Tage leben: sechs sollst du arbeiten und am siebenden ruhen, denn der ist des Herren Ruhetag!« (ebd., 63).

Die Hieroglyphe läßt sich als eine Anweisung zur Sozial- und Arbeitsorganisation lesen, und sie legt diese Lesart nahe, indem sie in sich selbst die Konstellation von Lesen und Gelesenem austrägt, als die sie als Ganzes gelesen werden soll. Der Sabbat ist nämlich immanent die begreifende Summe der sechs Tage wie auch seiner selbst; er ist der Ort, an dem der Prozeß zu seinem Wissen von sich kommt und dieses Wissen zu dem Wissen über sich. Herder denkt nicht nur die »sieben Stäbe der Erinnerung« (ebd., 65) als Gedächtnisfigur, er konzipiert zudem den Sabbat als den Ort innerhalb der Gedächtnisfigur, an dem die Figur sich selbst enthält, indem sie sich zum Wissen über sich selbst bringt. Der Sabbat ist in der Figur, die als memoria-Anweisung fungiert, ihre mnemonische Einschärfung.

Auch in den *Anmerkungen* ist schon auf der ersten Seite zu lesen, daß für Herder der Begriff Sabbat ebenso eine übertragen-begriffliche Facette hat. Die Menschen, die aus dem ersten furchterregenden Ansturm der Natur erwachen und mit ihr vertrauter werden, feiern »gleichsam den ersten Sabbat ihrer Gedanken, den ersten Ruhetag« (W V, 11 f.). Was in der Metapher vom Sabbat der Gedanken zum Ausdruck kommt, bezeichnet Herder an anderer Stelle als Besonnenheit: Distanznahme, Reflexion, Erinnerungsruhe. Der Sabbat ist innerhalb der Herderschen memoria-Theorie der Name für ein Innehalten, für das erinnernde Aufnehmen eines Geschehens in den Besitz der Reflexion.

In den *Fragmenten zu einer Archäologie* steht hermeneutisch an der Stelle, die später durch den Offenbarungsbegriff eingenommen werden wird, eine Konzeption der Einfühlung. Schon daß Herder Zitate des biblischen Schöpfungsberichts, der Psalmen, des Buches Hiob und solche neuerer Autoren wie Klopstock und E. Chr. v. Kleist ineinanderwebt, deutet darauf hin, daß ihm die Rekonstruktion der Schöpfungshieroglyphe hermeneutisch keine größeren Probleme bereitet. Er fordert die Leser auf: »so trete man in die Zeiten zurück, da der uralte Morgenländer noch sein Weltall würklich innerhalb dieser grossen blauen Halbkugel und also zwischen Erd' und Himmel fühlte« (SWS VI, 4).[212] Solcher Appell an den Leser zieht zwei bemerkens-

[212] Anreden an den Leser zur Einfühlung durchziehen den ganzen Text: »Fühle alle

werte Konsequenzen nach sich. Zum einen, und dies wird schon implizit im zitierten Satz deutlich, verbindet sich mit dem Pathos der Einfühlung in den Morgenländer eine Polemik gegen das kopernikanische Weltbild.[213] Wo dieser sich noch in seiner Welt heimisch fühlt, nicht von »Gedanken an Gegenfüßler und Planetenwelten gestört« (ebd.) wird, wo er, im Gegensatz zum kopernikanischen Weltbild, das »aus Sonnen und Erden, aus Planeten und Kometen, aus Sonnenwirbeln und Milchstraßen gebauet« (ebd., 46) ist, noch in der »Schöpfung Himmels und der Erden« (ebd.) wohnt, dort ist eine anthropozentrische Wahrnehmung möglich, die nicht schief zur kosmologischen Wirklichkeit steht. Herders Argument gegen das neue Weltbild besteht in dem Nachweis, das wir uns mit unserer Wahrnehmungsausstattung – das Attribut »sinnlich« steht dafür – weitaus besser in den Morgenländer versetzen können, als in die kopernikanische Kosmologie. Die Schwierigkeit, daß hermeneutisch erst noch zu begründen wäre, daß und wie wir die morgenländische Welt rekonstruieren können, löst Herder somit auf einfachste Weise. Das Problem der Rekonstruktion stellt sich für die Gegenwart, nicht für die Vergangenheit; anthropologisch sind wir nach wie vor Morgenländer.[214]

Die zweite Konsequenz der Einfühlungshermeneutik ist, zumal theologisch, weitaus radikaler, wird aber in den *Fragmenten zu einer Archäologie* nur angedeutet, da der Schöpfungsbericht hier als Poesie gedacht ist und insofern die Theologie nicht diskutiert wird. Anläßlich des sechsten Schöpfungstages findet sich folgende Passage: »›Laßet uns Menschen machen, daß sie unser

diese Nachtscenen auf einmal [...]« (SWS VI, 10); »Man muß wieder ein Morgenländer werden, um es sinnlich zu fühlen« (ebd., 12); »[...] wir sind hier in der Denkart und Naturlehre des Morgenlandes« (ebd., 17); »Laß dir von diesen die Einbildung mit den Erzälungen der Morgenländer füllen« (ebd., 24).

213 Zu den geistesgeschichtlichen Folgelasten der kopernikanischen Kosmologie vgl. Hans Blumenberg, *Die Genesis der kopernikanischen Welt*, Frankfurt am Main 1981 und Karl S. Guthke, *Der Mythos der Neuzeit. Das Thema der Mehrheit der Welten in der Literatur- und Geistesgeschichte von der kopernikanischen Wende bis zur Science Fiction*, Bern/München 1982.

214 James W. Marchand (Herder: Precursor of Humboldt, Whorf, and modern language philosophy, in: *Johann Gottfried Herder. Innovator through the ages*, Hg.: Wulf Koepke, Bonn 1982, S. 22) schreibt, diese Wertung der morgenländischen Kosmologie verallgemeinernd: »Herder's entire philosophy is anthropocentric«. Hans Blumenberg (Beobachtungen an Metaphern, in: Archiv für Begriffsgeschichte 15 (1971), S. 213 f.) argumentiert, daß es zum »vorkopernikanischen Vorurteil« gehöre, »daß uns die topographischen Verhältnisse und quantitativen Sachverhalte der Natur Aufschluß zu Fragen geben könnten, die der Mensch unter dem vieldeutigen Titel seiner ›Stellung in der Welt‹ beantwortet haben möchte und sich beantworten zu können glaubt.« Herders ganze Analogiebegrifflichkeit ist in diesem Sinne vorkopernikanisch. Offensichtlich versucht er, eine vorkopernikanische Anthropologie im Angesicht und trotz einer nachkopernikanischen Kosmologie zu begründen.

Bild und uns ähnlich seyn!‹ Geschlecht! bist du so verfallen, daß du diese Züge der Aehnlichkeit Gottes, diese Spuren der Göttlichkeit in dir, nicht mehr anerkennest?« (ebd., 26). Die Verfallenheit des menschlichen Geschlechts ist der Sündenfall. Die nachparadiesische Situation des Menschen, der im Paradies als Ebenbild Gottes geschaffen wurde, wäre theologisch als grundsätzliche Korrumpiertheit zu denken. Wenn der Mensch im Paradies »ein Bild der Elohim« (ebd.) ist, so wäre er nachparadiesisch einer, der an diese Qualität seines Seins grundsätzlich nicht heranzureichen vermag. Nun rekonstruiert Herders Einfühlungshermeneutik aber genau diejenigen Wahrnehmungsbedingungen, die dem ursprünglichen Vernehmen des Schöpfungsvorgangs entsprechen. Er rekonstruiert also adamitisches Wissen[215] und ignoriert damit den Sündenfall.[216] Die Suggestivfrage legt nahe, daß die »Züge der Ähnlich-

[215] Hugh Barr Nisbet (Die naturphilosophische Bedeutung von Herders »Ältester Urkunde des Menschengeschlechts«, in: *Bückeburger Gespräche über Johann Gottfried Herder 1988. Älteste Urkunde des Menschengeschlechts*, Hg.: Brigitte Poschmann, Rinteln 1989, S. 214 ff.) referiert die alte Tradition der prisca theologia, nach der in einer Urweisheit der ersten Menschen (prisca sapientia) schon alle naturwissenschaftlichen Entdeckungen späterer Jahrhunderte enthalten gewesen sein sollen. Nisbet kann nachweisen, daß Herder mit diesem Traditionsstrang bekannt gewesen ist. Die Schlußfolgerung liegt nahe, daß Herders weitgehende Ausschaltung des Sündenfalls ihm die Möglichkeit eröffnet hat, die in der Schöpfungshieroglyphe gefundene Mannigfaltigkeit von Wissensstrukturierungen auf eine solche Urweisheit und ihre Rekonstruierbarkeit zu beziehen. – Umfangreiches Quellenmaterial bietet neuerdings auch Ralph Häfner (Die Weisheit des Ursprungs. Zur Überlieferung des Wissens in Herders Geschichtsphilosophie, in: Herder Jahrbuch 1994, S. 77–101; vgl. auch Häfners Buch: *Johann Gottfried Herders Kulturentstehungslehre. Studien zu den Quellen und zur Methode seines Geschichtsdenkens*, Hamburg 1995).

[216] Gerhard vom Hofe (Schöpfung als Dichtung, Herders Deutung der Genesis als Beitrag zur Grundlegung einer theologischen Ästhetik, in: *Was aber bleibet stiften die Dichter? Zur Dichter-Theologie der Goethezeit*. Hg.: Gerhard vom Hofe, Peter Pfaff, Hermann Timm, München 1986, S. 84) betont, daß Herders »Imago Dei-Lehre [...] von der heilsgeschichtlichen Bedeutung der Sündenfall-Geschichte offenbar absieht.« – Vor allem im Vergleich mit Hamann läßt sich deutlich ablesen, in welchem Umfang eine ähnlich gelagerte Theorie, die jedoch den Sündenfall anerkennt, zu anderen Schlußfolgerungen kommen muß. Hamann kann das Alte Testament nur im Kontext der christlichen Metaerzählungen (Lyotard) rekonstruieren, muß also, wenn er vom Sündenfall ausgeht, immer auch schon christologisch, typologisch und eschatologisch argumentieren, wo Herder ganz in den ethopoetischen Vorstellungsbereichen des Alten Testaments bleiben kann. Erst im vierten Teil der *Aeltesten Urkunde* deutet Herder dann eine Christologie an (vgl. SWS VII, 121 ff.). Vgl. dazu Sven-Aage Jørgensen (»...Wenn sie wüßten, wie ich buchstabire«. Herder als Dolmetscher Hamanns in der »Ältesten Urkunde«, in: *Bückeburger Gespräche über Johann Gottfried Herder. Älteste Urkunde des Menschengeschlechts*, Hg.: Brigitte Poschmann, Rinteln 1989, S. 105). Hans Graubner (»Origines«. Zur Deutung des Sündenfalls in Hamanns Kritik an Herder, in: *Bückeburger Gespräche über Johann Gottfried Herder 1988. Älteste Urkunde des Menschengeschlechts*, Hg.: Brigitte Poschmann, Rinteln 1989, S. 108 ff.) referiert die Diskussion Herders mit Hamann, in der deutlich wird, in welchem Umfang Herder auf die Ontologisierung des Sündenfalls als großer Erzählung (Lyotard) verzichtet.

keit Gottes« eben nicht durch die Verfallenheit des Geschlechts korrumpiert sind. Das Zündkraut für die Explosion eines theologischen Skandalons wird in den *Fragmenten zu einer Archäologie* mit diesem Gedanken gelegt. Weil aber der ganze Schöpfungsbericht als poetische memoria-Figur gelesen und folglich maximal enttheologisiert wird, tritt die Rekonstruktion adamitischen Wissens und die Leugnung des Sündenfalls noch nicht in die offenkundige Konkurrenz zu den theologischen Zentraldogmen.

Die Implikationen dieses Theorems sind komplex. Zunächst denkt Herder, wohl nach dem Vorbild der Homerphilologie, die ersten Kapitel des ersten Buchs Mose als Kompilation verschiedener Urkunden bzw. Gedächtnislieder. Er hat also viele kleine Geschichten vor sich und folglich nicht mehr die eine große, die ihm die Metaerzählung[217] von den alles umfassenden Folgen des Sündenfalls aufbürdete. Weil diese Mythe eben nur eine unter anderen ist, braucht er sie nicht zum zentralen Theologem zu machen. Dies ist das formale Argument dafür, daß Herder den Sündenfall als ontologisches Urfaktum ignorieren kann. Inhaltlich behauptet er in seinen Exegesen, daß die Sündenfallmythe nur eine ätiologische Erzählung sei, die die conditio humana in morgenländischer Manier in eine Narration bringt. Vor allem in den *Anmerkungen zu einer Archäologie* insistiert er darauf, daß der Sündenfall den Menschen nicht gänzlich korrumpiert habe. Anläßlich von 1. Mose 5,1 »Da Gott den Menschen schuff / machet er jn nach dem gleichnis Gottes«[218] kommentiert Herder, da dieser Satz schon nach der Sündenfallmythe steht: »so sehen wir, daß ohngeachtet der verlornen Integrität des Menschen, ihm auf gewisse Art das Bild noch geblieben, das ihm im ersten Kapitel beigelegt wird« (W V, 129). Und später im gleichen Sinne: »So wie nach der ersten Urkunde der Mensch unter allen Tieren das Bild Gottes bekommt, so hat ers noch« (ebd., 170). – Im vierten Teil der *Aeltesten Urkunde*, der immerhin vier bis fünf Jahre später geschrieben wurde als die Vorarbeiten, gibt es dann im

[217] Wenn Lyotard das postmoderne Wissen unter anderem aus dem Niedergang der großen Erzählungen, die er auch Metaerzählungen nennt, ableitet und damit auf eine Ablösung totalisierender narrativer Rahmen abzielt, so ist das ein Moment, das wieder einmal der klassischen Aufklärung zugeschrieben werden kann. Herders »postmoderne«, nämlich genuin aufklärerische Mythenkritik an den biblischen Texten zerlegt den einen Sinnzusammenhang, der von der Weltschöpfung, über die Schöpfung des Menschen, seinem Sündenfall, dem Leben außerhalb des Paradieses, der Sintflut, bis zum erneuerten Bund und der babylonischen Sprachverwirrung reicht, in viele kleine Geschichten, die als solche nicht mehr in einem legitimierenden Diskursschema stehen, sondern sich profanen und poetischen Lektüren gegenüber öffnen. Vgl. Jean-Francois Lyotard, Randbemerkungen zu den Erzählungen, in: *Postmoderne und Dekonstruktion*, Hg.: Peter Engelmann, Stuttgart 1990, S. 49–53.

[218] Zitiert nach der Lutherbibel.

kaum gelösten Nebeneinander sowohl Argumentationen, die die Sündenfallleugnung weiterführen als auch solche, die den Sündenfall als Metaerzählung mit ontologischer Mächtigkeit aufzubauen versuchen.

Jenseits der Frage, ob Herders Äußerungen zum Sündenfall eine explizite Leugnung erkennen lassen, ist die implizite Analysepraxis nur unter dieser Voraussetzung möglich. Wer adamitisches Wissen rekonstruiert, muß den Sündenfall marginalisieren. Bei den Äußerungen Herders wäre wohl auch stets danach zu fragen, ob er als Theologe oder als Philologe spricht. Solange er dem Konzept folgt, die ältesten Urkunden als mnemonische Lieder zu denken, braucht er auf theologische Zusammenhänge keinen Wert zu legen. Daß ihm aber im vierten Teil der *Aeltesten Urkunde* immer öfter der Theologe dazwischen redet, zeigt an, daß sich die Konzeptbasis in Richtung auf die Theologie verschiebt, was nicht zuletzt der Grund für das Scheitern des Konzepts sein dürfte.

Rudolf Smend vermerkt in seinem Kommentar (ebd., 1363), daß das Neue der *Aeltesten Urkunde* die Idee der Morgenröte sei und der veränderte Begriff der Hieroglyphe – eine Veränderung, die aus dem ebenfalls neu auftauchenden Offenbarungsbegriff erklärt werden muß. In der Tat gewinnt der rhetorische Einsatz in der Deutung des Schöpfungsbegriffs gegenüber den Vorarbeiten an Mächtigkeit und Erhabenheit. Herder hat nun die Idee, den ganzen Ablauf der Schöpfungsurkunde als die Abfolge der in der zunehmenden Morgendämmerung sukzessive sichtbar werdenden Dinge zu verstehen. Er schließt in seiner enthusiasmierten Rekonstruktion unmittelbar an die antitheologische curiositas-Begeisterung an, der in den *Fragmenten zu einer Archäologie* durch die implizite Leugnung des Sündenfalls der Boden bereitet wurde. Die erste Szene des Schöpfungsberichts stellt in Herders Lesung den Morgenländer auf einen Berg, von dem aus er in erhabener Perspektive den Sonnenaufgang beobachtet: als ein Entbergen der Dinge im Aufgehen des Lichtes der Erkenntnis.[219] Neugierig geht der Blick, von Herder ausdrück-

[219] Bezieht man diese Idee der Morgenröte auf die theologische Tradition der beiden Bücher Gottes, so versucht Herder hier die Überwindung dieser Dichotomie durch den Nachweis der Gleichursprünglichkeit beider Bücher. Sowohl das Buch der Natur als auch das im Buch der Bücher – also in der Bibel – geoffenbarte Wort Gottes sind in ihrem Ursprung dasselbe. Die Schöpfungshieroglyphe, in deren Vermittlung von anschaulicher Bildhaftigkeit und Logos Herder die Gleichursprünglichkeit von Sprache und Schrift denkt (SWS VI, 297 ff.), ist unmittelbar das Sehen des Buchs der Natur *als* schriftähnliche Struktur, ist Ansprache Gottes durch die Natur *als* in der Form von Rationalität geschehend. Im Urtext der Schöpfungshieroglyphe ist das Ineinsfallen beider Bücher konzipiert. Vgl. zur Tradition der beiden Bücher Gottes Hans Blumenberg, *Die Lesbarkeit der Welt*, Frankfurt am Main 1981, S. 47 ff.

lich mit dem Diskurs der theoria zusammengebracht[220], auf die Landschaft und auf die Identifizierung der Dinge. Der ganze Prozeß der Schöpfung gerät in dieser Interpretation zu einem Loblied auf die theoretische Neugierde, die, wie Blumenberg[221] ausführlich gezeigt hat, Theologen seit je, nämlich als Folgelast des Sündenfalls, suspekt vorzukommen hatte.

Der Hochschätzung dieses Sehens als Konstruktionsbasis der ganzen Schöpfungshieroglyphe entspricht auch in der *Aeltesten Urkunde* die Umgehung des Sündenfalls. Die Schöpfungshieroglyphe hat nun freilich einen anderen Status. Ausdrücklich redet Herder davon, daß sie von Gott gegeben sei. Schon in den *Anmerkungen* versucht Herder einen Mittelweg zwischen Offenbarungsbegriff und Naturdeutung der Schöpfungshieroglyphe. Er spricht davon, daß göttliche Gedanken, sofern sie unmittelbar in menschliches Denken eingreifen, nur auf »Zerstörung, Vernichtigung« (ebd., 28) hinauslaufen würden: »ein fanatischer Gedanke« (ebd.). Denkbar sei also nur ein solches Sichoffenbaren Gottes, das sich dem menschlichen Geist in einer »Herablassung« (ebd., 36) anbequemt (»Gott bequemte sich also in seiner Offenbarung der Zeit«, ebd., 170).[222] Dieses Theorem hat in seiner Auswir-

[220] Z. B. SWS VI, 221: »Lichtstral – da geht er auf! da bricht die Wahrheit an! da wirds wie helle in der Seele! Alle Weisheit, Erfahrung, Wissenschaft wird Erleuchtung, wird Klarheit«. Vgl. vor allem SWS VI, 270: »Lang und immer ists Spiel, Gesicht und Seele, Licht und Erkenntniß zu vergleichen: das blosse Spiel hat gemacht, daß die wichtigsten Lehren der Menschheit, die Philosophie des Anschauens, der Evidenz, des Zeichens, der Erfahrung noch so tief in Nacht und Zweifel liegen.« – Die Philosophie des Anschauens und der Evidenz ist unmittelbare Umsetzung des geoffenbarten Lichtes.

[221] Vgl. Hans Blumenberg, *Der Prozeß der theoretischen Neugierde*, Frankfurt am Main 1973. – Wilhelm Schmidt-Biggemann (Geschichte der Erbsünde in der Aufklärung. Philosophiegeschichtliche Mutmaßungen. in: Wilhelm Schmidt-Biggemann, *Theodizee und Tatsachen*, Frankfurt am Main 1988, S. 92 f.) zeigt auf, daß sich unter dem Einfluß des Leibnizschen Philosophems von der Welt als der besten unter allen möglichen die Wertung der curiositas ändert. Wenn der Erkennende dessen versichert ist, daß er in der Erkenntnis der Welt immer nur auf die Weisheit Gottes stoßen wird und auf die Einsicht darein, daß es besser nicht hätte eingerichtet werden können, dann wird die erkenntnistheoretische Neugier nicht zum hybriden Unterfangen einer Konkurrenz zu Gott, sondern im Gegenteil zu einem frommen und gottgefälligen Tun. Gerade die Erkenntnis der Welt wird unter der theologischen Garantie, daß die Vernunft nur die Liebe Gottes nachvollziehe, in einem Maße autonomisiert und von theologischen Tabus befreit, wie es vorher in kaum einer Theologievariante möglich war. Herders Erkenntnis- und Neugier-Pathos mag diesem Gedankengang folgen.

[222] Vgl. auch in Herders Apokalypse-Deutung: »Selbst bei Propheten bequemte sich Gott diesen Lieblings- oft Jugendbegriffen ihrer Seele« (SWS IX, 269). Der Terminus des Bequemens bzw. Anbequemens hat wohl eine zeichentheoretische Vorgeschichte. In Lessings *Laokoon* wird mehrfach vom bequemen Verhältnis des Zeichens zu dem Bezeichneten gesprochen und dieses Verhältnis zum Ausgangspunkt der Differenzanalyse der Kunstarten genommen. Karlheinz Stierle (Das bequeme Verhältnis. Lessings Laokoon und die

kung eine Zweiteilung der Lektüre zur Folge, die letztlich auch ganz auf den Offenbarungsbegriff verzichten könnte.[223] Denn »in diesem Verstande ist Alles in der Bibel durchaus Menschlich« (ebd., 29), der »Ausleger« hat der hermeneutischen Spielregel zu folgen, daß er »vergesse, daß Gott es sei, der da spreche« (ebd.). Freilich: »Der Geist lese, als wenn Gott spricht« (ebd.), aber was im Buchstaben der Exegese erscheinen darf und kann, muß dieses Wissen des Geistes de facto streichen. Herder kann offensichtlich in den *Anmerkungen* den Offenbarungsbegriff argumentativ nicht in Exegese umsetzen. In der *Aeltesten Urkunde* begründet er es dann auch nicht, daß er von Offenbarung redet: er tut es.[224]

Weil sie also nun aus einer göttlichen Offenbarung resultiert, ist die Schöpfungshieroglyphe nicht länger nur der Nationalgesang der Morgenländer, der aus ihren klimatischen Bedingungen, ihrer Arbeitswelt und ihrer vorkopernikanischen Kosmologie erklärbar wäre. Sie erhält als von Gott gestiftete Struktur eine Begründungsfunktion für Gesellschaft, Wissen, Sprache u. a. Ihr epistemologischer Status ist, entsprechend der Bedeutung ihres Stifters, universell. An die Stelle der konsequenzlosen Einführung des Offenbarungsbegriffs in den *Anmerkungen* und der von genuin aufklärerischen Argumentationen geprägten *Fragmente zu einer Archäologie* tritt in der *Aeltesten Urkunde* eine Offenbarungskonzeption, innerhalb derer Herder für seine

Entdeckung des ästhetischen Mediums, in: *Das Laokoon-Projekt. Pläne einer semiotischen Ästhetik*, Hg.: Gunter Gebauer, Stuttgart 1984, S. 23–58.) behandelt diesen Terminus bei Lessing. – Im 16. Kapitel des *Ersten Kritischen Wäldchens* setzt sich Herder mit Lessings These von der bequemen Relation von Zeichen und Bezeichnetem auseinander. In dem Sinne einer Angemessenheit des Ausdrucks benutzt Herder in *Gott. Einige Gespräche* die Worte bequem bzw. unbequem für die These, daß Spinozas terminologische Orientierung an Descartes seine eigentliche Intention verstellt habe. Wenn Spinoza in Cartesianischen Begriffen denkt, so wählt er unbequeme Ausdrücke (z. B. SWS XVI, 441). Herder übernimmt diese zeichentheoretische Bedeutung des Terminus und wendet sie theologisch im Sinne des Akkomodationsbegriffs an: »[...] denn Gott bequemet sich dem, zu dem er spricht« (SWS X, 147).

[223] Christoph Bultmann (1989, S. 74) weist auf den Konflikt zwischen Offenbarungsbegriff und Nationalgesang in den *Anmerkungen* hin: »Man kann fragen, ob Herder die Entstehung der poetischen Urkunde von Gen. 1 nicht so vollständig vom Fühlen eines Morgenländers her konstruiert, daß der Anspruch, in ihr zugleich die göttliche Offenbarung über den »Anfang der Wege Gottes« und die Entstehung der Dinge zu haben, hinfällig wird.«

[224] Tino Markworth (Zur Selbstdarstellung Herders in den ersten Bückeburger Jahren, in: *Bückeburger Gespräche über Johann Gottfried Herder. Älteste Urkunde des Menschengeschlechts*, Hg.: Brigitte Poschmann, Rinteln 1989, S. 89 ff.) diskutiert und problematisiert ausführlich die in der Forschung lancierte These, daß Herder um 1772 eine religiöse Krise durchgemacht habe. Die stärkere Präsenz des Offenbarungsbegriffs in der *Aeltesten Urkunde* mag damit im Zusammenhang stehen.

Argumentation eine Allgemeinheit beanspruchen kann, die ihm in der Lokal- und Zeitgebundenheit des Schöpfungsberichts als morgenländischer Nationalgesang nicht zu Gebote stand. In einem längeren Passus faßt er das neue Thesenbündel zusammen: »Ja endlich wenn – diese erste Entdeckung und Unterweisung von Gott käme, wenn sie dem ersten heiligsten Orakel nicht untergeschoben, sondern eingewebt, wenn sie in nichts als im Bau Himmels und der Erde selbst gegründet wäre – und nun hätte um sie und an ihr sich alle Menschliche Schrift und Symbolik gebildet, die ältesten, und wichtigsten Künste und Wissenschaften der Menschlichen Gesellschaft, Naturlehre und Zeitrechnung, Astronomie und was man Philosophie nannte, gingen von ihr aus: Religion und Gotteswürkung stützte, hübe, trüge das Alles – und das Alles könnte augenscheinlich gemacht, aus der Geschichte des ganzen Alterthums, sieben Völkern des ganzen Menschengeschlechts bewiesen werden, also bewiesen werden, daß ohne dies keine Geschichte, selbst keine Fabel, Tradition, Wahrscheinlichkeit, Vermuthung mehr bliebe, alles Nacht und Chaos; mit ihr, mit dieser Entdeckung aber – Licht und Sonnenglanz würde – welche Entdeckung! für Geschichte der Menschheit, für Geschichte aller Wissenschaften, für Religion – welche Entdeckung!« (SWS VI, 290).

Die Hieroglyphe kommt »von Gott«, ist »Gotteswirkung«; gleichzeitig aber ist sie »in nichts als im Bau Himmels und der Erde selbst gegründet«. Von der latenten Widersprüchlichkeit dieser Qualifizierungen wird gleich zu reden sein. Wichtiger ist in der Aufzählung zunächst die Gesamtheit der menschlichen Kulturtätigkeiten, die sich nun in der Schöpfungshieroglyphe gegründet finden. Es ist z. B. von der Geschichte des Menschengeschlechts die Rede, die als Abfolge der sieben Völker der Menschheitsgeschichte bewiesen werden könne. Nach Peter Pfaffs These[225] präsentiert die Bückeburger Geschichtsphilosophie *Auch eine Philosophie der Geschichte zur Bildung der Menschheit* in der welthistorischen Abfolge von sieben Völkern die Ausarbeitung dieses Gedankens. Ebenso können nach Gaiers These in der *Sprachursprungsschrift* die konkurrierenden Ursprungsphilosopheme in einer Denkfigur plaziert werden, die durch die Schöpfungshieroglyphe als einer immanent dialektischen, nach zwei aufeinander aufbauenden Triaden in der Synthesis des Sabbats gipfelnden Struktur gebildet wird.[226]

Das Programm, das Herder mit der theologisierten und veruniversalisierten Schöpfungshieroglyphe in der *Aeltesten Urkunde* formuliert, ist kein ge-

[225] Peter Pfaff, Hieroglyphische Historie. Zu Herders *Auch eine Philosophie der Geschichte zur Bildung der Menschheit*, in: Euphorion 77 (1983), S. 407–418.

[226] Ulrich Gaier, *Herders Sprachphilosophie und Erkenntniskritik*, Stuttgart-Bad Cannstatt 1988, S. 75–156.

ringeres als das einer Ursprungsgeschichte der Rationalität. Indem die Aufarbeitung der Geschichte, der Sprache, der Literatur[227], der Literatursoziologie[228] zumindest in ihren äußerlichen Gliederungsschemata dem Grundriß der gefundenen Figur folgt, benutzt Herder die theologisch verallgemeinerte memoria-Hieroglyphe als eine die Analyseverfahren modellierende Struktur. – Freilich sind noch einige Theoriebausteine einzufügen, bevor die Herdersche Theorieproduktion in die Schöpfungshieroglyphe eingetragen werden kann. Ich werde auf dieses Thema zurückkommen.

Nichts weniger als eine Art von Weltformel stellt die Schöpfungshieroglyphe dar. Gaiers Versuch, die schwindelerregende Universalität dieses Konzepts zurückzunehmen, indem er das Denkbild rhetorisch als inventio-Formel, als topische Anweisungsstruktur einer Erfindungskunst interpretiert[229], mildert den ontologischen Anspruch herab, der zumindest der exoterischen Seite der *Aeltesten Urkunde* innewohnt. Herders These behauptet das gefundene Siebenerbild explizit »als im Bau Himmels und der Erde selbst gegründet« (s. o.), also als ontologisch der Struktur der Welt eingewebt, ihr Gesetz bildend.

Es stellt sich natürlich die Frage, wie mit dem hybriden Anspruch dieser Theorie umzugehen sei. Ist man nun, auch nach den Forschungsergebnissen Gaiers, gezwungen, die Siebenerstruktur in den Arbeiten des jungen Herder wiederzufinden und Interpretation aufgehen zu lassen in diesem, die Ontologie ermächtigenden Nachweis? Gaiers im Namen der Rhetorik vollzogener Distanzierungsversuch mag nicht recht überzeugen: Er bleibt, selbst wenn er technisch – in bezug auf Herders Arbeitsweise – Recht haben sollte, doch unter dem Anspruch, den Herder selbst formuliert. Und dieser Anspruch ist zunächst, solange man exoterisch in der theologischen Lesart bleibt, hybrid. Daß schon in den *Fragmenten zu einer Archäologie* angedeutet ist, Herders Hermeneutik rekonstruiere in der impliziten Leugnung des Sündenfalls adamitisches Wissen, wird unter den Bedingungen der *Aeltesten Urkunde* zum theologischen Skandalon. Herders Erkenntnis steht zur Uroffenbarung Gottes an den Menschen wie Adam vor dem Sündenfall dazu gestanden haben muß. Ohne weitere Umschweife nimmt er für sich in Anspruch, die Weltformel gefunden zu haben, als wäre sie und als wäre er durch keinen Sündenfall korrumpiert.

[227] Die Gliederung der Volksliedersammmlung folgt nach Gaier ebenfalls der Schöpfungshieroglyphe; s. W III, 921 u. ö.

[228] Ulrich Gaier, Metadisziplinäre Argumente und Verfahren Herders. Zum Beispiel: Die Erfindung der Soziologie, in: Herder Yearbook 1 (1992), S. 59 ff.

[229] Gaier 1992, S. 75 f.

Das hat für die Theologie apokalyptische Dimensionen. Das theologische Wissen zieht immanent seine Konstanzgarantie gerade aus dem Sündenfall, nämlich daraus, der Wahrheit als solcher nie direkt teilhaftig werden zu können. Solange die endgültige Offenbarung nicht eintritt, wird Theologie im Denken des Undenkbaren ihr endloses Geschäft finden. Herder aber, indem sein Wissen mit dem Adams gleichzieht, begeht einen Kurzschluß, der alle Theologie ausschließt. Sein Text ist die Apokalypse wenn nicht der Theologie, so doch zumindest der Genesiskommentare: »Wenn alle Bücher sollten zusammengebracht werden, die übers Erste Kapitel des Ersten Buchs Mose mehr oder minder kommentirt – gewiß ein Brand, wie dort in Alexandrien! und ich hoffe, viele sollen mit diesem Buche dazu reif werden« (SWS VI, 197). Herder begeht gleichsam den Sündenfall der Theologie, indem er ihre Startbedingungen außer Kraft setzt. Sobald erkannt werden kann, was es mit den theologischen Dingen auf sich hat, sind sie erledigt.[230]

Daß dergleichen Lästerung sein könnte, diskutiert Herder im Rahmen seiner Polemik gegenüber seinen Vorgängern: »Ist ein Philosoph mit seinen Grillen nur um ein Haar von Robert Flood unterschieden, wenn er diese – nicht blos in Moses trägt – sondern gar dem Verstande Gottes unterschiebt, und sie, wenn sie auf der Erde keinen Kurs finden, mit Göttlichkeit stempelt – was fehlt dem Insektenstolz, daß er nicht Lästerung werde?« (ebd., 208). Grillen, mit Insektenstolz dem Verstande Gottes unterschoben, sind auch die Herderschen Gedanken: Anmaßung eines Wissens, das die Diskursvoraussetzungen von Theologie sprengt und ihnen gegenüber folglich als Lästerung, als curiositas-Enthusiasmus erscheinen muß.

In der *Sprachursprungsschrift* bezieht Herder Position gegen eine Hermeneutik, die die Differenz von heiligem Text und profaner Rekonstruktion außer Kraft setzt. Jenen »Beweis der Türken von der Göttlichkeit des Korans: ›wer anders, als der Prophet Gottes konnte so schreiben?‹« (SWS V, 145) kommentiert er als hermeneutische Anmaßung göttlicher Auslegungskunst: »Und wer anders als ein Prophet Gottes kann auch wißen, daß nur der Prophet Gottes so schreiben konnte? Niemand, als Gott, konnte die Sprache erfinden! Niemand als Gott kann aber auch einsehen, daß niemand, als Gott, sie erfinden konnte!« (ebd.). Wenn in dieser Klarheit gesehen ist, daß eine Auslegung, die den heiligen Text vollständig versteht, selbst zur Anmaßung

230 Die Briefe Herders sind natürlich in größerem Umfange Fundgruben für Apokalypse-Prophetien in bezug auf die Konsequenzen seiner Bücher. An Hamann schreibt er Anfang Mai 1774 über die *Aelteste Urkunde*: »Die magre Bibel wird alle 7. Wißenschaften der Alten u. 1000. der Neuen Welt, wie die fetten Kühe Pharaons in sich schlucken – denn wird sich aber die Noth erst anheben – bis ein Tag kommt, der durch Facta u. Acta Alles entsiegelt« (Briefe III, 84).

von Göttlichkeit wird, dann scheint es notwendig, die bislang versuchte Lektüre der *Aeltesten Urkunde* zu revidieren, bevor Herder vorschnell diejenige Anmaßung vorgeworfen wird, die er selbst so präzis analysiert hat.

Ein Blick auf die Behandlung der Unterrichtsmetapher in der *Sprachursprungsschrift* erhärtet diesen Befund. Herders Argument gegen Süßmilch ist an dieser Stelle, daß ein Unterricht Gottes eine Fähigkeit zum Unterrichtetwerden bei den Menschen immer schon voraussetzt. Um die Ansprache Gottes zu verstehen, müssen die Menschen schon sprechen können. Also kann Gott ihnen nicht durch Unterricht Sprache und Vernunft beigebracht haben, da die Situation des Unterrichts das Unterrichtete schon impliziert. Herder bringt seine Dekonstruktion der Unterrichtsmetapher folgendermaßen auf den Punkt: »Eltern lehren die Kinder nie Sprache, ohne daß diese nicht immer selbst mit erfänden: jene machen diese nur auf die Unterschiede der Sachen, mittelst gewißer Wortzeichen, aufmerksam, und so ersetzen sie ihnen nicht etwa, sondern erleichtern und befördern ihnen nur den Gebrauch der Vernunft durch die Sprache« (ebd., 41). Jemanden unterrichten heißt also, seine immer schon vorhandene Konstruktionstätigkeit zu unterstützen, seinen Selbstunterricht zu befördern. Als Indoktrination des Menschen durch Gott ist dessen Lehrmethode also nicht einmal denkbar. Herders Dekonstruktion der Unterrichtsmetapher läuft letzten Endes darauf hinaus, Unterricht per se als Selbstunterricht zu denken, bei dem emergente Einsichten als Eingriff von außen kodiert werden. Natürlich findet diese Kodierung nur intern statt.

Die bisherige Lektüre der *Aeltesten Urkunde* stand unter der Voraussetzung, daß das, was im Text mehrfach »Offenbarung« oder »Lehrmethode Gottes« genannt wird, im terminologischen Sinne theologischer Sprachgebrauch sei. Daß nun diese Lektüre in dem Sinne revidiert werden muß, wie Herder das metaphorische Modell der Erziehungsmethode Gottes umstülpt, liegt auf der Hand. Zu einer Herder-Lektüre gehört die Reflexion über den Begriffsstatus seiner Rede, und sie sei hier mit einem Zitat Hans Blumenbergs eingeleitet: »Die Entmythisierung ist zu einem guten Teil nichts anderes als Remetaphorisierung: das punktuelle Kerygma strahlt auf einen Hof von Sprachformen aus, die nun nicht mehr beim Wort genommen zu werden brauchen. Der dogmatische Realismus hatte »verstanden«, was Auferstehung heißen sollte; als absolute Metapher für Heilsgewißheit ist das etwas, wovon man sagen kann, es bleibe besser unverstanden. Solche Zurückführung auf Unbestimmtheit gehört durchaus zu den Eigentümlichkeiten sakraler Texte, die durch Abwehr banaler Wörtlichkeit überdauern.«[231]

231 Hans Blumenberg, Ausblick auf eine Theorie der Unbegrifflichkeit, in: Hans Blumenberg, *Schiffbruch mit Zuschauer*, Frankfurt am Main 1979, S. 87.

Schaut man sich die Stellen, bei denen in der *Aeltesten Urkunde* von Offenbarung die Rede ist, genauer an, so zeigt sich, daß solche Offenbarung stets als Naturgeschehen[232] stattfindet: »[...] wie da mein Vorbild, die Morgenröthe, die grosse Offenbarung Gottes, mir vorleuchtet« (SWS VI, 266). Die »Lehrmethode Gottes« (ebd., 267) ist die »aufgehende Morgenröthe« (ebd.), die »erste Offenbarung« (ebd., 273) ist nichts anderes als das erste Licht, die stereotype Formel »so unterrichtet Gott!« (ebd., 275, 287 u. ö.) bezieht sich stets auf den sinnlich wahrnehmbaren Prozeß des werdenden Tages, als dessen Notat Herder den Schöpfungsbericht liest. Die These liegt nahe, Herder denke Offenbarung nicht dem Begriffe nach, sondern metaphorisch. Daß Gott sich etwa durch ein Außerkraftsetzen des natürlichen Zusammenhangs der Dinge offenbare, ist nirgends angedeutet. Offenbarung ist in der *Aeltesten Urkunde* der Name für einen in seiner inneren Logik im Sinne Hans Blumenbergs unbestimmt gelassenen Prozeß, an dessen Ende der die Morgenröte beobachtende Mensch den Zugang zur Schöpfungshieroglyphe als der ursprünglichen Strukturierung von Prozessualität hat. Offenbarung, so lautet nun die These, ist die Bezeichnung für die Unerklärlichkeit von Rationalität, für ihre Ungenetisierbarkeit. Und die Schöpfungshieroglyphe ist die Form von Rationalität.[233] – So gelesen wäre die theologische Position noch immer die der *Anmerkungen*; geändert hat sich die

232 Umberto Eco (*Die Suche nach der vollkommenen Sprache*, München 1994, S. 53) weist, mit Bezug auf Dante, auf eine Tradition hin, die im Anschluß an den Psalm 148, 8 (»Fewr/ Hagel/ Schnee vnd Dampff/ Sturmwind/ die sein Wort ausrichten«) die Naturzeichen als Sprache Gottes deutet. – Von Herder ließen sich viele Sätze zitieren, die auf diese Tradition beziehbar wären, so z. B.: »Natur! du bist die Sprecherin Gottes« (SWS VII, 36).

233 Diese weitgehende Enttheologisierung ließe sich auch in Herders Apokalypsedeutung aufweisen. Ebensowenig wie er in der *Aeltesten Urkunde* eine tatsächliche Ansprache Gottes denken will, legt er in seiner Apokalypse-Exegese auf das tatsächliche Erscheinen Gottes wert. »Seele des Christenthums ist, daß Niemand des Herrn Zukunft wisse, daß jeder sie stündlich erwarte« (SWS IX, 263). Es liegt nahe, die apokalyptische Offenbarung kurzerhand mit ihrer freudigen Erwartung zu identifizieren. Die angekündigte Parusie wäre immer schon realisiert, wenn das, was »hie und da bei einzelnen Personen« als »Gefühl der Nähe Gottes und Christi« im »Zeichen der Erlösung« (ebd.) wirksam ist, allgemein werden könnte. Dann nämlich, wenn »Himmel und Erde nicht mehr sind« (ebd., 91), ist das Neue Jerusalem, die Gottesstadt »verjüngter Himmel und Erde« (ebd.), also Aufhebung von Diesseits und Jenseits als Dichotomie. Herder weiß in diese Gedankenfigur die paradox-apokalyptische zeitlose Zeit zu integrieren: In Christus ist »alles nur Ein Kommen« (ebd., 264). »Er kommt! er ist da! es ist geschehen! A. und O, Anfang und Ende! Das ist sein Calcul« (ebd.). Er bleibt aber nicht: Herders Theologie ist Entontologisierung; Christentum ist für ihn eine Bewegung, die, sich auf Transzendentes hinspannend, immanent zu bleiben hat und gänzlich ohne die Berührung Gottes auskommt. Gott ist der Name für ein Reflexionsmedium. »Des Buchs Summe heißt: »er ist da!« Und ist dies nicht auch, wenn wir von Gott reden wollen, die Einzige Antwort?« (ebd.).

Rhetorik: Herder spricht von Offenbarung exoterisch wohl nur für theologische Leser. Den profanen Lektüren läßt er den Weg offen, nicht dem Geist, der »lese, als wenn Gott spricht« (W V, 29) zu folgen, sondern dem Buchstaben des Auslegers. Und der findet poetische Urkunden und Naturvorgänge und kann folglich den Unterricht Gottes auf dem Niveau der Dekonstruiertheit der Metapher von der göttlichen Pädagogik denken: als Selbstdeutung des Unterrichteten, in der Gott nur der Name für die interne Idee einer externen Ansprache ist.

Die Frage, was der Inhalt der Schöpfungshieroglyphe in der *Aeltesten Urkunde* sei, ist nicht so einfach zu beantworten, wie bei den *Fragmenten*. Die Arbeitswoche der Morgenländer spielt nach wie vor eine Rolle, tritt aber deutlich in den Hintergrund. Wenn Herder am Ende des ersten Bandes der *Aeltesten Urkunde* gegen die Genesiskommentare polemisiert, nimmt er für sich in Anspruch, die Einheit aller seiner Bestimmungen – Bild, Morgenröte, Sabbat, Schöpfungsgeschichte, Sprache, Schrift, Zeitrechnung etc. – dadurch herstellen zu können, daß er sie als »Lehre unter dem Bilde« (SWS VI, 317) zu denken versucht, als »Metapher, Allegorie, Parabel, Fabel« (ebd.), in denen »Etwas gesagt und Etwas anders verstanden wird« (ebd.). Da es Herder in diesem Argumentationszusammenhang auf die »hermeneutische Regel« (ebd.) von der »Einheit des Sinnes« (ebd.) ankommt[234], wird man wohl übersetzen müssen: Vielerlei wurde gesagt, aber nur Eines gedacht. Was aber dieses Eine sei, verschweigt Herder, mehr noch: Er besteht darauf, daß es hier keinen Doppelsinn gäbe (ebd., 318). Würde er in der Tat einen solchen Doppelsinn formulieren können, dann fiele er selbst unter die Kritik, die er an den Genesiskommentatoren geübt hat. Was er zu denken versucht, ist das Paradox einer unallegorischen Allegorie.[235] Allegorisch muß er sein, um die Einheit des Sinns aus der Vielheit der Bestimmungen zu retten, allegorisch darf er nicht sein, will er sich nicht dem Vorwurf aussetzen, seine mit Göttlichkeit gestempelten Grillen dem Verstande Gottes zu unterschieben.

Die Lösung dieses Dilemmas kann nur darin liegen, überhaupt von der Inhaltsebene auf die der Form zu wechseln. Herders Schöpfungshieroglyphe in

[234] Ein ähnlich gelagertes hermeneutisches Vorgehen findet sich in Herders Apokalypsedeutung. Auch dort dient ihm die Schöpfungshieroglyphe dazu, Einheit zu behaupten: »Die siebenfache Anordnung hilft dem Buch zu einer wunderbaren Einheit. Es ist nur Eine Stimme in ihm [...]« (SWS IX, 237).

[235] Im vierten Teil der *Aeltesten Urkunde* (1776) bezeichnet Herder diejenigen, die behaupten, er lese die Schöpfungsgeschichte allegorisch, als »Thoren« (SWS VII, 78). Nach Smend nimmt Herder damit Bezug auf innerhalb der gescheiterten Berufungsverhandlungen mit der Universität Göttingen geäußerte Kritikpunkte. Vgl. Rudolf Smend, Herder und Göttingen, in: *Bückeburger Gespräche über Johann Gottfried Herder 1988. Älteste Urkunde des Menschengeschlechts*, Hg.: Brigitte Poschmann, Rinteln 1989, S. 14.

der *Aeltesten Urkunde* hat keinen Inhalt; sie ist die Form für jeden Inhalt, kurz das, was Rationalität zu nennen hier vorgeschlagen wird. Herders Deutungen folgen eigentlich einem recht einfachen Prinzip. Er abstrahiert Phänomene auf ihre formalen Grundstrukturen und behauptet die entstehenden Muster als ihr Wesen. Somit wird das zu Erklärende keinem heterogenen Grund unterworfen, sondern quasi mit sich selbst als mit der Form der Rationalität identifiziert. Nur deshalb kann die Schöpfungshieroglyphe, wie Herder im Schlußkapitel des ersten Buches der *Aeltesten Urkunde* zeigt, ähnlich dem menschlichen Antlitz, ähnlich der Kunst und der Sprache Einheit als Einheit konkreter Mannigfaltigkeit sein: Anschauung und Logos, Bild und Schrift, Synthese von Oralität und Literalität.[236] Sie ist damit diejenige Vermittlung, die dem Menschen in seiner Form von Rationalität, als »Gottheit in eine grobe Erdgestalt verschattet« (ebd., 249), entspricht: der Sinnlichkeit von Zeichen zu bedürfen, um die Intelligibilität des Gedankens zu äußern. Die unallegorisch gedachte Allegorizität der Schöpfungsurkunde eröffnet an diesem Systemort eine Rede über den allegorischen bzw. metaphorischen Grundzug der Sprache. Es geht Herder nicht darum, daß menschliche Sprache etwas anderes meinen könnte; sie ist vielmehr als solche die permanente Übertragung von Bild in Schrift, von Anschauung in Logos und somit in ihrer Form der Prozeß einer Vermittlung: »... daß unsre Seele, so wie unsre Sprache, beständig allegorisire« (SWS XV, 526).

Liest man die *Aelteste Urkunde* als Urgeschichte der Rationalität, so wird Gott zu einem Moment der Selbstverständigung des Menschen über sich. Die von Herder emphatisch betonte Ebenbildlichkeit[237] des Menschen er-

[236] In seiner Apokalypsedeutung geht der Einführung der Schöpfungshieroglyphe als Systematik des Textes der Offenbarung unmittelbar eine Reflexion über die Dichotomie von Ganzheit und Zergliederung voraus. Zum einen ist der Apokalypsetext »ganzes Bild«, »reißender Strom des Blicks« und »fliegender Sinn«, der alles »auf Einmal« präsentiert; zum anderen muß der Ausleger »zergliedern und erklären«, seine »Worte kriechen«, seine diskursive Zeitlichkeit kann mit der Augenblicklichkeit des Bildes nicht Schritt halten (Zitate: SWS IX, 234 f.). Insgesamt läßt sich diese Dichotomie von apokalyptischer Zeitlosigkeit des Anschauens von Bildlichem und diskursiver Zeitextension des zergliedernden Begreifens auf diejenige Dichotomik von Anschauung und Logos, von Sprache und Schrift zurückführen, die die Schöpfungshieroglyphe zu vermitteln beauftragt ist. Erst die Einführung des Siebenerschemas (ebd., 236) kann daher die Apokalypsedeutung hermeneutisch rechtfertigen: Das Bildliche der Vorlage wird nämlich nicht einfach in die Schrift des Auslegers übersetzt, sondern in eine Figur, die die Schrift wiederum bildlich organisiert. – Hier findet also eine Hereinnahme des Interpretandum in das Interpretans statt: eine Darstellung des Gegenstandes in der Rede über ihn. Herder wiederholt das Andere seiner Rede in dieser Rede selbst, stellt die Poesie des Schöpfungsberichts in der Metasprache, die von ihr handelt, der Form nach noch einmal dar.

[237] Es ist klar, daß die Entscheidung zwischen profaner und theologischer Lektüre zir-

laubt es ihm, in der Betrachtung der Morgenröte, ihrer Übersetzung in Gesang und ihrer Schematisierung des Gesangs zur Hieroglyphe von selbst zu der Form zu kommen, die in der Figur schematisiert ist. Daß sie als im Unterricht Gottes gestiftete Form wahrgenommen wird, ist ein Animismus. Der Morgenländer erfährt seine Selbstdeutung als Ansprache der göttlich gedeuteten Natur an ihn. Herder aber läßt dem Leser den Weg offen, solche Offenbarung stets als pures Naturgeschehen zu lesen und bringt damit das Kunststück fortgeschritten protestantischer Theologie fertig, sich theologisch aus der Theologie herauszuargumentieren. Die Übertheologisierung als Rekonstruktion adamitischen Wissens führt zu einer Enttheologisierung qua Remetaphorisierung der theologischen Begriffe.

Als Form von Rationalität[238] verstanden, ist das Denkbild der Hieroglyphe die Vermittlung von begriffener Prozessualität und memoria[239]. Die zwei triadischen Schritte in den ersten sechs Positionen der Hieroglyphe lassen sich intern als dialektische denken, und die ganze Figur, zusammengesetzt aus zwei Triaden und dem Sabbat, noch einmal als dialektische Trias.[240] Daß

kulär zwischen den beiden Möglichkeiten pendelt. Ernstgenommene Ebenbildlichkeit läßt sich, begreift man den Menschen als alter deus, bis zur Überflüssigkeit Gottes weiterdenken. Aber die Startprämisse der Ebenbildlichkeit verpflichtet dennoch auf den theologischen Rahmen. – Ebenso ist die Alternative, Natur als Ansprache Gottes oder Gott als vom Menschen nur in die Natur hineinkonstruierten Gott zu verstehen, vom Denken her nicht weiter zu entscheiden. Herders durchaus im gegenwärtigen Sinne protestantische Theologie läßt die Entscheidung offen: Gott innerhalb eines Atheismus als bloße Durchgangsstation der menschlichen Selbstvermittlung oder einen Atheismus innerhalb einer theologischen Bewegung zu denken.

238 Auch hier muß die Doppeldeutigkeit der Lektüremöglichkeiten mitgedacht werden. In einer theologischen Lektüre ist die Schöpfungshieroglyphe nicht nur Form von Rationalität, sondern auch ontologische Struktur. Erst in einem Enttheologisierungsprogramm, das die Begriffe remetaphorisiert, läßt sich das Denkbild auf die Seite eines entontologisierten Verfahrens bringen.

239 In der *Aeltesten Urkunde* tritt die Gedächtniskunst nicht mehr so in den Vordergrund wie in den *Fragmenten zu einer Archäologie*, obwohl sie der Sache nach systemfundierend bleibt. Gleichwohl wird sie weiterhin präsent gehalten: »[...] und wer erinnerte sich nicht hiebei alter Gedächtnißbilder, die so auf alle Weise mit Nägeln ins Gemüth geheftet und durcharbeitet sind?« (SWS VI, 294).

240 Gerhard vom Hofe spricht von »einer auf Amplifikation angelegten dyadischen Differenzierung der ursprünglichen Einheit« als Strukturprinzip der Schöpfungshieroglyphe; vgl. Gerhard vom Hofe 1986, S. 84. Ulrich Gaier (Herders »Älteste Urkunde des Menschengeschlechts« und Goethe, in: *Bückeburger Gespräche über Johann Gottfried Herder 1988. Älteste Urkunde des Menschengeschlechts*, Hg.: Brigitte Poschmann, Rinteln 1989, S. 137) rekonstruiert das Strukturprinzip dialektisch: »Aus einer komplexen Einheit ein Paar von Gegensätzen, die aufeinander und auf den Anfang verweisen. Dann in der zweiten Triade wieder zunächst die Einheit, die auf die drei ersten Stufen reflexiv Bezug nimmt und aus der erneut ein Paar von Gegensätzen entwickelt werden, die ihrerseits in Korrespon-

der Sabbat dabei als Synthese von Synthesen erscheint, ist kein Zufall. Rationalität ist erst sie selbst, wenn sie ihre Prozessualität erinnert. Die Hegelsche Rede vom mehrfachen Sinn des Aufhebens indiziert das. Erinnerung aber ist der Name für Selbstreferenz: sich ihrer Logik erinnernde Rationalität ist Selbstbewußtsein. Die für Herder so zentrale Stellung des Sabbats begründet sich denksystematisch. Erst vom Sabbat her läßt sich die Genese überhaupt denken. Die Denkfigur als solche kann erst konstituiert werden, wenn sich die Versammlung der Momente durch ein weiteres Medium zur Konstellation verfestigt. Die Figur braucht immanent ihre eigene memoria. Erst wenn sie fertig ist, kann sie sich konstituieren.

Dieses temporale Paradox aller Ursprungstheorie von Rationalität (oder auch von Sprache) hat zur Folge, daß sich angesichts der Ungenetisierbarkeit von Selbstbewußtsein die Genese immer nur vom Ende her beschreiben läßt. Daher werden dem Prozeß die Markierungen des Wissens von sich dort schon eingeschrieben sein, wo sie der ratio essendi nach eigentlich noch nicht stehen können. In der ausführlichsten memoria-Passage zur Hieroglyphe, die sich in den *Fragmenten zu einer Archäologie* findet, spricht Herder vom Parallelismus der Namennennung, durch den die parallelistische Ordnung besiegelt werde (SWS VI, 44, vgl. 15 f.). Die »Kadenzen aller Tagwerke« (ebd., 40) sind als das »sinnliche Gedächtniß stützende Symbole« (ebd.) aufzufassen. Jenes ›Und Gott sahe, daß es gut war‹ markiert als Symmetrieausweis im Prozeß selbst, daß sich nicht erst am Ende das Wissen über sich formuliert. Was im Schöpfungsbericht die Kadenz ist, wird in der Apokalypse, die nach Herders These ebenso der Figur der Schöpfungshieroglyphe folgt, durch die nach jeder Siebenergliederung auftretenden Boten angezeigt: »Vor jedem Siebenden erscheint ein Bote, der an den Anfang erinnert und auf das Ende weiset: die Ringe greifen in einander und lassen nicht los, bis am Ziele« (SWS IX, 239). Das Wissen des Prozesses ist ihm immer schon immanent und markiert folglich in der Genese Selbstbewußtsein, wo Selbstbewußtsein noch gar nicht konstituiert ist. Denken läßt sich das nur, wenn man von vornherein unterstellt, daß von hinten nach vorne konstruiert wird und Selbstbewußtsein zur Startbedingung der Herleitung von Selbstbewußtsein wird.

Herders Spekulationen über die Schöpfungshieroglyphe lassen sich also als memoria-Theorie lesen, die zugleich die Genese von Rationalität und Selbstbewußtsein aus der Dimension des Selbstbezugs qua Erinnerung denkt. Memoria hat in dem Gedankengang eine wichtige, wenn nicht sogar zentrale Stellung. Insofern Herder diese Form von Rationalität zum Such- und Er-

denz mit dem Gegensatzpaar der ersten Trias stehen, und endlich die alles befassende siebte Stufe, in der die positive erste und die reflexive zweite Trias ihre dialektische Synthese finden.«

kenntnisschema seiner Literaturdeutungen macht, wird man auch sie aus dem systematischen Aspekt von memoria zu untersuchen haben. Zu beachten ist dabei, daß Gedächtnis an zwei Stellen auftaucht: Die ganze Figur, als Denkbild ebenso wie als Poesie, ist memoria-Figur, und in der Figur ist die Tatsache ihrer immanenten Selbstimplikation für die memoria-Markierung eines jeden Moments verantwortlich. Auch hier findet sich also eine Logik der Selbstimplikation und des Übergreifens von Rahmenbestimmungen in das Rahmeninnere.

Nimmt man die These von der memoria-Struktur der Schöpfungshieroglyphe im rhetorischen Sinne ernst, so eröffnet sich die Möglichkeit, Herders implizite Rationalitätstheorie, in der memoria und Selbstbewußtsein so ineins gedacht werden, daß erst die erinnerte Form des Prozesses die Figur der Rationalität ist, als Semiotik der Erinnerung zu lesen. Ist der Sabbat das Reflexionsmedium der ganzen Figur und zugleich auch das Reflexionsmedium seiner eigenen Eigenschaft, dieses Reflexionsmedium zu sein, so bildet die Schöpfungshieroglyphe die basale energetische Struktur für die Ordnungszugriffe der Rationalität. Verbindet man nämlich Herders Vorschlag folgend die sieben Begriffe durch Linien, so gelangt man zum Grundriß des Zeltes der Morgenländer (SWS VI, 43 f.). Das Zelt wird also zum mnemotechnischen Raum, an dessen Pflöcken die sieben Bilder der Schöpfung plaziert werden. Dieser Zeltraum definiert nun die fundamentale Semiotik der Erinnerung.

In der rhetorischen Mnemotechnik wurde, wie ausgeführt, ein geschlossener Innenraum, z. B. der einer Kathedrale oder der Kreuzgang eines Klosters als memoria-Raum verwendet. In diesem imaginär oder auch real wandelnd, stellt der Mnemoniker, nachdem er ihn sich eingeprägt hat, Gedächtnisbilder (imagines agentes) ab. Ihre Funktion besteht darin, die Merkorte affektiv aufzuladen, damit sie lange im Gedächtnis haften bleiben. Folglich muß man außergewöhnliche und spektakuläre Bilder wählen oder zumindest solche, an die man sich mit Sicherheit wieder erinnern kann.

Es liegt nahe, den Schöpfungsbericht in Herders Deutung auf genau dieselbe Weise zu verstehen. Er ist der Urtext und an sich schon Gedächtnislied. Ihm entspricht mit dem morgenländischen Zelt eine architekturale Struktur. Dieser Urtext ist als Ergebnis der Phantasietätigkeit des Morgenländers affektiv aufgeladen und im Kontext des christlichen Abendlandes so bekannt, daß man ihn ohnedies nicht vergessen wird. Seine Struktur als solche ist weiterhin, nach der hier vorgelegten Deutung, die Form von Rationalität. Herder plaziert an die Merkorte seines memoria-Raums die Bilder des Schöpfungsberichts als imagines agentes. Nun könnte er diese Ordnung benutzen, um andere zu memorierende Sachverhalte in ihr abzulegen. Dieses Ablegen wäre nicht nur reine Mnemotechnik, sondern uno acto auch immer schon Rationalitätsausweis. Was sich in die Figur einlegen läßt, ist in sich dialektisch begriffen, impliziert sich selbst als eigenes Reflexionsmedium, weil es die Vermittlung von memoria, Selbstbewußtsein und Prozeß in die Form ist.

Weil der Sabbat die ganze Figur in ihr selbst noch einmal erinnert und sie somit selbstreferentiell nach dem Modell des Selbstbewußtseins organisiert, ist ihre Eigenschaft, Merkraum zu sein, letztlich identisch mit dem Konstruktivismus von Bewußtsein. Herder besetzt das in sich dialektische und sich selbst reflektierende Schema mit den imagines agentes des Schöpfungsberichts und benutzt diesen energetisch aufgeladenen Raum als Anweisungsstruktur für seine Theorieproduktion. Er denkt also, wenn auch durch die Zwischenschaltung verschiedener Theoriebausteine verkompliziert, ein mnemotechnisch gedachtes Selbstbewußtsein als Ursache seiner Gliederungsvorschläge.

In der Tat legt Herder manches in die Figur; zum Beispiel die Weltgeschichte[241]:

1. Patriarchenzeit
2. Ägypten / Phönizien 3. Griechenland
4. Rom
5. Mittelalter 6. Absolutismus
7. Letztes Reich

Die Abfolge der sieben Reiche in Herders *Auch eine Philosophie der Geschichte zur Bildung der Menschheit* folgt offensichtlich dem Schema der Schöpfungshieroglyphe. Sie erfüllt formal die Bedingungen der Rationalitätstruktur. Im »Letzten Reich« ist der Eintritt in die Posthistoire gedacht. Es gibt in der Gegenwart nur noch Bücherwissen und damit eine Präsenz der Gesamtgeschichte, die der Reflexion zuhanden ist, aber keine organischen Einheiten mehr, die geschichtsmächtig inneren Gesetzen folgen. Die Internationale des Bücherwissens vernichtet den Kampf der aufeinanderfolgenden Reiche.

[241] Diese Gliederung findet sich ebenso wie die folgende in dem Aufsatz von Peter Pfaff (1983, S. 416). Pfaff bleibt mit seiner Argumentation innerhalb der Herderschen Offenbarungsbegrifflichkeit. Die dankbar übernommene Gliederung kann freilich – muß sogar – auch einer Argumentation dienen, die von anderen Prämissen ausgeht. – Ich habe in der hieroglyphischen Anordnung stillschweigend das Pfaffsche Schema korrigiert: Ägypten und Phönizien bilden eine Einheit, Rom und Griechenland aber sind jeweils eigene Positionen. Folgt man Herders Lebensaltermetaphorik, dann stellt sich die Gliederung so dar, wie ich sie vorschlage. Vgl. SWS V, 494: »Ägypter und Phönicier waren also bei allem Kontraste der Denkart, Zwillinge Einer Mutter des Morgenlands«. Hingegen werden Griechenland und Rom als Jünglinge und Männer des Menschengeschlechts deutlich voneinander unterschieden.

Damit ist das Letzte Reich als Reflexion des Vorangehenden wie auch als Reflexion seiner selbst im Herderschen Sinne Sabbat. Der Prozeß der Geschichte wird als solcher erinnert, aufgehoben und er weiß dies von sich.[242]

Peter Pfaffs folgende Gliederung läßt sich als eine weitere Einschreibung in die memoria-Figur der Rationalität verstehen[243]:

	1. Mensch	
2. Mann Vater		3. Weib Mutter
	4. Sohn Erbe	
5. Priester		6. Regent
	7. Hausvater	

Mann/ Weib/ Sohn stehen für die natürliche Kernfamilie, Vater/ Mutter/ Erbe nach Pfaff für das »naturrechtliche Familienmodell«, Erbe/ Priester/ Regent/ Hausvater für die »Genesis der naturwüchsigen Herrschaft«[244] oder in Herders Worten: als »Urbild aller Bürgerlichen Ordnung und Einrichtung« (SWS V, 479).

Ulrich Gaier hat für andere Texte Herders ähnliche Gliederungen aufweisen können. In der literatursoziologischen Abhandlung *Haben wir noch das Publikum und Vaterland der Alten?*, die sich in der fünften Sammlung der *Humanitätsbriefe* findet, folgt Herder der Siebenergliederung, indem er nacheinander das Publikum der Hebräer, Griechen, Römer, des Christentums und der Literatur untersucht, wobei er letzteres noch einmal unterteilt in die Zeit der großen Erfindungen, des wissenschaftlichen Geisteslebens und der Bücherkultur.[245] In der *Sprachursprungsschrift* erklärt sich die Divergenz der verschiedenen Ursprungstheoreme aus der Eintragung in die immanent

[242] Vgl. zur ausführlicheren Begründung dieser These mein Kapitel über Herders Geschichtsphilosophie.

[243] Pfaff (1983, S. 415). Pfaff stützt sich dabei auf ein Zitat aus Herders *Auch eine Philosophie der Geschichte zur Bildung der Menschheit*: »Mensch, Mann, Weib, Vater, Mutter, Sohn, Erbe, Priester Gottes, Regent, Hausvater, für alle Jahrtausend sollt er da gebildet werden! und ewig wird, außer dem tausendjährigen Reiche und dem Hirngespinste der Dichter, ewig wird Patriarchengegend und Patriarchenzelt das goldne Zeitalter der Kindlichen Menschheit bleiben« (SWS V, 481). Daß in dem Zitat der memoria-Raum, das Patriarchenzelt erwähnt wird, weist darauf hin, daß es sich hier um eine Einschreibung der grundsätzlichen Sozialorganisation in die mnemonische Figur handelt.

[244] Pfaff 1983, S. 415.

[245] Gaier 1992, S. 67 ff.

dialektische Schöpfungshieroglyphe[246], die Fragmentsammlung *Über die neuere deutsche Literatur* folgt dieser Strukturierung[247], und selbst der Text der Apokalypse wird von Herder in das Siebenerschema eingeschrieben (SWS IX, 236, 281 ff.).

Die Frage, wie wichtig die durch die Schöpfungshieroglyphe nahegelegten Strukturierungen eigentlich sind, entscheidet sich durch den Aufweis des tatsächlichen Gebrauchs in den Texten Herders. Ein gutes Beispiel für die Problematik bietet der Aufsatz *Liebe und Selbstheit*. Geht man von der Syntax der hieroglyphischen Ordnung aus, so läßt sich der Argumentationsablauf des Aufsatzes als Ausschreibung des Siebenerschemas rekonstruieren. Herder legt seinem Begriff der Liebe den Begriff der Freundschaft als strukturierende Erfahrung zugrunde. Freundschaft ist der »süßeste Genuß, dessen die Menschheit fähig ist, dem auch selbst die Liebe dienet« (SWS XV, 313). Liebe erscheint als Stufengang von Liebesformen, der das Fundament der Freundschaft in sich aufnimmt und zum jeweils idealischen[248] Höhepunkt führt. Die Tatsache, daß der Mensch für die »himmlische Flamme« (ebd.) der Freundschaft meistens nicht geschaffen ist, gesellt der idealischen Venus Urania die sinnliche Venus Aphrodite zur Seite, aber so, daß die Liebe ihr Telos darin findet, wieder zu dem in ihr enthaltenen idealischen Kern der Freundschaft zurückzukehren (ebd.). In dieser Dynamik ist der nach der Schöpfungshieroglyphe strukturierte Stufengang der Liebesformen begründet. Zunächst spricht Herder von der Liebe zwischen Mann und Frau, wobei er charakteristischerweise den höchsten Grad der Entzückung in den Moment legt, »da beide Geliebte gewahr werden daß sie sich lieben, und es nun [...] einander sagen« (ebd., 314). Nicht die sinnliche Vereinigung ist für Herder das Zentrum dieser Liebesform, sondern das idealische und ebenso sprachliche Moment des Erkennens. In einer zweiten Stufe wird aus der Liebe von Mann und Frau die höhere, uneigennützigere Form der Elternliebe, die dem Kind zuteil wird. In der Form der Schöpfungshieroglyphe läßt sich das folgendermaßen notieren:

[246] Gaier 1988, S. 72 ff., 82 f., 153 u. ö.

[247] Gaier weist in seinem Kommentar zu *Über die neuere deutsche Literatur* die Siebenergliederung nach (W I, 1010 ff.) und bezieht sie ausdrücklich auf die *Aelteste Urkunde* (ebd., 1019).

[248] Der Terminus ›idealisch‹ zielt nicht auf die Vernichtung der durch die Sinnlichkeit mitbegründeten konstitutiven Individualität des Menschen, die aufrechtzuerhalten Herders Hauptziel ist. Gegen den mystischen Versuch, Liebe als unio-Erlebnis mit der Gottheit zu konzipieren – was die Personalität des Liebenden vernichten würde –, richtet sich ja gerade die Argumentation Herders. Gleichwohl versucht Herder das sinnliche Moment des Genießens von Liebe weitgehend zu idealisieren, aber bei Beibehaltung der Individualität der Liebenden.

1. Liebe als Realisierung von Freundschaft unter den Bedingungen menschlicher Sinnlichkeit

2. Mann 3. Frau

4. Kind Mensch

Was Mann und Frau verbindet, ist die Form der ehelichen Liebe, was sie mit dem Kind verbindet, ist die höhere Form der Elternliebe. Deshalb kann das Kind, in den Genuß schon dieser gesteigerten Liebe gekommen, allgemein als »Mensch« notiert werden, weil ihm diejenige Form der Liebe zuteil wird, die im Immanenzbereich des Menschlichen dem Ideal der reinen idealischen Liebe (also der Freundschaft) am nächsten kommt.

Die nächste Triade baut sich aus jenen Aktanten auf, die Herder »große allgemeine Mutter, zärtlicher höchster Vater« (ebd., 318) nennt. Ich übersetze in Mutter Natur und Gott-Vater. Die göttliche Liebe – als höchste Form –, die dem Menschen zuteil wird, trennt sich für ihn in zwei Aspekte. Als »wahrer Takt und Pulsschlag des Lebens« ist zum einen die »schöne Weisheit der Natur zu bemerken« (ebd., 322). Herder bezieht sich hier auf den naturphilosophischen Diskurs, nach dem in der körperlichen Welt »Anziehung und Zurückstoßung [...] zur Erhaltung und Vesthaltung des Weltalls gehören« (ebd., 305). Die Naturseite der Liebe enthält die Einsicht in die universalen Gesetze der Materie. Die andere Seite, die sich auf Gott-Vater bezieht, betrifft die teleologisch organisierte Einrichtung der Welt, zu der gehört, daß Gott-Vater »auf der Erde zwei Geschlechter geschaffen« (ebd., 322) hat, deren jeweiliger Charakter (Zartheit bei der Frau, Stärke beim Mann) auf liebende Ergänzung durch den Gegenpart angelegt ist. Beide Aspekte der für den Menschen sichtbaren Erscheinung von Ordnung – Mutter Natur und Gott-Vater – sind ihrerseits die zwei Seiten des Erscheinens von Gott (nun nicht mehr Gott-Vater). Die Dualität von materieller und geistiger Ordnung, in der Gott sich offenbart, wiederholt das konstitutive Moment der die Individualität mitbegründenden Sinnlichkeit beim einzelnen Menschen, dem eine gleichfalls notwendige Vergeistigung beigegeben ist. Die zweite Hälfte der Schöpfungshieroglyphe läßt sich also notieren:

4. Mensch

5. Gott-Vater 6. Mutter Natur

7. Gott

Die Mittelachse der Figur geht von der Freundschaft als Basis über die Liebe zwischen Mann und Frau zur Elternliebe – bezogen auf das Kind – und schließlich von der göttlichen Liebe – bezogen auf den Menschen – zu Gott als dem Inbegriff des Spiels dieser Momente als innerem Spiel der Liebe selbst. Die außenstehenden Positionen stehen in den Entsprechungsverhältnissen, die die Schöpfungshieroglyphe eröffnet. Liebe, wird sie in dieser mehrfach in sich reflektierten dialektischen Form begriffen, wird zugleich zu einem auch rationalen und gegründeten Geschehen: eine Leistung der Strukturvorgabe der Schöpfungshieroglyphe.

Ulrich Gaier liefert in seinem Hölderlinbuch[249] eine andere Lektüre des Aufsatzes *Liebe und Selbstheit*: »[...] Liebe, die Herder mit seiner generativen Schöpfungshieroglyphe vom einfachen Nahrungsgenuß bis zur Liebe Gottes hinaufsteigert: Die »Grade der Vereinigung der Wesen in der Natur« sind Nahrungsgenuß für den Leib; Stärkung und Erquickung der Seele durch Düfte; himmlischer Trost und Labung für das Herz durch Musik; zartere, über das materiell Erscheinende hinausgehende Gedanken für den Geist durch Bilder; edle Empfindungen, Bestrebungen, Taten durch Freundschaft und schaffende Belebung durch Liebe; göttliche, uneigennützige, himmlische, ewige unendliche Elternliebe; unsagbare Liebe zu der Mutter / Vater-Gottheit, die in allem ist, Herkunft, Dasein und Ziel von allem, Macht, Weisheit und Liebe.« Notiert man Gaiers Siebenergliederung in die hieroglyphische Figur ein, so lassen sich auch hier die internen, durch die Figur eröffneten Bezüge finden. Gaiers Lektüre setzt offenbar mehr auf den Begriff des Genießens, während meine vom Begriff der Freundschaft ausging.

Welche Lektüre ist richtig, wie viele Alternativlektüren ließen sich finden? Die Frage läßt sich überhaupt nur stellen, wenn man davon ausgeht, daß die Ordnung der Schöpfungshieroglyphe einen ontologischen Status hat, so daß nur solche Argumentationsschritte eine metaphysische Dignität beanspruchen können, die der Figur folgen. Nur in einem solchen Fall wird es dringlich, die eine und richtige Gliederung festzustellen. Ich glaube, daß weder Gaiers Vorschläge noch die meinen irgendein ontologisches fundamentum in re haben, das über die Anwendung einer willkürlich gesetzten metahermeneutischen Syntax hinausginge. Beschreibbar ist einzig und allein ein methodisch elaboriertes Strukturierungsverfahren, das die Eigenschaft hat, Argumentationsschritte nicht in einfacher Linearität aufzureihen, sondern sie außerdem nach den Prinzipien der Entgegensetzung und Zusammenfassung, der Parallelität und der im Hegelschen Sinne aufhebenden Aufbewahrung zu

[249] Ulrich Gaier, *Hölderlin*, Tübingen und Basel 1993, S. 106.

organisieren. Mit den Mitteln der dialektischen Strukturierung ließe sich die Tatsache, daß Dichotomien durch mehrere Ebenen transformiert werden, ebenso denken, wie mit den Verfahrensweisen der Schöpfungshieroglyphe. Daß sich die Texte Herders und zudem – folgt man Gaier – auch Texte von Goethe, Schiller, Hölderlin, Jean Paul und Novalis gemäß der Schöpfungshieroglyphe denken lassen, sagt sowenig über die reale Tatsächlichkeit einer Beeinflussung und Übernahme aus wie die Tatsache, daß Lévi-Strauss den gesamten Bereich der lateinamerikanischen Mythologien in einen Metamythos einschreiben konnte, etwas über die reale Kommunikation der Eingeborenenstämme aussagt oder gar etwas über die Geltung eines universalen Gesetzes der Vernunft.

Worüber vielmehr nachzudenken wäre, ist die Ubiquität eines methodischen Zugriffs, der offensichtlich wesentliche Bereiche von Textstrukturierungen, wie sie in fortgeschritteneren poetisch-synkretistischen Entwürfen in der zweiten Hälfte des 18. Jahrhunderts vorliegen, zu erfassen vermag. Und es wäre darüber nachzudenken, ob ein tieferer Sinn darin zu finden sei, daß Herder eine solche ubiquitäre Methodik als memoria-Figur konzipiert hat. Zunächst zur Allgemeinheit der Methode.

Der Hinweis auf Lévi-Strauss und seine strukturale Mythenanalyse führt zu einem Verfahren, welches dem Herderschen in so wesentlichen Bereichen ähnlich ist, daß man die an Lévi-Strauss sich anschließende Methodendiskussion für eine Erörterung des theoretischen Status der Schöpfungshieroglyphe nutzbar machen kann. Lévi-Strauss zerlegt die Mythen in elementare Bedeutungseinheiten – Mytheme – und notiert diese graphisch so, daß man die horizontale Abfolge der Notate als den narrativen Verlauf der Geschichte lesen kann (syntagmatische Dimension). Gleichzeitig sind die Mytheme aber in vertikale Listen eingetragen, die ihre Einheit durch einen jeweils als Listenüberschrift genannten semantischen Aspekt erhalten (paradigmatische Dimension).

Es erhellt, daß die Notierung der Schöpfungshieroglyphe, liest man sie in der horizontalen Reihenfolge von links oben nach rechts unten gemäß der Nummerierung, die Erzählung des Schöpfungsberichtes ergibt, während die vertikalen Listen, insbesondere die Mittelliste, die semantische Struktur zum Inhalt haben. Herder ist insofern komplizierter als Lévi-Strauss, als er die semantischen Definitionen intern noch einmal nach den Ordnungsgesichtspunkten von Entgegensetzung und Entsprechung einrichtet.

Lévi-Strauss deutet nun einen Mythos, indem er die Listendefinitionen als semantische Elementarbündel organisiert und sie zueinander in Proportionalitätsverhältnisse setzt. Auf diese Weise können die atomaren semantischen Benennungen in einen sinngenerierenden Diskurs gebracht werden.[250] Lévi-Strauss sichert sich die Anschlußfähigkeit des einen Mythos an den anderen durch diese Verknüpfungen der semantischen Benennungen, die er als Listenüberschriften gewonnen hat. Da die Proportionalitätsanalogie ein rein formales Verfahren ist, mit dem sich vielfältige semantische Verbindungen herstellen lassen und mit dem zudem Transformationen semantischer Einheiten möglich werden, kann er bei geschickter Anordnung jeden Mythos in das immer größer werdende Netz von semantischen Verknüpfungen eingliedern. Der Inbegriff dieses Netzes muß notwendigerweise als eine Art von Supermythos erscheinen, da ja alle behandelten Mythen in ihm enthalten sind. In dem Maße, wie die Zahl der behandelten Mythen in Richtung auf Vollständigkeit fortschreitet, gerät der Inbegriff des Ganzen zur Weltformel.

Die Verfahren, die Lévi-Strauss hier anwendet, gelten in der strukturalistischen Methodik als die elementaren Schritte der Segmentierung, Kodifizierung und der Programmierung. Daß die Handlungseinheit ›Ödipus heiratet Jokaste, seine Mutter‹ ein Mythem sein soll, ist zunächst eine Entscheidung des Analysators. Sicherlich lassen sich innerhalb dieser Einheit der Heirat weitere kleinere Handlungseinheiten auffinden. Roland Barthes führt deshalb den Unterschied zwischen Kardinalfunktionen und Katalysen[251] ein. Kardinalfunktionen sind die narrativen Kerne, also diejenigen Handlungseinheiten, die die Erzählung substantiell voranbringen. Jede Kardinalfunktion kann aber in kleinere Handlungseinheiten zerlegt werden. Innerhalb eines Hochzeitsgeschehens sind unendlich viele narrative Katalysen als erzählerische Expansionen der Kerne möglich. Damit wird aber die Entscheidung, welche ›Größe‹ als narrationsrelevant angesehen wird, abhängig vom Erkenntnisinteresse. Geht es nur um den erzählerischen Verlauf, so hat man sich in der Narratologie darauf geeinigt, nicht den Text einer vorliegenden Narration zu segmentieren, sondern sie erst in die Form eines Inhaltsresümees zu bringen, das dann in einem zweiten Schritt segmentiert

[250] Am eingängigsten formuliert Lévi-Strauss sein Verfahren in dem frühen Aufsatz *Die Struktur der Mythen* von 1955, jetzt in: Claude Lévi-Strauss 1977. Der Ödipus-Mythos wird in elementare Handlungseinheiten zerlegt, etwa in: »Kadmos tötet den Drachen« (S. 235) oder »Ödipus bringt die Sphinx um«. Für diese Mytheme, die ein Paradigma bilden, wird die Benennung »Ungeheuer und ihre Vernichtung« gefunden. Lévi-Strauss entdeckt nun, daß die vier von ihm gefundenen Paradigmaspalten in einer Proportionalitätsanalogie stehen. So wie Spalte eins sich zu Spalte zwei verhält, verhalten sich Spalte drei und vier zueinander (S. 237). Setzt man in diese Formel die Benennungen der Paradigmen ein, so läßt sich formulieren, daß es im Ödipus-Mythos um die Aporie geht, wie die Autochthonie des Menschen mit der Tatsache, daß ein Mensch aus der Vereinigung von Mann und Frau geboren wird, zusammenbestehen kann.

[251] Vgl. Roland Barthes, Einführung in die strukturale Analyse von Erzählungen, in: R. B., *Das semiologische Abenteuer*, Frankfurt am Main 1988, S. 112 ff.

wird.[252] Geht es aber um eine semantische Analyse, so würde man im Resümee gerade diejenigen Details vernichten, die relevant wären. Roland Barthes sagt deswegen ganz zu recht, daß bei dem Verfahren der Segmentierung eine immer schon vorgängige Sinnsetzung das Kriterium der Einheit bildet.[253] Es gibt also für die Segmentierung nur hermeneutisch zirkuläre Verfahrensbegründungen (was keinesfalls als Votum gegen die Segmentierung aufgefaßt werden soll).

Ähnlich steht es mit der Kodifizierung. Warum Lévi-Strauss in seiner Musteranalyse des Ödipus-Mythos die erste Paradigmaspalte »überbewertete Verwandtschaftsbeziehungen« nennt, läßt sich wiederum nur aus seinem Analyseinteresse verstehen. Barthes allerdings gibt zu bedenken, daß Lesen überhaupt ein Benennen ist. Zu unserer sprachlichen Kompetenz gehört, daß wir narrative Verläufe sprachlich durch Benennungen artikulieren und »die Sprache der Erzählung in unserem Inneren«[254] tragen. Insofern wäre die Benennung nicht per se ein gänzlich freier Akt, sondern einer, der so grundlegend ist, daß wir ohne ihn erzählerische Verläufe gar nicht erkennen könnten. Barthes spekuliert darüber, ob nicht überhaupt das Inventar des Erzählerischen aus einem relativ kleinen Repertoire von Stereotypen bestehe, das die Benennung steuert. Immerhin ist zu beobachten, daß alltagspragmatisch das Geschichtenerzählen stets auf eine recht selbstverständliche Größe der Erzähleinheiten rekurriert: zu lange und zu kurze Erzählungen werden als Kommunikationsstörung empfunden.

Wenn also Segmentierung und Kodifizierung relativ konsensfähige Verfahren sind, dann wäre es erst der letzte Schritt der Programmierung, der zum Disput stände. Denn nicht nur zerlegt Lévi-Strauss die Erzählung in Mytheme und gliedert sie durch Benennungen, sondern er arbeitet mit diesen Benennungen synthetisch weiter. Was der Ödipus-Mythos tatsächlich aussagt, wird erst aus der Kombination der Benennungen hergeleitet. In diesem Schritt geht er über eine Gliederung hinaus und erstellt eine autonome Meta-

252 Vgl. zur Begründung der Resümeesegmentierung Hannelotte Dorner-Bachmann, *Erzählstruktur und Texttheorie*, Hildesheim 1979, S. 63.

253 Barthes 1988, S. 109. Ähnlich argumentiert Dorner-Bachmann (1979, S. 63), wenn sie davon spricht, daß die Relevanzbestimmung immer nur retrospektiv begründbar ist. Die Nachträglichkeit ist, hermeneutisch gesprochen – nämlich vom hermeneutischen Zirkel her –, natürlich mit Barthes' Vorgängigkeit identisch. Man muß immer schon wissen, was man als Ergebnis haben will, wenn man mit der Segmentierung anfängt und dabei zunächst eine Entscheidung über die Segmentierungsgröße fällt. Daß diese vorgängige Entscheidung richtig war, läßt sich aber erst begründen, wenn das Ergebnis vorliegt, also retrospektiv.

254 Barthes 1988, S. 119.

struktur.[255] Wenn Vladimir Propp 100 Märchen segmentiert und kodifiziert, so ist es erst die Behauptung einer Programmierung, die aus hundert Gliederungen die These macht, daß alle diese Märchen dem selben Ablaufschema gehorchen und daß ihnen folglich ein sie generierendes Programm zugrundeliegt.[256] Ähnlich ist es mit Lévi-Strauss, der nicht allein bei einer Gliederung eines Mythos stehen bleibt, sondern durch Kombination der Benennungen zur Formulierung dessen kommt, was ein Mythos ›eigentlich‹ aussagt. Natürlich lassen sich innerhalb eines Systems von Mythen diese Aussagen untereinander wieder in der gleichen Weise verknüpfen, so daß man eine ganze Mythologie auf diese Weise analysieren kann. Das ist das Konzept von Lévi-Strauss' Hauptwerk *Mythologica*. Auch die Mythologien können so verglichen werden, wie sich innerhalb eines Mythos die Mytheme und innerhalb einer Mythologie die Mythen vergleichen lassen. Es ist unschwer zu sehen, daß dieses Verfahren auf eine Art von Weltformel hinausläuft. Womit ich wieder zu Herder komme.

Bei ihm geschieht etwas ganz Analoges. Er organisiert in der *Aeltesten Urkunde* die Schöpfungshieroglyphe als semantischen Kern seiner Bricolage älterer Mythen. Jedes nachfolgende Kapitel des ersten Teils der *Aeltesten Urkunde* bringt eine Transformation des Urbildes, aber damit auch eine Ausweitung des semantischen Bereiches, so daß am Ende der Eindruck entsteht, nicht eine Formel einer Erzählung, sondern die Formel aller Erzählungen vom Ursprung der menschlichen Strukturierungen gefunden zu haben, die sich durch die auf die Siebenzahl fixierte Segmentierung und Kodifizierung ergeben. Methodisch lassen sich die Transformationen der Ursprungsfigur im Argumentationsverlauf der *Aeltesten Urkunde* in räumlicher Anordnung schräg hintereinander versetzt denken, so wie Lévi-Strauss die Dimension der Intertextualität seiner Analyse graphisch veranschaulicht.[257] Daß eine Gliederung zu einer Weltformel tendiert, wenn sie durch programmierende Semantisierung (Paradigmatisierung) des Syntagmas zur autonomen Metastruktur erhoben und durch Transformationsmechanismen dynamisiert wird, läßt sich allein aus den methodischen Verfahren herleiten. Was ist damit erklärt?

Zunächst läßt sich durch den Nachweis, die Schöpfungshieroglyphe sei das Ergebnis einer strukturalen Methode avant la lettre (näherhin sogar einer strukturalen Anthropologie) Klarheit über den methodologischen Status ge-

[255] Claude Lévi-Strauss, Die Struktur und die Form, in: Claude Lévi-Strauss, *Strukturale Anthropologie II*, Frankfurt am Main 1975, S. 139.

[256] Vgl. Vladimir Propp, *Morphologie des Märchens*, Frankfurt am Main 1975 (zuerst 1928).

[257] Lévi-Strauss 1977, S. 240.

winnen. Der in der Herder-Forschung latente Streit über die Schöpfungshieroglyphe resultiert aus einer Fragestellung, die auf einer falschen Ebene agiert. Es geht nicht darum, ob man glaubt, Herder habe in der Tat die Weltgeschichte in der Bückeburger Geschichtsphilosophie nach dem Siebenerschema angelegt, er habe die Sammlung seiner Volkslieder immanent nach der Abfolge dieser Figur organisiert und selbst bei der Apokalypse seine Metastruktur wiederfinden wollen. Unterstellt man Herder, er habe dergleichen ernst gemeint, so würde aus dem lebendigen, polemischen, dialogischen Denken Herders plötzlich eine enge Scholastik werden, die sich in dem erschöpft, alles was ihr in den Blick gerät, als die eine Siebenerstruktur zu kodieren. So etwas wie das ›Herder-Bild‹ steht also zur Diskussion. Wenn vollends, wie bei den Forschungsbeiträgen Ulrich Gaiers, die Methode der Schöpfungshieroglyphe für die Analyse der Herderschen Schriften adaptiert wird, ist stets die Frage virulent, ob denn ›wirklich‹ die Substanz der Texte in einer auf eine hermetische und esoterische Tradition zurückgehenden Struktur besteht.

Die Frage läßt sich lösen, wenn man auf die universalisierbare Methodik verweist, die Herders Schöpfungshieroglyphe mit den Verfahren der strukturalen Anthropologie verbindet. Daß Herder seine Texte nach dem inventio-Verfahren[258] der Schöpfungshieroglyphe strukturieren kann und daß ebenso stets eine durch diese vorgängige Sinnunterstellung gesteuerte Segmentierung, Kodifizierung und Programmierung erfolgreich sein kann, ist vor allem im Universalismus der Methode begründet. Die Frage, ob Herder der Ansicht gewesen sei, mit der Schöpfungshieroglyphe die ontologisch wahre Weltformel gefunden zu haben und weiterhin die Frage, ob Herder-Lektüren sich diese Unterstellung zu eigen zu machen hätten, ist selbst schon eine Ontologisierung der Methode.

Die Verfahrensdimension, aus der heraus die Leistung der Schöpfungshieroglyphe strukturalistisch erklärbar ist, hat gewisse Ähnlichkeiten mit denjenigen metaphysischen Theorien, die vor allem in der Renaissancephilosophie aus der Rezeption der rhetorischen Gedächtniskunst erwachsen sind. Denn es ist der Schritt der Kodifizierung einer Gliederung durch eine architekturale Metapher mitsamt den in ihr enthaltenen imagines agentes, der für den Mnemoniker aus einem Memoriaraum eine Metastruktur macht. Der Merkraum in seiner bildlichen Lebendigkeit ist nicht einfach mehr nur ein Mittel

[258] Erst im Nachweis der methodischen Generierbarkeit der Struktur kann man ihr ontologisches Antlitz gleichsam verflüssigen und das Verfahren sowohl als Produktions-, wie als Analyseinstrument benutzen. Die bloße Rhetorisierung der Schöpfungshieroglyphe (Gaier 1992, S. 74) scheint mir demgegenüber als Entontologisierungsstrategie zu kurz zu greifen.

zur besseren Memorierbarkeit. An der Geschichte der Gedächtniskunst, wie sie Francis A. Yates[259] referiert, läßt sich sehr genau ablesen, daß die Bildlichkeit, die aus mnemonischen Gründen als Mittel zum Zweck eingeführt wurde, schnell dazu tendiert, selbst zum Zweck zu werden. Wenn z. B. bei Giordano Bruno die astrologische Ordnung zum architekturalen Raum wird, dann werden zugleich die Sternbilder zu Agenten, deren Einfluß auf die Weltdinge im Gedankensystem behandelt werden muß. Die mnemonische Ordnung wird in diesen Systemen zu einer autonomen Metastruktur, die über die Ordnung der eigentlichen Memorate eine zweite Ordnung überstülpt, die nun aber generierende Funktion hat. Mit Herders Schöpfungshieroglyphe könnte Ähnliches vorgegangen sein. Aus einer Gliederung, die zunächst mnemotechnische Funktion gehabt haben mag, hat sich ein generierendes System entwickelt. Rhetorisch gesprochen: Das Umschlagen von memoria in inventio befördert den Schritt von einer memoria-Architektur zur autonomen Metastuktur.

Daß ein memoria-Verfahren zu einem inventio-Verfahren wird, ist zunächst nicht außergewöhnlich. Der Umschlag ist als solcher schon in der Rhetorik nahegelegt, wo die Findungsverfahren gleicher Struktur sind wie die memoria-Verfahren.[260] So hat in der rhetorischen Mnemonik die Lehre von den Merk-Orten als Depot und späterer Fundstätte von Memoraten Ähnlichkeit mit den loci der inventio, während die strukturierende Ordnung der räumlich angeordneten Bilderorte an die dispositio erinnert. Die mnemonische Lehre von der Art der Bilder benutzt Verfahren der elocutio, wie etwa die

[259] Yates ²1991.

[260] Zur Verfahrenshomologie von inventio und memoria in der Rhetorik vgl. Wilhelm Schmidt-Biggemann (Robert Fludds Theatrum memoriae, in: *Ars memorativa*, Hg.: Jörg Jochen Berns und Wolfgang Neuber, Tübingen 1993, S. 155): »In der Memoriallehre der Rhetorik – und das ist Ciceros Domäne – steht das Gedächtnis immer im Dienst der Invention, es geht allemal um Topik, um die rechte Stelle für die Wissensdisposition«. Im selben Band weist Detlef Thiel (Schrift, Gedächtnis, Gedächtniskunst. Zur Instrumentalisierung des Graphischen bei Francis Bacon (ebd., 170–205)), auf ähnliche Zusammenhänge hin. Bei Petrus Ramus werden unter dem Begriff Dialektik zusammengefaßt: »inventio, dispositio, memoria; letztere sei eine Art Schatten der Disposition« (ebd., 172). Francis Bacon denkt die Topik als zwischen Erfindungskunst und Gedächtnis stehend: Weil erst die topische Anordnung des Gewußten die Möglichkeit eröffnet, sich an das Vorbekannte zurückzuerinnern, leiten die memoria-Ordnungen die inventio (ebd., 174 ff.). Memoria habe, so Thiel, bei Bacon eine »Grundlagenfunktion« (ebd., 183). Francis A. Yates stellt fest, daß sich schon bei Raimundus Lullus (Yates ²1991, S. 162 ff.) und spätestens bei Giordano Bruno (ebd., 185 ff.) die ars memorativa mit der inventio-Technik der ars combinatoria verbindet. – Insgesamt ist also von einer weitgehenden Deckung der inventio-Strukturen mit denen der memoria auszugehen.

Verlebendigung (Prosopopoiie), die metonymische Verknüpfung oder andere Tropen und Figuren.[261]

Bei der methodo tabellari[262], nach der Herder seine Texte entwirft und die er auch als Begriff nennt[263], läßt sich die Schwierigkeit, zwischen generierender inventio und mnemonischer Zubereitung zu unterscheiden, sehr genau beobachten.[264] Die methodo tabellari ist ein Verfahren, Inhalte aus dem Gedächtnis systematisch heraufzuholen, sei es nun das personale Gedächtnis eines Individuums oder das Gedächtnis der Archive und Bücher. Sie ist nicht allein ein Verfahren zur Erzeugung von Texten durch eine Systematik von Fundorten. In Meiers *Auslegungskunst* erscheint sie im Paragraphen 232 als hermeneutisches Verfahren des Exegeten und damit als ein Versuch, nicht im Sinne der inventio einen neuen Text zu schreiben, sondern das in einem schon vorhandenen Text Deponierte methodenkontrolliert zu erkennen.[265]

[261] Vgl. zu diesen Hinweisen, daß die memoria in sich noch einmal die wesentlichen Teile der Rhetorik wiederholt: Heinrich F. Plett, *Einführung in die rhetorische Textanalyse*, Hamburg ²1973, S. 20. Auch Lausberg verweist schon bei der Abhandlung der inventio auf die memoria-Dimension der loci (Heinrich Lausberg, *Elemente der literarischen Rhetorik*, München ⁷1982, § 40) und ebenso darauf, daß die Disposition von der memoria beeinflußt wird (§ 45 und § 47,4). Bei der elocutio muß der Redner über einen Schatz von Verknüpfungsregeln verfügen, der in der Rhetorik copia figurarum genannt wird (§ 100) und das Gegenstück der copia rerum ist, dem Schatz der im Gedächtnis vorhandenen Gegenstände.

[262] Gaier weist in seinem Kommentar (W I, 1244) darauf hin, daß Herder bei den Dispositionen für seine Schriften sich der Ordnungsraster der methodo tabellari bedient hat.

[263] Vgl. W I, 682, 657.

[264] Im 45. der *Briefe, das Studium der Theologie betreffend* formuliert Herder ausdrücklich den Zusammenhang von Disposition und Gedächtnis: »Wer nicht disponiren kann, kann weder lernen, noch behalten, noch wiederholen; noch weniger werdens die können, die ihn hören« (SWS XI, 59).

[265] Nachdem Georg Friedrich Meier (*Versuch einer allgemeinen Auslegungskunst*, Halle 1757, S. 120 f.) im § 231 die Notwendigkeit betont, daß ein Exeget seinen Text zergliedern müsse, schreibt er im § 232: »In der Zergliederung des Textes, und durch dieselbe werden die einander zugeordneten und untergeordneten Theile, samt ihrer Zusammenordnung und Unterordnung von einander unterschieden. Nun heißt diejenige Ordnung der Gedanken, aus welcher erhellet, welche Theile einander zugeordnet oder untergeordnet sind, welche der letztern in diesem Theile enthalten sind, und welche in einem andern; folglich die Ordnung, in welcher alle einander zugeordnete und untergeordnete Theile und niedrigere Begriffe, die in einem oder unter einem Theile und Begriffe enthalten sind, besonders zusammengezählt werden, die tabellarische Methode (methodus tabellaris). Folglich muß sich, der Exeget, der tabellarischen Methode bedienen. Doch muß er sich hüten, damit die Zertheilung und Eintheilung des Sinnes nicht gezwungen, zu ängstlich gesucht, gar zu fein sey, einen Eckel verursache, und das Gemüth so sehr zerstreue, daß die Gegeneinanderhaltung, der verschiedenen Theile der Tabelle, natürlicherweise unmöglich werde: denn alsdenn verursacht sie, statt der gehoften Deutlichkeit, Verwirrung, und hilft so wenig, daß sie vielmehr den Zweck des Exegeten hindert.«

Christian Wolff hat der methodo tabellari eine Abhandlung mit dem Titel *Von Verfertigung und Nutzen der Tabellen*[266] gewidmet. Er unterscheidet darin zwei Darstellungen eines Sachverhaltes. Richtet sich die Darstellung nach dem Lehrbegriff, so muß man den Argumentationsgang einhalten, der durch die Logik der Beweise vorgeschrieben wird.[267] Geht es aber darum, eine »erkannte Wahrheit dem Gedächtnis fest einzuprägen«[268], so sind die Tabellen, bei denen man »mit einem Blick alles übersehen«[269] kann, die angemessene Form der Darstellung: »Denn nach anderen Regeln richtet sich der Verstand, nach anderen die Einbildung und das Gedächtnis«.[270] Wolff betont zunächst, daß die Tabellen keinen wissenschaftlichen Nutzen haben, insofern dieser stets im umständlichen Beweisgang zu finden ist. Wohl dienen die Tabellen aber der »Gelehrsamkeit, weil doch mancher immer gerne einiges wissen will«.[271] Diese Formulierungen hören sich zunächst so an, als ob es sich bei den Tabellen nicht um ein Findungsverfahren handelt, sondern allein um eine mnemonische Hilfe zur Einprägung eines immer schon vorhandenen Wissens. Bei genauerem Hinsehen aber entdeckt sich, daß auch bei Wolff inventio und memoria zugleich verhandelt werden. Für die Beschreibung, wie man Tabellen erstellt, wählt Wolff Beispiele, die deutlich machen, daß es hier um die vollständige Aufstellung eines dann erst zu beweisenden Stoffes geht. Man muß nämlich »den Begriff von einem Dinge überhaupt«[272] betrachten, ihn in seine Merkmale zerlegen und diese in »Classen« (ebd.) einteilen. Erst dadurch entsteht ein vollständiges Bild von einer Sache und zugleich eine Aufstellung derjenigen Eigenschaften einer Sache, die dann in der beweisenden Argumentation nach deren meist abweichender Ordnung hergeleitet werden sollen. Wenn dies getan ist, dann kann die Tabelle mit den nunmehr begründeten Merkmalen benutzt werden, um sie dem Gedächtnis einzuprägen.[273]

[266] Der Text wurde zuerst 1730 veröffentlicht. Ich zitiere nach dem Nachdruck der *Gesammleten kleinen philosophischen Schriften*, Halle 1737 (Christian Wolff, Gesammelte Werke, I. Abteilung, Deutsche Schriften, Band 21.2., Hg.: Jean Ecole u.a., Hildesheim, New York 1981, S. 669–731) bei Beibehaltung der fehlerhaften Originalpaginierung.

[267] Ebd., 677.

[268] Ebd., 678.

[269] Ebd., 677.

[270] Ebd., 680.

[271] Ebd., 683.

[272] Ebd., 684.

[273] Terminologisch unterscheidet Wolff nicht zwischen Tabellen vor und nach dem Beweisgang. Aber es erhellt zur Genüge aus der Logik seiner Beispiele, daß die Tabellen nicht allein eine nachträgliche Gedächtnisfunktion haben, sondern auch zur Aufstellung derjenigen Sachverhalte dienen, die dann in der »Wissenschaft« ausgeführt werden sollen. In diese Richtung deutet auch der Hinweis, daß eine durch Übung erlangte Fertigkeit im Er-

Die Klassen, die durch Begriffszergliederung gewonnen werden und die die Einteilungsgründe für die Tabellen sind, werden von Wolff einer metaphorisierenden Deutung unterzogen und dem mnemonischen Begriff des künstlichen Gedächtnisses zugeordnet. Stellt man sich nämlich, so führt Wolff aus, die logischen Merkmalshierarchien, wenn sie in die Tabellen eingetragen worden sind und in einer graphisch sichtbaren Topographie erscheinen, als ein System von Orten vor oder als Fächer, in die die Merkmale gelegt werden, so findet in den Tabellen genau derjenige Konnex statt, der in der rhetorischen Mnemotechnik zwischen der topographischen Anordnung der Memorate und ihrer Memorierbarkeit behauptet wird. Ausdrücklich bezieht sich Wolff auf das »künstliche Gedächtnis«[274], das schon bei den »Alten« (ebd.)[275] bekannt gewesen sei. Die systematisierte »Einbildung der Sachen durch Stellen«[276] konstituiert das künstliche Gedächtnis: »Aus diesen Tabellen entstehet ferner ein sich nach Orten richtendes und künstliches Gedächtnis (memoria localis & artificiosa).«[277] Wolff geht sogar so weit, daß er für eine Visualisierung der Tabellenordnung plädiert. In der Terminologie der Rhetorik schlägt er also vor, die tabellarische Gliederung mit imagines agentes zu beleben: »Ja wenn einer viel Wiz besizet: so kan er sich die ganze Tabelle unter einem gewissen Bilde, vermöge der Einbildungskrafft, im Gemüthe vorstellen; und also beide Hülffsmittel, nehmlich die Tabellen und das künstliche Gedächtnis mit einander verbinden.«[278] Das »gewisse Bild« wird wohl, wie der Kontext nahelegt, eine architekturale Verbildlichung der Merkorte im Sinne der Mnemotechnik sein.[279]

In welchem Maße die methodo tabellari zum Argumentationsbestand von Schriften des 18. Jahrhunderts gehörte, läßt sich bei dem von Herder mehrfach erwähnten Theologen Siegmund Jacob Baumgarten sehen. Aus den Vor-

stellen von Tabellen nicht allein das Gedächtnis erweitert, sondern den Verstand vervollkommnet und ein Musterverfahren für das Erlangen deutlicher Begriffe ist (vgl. Wolff, *Tabellen*, S. 706). – Im § 14 handelt Wolff von der Wichtigkeit der Tabellen für eine Erfindungskunst.

[274] Ebd., 701.

[275] Wolff nennt das rhetorische Lehrbuch *Ad Herennium*, das er fälschlicherweise, aber konform mit einer langen Tradition, Cicero zuschreibt (vgl. Wolff, *Tabellen*, S. 705).

[276] Ebd., 710.

[277] Ebd., 700.

[278] Ebd., 721.

[279] Der Artikel *Tabellen, Gedächtnis-Tabellen, tabulae mnemonicae* (1744) aus *Zedlers Universallexicon* (*Zedler* XLI, 1285 ff.) wiederholt die Bestimmungen Wolffs: Auch hier wird von dem Unterschied zwischen umwegigem Lehrbegriff und anschaulicher Tabelle ausgegangen, die Differenz von natürlichem und künstlichem Gedächtnis wird eingeführt und schließlich auch die Eignung der Tabellen, neben der Gedächtnisfunktion der dispositio und inventio zu dienen.

lesungen Baumgartens hat Johann Christian Prager 1768 die *Theologische Moral in Tabellen* ediert. In der Vorrede betont Johann Peter Miller, daß ein »von ungefehr entstehendes warmes Gefühl«[280] der Moral allein nicht ausreiche. Es bedürfe eines »genauesten Studiums des göttlichen Gesetzes« (ebd.), und Baumgarten gebe es in der Methode, in Form von tabellarischen Distinktionen dem »ungeübten Leser mit einem Blicke die wahre Beschaffenheit, den Grund, Beweis, Umfang, die Theile, Bewegungsgründe und Folgerungen einer jeden Pflicht in der größten Klarheit« (ebd.) zu präsentieren.[281] Nicht allein in seinen Vorlesungen, sondern auch in den theologischen Hauptwerken verfährt Baumgarten nach dem tabellarischen Prinzip. So verweisen die Inhaltsgliederungen der *Evangelischen Glaubenslehre* auf das tabellarische Distinktionsverfahren.[282]

Die Herdersche Schöpfungshieroglyphe läßt sich unschwer ebenso mit diesem rhetorisch-argumentationslogischen Verfahren der methodo tabellari beschreiben. In einem Brief an Hamann vom 6.4.1774 bringt Kant in der Tat die Argumentation der *Aeltesten Urkunde* auf diesen Begriff: »Jetzt sahe er [Herder, R.S.] dieses Capitel nicht wie eine Geschichte der Welterschaffung sondern als einen Abris der ersten Unterweisung des Menschlichen Geschlechts an mithin als eine Art methodo tabellari deren sich Gott bedienet hat die Begriffe des Menschlichen Geschlechts vermittelst einer solchen Eintheilung aller Gegenstände der Natur zu bilden daß die Erinnerung einer jeden Classe derselben an einen besonderen Tag geheftet wurde worunter der siebente welcher den Abschnitt machte das Gantze zu befassen dienen konnte.«[283]

Daß die Schöpfungshieroglyphe den rhetorischen Sinn eines inventio-Verfahrens mit dem strukturalistischen Sinn der Programmierung einer kodifizierenden Metastruktur verbindet, könnte also in der rhetorisch nahegelegten Ähnlichkeit von inventio und memoria begründet sein. Herder hätte

[280] Vgl. Miller in: Siegmund Jakob Baumgarten, *Theologische Moral in Tabellen von Johann Christian Prager mit einer Vorrede von Johann Peter Miller*, Halle 1768; Vorrede, ohne Paginierung.

[281] Konkret realisieren sich die Tabellen als Folge von Distinktionen. Ich gebe ein Beispiel (Baumgarten, *Theologische Moral in Tabellen*, 25):

»Vorrechte eines Christen
I. Die Vorrechte überhaupt.
1. Der Grund derselben beruhet
a) Auf das Recht, so Christen an dem durch Christum erworbenen Heil haben […]«

Die Distinktionen laufen auf diese Weise fort, zuweilen über einige Seiten.

[282] Vgl. Siegmund Jakob Baumgarten, *Evangelische Glaubenslehre*, Halle, Band I: 1759, S. 145–166, »Tabellarischer Entwurf des ersten Bandes«.

[283] Johann Georg Hamann, *Briefwechsel*, Hg.: Walther Ziesemer und Arthur Henkel, Frankfurt am Main 1955 bis 1979, 7 Bände, Bd.III, S. 81, Brief 403.

dann mit der Charakterisierung der Schöpfungshieroglyphe als Gedächtnisbild auf einen Formalismus hingewiesen. Beides: daß die Siebenerstruktur bei Herder als eine Art von Weltformel erscheint und daß sie für die Analyse der Herderschen Texte adaptierbar ist, kann aus der rhetorischen Konvergenz von inventio und memoria hergeleitet werden. Aber beide Thesen basieren auf einem strukturalen Verfahren, dessen methodologische Universalität jeglichen ontologischen Anspruch zurücknimmt.

Nach Roland Barthes folgt Herders Formalismus der Logik des Mythos. Die tabellarische Gliederung, die ein Zeichensystem zweiter Ordnung ist, weil sie aus Zeichensystemen der ersten Beschreibungsebene abstrahiert wurde, wird von Herder so benutzt, als ob sie eines der ersten Ordnung wäre, also direkte Beschreibung von Vorhandenem, das ein weiteres Mal semiotisch kodiert wird.[284] Anstatt in der Logik potenzierter Beobachtung formuliert zu werden, erscheint die Schöpfungshieroglyphe als Bestimmungsinstrument von Faktizität. Dadurch wird das Faktische unmittelbar mit der Siebenergliederung identifiziert und zugleich in die Logik des Generischen eingeschrieben, die der Schöpfungshieroglyphe als inventio-Struktur ebenso zukommt, wie sie als memoria-Modell zu metaphysischer Dignität erhoben wird.

In der Schöpfungshieroglyphe versammeln sich in kompakter Form die bislang gefundenen memoria-Theoreme Herders. Daß das Gedächtnis eine Art von Supervermögen ist, welches das Gesamt der Vermögensleistungen in sich noch einmal repräsentiert; daß unter dem Namen ›Gedächtnis‹ sich eine Reflexionstheorie versteckt; daß eine Begriffsanalyse auf einen sinnlichen Ursprung zurückführt; daß inventio und memoria zusammenhängen: Dies alles figuriert die Schöpfungshieroglyphe, indem sie Reflexionsebenen substantialisiert und damit die strukturalen Totalisierungsverfahren zu einer Ontologie erhebt. Somit wird sie zu einer Figur, die Schrift und Sprechen, sinnliches Wahrnehmen und reflexives Selbstbewußtsein, Struktur und Geschichte, Ereignis und Rationalität aus einem Ursprung heraus denkt. Ihr prekärer Status – sowohl in den Texten Herders wie in der Forschungsliteratur – wird deutbar, sobald man die Vermittlungsleistung der Schöpfungshieroglyphe aus dem memoria-Kontext herleitet und die strukturalen Verfahren aufdeckt.

[284] Vgl. zu diesem Modell Roland Barthes, *Mythen des Alltags*, Frankfurt am Main 1964, S. 88–96. Herder verwechselt die Reflexionsebenen ständig: Substantialisierungen von zweiter oder dritter Beobachtungsebene gehören zu den Eigenarten seines Denkens. Auf das Mythenmodell von Roland Barthes komme ich deshalb noch einmal zurück (s. den Anhang zum *Hermeneutik*-Kapitel, *Exkurs: Mehrfacher Schriftsinn?*). Auch an der Geschichtsphilosophie ist die Tendenz zu beobachten, daß Herder Reflexionsebenen in Objektbestimmungen zurückübersetzen will: ein Verfahren, das an sich als Denkfehler zu bestimmen wäre, in der Geschichtsphilosophie aber, wie das nächste Kapitel zeigen wird, durchaus produktive Folgen nach sich ziehen kann.

Die hier vorgeschlagene Deutung der Schöpfungshieroglyphe kann Herders prekäre und unorthodoxe Theologie-Position erklären. Sah es zunächst so aus, als ginge der Schritt zur *Aeltesten Urkunde* mit einer hybriden, den Sündenfall leugnenden Übertheologisierung einher, so wird nun deutlich, daß es vor allem ein an den Strukturalismus erinnernder methodischer Zugriff ist, der eine weitreichende Universalisierung bewirkt. Herder betätigt sich in gleichsam methodischer Naivität als mnemotechnischer Strukturalist und muß dafür den Preis einer Ontologisierung seiner Verfahrensweise zahlen. Gedächtnistheoretisch gliedern sich aber die entstehenden theologischen Schwierigkeiten in die lange Tradition mnemotechnischer Metaphysiken ein.

Entontologisiert man derart auf strukturalistische Weise Herders Theoriebündel, so könnte man mit seinem mnemonischen Zentraltheorem sinnvoll umgehen. Im nächsten Kapitel – zu Herders Geschichtsphilosophie – wird die Figur wieder auftauchen, allerdings im Verein mit anderen Strategien Herders, Reflexionsmuster in Sachbeschreibungen zu überführen. Die Art und Weise, wie Herder das Feld des Geschichtlichen aus gleichsam verschluckter Reflexion heraus entfaltet, hat denn auch Ähnlichkeiten zu dem Verfahren, durch das er der Schöpfungshieroglyphe ihren gründenden Charakter zuschreibt. Eine kritische Rekonstruktion von Herders Denkverfahren wird sehr oft auf die Argumentationsfigur stoßen, daß Herder methodologische Verfahren als ontologische Facta ausgibt.

8. Entwurf eines Gedächnisraums: Herders Geschichtsphilosophie

1. Hans Blumenberg spricht in seinem Konzept einer Theorie der Unbegrifflichkeit[285] davon, daß das, was er problematisch genug absolute Metapher[286] nennt, eine »in der rigorosen Selbstverschärfung der theoretischen Sprache

[285] Hans Blumenberg 1979. Eine kurze Zusammenfassung des Blumenbergschen Konzepts einer Metaphorologie findet sich in Franz Joseph Wetz, *Hans Blumenberg zur Einführung*, Hamburg 1993, S. 17 ff. Auf der Basis von Blumenberg argumentiert in seinem instruktiven und die Materialbasis der Herderschen Geschichtsmetaphern vollständig präsentierenden Aufsatz Heinz Meyer, Überlegungen zu Herders Metaphern für die Geschichte, in: Archiv für Begriffsgeschichte 25 (1981), S. 88–114.

[286] Der Terminus zielt auf tropische Redeformen, die genau genommen keine Metaphern sind. Wenn das Leben als Schiffahrt, die Natur als Buch, das Dasein als Wanderung oder die Welt als Theater bezeichnet wird, dann wird ein Ganzes schlechthin – Leben, Welt, Dasein – mit einem Teil von ihm – Schiff, Buch, Theater – identifiziert. Anstatt ein tertium comparationis aus der Überschneidung zweier autonomer semantischer Bereiche zu bilden, wird das eine Moment ins andere aufgenommen; ein Drittes entsteht nicht. Die so geführte Rede ist also ein Grenzfall der Metapher – deshalb wohl der von Blumenberg

verächtlich gewordene Ungenauigkeit«[287] sei. Freilich entspricht auf Seiten der Theoriesprache dieser Ungenauigkeit der absoluten Metaphern eine Reihe von durch ihre Abstraktionsgröße nicht minder ungenauen Begriffen wie z. B. die Begriffe Sein, Welt, Geschichte. Im Gegensatz zu deren Unanschaulichkeit konserviert immerhin die absolute Metapher, so Blumenberg, den Reichtum ihrer Herkunft (ebd.), indem sie zwischen den Relata zum Beispiel von Leben und Schiffahrt hin und her schalten kann und durch »Rückübertragungsverhältnisse«[288] Anschaulichkeit sichert. Die Schlußfolgerung, die Blumenberg in der Konstellation seiner Theoreme nahelegt, müßte lauten, daß wenn immer das Bedürfnis besteht, von derlei abstrakten Dingen wie dem Ziel der Geschichte, dem Sinn von Sein oder der Welt in ihrer Totalität zu sprechen, dies vor allem durch die Benutzung von absoluten Metaphern geschieht. Vergleicht man etwa den Verlauf der Geschichte mit dem Wachstum eines Baumes, so gewinnt, was im abstrakten Kollektivsingular ›Geschichte‹[289] weder präzis begrifflich referentialisierbar ist noch anschauliche Konkretion besitzt, immerhin die Dimension einer Sinnstruktur.

Herder verklammert in der Einheit dieser absoluten Metapher vom Weltbaum Denkbestimmungen, die auf ihrer begrifflichen Ebene zunächst nicht zueinander passen. Zu Beginn seiner Bückeburger Schrift *Auch eine Philosophie der Geschichte zur Bildung der Menschheit* bringt die Baummetapher die These vom monogenetischen Ursprung des Menschengeschlechts ins Bild. Damit die »Menschenbildung« eine »ewige Grundlage« (SWS V, 479) habe, das »Urbild aller Bürgerlichen Ordnung und Einrichtung« (ebd.) durch eine lange und stille »Macht des Vorbilds« (ebd.) gegründet werde, müsse es *ein* Volk sein, das ursprünglich diese »natürlichsten, stärksten, einfachsten« (ebd.) Neigungen festbildet. Es ist die »heilige Ceder eines Stammvaters der Welt« (ebd.), die jetzt noch fortblüht: Sie »hat ihre Wurzeln weit umher und trägt den ganzen jungen Wald mit Saft und Kraft aus der Wurzel« (ebd.). Im Kontinuum des Bildes wurde aus dem einen Urbaum durch die Wucherun-

gewählte Terminus. Vor Blumenberg hat freilich schon Hugo Friedrich (*Die Struktur der modernen Lyrik*, Hamburg [6]1974, S. 74) von absoluter Metapher gesprochen und meinte damit sprachliche Irrealitäten, in denen ein tertium comparationis verweigert wird. Harald Weinrich (Semantik der kühnen Metapher, in: DVjs 37 (1963), S. 324–344) benutzt für ähnliche Phänomene den Begriff der kühnen Metapher, in der deshalb kein tertium comparationis entsteht, weil sich die semantischen Bereiche gar nicht berühren.

[287] Blumenberg 1979, S. 80.

[288] Ebd., 79.

[289] Zur Begriffsgeschichte von Geschichte vgl. den Artikel »Geschichte, Historie« von Reinhart Koselleck (1979) in: *Geschichtliche Grundbegriffe. Historisches Lexikon zur politisch-sozialen Sprache in Deutschland*, Hg.: Reinhart Koselleck, Werner Conze und Otto Brunner, Stuttgart 1979, Band 2, S. 593–717.

gen des Wurzelwerks ein Wald, der nur noch unterirdisch mit dem Stammbaum verwachsen ist.[290] Daß mit dem monogenetischen Ursprung der Menschheit theorietypologisch eine Präformationstheorie einhergehen müßte – Herder spricht in diesem Sinne schon vorher vom Keim, der in die Erde fällt (ebd., 477)[291] –, wird im Bild nachdrücklich dementiert. Es ist eben nicht der eine Keim, der den einen Baum in seiner Struktur präformiert, sondern es entwickelt sich epigenetisch eine polymorphe Wucherung, die ihre Verbindung mit dem Keim zwar noch hat, ansonsten aber durchaus eigenen Gesetzen folgen kann. Das Bild läßt die Theoriealternative von Präformationstheorie und epigenetischer Differentiation offen[292], indem es sich selbst unter Wahrung der bildlichen Struktur in ein Divergenzen ermöglichendes Wurzelwerk zerfasert.

Mit der Einführung einer seiner zentralen Metaphern für Geschichte hat Herder aber noch weitere Denkmöglichkeiten gewonnen, den unbestimmten Kollektivsingular des Abstraktums Geschichte in Anschaulichkeit zu überführen. Sich gegen das lineare Fortschrittsmodell der aufklärerischen Ge-

[290] Wucherndes Wurzelwerk, das sich aus einer Vielheit von Nebenwurzeln entwickelt, fungiert bei Deleuze und Guattari als Ordnungsprinzip unter dem Namen Rhizom. Es ist als wilder Chaotismus dem Prinzip der Binarität entgegengesetzt, das in der geregelten Verzweigung von Stemmata – ›Begriffsbäumen‹ – verläuft. Nimmt man die dekonstruierte absolute Metapher des Baumes poetologisch als Bild von Herders Textordnung, so ließe sich ein tropologisch präziser Konnex auch zu dieser Variante postmoderner Theoriebildung herstellen. Herders Strategie, höhere Reflexionsstufen durch Ontologisierungen auf die Ebene der ersten Reflexion wieder herunterzuziehen (siehe dazu unten), dementiert die stemmatisch aufbauende Hierarchie der Baummetapher und liegt theorietypologisch ganz auf der Linie dessen, was sowohl im Begriff des Rhizoms wie in der dekonstruierten Metapher gedacht ist. Vgl. Gilles Deleuze und Félix Guattari, *Rhizom*, Berlin 1977.

[291] Der entsprechende Satz ist seltsam genug, um zitiert zu werden: »Der Keim fällt in die Erde und erstirbt [...]« (SWS V, 477). Unwillkürlich liest man anstelle von »erstirbt« eine Fügung wie »geht auf«. Daß aber der Keim in der Tat stirbt, läßt dem daraus Entstehenden die Möglichkeit offen, epigenetisch durch Differentiation infolge von Umwelteinflüssen mehr modelliert zu werden als durch im Keim angelegte Momente. Der Satz geht jedenfalls konform mit dieser Lesart weiter: »[...] der Embryon wird im Verborgnen gebildet, wie's kaum die Brille des Philosophen apriori gutheißen würde, und tritt ganz gebildet hervor« (ebd.). Einmal davon abgesehen, daß ein in die Erde gesteckter Keim höchstens eine Pflanze, aber keinen Embryo erzeugen kann, ist die Polemik gegen das Apriori der Philosophen wohl als Polemik gegen das Apriori der Präformationstheorie zu lesen. Dem steht aber entgegen, das der Embryo »ganz gebildet« hervortritt. Der Satz ist in seinen vielfachen Windungen für mich nur lesbar unter der Hypothese, daß Herder zunächst die Entscheidung für eine Theorieoption (Epigenesis oder Präformation) verhindern will.

[292] Hans Dietrich Irmscher diskutiert in seiner Erörterung der verschiedenen Entwicklungstheorien genau diese Dichotomie. Vgl. Hans Dietrich Irmscher, Grundfragen der Geschichtsphilosophie Herders bis 1774, in: *Bückeburger Gespräche über Johann Gottfried Herder 1983*, Hg.: Brigitte Poschmann, Rinteln 1984, S. 10–32.

schichtsphilosophie wendend, sucht er nach Denkbildern[293], um den Fortgang der Geschichte mit der Notwendigkeit ineins zu denken, jede geschichtliche Gestalt aus ihren immanenten Prämissen zu verstehen. So werden ihm im Bild des Baumes Samenkorn, Wurzel, Sprößling, Stamm, Äste, Zweige und schließlich Blätter[294] zu in sich gültigen Einheiten, die zwar im Ganzen des Baumes auch Mittel zum Zweck sind – ohne Äste keine Blätter –, aber immer auch Zweck an sich selbst[295] – kein Ast läßt sich in seiner Eigenart mit einem Blatt vergleichen und ist deshalb mehr als nur Durchgangsstation zum Blatt. Neben der Lebensalteranalogie stellt also die Baummetapher die strukturelle Basis für das zur Verfügung, was man Herders Historismus genannt hat.[296]

Schließlich aber führt Herder die Metapher in ihre interne Paradoxierung: »Wir sind dort oben die dünnen, luftigen Zweige, freilich bebend, und flisternd bei jedem Winde; aber spielt doch der Sonnenstral so schön durch uns! stehn über Ast, Stamm und Wurzel so hoch, sehen so weit und – ja nicht vergessen, können so weit und schön flistern!« (ebd., 555).

Absolute Metaphern gewährleisten vor allem dann orientierende Sinntopographien, wenn sich der Sprecher aus ihnen heraushält. Das Buch der Natur liegt aufgeschlagen vor dem Leser, er selbst steht in der dritten Dimension vor der Zweidimensionalität der Schrift, hat also den exklusiven Standpunkt des Beobachters. Das Theater der Welt spielt auf der Bühne, über die der im Zuschauerraum Sitzende den ganzen Überblick hat. Die gefähr-

[293] Dietrich Hardt (Kultur als Poiesis. Eine Kritik an Herders kulturphilosophischen Denkbildern, in: *Johann Gottfried Herder 1744–1803*, Hg.: Gerhard Sauder, Hamburg 1987, S. 341–351.) diskutiert den Begriff des Denkbildes aus dem Horizont von Herders Poiesis-Konzeption.

[294] Die Metapher vom Baum zieht sich durch den ganzen Text. Sehr deutliche und elaborierte Stellen finden sich SWS V, 479, 478, 500, 512, 514, 528, 529, 546, 554, 555, 561, 572, 575 u. ö.

[295] Die Mittel / Zweck – Relation ist für Herders sog. ›Historismus‹ zentral: Herder besteht darauf, daß »alles Mittel und Zweck zugleich« (SWS V, 527) sei, so daß der lineare Fortschrittsverlauf in diskontinuierliche Intervalle zerlegt werden muß.

[296] Der Begriff des Historismus wird in der Regel durch die Momente der Einfühlung in vergangene geschichtliche Gestalten, der Auffassung ihrer irreduziblen Individualität, des Verbots ihrer Vergleichbarkeit und der Ablehnung von Wertmaßstäben beschrieben. Den Historismus Herders betonen in neuerer Zeit – und mit Verweis auf die ältere Forschung – vor allem: Tino Markworth, Unterwegs zum Historismus. Der Wandel des geschichtsphilosophischen Denkens Herders von 1771 bis 1773; Jürgen Jacobs, »Universalgeschichte der Bildung der Welt«. Die Problematik des Historismus beim frühen Herder; Marion Heinz, Historismus oder Metaphysik? Zu Herders Bückeburger Geschichtsphilosophie; alle Aufsätze finden sich in: *Johann Gottfried Herder. Geschichte und Kultur*, Hg.: Martin Bollacher, Würzburg 1994. Zentral für die Einschreibung Herders in den Historismus ist natürlich Friedrich Meinecke, *Die Entstehung des Historismus*, München [2]1946.

liche Schiffahrt des Lebens mitsamt den diversen Schiffbrüchen läßt sich am besten vom Lande aus beobachten. Wird aber der Leser des Buches zum »kleinen Komma oder Strichlein im Buche aller Welten« (ebd., 561), zu einer Letter, so daß kaum drei Lettern weiter zu blicken ist (ebd., 585), wird er zum Mitspieler auf dem Theater ohne Überblick auf das Folgeganze (ebd., 559) oder wird er zum Schiffbrüchigen, der kaum etwas, das der Rede wert sei, zu retten vermag (ebd., 512), dann verlieren die absoluten Metaphern ganz offensichtlich ihre Orientierungsfunktion. In dem Moment, in dem der Beobachter bzw. der Metaphernkonstrukteur Einzug in die Metapher hält, sie sich nicht mehr als Objektives vor sich hin stellt, bricht ihre Sinntopographie in ihre Dekonstruktion ein.

Der Baum der Geschichte, vorgestellt als etwas dem Betrachter Gegenüberstehendes, ist eine geordnete Struktur. Sitzt aber der Betrachter auf dem obersten Zweige, ist er gar das letzte Blatt, so wird er zwar vom Sonnenlicht – dem der Aufklärung – beschienen, aber seine Sicht auf den Baum ist ihm genommen. Statt dessen flüstert und raschelt er in der Lettern- und Papierkultur (ebd., 541, 545), als welche Herder seine Gegenwart denunziert. Wenn er ausruft, »welch eine kleine Laubfaser des Baums mag ich sein!« (ebd., 561), dann ist die absolute Metapher in ihrer Sinnstruktur zerstört, und der mythische Weltbaum der nordischen Edda (ebd.) ist nur noch als Holzfaser, die zwischen benachbarten Holzfasern eingezwängt ist, zu erkennen.[297]

Schließlich benutzt Herder die Baummetapher auch für eine Kulturkritik seines pädagogischen Jahrhunderts. Daß ein Kind falsch erzogen werde, beschreibt er mit dem Bild, daß der blütenreiche Baum verdorrt, weil er »mit verkehrtem Ende, Gipfel statt Wurzel, und die traurige Wurzel in der Luft« (ebd., 572) eingepflanzt wurde.

Die Baummetapher hat also im Text mehrere Funktionen: Sie ist orientierende Weltmetapher, Verknüpfung der theoretisch einander widerstreitenden Optionen von Präformationstheorie und epigenetischer Differentiation, Verbindung von monogenetischer und polygenetischer Ursprungsrede, Denkbild der historistischen Hypothese, gegenwartsbezogene Kulturkritik und Vehikel der Dekonstruktion der Metapher durch die Hineinnahme des Beobachters in das Innere der Metapher. Man könnte dieses vorläufige Ergebnis

[297] Natürlich weiß das sprechende Ich, daß es in diesem Bild die Laubfaser des Weltbaumes und nicht die irgendeines Baumes ist. Als Laubfaser dürfte aber ein solches Wissen und ein solcher Überblick erst gar nicht möglich sein. Die Dekonstruktion der absoluten Metaphern geht nur so weit, daß immer noch erkennbar ist, welche Metaphern als dekonstruierte in Rede stehen.

zu einer Herderschen Rezeptformel für die Erzeugung von Komplexität benutzen: In die Kontinuation eines Bildfeldes werden Begriffsreden eingelagert, die als solche nicht kombinierbar wären, aber in der rhetorischen Persuasion mit den Mitteln der tropologischen Kohärenz einem gleitenden, begriffliche Synthesen aufschiebenden, Komplexität anreichernden Räsonnement unterstellt werden. Herder wäre dann der Synkretist, als welcher ihn eine nicht unbedeutende Tradition der Herder-Forschung sehen will, und die Rezeptformel definiert den tropologischen Formalismus, mit dem Herder den Sauerteig seines Textes anreichert, damit er in der Herder-Forschung zu welchen Backwerken auch immer aufbereitet werden kann.

2. Gegen eine solche Interpretation wäre der Versuch zu setzen, Widersprüchlichkeiten als solche der Sache selbst zu denken und Herders Textorganisation vor dem Hintergrund möglicher anderer Denkformationen zu bewerten. Man kann die Problematik, in die Herders Rede gerät, aus allgemeineren mentalitätsgeschichtlichen Strukturen erklären.

Das 18. Jahrhundert ist durch eine verwirrende Vielfalt von Theorietraditionen, moderner und vormoderner Modellentwürfe geprägt. Zentral für Herders Denken ist sicherlich das Paradox der kopernikanischen Entmächtigung des Menschen und seiner gleichzeitigen erkenntnistheoretischen Ermächtigung. Im vorkopernikanischen Weltbild konnte sich der Mensch in seiner kosmologisch exklusiven Position durch stabile topologische Systeme definieren, die auf Entsprechungsverhältnissen von Mikro- und Makrokosmos mit der zentralen Achse Mensch – Gott basierten. Mit dem kopernikanischen Weltbild aber wurde der Mensch aus dieser Position verstoßen, rückte als Bewohner eines Planeten neben anderen, in einer Milchstraße neben anderen aus dem zentralen Entsprechungsverhältnis heraus, verlor neben seiner extramundanen kosmologischen Exklusivität im Zuge der neuzeitlichen Entdeckungen anderer Kulturen zudem auch intramundan seine Position: seine Ausgezeichnetheit wurde zum bloßen Eurozentrismus.[298] Die Sinnorientierungen, die absolute Metaphern zur Verfügung stellten, zumal wenn sie zu allegorischen Systemen im Quintilianschen Sinne der metaphora continuata ausgebaut wurden, waren in der topologischen Mikro-/ Makrokosmos-Ordnung des vorkopernikanischen Weltbildes begründet. Die Orientierung auf den Menschen hin bedingte, daß alle Dinge auf die menschliche Erkenntnisfähigkeit bezogen

[298] Herders ›Historismus‹ formuliert mit der Maxime, sich in die internen Bedingungen jeder Zeit zu versetzen, zugleich auch eine Kritik des Eurozentrismus: »[...] so dünkt mich, sollts doch erster Gedanke seyn, ihn [den Ägypter, R. S.] blos auf seiner Stelle zu sehen, oder man sieht, zumal aus Europa her, die verzogenste Fratze« (SWS V, 490).

blieben und gewährleistete damit einen ontologischen Analogiebegriff im Sinne eines kosmologisch fundierten und gerechtfertigten Anthropomorphismus. Mit der Dezentrierung dieser Ordnung mußten die absoluten Metaphern in sich zusammenfallen. Nachkopernikanisch ist es fraglich, welche Weltkorrespondenz metaphorische Sinntopologien noch haben können.[299]

Gleichzeitig mit dieser kosmologischen Entmächtigung geht aber im Gefolge des neuzeitlichen Idealismus eine erkenntnistheoretische Ermächtigung des Menschen einher. In dem Maße, wie die Erkenntnisleistung als Konstruktivismus aufgefaßt wird, rückt der Mensch als Ort der weltproduzierenden Aneignung von Welt epistemologisch wieder an die Position, die er kosmologisch verlor. Dabei beschreibt der idealistische Konstruktivismus ein Paradox: Zum einen ist der Mensch als Produzent seiner Totalanschauung deren Voraussetzung, zum anderen findet er sich aber notwendig als Produkt seiner Produktion in dieser Totalanschauung ›Welt‹ empirisch wieder. Damit ist eine Selbstreferenz zwischen facere und factum, zwischen Erkennen und Erkanntem gegeben und also die Zirkularität allen Erkennens.

Diese epistemologische Wendung gegen die kosmologische Entmächtigung des Menschen und die mit ihr einhergehende selbstbezügliche Denkfigur hat weite Felder der neuzeitlichen Theoriegeschichte erfaßt. Auch das Projekt der Geschichtsphilosophie folgt einer ähnlichen selbstimplikativen Logik.

Will man nämlich ausgehend von dieser Konstellation Geschichtsphilosophie treiben, so hat man zweierlei Startprämissen. Zum einen kann man ein geschichtliches Phänomen grundsätzlich erkennen, da man als Produzent des zu Erkennenden sich selbst impliziert, also nicht einem schlechthin Fremden gegenübersteht. Zum anderen erkennt man eben sich selbst und damit entsteht die Frage, ob man überhaupt etwas anderes erkennt, als nur sich selbst. Herder deutet genau diese Konstellation in seinem Text an: Die Sorge der guten Mutter (SWS V, 509), wie er es nennt, also der Natur, hat »Anlagen zu der Mannichfaltigkeit ins Herz« (ebd.) gelegt, von denen aber nur ein kleiner Teil verwirklicht wird, so daß schnell ein Kreis der Gewohnheit, eine Beschränktheit des Horizontes entsteht (ebd., 510). Der Historiker mit seiner sympathisierenden Einfühlung[300] kann aber über diesen Kreis hinausgehen und sich in andere Kreise einlassen. »Wer glaubt nicht zu dem allen Anlage zu fühlen« (ebd., 502), ruft Herder aus, als er von der Möglichkeit spricht,

[299] Vgl. dazu Hans Blumenberg 1971, S. 201.

[300] Über den begrifflichen Sinn sympathetischer Einfühlung handle ich im Kapitel über *Herders Hermeneutik*.

sich in die väterlichen Morgenländer, die künstlerfleißigen Ägypter, die griechische Freiheitsliebe und die römische Seelenstärke einzufühlen (ebd.). Eben weil im Fremden nichts kategorial Fremdes zu finden ist, vielmehr die Selbigkeit dessen, was Mutter Natur in den Menschen gelegt hat, ist Erkenntnis des Anderen Selbstbegegnung.

Mit der Konzeption von Erkenntnis als Selbstreferenz handelt man sich Folgeprobleme ein. Selbstreferenzen tendieren zu internen Schließungen, zur Einkapselung in immanente Logiken. Ist einmal ein Initialakt der Einfühlung gelungen, etwa in die griechische Freiheitsliebe, so wird die Einfühlungslogik auf eine die Selbstreferenz bestätigende Wiederholung programmiert. Geschichtliche Erkenntnis, sofern sie über ein Modell der Selbstreferenz läuft, muß folglich im Historismus enden. Einfühlungen nehmen den sich Einfühlenden mit in das historische Feld und erzeugen dort bestätigende Kontexte.[301]

Daß Herder zum Begriff der Nation gelangt, hängt mit diesen historistischen Prämissen zusammen. Die Selbstreferenz des Nationbegriffs folgt derselben Logik wie die Selbstreferenz des Historismus. ›Nation‹ ist ein formaler Zuschreibungsmechanismus, in dem eine Zirkularität ontologisiert wird. Ein Ereignis wird der Nation zugeschrieben, um dann bei der nächsten Zuschreibung eines Ereignisses schon als Definition dessen zu dienen, was der Inbegriff dieser Nation sei. Was also etwa ›deutsch‹ sei, wird definiert durch das, was schon vorher als ›deutsch‹ feststand, aber zustandegekommen ist, indem auch alles Vorherige zunächst in die Definition hereingeholt werden mußte. Geht nun der Historismus von der Konstruktion von geschichtlichen

[301] Haydn White (*Metahistory. Die historische Einbildungskraft im 19. Jahrhundert in Europa*, Frankfurt am Main 1991) entwickelt ein Kategoriensystem aus ideologischen Grundeinstellungen (anarchistisch, radikal, konservativ, liberal), erzählstrukturellen Verknüpfungen (romantisch, tragisch, komisch, satirisch), rhetorischen Verknüpfungen (metaphorisch, metonymisch, synekdochisch, ironisch) und Argumentationsarten (formativistisch, mechanistisch, organizistisch, kontextualistisch), aus deren Kombinatorik er tiefenstrukturell die poetischen Schreibverfahren von ›Geschichte‹ ableiten will. Der Kategorienapparat ließe sich für Herders Geschichtsphilosophie übernehmen. White bezeichnet Herder als Formativisten (White 1991, S. 29), also als jemanden, der der Besonderheit und Individualität der vielfältigen geschichtlichen Ereignisse gerecht zu werden versucht. Mir scheint, es wäre adäquater, ihn als Kontextualisten zu beschreiben, also als jemanden, der Ereignisse aus einem Kontext gleichgelagerter Ereignisse erklärt. Es wäre trotz der zuweilen problematischen Zuschreibungen, die White unternimmt, zu prüfen, in welchem Maße Herder mit dessen recht flexiblem Kategoriensystem zu denken wäre. Sicher von Nutzen für eine Herderinterpretation ist die grundsätzliche Einsicht Whites, daß das Erzählen von Geschichte als Poiesis aufzufassen ist, deren Tiefenstruktur rhetorisch, narrationsanalytisch, ideologisch und genrespezifisch zu bestimmen ist.

Einheiten aus, so ist der Initialakt der Einfühlung, der die weiteren Einfühlungen programmiert, vergleichbar mit dem Einschreiben einer Nationaleigenschaft, die durch die vorherigen analogen Einschreibungen bestimmt ist. Der Historismus buchstabiert die Konstitutionslogik von ›Nation‹ gleichsam im Krebsgang. Erklärbar wird daraus auch, warum ›Nation‹ die bevorzugte Konstruktionseinheit des Historismus ist. Wenn eine Einfühlung einen Kontext gleichartiger Einfühlungen aufschließt, so folgt dies grundsätzlich demselben Modell, mit dem Nationaleigenheiten definiert werden: Zuschreibungen werden aufgrund vorhandener Kontexte integriert. Der Historismus schließt von einer Singularität zirkulär auf den Kontext, ›Nation‹ integriert eine Singularität aus dem Kontext. Beide Verfahren arbeiten mit demselben synekdochischen[302] Modus und unterscheiden sich nur durch ihre Reziprozität. Die Komplizenschaft zwischen Historismus und Nationbegriff macht verständlich, warum die Möglichkeit der Narration von Geschichte am Leitfaden der Nationen dem Historismus gleichsam in die Wiege gelegt ist.

Es entstehen also mit dem Nationenbegriff geschichtliche Gestalten, die sich als monadische Einheiten intern einkapseln und auf andere geschichtliche Gestalten wiederum nur monadisch reagieren können. Paradoxerweise endet das emphatische Pathos der Einfühlung in einer in der Regel nicht eingesehenen Logik der Selbstamplifikation, bei der das, was ursprünglich erkannt werden sollte, nämlich ›die Geschichte‹ sich in eine Reihe von monadischen Einheiten der jeweils verschiedenen Selbstbegegnungen auflöst. Die Maxime »fühle dich in alles hinein« (SWS V, 503) führt zur Unvergleichbarkeit[303] der verschiedenen Gestalten und damit tendenziell zur Unmöglichkeit, von Geschichte in ihrer Ganzheit zu sprechen. Im Sinne des New Historicism und auch im Sinne der Begriffsgeschichte von Geschichte vor der Zusammenfassung in den Kollektivsingular wäre nur noch von Geschichten – im Plural – zu sprechen.

3. Wenn Herder aber weiterhin von Geschichte als einer Einheit sprechen will, dann muß er das Theorieparadigma des Kontextualismus bzw. der historistischen Selbstreferenz des Einfühlens verlassen und in der Tat mit einem

[302] Zur Synekdoche als rhetorischem Verknüpfungmodus von Geschichtsnarration vgl. White (1991, S. 53f). Das grundsätzliche Verfahren der Synekdoche, repräsentative Verhältnisse von Teil/ Ganzes-Relationen herzustellen, eignet sich zur rhetorisch formalisierten Beschreibung der Implikationslogiken der historistischen Einfühlung und des Nationenbegriffs.

[303] Daß sich Vergleiche verbieten, betont Herder an mehreren Stellen: SWS V, 490, 494, 507 u. ö.

ganz neuen Paradigma beginnen.[304] Metaerzählungen[305] brauchen andere Schemata als diejenigen, die sich in Selbstreferenz verkapseln und deshalb den langen Atem der weitausholenden Narrationen nicht mehr zulassen. Meine These ist, daß sich Herders Überlegungen zur Geschichte in allen Phasen seines Werks auf diesem Niveau der methodologischen Reflexion rekonstruieren lassen. Welche Möglichkeiten hat er bei seinem Versuch, vom Ganzen der Geschichte zu sprechen, obwohl sein Historismus auf die Vereinzelung der geschichtlichen Einheiten hinausläuft? Ich diskutiere im folgenden die Theoriemodelle Herders, die sich als Antwort auf diese Frage verstehen lassen.

3a. Einen ersten Gedanken, mit dem er erzähltechnisch über die monadischen Einheiten hinaus kommt, findet Herder in den Anknüpfungsmodi dieser Einheiten. Eine jeweils spätere Nation reagiert auf ihre Vorgängerin und stellt dadurch eine Kontinuität her. Dies ist noch nicht die Ebene der Metaerzählung, da es jeweils nur um singuläre und spezifische Verknüpfungen geht, romantechnisch: um Motivationen-von-vorne, aber nicht um ein einheitliches Erzählprinzip, das uniform jegliche Inhalte unter sich versammeln kann, weil es einer Motivation-von-hinten[306] folgt. Herder hat vor allem zwei Verknüpfungsmodi anzubieten.

Der eine ließe sich als synkretistische Epigenesis[307] bezeichnen. Nach dem Fall Roms war, so Herder, die halbe Welt in Trümmern (SWS V, 513), »alles

[304] Es ist auf die wenn-dann-Struktur dieses Satzes hinzuweisen: *Wenn* Herder von Geschichte als einer Ganzheit reden will, obwohl er Historist ist, *dann* braucht er noch andere narrative Kohärenzprinzipien. Metatheoretisch wäre dazu natürlich zu sagen, daß er auch einfach auf den Anspruch, Geschichte als Einheit erzählen zu wollen, verzichten könnte. Es wäre dies die Option der Postmoderne. Zu überlegen wäre, aber das ist ein anderes Thema, keines mehr allein einer Herder-Exegese, ob man Herder so radikal lesen kann, daß man die Wucherungen und Brüche seines Textes als in sich reflektiertes postmodernes Wissen avant la lettre begreifen könnte. – Für die hier versuchte Deutung soll Herders Anspruch, vom Geschichtsganzen sprechen zu wollen, unangetastet bleiben. Es ist in meiner Sicht gerade eine Stärke Herders, daß er trotz seiner fortgeschrittenen Reflektiertheit vor diesem Anspruch nicht resigniert, sondern ihn selbst um den Preis, dabei in Widersprüche zu geraten, durchführen will.

[305] Vgl. den Begriff bei Lyotard (*Das postmoderne Wissen*, Wien 1986). Metaerzählungen oder auch große Erzählungen sind solche, die als Legitimationserzählungen große Einheiten strukturieren. So sind zum Beispiel die Sündenfallmythe und der Marxismus Metaerzählungen. Lyotards These ist, daß in der Postmoderne solche großen narrativen Einheiten in die Diversität der vielen kleinen Erzählungen zerfallen. Wer immer von dem Objekt der Geschichte als Ganzheit sprechen will, braucht dazu Metaerzählungen.

[306] Die Terminologie stammt von Clemens Lugowski, *Die Form der Individualität im Roman*, Frankfurt am Main 1976, S. 66 ff., 111, 136.

[307] Ich benutze den Begriff der Epigenesis im Sinne von Hans Blumenberg (*Arbeit am*

war erschöpft, entnervt, zerrüttet« (ebd., 514), und offensichtlich konnte nach dem Zerfall eines Weltreiches nicht wieder eine neue Nation erstehen und die Einheitsfunktion der nächsten weltgeschichtlichen Etappe übernehmen. Vielmehr mußte, da eine solche Extension wie das römische Reich nicht mehr durch eine noch größere Extension zusammenzufassen war, ein neues, geistiges Prinzip entstehen. Herder findet es im Christentum, das er als Synkretismus bestimmt: »Die Christliche Religion konnte und sollte nur durch alles dringen« (ebd., 520). Weil ihr diese Funktion zugewiesen wird, konnte sie nicht »rein« (ebd.) sein, mußte mit der »Denkart jedes Volks« (ebd.), »mit irrdischern Materien vermischt« (ebd.) sein. Daß das Christentum nicht ursprünglich ist, sondern synkretistische Epigenesis, befähigt es, die geschichtliche Funktion der Vereinigung einer selbst schon vervielfältigten geschichtlichen Wirklichkeit übernehmen zu können.

Auch der Beginn der Neuzeit wird nach diesem Prinzip gedacht. Die Zufälligkeit von divergenten Erfindungen – Schießpulver, Fernrohr, Kompaß, Buchdruck – und die Kontingenz, daß z. B. Luther, der nur »Kleinigkeiten« (ebd., 531) dachte, die auf eine so große Wirkung nicht berechnet waren, die Reformation in Gang setzte, schließen sich im Nachhinein und als Resultat zum Geist einer neueren Zeit zusammen. Auch hier entsteht die neue Einheit additiv, synkretistisch und polygenetisch. Das Einheitsprinzip ist nicht apriorische Ermöglichung des in ihm Produzierten, sondern epigenetisch Summe aus Vielem.

Fritz Wefelmeyer[308] zitiert Daniel Bell mit der These, daß infolge des Zusammenbruchs segmentierter Gesellschaften kulturelle Synkretismen entstehen. Daß Herder das Prinzip des Synkretismus gerade mit dem Verschwinden des Nationalprinzips als Triebkraft der Geschichte ansetzt, läßt sich mit solchen Überlegungen zusammenbringen. Zu denken wäre auch an Luh-

Mythos, Frankfurt am Main ²1979, S. 61, 305 u. ö). Blumenberg verwendet den Begriff in Analogie zu dem Terminus der biologischen Entwicklungstheorien als Bezeichnung für eine Theoriegestalt der Mythogenese. Anstatt die Entstehung von Phänomenen als Entfaltungen aus programmierten Kernen zu denken, insistiert die Epigenesis darauf, daß eine Kette von Neubildungen jeweils situationsgerechte Lösungen hervorbringt. Blumenbergs Theorem, in den Kernbestand des Mythos sei immer schon die Rezeption eingewandert, vermittelt den Gedanken der Epigenesis mit der historischen Konkretheit der Mythen. Da es in meinem Argumentationskontext um das Problem der Metaerzählung geht, das dem narrativen Moment der Mythogenese ähnlich ist, kann ich den Begriff übernehmen. In diesem Sinne hat er mit der biologischen Bedeutung nichts zu tun.

[308] Fritz Wefelmeyer, Glück und Aporie des Kulturtheoretikers. Zu Johann Gottfried Herder und seiner Konzeption der Kultur, in: *Naturplan und Verfallskritik. Zu Begriff und Geschichte der Kultur*, Hg.: Helmut Brackert und Fritz Wefelmeyer, Frankfurt am Main 1984, S. 108.

manns Beschreibung des Übergangs von stratifikatorisch zu funktional differenzierten Gesellschaften. Funktionale Differenzierung ist, betrachtet man sie kulturphilosophisch, sicher mit dem Begriff des Synkretismus vereinbar. Die überraschende Tatsache, daß Herder das Nationenprinzip als geschichtsmächtige Kraft mit der Spätantike enden läßt, müßte zu dem in der Herder-Forschung bislang nicht bedachten Schluß führen, daß der moderne Nationenbegriff unter den Bedingungen des interkulturellen Synkretismus und der vervielfältigten geschichtlichen Wirklichkeit[309] anders zu denken wäre, als derjenige Begriff, von dem Herder vornehmlich redet. Vielleicht liegt sogar der Schluß nahe, den modernen Nationenbegriff von Herders geschichtsphilosophischen Prämissen her gänzlich als Ideologie zu bezeichnen. Nation wäre unter den Bedingungen der Moderne eine künstliche Reduktion von Komplexität, indem sie den Synkretismus zugunsten eines materialen Einheitsprinzips leugnet.

Das zweite Prinzip einer narrativen Verknüpfung der Geschichtsmonaden ist das Prinzip der Negation[310], deren Träger die Nation ist. In der *Sprachursprungsschrift* entwickelt Herder die Genese des Nationalgedankens. Aus der Bestimmung des Menschen als Mängelwesen resultiert seine Bestimmung zur Gesellschaftlichkeit, die im familiären »Band des Unterrichts und der Erziehung« (SWS V, 115) begründet ist und im »Ideenkreis der Eltern Sprache« (ebd., 116) zugleich »Geist der Familie« und »Familiendenkart« wird. Mit der Sprache, so argumentiert Herder, wird zugleich »das Anrecht des ersten Eigenthums« (ebd., 119) gestiftet, da die Dinge nach der Arbeit des Benennens dem Menschen exklusiv zuhanden seien. Die Zeichnung der »Signatur der Seele auf eine Sache« (ebd.), als welche das Benennen charakterisiert wird, besiegelt das Recht des Eigentums: Familiensprache wird uno actu zum durch diese Sprache definierten Weltbesitz. Herder weitet nun durch einfache Quantifizierung dieses Erklärungsprinzips die Familiensprache auf die Stammes- und schließlich »Nationalsprache« (ebd., 127) aus. Da die Sprache in ihrer Weltdefinition »in sich selbst gekehrt« (ebd., 130) ist, einer monadischen

[309] Noch in seinem späten *Adrastea*-Projekt hält Herder daran fest, daß »die neuere Geschichte viel zusammengesetzter und verflochtener als die Alte« (SWS XXIII, 216) sei. Wenn, wie Herder fortfährt, die »Begebenheiten Europas in einander laufen« und die »plane Evidenz verlohren« haben, die der Geschichte der Griechen und Römer noch zu eigen ist, dann scheint sich hinter diesem Gedanken durchaus eine Verabschiedung des Nationenbegriffs als Prinzip der neueren Geschichte zu verstecken. Die alte Geschichte ging noch von nationalen Bewegungen als Ursache der allgemeinen Geschichte aus, die neuere Geschichte hat zwar noch Nationen, aber diese sind nicht mehr der Grund für die allgemeine Geschichtsbewegung.

[310] Vgl. Hans Dietrich Irmscher, Nachwort zu: Herder, Auch eine Philosophie der Geschichte zur Bildung der Menschheit, Stuttgart 1992, S. 148.

Einkapselung folgt und einen bestimmten Kreis von Welt unter bestimmten Deutungsprämissen für sich definiert, führt die Verschiedenheit der sprachlichen Zugriffe, die ja auch immer die Verschiedenheit der Eigentumsrechte ist, zu »gegenseitigem Familien- und Nationalhaß« (ebd., 129).

Das Band der Verknüpfung der Nationen ist ein Band der Negativität. Wenn eine Nation auf die andere folgt, so wird sie sie vernichten müssen, indem sie ihren eigenen Weltbesitz durchsetzt und die Weltergreifung der Vorgängernation nur insoweit adaptiert, als sie in die Logik der eigenen Definition paßt. Zweierlei gewinnt Herder mit diesem Modell.

Erstens kann er die geschichtliche Zeit definieren: Sie ist die durch Haß[311] und Kampf bestimmte Abfolge der Nationen. Weltgeschichtlich dominiert immer nur ein bestimmter Geist, der des Siegers[312], der die anderen Nationen zu seinen Untertanen macht. Damit ist ein Erzählprinzip etabliert. Erzählt wird die Abfolge der sich als Sieger ablösenden Nationen als Gang der Weltgeschichte. Freilich ist diese Erzählung nur ein Formalismus und noch keine Metaerzählung: Es ist kein inhaltliches Prinzip, das die Geschichte ›von hinten‹ steuert. Vielmehr sind die Negationen, die im Schritt von einer Nation zur anderen stattfinden, jeweils bestimmte Negationen, spezifische Reaktionen, die sich aufs Ganze gesehen stark voneinander unterscheiden können.

Zweitens gewinnt Herder die Möglichkeit, ein modifiziertes Fortschrittsmodell einzuführen: »[...] eben ihr [der Nationen] Haß zeigt Entwickelung, Fortgang, Stufen der Leiter« (ebd., 489). Was eine Siegernation an machtfördernden Erfindungen von einer Verlierernation übernehmen kann, wird sie im Interesse ihres Machterhalts auch übernehmen. Fortschritt ist hier nicht linearer Fortschritt der Humanität, sondern machtbestimmte Integration unter jeweils neue Prämissen. Gleichwohl begründet auch dieses Prinzip einen Erzählzusammenhang.

Das an den Nationen orientierte Prinzip der bestimmten Negation verliert in Herders Bückeburger Geschichtsphilosophie dann seine geschichtsbestimmende Funktion, wenn mit dem das Mittelalter bestimmenden Geist des Christentums und mit dem die Neuzeit gründenden Geist der mechanischen Erfindungen das Prinzip der synkretistischen Epigenesis anhebt.

3b. Eine weitere Möglichkeit, trotz des Historismus zur Ebene der Metaerzählungen zu kommen, besteht darin, ein neues Argumentationsparadigma

[311] Zum Prinzip ›Haß‹ in *Auch eine Philosophie der Geschichte zur Bildung der Menschheit*, vgl. SWS V, 489, 490, 493 u. ö.

[312] Zur Kritik des Historismus als Einfühlung in den Sieger vgl. Walter Benjamins VII. Geschichtsphilosophische These, in Walter Benjamin, *Gesammelte Schriften*, Hg.: Rolf Tiedemann und Hermann Schweppenhäuser, Frankfurt am Main 1980, I, 2, S. 696.

zu eröffnen. Wäre nach dem Schema von Karl Löwiths Deutungen[313] an aufklärerischen Geschichtsphilosophien wie der Voltaires nachzuweisen, daß lineare Fortschrittsmodelle Säkularisate christlicher Eschatologien sind, so verweigert sich das Herdersche Modell diskontinuierlicher Geschichtsmonaden dieser Interpretation. Herder entchristlicht die Geschichtsphilosophie radikaler als seine aufklärerischen Vorgänger, weil er die Möglichkeit einer teleologischen Metaerzählung historistisch in Schwierigkeiten bringt. Um so entschiedener verchristlicht er sie aber auf der Ebene der Metaerzählungen. Vom Plan der Vorsehung ist die Rede, und er läßt sich, folgt man dem Aufsatz von Peter Pfaff[314], in der Form der Herderschen Schöpfungshieroglyphe notieren. Die Abfolge von Orient, Ägypten/ Phönizien, Griechenland, Rom, Mittelalter, Neuzeit und dem 18. Jahrhundert folgte dann dem Siebenerschritt des mosaischen Schöpfungsberichts. Welchen methodischen Status hat diese Retheologisierung in einem Konzept, das zunächst als Enttheologisierung beschreibbar ist?

Der Passus (SWS V, 480–481), der in Herders *Auch eine Philosophie* die theologische Rede mit den Metaphern von der Erziehung Gottes und dem Segen Gottes in der Natur eröffnet, beginnt ironisch: »Indeß auch von diesen Heroischen Anfängen der Bildung Menschlichen Geschlechts weggesehen [...]« (ebd., 480). »Weggesehen« wird also von dem Schluß, daß die Konstanz von humanen Grundlagen der Geschichte nur durch das Postulat einer monogenetischen Urstiftung mit großer ontologischer Mächtigkeit erklärbar ist. Ein starkes, wirkmächtiges Vorbild aus der »Heldenzeit des Patriarchenalters« (ebd., 478) muß nämlich, so Herder, am Anfang der Menschheitsgeschichte stehen, wenn erklärbar sein soll, daß sich die guten Anlagen dieses Vorbilds im Wandel der geschichtlichen Ereignisse haben bewahren können. Hingesehen wird »indeß« auf die empirischen Bedingungen wie Klima, Hirtenleben, Patriarchenhütte, Naturbezogenheit. Diese Empirie ist aber im Verlauf des Textes unvermittelt ein Ergebnis der Einwirkung Gottes, seiner Erziehung und seines Segens. Das Empirischste ist also das Theologische. Wie ist diese Dekonstruktion der Hierarchien zu werten? Ist die Theologie depotenziert, weil sie empirisch ist oder ist sie gerade deshalb wertvoll – wenn dem so wäre, welcher Begriff von Theologie liegt dann zugrunde? Geht es um einen ironischen Theologiebegriff, der nur noch Statthalter eines Erzählprinzips ist und zum Reflexionsmedium der menschlichen Selbstverständigung geworden ist, gleichsam als der spekulative Karfreitag des Christen-

[313] Karl Löwith, *Weltgeschichte und Heilsgeschehen*, Stuttgart 1983.

[314] Peter Pfaff (1983). Neuerdings schließt sich Ralph Häfner (1995, S. 254) dieser These an.

tums mit einer anschließenden Auferstehung in die Immanenz des Begriffs?[315] So zumindest könnte man, auch von einer Lektüre der drei ersten Teile der *Aeltesten Urkunde des Menschengeschlechts* her, die Tatsache deuten, daß Herder vehement eine direkte Einflußnahme Gottes in die Geschichte[316] ablehnt. Von Gott wird immer nur so gesprochen, daß stets die Deutung möglich bleibt, was als göttliche Erziehung verstanden wird, sei nur eine menschliche Rede von glücklichen und befördernden Naturumständen, zu denen ein Urhebersubjekt gesucht wird. Herders Rede von Gott gehört zu seinen rhetorisch kunstvollsten Verwirrspielen: gänzlich als Enttheologisierung läßt sie sich lesen und gänzlich als affirmative Rede über ein ontologisches Wirkprinzip.

Daß Herder das 18. Jahrhundert in die siebte Position der Schöpfungshieroglyphe, nämlich die des Sabbats einschreibt, qualifiziert sein eigenes Projekt als eines der Posthistoire. In einer Gegenwart, in der kein Sokrates mehr auf das Ethos einer Nation wirken kann (vgl. ebd., 568 ff.), sondern zum »Sokrates der Menschheit« (ebd., 569) werden muß, in Form von Büchern für eine anonyme Mitwelt und eine unabsehbar anwachsende Nachwelt schreibt, kann es keine geschichtsmächtige Einheit von der Größe der Nation mehr geben. Die durch die Bücherwelt zerfaserte Interkulturalität negiert nach Herders Konzeption mit den nur noch durch Bücher wirkenden Stifterfiguren die Geschichtsmächtigkeit des Nationalgedankens und setzt an dessen Stelle das Prinzip der synkretistischen Epigenesis. Das Prinzip bisherigen geschichtlichen Fortgangs hat sich daher erledigt. Herders Vorausdeutungen auf die Zukunft sind entsprechend formal. »Es geht ins Große!« (ebd., 513) ist seine Auskunft: »denn wir arbeiten zu einer großen Zukunft« (ebd., 580). Diese Aussagen sind schwer zu deuten. Ich lese sie vor allem als Formalismus, als Verneinung der Vorstellung, daß einzelne geschichtliche Gestalten noch einmal die Weltgeschichte dominieren könnten, also auch als Selbstverneinung des Historismus und als Option für eine Posthistoire, die den Begriff der geschichtlichen Zeit, sofern er der Begriff einer Abfolge von Sieger- und Verliererstrukturen war, aufhebt. Die Größe ist vor allem die der Lettern- und Papierkultur, deren prinzipieller Internationalismus geschichtliche Vergangenheit historistisch in die Gegenwart heraufholt, als ästhetisiertes

[315] Zur Auflösung der Hegelianisierenden Formulierung siehe: Hegel, *Glauben und Wissen*, in Georg Wilhelm Friedrich Hegel, *Werke in zwanzig Bänden* (Theorie Werkausgabe, Suhrkamp), Hg.: Eva Moldenhauer und Karl Markus Michel, Frankfurt am Main 1970 ff, II, S. 432.

[316] Entsprechende Formulierungen finden sich in der *Aeltesten Urkunde* und im Kontext der Vorarbeiten dazu, vgl. W V, 28; SWS V, 145; SWS VI, 208 u. ö.

Anschauungsmaterial. Das Lesen des Geschichtsphilosophen findet am »Ende der Tage«[317] statt, wie Herder es in der Bückeburger Schrift formuliert.

3c. Es fällt auf, daß gerade die geschichtsphilosophischen Texte Herders mit orientierenden Sinnmetaphern wie der vom Buch der Natur, dem Welttheater, der Schiffahrt des Lebens, dem Baum der Geschichte, dem Leben als Weg und Wanderschaft arbeiten. Da aber das Sinnräsonnement des Geschichtsganzen historistisch in Schwierigkeiten gerät, destruiert Herder diese Totalitätsvorstellungen und dekonstruiert die absoluten Metaphern. Die Bückeburger Geschichtsphilosophie argumentiert konsequent auf einer Ebene, auf der die Metaphern ihrer Anschaulichkeit beraubt werden. Die in den dekonstruierten Metaphern sich aussprechende Nichtkorrespondenz mit einer stabilen kosmologischen Ordnung folgt, wie ausgeführt, einem nachkopernikanischen Denken: der Beobachter wird im System der Metaphern-Topologie mitreflektiert, so wie im kopernikanischen Weltbild die Beobachtung standpunktabhängig ist. Es entsteht ein epistemologischer Konstruktivismus, der der erkenntnistheoretischen Ermächtigung des Subjekts, konform mit den philosophischen Konstruktivismen des neuzeitlichen Idealismus folgt. In den Systemen der Daseinsmetaphern aber führt diese Konstellation zu verqueren metaphorischen Verwindungen. Der Leser, der zum Gedankenstrich im Buch der Natur geworden ist (SWS V, 561, 584); der Faden der Geschichte, der zum Knäuel sich verwirrt hat (ebd., 567); der Weg, der zum Labyrinth wurde (ebd., 560); die harmonia mundi, zu der der Mensch nicht der letzte Summenton zu sein vermag (ebd.); die große Kette der Wesen[318], von der nicht zu sehen ist, wo sie hänge (ebd., 559); das Schicksalsrad, auf dem der Mensch nur eine Ameise ist (ebd., 531): diese Orientierungsmetaphern werden zu Markierungen der Desorientierung, weil der Beobachter nicht mehr vor ihnen steht und ihre Totalität als Ordnungsraster benutzen kann, sondern in sie Einzug hält. Mit den Mitteln dieser Totalanschauungen und Hin-

[317] »Philosoph, willt du den Stand deines Jahrhunderts ehren und nutzen: das Buch der Vorgeschichte liegt vor dir! mit sieben Sigeln verschloßen; ein Wunderbuch voll Weißagung: auf dich ist das Ende der Tage kommen! lies!« (SWS V, 561 f.). Eine Lektüre, die dem Ordnungsprinzip der Schöpfungshieroglyphe folgt, wird die sieben Siegel als Anspielung auf die Hieroglyphe verstehen können und das Lesen, von dem im Zitat gesprochen wird, als ein Entziffern der globalen Ordnung der Geschichte am Ende ihrer Tage zu deuten haben. Wieder einmal denkt sich Herder seinen Methodenzugriff als eine Form der Apokalypse.

[318] Zur Idee der Kette der Wesen informieren: Arthur O. Lovejoy (*Die große Kette der Wesen*, Frankfurt am Main 1993) und Peter Frenz (*Studien zu traditionellen Elementen des Geschichtsdenkens und der Bildlichkeit im Werk Johann Gottfried Herders*, Frankfurt am Main 1982, S. 99 ff.).

tergrundsmetaphoriken[319] und in der Sprache der geschichtsphilosophischen Fortschrittsbilder wird, um mit Derrida zu reden, die Metaphysik der Präsenz gerade dadurch durchbrochen, daß die Hereinnahme des Beobachters die stabilisierende Anschaulichkeit asymmetrisiert. Man kann dies Dekonstruktion[320] nennen oder, in einer Terminologie Blumenbergs zu sprechen: Absolute Metaphern werden zu Sprengmetaphorik[321] umfunktioniert.

Warum aber, so muß man fragen, läßt Herder die metaphorischen Totalitätsbilder nicht gleich ganz fallen? Naheliegend wäre, statt die metaphorische Basis der Sinnrede zu dekonstruieren, sie gar nicht mehr zu führen. Indem Herder die Metaphern einführt, um sie zu dekonstruieren, bleibt er formal im Rahmen der metaphorischen Sinnversprechungen, negiert sie aber inhaltlich. Herder sagt seinen Lesern nicht, was der Sinn der Geschichte sei, aber indem er die Sinnrede selbst thematisiert, läßt er sie am Prozeß des Verfertigens von Sinn teilhaben. Er macht keine Aussage über den Sinn der Geschichte, weil er den Leser dadurch unterhält, daß er von der Logik des Sinnversprechens handelt, ohne einen Sinn zu versprechen. Mit den sprachlichen Mitteln der ersten Reflexion treibt er zweite Reflexion, eine Art negativer

319 Gemeint ist mit dem Begriff der Hintergrundsmetaphorik die Leistung von Metaphern, begriffliche Zusammenhänge durch metaphorische Synthesis zu grundieren (Blumenberg 1960, S. 16). Das Metaphernnetz braucht als solches nicht thematisch zu werden (wird es aber bei Herder meist), gleichwohl steuert es die Erkenntnis. – Daß es grundsätzlich nicht verfehlt ist, Herder mit Blumenbergs Gedanken einer Metaphorologie zu analysieren, wird durch ein Zitat aus *Vom Erkennen und Empfinden der menschlichen Seele* (1778) deutlich. Herder definiert hier, so will es scheinen, geradezu den Terminus Hintergrundsmetaphorik: »Wie unsre ganze Psychologie aus Bildwörtern bestehet, so wars meistens Ein neues Bild, Eine Analogie, Ein auffallendes Gleichniß, das die grösten und kühnsten Theorien gebohren« (SWS VIII, 170).

320 In einer oberflächlichen, für das hier anvisierte Argumentationsfeld aber zunächst genügenden Definition ließe sich Dekonstruktion folgendermaßen fassen: Die die abendländische Metaphysiktradition prägenden Dichotomien und Begriffshierarchien werden durch eine asymmetrisierende Selbstanwendung deplaziert und unterwandert. Dabei wird notwendigerweise die Sprache der Dichotomien selbst verwendet, so daß die Verwindung der strukturalen Ordnung der metaphysischen Episteme in ihrer Sprache, mit ihren Mittel stattfindet. Vgl. dazu Jacques Derrida (*Die Schrift und die Differenz*, Frankfurt am Main ^{2}1985, S. 427 u. ö.); vgl. auch den für eine Minimaldefinition ergiebigen Artikel *Dekonstruktion* von Thomas Pekar (Dekonstruktion, in: Historisches Wörterbuch der Rhetorik, Band 2, Hg.: Gert Ueding, Tübingen 1994, S. 512–521).

321 Der Terminus zielt auf die paradoxale Sprengung der Metapher ab. Sprengmetaphern sind solche Metaphern, die die Ermöglichungsgründe von Metaphern auf selbst wieder metaphorische Weise außer Kraft setzen. Blumenberg gibt vor allem Beispiele aus naturwissenschaftlichen Anschauungen, also paradoxale Bilder aus der Mathematik (etwa die Infinitesimalrechnung) bzw. mystische Paradoxa (z. B. coincidentia oppositorum). Aber es lassen sich auch absolute Metaphern sprengen, wie ein Blick auf Herder deutlich macht. Vgl. Blumenberg 1960, S. 132 f. und 1979, S. 84.

Theologie der Metapher. Sein dekonstruktiver Formalismus hält die Sinnrede jenseits aller Sinnmanifestation präsent.

3d. Wenn eine der Schlußfolgerungen aus der theologischen Metaerzählung der Schöpfungshieroglyphe lautet, daß der Sabbat der Geschichtsphilosophie die Posthistoire ist, dann entdeckt sich in der ironischsten Wendung der Theologie die Metaerzählung als Kulturkritik. Zumindest dies ist nämlich der »Beitrag zu vielen Beiträgen des Jahrhunderts«, wie der Untertitel der Bückeburger Schrift lautet, auch oder fast vor allem: kulturkritisches Pamphlet.[322]

Kulturkritik entsteht, wenn Geschichtsphilosophie sich selbst zum Gegenstand wird, also der Beobachter der Weltgeschichte bemerkt, daß er auch sich selbst beobachten müßte und folglich auf beiden Seiten steht: auf der des beobachtenden Diskurses und auf der des beobachteten. Rückt aber der Beobachter mitsamt seiner Kontingenz in die Ordnung ein, die nur stabil war unter Ausblendung der Kontingenz, daß auch sie nur ein Konstrukt ist, so wird, was vorher als Geschichtsphilosophie erschien, nun zur wertenden Rede, zur Reflexion auf Ordnungsmuster, zum Nachdenken über das Gewordensein der eigenen Position.

Die Möglichkeit einer Metaerzählung wird nachhaltig erschüttert, wenn ein kulturkritischer Diskurs eine paradoxierende Verdopplung vornimmt und die Reflexion auf die Seite des Reflektierenden ausdehnt. Jede Metaerzählung ist nämlich immer noch Objektbestimmung, Ordnungszuweisung im Hinblick auf die Geschichte. In dem Moment aber, in dem die Beobachtung, die auf erster Ebene objektorientiert war, als Beobachtung nunmehr auf zweiter Ebene sich dem Akt der ersten Beobachtung zuwendet, müssen Objektbestimmungen kontingent werden. Der Beobachter entdeckt, daß das, was auf erster Ebene Eigenschaft des Objekts zu sein schien, doch nur eine Reflexionszuweisung war, die durch andere Zuweisungen ersetzt werden könnte.

Auf zweiter Beobachtungsebene hält das methodische Kontingenzbewußtsein Einzug. Und das heißt nichts weiter, als daß jede Metaerzählung als kontingente Setzung erscheinen muß. Der durch Reflexion auf die Reflexion in Gang gesetzte Einsturz der Geschichtsphilosophie in Kulturkritik[323] setzt al-

[322] Als Pamphlet bezeichnet Herder seine Schrift *Auch eine Philosophie der Geschichte zur Bildung der Menschheit* in seinen Briefen, in denen die adressatenabhängigen und sich widersprechenden Selbstzuschreibungen die Möglichkeiten der Lektüren schon in die Mannigfaltigkeiten der Deutungen multiplizieren, die dann die Forschung ausbreitet. Die Formulierung »Mein armes Pamphlet über die Philosophie der Geschichte [...]« findet sich in einem Brief an Johann Gottfried Eichhorn vom 3. Oktober 1783 (Briefe V, 21).

[323] Die Konstellation als solche wird schon von Wefelmeyer (1984, S. 117) beschrieben: »Aus Kulturgeschichtsschreibung wird damit Kultur- und Zeitkritik. Der Kulturtheoreti-

le Ordnungsvorschläge in ein ironisches Licht. Herders Text ließe sich auch lesen als eine kulturkritische Gegenwartsschelte, die einen geschichtsphilosophischen Hintergrund nur aufbaut, um ein Positiv für das Negativ der Gegenwart zu haben. Was sich als methodische Reflektiertheit in der oben beschriebenen Dekonstruktion der absoluten Metaphern ausweist, wäre in dieser Lektüremöglichkeit auf die Konstruktion des ganzen Ordnungsrasters des Textes anzuwenden, einschließlich der theologischen Stabilisierungsversuche.

Formal ließe sich die Indienstnahme der Geschichtsphilosophie durch die Kulturkritik als eine Variante verstehen, eine Einheit des Räsonnements analog derjenigen der Metaerzählungen zu etablieren. Der legitimierende Rückgriff auf bessere Zeiten zwecks Kritik der gegenwärtigen Zeit führt notwendig Teleologisierungen ein, die als Motivationen von hinten ein formales Einheitskriterium bilden. Herder, der sein Schreiben als solches stets mitreflektiert, der seine Zeit als Letternkultur denunziert und doch weiß, daß erst sie das Projekt von Geschichtsphilosophie sowie die Kritik an ihm ermöglicht, befindet sich auf einem Reflexionsniveau, das die Entscheidung, ob er Ordnungsentwürfe auf erster oder zweiter Reflexionsstufe plaziert wissen will, offen läßt. Zur schweren Verständlichkeit der Bückeburger Schrift trägt bei, daß sich nie letztendlich entscheiden läßt, ob eine Bestimmung ein geschichtsphilosophisches Mittel zum Zweck der Kulturkritik oder ein geschichtsphilosophisches Theorem sui generis ist. Die Möglichkeit, die ganze Schrift aus ihrer Polemik zu verstehen, etabliert jedenfalls in der Instrumentalisierung von Geschichtsphilosophie eine neue argumentative Teleologisierung und damit eine weitere Strategie, Geschichte narrativ zu entwickeln.

3e. Das Nemesiskonzept[324] des späteren Herder reagiert spezifisch auf die sich auftürmenden Paradoxien. Es etabliert, so ließe es sich vielleicht formal

ker, der die Logik der kulturellen Entwicklung begriffen hat, kann seiner eigenen Zeit eine Diagnose stellen und vor gefährlichen Tendenzen warnen. Daß damit eine grundsätzlich neue Stufe der Kulturentwicklung erreicht ist, hat er [Herder, R. S.] nicht ausdrücklich zum Gegenstand seiner Theorie gemacht. Denn anders als bei den Ägyptern und Griechen ist jetzt ein Individuum in der Lage, sich aus der kulturellen Beschränkung seines Blickfeldes zu befreien und einen Standpunkt zu beziehen, der es erlaubt, die Geschichte objektiv, sozusagen von außen, zu betrachten.«

[324] Zur Nemesis / Adrastea vgl. die Forschungsbeiträge von Wulf Koepke (Nemesis und Geschichtsdialektik?, in: *Herder today*, Hg.: Kurt Mueller-Vollmer, Berlin / New York 1990, S. 85–96) und Michael Maurer (Nemesis-Adrastea oder Was ist und wozu dient Geschichte?, in: Ebd., S. 46–63). Vgl. zudem: Rudolf Stadelmann, *Der historische Sinn bei Herder*, Halle 1928, S. 36–39; Dietrich Walter Jöns, *Begriff und Problem der historischen Zeit*, Göteborg 1956, S. 99 f., 111 ff.

beschreiben, noch einmal eine Beobachterebene (die dritte), ontologisiert, was auf der zweiten Ebene Ergebnis diskursiver Praktiken ist, zu einem beruhigten Spiel von Naturgesetzlichkeiten[325] und versenkt diese wieder in die Sphäre der Kulturkritik. Zweierlei ist also zu bedenken; erstens: wie wird der Begriff der Nemesis lanciert? und zweitens: wie kommt die Nemesisidee wieder auf die anderen Ebenen zurück?

Herder leitet den Nemesisbegriff aus der als Haushalt gedachten Psyche des Menschen ab, in der eine »Vergleichung« (SWS XV, 416) fremden Glücks bzw. Unglücks mit eigenem stattfindet, so daß in der Vergleichung ein Maßstab des Glücks entsteht. Diese »innere Nemesis seiner Gedanken« (ebd., 417) ist die Basis einer stabilen Psyche und wird – in mythologisierender Rede verallgemeinert auf die Größen Leben, Schicksal, Weltgeschichte – zur Basis von Ordnung überhaupt. In der Psyche findet also eine permanente Metareflexion statt, die jegliche Vorkommnisse intern noch einmal ausgleicht und eigenen Ordnungen unterwirft. Die allgemeinen Prinzipien der Narrativität und der Vergleichbarkeit, kurzum des Geschichtenerzählen-Könnens, werden als Kategorien auf der dritten Beobachterebene entdeckt.

Nemesis, »die Göttin des Maasses und Einhalts« (ebd., 413), tritt als Name für einen geschichtsphilosophischen Diskurses auf, dessen Struktur erst in dritter Reflexion gedacht werden kann. Wenn in zweiter Reflexion die Kontingenz der geschichtsphilosophischen Ordnungsentwürfe bewußt wird (s. o.), bleibt einer darauf sich beziehenden dritten Reflexion nur noch die Aufdeckung derjenigen Allgemeinheit übrig, die jedem Denken als solchem innewohnt. Die Vernunft als diejenige Aktivität, die die Dinge in Beziehung setzt, auf allgemeinste Weise die Vergleichbarkeit von allem herstellt, indem sie über die Ordnung der Dinge nachdenkt, ist in sich selbst schon dieses all-

[325] Daß Herder Nemesis als Naturgesetz versteht, betont er an diversen Stellen: SWS XXIV, 58 f., 334 und SWS XIV, 177, 218 u. ö. Hugh Barr Nisbet (*Herder and the Philosophy and History of Science*, Cambridge 1970, S. 86–109) nennt Herders Versuche, mathematische und wahrscheinlichkeitstheoretische Modelle auf die Geschichte anzuwenden »pseudo-laws«. Herders Adaptation dieser Modelle, die er von dem Mathematiker Lambert, seiner Lukrez-Lektüre und anderen übernimmt und die Ähnlichkeit etwa mit der »population theory of Malthus« (S. 101) hat, denkt seine Theoreme der »ethical equilibria« (S. 96) und der »balance of power« (S. 95) »analogically and symbolically« (S. 89). Wenn Herder Gesetze der Nemesis formuliert und dies eine »later version of the ›Maximum‹ theory« (S. 96) ist, dann kann diese Übertragung nur verstanden werden, wenn man den Terminus Naturgesetz nicht modernistisch mißversteht: »The non-mathematical pseudo-laws of progress are, of course, in no sense comparable with modern conceptions of natural law« (S. 102). – Die Gesetzlichkeit der Nemesis ist im Rahmen des Herderschen Analogiebegriffs zu verstehen und nicht als strikte nomothetische Notwendigkeit. Zum Analogiebegriff vgl. Irmschers grundlegende Untersuchung: Hans Dietrich Irmscher, Beobachtungen zur Funktion der Analogie im Denken Herders, in: DVjs 55 (1981), S. 64–97.

gemeine Medium des Maßnehmens, der wägenden Vergleichung. Was immer auch in Denkentwürfen an inhaltlichen Wertungen vorgenommen wird, der Schematismus des Wertens bedarf einer vorgängig gesetzten Bezugnahme der Dinge überhaupt. Konsequent definiert Herder Vernunft als die »Fähigkeit, den Zusammenhang der Dinge einzusehen« (SWS XVI, 372). Daß er lakonisch sagt: »Wir tragen die Nemesis in uns« (ebd., 374), zeigt, daß die Vernunft immer schon das allgemeine Medium aller Narrativität und allen Weltbezugs ist. Diese Allgemeinheit ist einer über die zweite Reflexion reflektierenden Denkbewegung noch zu entdecken übrig gelassen.

Herder nennt die Idee dieser dritten Reflexion in einer mythologisierenden und insofern ontologisch entstellenden Form Nemesis oder Adrastea. Goethes lakonische Charakterisierung des Herderschen Adrasteakonzepts als »im Fegefeuer zwischen der Empirie und der Abstraktion«[326] stehend, formuliert genau diese Vermischung von Reflexionspotenzierung und Ontologisierung. Herders Argumentation, die in einem weiteren Sinne transzendental-pragmatisch genannt werden kann, versucht dem, was auf der zweiten Ebene als paradoxale Kulturkritik virulent ist, eine Fundierung zuzudenken, die durch Mythologisierung den Status von Naturgesetzlichkeiten erhält.

Ulrich Gaier führt aus, daß Herders Analogie- und Kraftbegrifflichkeit mit der Verabschiedung eines adäquationstheoretischen Wahrheitsmodells auf eine konsenstheoretische und pragmatische Argumentation setze, indem sie die Vernunftgesetze von »pragmatischen Bedeutungen im jeweiligen Lebensbezug«[327] abhängig mache. Was die Vernunft an Billigkeit und moralischem Ebenmaß – Formulierungen, die im 15. Buch der *Ideen* die Nemesisidee vorwegnehmen – fordert und was in den *Ideen* Naturgesetz genannt wird, ist also keineswegs Naturgesetz in unserem modernen Sinne. Eine fälschliche Ontologisierung kann man Herder, wenn er das Nemesiskonzept als Naturgesetz bestimmt, daher nicht vorwerfen. Wohl aber bleibt zu bedenken, daß seine mythologisierenden Benennungen die Nemesisidee nicht auf der Ebene der dritten Reflexion verhandeln – als allgemeine Reflexion narrationstheoretischer Kategorialität überhaupt –, sondern daß er Nemesis als eine Macht denkt, die in der Geschichte selbst wirksam ist und die sich nach der hier entworfenen Systematik auf erster Reflexionsstufe befindet. Er benutzt eine transzendentale Reflexionsfigur empirisch. Daß ein metatheoretisch gefundener Beschreibungsmaßstab in das Beschriebene selbst beruhigend eintritt,

[326] Goethe an Schiller, 18. März 1801, in: *Der Briefwechsel zwischen Schiller und Goethe*, Hg.: Paul Stapf, Berlin und Darmstadt, o. J., S. 721.

[327] Ulrich Gaier, Poesie oder Geschichtsphilosophie? Herders erkenntnistheoretische Antwort auf Kant, in: *Johann Gottfried Herder. Geschichte und Kultur*, Hg.: Martin Bollacher, Würzburg 1994, S. 8.

so daß die kosmologische Garantie gilt: »auf Ordnung und Harmonie ist die Welt gebauet« (SWS XXIII, 230), verwechselt Reflexionskategorien mit Bestimmungen, die nicht auf der Seite der Reflexion, sondern auf der des Reflektierten liegen.

In dieser Verwechslung ist wohl die Tradition der Ablehnung von Herders Spätwerk begründet. Denn Bewertungsmaßstäbe, die auf Harmonisierung hinauslaufen, können die für Kulturkritik notwendige Paradoxierung nicht leisten. Herder mußte reduktionistisch erscheinen. Zu fragen aber bleibt, ob man ihn gegen sich selbst retten könnte, indem man seine Vertauschungen rückgängig macht und den Begriff der Nemesis dort reflektiert, wo er seine Stärke hat: nämlich dort, wo er als Inbegriff methodologischer Überlegungen zur Kulturkritik auftritt, also als hermeneutische und narrationstheoretische Basisreflexion.

Die hier aus der internen Systematik von Geschichtsnarration entwickelte Reflexionshierarchie, die dem Nemesiskonzept die Ebene einer dritten Reflexion zuweist, läßt sich zusätzlich aus einem begriffsgeschichtlichen Zusammenhang motivieren. Bevor in Herders Werk der Name der Nemesis eingeführt wird, ist im Kontext der *Ideen zur Philosophie der Geschichte der Menschheit* von Billigkeit die Rede. Das Wort steht vor allem im XV. Buch der *Ideen* immer dort, wo das Walten der Nemesis gemeint ist.[328]

Billigkeit aber ist ein Begriff mit einer Vorgeschichte. In der *Auslegungskunst* des Baumgartenschülers Meier[329] ist hermeneutische Billigkeit (aequitas hermeneutica) der Inbegriff der wohlwollenden Deutung. Meier, der »alle hermeneutische Regeln, aus der hermeneutischen Billigkeit, fliessen«[330] läßt, macht dabei die Unterscheidung von natürlichen und künstlichen Zeichen.

[328] Das Buch XV erschien 1787 im dritten Teil der *Ideen*. Die Nemesisabhandlung wurde in der Zweiten Sammlung der *Zerstreuten Blätter* 1786 veröffentlicht. Herder hätte also die Möglichkeit gehabt, den neuen Terminus schon in die *Ideen* einzuarbeiten. Daß er es nicht getan hat, wird wohl mit der terminologischen Kohärenz der *Ideen* zusammenhängen. Der an die Hermeneutik anschließende Begriff der Billigkeit erscheint im Kontext einer darstellenden geschichtsphilosophischen Abhandlung weniger riskant, als die mythologisierende Reflexion über das Geschichtsganze.

[329] Zur hermeneutischen Billigkeit vgl. den Aufsatz von Oliver R. Scholz, »Hermeneutische Billigkeit« – Zur philosophischen Auslegungskunst der Aufklärung, in: *Philosophie der Endlichkeit. Festschrift für Erich Christian Schröder*, Hg.: Beate Niemeyer und Dirk Schütze, Würzburg 1992, S. 286–309.

[330] Georg Friedrich Meier, *Auslegungskunst*, § 238. – In den *Anfangsgründen* kommt Meier nur einmal kurz auf die Auslegungskunst zu sprechen. Bezeichnend ist, daß er dabei die hermeneutische Billigkeit, in der alle Regeln der Auslegungskunst gegründet sind, als das Prinzip der Hermeneutik eigens betont (*Anfangsgründe aller schönen Wissenschaften*, Halle, Band II: 1749, § 516 = S. 616).

Sofern es um die Auslegung natürlicher Zeichen geht, verpflichtet die Billigkeit dazu, »Ehrerbietigkeit gegen Gott«[331] zur obersten Maxime der Auslegung zu nehmen. Die Unterstellung, diese Welt sei die beste aller möglichen[332], führt in der Auslegung der natürlichen Zeichen dazu, den Zusammenhang der Dinge als wohlgegründet und einer vollkommenen Planung Gottes unterliegend aufzufassen.[333] Meiers Hermeneutik, die nicht allein von der Auslegung von Texten handelt, sondern mit den natürlichen Zeichen expressis verbis die Einrichtung der Welt zum Thema hat, definiert Billigkeit in einer Weise, die sie auch für eine Geschichtsphilosophie adaptierbar macht. Wenn Herder die Rachegöttin Nemesis zur Figuration der Gerechtigkeit umdeutet[334], so liegt dies nahe an der hermeneutischen Bestimmung, in der Deutung der natürlichen Zeichen die »Vollkommenheiten Gottes«[335] zu erweisen. Das Walten der Nemesis hat bei Herder die Funktion, im Nachweis der Gerechtigkeit die Ordnung in der Geschichte evident zu machen.

Die Vorgaben der hermeneutischen Billigkeit, in der Auslegung willkürlicher Zeichen dem Autor Folgerichtigkeit, Konsequenz, Angemessenheit des Ausdrucks und Vermeidung absichtlicher Dunkelheiten[336] und Irreführungen zu unterstellen[337], dienen in Herders Projekt der Intention, durch die Analyse immanenter Geschichtsregeln eine Theodizee mitzubegründen. Denn der Autor der Geschichte, Gott, wird gerechtfertigt, wenn im Namen der Nemesis die Gerechtigkeit der Geschichte erwiesen werden kann. Herder, der das Projekt einer Theodizee ablehnte, kann mit seinem Nemesiskonzept gleichwohl eine Theodizee begründen, die nicht wie die anderen Theo-

[331] Meier, *Auslegungskunst*, § 39.

[332] Ebd., § 35.

[333] Vgl. ebd., §§ 35–39.

[334] Schon bei Meier wird Billigkeit mit Gerechtigkeit übersetzt: »Die Billigkeit besteht, in einer unparteyischen Gerechtigkeit« (*Abbildung eines Kunstrichters*, Halle 1745, S. 193).

[335] Meier, *Auslegungskunst*, § 39.

[336] Im § 96 der *Auslegungskunst* zählt Meier die Verständlichkeit der Zeichen (perspicuitas signatoris) mit unter diejenigen Annahmen, die man hinsichtlich der Art der auszulegenden Zeichen billigerweise tätigen müsse. Ausdrücklich erwähnt er in diesem Paragraphen, daß in bezug auf diese Zeichenarten »die willkührlichen Zeichen den natürlichen ähnlich sind«.

[337] Vgl. ebd., § 199: »Ein Sinn, welcher logisch falsch, irrig, ungereimt, widersprechend ist, welcher den anderweitigen Meinungen des Autors widerspricht, und seine Unwissenheit verräth, muß von einem billigen Ausleger nicht für den unmittelbaren Sinn des Textes gehalten werden, bis das Gegenteil erhellet«. Ähnliche Formulierungen finden sich bei Meier in großer Anzahl, z. B. § 202: »Ein Ausleger muß, um der hermeneutischen Billigkeit wegen, den allerfruchtbarsten Sinn des Textes annehmen«. Stets läuft bei Meier die hermeneutische Tätigkeit auf eine Verteidigung eines Auszulegenden hinsichtlich seiner stärksten Gestalt hinaus, »bis das Gegenteil erhellet« (s. o.) ist.

dizeen »dem höchsten Wesen oft nicht nur sehr eingeschränkte, kleine, schwache Absichten unterschoben, sondern meistens auch darauf hinausgingen, alles zur Willkühr Gottes zu machen« (SWS XVI, 486 f.). Es ist die reine Immanenz von Herders Argumentation, die zum Erweis der inneren Konsistenz der Geschichte weitaus besser beiträgt, als ein vorschneller Bezug auf den Autor Gott. Insofern befindet sich Herder hier in Übereinstimmung mit den Regeln der hermeneutischen Billigkeit.

Die große Wahrscheinlichkeit, daß bei Herder eine Begriffslinie von der Hermeneutik über den Begriff der Billigkeit in den *Ideen* bis hin zu seiner Ersetzung durch den Nemesisbegriff verläuft, macht die Reflexionsebene, auf der nach der hier vorgeschlagenen Deutung die Nemesis zu begreifen sein soll, einsichtig. Ist nämlich das Verstehen eine erste Reflexion, so steht dazu die Hermeneutik, die als Theorie das Verstehen verstehen will, schon in einer Position der zweiten Reflexion. Innerhalb der Hermeneutik ist aber bei Meier die Billigkeit dasjenige Prinzip, das alle besondere Theorie des Auslegens grundsätzlich strukturiert. Ähnlich der allgemeinen Funktion des Vergleichens und Abwägens bei Herder ist in der Hermeneutik die Billigkeit ein die zweite Reflexion (also die hermeneutische Theorie) noch einmal bestimmendes Prinzip.[338] Damit befindet sie sich auf der dritten Reflexionsebene. Die Schlußfolgerung liegt nahe, daß diese dritte Reflexionspotenz mit übernommen wurde, als Herder das aus der Hermeneutik stammende Konzept der Billigkeit auf die Geschichtsreflexion anwandte. Nicht nur aus Gründen interner Kohärenz – obwohl dies stets die stärkeren Gründe sind –, sondern auch begriffsgeschichtlich ließe sich damit die hier versuchte Deutung der Nemesis untermauern.

[338] In den *Ideen*, Buch XV taucht der Terminus Billigkeit häufig in der Formel »Vernunft und Billigkeit« auf. Sofern Hermeneutik der Name für eine Reflexion auf zweiter Beobachterebene ist und sofern zweitens bei Herder Vernunft als das Messen und Vergleichen der Dinge bestimmt wird, also nicht als erste gesetzgebende Reflexion, auch nicht als zweite, narrative Ordnungen in Kontingenz überführende Reflexion, sondern als dritte, über den Zusammenhang der Objekteigenschaften nachdenkende Tätigkeit, wäre auch hier ein Konnex zwischen Hermeneutik und Vernunft (als dem Vermögen, das für hermeneutisches Denken zuständig ist) zu unterstellen. Die Formel »Vernunft und Billigkeit« findet sich schon vor Herder. Carl Rollin, der Quintilians Vergleich von Homer und Vergil bespricht, formuliert: »Also wäget Quintilian, auf der Wageschale der Vernunft und der Billigkeit, die verschiedenen Eigenschaften dieser beyden grossen Männer ab, und scheint, als wolle er durch gerechte Ersetzungen eine Art einer Gleichheit unter sie aufrichten« (Charles Rollin, *Anweisung, wie man die freyen Künste lehren und lernen soll*, übersetzt von Joh. Joachim Schwaben, Leipzig 1737, II, S. 97). In dem Zitat finden sich neben der Formel »Vernunft und Billigkeit« das Wort »gerecht« und das Bild von der Waagschale. Herders Sprachgebrauch schließt sich offensichtlich einer hermeneutischen Tradition an.

gerecht

Der Begriff der Billigkeit hat freilich eine längere Vorgeschichte als nur die hermeneutische. Schon der Terminus aequitas hermeneutica bei Meier indiziert, daß das Moment des Hermeneutischen eine definierende differentia specifica ist, die dem allgemeineren Begriff aequitas zukommt. Der ursprüngliche Sinn des Begriffs ist ein rechtsphilosophischer. In der römischen Rechtsphilosophie, vor allem bei Cicero, wird er, als Übernahme des Aristotelischen Begriffs der epikie[339], als ein wesentliches Konstituens des Rechts diskutiert. Aequitas oder Billigkeit ist gegenüber dem kodifizierten Recht die Betonung des Einzelfalls. Der möglichen ungerechten Abstraktheit einer formstrengen Rechtsvorschrift soll entgegengewirkt werden, indem eine am konkreten Einzelfall ausgerichtete Entscheidung dem nach den Naturrechtslehren angeborenen Rechtsgefühl Rechnung trägt. Die Billigkeit, die im christlichen Kontext (aequitas canonica) als allgemeine, im Gewissen und der Vergebung gegründete Milde erscheint[340], steht also in latenter Opposition zum kodifizierten positiven Recht. Diese Opposition kann aber auch als »Prinzip der Fortbildung des Rechts«[341] aufgefaßt werden, so daß das kodifizierte Recht fortwährend die Differenzierungen und die an den Einzelfall angelehnten Kasuistiken zu integrieren hat. Die Billigkeit, die neben dem Recht die zweite Säule der Gerechtigkeit ist, wäre dann zugleich der Motor der ständigen Anpassung des Rechtssystems an die sich verändernden Gebräuche und Rechtsempfindungen.

Herders Versuch, der Gesamtgeschichte im Namen der Nemesis bzw. Billigkeit eine letztendlich ausgewogene und weise Gerechtigkeit zu unterstellen, wird also mit dem Konflikt von notwendigem Verlauf und Beachtung des Einzelfalls zu rechnen haben. Weder läuft nämlich die Geschichte offensichtlich gerecht ab, noch aber sprengen singuläre Ungerechtigkeiten ihre grundsätzliche Strukturiertheit. Daß gerade die Billigkeit dafür sorgt, das Einzelne nicht in gewaltvoller Subsumtion dem Gesetz des Ganzen zu unterwerfen, sondern spezifisch zu bedenken, eröffnet bei einer Übertragung des

339 Vgl. dazu die Ausführungen des Aristoteles im 14. Kapitel des 5. Buches der *Nikomachischen Ethik* (Hg.: Günther Bien, Hamburg 1972, S. 1137b): »Und das ist die Natur des Billigen: es ist eine Korrektur des Gesetzes, da dasselbe wegen seiner allgemeinen Fassung mangelhaft bleibt.«

340 Vgl. den Artikel *Aequitas canonica* von Klaus Mörsdorf (in: Lexikon für Theologie und Kirche, Freiburg 1957, Bd. I, S. 784f.) und den Artikel *Billigkeit* von Kaufmann (in: Handwörterbuch zur deutschen Rechtsgeschichte, Berlin 1971, Bd. I, S. 431–437).

341 So die Formulierung in Pauly-Wissowas Realencyclopädie der classischen Altertumswissenschaft, Artikel *Aequitas*. Vor allem in diesem Artikel finden sich zahlreiche Quellenverweise. Schließlich sei noch auf den Artikel *Billigkeit* von Bien/ Sladeczeck (in: Historisches Wörterbuch der Philosophie, Hg.: Joachim Ritter und Karlfried Gründer, Darmstadt 1971, Bd. I, S. 939–943) verwiesen.

gut

naturrechtlichen Theorems auf die Geschichtsphilosophie die Möglichkeit, gerade die Prozessualität der Geschichte als denjenigen Fortgang zu denken, in dem sich das ganze System gemäß der notwendigen Integration eines Einzelnen verändern muß, um es angemessen zu verarbeiten. Am Ende heben sich nach Herder die Ungerechtigkeiten in der Geschichte gegenseitig auf. Die ständige Verarbeitung der Ungerechtigkeiten im Fortgang der Geschichte erscheint als ausgleichende Synthese von korrigierender Billigkeit und der Systematizität der Abläufe. Präzis übernimmt Herder diese naturrechtliche Vorstellung in sein Konzept.

Von hier aus läßt sich auch noch einmal über den Sinn des Begriffs Naturgesetz bzw. Naturordnung, als welche das Walten der Nemesis bei Herder bezeichnet wird, sprechen. Es kann damit kein Gesetz im naturwissenschaftlichen Sinne gemeint sein. Mit dem dialogischen Prozeß zwischen positivem Recht und naturrechtlich korrigierender Billigkeit ist schon im Rechtsgeschehen eine Verfahrenslogik gegeben, die zwar eine Strukturiertheit aufweist, durchaus aber kein objektkonstituierendes Naturgesetz ist. Als Verlauf gedacht, ist die ständige Korrektur der Geschichte durch die Integration von billigen Erkenntnissen ein ebenso eminent dialogischer Prozeß. Naturgesetz kann in diesem Kontext nur ein intersubjektives Regulat meinen, dessen Struktur formal erfaßt und in seiner Gesetzlichkeit beschrieben werden kann. Materialiter aber läßt die Nemesis keine Aussagen über künftige Einzelereignisse zu: dies unterscheidet sie vom heutigen Begriff des Naturgesetzes.

4. Die interne Systematik von Herders Problemlösungen zur Frage, wie eine einheitliche Narration der Geschichte trotz einer historistisch inspirierten Monadologie der Geschichtseinheiten zu schreiben wäre, sei in Kürze zusammengefaßt. Zu unterscheiden sind drei grundsätzliche Reflexionsstufen:

– In der ersten Reflexion, als einfaches Nachdenken über den Forschungsgegenstand Geschichte, findet Geschichtsphilosophie als Zuweisung von Objektbestimmungen statt. Geschichte ist jeweils das, als was Theorie sie denkt. Herder diskutiert die Ordnung von Geschichte in zweifacher Weise. Erstens (3a.) erscheint Geschichte in einer von vorne motivierten Erzählung als Abfolge von Nationen bzw. synkretistisch emergierten Gesamtkomplexen. Zweitens (3b.) erscheint sie als von hinten motivierte Narration in der Form einer theologischen Metaerzählung (Schöpfungshieroglyphe). Herder diskutiert also mit diesen zwei Narrationstypen (Motivation von vorne/ von hinten) die beiden grundsätzlich möglichen Weisen einer Erzählung.

– Wird über das Zustandekommen von Zuschreibungen auf erster Reflexionsebene in einer zweiten Reflexion nachgedacht, so wird erkennbar, daß solche Zuschreibungen kontingente Akte der Deutung sind, die mit anderen konkurrieren. Die intentio recta der Benennung von Geschichte als etwas Bestimmtem wird von einer intentio obliqua unterbrochen, in der solche qualifizierenden Akte des Etwas-als-etwas-Setzens als interessengesteuerte, grundsätzlich konkurrierende, aber auch grundsätzlich nicht apriori entscheidbare Geltungsansprüche erscheinen. Herder trägt der entstehenden Kontingenz dadurch Rechnung, daß er die beiden möglichen Reaktionsweisen diskutiert. Zum einen (3d.) läßt er die Erzählung von Geschichte in Kulturkritik münden, löst also Geschichte kontingenzbedingt als Einheit auf, zum anderen (3c.) rettet er Geschichte als Einheit formalistisch, indem er die sinnproduzierende Rede dekonstruktivistisch weiterlaufen läßt. Inhaltlich muß er infolge der auf zweiter Reflexionsebene entstehenden Kontingenz Geschichte destruieren, retten im Sinne von Weiterführen des Diskurses kann er sie nur im Formalismus der Dekonstruktion.

– Auf dritter Reflexionsstufe erscheint die zweite Reflexion noch einmal als von allgemeineren narrativen Aktivitäten gesteuert. Was die Entwürfe der zweiten Ebene gemeinsam haben – so wird in dritter Reflexion entdeckt – ist ihr allgemeiner Schematismus des Verbindens von Fakten: ein Vollzug noch im Material der Geschichte, aber als Akt eines in sich reflektierten Kontingenzbewußtseins. Abstrahiert man diesen Schematismus des Verbindens, des vernunftinternen Abwägens und Messens, des metatheoretischen Räsonnements der wägenden und ausgleichenden Bestimmungen, so kann man in mythologisierend-ontologisierender Terminologie zu Herders Nemesiskonzept gelangen (3e.). Was Herder zur Geschichtsmacht erklärt, ist die wie eine Bestimmung auf erster Reflexionsebene behandelte Struktur der dritten Reflexion, also eine logisch problematische Übertragung von Bestimmungen von einer höheren auf eine niedrigere Ebene.

5. Es zeigt sich in dieser Formalisierung, daß Herders Geschichtsphilosophie auf allen Ebenen der methodologischen Reflexion von Geschichtsphilosophie agiert, ohne dies allerdings eigens zu markieren. Herder versucht vielmehr, alles auf einmal zu sagen. Zu fragen wäre, ob eine Strategie darin zu finden ist, daß er die benannten Ebenendifferenzen in die Darstellung gleichsam verschluckt. Ist die Tatsache der nicht ausgewiesenen Trennung von de facto verschiedenen Redeniveaus selbst wieder als ein Theorem zu verstehen, und läßt sie sich als implizite Theorie geschichtsphilosophischer Schreibweisen rekonstruieren? Ließe sich darüber nachdenken, ob die Wiedereinschreibung von höheren Reflexionsstufen in niedrigere als dekonstruktives Verfahren zwecks Dezentralisierung geschichtsphilosophischer Fortschrittsmodelle zu verstehen sei? Wäre dann dieser Diskurs vor allem Geschichtsmethodologie, ausgetragen freilich in der Praxis der Geschichtsbetrachtung?

Die narrative Horizontalisierung der an sich vertikal ausgerichteten Reflexionspotenzen läßt sich als memoria-Verfahren verstehen. Herder sucht nicht nach einer theoretischen Begründung für Geschichtsphilosophie, sondern nach Verfahren, mit denen er jenes Feld darstellbar machen kann, das als dargestelltes ›Geschichte‹ heißt. Die selbstemergente Systematik von potenzierter Reflexion erscheint – obwohl sie intern konstruktivistisch ist – als Gedächtnis, wenn sie zu das geschichtliche Feld definierenden hermeneutischen Zugriffsweisen horizontalisiert ist.

Die Erinnerbarkeit vergangener Zeiten ist uno acto ihre Konstruierbarkeit: Rom z. B. wird erinnerbar, weil es einen charakterisierenden Index bekommt. Indem Herders Geschichtsphilosophie Rom in die Lebensalteranalogie einschreibt und es an den Übergang von nationengesteuerter zu synkretistischer Geschichtskonstruktion plaziert, ist es charakterisiert, wiedererkennbar und damit erinnerbar. Was derart formal als Theorieleistung beschreibbar ist, erscheint von außen gesehen als Leistung des Gedächtnisses. Denn Rom ist die Nation, die mutig, tugendhaft und tapfer war und nach deren Größe keine größere Einheit von ähnlicher Struktur möglich war, sondern nur ein neues Prinzip. Diese charakterisierende Erinnerung ist ein Ergebnis theorieinterner Konzeptualisierung. Die Umschaltung gemäß innen/ außen-Perspektive ist demnach zugleich eine Funktion interner Konstruktion wie auch eine des Gedächtnisses. Das Zusammentreffen von Informationsereignis und Operationsweise wird nämlich dann als Gedächtnis kodiert, wenn ein Beobachter einen Systemzustand einem Vermögen zuschreibt.[342] Herders Horizontalisierung von Reflexionssystematiken ist intern ein Konstruktionsverfahren zur Herstellung verschiedener Metaerzählungen und extern ein Erinnerungsverfahren, das aus einem diffusen geschichtlichen Feld ›Geschichte‹ macht.

Beschreibt man die analysierte Reflexionsordnung in dieser pragmatisierten Funktionalität als memoria-Verfahren, so fallen strukturelle Ähnlichkeiten zu den Bestimmungen auf, die im Laufe der fortschreitenden Betrachtung des Gedächtnisses bislang gewonnen wurden. Die Fragematrix, die entsteht, lautet: Läßt sich die stratifikatorische Auftürmung der Reflexion bis in die dritte Ebene als Analogon zu den vertikal organisierten Listen der

[342] Vgl. Niklas Luhmann, *Soziale Systeme*, Frankfurt am Main [2]1988, S. 102 f.: »Als »Gedächtnis« erscheint dieser *Zusammenhang* von Informationsereignis und geänderter Operationsweise nur einem *Beobachter*. Das System selbst reproduziert sich nur in der Gegenwart und braucht dazu kein Gedächtnis. Es kann sich unter Umständen aber selbst beobachten und sich selbst dann ein »Gedächtnis« oder sogar ein »schlechtes Gedächtnis« zuschreiben. […] Das ändert aber nichts daran, daß es das, was als Gedächtnis bezeichnet wird, *nur für einen Beobachter gibt*.«

Gedächtnisarchive verstehen? Sind die dann entwickelten Narrationen von Geschichte Syntagmaverläufe, deren innere Ordnung einer dem poetischen Parallelismusprinzip analogen Struktur gehorchen? Ist also das Ensemble von verschiedenen Geschichtserzählungen, das Herder in nahezu systematischer Gliederung anbietet, poesieanalog – und am Ende eine Art von Roman? Und, wenn dem so wäre: Ist die Geschichtsphilosophie ähnlich der Poesie eine Paradigmaerkundung, die mit der Hilfe des historischen Materials eine solche Aktualisierung des Paradigmas betreibt, daß sie als poetische memoria verstanden werden kann?

Hans Adler hat die These aufgestellt, die Geschichtsphilosophie Herders sei die »konsequente Anwendung seiner ästhetischen Gnoseologie«[343], insofern die »Geschichte als Prozeß die Entbindung der Prägnanz in die Zeit«[344] sei. Unter Prägnanz[345] versteht Adler die Gesamtheit der in dem dunklen Grund der Seele vorhandenen, ursprünglich konstruierenden Synkretismen der Sinnlichkeit. Die Geschichte ist bei Herder, so die These Adlers, eine Erscheinungsweise des Ensembles der menschlichen Möglichkeiten. Sie ist der Raum, in dem sich das anthropologische Archiv der Menschheit – bei Herder oft in der memoria-Metapher des Schatzhauses gefaßt – zur Erscheinung bringt. Diese Gedankenformation führt Adler zu dem Theorem, daß »die historische Prägnanz als die Syntagmatisierung der ästhetischen zu begreifen«[346] sei. Was im anthropologischen Archiv zu Paradigmenblöcken erstarrt und aufgespeichert ist, legt sich im Nacheinander des Geschichtlichen aus, wird zu einer Syntagmatisierung des Paradigmatischen, zu einer Horizontalisierung des kombinatorischen Puzzles, das in der Ausprägung der Synkretismen der Sinne denkbar ist. Insofern nun geschichtliche Gestalten solche aisthetischen Prägnanzen zu individueller Erscheinung bringen, ist die Geschichte im Sinne von Baumgartens Ästhetikdefinition Realisationsmodus von Ästhetizität und Geschichtsphilosophie deren poetische Narratio.

Was, dem Adlerschen Gedankengang folgend, aus Herders Gnoseologie erklärbar ist, hat auch unabhängig von dieser Grundlegung seine theoretische Valenz. Folgt man der hermeneutischen Generalmaxime, daß die Autorintention keineswegs den Gehalt determinieren kann, so stellt sich folgendes Problem. Selbst wenn es Herders Intention gewesen wäre, seine Geschichtsphilosophie als aisthetische Explikation seiner Gnoseologie anzulegen, so ist

343 Adler 1990, S. 169.

344 Ebd., 170.

345 Es ist darauf hinzuweisen, daß im 18. Jahrhundert die Bedeutung praegnans = schwanger noch mitgehört wird. Was prägnant ist, steht kurz davor, in die Sichtbarkeit überzugehen, ist aber noch in einer Verborgenheit.

346 Ebd., 166.

damit noch nicht garantiert, daß dann auch automatisch die Praxis seiner Analysen auf ein ästhetisch und poetologisch fundiertes Geschichtsbild hinauszulaufen hat. Keine Regel kann ihre Anwendung determinieren, schon gar nicht eine glückende Anwendung. Was Adler aus Herders Gnoseologie folgert, muß erst noch in konkreter Analyse erwiesen werden: nämlich daß Herders Geschichtsschreibung einer Systematik folgt, die sich abschließend als Syntagmatisierung aisthetischer Prägnanz beschreiben läßt. Erst der Nachweis, daß die verschiedenen Erzählverfahren Herders eine Reflexionssystematik der potenzierten Beobachtung ausführen und daß man diese Reflexionslogiken als in Syntagmen umgeschriebene Paradigmablöcke denken kann, führt über das Poetizitätstheorem von der Horizontalisierung der Äquivalenz[347] zum Begriff des Poetischen. Im Nachhinein läßt sich dies mit Adler zusammenbringen, aber eben erst im Nachhinein.

Zum zweiten scheint mir aber schon die Ausgangsthese Adlers problematisch, Herder konzipiere Geschichtsphilosophie aus einer umfassenden Vermittlung von Ästhetik und Gnoseologie. Dafür, daß er wirklich die Abfolge der Nationen aus einer Art von kollektivem fundus animae denkt, gibt es in der Bückeburger Geschichtsphilosophie keinen Hinweis.[348] Vielmehr schließt sich Herder in seiner Lebensalteranalogie Sprachregelungen an, die sich vor ihm schon bei anderen, allen voran bei Iselin[349], finden. Daß aber die Abfolge der Nationen von den Morgenländern bis zu den Römern zugleich die Auseinanderlegung eines anthropologischen Kontinuums wäre, vergleichbar etwa mit dem Begriff der Naturpoesie bei Friedrich Schlegel[350], wird

[347] Vgl. zu diesem Begriff von Poetizität Roman Jakobsons berühmte Definition: »Die poetische Funktion projiziert das Prinzip der Äquivalenz von der Achse der Selektion auf die Achse der Kombination« (*Poetik. Ausgewählte Aufsätze 1921–1971*, Frankfurt am Main 1979, S. 94).

[348] Es ließe sich sogar ein Gegenargument konstruieren: Wenn der dunkle Grund der Seele aus jeweils individuellen Synthesen der fünf Sinne besteht (s. dazu das Kapitel *Philosophie als Analysis*), dann kann es keinen einheitlichen und kollektiven Fundus geben, aus dem eine geschichtliche Ereignisfolge erwachsen könnte. Vielmehr finden sich im Dunkel der Seele immer nur bestimmte Synkretismen, die keiner stabilen Regel folgen.

[349] Iselin benutzt in seiner *Geschichte der Menschheit* schon ausführlich die Lebensaltermetaphorik, wenn er im Zweiten Buch, Kapitel XII, S. 180 ff. von der Kindheit der Menschheit spricht und dieses metaphorische Modell weiter zur Strukturierung seines geschichtlichen Diskurses benutzt. Vgl. Isaak Iselin, *Geschichte der Menschheit*, Zürich 1768 (neue und verbesserte Auflage).

[350] Friedrich Schlegel denkt in seinem *Studiums*-Aufsatz die griechische Poesie als Naturpoesie, die einen in sich abgeschlossenen Kreis von poetischen Bestimmungen darstellt. In der griechischen Poesie »ist der ganze Kreislauf der organischen Entwicklung der Kunst abgeschlossen und vollendet« (Friedrich Schlegel, *Kritische Schriften und Fragmente*, Hg.: Ernst Behler und Hans Eichner, 6 Bände, Paderborn u. a. 1988, Bd. I, S. 111) und deshalb enthält sie den »vollständigen Stufengang des Geschmacks« (ebd.), nämlich das »System

außer durch die topisch übernommene Lebensalteranalogie nicht ausgeführt.[351] Der Theoriefundus, aus dem Herder schöpft, mag die These Adlers, schon allein wegen der sprachlichen Kontinuität von den erkenntnistheoretischen zu den geschichtsphilosophischen Schriften nahelegen. Der Nachweis aber, daß Herder explizit seine Geschichtsphilosophie aus seiner Erkenntnistheorie konstruiert hat, wäre noch zu führen, und wäre ausführlicher zu führen, als in den kurzen Andeutungen Adlers.

Was Herders Sprachbegriff angeht, finden sich ausdrückliche Formulierungen, in denen er davon spricht, daß die ganze Geschichte der Menschheit in ihren Sprachen liege, so daß »eine Entzieferung der Menschlichen Seele aus ihrer Sprache« (SWS II, 13) in Aussicht gestellt wird. Für die Sprache gilt bei Herder, was Adler auch für die Geschichte finden will: nämlich daß in die Worte die Energien ihres Ursprungs eingeschrieben sind, die Sprache eine »große Schatzkammer ist, in welcher die Känntnisse aufbewahrt liegen, die dem ganzen Menschengeschlechte gehören« (ebd.). Aber die Sprache hat nicht wie die Geschichte mit externer Kontingenz zu kämpfen; sie ist monadisch, indem sie Fremdreferenz stets zu Selbstreferenz macht. Deshalb läßt sich Sprache an Herders gnoseologisches Aisthesismodell anschließen, und er selbst tut dies auch. Geschichte aber muß erst post festum durch Interpretationsarbeit hereingeholt werden. Adlers Voraussetzung, die »Vermittlung von Gnoseologie, Ästhetik und Geschichtsphilosophie«[352] ergebe sich analytisch, scheint mir daher problematisch zu sein. Die Vermittlung ergibt sich durchaus, aber erst im Nachhinein, und auch hier muß erst der Nachweis geführt werden, daß sich Herders Praxis der Geschichtsschreibung als eine Bewegung der Syntagmatisierung von Paradigmastrukturen realisiert.

Als eine nicht beweisende, aber verplausibilisierende Beschreibung des Sachverhalts deckt sich Adlers These mit meinem Beschreibungsversuch. Wenn sich alle Erzählstrategien Herders aus dem einheitlichen Ausgangsproblem herleiten lassen, wie er trotz historistischer Vereinzelungstendenz das Projekt einer Metaerzählung durchführen kann, und wenn die potenzierten Beobachtungsperspektiven – die zugleich Beschreibungsverfahren von Ge-

aller möglichen reinen Dichtarten« (ebd.). Die griechische Naturgeschichte der Kunst ist also eine Art von mikrokosmischer Ausformulierung desjenigen Feldes, dessen differentielle Bestimmungen die verschiedenen Genres definieren. Da aber Schlegel in der Nachfolge von Schiller die Genres zugleich mit Empfindungsarten zusammenbringt, wird die poetische Naturgeschichte der griechischen Poesie gleichzeitig zur anthropologischen.

[351] Ich spreche vor allem mit Bezug auf *Auch eine Philosophie*; die Frage nach einer anthropologischen Fundierung wird bei den *Ideen* zu stellen sein, aber wohl anders denn als Explikation basaler Aisthesis.

[352] Adler 1990, S. 171.

schichte sind – im Nachweis interner Systematizität das komplette Feld des in diesem Problemrahmen Konzeptualisierbaren abstecken, dann ist die Erzählung dieser Beobachtungsprinzipien *als* Erzählen von Geschichte im gleichen Moment Poesie. Nämlich: *anstatt* das Prinzip selbst zu sagen, treten *an die Stelle* der reinen gnoseologischen Rede die sinnlichen Vorstellungen, in denen ein geschichtliches Objekt charakterisiert wird. Formal gesehen ist dies nichts anderes als die Baumgartensche Definition des poema.[353]

6. Nach der Leitthese zu Herders Gedächtnisbegriff müßte, wenn etwas Poesie sein soll, dies zugleich auch als Gedächtnis beschreibbar sein. Daß in der Tat Herders Geschichtsphilosophie auf eine sehr hintergründige Weise an eine alte Tradition von Geschichte als Erinnerung anschließt, soll im folgenden ausgeführt werden. Zunächst steht diese Tradition selbst in Rede, sodann wird diskutiert, warum sich ihr Herder zunächst nicht anschließen kann und schließlich wird aufgewiesen, wie er es doch tut.

Auf der Suche nach einer Tradition des Geschichtsbegriffs als Erinnerung fällt der Blick zunächst auf Diderot. Sein *Prospekt der Enzyklopädie* (1750) gliedert das Wissensfeld des in Angriff genommenen Enzyklopädieprojekts nach dem von Bacon übernommenen Prinzip der Seelenvermögen: »Von unseren Fähigkeiten haben wir unsere Kenntnisse abgeleitet. Die Geschichte verdanken wir dem Gedächtnis, die Philosophie der Vernunft und die Poesie der Einbildungskraft«.[354] Damit ist formuliert, daß die Erarbeitung von Geschichte eine bestimmte memoria-Praxis ist.

Wichtiger als diese Tradition, die Wissensgebiete nach den Vermögen zu gliedern, ist aber wohl der von Koselleck aufgearbeitete Traditionsstrang des Topos historia magistra vitae. Bevor durch die Zusammenziehung der regionalen Geschichten in den Kollektivsingular Geschichte im Laufe des 18. Jahrhunderts eine neue Qualität von geschichtlicher Zeiterfahrung eintritt, wurde die Historie, wie Koselleck formuliert, als »eine Art Sammelbecken multiplizierter Fremderfahrungen«[355] verstanden. Auf der Basis eines anthropologischen Kontinuums wurde Historie als eine Ansammlung von Exempeln gedacht, aus denen man für das gegenwärtige Leben Lehren ziehen könne. Den Ausgangspunkt für diese Tradition fixiert Koselleck in dem Satz Ciceros: »Historia vero testis temporum, lux veritatis, vita memoriae, magi-

[353] Vgl. zur ausführlichen Rechtfertigung dieses Interpretaments das Kapitel *Das Ästhetische und die Rede über das Ästhetische*.

[354] Diderot, *Philosophische Schriften*, I, S. 117, vgl. 128.

[355] Koselleck, Historia magistra vitae, in: Reinhart Koselleck, *Vergangene Zukunft*, Frankfurt am Main ²1992, S. 39.

stra vitae, nuntia vetustatis, qua voce alia nisi oratoris immortalitati commendatur?«[356] Formulierungen, die sich daran anschließen, lassen sich in großer Fülle sammeln; am eindrücklichsten ist vielleicht die Stelle aus Alsteds Enzyklopädie: »Historia est theatrum universitatis rerum, speculum temporis, thesaurus demonstrationis [...]«.[357] Aus den beiden Zitaten wird deutlich, daß die Metaphorik der Schatzkammer (Thesaurus), des Spiegels, der Zeugenschaft und des Welttheaters als memoria-Metaphern fungieren. Historie ist ein Erfahrungsschatz, eine Exempelsammlung, in der aufgespeichert ist, was auch für ein gegenwärtiges Leben Relevanz beanspruchen kann.

Herder kann freilich diese Tradition nicht einfach adaptieren. Sein den Historismus begründendes Konzept, geschichtliche Ereignisse als individuelle zu beschreiben, setzt die Verallgemeinerbarkeit dieser Ereignisse, also ihre Eignung, über die Grenzen der Geschichtsmonaden hinweg Exempel zu werden, außer Kraft. Die memoria-Tradition von Historie, die im Topos historia magistra vitae mitläuft, wird durch den Herderschen Historismus zerstört.

Nun findet aber, wie nachgewiesen wurde, der Herdersche Historismus vor allem auf der ersten Ebene der Beobachtung statt (synkretistische Epigenesis, Prinzip der Negation, Schöpfungshieroglyphe). Das Erzählverfahren, das er auf der dritten Ebene in der Idee der Nemesis findet, hat mit der Narrationslogik der ersten Beobachtung nur noch wenig zu tun. Wenn vor allem der späte Herder diese dritte Ebene zunehmend als gesetzgebende Instanz von Geschichte denkt, dann integriert er damit zugleich seinen eigenen Historismus in die grundsätzliche Thematik von Geschichte als Form von Erinnerung.[358] Der Versuch, diese dritte Ebene der Reflexion bevorzugt zu behandeln, führt ihn wieder in die Nähe des Topos historia magistra vitae und damit in die Nähe der historischen memoria.

[356] Cicero, *De oratore,* II,36: »Und die Geschichte vollends, die vom Gang der Zeiten Zeugnis gibt, das Licht der Wahrheit, die lebendige Erinnerung, Lehrmeisterin des Lebens, Künderin von alten Zeiten, durch welche Stimmen, wenn nicht die des Redners, gelangt sie zur Unsterblichkeit?«

[357] Zitiert nach Koselleck 1992, S. 43, Fußnote 17. Weitere Zitate vgl. dort.

[358] Michael Maurer weist in seinem Aufsatz zur Nemesis-Adrastea (Maurer 1990, S. 47f., 57f.) darauf hin, daß gerade die den Herderschen Historismus weiterführende Rezeption dem Adrastea-Konzept verständnislos, es stellenweise gar pathologisierend gegenüberstand. Beide Werkphasen werden fast ausnahmslos mit den Vorstellungen der frühen und gültigen Leistung und der im Alter vonstatten gehenden Degenerierung einander gegenüber gestellt. Der Nachweis, daß eine Reformulierung der Herderschen Geschichtsmethodologie eine interne Systematik der Reflexion, die als memoria ausdeutbar ist, zum Vorschein kommen läßt, bringt gegen jene Rezeption ein Kontinuum in Herders Gedankengang. Die Nemesisidee ist nicht nur in Herders frühere Gedanken integrierbar, sondern sie bringt vielmehr überhaupt erst die Systematizität seines Geschichtsdenkens zum Abschluß.

Koselleck referiert, daß der Historiker von den bereitgestellten Exempeln nicht nur lerne, sondern mit ihnen auch zu urteilen und zu richten habe. Diese Funktion wurde zunehmend der Geschichte zugeschrieben: »Fast unter der Hand wurde aus der – seit der Antike – richtenden Historiographie eine Historie, die selbsttätig die Richtsprüche vollstreckt.«[359] Der Topos der strafenden bzw. richtenden Zeit – am wirkmächtigsten in Schillers Satz »Die Weltgeschichte ist das Weltgericht« formuliert – ist ein Bestandteil des Topos historia magistra vitae. Herders Nemesisidee, die die Vorstellung von der richtenden Zeit in das mythologische Bild bringt, findet durch diesen Konnex den Anschluß an die memoria-Tradition von Historie.

Am Ende seines Aufsatzes *Nemesis. Ein lehrendes Sinnbild* (1786) schreibt Herder über die Nemesis: »Sie blickt in den Busen und wie der Göttin des Gedächtnißes der Ohrzipfel geweihet war, so hat sie den Ort hinter dem Ohr zu ihrer Tafel, wo sie sich alle Gedanken und Thaten der Menschen still aber unauslöschbar anmerket« (SWS XV, 428). Nemesis ist der Name für eine Art von Supergedächtnis: nicht allein ein Ohrzipfel, sondern hinter dem Ohr eine ganze Tafel steht ihr zur Verfügung, weitaus mehr, als dem Gedächtnis selbst. Sie ist damit nicht allein das passive Medium eines Aufnehmens, sondern als Tätigkeit der Vernunft in ihrem Inbeziehungsetzen, Vergleichen und Abwägen immer auch zugleich der Ort, an dem alle die Dinge, die verglichen werden, präsent zu sein haben. Da vom systematischen Ort der Reflexionsstufe dritter Potenz her die Nemesisidee als Generations- und Steuerinstanz der anderen Reflexionen begriffen werden kann – denn letztlich ist es ja immer eine Funktion der gesetzgebenden Vernunft, die sich auf jeder Ebene von Geschichtsbestimmungen findet –, qualifiziert die Aufnahme des Gedächtnisses in die Nemesis die gesamte Geschichtskonstruktion Herders als memoria-Arbeit. Sei es das Prinzip der Nationenabfolge, das der Schöpfungshieroglyphe oder sei es das der Kulturkritik bzw. das der Dekonstruktion: Immer sind solche Ordnungsschemata Entwürfe der Vernunft, mit denen sie sich ihr Gedächtnis im Auseinanderlegen ihres Konstruktionszusammenhanges entwirft. Es ist die dritte Ebene der Reflexion, der Formalismus der Vernunft in seinem puren Vergleichen und Abwägen, der strukturierende Paradigmablöcke als Organisation des geschichtlichen Materials qua Erinnerung der Geschichte entwirft. Indem Herder die Nemesis mit einem Gedächtnis ausstattet, das nicht einfach nur ein passives Aufnehmen ist, sondern im Merken aller Gedanken und Taten der Menschen vielmehr an die apokalyptische Situation des (Welt-) Gerichts mit dem Buch des Lebens gemahnt, ist eine weitreichende Identifikation von Vernunft und Gedächtnis vollzogen.

[359] Koselleck 1992, S. 60.

In seinem Text *Die Adrastea des Christenthums* von 1802 arbeitet Herder den Bestand der memoria-Metaphern auf, der ihm mit dem Konnex der beiden Topoi der richtenden Zeit und der Historie als Lehrmeisterin gegeben ist. Der kurze Text inszeniert ein fiktives Gespräch, in dem der eine Sprecher von drei Träumen erzählt, die er als Erscheinung der »Nemesis des Christenthums« (SWS XXIV, 58 f.) deutet. Die Traumerscheinungen sind: ein helles Auge, dessen ernst-freundlicher, unbeweglicher und tief ergreifender Blick als »prüfender Blick des Weltalls« bezeichnet wird (ebd., 57); eine »allmächtige Waage«, zu der eine Stimme »Vergeltung« ruft (ebd.); ein »Marmorfuß voll emblematischer Bilder« mit einer Säule, dazu eine Stimme, die »Standhaftigkeit« ruft (ebd., 58); »die ewige Waage des Weltgerichtes«, auf der weltliches Leben zuungunsten christlicher Lebensführung aufgewogen wird (ebd.).[360] Das wichtigste der memoria-Bilder ist jedoch das von einem »Buch, geschrieben in wunderbaren Charakteren. Ich blätterte darinn, verstand nichts, sah aber, daß die Charaktere die Blätter durchdrangen und auf der anderen Seite des Blatts eine ganz andere Gestalt sichtbar machten, als die Vorderseite darstellte. Die Rückseite klärte die Vorseite auf und das ganze Buch war Fortgang« (ebd., 57).

Zwei Tendenzen fallen bei diesen Traumbildern auf. Zum einen haben sie alle eine Dimension des Speicherns, der Versammlung: ein Buch, das als fortgehendes[361] wohl das Sinnbild des Thesaurus der fortlaufenden Geschichtsereignisse ist; eine Waage, auf der die Szenen des Lebens ablaufen; eine Versammlung von Emblemata, die an sich schon komprimierte Gedächtniskunst sind, und schließlich ein Blick, der alles sieht und damit zum Leser dieser memoria-Figurationen wird. Wenn nach Alsted Historie das theatrum universitatis rerum ist, so stellen die Herderschen Bilder genau dieses Theater und diese Schatzkammer dar, in der Geschichte sich aufsammelt. Zum anderen liegt in den Bildern eine Dynamisierung. Daß das Buch sich fortschreibt, daß die Waage in ständiger Bewegung ist, daß kommentierende Stimmen da-

[360] Das Bild von der Waage, das bei Herder stets die Nemesisidee begleitet, erinnert an die traditionellen Justitia-Darstellungen. Im Zusammenhang mit dem Begriff der Billigkeit ist aber auch darauf hinzuweisen, daß bei den Römern Aequitas als Göttin »in lang herabwallendem, faltenreichem Gewande, stehend mit einer Waage in der Rechten« dargestellt wurde (vgl. den Artikel *Aequitas* (S. 604) in Pauly-Wissowas Realencyclopädie der classischen Altertumswissenschaft).

[361] Gaier (1992) diskutiert den Begriff ›Fortgebäude‹ als ein Herdersches Denkbild und stellt es in die Reihe der Denkbilder Nemesis und Schöpfungshieroglyphe. Die Verbindung des architekturalen memoria-Aspekts (Gebäude) und des dynamischen Prozesses stetiger Auffüllung und Umstrukturierung des Gedächtnisses (›Fort‹-Bewegung) machen den Begriff des Fortgebäudes zu einer Reflexionsform für die beiden konkurrierenden Metaphoriken der memoria: Raum und Zeit.

zutreten, bringt in die statische Vorstellung einer Exempelsammlung die Bewegung, die mit der christlichen Zeitvorstellung gegeben ist. Herder denkt Geschichte offensichtlich als offene, obwohl er, wenn er historische memoria denkt, gleichzeitig ein geschlossenes Kontinuum des Erfahrbaren grundlegen müßte. Die Dynamisierung der memoria-Figurationen scheint dieses Paradox als Bilderbewegung austragen zu wollen.

Herders späteste Geschichtsreflexionen versuchen den Historismus, den er selbst so wirkmächtig begonnen hat, wenn nicht gar zu überwinden, so doch mit der Tradition der Geschichte als Gedächtnisraum zu verbinden. Daß er dies nur ästhetisch darstellen kann – nämlich in Traumbildern, die nach seinem eigenen Begriff präzise die grundlegende Aisthesis frühester Kindheit zum Ausdruck bringen –, weist darauf hin, daß gerade die Verbindung von memoria und Poesie, die im Bild und in der Sache der Nemesis fundamental ist, für seine abschließende Reflexion über Geschichte einsteht.

Herders Strategien, Geschichte zu erzählen, sind also Konzeptualisierungen von Reflexionspotenzierungen in memoria-Verfahren. Er schließt sich auf diesem Wege das geschichtliche Feld unter verschiedenen, zuweilen divergierenden Aspekten auf. Das Repertoire, das er sich auf diese Weise erarbeitet, wird in seine Literaturwissenschaft eingehen.

9. Zusammenfassung und Überleitung: Gedächtnis und Interpretation

Herders Interpretationen beziehen sich vornehmlich auf ältere Texte. Seine wesentliche Strategie ist, einen Text in seinen historischen Kontext zu stellen und ihn aus diesem Kontext heraus zu deuten. »Ethopöie« (SWS II, 146 f., 154, 156)[362] nennt Herder das. Bekanntlich unterläuft er mit dieser Historisierung den Querelle-Streit.

So gilt ihm Horaz nicht mehr als der normative Odentheoretiker; vielmehr hat er die römische Ode bestimmt, so wie der Hebräer den Hymnus und der Grieche seine Ode.[363] Die Pindarischen Dithyramben müssen dem deutschen Geschmack »fremde« (SWS I, 315) bleiben und wären, unter den Bedingungen der deutschen Kultur, ein »Unding« (ebd., 316). Die Regeln, die Aristo-

[362] Vgl. zu dem Begriff die Anmerkungen in Pross I, 730 und Wolfgang Pross, Herders Shakespeare-Interpretation. Von der Dramaturgie zur Geschichtsphilosophie, in: *Das Shakespeare-Bild in Europa zwischen Aufklärung und Romantik*, Hg.: Roger Bauer, Bern 1988, S. 165, 173. – Der Begriff stammt aus der Rhetorik, wie bei Lausberg (*Handbuch der literarischen Rhetorik*, Stuttgart ³1990, §§ 820 ff.) nachzulesen ist: er bezeichnet innerhalb der sermonicatio die den Charakter einer Person bestimmenden Eigenschaften.

[363] Vgl. aus den Arbeiten zur Odentheorie W I,88 (= SWS XXXII, 71 f.).

teles dem griechischen Drama zuschrieb, waren »im grossen Sinn seiner Zeit philosophirt« (SWS V, 212), können aber für das neue Drama keine Vorschriften mehr sein. Herders Strategie besteht darin, solchen Vergleichen[364] wie zwischen Pindar und den gegenwärtigen Dithyrambendichtern, zwischen Horaz und gegenwärtiger Odentheorie, zwischen Sophokles und Shakespeare und zwischen Aristoteles und gegenwärtiger Dramentheorie – die Liste ließe sich weiterführen –, die Vergleichsbasis zu entziehen. Die jeweilige Einschreibung in den historischen Kontext verändert die Startbedingungen jeweiliger Poesie oder Poetik. Es lassen sich keine historisch abstrakten Normen mehr aufstellen, wenn die Gestalt von Poesie sich jeweils historisch definiert.

Die (Wieder-)Erinnerung dieses Kontextes aber ist die Arbeit des Interpreten. Damit rückt ein neuer Begriff von Interpretation in den Vordergrund. Bisher hatte man rhetorisch-anthropologisch interpretiert: Gegenstand der Dichtung war die Natur bzw. die menschliche Natur; sie wurde nachgeahmt und durch rhetorische Mittel wie Versifikation, Ausschmückung der Sprache etc. zu Dichtung gemacht. Interpretation konnte auf das Register dieser Formen zurückgreifen, um Aussagen über die poetische Qualität einer Dichtung zu machen, und sie konnte auf die – als konstant unterstellte – Natur bzw. menschliche Natur zurückgreifen, um zu Aussagen über den Wahrheitsgehalt von Dichtung zu kommen. Da sowohl die rhetorischen Verfahren als auch die menschliche Natur unhistorisch gesehen wurden, konnte Interpretation sich zugleich historisch indifferent durch die Geschichte bewegen und Regeln aufstellen, die eine übergeschichtliche Normativität beanspruchen.

Nun aber historisiert Herder mit der Poesie die Anthropologie, verwirft zusammen mit dem Mimesisbegriff[365] ein bestimmtes Realismuspostulat der Dichtung und mit dem Empfindungsbegriff die Idee, die Form der Dichtung sei rhetorisch. Folglich kann Interpretation nicht mehr unter Anwendung eines konstanten Wissens über die Natur und eines reglementierten Formenkanons einen problemlosen Zugang zur Dichtung reklamieren. Sie muß nun, um Dichtung zu ›verstehen‹, eine umfangreiche memoria-Arbeit initiieren. Ein Text versteht sich jetzt aus seinem Zeitkontext und aus der Fähigkeit des

[364] Herder bewegt sich bei seinen Vergleichen im Formmuster einer Textsorte. Nach dem Vorbild von Plutarchs Parallelviten vergleicht er z. B. in der zweiten Fragmentensammlung von *Über die neuere deutsche Literatur* (Kapitel IV) jeweils einen antiken mit einem deutschen Autor. Entgegen der zeitgenössischen Argumentationstendenz, einen der beiden Autoren – meist den antiken – zuungunsten des anderen zu bevorzugen, benutzt Herder die Textsorte der Parallele dazu, gerade die Unvergleichbarkeit beider Autoren herauszustellen.

[365] Vgl. dazu Lohmeier 1968, S. 145 ff.

Interpreten, sich dieser Zeit annähern zu können. Das setzt beim Interpreten eine hermeneutisch ebenso schwierige wie umständliche Rekonstruktionsarbeit voraus. Denn zum einen muß dieser Kontext in seiner historischen Konkretheit rekonstruiert werden, zum anderen muß aber die Alterität vergangener Zeiten sowohl erhalten wie auch durch das Verstehen übersprungen werden können. Das ist, wie unschwer zu erkennen ist, eine wenn nicht in sich widersprüchliche, so doch konfliktgeladene Anweisung.

Wie denkt Herder dieses Profil von Interpretationsanweisungen? Welche Rolle spielen dabei die analysierten memoria-Strategien? Wendet man die Gedächtnismodelle, die sich bei ihm finden, auf seine Interpretationspraxis an, so lassen sich erstaunlich genaue Entsprechungen finden. Die Interpretationspraxis Herders stellt sich als Anwendung der memoria-Verfahren dar. Die Rekonstruktion einer zeitlich vergangenen Geschichtsmonade als Kontext eines zu interpretierenden Textes braucht einen semantischen Pfad, auf dem man von der Jetztzeit in die vergangene Zeit zu kommen vermag. Herder rekonstruiert diesen Pfad zunächst vermögenstheoretisch.

Die Vermögenstheorie war bis in das 18. Jahrhundert hinein ein System strenger Stratifikation, dessen beide Enden zueinander in Widerspruch standen. Die oberen Vermögen waren für die das Menschliche definierenden Eigenschaften zuständig, während die sinnlichen Vermögen als ein von der Arbeit der oberen Vermögen Fernzuhaltendes oder zumindest zu Beherrschendes angesehen wurden. Der Ethikdiskurs des 17. und 18. Jahrhunderts war größtenteils ein Domestizierungsdiskurs, in dem die unteren sinnlichen Vermögen durch die oberen intelligiblen unterdrückt wurden.[366]

Spannungen, wie sie durch die Widersprüchlichkeit der beiden Enden der vermögenstheoretischen Strata entstanden sind, können durch Temporalisierung entschärft werden. Anstatt die Vermögen in einer Gleichzeitigkeit zu denken, könnte die Abfolge von Sinnlichkeit, Gedächtnis, Einbildungskraft, Verstand und Vernunft als eine Abfolge menschheitsgeschichtlicher wie individualitätsgeschichtlicher Entwicklungsstufen gedeutet werden. Was an Spannungen zwischen den Vermögen auftreten kann, wäre dann auf eine geschichtliche Abfolge beziehbar, die sich archäologisch im ausdifferenzierten Apparat der menschlichen Seele niedergeschlagen hat. Herder geht genau diesen Weg. Die Vernunft wird ihm zum Ergebnis eines geschichtlichen Vermittlungsweges, der über verschiedene Logiken[367] durch einen Prozeß der

[366] Vgl. dazu Ernst Cassirer (*Die Philosophie der Aufklärung*, Tübingen ^{3}1973, S. 139 f.), der auf die von Descartes herrührende Auffassung von den Affekten als Störungserscheinungen, »pertubationes animi«, verweist.

[367] Vgl. dazu Gaier 1987.

stetigen Ausdifferenzierung die ganze Strata der Vermögenshierarchie im geschichtlichen Nacheinander zu durchlaufen hat, um schließlich mit der höchsten Position abzuschließen.

Wenn die Vernunft in der Theorietätigkeit der Ästhetik das ihrer Begriffslogik Entsprungene und als Anderes gesetzte Andere (das Kunstwerk als sinnlich kompaktes Individuum) intern darstellen will durch das Sinnlichwerden des Diskurses in der Interpretation, so kann sie dies tun, indem sie ihre eigene Geschichte rekonstruiert und als ihre eigene Vergangenheit (wieder)entdeckt, was sie nun als Anderes ausgeschlossen hat. Diese innere Geschichtlichkeit der interpretierenden Rede ist dasjenige Register, mit dem die äußere Geschichte hereingeholt werden kann.

Indem Herder die atemporale Strata der Vermögen auf die zeitliche Achse einer historischen Anthropologie projiziert, werden ihm frühere, sinnliche Zustände der Menschheit ontogenetisch, durch den Rekurs auf die sinnliche Kindheit rekonstruierbar. Die Bedingung der Möglichkeit für dieses Verfahren liegt in der Metaposition des Gedächtnisses. Da, wie ausgeführt, das Gedächtnis nicht nur ein Vermögen innerhalb des Vermögensapparates ist, sondern in sich das System der Vermögen noch einmal enthält, ist die Erinnerung an die sinnliche Kindheit als Restrukturierung des ganzen Vermögensapparates zu denken. Die ontogenetische Erinnerung kann zum phylogenetisch gewendeten Entwurf einer sinnlichen Kindheit des Menschengeschlechts deshalb werden, weil die jeweils einer menschheitsgeschichtlichen Stufe entsprechende Vermögensstruktur insgesamt vom Gedächtnis erinnerbar bleibt.

Gewährleistet wird dies durch Herders sensualistische Anverwandlung des Platonischen Anamnesisgedankens. Wie gezeigt wurde, sieht er die Erinnerung an frühkindliche Bewußtseinszustände vor dem Einsetzen der Reflexion vor.[368] Durch die Temporalisierung der Vermögenstheorie, die Leitfunktion des Gedächtnisses und die Sensualisierung der Platonischen Anamnesis ist Herder also in der Lage, historisch vergangene Mentalitätslagen anthropologisch zu erinnern und interpretativ aufzuarbeiten.

Neben dem Verweis auf die eigene Kindheit als erinnerbarem Erfahrungsraum für die Logik des sinnlichen Weltverhaltens gibt es für Herder noch einen anderen Zugang zur frühen Dichtung und zum Mythos. Er reklamiert die Möglichkeit, auch noch in der gegenwärtigen, bürgerlich gewordenen Welt mythische Erfahrungen machen zu können. Ossian habe er »in Situationen gelesen, wo ihn die meisten [...] kaum lesen können« (SWS V, 168), näm-

[368] In dem Kapitel über die Fabel werde ich zudem aufzeigen, daß Herder sogar die Erinnerung an die tierische Vorgeschichte des Menschen in sein Theoriekonzept aufnimmt.

lich bei dem »Abentheuer meiner Schiffahrt« (ebd.). Sobald der bürgerliche Mensch seine Schreibstube verläßt und sich Situationen aussetzt, die denen des sinnlichen Menschen nahekommen, ist ihm sinnliches Wahrnehmen erschlossen. In seinem *Versuch einer Geschichte der lyrischen Dichtkunst* (1764) führt Herder aus, daß es vor allem die Furcht vor einer übermächtigen Welt sei, die den wilden und sinnlichen Menschen dazu bringe, sich die ihn umgebenden Gegenstände und die ihn beherrschenden Gemütslagen durch Gesänge von der Seele zu singen, sie durch Personifikationen zu objektivieren und auf diese Weise zu bewältigen (SWS XXXII, 110 ff.).[369] Die Furcht aber, als affektive Basis dieser mythenschaffenden Arbeit, bleibt anthropologisch gespeichert und ist in jeder gegenwärtigen Furcht immer wieder erfahrbar. Das Archiv einer historischen Anthropologie wird damit durch gegenwärtige Erfahrungen, die an archaische Gemütslagen heranreichen, eröffnet.

Die Gedächtnisarbeit des Interpreten wird durch weitere Modelle unterstützt. Die Schöpfungshieroglyphe bringt die Gegenwart (Sabbat als Eingedenken der vorherigen Positionen) und die Vergangenheit (die ersten sechs Positionen) in die Organisationseinheit einer Superstruktur. Deren innere und, wie nachgewiesen wurde, wiederum mnemonisch strukturierte Gliederung bringt die Erinnerung an die Gesamtheit des Geschichtlichen in eine dialektische Bewegung. Dabei bleiben sowohl die jeweils in sich geschlossenen Einheiten der ersten sechs Positionen (imagines agentes) gewahrt als auch deren notwendiger Zusammenhang im erinnernden Gesamt der siebten Position. Vermittelt ist in der mnemonischen Struktur der Schöpfungshieroglyphe die jeweilige Abgeschlossenheit einer geschichtlichen Einheit mit ihrer Rekonstruierbarkeit als Moment eines Gesamtprozesses.

Die Geschichtsphilosophie fächert diese Vermittlung, die ja in beiden Momenten, der monadischen Einkapselung der Einheiten wie auch dem Versuch einer Metaerzählung, in sich problematisch ist, in die verschiedenen, reflexionsstratifikatorisch gegliederten Versionen auf. Diese Versionen, als Dekonstruktion der Leitmetaphoriken, als Kulturkritik, als Walten der Nemesis im memoria-Verfahren der historia magistra vitae, erweisen sich näher betrachtet jeweils als Gedächtnisstrategien. Sie sind Umgangsweisen mit geschichtlichen Einheiten, die sowohl in sich verschlossen sind und ihre Alterität für sich behalten wollen als auch zugleich einen Einstieg für den Hermeneuten eröffnen müssen, der sie von innen sehen will.

[369] In den Vorarbeiten zur *Aeltesten Urkunde* findet sich mit dem obligaten Verweis auf Hume die von diesem übernommene These, daß die Furcht vor den Naturgewalten zu ihrer personifizierenden Darstellung und schließlich zu ihrer religiös-mythischen Bedeutung führe. Hume hat 1757 in seiner *Natural History of Religion* in der Furcht eine kulturschaffende Dimension entdeckt. Vgl. W V, 11 f.

Daß die geschichtlichen Einheiten in sich verkapselt sein müssen, läßt sich unschwer selbst wieder gedächtnistheoretisch herleiten. Wenn nämlich das Gedächtnis, wie ausgeführt wurde, als Widerhalt eines Modells der Selbstreflexion fungiert, so impliziert dies auf jeder Stufe der Erinnerung eine Art von immanenter Schließung. Die rekonstruierende Erinnerung des Griechentums, um ein Beispiel zu nennen, ist nicht einfach nur eine Sammlung von Fakten, sondern eine Konstruktion, in welche Fakten zum Zwecke stabilisierender Homöostasis eingeführt werden. Was vom Griechentum erinnert wird, stützt den Kontext des immer schon Erinnerten und bestätigt das Bild vom Griechen, sei es in statischer Festlegung oder in dynamischer Weiterentwicklung.

Wie läßt sich nun, im Überblick über die Gedächtnistheorien Herders, seine Literaturwissenschaft denken? Was an der Oberfläche seiner Rede durch die Lebensaltermetapher an Parallelisierung von Onto- und Phylogenese argumentativ entfaltet wird, findet seine Fundierung in der Gedächtnistheorie. Die temporalisierte Vermögenstheorie eröffnet eine Konstruktion von Vergangenheit, die als Erinnerung durch die sensualistische Anamnesis unterstützt wird und sich in der Metaposition des Gedächtnisses fundiert. Erst vor diesem Hintergrund wird die Theorieleistung der Lebensalteranalogie einsehbar. Sie bündelt in eine Metapher bzw. Allegorie, was theoretisch erst aus den Überlegungen zum Gedächtnis einsehbar ist. Textlogisch ist die Lebensalteranalogie ein Schema, um Vergangenheit zu konzeptionalisieren; die gedankliche Substanz dafür liegt freilich unterhalb der Metapher, nämlich in der Gedächtnistheorie. Die Schöpfungshieroglyphe tritt als strukturales Verfahren der Findung und Programmierung des solchermaßen Erinnerten ein, und die geschichtsphilosophischen Präsentationsweisen von Vergangenheit als Kulturkritik, Nemesiswalten und Dekonstruktion von Leitmetaphoriken bilden das Repertoire, mit dem eine Erinnerung von Vergangenem in das Geschäft der Auslegung einsteigen kann. Das memoria-Thema erweist sich als Fundament von Herders Interpretation und Poetik.

Herders implizite Gedächtnistheorien, wie sie bislang analysiert wurden, entpuppen sich also als der Theoriehintergrund seiner Literaturinterpretation. Schon jetzt könnte man zur Analyse seiner Interpretationspraxis schreiten und die Verfahren sondieren, nach denen Interpretation als Anwendung von Erinnerung erscheint. Es empfiehlt sich aber, vorher noch einige – recht umfängliche – Theoriezusammenhänge aufzuarbeiten.

Wenn auch die Erinnerung vergangener anthropologischer Gesamtlagen einen ermöglichenden Widerhalt in der vermögenstheoretischen Strata findet, so geben doch vor allem die Texte einer vergangenen Zeit, die der Literaturwissenschaftler liest, den Anlaß dazu, diese Erinnerung in Gang zu setzen. Und das Ergebnis der Erinnerung muß mit der Lektüre der Texte kompatibel sein. Schon im *Versuch einer Geschichte der lyrischen Dichtkunst* betont Herder, daß »bei uns« (SWS XXXII, 113) die starken Affekte des sinnlichen Menschen einschlummern (ebd.) und nichts mehr wunderbar oder furchtbar sei (ebd.). Wie sehr auch immer durch die Temporalisierung der vermögenstheoretischen Strata oder durch archaische Erfahrungsräume auch für den bürgerlichen Menschen mythische Erfahrungen möglich sein mögen, Herder weiß durchaus, daß es schwer ist, »sich in einen sinnlichen Zustand zu setzen« (ebd.): »wie schwer ist's, Affekte nachzuahmen« (ebd.). Der Hiatus zwischen dem sinnlichen und dem bürgerlichen Menschen bleibt bestehen, selbst wenn der bürgerliche Mensch über Möglichkeiten verfügen sollte, an archaische Erfahrungen heranzureichen. Gänzlich in ihnen aufgehen wird er nicht. Folglich bleibt grundsätzlich eine Alterität bestehen.

Die relative ontologische Selbständigkeit der Texte und die relativ konstruktivistische Erinnerungsarbeit müssen zusammenfinden, und dafür ist eine hermeneutische Theorie vonnöten. Herder, der einen Interpretationsbegriff entwickelt und praktiziert, welcher zugleich die Alterität und die Erkennbarkeit historischer Phänomene behauptet, muß folglich eine Hermeneutik haben. Sie muß begründen können, daß nicht nur ein Konstruktivismus des Erinnerns eine historische Gestalt zu entwerfen vermag, sondern daß vielmehr von diesem Historischen her eine Art von Ansprache erfolgt, die dem Erinnern überhaupt erst seinen objektiven Widerhalt zu geben vermag. Das nächste Kapitel wird diese Theorie der Hermeneutik zum Gegenstand haben.

Zweiter Teil
Herders Hermeneutik

1. Herders allgemeine Hermeneutik: Grundlegende Sympathetik und monadische Zeichenlogik

Das Projekt einer Ausweitung der Hermeneutik von einer theologischen zu einer allgemeinen Verstehenslehre reagiert im Laufe des 18. Jahrhunderts auf die fortschreitende Ausdifferenzierung der Wissensstrukturen und auf ein dadurch entstehendes Erklärungsdefizit. In dem Maße, in dem sich Wissensgebiete aus dem epistemischen Kontinuum einer topica universalis ausgliedern und zunehmend eigenen Argumentations- und Beobachtungsstrukturen folgen, entsteht eine Leerstelle. Die Frage nach dem Zusammenhang der Wissenschaften, die als Repräsentation der Welt auch deren Einheit repräsentieren sollten, bricht als Problem in dem Moment auf, in dem mit dem einheitlichen Konzept einer Universalwissenschaft auch die von ihr mitgeleistete Einheitsfunktion verloren geht. Als Lückenbüßer tritt die Hermeneutik ein. Einerseits soll sie die entstehende Leerstelle durch eine Professionalisierung der Techniken des Verstehens sinnkompensatorisch schließen. Andererseits folgt sie aber genau der Ausdifferenzierung der Wissensgebiete: als eigenes Wissensprojekt ist auch sie Teil jener Spezialisierung, die zu überwinden sie angetreten ist.

Das Zentrum der Hermeneutik bildet das Phantasma einer Übersetzungsarbeit. Schriftlicher Sinn soll in mündlichen Sinn zurückverwandelt werden. So formuliert Hans-Georg Gadamer in *Wahrheit und Methode*: »Schriftlichkeit ist Selbstentfremdung. Ihre Überwindung, das Lesen des Textes, ist also die höchste Aufgabe des Verstehens.«[1] Die reine, aber zugleich abstrakte Idealität des Sinns im Text[2] soll nach Gadamer im Verstehensprozeß »in Sprache zurückverwandelt«[3] werden. Das hermeneutische Modell orientiert sich an der lebenspragmatischen Kommunikation, in der Kommunikate durch Handlung eingelöst werden. Schriftlicher Kommunikation mangelt es an einer solchen Übersetzungsinstanz, und deshalb erzeugt sie einerseits einen Sinnüberschuß (welcher das methodisch angestrengte Verstehen überhaupt erst initiiert), der andererseits aber dann als Sinnmangel erfahren wird, wenn die-

[1] Hans-Georg Gadamer, *Wahrheit und Methode*, Tübingen [4]1975, S. 368.
[2] Ebd., 370.
[3] Ebd., 368.

ser Sinn infolge einer zunehmenden Verwissenschaftlichung immer spezieller und unanschaulicher wird. Der hermeneutische Versuch einer Verdolmetschung von Schrift in Mündlichkeit versucht beides, Sinnüberschuß wie Sinnmangel, durch Pragmatisierung zu beheben.

Herders Hermeneutik arbeitet an genau diesem Phantasma. Wenn vordem Sinn in der Mündlichkeit der Lebenswelt garantiert war und er nun in der komplexeren und ausdifferenzierten Welt der schriftlichen Diskurse als einheitlicher Sinn abhanden kommt, dann ist es die Aufgabe der Hermeneutik, aus dem Vielerlei der Schrift das Einheitliche des Mündlichen herauszulesen. Hermeneutik kompensiert bei Herder lebensweltlichen Sinnmangel, indem schriftlicher Sinnüberschuß repragmatisiert und in das auf Lebenswelt abzielende Verstehen eingefügt wird. Die beiden Hauptlinien seines hermeneutischen Denkens folgen dieser Problemformation. So legt er eine antimonadische Sympathetik zugrunde, um damit die Basis für das Verstehen eines jeglichen Sinns zu haben – eine Basis, die aus einem grundlegenden Weltbezug herkommt und sich auf Welt, sprich: Lebenswelt auch stets wieder zurückbezieht. Dem steht eine monadische Zeichenlogik entgegen, die, sobald von der allgemeinen Sympathetik zum Verstehen semiotischer Systeme fortgeschritten wird, die am Verstehensprozeß beteiligten Individuen so gegeneinander isoliert, wie es in den schriftlichen Diskursen der Fall ist. Durch diese zweifache Fundierung der Hermeneutik kann Herder überhaupt erst beide Diskursfelder – Mündlichkeit und Schriftlichkeit – vermitteln. Jeder Schrift wohnt Sympathetik inne; Schrift ist daher immer verstehbar, aber nur in bezug auf eben diese sympathetischen Momente. Das heißt aber: das eigentlich Schriftliche an der Schrift – ihre eigenproduzierte Komplexität – bleibt monadisch. Sie ist hermeneutisch verstehbar nur im Hinblick auf das, was sich in ihr an lebenspragmatischen Residuen versteckt.

Chance und Grenze des hermeneutischen Denkens bei Herder sind damit formuliert. Die Grenze, daß Herder, wie sich im Interpretationskapitel herausstellen wird, Texte in ihrer Textualität nicht lesen kann, korrespondiert der Chance, auch an sehr entfernten Texten deren pragmatische Situierung als Voraussetzungsbedingung des Verstehens zu erkennen. Daß Herder schließlich das Lesen als Sehen und als Hören medialisiert, vollzieht den hermeneutischen Grundgedanken dann auch in der Technik der Auslegung selbst.

Zugleich arbeitet sich auch die Hermeneutik Herders in das memoria-Thema hinein. Schon die Vermittlung von Schriftlichkeit in Mündlichkeit denkt mit der Verhandlung zweier Medientechniken auch deren Gedächtnisstrukturen mit. Wieder einmal nimmt Herder Bezug auf Archiv-Vorstellungen. Wenn es das sympathetische Mittönen ist, das fremdes Tönen mit dem eigenen zusammenbringt, dann liegt dem, wie zu zeigen sein wird, die Idee eines Archivs der Töne zugrunde. Der Ansprache, die wir aus der tönenden Welt empfangen und die uns auch noch aus der Schrift – nämlich aus den tönenden Wurzeln der Wörter – entgegen kommt, entspricht ein solches Archiv von Tönen in uns selbst. Die Korrespondenz der Archive sichert das Verstehen. Herders hermeneutische Reflexion schreibt sich in das Ensemble der Gedächtnistheoreme ein.

Der medientheoretische Horizont seiner Hermeneutik eröffnet auch einen Bezug zum Begriff der Nation. Die Speicher des Wissens – orales Gedächtnis versus Schriftlichkeit – müssen füreinander durchlässig bleiben, soll anders ein durch die Hermeneutik geleistetes einheitliches Kontinuum des Wissens und des Sinns bestehen. Der Begriff der Nation erhält in diesem Zusammenhang die Rolle eines kollektiven Körpers der mündlichen Erinnerung, aus dem die Hermeneutik eine Identität auszulegen hat. Herders Volksliederprojekt betreibt genau dieses Spiel: die Volkslieder gehören dem oralen Erinnerungsraum einer Nation an und werden durch die Sammlung in die Schrift gerettet, aber so, daß sie wiederum als mündliche in den Gesamtkörper eines Volkes einwirken können. Volk und Nation werden in dieser medial-hermeneutischen Schleife überhaupt erst konstituiert. Wiederum tritt hier die Hermeneutik an, um auf Ausdifferenzierung und komplexe Lebenswelten sinnkompensatorisch durch Auslegung von Erinnerung in einer Medienschleife zu antworten. Daß Herder ein wichtiger Autor sowohl für den Begriff der Hermeneutik wie für den der Nation ist, mag sich aus dieser Konstellation erklären, Gedächtnisstrukturen, kollektive wie individuelle, mündliche wie schriftliche in einer Verstehensbewegung zusammenzufassen.

a) Herder hat keinen direkten Beitrag zur Hermeneutik vorgelegt. Es bedarf daher einiger Umwege, um dennoch die genuin hermeneutischen Gedankenzüge freizulegen, die sich in seinen Theorieentwürfen auffinden lassen. In den Darstellungen zur Geschichte der Hermeneutik erscheint Herder regelmäßig als ein Autor, der zwischen der hermeneutica sacra und Schleiermachers Verallgemeinerung der Hermeneutik zu einer geisteswissenschaftlichen Basisdisziplin steht und wichtige Impulse gegeben, ansonsten aber keinen systematischen Entwurf vorgelegt habe.[4] Sein für die Geschichte der Herme-

[4] So resümiert Harald Schnur (*Schleiermachers Hermeneutik und ihre Vorgeschichte im 18. Jahrhundert. Studien zur Bibelauslegung, zu Hamann, Herder und F. Schlegel*, Stuttgart und Weimar 1994) in seinem einleitenden Forschungsüberblick die Stellung Herders in der Geschichtsschreibung der Hermeneutik, welche die Autoren des 18. Jahrhunderts weitgehend nur als Vorbereitung auf den Theorieeinschnitt bei Schleiermacher konzipiert hat. – In einer Darstellung der Vorgeschichte von Schleiermachers Hermeneutik bei Reinhold

neutik wichtigster Beitrag sei, so die Darstellungen, die Entwicklung des geschichtlichen Bewußtseins, welches, gepaart mit der Methode des Einfühlens, einen Historismus andeute, der für die Hermeneutik einen prägenden Charakter habe.[5] Sprechend in diesem Zusammenhang sind die wenigen Bemerkungen Hans-Georg Gadamers zu Herder in *Wahrheit und Methode*. Herder gilt ihm als Überwinder der scholastischen Schulmetaphysik des 18. Jahrhunderts, steht für eine neue Erfahrung der Kunst, begründet auch auf dem Gebiet der Ästhetik den Historismus[6], ist in bezug auf den Begriff des Humanismus zitierbar[7], vermittelt eine normative und historische Sicht des klassischen Altertums[8] und entwickelt mit Humboldt den Begriff der Sprache als Weltansicht.[9] Das sind insgesamt Charakterisierungen, die Herder an einer wichtigen geistesgeschichtlichen Schaltstelle als einen Anreger denken. Daß bei ihm hermeneutischer Theoriebestand im engeren Sinne zu finden wäre, wird von Gadamer gar nicht erst in Erwägung gezogen.

Einzig die materialreiche Studie von Hendrik Birus spricht Herder eine eigene hermeneutische Position zu. Indem er, so Birus, nicht mehr dem aufklärerischen Vorstellungsbegriff folge, sondern einen emphatischen Lebensbegriff einführe, löse er die »grammatische« Interpretation in die »historische« auf.[10] Sein Postulat des lebendigen Lesens denke Texte als Ausdruck von Autorintentionen, die freilich nur durch die Vermittlung von historischer

Rieger (*Interpretation und Wissen. Zur philosophischen Begründung der Hermeneutik bei Friedrich Schleiermacher und ihrem geschichtlichen Hintergrund*, Berlin und New York 1988) findet sich zwar ein Herder-Kapitel, aber die Deutung Herders bleibt sehr unprägnant. Rieger spricht nur über die Sprachphilosophie, ohne deren eigentliche hermeneutische Relevanz zu erkennen und will Unstimmigkeiten aufdecken, wo bei einer genaueren Lektüre keine sind.

[5] So bringt etwa Kraus (*Geschichte der historisch-kritischen Erforschung des Alten Testaments*, Neukirchen-Vluyn ³1982, S. 121) als Resümee der Herderschen Hermeneutik genau die Reizvokabeln der Einfühlung, die gemeinhin mit dem Historismus in Verbindung gebracht werden: »Wir stellen hier die Schlüsselbegriffe der Hermeneutik Herders, von denen gehandelt wurde, noch einmal zusammen: Einfalt des Herzens – ästhetische Einfühlung in die hebräische Poesie – seelisches Miterleben mit der seelischen Wortsubstanz – Hineinleben in das Altertum, um die Luft des Ursprungs zu atmen«. – Sigmund von Lempicki (*Geschichte der deutschen Literaturwissenschaft bis zum Ende des 18. Jahrhunderts*, Göttingen ²1968, S. 373 f.) gibt eine recht umfangreiche Zitatenreihe Herders zum Theorem der Einfühlung und des Sichhineinversetzens.

[6] Gadamer ⁴1975, S. 24.

[7] Ebd., 188 ff.

[8] Ebd., 270.

[9] Ebd., 380, 415.

[10] Hendrik Birus, Zum Verhältnis von Hermeneutik und Sprachtheorie im 18. Jahrhundert, in: *Sprachtheorie. Der Sprachbegriff in Wissenschaft und Alltag* (= Jahrbuch des Instituts für deutsche Sprache 1986. Sprache der Gegenwart, Band 71), Hg.: Rainer Wimmer, Düsseldorf 1987, S. 158–160.

Kenntnis freigelegt werden können. Wenn Herder damit auf der einen Seite zwar das hermeneutische Untersuchungsfeld auf psychologische Erkenntnis einenge,[11] so schaffe er doch die Überwindung des Vorstellungsbegriffs. Erst damit wäre, so Birus, der Raum für eine sprachorientierte Hermeneutik im Sinne Schleiermachers eröffnet.

Nur wenige Studien zu Herders hermeneutischen Konzepten liegen in der Herder-Forschung vor. Am wichtigsten ist neben Hans Dietrich Irmschers Aufsatz (1973) Klaus Weimars Buch *Historische Einleitung zur literaturwissenschaftlichen Hermeneutik* (1975), das vor allem durch eine profunde Darstellung der theologischen Vorgeschichte der Hermeneutik den für Herder wesentlichen Kontext erstellt. Verschiedene Aufsätze beleuchten Einzelprobleme, gehen aber nicht von der Annahme eines hermeneutischen Grundkonzepts bei Herder aus.[12] Kürzere Darstellungen finden sich in theologisch oder philosophiegeschichtlich orientierten Überblicken zur Hermeneutik, die sich in der Regel in bezug auf Herder nicht auf dem Niveau befinden, das die jüngste Herder-Forschung erreicht hat.

Bei der Sichtung der Texte Herders auf die Stichworte Hermeneutik, Exegese und Interpretation hin zeigt sich, daß die Begriffe zwar auftauchen, kaum jedoch in einem theorieextensiven Sinne thematisch werden. Anders steht es mit dem Wort ›lesen‹. Es findet sich überraschend oft und wird häufig in einer solchen Weise benutzt, daß man vermuten kann, Herder sei sich der Tatsache bewußt gewesen, daß das Lesen nicht einfach nur eine unthematisierte und selbstverständliche Kulturroutine ist, sondern als eigene Theorietätigkeit, die spezifischen Regeln gehorcht, zu rekonstruieren sei. Ein Versuch zu Herders Hermeneutik wird sich mit diesen Überlegungen zu beschäftigen haben. Das Thema des Lesens ist freilich als Theoriethema schon so nahe an der Praxis des Buchstabens, daß es scheinen muß, Herder habe nur technische Detailregeln, aber keinen umfassenden Referenzrahmen für eine allgemeine Theorie der Hermeneutik.

[11] Ebd., 158.

[12] Vgl. die Aufsätze von Müller-Sievers (»Gott als Schriftsteller«. Herder and the Hermeneutic Tradition, in: *Herder Today. Contributions form the International Herder Conference*, Nov. 5.–8., 1987, Stanford, California, Hg.: Kurt Meller-Vollmer, Berlin und New York 1990, S. 319–330), Bunge (Text and Reader in Herder's Interpretations of the New Testament, in: *Johann Gottfried Herder. Language, History, and the Enlightenment*, Hg.: Wulf Koepke, Camden House, Columbia, 1990, S. 138–150) und Büchsel (Hermeneutische Impulse in Herders »Aeltester Urkunde«, in: *Bückeburger Gespräche über Johann Gottfried Herder 1988. Älteste Urkunde des Menschengeschlechts*, Hg.: Brigitte Poschmann, Rinteln 1989, S. 151–161). Vgl. auch in der Darstellung Sigmund von Lempickis (^{2}1968) die Seiten 365–369 und 372–376.

Der naheliegende Schritt, dennoch Überlegungen zu finden, die hermeneutischen Theoriebestand aufscheinen lassen, liegt in dem Versuch, Herders Sprachphilosophie als Hermeneutik zu lesen. Der hermeneutische Grundgedanke, daß ein Verstehen immer schon einem vorgängigen Verstehen aufsitzt, ist dem sprachphilosophischen Grundgedanken, daß jedes Denken immer schon durch ein sprachliches Weltbild bestimmt ist, strukturhomolog. Da Sprache das Medium des Verstehens ist, wird jede Sprachphilosophie eine implizite Hermeneutik haben, und jede Hermeneutik wird sich sprachphilosophisch orientieren. Es bietet sich also an, die *Sprachursprungsschrift* hermeneutisch zu rekonstruieren[13] und erst in einem zweiten Schritt die technischen Anweisungen zum Lesen zu behandeln.

Da der Gedankengang, der im folgenden zu entwickeln sein wird, einer recht umständlichen Logik folgt und zudem durch einige begriffsgeschichtliche Exkurse unterbrochen ist, ist es angebracht, zunächst eine Übersicht zu geben.

Ich beginne im ersten Kapitel (*Herders allgemeine Hermeneutik*: *Grundlegende Sympathetik und monadische Zeichenlogik*) dieses zweiten Teils mit einer Lektüre der *Sprachursprungsschrift*. Herder geht dort von einer vor der menschlichen Sprache liegenden allgemeinen Sympathetik als Ermöglichung grundlegender Vermittlung aus (b). Eine begriffsgeschichtliche Einordnung des Sympathiebegriffs versucht diese Terminologiewahl plausibel zu machen (c). Diese auch physiologisch gedachte Basis wird in dem Ausdifferenzierungsprozeß der Sprache zunehmend von spezielleren, sich monadisch verkapselnden Sprachlogiken überformt. Im Raum der allgemeinen Ermöglichung des Verstehens sondern sich Semiotiken aus, die das Verstehen, je semantischer der Sprachprozeß wird, zugleich um so komplizierter werden lassen. Der hermeneutische Grundgedanke Herders, so ergibt sich aus der Lektüre der *Sprachursprungsschrift*, entdeckt sich als Dialektik einer das Verstehen grundsätzlich ermöglichenden sympathetischen Basis und einer das Verstehen zunehmend komplizierenden, weil monadisch werdenden Sprach-

[13] Den Konnex von Sprachphilosophie und Hermeneutik wählen für ihre Darstellungen Hinrich C. Seeba (Word and Thought. Herder's Language Model in Modern Hermeneutics, in: *Johann Gottfried Herder, Innovator through the Ages*, Hg.: Wulf Koepke, Bonn 1982, S. 35–40) und Gebhard Fürst (*Sprache als metaphorischer Prozeß: Johann Gottfried Herders hermeneutische Theorie der Sprache*, Mainz 1988). Während Seeba in seinem kurzen Aufsatz Herder in eine Tradition hermeneutischen Denkens stellt und sie gegen ein semiotisches Denken abgrenzt, versucht sich Fürst an einer systematisierenden Gesamtdarstellung des Herderschen Sprachdenkens. Der Untertitel seines Buches, der eine hermeneutische Theorie der Sprache verspricht, bleibt allerdings weitgehend uneingelöst, da Fürst eine ausdrückliche Theorie des Verstehens bei Herder nicht herausarbeitet. Der Begriff der Hermeneutik läuft bei ihm eher unterhalb eines expliziten Theorieniveaus mit.

entwicklung. Diese Abfolge von antimonadischer Vermittlung und monadischer Komplizierung des Verstehens wiederholt sich in der *Sprachursprungsschrift* auf den verschiedenen Ebenen der Ursprungstheoreme (d).

Im zweiten Kapitel (*Herders spezielle Hermeneutik als Theorie des Lesens*) wird unter dem Stichwort des Lesens Herders spezielle Hermeneutik entwickelt. Aus dem Theorem des ursprünglich aisthetischen Synkretismus (a) folgt, daß er das Lesen als Sehen (b) sowie als Hören (c) konzipiert. Wichtiger ist freilich das Hören: Gegen die semiotische Tendenz von zunehmend monadisch werdenden Zeichenlogiken setzt Herder eine antimonadische Theorie der Töne. Nach einem begriffsgeschichtlichen Exkurs zum Tonbegriff (d) wird dessen Verarbeitung bei Herder analysiert. Die Töne sind in den Worten ein Allgemeines, das sich unbeschadet von individuellen Semantiken kund tut. Die grundlegende Dialektik, die die *Sprachursprungsschrift* zwischen antimonadischen und monadischen Sprachursprungsthesen aufstellt, findet sich hermeneutisch als Widerspiel von sich einkapselnden Zeichenlogiken und einem sie in das Allgemeine der Töne befreienden Verstehen wieder. Gleichzeitig sind aber die Töne als spezifizierte Einheiten – z. B. als epischer Ton, parabolischer Ton etc. – schon auf dem Weg zur Semantik von Begriffen. Sie befinden sich damit in einer Mitte zwischen der allgemeinsten Sympathetik der natursprachlichen Allvermittlung als grundlegender Ermöglichung von Verstehen und der Besonderung der Begriffe in individuellen Sprachen. Die Spezifik der Töne nimmt teil am Allgemeinen des Tönens und am Besonderen der Semantik. Und diese Teilhabe ist in den Worten selbst deponiert: als Etymologie. In diesen Gedankengang ist ein Exkurs zu Herders Poesiedefinition eingearbeitet (e).

Zum Abschluß wird in einem Exkurs diskutiert, wie Herder zu einer Hermeneutik des mehrfachen Schriftsinns steht.

b) Die *Sprachursprungsschrift* mit ihrer komplexen Verschachtelung verschiedener Ursprungsthesen stellt nicht nur Theoreme und nicht nur eine Methode des Argumentierens in praxi dar[14], sondern formuliert zugleich auch eine

[14] Gaier (1988, S. 80) spricht von einem »dialogischen Philosophieren«, in dem die »im Text gewonnenen Einsichten einander sukzessive aufheben« (S. 81). Herders Argumentation folge einer »progredierenden, sich selbst dialogisch weiterentwickelnden Erkenntnis« (S. 83), in der Theoreme und Begriffe sich im Laufe der Argumentation verändern. In seinem Kommentar formuliert Gaier (W I, 1304): »Herders Text fängt selbst mit verworrenen dunklen Begriffen an und führt in deren Verfolgung zu Begriffen, die ein Neudenken, eine Umorganisation und Aufhebung des zunächst Gesagten nötig machen, das so, wie es im Wortlaut dasteht, gar nicht mehr gilt. Herders Text bespricht also nicht nur die Entstehung der Sprache, sondern bildet sie als Zeichen ab.«

Hermeneutik aus: als Theorem ebenso wie im Vollzug des Theoretisierens, der als solcher an die Textoberfläche rückt.[15] Indem Sprache als Vermittlung zur Welt, Welt als Sprache in der Vermittlung zum Menschen und Sprechen als Vermittlung der Menschen untereinander gedacht wird, ist die *Sprachursprungsschrift* zugleich als Hermeneutik lesbar. Die verschiedenen Ursprungsthesen formulieren Aspekte des umfassenden Vermittlungsgeschehens, das, als hermeneutische Grundlegung verstanden, eine komplexe Theorie vom Verstehen anderer Äußerungen bietet. Die jeweilige Stufe der Sprachreflexion läßt sich immer auch als immanente Konstruktion einer Kommunikationsmöglichkeit mit anderen sich äußernden Wesen[16] verstehen.

Der Text wird durch eine Metapher eröffnet, die in eine Begriffsrede führt. Der Körper als Saiteninstrument (SWS V, 5)[17] klingt und tönt und setzt damit andere Saiten anderer Körper in Schwingung. Es entsteht eine grundsätzliche Sympathie zwischen den Wesen, die notwendig zu einer »Äußerung auf andre Geschöpfe gerichtet« (ebd.) sind. Diese sympathetische Unmittelbarkeit des Tönens, Schreiens, des wilden Lautes der Schmerzen beweist, daß uns die Natur nicht »als egoistische Monaden« (ebd.) geschaffen hat. Schon 1769 hat Herder in seinen Aufzeichnungen *Über Leibnitzens Grundsätze von der Natur und Gnade*[18] gegen die These von den fensterlosen Monaden Stellung be-

[15] In diesem Argumentationsstil ist die Attraktivität Herders für neuere dekonstruktivistische Theorien begründet. Dekonstruktion arbeitet mit der asymmetrischen Unterscheidung von Theorem und Theoretisieren. Das Gedachte muß notwendig in einer Sprache hergeleitet werden, die noch nicht die des Denkergebnisses ist, da sonst eine zirkuläre Argumentation vorläge. Es entsteht also eine Differenz von Herleitung und Hergeleitetem, die als solche erst den Akt der Erkenntnis plausibel machen kann: Die thematisierende Rede muß gegenüber dem Thema der Rede eine Verschiedenheit markieren, aus der sich das Denkergebnis entwickelt. Die thematisierende Rede bleibt dabei unter dem Level der Theorieaufmerksamkeit. Sie hat nur eine Dienstfunktion für die Herleitung. Dekonstruktion setzt nun genau an dieser sich selbst verschluckenden Herleitung von Denkergebnissen an und konfrontiert das Ergebnis mit jener Andersheit, die es hergeleitet hat. Solche Konfrontation wird dann in der Regel in epistemologische Unentscheidbarkeiten überführt. Indem Herder Theorem und Herleitung gleichermaßen zur Verhandlung bringt, generiert er notwendig einen Diskurs, dessen freigesetzte Selbstreflexivität dichotomische Stabilitäten unterläuft.

[16] Die allgemein gehaltene Formulierung ›sich äußernde Wesen‹ bzw. ›Äußerung‹ ist deshalb notwendig, weil Herders Konstruktion der Natursprache weder impliziert, daß Menschen oder überhaupt Individuen sich äußern (es ist zunächst nur vom Tönen die Rede) noch daß sie sich sinnvoll im Sinne von sich bewußter Sprachlichkeit äußern. Das einzige Faktum, das in der ersten Sprachthese einsteht, ist das Tönen selbst.

[17] Diese Metapher – wenn sie denn eine ist (siehe dazu unten) – verwendet Herder sehr oft; vgl. u. a.: SWS XVI, 258; SWS XXVII, 176. Daß die Rede vom Körper und auch von der Seele als Orte der Regungen von Saiten eine gängige und vielbenutzte Rede war, läßt sich im *Grimmschen Wörterbuch*, Artikel »Saite« nachlesen (DWB XIV, 1663 ff.)

[18] SWS XXXII, 225–227.

zogen. Zum Begriff der Monas als tätiger Einheit gehört nach Herder, daß sie unbeschadet ihrer Einheit auf andere Monaden wirken kann. Eine Monade, die nicht fensterlos ist, braucht natürlich auch keine prästabilierte Harmonie. Herder polemisiert folglich auch gegen diesen Begriff. An dieser Konstellation hat er Zeit seines Lebens festgehalten.

In der *Sprachursprungsschrift* ist sehr genau zu beobachten, daß sich der Herdersche Theorietyp nur unter Leugnung der Abgeschlossenheit der Monade realisieren kann. Herder legt eine antimonadische Materialität des Tönens zugrunde und lanciert damit das Argument von einer Sympathetik, in der Mitleid, Bezug auf das Nebengeschöpf und Altruismus von vornherein die Startbedingungen ebenso der Sprache wie auch des Nachdenkens über Sprache, also der Wahl des Theorietyps sind. Mit dieser Sympathetik wiederholt er auf gewisse Weise das kritisierte Leibnizsche Theorem. Die Sympathetik gleichgestimmter Wesen sichert ihm nämlich – ganz analog zu Leibniz – auf einer grundlegenden Ebene des Verstehens eine Art von prästabilierter Harmonie. Wenn das Saitenspiel des Körpers und die tönende Allvermittlung der Monade das Fenster zu den anderen Monaden öffnet, so ist die Voraussetzung dafür, daß zuvor die Schöpfung als diese tönende Sympathetik eingerichtet wurde.[19]

Daß Herder in der *Sprachursprungsschrift* seinen Gedankengang mit dem Theorem einer basalen Materialität eröffnet, geht auf sein grundsätzliches Philosophiekonzept zurück, das er schon um 1763/64 in der kleinen Schrift *Versuch über das Sein*[20] entwickelt. Ausgehend vom sensualistischen Theorem, daß Begriffe nicht anders als über die Sinnlichkeit in den inneren Sinn Einzug halten können (W I, 10), sucht er den »allersinnlichsten Begriff« (W I,12). Er findet ihn im Begriff des Seins: Allen sinnlichen Begriffen zugrundeliegend, ist er »unzergliederlich« (ebd.), »völlig indemonstrabel« (ebd.), der sinnlichste Begriff, der denkbar ist[21] (ebd.). Er bildet die Basis der unbeweisbaren Seins- und Existenzgewißheit, die nur in tautologischen Iden-

[19] Zum Verhältnis zu Leibniz vgl. Dreike (*Herders Naturauffassung in ihrer Beeinflussung durch Leibniz' Philosophie*, Wiesbaden 1973), Adler (1990). – Der theoretisch konsistenteste Gegenentwurf zu Leibniz' Monadentheorie ist Herders Schrift *Vom Erkennen und Empfinden der menschlichen Seele* (1774, 1775, 1778).

[20] Zur Datierung vgl. Gaier in W I, 844. Sowohl Gaier in seinem Kommentar wie auch Pross (I, 844ff.) und Adler (1990, S. 50ff.) sprechen dem Text eine für Herders Theoriebildung initiatorische Funktion zu. – Ich zitiere den Text nach der Werkausgabe: W I, 9–21.

[21] Die Behauptung, daß Sein der sinnlichste Begriff sei, mag zunächst überraschen. Adler führt dazu aus, daß Herder so sprechen kann, »weil er vom Sein als *erfahrener* Voraussetzung aller Reflexion und Erkenntnis ausgeht [...] Dieses Sein ist der Nullpunkt, die ontologische Origio für Herders Philosophieren [...] Die Gewißheit dieses Seins ist subjektiv durch die Empfindung verbürgt, so daß die Ich-Konstitution kein rationaler, sondern ein sinnlicher Akt ist, der reflexiv nicht hintergehbar ist« (Adler 1990, S. 56).

titätsformulierungen sagbar ist und nicht aus idealistischen Schlußfolgerungen nach dem Modell des ontologischen Gottesbeweises[22] hergeleitet werden kann. Herders Explikation des Seins kann die grundlegende Ebene der Vergewisserung von Sein nur als Evidenz[23] aufscheinen lassen. In bewußter Absetzung vom Cartesianischen cogito ergo sum formuliert Herder im *Vierten Kritischen Wäldchen*: »Unmittelbar, durch ein inners Gefühl bin ich eigentlich von nichts in der Welt überzeugt, als daß ich bin, daß ich mich fühle« (SWS IV, 7). Zum formelhaften Axiom wird die Argumentation des *Versuchs über das Sein* in einem von Irmscher aus dem Nachlaß edierten Text zusammengezogen: »Ich fühle mich! Ich bin!«[24]

Dieses antiidealistische Konzept einer aller Begriffsarbeit vorgängigen und sie erst ermöglichenden Seinsgewißheit hat Ähnlichkeiten mit der Funktion des Tönens zu Beginn der *Sprachursprungsschrift*. Sofern nämlich die Differenzen des Verstehens erst dann eintreten, wenn andere Ebenen der Zeichentätigkeiten erreicht sind, ist hier eine Ebene der allen Menschen gemeinsamen Gewißheit vorhanden, die, wie immer sie sich in späteren semiotischen Universa ausprägen mag, in jeder Konstruktion als ihre Voraussetzung zugrundegelegt werden muß. Das Tönen, das als elementare Sympathetik die Basis der Natursprache legt und das den ersten Sprachursprung bildet, ist ein Sichverlauten des Seins in dem antiidealistischen Sinne, in dem Herder generell idealistische Termini in sensualistische umdenkt. Im *Vierten Kritischen Wäldchen* weisen die Überlegungen zu einer physiologisch fundierten, auf die Theorie der Musik abzielenden Analyse des Hörens auf genau diese Verschränkung von sinnlicher Selbstevidenz und Ton hin. »Das erste Moment der Empfindung ist so untheilbar, als der Ton« (SWS IV, 95). Herders analogische Denkart[25] fundiert die interindividuelle Seinsgewißheit in einer Entsprechung auf der Seite der objektiven Welt, wo das Tönen jene Elementarität des Mitschwingens der menschlichen Saiten sicherstellt, die vor jeder monadischen Selbstreferenz liegt.

Daß die Natur der klingenden Saiten, die in der *Sprachursprungsschrift* »noch von aller forschenden Vernunft nicht hat erforscht werden können« (SWS V, 5), auch weiterhin unerforschbar bleiben muß, hängt also mit der

[22] Vgl. Gaier, der den Text als Antwort auf Kants vorkritische Schrift *Der einzig mögliche Beweisgrund zu einer Demonstration des Daseins Gottes* von 1763 liest (Gaier W I, 845 ff.). Siehe auch Norton 1991, S. 38 f.

[23] Adler 1990, S. 53: »Auf dieser allgemeinsten Ebene ist das Prinzip der Identität als Evidenz zu formulieren, wenn es um das Datum des Seins [...] geht«.

[24] Hans Dietrich Irmscher, Aus Herders Nachlaß, in: Euphorion 54 (1960), S. 287. Vgl. die Edition des Textes bei Pross II, 244 und SWS VIII, 96.

[25] Vgl. zur Analogie bei Herder: Irmscher 1981.

Unerklärbarkeit des Seins zusammen. Daß das Tönen eine selbstevidente Sympathetik in Gang setzt, ist vom *Versuch über das Sein* her als notwendige Folge der interindividuellen Seinsgewißheit zu verstehen. Die Basis von Herders Hermeneutik wird durch die Behauptung einer Materialität gebildet, die eine antimonadische Selbstevidenz von Sein zugrundelegt. Damit wird der folgenden monadischen Komplizierung der Hermeneutik ein Fundament gegeben, das jene selbstreferentiell geschlossenen Komplizierungen als Ausdifferenzierung denkt und nicht als Neuansatz.

Im nächsten Gedankenzug wird die metaphorische Rede in begriffliche überführt: Saite heißt jetzt Nerv.[26] Herder deutet ein Theoriekonzept an, das er zwar für wünschenswert, aber für undurchführbar hält: nämlich daß die Physiologie die Seelenlehre demonstrieren solle (ebd.). Die Ausgangsthese von der grundlegenden Sympathetik wird spezifizierend wieder aufgenommen. Jedes Geschöpf als »empfindsames Wesen« (ebd.) empfindet nicht für sich allein, sondern mitleidend, »einartig« (ebd.) in seiner Gattung. Die Spezifizierung führt ein Differenzmoment ein. Ein Wesen kann zwar per se auf Sympathie rechnen, aber eine spezifisch sympathetische Reaktion ist nur innerhalb seiner Art vermöge seiner »Tonart« (ebd., 7) möglich. Herders zweite Ursprungsthese[27] enthält ein monadisches Moment. Die tönende Sympathetik ist keine Allvermittlung mehr, sondern Kundgabe nur an solche, die von gleicher Art sind, in den gleichen Ton einstimmen, der gleichen Völkersprache angehören.

c) Die Stichworte, die Herder auf den ersten zwei Seiten der *Sprachursprungsschrift* in den Text verstreut – Sympathie, Saite, Tönen, Nerv –, verweisen auf ein komplexes Beziehungsgeflecht von Voraussetzungen und Traditionen. Sie zu verstehen entscheidet darüber, ob eine Lektüre überhaupt in den Argumentationsgang der *Sprachursprungsschrift* und folglich auch in die Rekonstruktion der Herderschen Hermeneutik hineingelangen kann.[28]

[26] Vgl. den Begriff »Nervenbau« (SWS V, 6).

[27] Gaier nennt diese These »Völkersprache der Gattungen« (W I, 1279); vgl. Gaier 1988, S. 89ff.

[28] Der Anfang der *Sprachursprungsschrift* gehört zu den wohl meistkommentierten Textstellen der Herder-Forschung. Wolfgang Pross (*Johann Gottfried Herder: Abhandlung über den Ursprung der Sprache. Text, Materialien, Kommentar*, München und Wien 1978) widmet den ersten zwei Seiten in seiner Einzeledition ca. zwei bis drei Seiten Kommentar. In seiner Werkausgabe ist der Umfang auf 12 Seiten angewachsen und hat den Status einer Abhandlung erreicht (Pross II, 919–931). Ulrich Gaier kommentiert, neben den entsprechenden Passagen in seinem Buch über Herders Sprachphilosophie (1988), den Anfang mit fünf Seiten (W I, 1284–1289). – Es ist einsichtig, daß bei einer solchen Materiallage das

Das wichtigste Gedankenmotiv in der Konstellation dieser Begriffe ist die Annahme, daß es eine Sympathetik zwischen empfindenden Wesen gibt, die bewußtseinsunabhängiger und präkognitiver Art ist. Zwei wesentliche Einflüsse sind für dieses Theorem namhaft zu machen: die hermetische Tradition einerseits und Thesen der physiologischen Forschungen andererseits.[29]

Bei Platon findet sich die Vorstellung vom Körper als Saiteninstrument.[30] Der schon früh von den Griechen beobachtete Vorgang, daß die Schwingungen einer Saite die den Proportionsverhältnissen entsprechend gestimmten Saiten ebenso zum Schwingen veranlassen, wurde schnell zu einer Metapher für eine das kosmische Geschehen durchwaltenden Harmonie, die sich in der tönenden Sympathetik der Wesen untereinander zum Ausdruck bringt. Die Begriffskonstellation von Sympathie, Harmonie und musica mundi im Zusammenhang mit der Metapher vom Saitenspiel des Körpers und derjenigen von der Stimmung der Seele wurde schnell in die hermetischen[31] und neuplatonischen Spekulationen aufgenommen. Noch Wieland, der mit solchen Traditionen bestens bekannt war und sie in seinem ironischen Räsonnement behaglich Revue passieren läßt, bezieht sich auf eine (neu)platonisch geprägte Bedeutung des Sympathiebegriffs.[32] In seinem 1754 veröffentlichten Text *Sympathien* begründet er den Begriff noch ganz idealistisch: »sympathetische

Herbeischaffen weiterer Quellen von zweifelhaftem Wert ist. Da man über den Sympathiebegriff ganze Bücher schreiben könnte und da auch die Musiktheorie, auf die die Stichworte Saite und Tönen verweisen, ein recht umfangreiches Gebiet ist, fällt es schwer, in der Kommentierung eine Stopregel zu finden. Innerhalb meines Argumentationskontextes scheint es mir deshalb dringlich zu sein, eher die theoriekonstituierenden Grundannahmen herauszuarbeiten, als weitere Belege zu sammeln.

[29] Natürlich wären für eine allgemeine Begriffsgeschichte von Sympathie sehr viel weitreichendere Kontexte zu erarbeiten. Die poetologische Aristoteles-Rezeption gruppiert sich in bezug auf die Tragödie um den Mitleidsbegriff. Der christliche Mitleidsbegriff wäre einzubringen. Bei verschiedenen Philosophen wird Sympathie als gesellige, sogar gesellschaftskonstituierende Kraft bestimmt: so bei Hume (vgl. dazu Kondylis 1986, S. 499ff.). – Im Zusammenhang des hier auszuführenden Gedankens kommt es aber darauf an, Sympathie zwischen Wesen als bewußtseinsunabhängige und präkognitive Kraft zu denken. Damit scheiden Konzepte aus, die sympathetische Altruismen an das bewußte Agieren, an die gewollte und gesollte Hinwendung zu den Mitgeschöpfen binden.

[30] Platon, *Phaidon* 85e bis 86d (Platon, *Werke*, III, 37).

[31] Zur hermetischen Tradition des Sympathiebegriffs vgl. u. a. Rolf Christian Zimmermann, *Das Weltbild des jungen Goethe. Studien zur hermetischen Tradition des 18. Jahrhunderts*, München 1969–1979, Bd. I, S. 257f. und dort auch die Begrifflichkeit der Fernliebe (actio in distans) als der göttliche Lebensfunken in den Geschöpfen (van Helmont).

[32] In den Artikeln *Sympathie, sympathetisch* im Grimmschen Wörterbuch wird darauf hingewiesen (DWB XX, 1398, 1404), daß vor allem Wieland dafür gesorgt habe, daß der Begriff im 18. Jahrhundert zu einem Modewort geworden sei.

Seelen«[33] erinnern sich daran, daß sie »vielleicht schon unter einem anderen Himmel sich liebten« (ebd.), daß sie einander ein »Urbild« (ebd.) seien; ihre Liebe hat mit »thierischen Trieben und Freuden«[34] nichts zu schaffen, sondern besteht in einer »geheimen geistigen Verbindung«[35]. In der Substanz bleibt dies bei Wieland die Basis des Sympathiebegriffs, wenngleich er solche Traditionen in seinen Romanen durch die Erzählperspektive zunehmend ironisiert.[36]

In welchem Umfange hermetisches und esoterisches Gedankengut im 18. Jahrhundert in die Normalsprache[37] Einzug gehalten hat, läßt sich am Lexikoneintrag zu Sympathie bei Adelung ablesen: »Die Eigenschaft eines lebendigen Wesens, vermöge welcher die Vorstellung des Zustandes eines Dinges ähnliche Empfindungen in uns hervor bringet, und diese ähnlichen Empfindungen selbst: besonders in engerm Verstande, sofern sie auf undeutliche Begriffe gegründet ist, oder aus uns unbekannten Gründen herrühret«.[38] Daß man Sympathie, also Zuneigung, Wohlgefallen, Mitfühlen und auch Mitleiden Menschen und ebenso Tieren gegenüber empfinden kann, wäre mit einem Normalgebrauch des Wortes noch in Übereinstimmung zu bringen. Daß aber Sympathie mit Dingen entstehen kann und daß grundsätzlich alles in der Schöpfung Vorkommende eines sympathetischen Bezuges fähig ist[39] und diesen von sich aus initiieren kann, weist auf eine Dimension des Begriffes

[33] Christoph Martin Wieland, *Werke* in 40 Bänden, Hg.: Heinrich Düntzer, Berlin o. J. (1839–1853), Bd. XXXIX, S. 435.

[34] Ebd., 436.

[35] Ebd., 437.

[36] Wolfgang Pross weist in seinem Kommentar (Pross II, 926) auf eine Wielandstelle aus dem dritten Teil der *Beiträge* hin, wo sich die Metapher vom Körper als Saiteninstrument findet (vgl. Wieland XXXI, 115 f.).

[37] Nebenbei können Hinweise wie die auf die zeitgenössischen Lexikonartikel auch Argumente dafür liefern, in sonst unverdächtiger ›Normalsprache‹ hermetische Hintergrundsmetaphoriken zu vermuten. Manch einem Interpreten mag es zu weit hergeholt erscheinen, wenn Rolf Christian Zimmermann (1969/79, I, 266) im Goetheschen *Urgötz* die bösen Ahnungen, die Weislingen mitsamt seinem am Schloßtor scheuenden Pferd befallen, als eine sympathetische actio in distans deutet, von der die Seele Weislingens und seines Pferdes in unbewußter Erwartung der intriganten Tat Adelheids befallen werden. Das Problem besteht darin, eine Stopregel für die Identifizierung hermetischer Begriffe zu finden. Da nämlich diese Begriffe metaphorischen Charakter haben und im Gegensatz zur philosophischen Terminologie nicht als Kunstworte erkennbar sind, lassen sich in nahezu aller ›poetischen Normalsprache‹ um 1800 rein vom gebildeten Wortbestand her Vermutungen wie die von Zimmermann anstellen. Daß sie nicht von der Hand zu weisen sind, zeigt der Blick in die zeitgenössischen Wörterbücher. Herders explizite Übersetzungen von Hermetik in Physiologie (s. u.) wären ein weiterer Fingerzeig in diese Richtung.

[38] Adelung IV, 509.

[39] Adelung formuliert, daß »man auch leblosen Dingen eine Sympathie gegen einander zuschreibt« (ebd., 510)

hin, die sich noch aus den Gedankengängen der hermetischen Überlegungen herschreibt.

Zedlers Universallexicon gibt zu *Sympathie* (1744) folgende Erläuterung: »in der Natur-Lehre eine verborgene Uebereinstimmung zweyer Cörper und Neigung des einen zu dem anderen«.[40] In der Folge referiert der Lexikonartikel Beispiele des Einflusses entfernter Körper aufeinander, vor allem anhand der Gestirne.

Zedlers Sprachgebrauch folgt epistemologischen Traditionen, die nach Foucault für das Weltbild des 16. und teilweise auch des 17. Jahrhunderts prägend gewesen sind. In seiner Analyse der vier Ähnlichkeiten kommt Foucault nach der convenientia, der aemulatio und der Analogie auf das Spiel von Sympathie und Antipathie als der umfassendsten Form der Ähnlichkeit zu sprechen: »Das ganze Volumen der Welt, alle übereinstimmenden Nachbarschaften, alle Echos der aemulatio, alle Verkettungen der Analogie werden unterstützt, aufrechterhalten und verdoppelt durch jenen Raum der Sympathie und der Antipathie, der die Dinge unablässig annähert und sie auf Entfernung hält.«[41] Sympathie gilt in diesem epistemologischen System als die grundlegende Kraft, die den Zusammenhang der Dinge bewirkt. Deren inneres sympathetisches Zusammengehören sichert die Einheit der Welt mitsamt der Repräsentation ihrer Einheit in Metapherrastern wie der der Kette des Seins. Mit dem Inkrafttreten des aufklärerischen Denkens werden solche letztlich dem animistischen und magischen Analogiedenken entspringende Sympathievorstellungen zu anachronistischen und überholten Wissensbeständen, deren vormoderne Syntax bei nicht wenigen Autoren weiterhin produktive Fragestellungen in Gang setzt.

Herder kommt, so zumindest deute ich es, an einer Stelle seines *Vierten Kritischen Wäldchens* auf diese Tradition der hermetischen Harmonie- und Sympathievorstellungen zu sprechen. Er referiert die Vorstellungen, die »einige alte Völker« von der »Innigkeit der Musik überhaupt« haben: »Der innerliche Schauder, das allmächtige Gefühl, was sie ergrif, war ihnen unerklärlich; nichts, was so innig und tief auf sie würken könnte, kannten sie in der ganzen Natur sichtbarer Wesen: Geister also, glaubten sie, Geister des Himmels und der Erde, hätten sich durch die Ketten der Musik herbeigezogen« (SWS IV, 112).

Das Zitat ist lesbar als eine Wiedergabe hermetischer und neuplatonischer Gedanken, freilich aber als eine ironische und entstellende Wiedergabe. Denn

[40] Zedler XLI, 744.

[41] Michel Foucault, *Die Ordnung der Dinge. Eine Archäologie der Humanwissenschaften*, Frankfurt am Main 1974, S. 53–56, Zitat auf S. 55 f.

nach Herder ist es die Aufgabe des »Lehrers der Aesthetik« (ebd.), die »magische Macht« der Musik in »wahre Erscheinungen verwandeln zu können« (ebd.). Emanistische Theoriemodelle, die in sympathetischer Allharmonie Musik als Ausdruck einer Geisterordnung denken, sollen also in eine Rede überführt werden, die ihnen das mythische bzw. mystische Antlitz nimmt. Wie macht Herder aus solchen Theorien »wahre Erscheinungen«, wie übersetzt er voraufklärerische Fragestellungen und Modelle in aufklärerische Epistemologie?

Eine Antwort findet sich in einer Stelle in *Über die neuere deutsche Literatur*: »Da man das Nervengebäude der Empfindung sehr treffend mit einem Saitenspiel vergleichen kann: so merke ich hier an, daß wie eine Saite blos mit einer gleichgestimmten Harmonisch tönet: so fodert das Wimmern der Elegie gleichsam einen Leser von gleichem Ton der Seele« (SWS I, 489). Die Stichworte Harmonie, Saite, Ton (bzw. Stimmung) der Seele tauchen hier auf, aber zusätzlich findet sich die Vokabel Nervengebäude. Die Übersetzung in den medizinischen Terminus deutet an, daß Herder einen Wortbestand hermetischer Herkunft zunächst metaphorisch gebraucht und ihn dann in physiologische Redeweise übersetzt, also in »wahre Erscheinungen verwandelt« (s. o.). Er geht dabei einen Weg, der in der Begriffsgeschichte der zur Diskussion stehenden Termini vorgezeichnet ist.

Schon Hippokrates benutzt den Begriff der Sympathie, um das Zusammenspiel der verschiedenen Organe im Körper zu bezeichnen. Diese Vorstellung wird, auch unter den Begriffen consensus und Mitleidenschaft, bis in das 18. Jahrhundert hinein tradiert.[42] Albrecht von Thaer verwendet in seinem Buch *De actione systematis nervosi in febribus* (1774) die Sympathiebegrifflichkeit: »Sympathia est Reactio Sensorii, a Sensatione physica praegressa exitata.«[43] Bewußtseinsunabhängig wird das Zusammenspiel von Muskel- und Nervensystem als eine interne Stimulation gedacht, die zwar von einer äußeren sensatio verursacht sei, aber durch die Sympathetik der Muskeln

[42] Eine sehr umfangreiche, aus über 1500 Texten (überwiegend Primärquellen) erarbeitete Übersicht zu den Theorien der Chemie, der Physiologie und des Theoriebündels Magnetismus, Elektrizität, Galvanismus findet sich neuerdings im Ergänzungsband der historisch-kritischen Schellingausgabe. Jörg Jantzen (Physiologische Theorien, in: *Friedrich Wilhelm Joseph Schelling, Historisch-Kritische Ausgabe. Ergänzungsband zu Werke Band 5 bis 9. Wissenschaftshistorischer Bericht zu Schellings naturphilosophischen Schriften 1797–1800*, Stuttgart 1994, S. 373–668) weist in seinem Kapitel über die Physiologie darauf hin, daß noch im 18. Jahrhundert sehr viele Autoren der Hippokratischen consensus- bzw. Sympathievorstellung folgen (vgl. dort das Sachregister).

[43] Vgl. Albrecht von Thaer, *De actione systematis nervosi in febribus*, Göttingen 1774, S. 23 f.

und Nerven weitere innere Tätigkeiten errege. Werde durch eine solche Sympathetik ein infektiöser Stimulus an die anderen Organe, Muskeln und Nerven weitergegeben, so entstehe, wie neben von Thaer auch Blumenbach[44] ausführt, eine Krankheit. In *Zedlers Universallexicon* findet sich im *Sympathie*-Artikel (1744) noch genau diese von Hippokrates stammende Definition des Begriffs: »[...] in der Artzney-Kunst heisset Sympathie entweder die Mit-Empfindung, wenn ein Theil des Leibes, wo eigentlich der Sitz der Krankheit nicht ist, um der Gemeinschafft willen, so es mit den andern hat, Ungemach leidet.«[45]

Der Mediziner und Naturphilosoph Johann Gottlieb Krüger, dessen *Naturlehre* (^{2}1748) als Zusammenfassung von im 18. Jahrhundert allgemein bekannten Wissenbeständen gelten kann, hat mehrfach den Vergleich des menschlichen Körpers mit einem Saiteninstrument durchgeführt.[46] Krüger hält in seiner Theorie der Empfindung an dem Modell fest, daß die Nerven hohl seien und daß in ihrem Inneren eine unendlich subtile Materie (Lebensgeister), die sich gleichwohl empirisch nicht nachweisen läßt, fließe.[47] Folglich muß er eine Innenseite der Nervenstränge von ihrer Außenseite unterscheiden: »Denn die Nerven bestehen nach ihren inwendigen Theilen aus einer sehr weichen Materie, welche von dem Marcke des Gehirnes entspringet. Von außen aber sind sie mit einer härtern Haut, die von den Häuten herkömmt, welche das Gehirn umgeben, bekleidet.«[48]

Krügers These ist nun, daß vor allem diese um das weiche Innere gespannten und härteren »Häute der Nerven der eigentliche Sitz aller Empfindlichkeit«[49] sind. Schneidet man einen Nerv durch, so kann man sehen, daß sich seine Haut zurückzieht.[50] Krüger schlußfolgert: Wenn sich

[44] Joachim Friedrich Blumenbach, *Institutiones physiologicae*, Göttingen ^{2}1798 (Erstauflage 1787), S. 45. Jantzen (1994, S. 447, Anm. 285) weist noch auf weitere Autoren hin.

[45] Zedler XLI, 747.

[46] Johann Gottlob Krüger, *Naturlehre*, Zweyter Theil (Physiologie), Halle ^{2}1748, S. 585 ff., 596 f., 603 ff., 625, 645 f., 654, 656, 745 u. ö. – Während Gaier und Pross in ihren Stellenkommentaren davon ausgehen, daß Herder die Krügersche *Naturlehre* gekannt habe, scheint dies, wie aus Diskussionsbeiträgen bei Herder-Konferenzen hervorgeht, in der Forschung kontrovers zu sein. Unabhängig aber von dem genauen Nachweis einer Lektüre ist die Fiberntheorie doch ein allgemeiner Wissensbestand, so daß für Herder auch jenseits der Frage, ob er Krüger gelesen habe, die Kenntnis der entsprechenden Überlegungen unterstellt werden kann. So referiert z. B. Moses Mendelssohn den Hauptgedanken Krügers und lenkt ihn in eine Richtung, die auf Herder zusteuert (s. dazu unten).

[47] Krüger, *Naturlehre*, S. 542, 548 ff.

[48] Ebd., 566.

[49] Ebd., 576. Vgl. auch S. 580: »[...] daß nicht sowohl das Marck der Nerven, als vielmehr ihre Häute die vornehmsten Instrumente der Empfindung genennet zu werden verdienen«.

[50] Ebd., 584.

die äußere Haut bei Verletzung zurückzieht, muß sie vorher, als härtere Außenschicht, gespannt gewesen sein, also ist sie auch elastisch und also ist sie in genau demselben Zustand wie eine gespannte Saite. Folglich kann der Körper hinsichtlich seines Systems von Nervensträngen mit einem Saiteninstrument verglichen werden.[51] Die Empfindung läßt sich nun mit der zitternden Bewegung der Saite bzw. der Nerven zusammenbringen.[52] Da sich der Schwingungsausschlag berechnen läßt, schlägt Krüger sogar mathematische Gesetze der Empfindung vor[53], was sich theoriegeschichtlich aus der traditionellen Nähe der Musiktheorie zur Mathematik erklären läßt.

In bezug auf Herder liegen die Schlußfolgerungen nahe. Krügers Modell läßt sich nicht nur einer Theorie des Hörens und des Tones nutzbar machen. Da der ganze Empfindungsapparat bei Krüger über das Nervensystem läuft[54], werden alle fünf Sinne nach diesem Modell des Körpers als Saiteninstrument gedacht. Wenn Krüger sich die Stärke des Schalls als mehr oder weniger zitternde Bewegung der Luft vorstellt[55], die durch das unendlich fein gestaffelte Resonanzsystem des Ohrs aufgenommen wird, so ist dies eine Rede, die bei Beibehaltung der Saitenspiel-Terminologie auch auf die anderen Sinne angewandt werden kann, ohne sofort dem Verdacht zu unterliegen, bloßes Metaphernspiel zu sein. Die Töne, die den Körper affizieren, sind nicht allein akustische Stimulanzien: Sie werden in das Saitenspiel der Nerven, also in das Gesamt aller fünf Sinne integriert. Folglich ist ein Körper, in dem Nerven sind, immer in Tönen gestimmt, sobald er empfindet. Und diese Töne sind ihrem Begriff nach nicht allein auf das Akustische zu reduzieren. Für ein Lektüreinteresse, das wie dasjenige Herders in Kenntnis der neuplatonischen und hermetischen Spekulationen zu Sympathie und musica mundi ist, muß diese Universalisierung und gleichzeitige Verwissenschaftlichung der Rede vom Saitenspiel einen geeigneten Anknüpfungspunkt bieten. Herder kann seine Theorie des Tönens rhetorisch als Spekulation mit metaphysischen Begriffen inszenieren und gleichzeitig auf einen, wenngleich mit Skepsis vorgebrachten, präzisen naturwissenschaftlichen Sinn verweisen. Die einfühlungshermeneutische Basis seiner Sprachphilosophie enthüllt von die-

[51] Ebd., 584f.
[52] Ebd., 585ff.
[53] Ebd., 589.
[54] »Daß alle Empfindungen vermittelst der Nerven geschehen, ist eine Sache, welche von keinem Arzneyverständigen in Zweifel gezogen wird« (Ebd., 538).
[55] Ebd., 588.

sem Stand des medizinischen Wissens her[56] ihren naturwissenschaftliche Ursprung.[57]

In seiner anonym erschienenen Schrift *Über die Empfindungen* von 1755 bezieht sich Moses Mendelssohn auf die Theoreme der Farbenmelodie bei Krüger.[58] Im Zusammenhang dieser Überlegungen stehen Formulierungen, die den physiologischen Konnex der musikästhetischen Begriffe Harmonie, Saite, Ton mit dem medizinischen Begriff des Nervs bestätigen: »Man ist aber längstens überzeugt, daß gewisse nervigte Gefäße des Gehörs mit den klingenden Saiten harmonisch erbeben, und daß wir sogar den Schall nicht eher empfinden, bis sie diese zitternde Bewegung der in der Trummelhöle befindlichen Luft mitgetheilt haben. [...] Es ist also höchst wahrscheinlich, daß alle Nerven unseres Körpers durch die Töne in gewisse mit den Saiten übereinkommende Spannungen gesetzt werden, und daß die Schwingungen der Wohllaute überhaupt, dem Tone eines gesunden Leibes zuträglich sind.«[59] Die Rede vom Ton eines gesunden Leibes deutet an, daß der Tonbegriff hier zu einem medizinischen Terminus geworden ist. Daß ausdrücklich alle Nerven in die Spannung von Tönen gesetzt werden, spezifiziert den Tonbegriff als einen, der als medizinischer Terminus vom nur Akustischen losgelöst worden ist. In der Tat wird er von Mendelssohn im 10. Brief als ein solcher eingeführt: »Die Zergliederer des menschlichen Körpers haben dich gelehrt, daß die nervigten Gefäße sich in tausend labyrinthischen Gängen so zart durchkreuzen, daß in dem ganzen Baue alles mit einem, und eines mit allem

[56] Jantzen (1994, S. 495) weist allerdings darauf hin, daß die Idee, die Nerven nach dem Modell einer gespannten Saite zu denken, noch bis zum Ende des 18. Jahrhunderts vertreten wird, obwohl Haller in seinen Experimenten festgestellt hat, daß die Nerven weich seien.

[57] Diese Erkenntnis ist zumindest theoriegeschichtlich von einigem Interesse. Einfühlungshermeneutik steht in einem schlechten Ruf. Unwissenschaftlich sei sie, treibe Identifikation und verunmögliche dadurch kritische Erkenntnis, agiere in vagen metaphorischen Begriffen und gerate in eine unproduktive geisteswissenschaftliche Opposition zu naturwissenschaftlichem Denken. So sehr solche Kritik auch berechtigt sein mag, erinnert sei hiermit daran, daß eine der Startkonstellationen von Einfühlungshermeneutik genau auf das Gegenteil aller dieser Kritikmomente abzielte: wissenschaftlich, sogar naturwissenschaftlich fundiert sollte sie bei Herder sein, und Identifikation ist spezifiziert als eine, die vorsemiotisch auf physiologischer Basis stattfindet, aber eben nicht im Austausch expliziter Zeichensysteme. – Daß Herder unkritische Einfühlung vorgeworfen werden konnte, ist wohl in der ihrerseits unhistorischen Projektion begründet, die Diltheysche Gegenüberstellung von Geistes- und Naturwissenschaften, also von einfühlendem Verstehen und erklärendem Denken schon bei Herder finden zu wollen. Dessen Einfühlungsbegriff liegt aber jenseits dieser Dichotomie.

[58] Moses Mendelssohn, *Ästhetische Schriften in Auswahl*, Hg.: Otto F. Best, Darmstadt ²1986, S. 98ff.

[59] Ebd., 96.

verknüpft ist. Die Grade der Spannung teilen sich von Nerve zu Nerve harmonisch mit, und niemals geschiehet eine Veränderung in einem Theile, die nicht gewissermaßen einen Einfluß in das Ganze hat. Diese harmonische Spannung nennen die Kunstverständigen den Ton. Wird nun ein Glied, wird ein Theil des menschlichen Körpers von einem sinnlichen Gegenstand sanft gereitzt; so pflanzt sich die Wirkung davon bis auf die entferntesten Gliedmaßen fort. Alle Gefäße ordnen sich in die heilsame Spannung, in den harmonischen Ton, der die Thätigkeit des menschlichen Körpers befördert, und seiner Fortdauer zuträglich ist.«[60]

Was bei Herder als terminologischer Konnex angedeutet ist und von einem skeptischen Bewußtsein hinsichtlich der begrifflichen Einlösbarkeit begleitet wird, ist für Mendelssohn ein unproblematisiert gelassenes Theorem. Obwohl der Begriff der Sympathie im Zusammenhang der gegebenen Zitate nicht auftaucht, lassen sie sich doch unter seine Überschrift stellen. Jenseits aller semiotischen Komplizierung steht für Mendelssohn fest, daß der nach dem Modell eines Saiteninstrumentes gedachte menschliche Körper auf einen Ton gestimmt ist, der durch die Töne anderer Körper affiziert werden kann. Was im Inneren des Körpers durch das Zusammenspiel seiner Teile an harmonischem Gleichklang stattfindet, wiederholt sich in der vorsemiotischen, nämlich tönend-sympathetischen Kommunikation. Damit ist die physiologische Basis für ein grundsätzliches Übereinstimmen gelegt. Mendelssohn traut einem solchen Rapport der Harmonie sogar eine medizinische Heilkraft[61] zu: ein deutlicher Hinweis darauf, daß diese Vorstellungen sich aus den Traditionszusammenhängen magisch und hermetisch inspirierter Naturphilosophie herleiten.[62]

Es ist sehr genau zu beobachten, wie sich die eine gemeinsame begriffsgeschichtliche Wurzel des Sympathiebegriffs einerseits in eine neuplatonisch-hermetische Philosophie, andererseits in einen naturphilosophisch-physiologischen Theorieaufbau verzweigt. Herder, der an beiden Traditionen teil hat, kann sie aufeinander beziehen und ineinander übersetzen. Gleichsam an der rhetorischen Außenseite seiner Texte plaziert er die Begrifflichkeit der Saite, des Tons und der Sympathie, da diese wegen ihres metaphorischen Substrats

[60] Ebd., 64.

[61] So argumentiert auch Adelung, wenn er als die dritte Wortbedeutung von Sympathie notiert: »Die Wirkung eines körperlichen Dinges in ein anderes entferntes ohne ein merkliches dazwischen kommendes Mittel; da man denn im gemeinen Leben Sympathien oder sympathetische Wirkungen hat, besonders solche Heilarten u. s. f.« (Adelung IV, S. 510).

[62] Über die Musik als Heilkunst im Kontext naturphilosophischer und theologischer Vorstellungen informiert Rolf Dammann, *Der Musikbegriff im deutschen Barock*, Köln 1967, S. 397ff.

auch dann verstanden werden kann, wenn der Leser den versteckten hermetischen Hintergrund nicht realisiert. Zugleich profitiert die Rhetorik der Herderschen Wissenschaftsprosa von der Lebendigkeit und bildlichen Kraft dieses nun wohl ästhetisch eingesetzten, ursprünglich aber esoterisch gemeinten Vokabulariums.[63]

Als Esoteriker oder Hermetiker ist Herder dennoch keinesfalls zu bezeichnen, denn er übersetzt diese zur Exoterik gewordene Esoterik in die für ihn »wahre Erscheinung« (SWS IV, 112) der physiologischen Terminologien. Beiden Redeweisen gemeinsam ist aber, und darauf kam es im Kontext meiner Argumentation an, daß sowohl die hermetischen wie auch die physiologischen Vorstellungen mit einem Sympathiebegriff arbeiten, der mit einem Bewußtsein und mit einem intentionalen Akt der altruistischen Zuwendung des Menschen zu seiner geschöpflichen Umwelt zunächst nichts zu tun hat.[64] Methodisch muß bei dieser Übersetzungstätigkeit hermetischer in physiologische Terminologie gleichwohl daran erinnert werden, daß Herder schon zu Beginn der *Sprachursprungsschrift* hinsichtlich der Möglichkeit, die Physiologie könne die Seelenlehre demonstrieren, Zweifel anmeldet (SWS V, 6). Die beschriebene Übersetzung muß daher als ein Rationalisierungsversuch angesehen werden, der lediglich eine neue Terminologiemöglichkeit anbietet, die, obgleich wissenschaftlicher scheinend als die andere, doch ebenso metaphorisch zu bleiben hat[65] – solange zumindest, bis wider Erwarten jene Demonstration doch gelingen würde.

[63] Daß hermetische, esoterische und religiöse Redeweisen gerade dann ästhetisch adaptierbar werden, wenn sie, in wissenschaftliche und aufgeklärte Rede übersetzt, keine kanonische Geltung mehr haben, gehört zum Grundbestand derjenigen Argumentationen, die sich um den Säkularisationsbegriff gruppieren. Blumenberg benutzt in diesem Zusammenhang den Begriff einer Rhetorik der Säkularisation (Hans Blumenberg, *Säkularisierung und Selbstbehauptung*, Frankfurt am Main 1974, S. 119). Vgl. zur Logik von Säkularisation auch Hans-Georg Kemper, *Gottebenbildlichkeit und Naturnachahmung im Säkularisierungsprozeß. Problemgeschichtliche Studien zur deutschen Lyrik in Barock und Aufklärung*, 2 Bände, Tübingen 1981.

[64] In der Formulierung des ersten Naturgesetzes legt Herder Wert darauf, daß die ersten Lautäußerungen »ohne Willkür und Absicht«, also bewußtseinsunabhängig und präkognitiv zu denken sind: »Hier ist ein empfindsames Wesen, das keine seiner lebhaften Empfindungen in sich einschließen kann; das im ersten überraschenden Augenblick, selbst ohne Willkühr und Absicht Jede laut äußern muß!« (SWS V, 6). – Gaier verbessert (W I, 698) in: »...jede in Laut...«. Pross argumentiert gegen diese Verbesserung, daß es hier nicht um einen bestimmten und artikulierten Laut (sonus) gehen kann, sondern nur um das sich Verlauten der Stimme (vox) in unbestimmten Lauten bzw. Schällen (Pross II, 927 f.). Ich schließe mich diesem Argument an und bleibe beim Text der Suphan-Ausgabe.

[65] Auch für das Verhältnis von Naturphilosophie und Hermetik ist grundsätzlich dem zuzustimmen, was Hans-Georg Kemper zur *Aeltesten Urkunde* ausführt. Gerade weil der Mensch, so Kemper in der Kommentierung eines Herderzitats, »bestenfalls soweit gelangt,

In diesem ersten Ursprung der Sprache als Natursprache, also vor aller expliziten Sprache, vor aller Differenzierung in Subjekt und Objekt, ist der Mensch ein Wesen, dessen innere Nervensaiten auf die Töne sympathetisch reagieren, die ihn von außen affizieren. Das Ohr ist für Herder ein »Saitenspiel von Gehörfibern« (SWS IV, 102). In der »Verschiedenheit der Nervenäste des Gehörs« (ebd.) sowie in der Richtung, in der die »Silberpfeile« (ebd., 109) des Tons auf die Nervenäste treffen, sieht er den Grund für eine qualitative Bestimmung des »Musikalischen Wohl- oder Uebellauts« (ebd., 102).[66]

Eine sympathetische Reaktion ist daher so grundlegend, daß sie nicht einmal ein Privileg des Menschen ist. So ist zwar für den Menschen der Gesang der Nachtigall nicht in dem Maße Ausdruck einer spezifischen Leidenschaft wie es dies für den sympathetisch hörenden Gatten der Nachtigall der Fall ist (ebd., 116f.)[67], gleichwohl reagiert aber der Mensch mitempfindend auf den Gesang der Nachtigall. Der Gedanke einer zumindest tierischen Basis der Sympathie wird auch in Formulierungen des *Ersten Kritischen Wäldchens* an-

um den Mythos als Mythos zu erkennen und auch das eigene ›erwachsene‹ Weltbild als einen – wenn auch ›aufgeklärten‹ – Mythos zu durchschauen und zugleich zu akzeptieren: gerade deshalb kann er auch die biblische Wahrheit als eine *bildliche* Wahrheit annehmen« (Kemper 1981, I, 105). – Der Gedanke wäre auf Herders Bemerkung zur Physiologie anzuwenden: Gerade weil er das physiologische Konzept als uneinlösbar ansieht, ist ihm ebenso wie den hermetischen Metaphernreden nur eine bildliche Wahrheit zuzusprechen. Freilich muß betont werden – und dies auch gegen Kempers Argumentation –, daß für Herder deshalb Physiologie noch lange nicht zur Hermetik wird. Herder hält am Rationalitätsvorsprung der physiologischen und naturphilosophischen Theorien als der »wahren Erscheinung« fest, selbst wenn er bezweifelt, daß ihnen eine Letztbegründung gelingen könne.

[66] Nicht nur das Ohr wird von Herder sowohl physiologisch als auch mit musikalischer Metaphorik (Saitenspiel) gedacht. In seiner Abhandlung *Die Lyra*, veröffentlicht im zweiten Teil der *Terpsichore* (1795), werden ebenso die Sprachorgane einer solchen Deutung unterzogen: »Die Sprachorgane des Menschen endlich, sind, wie die Zergliederung zeigt, ihrem Baue nach, selbst Lyra und Flöte […] Die Zunge also mit allen Werkzeugen, die ihr zu Gebote stehn, hat allen Fleiß nöthig, ihre Cither und Tuba so anzustimmen, daß diese wählende Hörerinn (nämlich: das Ohr, R. S.) nicht nur nicht beleidigt, sondern auch in wachsendhöherem, bis zum höchsten Grad befriedigt werde« (SWS XXVII, 169f.). Der Vergleich der Sprechorgane mit der Flöte scheint eine Tradition zu haben. Johann Joachim Quantz, den Herder im *Vierten Kritischen Wäldchen* (SWS IV, 91) erwähnt, schreibt in seinem berühmten Lehrbuch über das Flötenspiel: »Die Bildung des Tones in der Flöte ist der Bildung des Tones in der menschlichen Luftröhre ähnlich« (Johann Joachim Quantz, *Versuch einer Anweisung die Flöte traversiere zu spielen; mit verschiedenen, zur Beförderung des guten Geschmackes in der praktischen Musik dienlichen Anmerkungen*, Berlin 1752, S. 40).

[67] Herder hat diesen Gedanken bei dem von ihm so hochgeschätzen Thomas Abbt lesen können: »Der Vogel, der ganz Stimme und ganz Liebe ist, erkennt die Töne seiner Art, und entbrennt nur gegen den musikreichen Gatten« (Thomas Abbt, *Vermischte Werke*, Berlin und Stettin 1768–1781, 6 Bände, Bd. I, S. 126). Die Formulierung Abbts hat einige Ähnlichkeiten mit der zweiten Sprachursprungsthese der »Völkersprache für jede Gattung« (SWS V, 8), die mit den »Gattungen von Fühlbarkeiten« (ebd., 7) und den entsprechenden »Tonarten« (ebd.) zusammengebracht ist.

gedeutet. Herder spricht davon, daß eine nicht-ästhetische Identifikation mit den Leiden des Philoktet den Zuschauer zu einem »sympathisirenden Thiere« (SWS III, 47) machen würde. Das Wimmern und Ächzen des Philoktet, auf das in den ersten Sätzen der *Sprachursprungsschrift* Bezug genommen wird (SWS V, 5), setzt als Sympathetik eine Sprachlichkeit in Gang, die der Mensch »schon als Tier« (ebd.) hat.[68]

In seiner Auseinandersetzung mit Lessings *Laokoon* und im Zusammenhang mit der Frage, wie Schmerz ästhetisch darzustellen sei, benutzt Herder im Kontext der Philoktet-Diskussion genau diesen Gedanken einer noch vor der spezifisch menschlichen Sprache liegenden Sympathetik. Die ästhetische Darstellung von Leiden unterliegt nämlich, so Herder im 5. Kapitel des *Ersten Kritischen Wäldchens* gegen Lessing, einem Paradox. Zum einen können wir, wenn wir ästhetisch inszeniertes Leiden anschauen, uns der Tatsache bewußt sein, daß es sich eben nur um eine ästhetische Veranstaltung handelt. Dann hätte aber der Künstler versagt, weil er uns nicht in die Illusion hat hineinziehen können. Zum anderen aber können wir in die Illusion hineingezogen werden und folglich das dargestellte Leiden als ein reales ansehen. Auch dann hätte aber der Künstler versagt, da die Zeugenschaft realen Leidens ästhetisch nicht mehr integrierbar ist. Herders Argument lautet: »Mit körperlichem Schmerze kann ich nicht anders, als körperlich, sympathisiren: d. i. meine Fibern kommen durch die Theilnehmung in eine ähnliche Spannung des Schmerzes, ich leide körperlich mit. [...] die nämlichen convulsivischen Bewegungen melden sich bei mir, wie bei einer gleichgespannten Saite« (SWS III, 45 f.). Es sind keine moralischen Bedenken, die sich hier gegen die ästhetische Darstellung von Schmerz und Leid zu Wort melden, sondern physiologisch-materielle. Herder unterscheidet Identifikationsarten und stellt dabei fest, daß die physiologische Sympathetik in einer solchen Weise grundlegend ist, daß sich ästhetische Identifikation nicht kontrafaktisch zu den physiologischen Vorgängen denken läßt.[69]

[68] Im zweiten Teil der *Sprachursprungsschrift* bezieht sich Herder noch einmal auf die Leiden des Philoktet. Er spricht in seinem zweiten Naturgesetz vom »Gefühl der Eltern gegen Kinder« (ebd., 114), das durch das Weinen des Neugeborenen geweckt werde und grundsätzlich als gesellschaftskonstituierende Sympathetik wirke. Dieses Weinen wird mit dem des Philoktet verglichen (ebd.). Die Übernahme von Gesellschaftstheorien, die Sympathie als Basis des Zusammenlebens denken (z. B. Hume), mag Herder zu diesem Gedanken gebracht haben, in dem Sympathie als Altruismus erscheint. Es muß festgehalten werden, daß dieser Begriff von Sympathie nicht mit der Idee einer basalen und vorbewußten Sympathetik übereinkommt, wenngleich auch Momente dieser Bestimmungen darin zu finden sind.

[69] Aus den Darlegungen erhellt, daß die zunächst naheliegende These, Herder beziehe sich mit seinem Sympathiebegriff auf die durch Lessing vermittelte Mitleidskonzeption

Auf der Basis dieses Sympathiebegriffs kann Herder weitere Kontexte in die enge Intertextualität einweben, als die sich die ersten Seiten der *Sprachursprungsschrift* darstellen. Bei den Stichworten Ton, Tönen und Saite wäre natürlich an die Theorie der Musik zu denken. Im *Vierten Kritischen Wäldchen* zählt Herder die Namen der Musiktheoretiker auf, deren Konzepte in die Sympathie- und Harmonievorstellung integriert werden können[70]: Diderot, Euler, d'Alembert, Mersenne, Gravesande und Sauveur (SWS IV, 90). Pross ergänzt noch die Namen Gassendi, Rameau und schließlich Athanasius Kircher.[71] Problematisch bleibt bei diesen Verweisen allerdings, daß Herder im *Vierten Kritischen Wäldchen* gegen diese physikalisch und mathematisch orientierten Erforschungen der Schallphänomene polemisiert, da sie stets nur in Verhältnisbegriffen argumentieren, dabei die eigentümliche und erst noch zu erklärende Energie des Tones immer schon voraussetzen und folglich abstrakt bleiben.

Schließlich spielt die unmittelbare Artikulation der Leidenschaften »in Geschrei, in Töne, in wilde, unartikulirte Laute« (SWS V, 5) auf die Theoreme an, die Condillac und Rousseau um den Begriff des Schreis (cri) gruppieren. Condillac setzt mit seiner These vom tierischen Ursprung der Sprache bei den unmittelbar im Schrei und wilden Lauten sich artikulierenden Geschöpfen an, die dann erst aus sympathetischer Einstimmung langsam zur Entwicklung einer Sprache gelangen. Rousseau schließt sich in seiner posthum erschienenen sprachphilosophischen Abhandlung diesem Gedanken an: »Um hingegen ein junges Herz zu rühren, um einen bösen Gegner zurückzuweisen, diktiert uns die Natur Worte, Schreie und Klagen: da finden sich die ältesten Worte, und das ist der Grund, weshalb die ersten Sprachen melodiös und leidenschaftlich waren, bevor sie klar und methodisch geregelt wurden.«[72]

Schon 1755 erscheint Rousseaus 1756 von Mendelssohn übersetzter *Discours sur l'origine et les fondements de l'inégalité parmi les hommes*. Dort widmet sich Rousseau auch der Frage nach dem Sprachursprung und führt aus: »Die erste Sprache, deren sich die Menschen bedienten, die allgemeinste,

des Aristoteles, an dem eigentlichen Interesse Herders vorbeizielt. Es geht ihm nicht um einen bewußten Prozeß des Mitleiderregens und der altruistischen Steuerung des Mitleids durch dramaturgische Verfahren, sondern um die Erkenntnis eines grundlegenderen Prozesses.

[70] Ausführlicher setzt sich mit Herders Musiktheorie Solms (1990, S. 193–241) auseinander.

[71] Pross 1978, S. 113.

[72] Jean-Jacques Rousseau, *Essai sur l'origine des langues, où il ets parlé de la mélodie et de l'imitation musicale*, 1781. Zitiert nach der deutschen Übersetzung aus Rousseau, *Musik und Sprache*, Hg.: Dorothea und Peter Gülke, Wilhelmshaven 1984, S. 105.

nachdrücklichste Sprache und die einzige, die ihnen damals nützlich war, ehe sie noch eine ganze Versammlung zu überreden gebraucht ward, bestand in einem bloßen natürlichen Schreien. Ja, dieses Geschrei wurde ihnen nur in gewissen bedrängten Umständen durch eine Art von Instinkt entrissen, um entweder bei einer dringenden Gefahr um Hilfe oder in heftigen Schmerzen um Linderung zu flehen.«[73]

Aus dem Nachlaß Herders hat Irmscher eine kurze Reflexion mitgeteilt, die die Überlegungen zur Sympathie bündelt und zugleich den Bezug zum Thema Hermeneutik herstellt: »Nichts dünkt mich wahrer, als der Gedanke Menschliche Seelen haben gegeneinander Attraktion in Absicht auf Menschliche Sympathie, Gefallen des Umgangs, Geselligkeit, Liebe, Enthusiasmus und gleiche Gestimmtheit der Seele«.[74] Der Gedanke ist, würde man ihn in den Kontext der *Sprachursprungsschrift* versetzen und Sympathie grundlegend, also vorsprachlich (der Mensch *als* Tier) verstehen, identisch mit dem von Gaier als zweite Sprachursprungsthese bezeichneten Theorem der Völkersprache der Gattungen.[75] In die allgemeine Sympathetik der Geschöpfe in der Welt (erste Ursprungsthese) ist hier schon ein spezifizierendes Integral eingelesen, nach dem sich die Nachtigallen wie die Menschen (s. das obige Beispiel) jeweils untereinander besser verstehen, als im allgemeinen und unspezifischen Rapport der Töne in der Welt. Was immer an Komplizierungen des Verstehensprozesses hinzukommen mag, sobald von Zeichen ausdrücklich die Rede ist: Grundsätzlich hat der Mensch die »Attraktion in Absicht auf Menschliche Sympathie« und wird, angeredet von seinesgleichen, angerührt und empfindsam gestimmt auf eine Antwort.

In der *Metakritik* findet Herder diesen hermeneutischen Grundgedanken einer physiologisch untermauerten Sympathetik in einem Swift-Zitat wieder, das sich geradezu als Zusammenfassung seiner Gedankenführung lesen läßt und doch auch gleichzeitig anzeigt, in welchem Maße eine offensichtlich allgemein vorhandene Terminologie bei verschiedenen Autoren den selben Konnex von Theoriemetaphern zur Folge hat. Swift – in Herders Übersetzung – schreibt: »Es giebt eine besondre Saite in der Harmonie des menschlichen Verstandes, die in verschiednen Individuen genau denselben Ton giebt. Verstehst du diese recht zu stimmen und dann sanft anzustreichen; hast auch das Glück, zwischen Instrumenten gleicher Höhe den Ton anzugeben; so tönt durch eine geheime nothwendige Sympathie zu gleicher Zeit jedes Instrument nach« (SWS XXI, 276).

[73] Jean-Jacques Rousseau, *Schriften*, Hg.: Henning Ritter, Frankfurt am Main u. a. 1981, 2 Bände, Bd. I, S. 211.

[74] Irmscher 1960, S. 291.

[75] Vgl. SWS V, 8 und Gaiers Kommentar in W I, 1288 f.

d) Liest man die Aufeinanderfolge der Sprachursprungstheoreme als Theorie der Hermeneutik, so ergibt sich ein komplexes Geflecht von Voraussetzungen. Auf der Basis einer antimonadischen Natursprachenkonzeption der tönenden Allvermittlung spezifizieren sich Natursprachen aus, deren Verständlichkeitssphäre sich auf gattungsmäßig gleich gestimmte Wesen erstreckt. Monadische Differenzierung wird auf der Basis einer unmonadischen Sympathie-Hermeneutik gedacht. Die Abfolge dieser Eröffnungsschritte läßt sich im Sinne eines theoretischen Gradualismus verstehen. Herder folgt offensichtlich zweierlei Axiomen: In der Erklärungslogik darf kein Sprung sein und dennoch muß es jeweils, im Wechsel von einer Ebene auf die andere, qualitative Veränderungen geben.[76]

Das Theoriemodell, das beide Axiome vermittelt, kann nur in der Konzeption einer notwendigen Werdegesetzlichkeit bestehen, in der emergente Ereignisse in einem Kontinuum der Ausdifferenzierung gesteuert werden. Die jeweils vorangehenden Stufen müssen in die höheren integriert werden, so daß sie als ihre Voraussetzungsbedingungen gelten und somit die höheren nur möglich sind durch ausdifferenzierende Übernahme der vorangehenden. Das Modell wäre eines, das Theoreme in eine Abfolge organisiert, die sie als konstituierende Momente einer Gesamtbewegung eingliedert. Dabei verändern die Momente ihren Status mit dem Hinzukommen eines jeden neuen Momentes und sind erst am Ende in ihrer Konstellation verstehbar, während der Weg die permanente Umschichtung und Neufokussierung der jeweiligen Gesamtkonstellation ist.

Die Verschränkung von antimonadischer Materialität und monadischem Verstehen wiederholt sich auf der Ebene der menschlichen Sprache. Der Mensch, der sich nicht instinktmäßig in eine Sphäre gebannt sieht, gewinnt einen »Vorzug der Freiheit« (SWS V, 28). Weil er sich die Sphäre seiner Betätigung selbst suchen kann, ist nicht nur die Wahl als solche Ausdruck von Freiheit, sondern diese Freiheit ist eine als Freiheit gewußte. Der Mensch, sofern er im Suchen der Sphäre begriffen ist, »kann sich in sich bespiegeln« (ebd.), er weiß in der Wahl auch, »daß er erkenne, wolle und würke« (ebd., 31).[77] Herder denkt also als begriffsanalytischen Zusammenhang, daß Instinktungebundenheit Freiheit (negative Freiheit) sei und Freiheit immer auch schon

[76] Das Axiom » [...] mit dem Menschen ändert sich die Scene ganz« (SWS V, 25) steht in deutlicher Spannung zu dem an gleicher Stelle geäußerten Axiom »Doch ich tue keinen Sprung« (ebd., 26). Herders komplexes Bedingungsgefüge der Sprachursprünge versucht die Vermittlung beider Axiome.

[77] Die Formulierung ist leicht abgewandelt, aber sinnkonform zitiert: Im Originaltext steht anstelle »er« das Wort »es«, welches sich auf jenes »Geschöpf« bezieht, das der Mensch ist (SWS V, 31).

ein Wissen von sich als Freiheit impliziert (positive Freiheit): Denn Wahl als solche ist Abwägung von Alternativen und im Abwägen das Wissen davon, abwägend außerhalb der Alternative zu stehen, also mit dem Bewußtsein von Freiheit frei zu sein. Erst dann, in einem zweiten Schritt führt er nominaldefinitorisch den Begriffszusammenhang von Besonnenheit[78], Merkmal, Vernunft und Sprache ein. Dieser Zusammenhang beschreibt ein Voraussetzungs- und Bedingungsgefüge, in dem sich die Begriffe zirkulär verhalten bzw. als ein Zugleich der Explikation eines emergenten Differenzierungsniveaus verstanden werden müssen. Das Zugleich eines neuen Niveaus beschreibt, daß sich mit dem Menschen die Szene »ganz« ändere, beschreibt aber aus der begriffsanalytisch hergeleiteten Freiheit als Wissen von Freiheit auch, daß ein Kontinuum der Erklärung vorliegt, insofern das Begriffsgefüge nichts weiter ist als die Explikation von gewußter Freiheit qua Selbstbewußtsein.

Auf dem Niveau dieser Begriffskonstellation wiederholt Herder nun das Argument von der antimonadischen Materialität der Sprache. Nicht der Gesichtssinn und auch nicht der Gefühlssinn, sondern das Gehör vermittelt die Besonnenheit in sich, so daß aus dem Kontinuum des Erscheinenden Merkmale separiert werden können. Das Blöken des Schafs macht in Herders Beispiel der menschlichen Besonnenheit den Eindruck, der zu einer ersten Einteilung des Vorstellungskontinuums führt. Signifikate oder wie Herder es nennt: Worte der Seele werden gebildet durch das Band der Sympathie, das ein Tönen in der Natur mit einem entsprechenden resonanten Schwingen im Saitenspiel des Hörenden verbindet. Herder ist hier noch nicht bei der gesprochenen Sprache. Seine These lautet zunächst nur, daß eine durchs Tönen in Gang gesetzte Sympathetik im Hörenden eine erste, noch innerlich bleibende Differenzierung zur Folge hat.[79]

[78] Eine der frühesten Theoriepositionen für das, was später bei Herder Besonnenheit heißt, findet sich im *Versuch über das Sein*: »So! – indessen gibts doch eine egoistische Gedankenwelt ein Etwas, was frei von allen sinnlichen Eindrücken, ohne alle gegebne Begriffe, ohne die entferntste Prämisse a posteriori vielleicht einzig zu sich *ich* sagen kann: – göttlich zu sich sagen kann: ich denke durch mich; und alles andre durch mich« (W I, 11). Jenes »Etwas« heißt später Besonnenheit. Herder spielt wohl auf das Theorem Lockes an, daß der Ursprung der Ideen nicht allein in den Sinnen zu suchen sei, sondern daß sie auch durch Reflexion zustande kommen können. Diese reflexionsgenerierten Ideen gelten Herder dann als die immer vorhandene Möglichkeit, besonnene Distanz zu den Inhalten zu bekommen, die aus der Sinnlichkeit auf die Seele zuströmen. Vgl. dazu auch Norton 1991, S. 40.

[79] Gaier nennt diese vierte Sprachursprungsthese »wesentlicher geistiger Ursprung: Wort der Seele« (Gaier 1988, S. 100ff.; vgl. Gaiers Kommentar in W I, 1304f.). In meiner Argumentation ausgelassen wurde die von Gaier als dritte These verhandelte Rede vom »Othem Gottes« in den Ursprachen (Gaier 1988, S. 91ff. und W I, 1290f.). Gegen Gaiers

Insofern diese Sprache der Inwendigkeit, die noch ohne Signifikanten und also ohne artikulierte Differenzen auskommt, gänzlich aus dem materialen Kontinuum der Naturlaute mit den internen Merkmalen entspringt, ist sie als Vorstufe der Menschensprache gleichermaßen antimonadisch wie die ganz zu Beginn gesetzte Natursprache der reinen Sympathetik. Da sie noch jenseits der Sprache der Verständigung ist, ist sie die pure Selbstverständigung. Der Schall des Schafs, der im Inneren der Seele zum »Erinnerungszeichen« (ebd., 37) wird, erscheint dem Hörenden hier zunächst nur als Einschreibung in das Kontinuum der Naturlaute. Daß solche Segmentierung des Tönens in memoria-Marken asymmetrisch zu den Segmentierungen anderer Hörender stehen könnte, ist auf dieser Ebene der Ursprungskonstruktion noch nicht aktuell, weil mit den Signifikanten die Explikationsinstanz für die Differenz fehlt. Dem Tönen entspricht unmittelbar das innerliche Merkwort, ohne daß eine Möglichkeit vorhanden wäre, sich über die mögliche Asymmetrie von Merkwortordnungen zu verständigen. Der erst nur »inwendig sprechende Mensch« steht hier in Rede, zwar als einer, der »sich über kurz oder lang seine äußerliche Sprache erfinden mußte« (ebd., 45), der aber doch erst einmal in der »innern, nothwendigen Genesis eines Worts, als das Merkmal einer deutlichen Besinnung« (ebd.) in sich eine Merkmalsordnung aufbaut, die für ihn alternativenlos ist und deswegen ubiquitär und antimonadisch. Es erhellt, daß mit der erkenntnisperspektivierenden Differenz von ›an sich‹ und ›für sich‹ gearbeitet werden muß.[80] An sich sind die Merkmals-

Deutung der Othem-Gottes-Metapher im Zusammenhang der christlichen Logostradition polemisiert Pross in seinem Kommentar, ohne aber auf Gaiers These von der systematischen Staffelung der verschiedenen Ursprünge als Metastruktur einzugehen (Pross II, 936). Von theologischer Seite wird freilich Gaier recht gegeben. Kraus formuliert zu Herders Hermeneutik: »Das beseelte Wort ruft die Seele des lesenden und hörenden Menschen zu kongenialem Erleben auf. Die Seele ist ein wundersames göttliches Phänomen [...] Die Seele ist »vom Schöpfungsgeschehen her« eine göttliche, schöpferische Potenz« (Kraus ³1982, S. 120). Kraus, der aus *Vom Erkennen und Empfinden der menschlichen Seele* (1778) die Formulierung zitiert, die Seele sei »das Bild der Gottheit, und sucht auf Alles, was sie umgibt, dies Bild zu prägen« (SWS VIII, 194), rechnet wie Gaier damit, daß bei Herder im sprachlich-hermeneutischen Geschehen eine Instanz namhaft gemacht wird, die mit dem Begriff der Seele auf die Tradition der göttlichen Logosgeburt in der Seele des Menschen Bezug nimmt.

[80] Daß diese Hegelsche Terminologie dem Text Herders eingefügt werden kann, zeigt, in welchem Maße Herder eine Schreibart entwickelt, die für die folgenden Philosophien paradigmatisch wurde. Daß eine These sich im Verlauf der Argumentation auf verschiedenen Integrationsniveaus neu denken läßt; daß ein Leser im Prozeß des Lesens eine andere Stelle einnimmt, als der Autor, der den Prozeß als ganzen steuert; daß die Bewegung des Wissens in der Konstruktion der einzelnen Wissensschritte einer Leitung durch einen immer schon Wissenden bedarf, der aber nicht anders in Erscheinung treten kann, als durch die Organisation des Textes als einer Logik der ständigen Neufokussierung: dies alles zeigt

ordnungen monadisch und werden es auch sofort ausdrücklich, wenn sich die Segmentierungen der Inhaltsform durch Segmentierungen des Ausdruckskontinuums[81] realisieren. Solange aber diese Realisierung nicht eintritt, kann das Ansich nicht zum Fürsich werden, weil es kein Reflexionsmedium hat. Eine Vernunft, die mangels Kommunikations- und Reflexionsmedium ganz allein ist, muß sich als die einzige Form der Vernunft denken und damit als antimonadisches Kontinuum einer Allvermittlung, der keine andere Form von in sich reflektierter Einheit entgegensteht.

In diesem antimonadischen, das Tönen sympathetisch in innere Merkworte übersetzenden Ursprung der menschlichen Sprache, der dazu bestimmt ist, sich zu einem monadischen Sprachursprung auszudifferenzieren, ist der Schritt in die Äußerlichkeit des Zeichens schon angelegt. Als inneres Dialogisieren bestimmt Herder die Etablierung der Merkworte: »Ich kann nicht den ersten Menschlichen Gedanken denken, nicht das Erste besonnene Urtheil reihen, ohne daß ich in meiner Seele dialogire oder zu dialogiren strebe; der erste menschliche Gedanke bereitet also seinem Wesen nach, mit Andern dialogiren zu können!« (ebd., 47). Das Merkwort, das zunächst in den inneren Dialog mit den anderen schon vorhandenen Merkworten tritt, ist zugleich auch darauf ausgerichtet, »Mittheilungswort für Andre« (ebd.) zu werden. Dieser Gedanke folgt notwendig aus dem Prinzip des Textes, die vorherigen Positionen in die je aktuelle einzulesen. Der allgemeinen Sympathetik des Tönens widerspräche es, würde der Mensch seine Rationalität nur als Hörender aufbauen und nicht zugleich auch versuchen, die Merkwortordnungen in Schälle[82] zu übersetzen, Signifikanten für Signifikate zu finden.

Daß Herder solche Sympathetik als Basis für Intersubjektivität denkt, wird aus dem schon zitierten Nachlaßfragment deutlich: »[...] überhaupt muß

implizit schon die Konstellation des natürlichen Wissens (›wir‹), der Rolle des Phänomenologen, des Ansich und des Fürsich in der Hegelschen Phänomenologie des Geistes an. Vgl. dazu Werner Marx, *Hegels Phänomenologie des Geistes. Die Bestimmung ihrer Idee in »Vorrede« und »Einleitung«*, Frankfurt am Main ^{2}1981.

[81] Vgl. zu dieser Terminologie Louis Hjelmslev, *Prolegomena zu einer Sprachtheorie*, München 1974 (zuerst 1943).

[82] Terminologisch wäre noch die in Herders Physiologie getroffene Unterscheidung »Schall ist kein Ton« (SWS IV, 109) zu beachten (vgl. Solms 1990, S. 217ff.). Die vor allem für die Grundlegung einer aisthetischen Gnoseologie der verschiedenen Sinne relevante Differenz muß aber im Zusammenhang der sprachtheoretischen Erwägungen nicht thematisch werden. Herders Argumentation in der *Sprachursprungsschrift* ist vornehmlich hermeneutisch und nicht physiologisch, wie in dem schon erwähnten Gedanken, daß der Autor an der Herleitbarkeit der Seelenlehre aus der Physiologie Zweifel anmeldet (SWS V, 6), deutlich wird.

Sympathie durch die Attraktion außerordentlich erklärt werden«.[83] Daß Sympathie hier mit der für Herders Theoretisieren ungemein wichtigen Terminologie der Attraktion und Repulsion zusammengebracht ist, zeigt, daß die Sympathetik, als Teil des alle Theoriegebiete strukturierenden Rhythmus von Anziehung und Zurückstoßung, kein nur äußerliches Moment ist. Der frühe Herder denkt sowohl seine Physiologie wie auch »die gesamte Schöpfung nach diesem kosmischen Bildungsgesetz«.[84] Der für die implizite Hermeneutik der *Sprachursprungsschrift* charakteristische Wechsel von antimonadischer Sympathetik und monadischer Verkapselung in selbstreferentiellen Schließungen mag als Theoriebewegung zwischen Sensualismus und Idealismus durch das metatheoretische Theorem der Attraktions-/ Repulsionsbewegung fundiert sein.

Die Integration von Anziehung und Zurückstoßung in einem komplexen Zusammenhang führt auf die Vorstellung des Organologischen[85]: Das Spiel von Kraft und Gegenkraft und die Kopplung beider Momente, so daß das eine die Voraussetzungsbedingung des jeweils anderen ist, ist nur durch die Vorstellung lebendiger Systeme mit interner Homöostase zu denken. Herders Theoriebewegung vollzieht genau die Dynamik, die intern als Homöostase von antimonadischem und monadischem Moment gedacht ist. Auf jede These folgt ein Anschluß, der ins Gegenteilige ausschlägt. Die Theorie selbst befindet sich jenseits dieser Alternative, insofern sie deren organologische Aufhebung ist. In der lebendigen Homöostase der divergenten Argumentationsrichtungen wird die Relation von Argumenten, die Zweck sind und solchen, die dafür das Mittel bilden, mit jedem neuen Argument, das die Relation als solche umstülpt, überwunden. Herders Argumentationsgang verbleibt wechselnd und ungebunden zwischen den Theoremen, die auf Sprache als Sympathetik und denen, die auf Sprache als Verkapselung abzielen.

In der Nachahmung der Naturlaute[86] findet der sinnliche Mensch in seinem personifizierenden Animismus die ersten Laute, zunächst in der Sprache der tönenden Verba (SWS V, 52), dann in den alten, wilden Sprachen der Mythologien und ursprünglichen Dichtungen (ebd., 53). Das Problem, wie die nichttönenden Gegenstände in Sprache übersetzt werden können (ebd., 59ff.), löst Herder durch seine Theorie des ursprünglichen Synkretismus der

[83] Irmscher 1960, S. 291.

[84] Solms 1990, S. 154. Solms (149ff.) referiert ausführlich die Bedeutung der Attraktions-/ Repulsionsbegrifflichkeit bei Herder.

[85] Vgl. dazu die Andeutungen bei Gaier 1992, S. 66, 76.

[86] Nach Gaiers Systematik ist dies die fünfte Sprachursprungsthese; Gaier 1988, S. 119 und W I, 1309f.

Sinne. In diesem Konzept sind Mannigfaltigkeit und Einheit so ineinander verwoben, daß die Mannigfaltigkeit sich nicht in nachträglichen Synthesen vereinheitlichen lassen muß, sondern in sich schon perspektivierte Erscheinung von Einheit ist. Herders Hauptthese ist, daß die fünf Sinne nichts anderes sind, »als bloße Vorstellungsarten Einer positiven Kraft der Seele« (ebd., 62), die wir mit Mühe zu trennen gelernt haben, die aber »in einem gewißen Grunde« (ebd.) noch immer zusammen wirken. In Herders sensualistischem Holismus[87] liegen die Sinne, je näher man ihrem Ursprung kommt und je dunkler sie werden, desto nachbarschaftlicher zusammen und fließen ineinander (ebd.). Im letzten »Grund« ihres Zusammenfallens müßten sie, nach der Argumentation des *Versuchs über das Sein*, in die evidente Basis der Seinsgewißheit münden. In Herders Text finden sich – wie oben schon referiert – an dieser Stelle Formulierungen, die die fünf Sinne in ein metonymisches Kontinuum bringen: Sie liegen »nahe« beieinander, sind »Ein Gewebe«, strömen zusammen, sind nachbarlich (ebd., 62f.). Es kann daher geschehen, daß die »Seele, die im Gedränge solcher zusammenströmenden Empfindungen und in der Bedürfniß war, ein Wort zu schaffen, grif und vielleicht das Wort eines nachbarlichen Sinnes bekam, deßen Gefühl mit diesem zusammenfloß« (ebd., 63).[88]

Aus der metonymischen Nachbarschaft der Sinne, welche in deren ursprünglichem Synkretismus fundiert ist, erwächst die grundsätzliche Metaphorizität der Sprache. In den alten und ersten Sprachen, so Herder in seinem zweiten Kanon, führe diese Durchkreuzung der Sinne in den Wurzeln der Wörter, die »Übertragungen aus Gefühl in Gefühl« (ebd., 71)[89], zu »star-

[87] Kondylis (1986, S. 615) handelt ausführlich von Herder unter dem philosophiegeschichtlichen Aspekt gerade der deutschen Tradition des monistischen Ansatzes in der Spätaufklärung. Die sich bei Herder allenthalben wiederfindende Formel von der »Einen Seele«, die ihre hauptsächliche Fundierung aus Leibnizens Monadentheorie zieht, dann aber mit physiologischem Gedankengut aufgefüllt wird, steht philosophiegeschichtlich in einer breiten, von der deutschen Schulphilosophie tradierten Denkbewegung. So findet sich z. B. bei Wolff (*Vernünftige Gedanken*, S. 468 = § 754) die fast identische Formulierung, daß die Seele »nur eine einige Kraft hat, von der ihre Veränderungen herkommen«.

[88] Das Zitat ist der Syntax der Zitierung angepaßt, ohne daß dabei der Sinn verändert worden wäre.

[89] Ich lese in diesem Zitat das Wort »Gefühl« als Synonym für »Sinn« in der Bedeutung »die fünf Sinne«. Die Formulierung als solche mag, nebenbei, an das wenn auch viel bekanntere, so doch nicht originellere Theorem Nietzsches erinnern, daß die Sprache nur aus Metaphern besteht, weil Nervenreize (Herder: das Tönen der Saite) in Bilder (Herder: inwendige Merkworte) und diese in Laute (Herder: Nachahmung der Naturlaute) übertragen werden (vgl. bei Herder diesen Gedanken auch: SWS XV, 526f.). Daß nach Nietzsche die Wahrheit ein Heer von Metaphern und rhetorischen Tropen ist, wäre, weil es auf die

ken kühnen Metaphern« (ebd.). Die »Durchwebung der Ideen in den Wurzeln der Wörter« (ebd.) habe den »Metapherngeist« (ebd.) der alten Sprachen zur Folge.

Die Möglichkeit einer nichtarbiträren Sprache war noch in der Lautnachahmung der tönenden Natur und in der durch gleichklingende Schälle motivierten Sprache vorgesehen. Mit der jetzt erreichten Ursprungsthese deckt aber der Metapherngeist die Ebene der adamitischen Sprache zu. Die ursprüngliche Schicht der ersten Benennungssprache wird in eine metaphorische Durchkreuzung aufgelöst, die die Motiviertheit in Arbitrarität überführt. Herder hat also durchaus das Konzept einer spekulativen Etymologie der ursprünglichen Benennungsakte, die durch Lautsympathie motiviert sind: »Jede Familie von Wörtern ist ein verwachsnes Gebüsche um eine sinnliche Hauptidee, um eine heilige Eiche, auf der noch Spuren sind, welchen Eindruck der Erfinder von dieser Dryade hatte« (ebd., 54).

Sobald Herder aber auf dem Niveau des nächsten Argumentationsschrittes ist, kann er das Konzept einer motivierten Sprachbasis als Theorieprogramm nicht mehr durchführen. Denn Sprache wird nun aus einer grundsätzlichen Metaphorizität heraus gedacht, in der die Durchkreuzung der verschiedenen Sinne nicht mehr motiviert ist, sondern offensichtlich spontan, höchstens durch Konventionen[90] kontrolliert in Gang kommt. Kaum zwanzig Seiten später formuliert er daher: »ich glaube aber, vieler Ursachen wegen, nicht, daß die Origines der ersten Menschlichen Sprache, wenn es auch die Hebräische wäre, je vollständig entwickelt werden können« (ebd., 73). Weil sich über die Ebene der durch die Sympathetik der Töne motivierten ursprünglichen Sprache eine Sprachtätigkeit gelegt hat, welche die Sinne in einen Wirbel der metaphorischen Überblendungen hinein zieht, läßt sich aus keiner Sprache mehr entnehmen, was an ihr nun motivierter Laut und was durch den internen Übertragungsprozeß zustandegekommen ist. In der Sprache

Grundsätzlichkeit der Übertragung ankommt, in Herders Theorem vorgebildet. – Aber natürlich hat Herder einen komplexeren Theorieaufbau, der zu pauschalisierenden Aussagen, wie der Nietzscheschen über die Wahrheit als Heer von rhetorischen Tropen schon deshalb nicht kommen kann, weil auch die Übertragungsthese wiederum nur Moment einer in sich gestaffelten Systematik ist. Vgl. Nietzsches Schrift *Über Wahrheit in Lüge im außermoralischen Sinn*, in: Friedrich Nietzsche, *Werke*, Hg.: Karl Schlechta, Frankfurt am Main, Berlin und Wien ^{6}1979–1981, Bd. III, S. 312ff. Zur Abhängigkeit Nietzsches von Herder vgl. Fürst (1986, S. 288 u. ö.). – Zu erinnern ist außerdem an Hamanns Formel »Reden ist übersetzen« aus der *Aesthetica in nuce* (Johann Georg Hamann, *Sokratische Denkwürdigkeiten* (1759). *Aesthetica in nuce* (1762), Hg.: Sven-Aage Jørgensen, Stuttgart 1979, S. 87).

[90] Vgl. die Formulierung: »Verwandschaften sind ferner so National [...]« (SWS V, 72).

sind daher Wurzeln ursprünglicher Nichtarbitrarität vorhanden, ohne daß sie erwiesen werden können.[91]

Theoriegeschichtlich läßt sich Herders Umgang mit der Etymologiefrage auf Leibniz zurückbeziehen. In dessen *Nouveaus Essais sur l'Entendement humain* vertritt einer der Dialogpartner – der Lockes Philosophie folgende Philalethe – die These, daß die Worte durch willkürliche Festsetzungen (»institution arbitraire«[92]) ihre Lautgestalt verliehen bekommen haben. Theophile aber hält dagegen: zwischen Wort und Ding gebe es ein notwendiges Band, und dieses sei in den Wurzelworten (»mots radicaux«[93]) nachweisbar. Philalethes aufklärerische und Theophiles barocke Epistemologie stehen hier einander gegenüber: das aufklärerische Denken der rationalistischen und konventionalistischen Sprachauffassung der barocken Ordnung des Ähnlichen.[94] Herder denkt nun beide Theorieformationen in einem Gedankengang, indem er sie der zeitlichen Ordnung folgend übereinander legt. Theophiles barocke Epistemologie wird durch ein arbiträres Metaphernspiel überlagert, so daß die aufklärerische Sprachauffassung, wenngleich modifiziert, die Oberhand gewinnt. Was als geistesgeschichtliche Abfolge der Epochen und ihrer Sprachbegriffe in ein Nacheinander zu bringen wäre, wird von Herder in genau diesem Nacheinander einer Schichtung von Theorieebenen zugeordnet. Das heißt aber auch: unter der siegreichen Arbitraritätsthese ist die adamitische Sprachauffassung aufbewahrt, gleichsam eingebunkert. Und es gibt nicht wenig Stellen in Herders Texten, an denen diese Krypta einer besiegten Theoriegestalt zaghaft wieder geöffnet wird.

Natürlich ist mit Rückkopplungseffekten zu rechnen: Auf der Ebene der Arbitrarität kann es sekundäre Motivierungen geben, Nichtarbitrarität kann

[91] Im Kontext der Auseinandersetzung mit Lessings *Laokoon*, in dem es Herder um den Nachweis geht, daß im Gegensatz zu Lessings These die poetischen Zeichen nicht in dem bequemen Verhältnis zum Bezeichneten stehen wie es bei den Zeichen der bildenden Künste der Fall ist, findet sich die Formulierung: »Die Zeichen der Poesie sind willkührlich: die artikulirten Töne haben mit der Sache nichts gemein, die sie ausdrücken sollen; sondern sind nur durch eine allgemeine Convention für Zeichen angenommen. Ihre Natur ist also sich völlig ungleich, und das Tertium comparationis schwindet« (SWS III, 135). War Lessing noch bereit, die willkürlichen Zeichen der Poesie fähig zu finden, »Körper, so wie sie im Raume existieren, auszudrücken« (Gotthold Ephraim Lessing, *Werke*, Hg.: Herbert G. Göpfert in Zusammenarbeit mit Karl Eibl, Helmut Göbel, Karl S. Guthke, Albert von Schirnding, Jörg Schönert, München 1970ff., Bd. VI, S. 109), so streicht Herder sogar die erst durch die Willkürlichkeit ermöglichte mimetische Entsprechung von Zeichen und Gegenstand und optiert für eine radikale Arbitrarität, die das Motivierte schon im Ursprung wieder verwischt.

[92] Leibniz, *Essais*, II, 14.

[93] Ebd., 22.

[94] Vgl. zu dieser Konzeptionalisierung Foucault 1974.

in den metaphorischen Transfusionskreislauf der sprachlichen Energien eingehen und darin auch aufgehen. Herder bestimmt in der *Sprachursprungsschrift* das Aufspüren solcher Etymologien als Spekulation: nämlich als nicht beweisbares Tun und als ein Tun, das gleichwohl ein fundamentum in re hat.

Eine kleine theoriegeschichtliche Anmerkung sei erlaubt. Auch die gerade beschriebene Argumentationsformation erinnert an Hegel. Daß Herder innerhalb von zwanzig Seiten sowohl der Theorieposition einer adamitischen Sprache einen Ort zuerkennt als auch dasjenige Argument plaziert, welches diese Theorie als undurchführbar ausweist, zeigt auf, daß seine in Aufhebungsakten gestaffelten Argumentationsschritte zugleich wie eine immanente Theoriegeschichte gelesen werden können. Herder verhandelt nichtmonadischen und monadischen, tierischen und menschlichen, menschlichen und göttlichen Sprachursprung, Natursympathetik und Logosmystik, motivierte und arbiträre Sprache. Damit dürfte er wohl das Theorienensemble gängiger Ursprungstheorien beisammen haben. Seine eigene Argumentation verhält sich nicht abstrakt gegen die Vorgängertheorien, indem sie eine neue These gegen die schon vorhandenen setzt, sondern sie realisiert sich in einer Integration der anderen Theorien, die »rein als Moment, aber auch nicht mehr denn als Moment«[95] fungieren. Sie sind die Momente, aus denen das Ganze der Argumentationen sich aufbaut, aber eben damit sind sie, als konstituierende, ›nur‹ Momente. Herders Schreibart stellt sich als Supertheorie der Vorgängertheorien dar, indem sie diese im Hegelschen Sinne ›aufhebt‹.

Die Metaphernarbeit der Sprache – um meinen Gedankengang wieder aufzunehmen – liest also diejenige Sprachebene in sich ein und um, in der zunächst das inwendige Merkwort für sich unmonadisch war und dann als auswendige Motivierung von Signifikanten durch Naturschälle in einem ebenfalls unmonadischen Kontinuum mit der Natur stand. In diesen sechsten Sprachursprung wird also nun ein monadisches Integral eingebracht: Die durch keine höhere Ebene regulierte ursprüngliche Metaphorik der Sprache macht ein jedes Sprechen zu einem gleichfalls ursprünglichen, seiner jeweils eigenen Logik folgenden semiotischen System. Für die Bildungsgesetze des Metapherngeistes gibt es keine notwendige Regel.[96] Welche Lauteinheiten überhaupt zustande kommen und wie sie mit den Merkworten assoziiert

[95] Hegel II, 432: das Hegelzitat stammt aus der frühen Schrift *Glauben und Wissen*; freilich lassen sich im Hegelschen Werk allerorten ähnlich Formulierungen finden.

[96] Herder formuliert das ausdrücklich: »Die so verschiedne Bedeutungen Eines Radicis, die in einer Stammtafel abgeleitet, und auf ihren Ursprung zurückgeführt werden sollen, sind nur durch so dunkle Gefühle, durch flüchtige Nebenideen, durch Mitempfindungen verwandt, die aus dem Grunde der Seele steigen, *und wenig in Regeln gefaßet werden können*!« (SWS V, 72; Kursivierung von mir, R. S.).

werden, wird in der grundsätzlichen Durchkreuzung der Ideen in der Dunkelheit der Seele entschieden, ohne daß der freigesetzten Arbitrarität eine allgemeinere Struktur unterlegt werden könnte.

Erst nachträglich und in einem zweiten Schritt stabilisieren sich die Signifikat/ Signifikant-Zuweisungen, indem sich nationale Verwandtschaften (SWS V, 73), Denk- und Seharten eines Volks (ebd.) etablieren. Die kontingenten Lebensräume, Klimate, Sitten und Traditionen kanalisieren die freigesetzte Kombinatorik der Sprache in Familien- und Nationalsprachen, die einer Logik der internen Schließung folgen. Ist nämlich erst einmal in einer sozialen Einheit ein »Ideenkreis« (ebd., 116) gestiftet, so tendiert er, wie Herder am Beispiel der Familie ausführt, zu einer »Familiendenkart« und »Familiensprache« (ebd., 117), die schließlich zu einem »Idiom der Sprache« (ebd., 125) wird und sich gegen andere Idiome absetzt, am Ende gar patriotisch das andere Idiom bekämpft (ebd., 129f.). Auf einer Ebene mittlerer Allgemeinheit, unter dem Niveau des Begriffs der menschlichen Sprache (langue) etablieren sich aus den einzelnen Redeakten (parole) Idiome, Gattungsgesetze von Sprachen, die wie der babylonische Sündenfall (ebd., 132f.) wirken und jede Sprache monadisch in sich verkapseln. Trotz einer nichtmonadischen Startprämisse gelangt Herder so zu einem monadischen Begriff der Sprache (aber auch zu einer Idee der sympathetischen Übersetzung, s.u.).

Es sind allerdings nicht allein die größeren sozialen Einheiten, die einer Logik der monadischen Verkapselung ihrer Spracheigentümlichkeiten folgen. Schon die Sprache jedes einzelnen Menschen ist nach Herder in dem »unendlichen Feld von Verschiedenheiten« (ebd., 125) eine Ausprägung differentieller Nischen, die ihre Differenzen perpetuieren. »So wie ich keine Handlung thun, keinen Gedanken denken kann, der nicht auf die ganze Unermäßlichkeit meines Daseyns natürlich hinwürke; so nicht ich und kein Geschöpf meiner Gattung, was nicht mit Jedem auch für die ganze Gattung und für das fortgehende Ganze der ganzen Gattung würke. Jedes treibt immer eine große oder kleine Welle: jedes verändert den Zustand der Einzelnen Seele, mithin das Ganze dieser Zustände« (ebd., 134f.).

Das Zitat zielt darauf ab, die Auswirkungen auch noch kleinster Differenzen auf das Sprachganze zu erfassen. Wenn man sich nach Saussure das Sprachganze differenzanalytisch denkt, als Netz von Differenzen (Herder benutzt anstelle von Netz die Metaphorik der ›Kette‹), so ist jede neue Differenz eine Verschiebung, die sich unmerklich durch das Ganze fortschreibt: Jede parole ändert ein wenig am System der langue. Herders Formulierung denkt aber mit, daß dies nicht nur für die Partizipation von Individuen am Sprachganzen gilt. Jede Sprachhandlung wirkt auch auf jenes System von Differenzen, das ein Individuum als sein semantisches Universum aufgebaut hat. Da die Wirkung von Differenzen die Differentialität als solche verstärkt, indem sie die Verschiedenheit selbst da vorantreibt, wo sie sich zurücknehmen will, ist die Welle (ebd., 134) einer Sprachhandlung[97] immer eine Veränderung der ganzen Seele in Richtung auf erhöhte Monadizität. Hermeneutisch gedacht ist Kommunikation auf dieser Ebene – also auf der Ebene der Zeichen, jenseits sympathetischer Evidenzen – semantische Rekonstruktion anderer Sprechakte nach Maßgabe der selbstreferentiellen Schließung der je eigenen Sprache. Sofern nach Herder menschliches Sprechen an sich die Fortschreibung der individuellen Differentialität betreibt und aufgrund der immer basal bleibenden Sympathetik des Tönens die Saiten eines Anderen anrührt, der diese Affektion wiederum nach Maßgabe der Fortschreibung seiner Differenzen rekonstruiert, ist es nur unter der Voraussetzung dessen zu verstehen, was Luhmann mit dem Begriff der doppelten Kontingenz bezeichnet hat.[98] Die letzte und avancierteste These zur Sprache vollzieht in der *Sprachursprungsschrift* radikal den Schritt in die Logik des Individuellen der Sprache. Diese Individualität betreibt die Fortsetzung jener differentiellen Nische, in der eine Sprachtätigkeit kontingent begonnen hat und aufgrund einer dem Metapherngeist der Sprache sowie den vielfältigen Sozialisationsfaktoren folgenden Logik zur Fortschreibung der Differenzen kommt, die durch keine andere Arbeit jemals rekonstruiert werden kann. Denn es ist das Dunkel der Seele, also jener Grund (fundus animae) der Durchkreuzung der Sinne in ihrem ursprünglichen Synkretismus, aus dem sich erst langsam die »Kette« (ebd., 98) der Entwicklung fortspinnt, indem der Mensch in erkennender Progression (ebd.) den Anfang der Besonnenheit langsam in Besinnung[99] umsetzt. Die »Empfindung seines dunkelsten Gefühls« (ebd., 99) sperrt sich freilich gegen eine deutliche Erkenntnis: »Die Basis der Menschheit ist also, wenn wir von willkührlicher Sprache reden, unaussprechlich« (ebd., 100). Sie ist es, weil sie individuell ist und weil Individualität keine Stiftungsdifferenz hat, als deren Ausdifferenzierung sie konstruiert werden könnte. Individu-

[97] Es ist diese Metapher von der Welle, die eine Verschiedenheit durch das Ganze hindurch fortsetzt, die bezeichnenderweise Humboldt für die Formulierung desselben Gedankens wählt: »Erst im Individuum erhält die Sprache ihre letzte Bestimmtheit. Keiner denkt bei dem Wort gerade und genau das, was der andere, und die noch so kleine Verschiedenheit zittert, wie ein Kreis im Wasser, durch die ganze Sprache fort. Alles Verstehen ist daher immer zugleich ein Nicht-Verstehen, alle Übereinstimmung in Gedanken und Gefühlen zugleich ein Auseinandergehen« (Wilhelm von Humboldt, *Werke in fünf Bänden*, Hg.: Andreas Flitner und Klaus Giel, Darmstadt ^{3}1980 ff., Bd. III, S. 439).

[98] Luhmann ^{2}1988, S. 148–190.

[99] Vgl. die systematisch wichtige, wenn auch kaum benutzte Unterscheidung von Besinnung und Besonnenheit (SWS V, 99), der die Differenz von Sprachmäßigkeit in Zustande der Besonnenheit (ebd.) und Sprache als Werk der Besinnung entspricht.

alität ist Selbstexplikation ihr immer schon vorgängiger Differentialität und damit für eine andere Individualität (und für sich selbst!) hermeneutisch opak.

Die Konstellation, einerseits eine für sich unmonadische Sprache der inwendigen Merkworte und eine sympathetisch motivierte Ursprache der Benennungen grundzulegen und andererseits für eine monadische Sprache der arbiträren Metaphernwelten zu votieren, begründet eine eigentümliche Doppeltheit möglicher Hermeneutiken. Weil in jeder Sprache die Wurzeln der Ursprache spürbar sind, läßt sich auch zu jeder fremden Äußerung ein sympathetisches Verhältnis gewinnen. Wenn Herder in seinen Literaturinterpretationen beredt ein Sichhineinversetzen in den fremden Text verlangt und wenn er die Alteritätsgrenzen historischer Epochen überspringt, indem er den Historiker auffordert, gänzlich von sich abzusehen und sich in die alten Zeiten hineinzufühlen, so ist dieser einfühlungshermeneutische Diskurs, der recht oberflächlich als die Begründung des Historismus bezeichnet wurde, die in die Interpretation umgesetzte hermeneutische Grundposition der Selbstevidenz des Seins, die sich der Sinnlichkeit durch die Sprache als grundlegende Sympathetik des Tönens kundtut. Wenn andererseits Herders Schriften in ihrem polemischen Grundton oft mehr als nötig die Differenz markieren, gleichsam den Krieg führen, in den seiner These in der *Sprachursprungsschrift* zufolge die Sprachidiome der Nationen nahezu zwangsläufig geraten, so ist dies die Explikation der hermeneutischen Grundposition der Monadizität aller Sprache.

Es erweist sich also, daß die beiden Grundtendenzen[100] von Herders Interpretationspraxis – Einfühlung und Polemik – nicht naive und theorielose Temperamente sind, sondern strategisch gewählte Positionen, die ihre Bestimmung, Moment zu sein und nicht mehr als Moment, aus einem Theoriezusammenhang gewinnen. Einfühlung wird physiologisch fundiert und in eine Sprachtheorie integriert, die in dialektischen Aufhebungs- und Überbietungsschritten die Hermeneutiken der Monadizität und der Antimonadizität ineinander vermittelt. Einfühlung und Kritik (Polemik) sind jeweils auch

[100] Irmscher beschreibt diese Doppeltheit einerseits als Historismus, der die individualisierende Erkenntnis des Vergangenen durch intuitive Akte anstrebt (Irmscher 1973, S. 18–36). Andererseits versuche Herder aber auch, seinen eigenen, gegenwärtigen Standpunkt des Sprechens einzubringen und Interpretation als Übersetzung zu denken, in der eine Vermittlung anzustreben sei, die dem monadischen Moment aller Sprache eingedenk bleibe (S. 36ff.). Soweit ich sehe, lassen sich Irmschers Ergebnisse, die weitgehend an Herders Interpretationspraxis abgelesen sind, in die hermeneutischen Überlegungen integrieren, die ich aus der Interpretation der *Sprachursprungsschrift* gewonnen habe.

sprachphilosophische Ursprungstheoreme. Die Verschiedenheit individueller Sprechweisen zu betonen und dennoch von der grundsätzlichen Möglichkeit einer hermeneutischen Vermittlung auszugehen; die bis in den Krieg führende Unterschiedlichkeit der Idiome von Sprachgemeinschaften hermeneutisch anzuerkennen und trotzdem die Fähigkeit begründen zu können, sich auch in den Ton einzustimmen, der vielleicht gerade derjenige ist, der sich zur Kriegspartei versteift: Diese fundamentale Doppeltheit ist von Herder in der Konstellation *eines* Argumentationsganges, der diese divergenten Sprachbegriffe in sich vermittelt, begriffen worden.

Rede über Literatur wird unter diesen hermeneutischen Startbedingungen gleichermaßen emphatisch die Einfühlung praktizieren können wie auch den Krieg der Semantiken als Kritik und Polemik auszutragen wissen. Daß Herder für beides als eine Art von Gründergestalt benannt werden kann, verdankt sich seiner starken hermeneutischen und sprachphilosophischen Grundlegung.

2. Herders spezielle Hermeneutik als Theorie des Lesens

Totenkult

In einer intensiven Studie zur Gründungslegende der antiken Mnemotechnik hat Stefan Goldmann den Nachweis geführt, daß aus dem Bericht des Simonides von Keos das Muster eines Totenkultes herauszulesen ist.[101] Die Gedächtniskunst ist in ihrem Ursprung ein Umgang mit dem Tod und ein Gedenken der Toten. Vor allem im christlichen Mittelalter verbindet sich die Gedächtniskunst mit den Riten des religiösen Andenkens.[102] Hermeneutik, als Auslegung des in den Gedächtnisarchiven Niedergelegten, fügt sich in diese Tradition ein. Sie buchstabiert sie nämlich gleichsam rückwärts und zwar in zweifacher Weise. Ist Gedächtniskunst eine Art von Bewältigung des Todes, so betreibt die hermeneutische Verlebendigung des Archivierten die Aktualisierung des Bewältigten, um diese Bewältigung in einer erneuten Verstehensbewegung in Frage zu stellen. Und sie tut dies, indem sie den toten Buchstaben in lebendige Rede verwandelt. Konnte nach dem Muster des Simonides von Keos die Gedächtniskunst die Toten an ihren Ort bannen, so erweckt sie die Hermeneutik wiederum. Das Lesen von Texten Toter ist ein phantasmagorischer Umgang mit durch das Lesen wiedererweckten Auto-

[101] Vgl. Stefan Goldmann, Statt Totenklage Gedächtnis. Zur Erfindung der Mnemotechnik durch Simonides von Keos, in: Poetica 21 (1989), S. 43–66.

[102] Vgl. dazu u. a. Jacques Le Goff, *Geschichte und Gedächtnis*, Frankfurt am Main 1992, S. 102ff.

ren: Archive und das in ihnen schon einmal Bewältigte werden geöffnet, und tote Texte werden zu lebendigen Stimmen.

Das Buch des vergangenen Autors bekommt so die Dimension einer Grabinschrift und das Lesen den Charakter des Andenkens. Herder zitiert denn auch diesen hermeneutischen Topos herauf und macht ihn zum Ausgangspunkt des eigenen Lesens. Als Baumgarten, Abbt und Heilmann kurz hintereinander sterben, nimmt Herder das Projekt einer Denkschrift in Angriff, indem er sich entschließt, »an ihr schon eingefallenes Grab zu gehen, und zu ihren Häuptern ein Denkmal zu errichten« (SWS XXXII, 175). Dieser mnemonisch-hermeneutische Gang zu den Gräbern liest sich so: »Unter mir die frühe Asche dieser Männer von Verdienst: über mir der rauschende Schatten eines sokratischen Ahorns: so sitze ich mit gesenktem Haupte und lese. Ich lese, wie wenn ich Stimmen hörte aus den Gräbern. Ich höre ihre Stimmen, wie wenn ich ihr Bild vor mir sähe. Vorübergehender Wanderer! setze dich neben mich, und lies mit mir, als wenn du sie hörest und ihre Schatten sähest: denn wisse, dieser Ort ist heilig. Der Geist derselben überlebt ihren Körper; er wohnet in ihren Schriften; er wird diese geschriebenen Worte zur Hülle nehmen, um dir zu erscheinen, in deine Seele zu wirken, und dich zu beleben« (ebd., 176).

Das Zitat bündelt alle Motive, die sich um diesen Topos der Hermeneutik versammeln: Lesen als Andenken an Verstorbene, Lesen als Hören/ Vermündlichen, Lesen als Sehen, Verlebendigung des Lesens und zugleich auch des Lesers. Herders Hermeneutik der Vergegenwärtigung[103] geht gleichsam den Weg der Mnemonik rückwärts, indem sie das in den Gedächtniskrypten Eingefrorene wieder aufschmelzt. Die im Blick auf sein Gesamtwerk umfangreiche Serie von Formulierungen, die vom Lesen als Hören, vom Lesen als Sehen, vom Verstehen des Geistes statt nur des Buchstabens und vom lebendigen Geist sowohl des Autors wie auch seiner Zeit handelt, findet ihren Ausgangspunkt in diesem Phantasma einer hermeneutischen Verlebendigung des in den Archiven Deponierten. Bei Herder verbindet sich diese Vorstellung mit einer christlichen Rhetorik, die an die resurrectio mortuorum erinnert.[104] – Gleichwohl sind diese Hinweise erst nur Fingerzeige auf die motivierenden Hintergrundsmetaphoriken. Ob Herder dergleichen Rhetorik durch eine Theorie einzuholen vermag, die das Lesen tatsächlich als Medien-

[103] Den Terminus »Hermeneutik der Vergegenwärtigung« findet Herz in seinen Überlegungen zu Herders Hermeneutik; vgl. Herz 1996, S. 105 ff. und 391 ff. Auf den Seiten 107 und 108 gibt Herz Hinweise zu dem Topos ›Rede, daß ich dich sehe‹ bzw. ›Lies, als ob du hörest‹. Herz thematisiert aber nicht den Konnex zum Gedächtnisthema.

[104] Vgl. ebd., 111 und 112–121.

transfer anthropologisch begründen kann, ist erst noch nachzuweisen. Aber dieser Nachweis wird sich im Horizont der memoria-Theoreme bewegen und auch Herders Hermeneutik dieser Theorieformation angliedern.

a) Die Theorie des Lesens bei Herder

Vom Lesen handelt Herder in fast jedem seiner Texte. Das sagt zunächst etwas über diese Texte aus. Denn Herder schreibt sie als Leser. Man wird lange suchen müssen, um in seinem Werk einen Text zu finden, der nicht eine ausdrückliche, hermeneutisch reflektierte Lektüre anderer Texte ist. Entsprechend vielfältig sind seine Bemerkungen über das Lesen und über die Leser. Einmal sagt er: »Ich rede als Privatleser fort« (SWS III, 277), was voraussetzt, daß es einen Unterschied gibt zwischen einem Leser, dem man bei der Lektüre gleichsam zuschauen kann, weil er sie als Schreiben notiert, einem Leser der nur privat liest und einem Leser, der sich als Privatleser bezeichnet, aber dies in der Öffentlichkeit des Schreibens tut. Vom Leser als einer Institution der literarischen Kommunikation ist die Rede, wenn Herder von den Kunstrichtern und ihren Adressaten spricht (SWS I, 246). Und was die Gründlichkeit des Lesens angeht, so notiert Herder an einer Stelle, daß sich bei ihm erst nach siebenmaligem Lesen eines Textes einige Zweifel eingestellt haben (SWS III, 187). Eine recht unterhaltsame Reihe vom Bemerkungen über Leser und über das Lesen, über die Einteilung von Lesern und über die Techniken des Lesens ließe sich aus den Texten Herders zusammentragen. Im folgenden soll es aber um eine Theorie des Lesens gehen. Sie wird sich eng an die bereits ausgeführten hermeneutischen Prämissen halten.

In der *Dritten Sammlung* der *Fragmente über die neuere deutsche Literatur* spricht Herder von dem Verhältnis von Gedanke und Ausdruck als einer Analogie zum Verhältnis von Seele und Körper (SWS I, 394). Aufgabe des Dichters sei es, Empfindungen auszudrücken, was »durch eine gemahlte Sprache in Büchern« (ebd.) schwer zu bewerkstelligen sei. »Eigentlich« (ebd., 395) spricht nämlich die Empfindung »im Auge, im Antlitz, durch den Ton, durch die Zeichensprache des Körpers« (ebd., 394f.). Auge, Antlitz und Ton beziehen sich auf die sinnliche Trias von Sehen, Fühlen (Ertasten des Antlitzes nach dem Modell der Schrift *Plastik*) und Hören. Dem Dichter ist es aufgetragen, diese Sinnlichkeit der Empfindung in das Medium des toten Buchstabens zu übersetzen. Er muß den Ton einer Empfindung treffen und ein Gemälde hinzeichnen (ebd., 395).

Es ist unschwer zu erkennen, daß sich dieser Gedanke dem Theorem des ursprünglichen aisthetischen Synkretismus verdankt. Weil die fünf Sinne anfangs eins sind und weil sie so eng beieinanderliegen, daß der eine Sinn fälschlicherweise in das Nachbargebiet des anderen Sinns eingreifen kann, deshalb sind die Funktionen der fünf Sinne immer schon untereinander vermittelt (vgl. SWS V, 61 ff.). In den Wurzeln der Worte gibt es deshalb, wie oben ausgeführt wurde, »starke kühne Metaphern« (ebd., 71) und dort »durchkreuzen und verwickeln« (ebd., 73) sich die Begriffe und Ideen. Daß bei einer solchen Verwicklung das Lesen einmal als Sehen, ein anderesmal als Hören erscheinen kann und sogar muß, liegt nahe. Herders spezielle Hermeneutik als Theorie des Lesens ist eine Anwendung seines fundierenden Theorems vom grundlegenden Ineinanderwirken der Sinne.

Was der Dichter an Übersetzungsarbeit von Sinnlichkeit in Schrift leistet, muß der Leser, will er nicht den toten Buchstaben allein lesen, seinerseits wieder rückübersetzen. An dieser Stelle beginnt Herder mit einer Theorie des Lesens: »Daher rührt die Macht der Dichtkunst in jenen rohen Zeiten, wo noch die Seele der Dichter, die zu sprechen, und nicht zu plappern gewohnt war, nicht schrieb, sondern sprach, und auch schreibend lebendige Sprache tönete: in jenen Zeiten, wo die Seele des andern nicht las, sondern hörte, und auch selbst im Lesen zu sehen und zu hören wußte, weil sie jeder Spur des wahren und natürlichen Ausdrucks offen stand« (SWS I, 395 f.). Ein Lesen also, das der Spur der Empfindung folgt, übersetzt das Geschriebene in tönende lebendige Sprache und näherhin in die Logik des Sinnlichen: im Lesen ist zu sehen und zu hören. Der Leser muß das »Schöpferische Ohr« (ebd., 396) und das »Dichterische Auge« (ebd.) haben. Herders Ausführungen zum Lesen, sofern sie auf seiner umfassenderen hermeneutischen Theorie beruhen, werden als diese Übersetzungsarbeiten von Lesen in Sehen und Lesen in Hören zu rekonstruieren sein.[105]

b) Lesen als Sehen

»[...] lasset uns lesen, als ob wir sähen, und ich glaube, wir werden den nämlichen Philoktet gewahr werden, den Sophokles schuff und Winkelmann anführt, wie er geschaffen ist« (SWS III, 13). Es geht im Zusammenhang dieses Zitats um die Frage, ob Lessing oder Winckelmann den Schmerz des mit Laokoon verglichenen Philoktet richtig auslegt. Während Winckelmann[106] das Leiden des Philoktet als zurückgenommenes und beklemmtes Seufzen deutet, charakterisiert es Lessing[107] als expressives Schreien. Herder entscheidet

[105] Bei Peter Utz, *Das Auge und das Ohr im Text* (München 1990), findet sich leider kein Herder-Kapitel. Verschiedentlich werden Herder-Verweise in anderen Autoren gewidmete Kapitel eingearbeitet. Die ansonsten gut recherchierte Studie läßt sich so leider eine auf den Medientransfer von Sehen und Hören in Text gerichtete Hermeneutik entgehen.

[106] Johann Joachim Winckelmann, *Kleine Schriften und Briefe*, Hg.: Hermann Uhde-Bernays, Leipzig 1925, 2 Bände, Bd. I, S. 81 f.; vgl. Herder SWS III, 12 f.

[107] Lessing im *Laokoon*: Lessing VI, 13 ff.; vgl. Herder SWS III, 13.

die Frage zugunsten Winckelmanns, indem er eine paraphrasierende Lektüre der betreffenden Passage bei Sophokles durchführt (ebd., 13ff.). Sein Kriterium bei dieser Lektüre ist neben der psychologischen Stimmigkeit des Charakters von Philoktet die Wirkung der Szene auf den Zuschauer. Die »Scene des stummen Schmerzes« (ebd., 14) wirkt nämlich intensiver als ein brüllendes Geschrei von zehntausend Ochsen (ebd.): »hier erschrickt, dort fühlet man« (ebd.). Prägungen wie »Ton der Angst« (ebd., 16) und »Saite des Jammers« (ebd., 17) verweisen auf das Begriffsfeld der Sympathetik. Herders Lesen-als-ob-man-sähe schafft eine dramaturgische Kohärenz wirkungsästhetischer Ausrichtung. Diejenige szenische Darstellung von Schmerz ist ästhetisch die wirkungsvollste, die den Zuschauer des Sophokleischen Dramas am stärksten beteiligt. Die Beteiligung liegt nicht in der maximalen Präsentation von Leid, sondern in einer so dosierten Darstellung, daß ein sympathetisches Mitempfinden unterhalb der Schwelle des realisierten Zeichens von Schmerz in seiner bloßen Andeutung stattfinden kann. Lesen, als ob man sähe, heißt hier also für Herder: Rekonstruktion eines dramatischen Textes als aufgeführter Text hinsichtlich seiner Wirkung. Dieses Lesen geht nicht in den Sophokleischen Text hinein, fragt nicht nach seinen internen Strategien, sondern pragmatisiert ihn. Es vernichtet geradezu die Textualität des Textes, indem es dessen Sprache als Handlung in Aktion denkt. Was im theologischen Sprachgebrauch hinsichtlich von Textbedeutungen mit der Formel ›Sitz im Leben‹ angedeutet ist, wird bei Herder hermeneutisch praktiziert. Das Lesen wird auf eine Sinnlichkeit zurückgeführt, die pragmatisch wahrnehmbar macht, wovon ein Text redet: »...lesen, als ob wir sähen...«.[108]

Bezogen auf das Lesen des Sophokleischen *Philoktet* formuliert Herder, im Unterschied zu Lessings Lektüre des Stücks: »[...] wie sehr sind wir aber in dem Eindrucke verschieden, den dieses Stück machen soll. Einer von beiden kann nur Recht haben, und der andre hat sich nur nicht gnug idealisiren können, um nicht zu lesen, sondern zu sehen« (ebd., 44). Das Wort idealisieren[109] deutet auf die Tätigkeit, die ein so bestimmtes Lesen auszeichnet. Es geht um ein Sichhineinversetzen in die Bedingungen des zu Lesenden, um ein Absehen von den Realitäten, die den Leser bestimmen und damit um eine Verwandlung in ein Ideal, nämlich in die Imagination einer anderen histo-

[108] Auch in der Rezension von Semlers *Paraphrasis Evangelii Johannis* benutzt Herder die Formel, daß Lesen eine Art des Sehens sei: SWS V, 444.

[109] Im Grimmschen Wörterbuch wird unter dem Eintrag »Idealisieren« genau dieses Zitat aus Herders *Erstem Kritischen Wäldchen* angeführt. Die Erklärung lautet: »in der bedeutung sich zum ideal, zur idee einer sache erheben« (DWB X, 2039).

rischen Situation.[110] Auch hier wird die Art dieser Verwandlung als Sehen beschrieben.

c) Lesen als Hören

Würde man Homer »als Commentator, als Scholiast, als Schulgelehrter« (SWS III, 127) lesen, so wäre »dies Lesen unbestimmt oder todt« (ebd.). Wie kommt Herder zu einem »lebendigen Lesen Homers« (ebd., 126), zu einem solchen also, zu dem er sagen kann: »Nur denn erst lese ich, als hörte ich ihn« (ebd.)? Ein Lesen, das wie ein Hören ist: nach dem, was über den Begriffszusammenhang von Sympathie, Ton, Saite und Nerv als der sowohl metaphorischen wie auch physiologischen Fundierung von Herders Hermeneutik ausgeführt wurde, liegt es nahe, das Lesen als eine Art von Ansprache durch den Text zu verstehen. Die sympathetisch gestimmten Saiten eines Lesers werden durch das, was ein Text an Saitenspiel eröffnet, in Schwingung versetzt. Voraussetzung ist freilich, daß ein solches Lesen ein lebendiges sei, also Vernahme eines gesprochenen Wortes anstelle eines geschriebenen. Die materielle Voraussetzung von Sympathie ist nicht das Papier, auf dem Worte stehen, sondern die Luft, deren Wellen den Ton tragen.[111] Herders hermeneutische Grundoperation muß also erstens in der Übersetzung von Lesen in Hören bestehen und zweitens in der Rückübersetzung des solchermaßen Gehörten in das Verstehen des Gelesenen.

Ein Leser und ein Hörer sind also im Spiel und folglich ein Medienwechsel. Der Leser hat es mit Schrift zu tun, der Hörer mit dem gesprochenen Wort. Der Vermittlungsbegriff findet sich im Terminus des lebendigen Lesens, und dieser hat mit dem Theoriebestand des Übersetzens und Sichverwandelns zu tun. In der *Sprachursprungsschrift* ist, wie schon erwähnt, vom inneren Dialogisieren der Seele die Rede (SWS V, 47). Die inneren Merkworte werden, noch bevor sie artikuliert sind, in der Seele geordnet. Schon auf dieser Stufe der Sprache findet sich rudimentär das innere dialogische Ver-

[110] In den *Fragmenten über die neuere deutsche Literatur* redet Herder zwar nicht vom Idealisieren, aber die Formulierungen ›in seiner Sphäre der Gedanken‹ und ›beseelen‹, wie sie im folgenden Zitat auftauchen, meinen genau den Sachverhalt des Idealisierens: »Wenn man einen Autor mit dem Feuer lieset, mit dem er geschrieben hat, so muß er uns beseelen, daß wir eine Zeitlang gleichsam verzückt in seine Sphäre der Gedanken sind: sein Ton schallt noch in unsern Ohren; wir sehen mit seinen Augen; wir athmen in seiner Denkart wie in unsrem Elemente: die Saite der Poetischen Empfindung tönt in uns, erweckt von der seinigen, mit ihr zusammen« (SWS I, 408).

[111] Diese wohl auf Epikur zurückgehende Vorstellung von der Luft als unendlich feiner Materie, die die zitternde Bewegung des Tons dem Ohr mitteilt, konnte Herder noch in Krügers *Naturlehre* (S. 588) nachlesen. Krüger widmet dem Gehör ein ganzes Kapitel (S. 726–748).

hältnis von Hörer und Leser. Sind die inneren Merkworte die Umsetzung dessen, was der Mensch aus Gründen der Sympathetik als Bezeichnung der Dinge konzipiert, so ist die Ordnung dieser Merkworte ein Akt schon der zweiten Reflexion. Das erste Aufmerksamwerden, die erste Besonnenheit schafft die Merkmale, und eine zweite Aufmerksamkeit widmet sich diesen Merkmalen, ›liest‹ sie gewissermaßen, um sie zu ordnen. Der Dialog, der in der Seele stattfindet, schematisiert den Medienwechsel, der Herders Hermeneutik charakterisiert, schon vor. Die Etablierung von Merkwörtern ist ein Akt der Mündlichkeit, ihre Ordnung aber ist das Geschäft der Logik, eine topographische Anordnung, also das, was in Herders memoria-Terminologie das Wörterbuch einer Sprache, ihr Archiv, ihre Schatzkammer heißt. Solche topographische Anordnung folgt dem Modell der Schrift. Im Prozeß der Sprache ist der Dialog von Hören und Lesen/ Schrift schon vormodelliert. Also verwundert es nicht, diesen Dialog als explizite Hermeneutik ausgeführt zu finden.

In der Vorrede zu den Parabeln und Gesprächen des Johann Valentin Andreae formuliert Herder diesen Grundgedanken eines medienwechselnden Selbstgesprächs. Im Kontext des folgenden Zitats beziehen sich A und B zunächst auf die beiden Sprecher in den kurzen Gesprächsszenen Andreaes. Herder aber verallgemeinert diese Positionen A und B und behauptet sie als Instanzen einer jeden menschlichen Seele. Nur infolge dieser Verallgemeinerung ist das Zitat als ein theoretisch relevantes zu erkennen. »A und B sind die Anfangsbuchstaben des Alphabets, und jeder Mensch hat in seinem eigensten Selbstgespräch dies A und B in sich. Oft ist Eins im Kopf, das Andre im Herzen; kurz durch A und B wird ein Gespräch mit uns oder mit andern allein möglich« (SWS XVI, 166). Unschwer ist der Gegensatz von Kopf und Herz auf den von Logik (Schrift) und lebendigem Hören (Mündlichkeit) zu beziehen. Wenn nun jeder Sprachprozeß immer auch der einer internen Dialogik ist, bei der ein innerer Hörer mit einem inneren Leser kommuniziert, so wird das Lesen eines Textes notwendig vermündlicht, nämlich in dem Akt, in dem Sprache durch das Lesen in eben diesen Dialog übersetzt wird. Es bleibt aber nicht allein bei der Vermündlichung. Die andere Seite des inneren Dialogs, die als zweite Reflexion diejenige des Hörens in die logische Topographie der Merkmalsordnungen eingliedert, verfährt, wie ausgeführt, nach dem Modell der Schrift.

Herders Modell des Lesens impliziert also eine doppelte, wenn nicht gar dreifache (s. u.) Zweigliedrigkeit. Dem internen dialogischen Doppel einer Übersetzung entspricht eine externe Mediendopplung des Verstehens in die Aspekte von Mündlichkeit und Schriftlichkeit. Herders Hermeneutik folgt hier seiner Übersetzungspraxis, wie er sie u. a. in den Vorreden zu den Volksliedern andeutet. Nicht der Wortlaut der Lieder – also das Gelesene – soll übersetzt werden, sondern ihr Ton: »Lied muß gehört werden, nicht gesehen; gehört mit dem Ohr der Seele« (W III, 247). Weil das »Wesen des Liedes« (ebd., 246) »Gesang« (ebd.) ist, »melodischer Gang« (ebd.), »poetische Modulation« (ebd.) und »Ton« (ebd.) und weil »der Inhalt selbst auch nicht von Belange« (ebd., 247) ist, da er sich ändert, während der Ton eines Liedes konstant bleibt, deshalb ist es die Aufgabe der Übersetzung, diesen Ton zu treffen: »Auch beim Übersetzen ist das schwerste, diesen Ton, den Gesangton einer fremden Sprache zu übertragen, wie hundert gescheiterte Lieder und lyrische Fahrzeuge am Ufer unsrer und fremden Sprachen zeigen. Oft ist kein ander Mittel, als, wenns unmöglich ist, das Lied selbst zu geben, wie es in der Sprache singet, es treu zu erfassen, wie es in uns übertönet, und festgehalten, so zu geben« (ebd.). Das Ideal der Übersetzung von Liedern besteht also darin, den Ton zu treffen. Der deutsche Text, den Herder dann in seiner Sammlung präsentiert, ist wiederum einer, der nicht gelesen werden soll, sondern idealiter in ein Tönen überleitet. Es geht in der Übersetzung darum, das Äquivalent eines bestimmten Tones in der deutschen Sprache zu schaffen: Die Fügung der Worte soll nicht durch deren Bedeutung bestimmt sein, sondern durch deren tönende Konstellation.

Der hermeneutische Prozeß der Übersetzung ist folglich recht kompliziert. Ein Text wird so gelesen, daß sein Ton vernehmbar ist. Die Umkodierung von Schrift in Hören ist dann in jener inneren Dialogizität des Sprachprozesses möglich, die sich in jeder menschlichen Seele wiederholt. In einem zweiten Schritt muß das Gehörte wieder in Text übersetzt werden, aber so, daß der Text für einen weiteren Leser als einer erscheint, den er zugleich hören kann. Denn der weitere Leser muß den gleichen Transfer von der Schrift zum Hören hin vollziehen, soll sein Verstehen eines sein, das nicht den toten Buchstaben, sondern das lebendige Wort trifft. Es sind also im hermeneutischen Prozeß drei Stufen zu beachten. Erstens ist der Ausgangstext eine Vermischung von Schrift und Ton, zweitens ist die Vermittlungsleistung des Hermeneuten genau der Dialog, der jene Vermischung in Verstehen übersetzen kann, und drittens ist das Ergebnis des Verstehens wiederum ein Text, der auf ein Hören abzielt und in dieser erneuten Vermischung den Anschluß für ein weiteres hermeneutisches Spiel eröffnet.

Es geht also darum, »ein Buch in eine Person und todte Buchstaben in Sprache zu verwandeln; alsdenn hört man und denkt und fühlt mit dem Autor« (SWS I, 222). Das Zitat ist terminologisch äußerst präzis. Die *Verwandlung* von *Buchstabe* in *Sprache* läßt sich natürlich personalisieren. Sofern das, was jetzt *Buchstabe* ist, in der Form seiner Lebendigkeit einst gesprochen wurde, erscheint das *Buch* als *Person*: nämlich als *Autor*. Dem *hört* der eine solche *Verwandlung* vornehmende *Leser* zu, sympathetisch *fühlt* er mit dem Autor, aber im Sinne der sprachimmanenten Dialogik *denkt* er zugleich das Gefühlte im logifizierenden Medium der *Schrift*.

Es sind nicht allein die Volkslieder, deren Übersetzung diesem Modell folgt. Im *Ersten Kritischen Wäldchen* redet Herder von den hermeneutischen Bedingungen einer Homer-Lektüre. Und überraschenderweise spricht er von einer »geheimen Gedankenübersetzung« (SWS III, 126), ohne die er, als »sinnlicher Leser« (ebd.), der Lesen als Hören konzipiert (ebd.), Homer nicht verstehen könne. Wie passen diese Qualifizierungen zusammen? Wie kommt das intelligible Moment der Gedankenübersetzung mit der Sinnlichkeit zusammen, wie das Hören von Tönen mit dem Verstehen von Inhalten? Kompliziert wird die Sachlage noch durch den problematischen Satz: »Grieche muß ich überdem schon werden, wenn ich Homer lese, ich lese ihn, wo ich wolle: warum denn nicht in meiner Muttersprache?« (ebd.). Während der erste Teilsatz noch ganz in Übereinstimmung mit einem unproblematischen und plan historistischen Konzept der Einfühlung ist – viele Textstellen wären bei Herder zitierbar, die von solcher Verwandlung reden, dies aber mit der Lektüre in der jeweiligen Originalsprache verbinden –, scheint der zweite Gedanke, man könne zum Griechen auch werden, wenn man Homer auf deutsch liest, zunächst rätselhaft.

Hermeneutisch stellt sich das Problem, daß sich viele Stellen finden lassen, an denen Herder dafür votiert, einen Dichter jeweils in der Originalsprache zu lesen. So z. B. in den *Fragmenten über die neuere deutsche Literatur*, wo Herder diejenigen Leser bedauert, die Homer in einer Übersetzung, »wenn es auch die richtigste wäre« (SWS I, 177) lesen müssen, während er selbst, Homer lesend »im Geist in Griechenland auf einem versammleten Markte« (ebd., 176) steht und die Wendungen des Griechischen en detail in »Ohr und Seele« (ebd.) aufnimmt. An Stellen wie diesen – und sie werden in der Überzahl sein – realisiert sich Verwandlung in das Gelesene im tatsächlichen Schritt in die fremde Sprache.

Ich möchte es als einen Akt hermeneutischer Billigkeit verstanden wissen, wenn ich gegenüber dieser eingängigeren Version auf der von Herder selbst vorgeschlagenen lectio difficilior bestehe. »Was Homer in seiner Poetischen Sprache unnachahmlich sagte« (ebd., 177) zu verstehen, ist jenseits der Frage, ob der deutsche Leser in deutscher Übersetzung oder im griechischen Original liest, immer schon ein Problem der Übersetzung. Und nur diese grundlegendere Übersetzung kann zum Ausgangspunkt einer Rede über Herders Hermeneutik und auch zum Ausgangspunkt einer Rede über den Status der dann ›nur‹ sprachlichen Übersetzung gemacht werden. Deshalb ist gegen die vielen Aussagen Herders zur Notwendigkeit einer Lektüre in der jeweiligen Originalsprache an dieser einen Belegstelle (SWS III, 126f.) exklusiv festzuhalten: nur sie gibt die hermeneutische wie linguistische Begründung der Übersetzung.[112]

Wie also läßt sich der Gedanke, man könne auch zum Griechen werden, wenn man im Deutschen bleibe, verstehen? Die Lösung des Problems findet sich in einem Modell innerer Dialogik: »Nur denn erst lese ich, als hörte ich ihn, wenn ich mir ihn übersetze: er singet mir Griechisch vor, und eben so schnell, so Harmonisch, so edel suchen ihm meine Deutschen Gedanken nachzufliegen« (ebd.). Das Wort ›übersetzen‹ lese ich auch in diesem Zitat hermeneutisch, nicht linguistisch. Daß Herder nicht davon redet, sich Homer erst ins Deutsche zu übersetzen, erhellt aus dem Kontext, der von vornherein die Lektüre einer schon linguistischen Übersetzung unterstellt. Sein Gedanke ist vielmehr, daß ein homerisch-griechischer Ton die Seele affiziert und in ihr jenen Dialog auslöst, der Hören und logisches Denken ineinander vermittelt. Das Zitat spricht davon, daß auf ein griechisches Singen die deutschen Gedanken folgen. Der griechische Ton tritt in Dialog mit der logisch rekonstruierenden Schrift, und der sympathetisch affizierte Leser kommuniziert mit dem intellektuell rekonstruierenden Hermeneuten – die Rede ist wohlgemerkt noch immer von jenen A und B im inneren Dialog. »In meiner Seele« (ebd., 127), so Herder ein paar Zeilen weiter, geschieht die »geheime Uebersetzung, durch eine schnelle Umwandlung in meine Denkart und Sprache« (ebd.). Nur weil hermeneutisch immer schon im inneren Dialog übersetzt und umgewandelt wird, ist eine linguistische Übersetzung möglich.

d) Theorie der Töne

Das hermeneutische Modell des Lesens, soweit es bislang ausgeführt ist, bedarf noch eines weiteren Theoriebausteins. Daß der äußeren Übersetzungs- qua Verstehensarbeit eine innere in sich dialogische Struktur als deren Voraussetzung entsprechen muß, ist erst nur ein abstrakter Gedanke, der als sol-

[112] In den *Briefen, das Studium der Theologie betreffend* findet sich ein Satz, in dem ebenfalls die Vorgängigkeit einer basalen hermeneutischen Übersetzung vor der linguistischen betont wird: »Aber wie wenn man einen Autor liebgewinnet, man ihn gern in seiner Sprache haben mag, ja auch schon beym Lesen im Gemüth übersetzt und ihn in seine Sprache gleichsam hinüberdenket: so lernt man ihn auch durch jede überwundne Schwierigkeit des wirklichen Uebertragens zehnfach besser kennen und anwenden, als bey dem sorgfältigsten Lesen desselben« (SWS X, 254). Das Lesen wird als Übersetzung im Gemüt bezeichnet, als sympathetische Anverwandlung und Hinüberdenken in die eigene Sprache. Die linguistische Übersetzung macht diese erste hermeneutische Tätigkeit explizit und ist eine Art von Gegenprobe. Deshalb ist das »wirkliche Übertragen« gründlicher als die unexplizit bleibende hermeneutische Übersetzung. Gleichwohl ist diese die Voraussetzung für jene.

cher die konkrete Materialität des Verstehens nur formal, nicht aber inhaltlich und das heißt hier: anthropologisch herleiten kann. Zu der allgemeinen Sympathetik des Tönens, die als antimonadische Vermitteltheit mit der Welt allen geschlossenen Zeichenwelten vorausliegt und das Verstehen grundsätzlich ermöglicht, muß noch ein Begriff des Tönens hinzutreten, der spezieller ist, weil er sich schon auf dem Weg zur semantischen Besonderung befindet. Von diesem Tonbegriff auf der Schwelle zur Semantisierung soll nun die Rede sein.

Was später bei Hölderlin als die Lehre vom Wechsel der Töne auftritt[113], weist auf eine Begriffsgeschichte zurück, deren Bestimmungen sich im 18. Jahrhundert in ästhetischen und poetologischen Kontexten wiederfinden. Die Leitvorstellung dieses Begriffs von den Tönen ist, daß die menschliche Seele aus einem anthropologisch konstanten Ensemble von Grundstimmungen und Tönen besteht. Kombiniert man diese Idee mit der von der allgemeinen Sympathetik, so resultiert der Gedanke, daß jede menschliche Äußerung grundsätzlich von jedem Menschen verstanden werden kann. Denn erstens besteht das sympathetische Verhältnis in seiner Allgemeinheit; zweitens aber konkretisiert sich diese Allgemeinheit des Affiziertwerdens anthropologisch, indem jeweils bestimmte Töne aus dem anthropologischen Archiv der Menschheit wegen ihrer grundsätzlichen Konstanz bei einem Verstehenden als diese jeweils bestimmten Töne identifiziert werden können. Der Gedanke als solcher taucht in Herders Volksliederprojekt auf (s. o.); er ist aber älter, und er hat vor allem im Kontext der Hermeneutik einige Relevanz.

Liest man die einschlägigen poetologischen Texte des 17. und 18. Jahrhunderts, so fällt zunächst auf, daß der Begriff des Tons eine im engeren Sinne terminologische Rolle in der Metrik spielt. Wo von Prosodie und Versifikation die Rede ist, handeln die Poetiken vom Ton der Worte und ihrer Eignung, in den wohlklingenden Gesamtkörper einer dichterischen Rede integriert zu werden. Aber recht früh, jedenfalls vor Hölderlins Lehre vom Wechsel der Töne und vor demjenigen Prozeß, den Szondi unter dem Stichwort der Adjektivierung der Gattungsbegriffe[114] erst gegen Ende des 18. Jahrhunderts

[113] Zum Wechsel der Töne bei Hölderlin vgl. die Aufsätze Hölderlins um 1798/99 (Friedrich Hölderlin, *Werke in zwei Bänden*, Hg.: Günter Mieth, München und Wien 1978, Bd. I, S. 845–905), besonders das Fragment *Wechsel der Töne* (Hölderlin I, 896–898). Siehe auch Gaier 1993, S. 256 ff. u. ö.

[114] Peter Szondi führt den Begriff der Adjektivierung der Gattungsbegriffe bei einer Analyse der Fragmente Friedrich Schlegels ein (*Poetik und Geschichtsphilosophie II*, Frankfurt am Main 1974, S. 138 u. ö.). Schlegels *Athenäums-Fragmente*, vor allem aber die von Eichner edierten *Literary Notebooks* sind reiche Fundstellen sowohl für die Umarbeitung der gattungspoetischen Klassifikationsbegriffe in adjektivierte Bestimmungen als auch für die Benutzung eines sehr an Herder erinnernden Ton-Begriffs. Szondi verweist im Zusam-

beginnen läßt, tauchen Verwendungen des Ton-Begriffs auf, die auf eine umfangreichere Semantik schließen lassen, als nur diejenige es ist, die den Begriff metrisch definiert.

Einer der Ursprünge dieser anderen Semantik liegt bei Batteux.[115] Er wird u. a von Gottsched, vor allem durch die Schrift *Auszug aus des Herrn Batteux Schönen Künsten, aus dem einzigen Grundsatze der Nachahmung hergeleitet* (1754), nach Deutschland vermittelt. In den Passagen zu dem Kapitel über die Natur der Musik übersetzt Gottsched folgende Batteux-Stellen: »Die Sprache unterrichtet und überzeuget uns; sie ist das Werkzeug der Vernunft. Allein der Ton und die Stellung sind die Rede des Herzens«.[116] Der Ton ist hier nicht mehr ein metrisches Spezifikum der Sprache, sondern hat vielmehr teil an einer der logischen Sprache entgegengesetzten Rede, welcher eine eigene Bestimmtheit zugeschrieben wird. Gottsched übersetzt nämlich weiter: »Kurz, die Worte sind eine künstliche Sprache, welche die Menschen sich ge-

menhang seiner Argumentation ebenfalls auf Hölderlins Theorie vom Wechsel der Töne und der damit einhergehenden analogen Begrifflichkeit. Auch Schillers Versuch, in *Über naive und sentimentalische Dichtung* die Gattungsbegriffe als »Empfindungsweisen« oder »Dichtungsweisen« (Friedrich Schiller, *Sämtliche Werke*, Hg.: Gerhard Fricke und Herbert Göpfert, München [6]1980 ff., 5 Bände, Bd. V, S. 712, 720 f., 728, 745, 769 u. ö.) zu bezeichnen, partizipiert an der Tendenz, klassifikatorische Schemata in anthropologisierende Eigenschaftsbestimmungen umzudenken. Daß aber für Hölderlin, Schlegel und Schiller mit Herder ein Vorgänger zu finden ist, der diese Denkmuster schon vollständig ausformuliert hat und besonders in seinem Tonbegriff überhaupt erst die Basis für die Überlegungen seiner drei Nachfolger legt, bleibt bei Szondi ebenso unerwähnt wie die poetologische Vorgeschichte des Tonbegriffs.

[115] Herder hat 1772 Batteux' Hauptwerk in der Übersetzung von Johann Adolf Schlegel rezensiert. Sowohl Batteux' Versuch, die Schönen Künste insgesamt vom Prinzip der Mimesis her zu erklären, erregt das Mißfallen Herders, wie auch die Anmerkungen und Noten Schlegels. Batteux' Wirkung war in Deutschland im übrigen weitaus größer als in Frankreich. Allerdings waren seine Überlegungen, worauf auch Herder hinweist, in bezug auf den Stand der ästhetischen Diskussion in Deutschland schon längst überholt und hätten eine mehrfache Übersetzung (Gottsched, Ramler, Schlegel) nicht gerechtfertigt. In Herders Rezension, die insgesamt negativ ausfällt, gibt es nur einen positiven Satz, und der bezieht sich auf Ramlers Übersetzung und Kommentierung: »[...] man liest allemal die Charaktere der Dichter und Dichtarten mit Nutzen und die so zahlreichen, feinen Anmerkungen des Übersetzers insonderheit über Wohlklang und Sprache sind unendlich schätzbar« (SWS V, 282). Herder hat also, so ist dem Satz zu entnehmen, bei Batteux und den Bemerkungen Ramlers einzig diejenigen Passagen, die sich um den Begriff des Tons gruppieren, mit Gewinn lesen können. – Der Grund für seine negative Einstellung zu Batteux ist wohl vor allem bei Klopstock zu finden, der mit seiner Poetik der schnellen Bewegung gegen den Nachahmungsbegriff anging. In den *Gedanken über die Natur der Poesie* von 1759 hat Klopstock ausdrücklich gegen Batteux' Nachahmungsbegriff polemisiert (Klopstock II, 993).

[116] Johann Christoph Gottsched, *Auszug aus des Herrn Batteux Schönen Künsten, aus dem einzigen Grundsatze der Nachahmung hergeleitet*, Leipzig 1754, S. 189.

machet haben, einander ihre Begriffe deutlicher mitzutheilen: die Gebärden und Töne aber sind, so zu reden, ein Wörterbuch der bloßen Natur; und enthalten eine Sprache, die wir mit zur Welt bringen, um uns alles zu verschaffen, dessen wir zu unsrer Erhaltung benöthiget sind« (ebd.). Daß die memoria-Metapher des Wörterbuchs auch für die Natursprache der Töne benutzt wird, indiziert, daß es in dieser Sprache differentielle Bestimmungen geben muß, die auf eine Semantisierung der Töne abzielen.

In der Tat tauchen in der Folge dieses Tonbegriffs sehr schnell die näheren Bestimmungen auf. Karl Wilhelm Ramler spricht in seiner Batteux-Übersetzung *Einleitung in die Schönen Wissenschaften* (1756) anläßlich einer Behandlung von Schäfergedichten vom »Ton der Schäfer-Comödie«[117] bzw. vom »Ton der Elegie«[118] oder vom »lyrischen Ton« (ebd.), den die entsprechenden Erzählungen haben können.

Friedrich Joseph Wilhelm Schröder[119] verwendet in seinen poetologischen Abhandlungen einen erweiterten Begriff des Tons, offensichtlich im Anschluß an die Überlegungen von Batteux. »Figuren der Rede und Ton, und Harmonie der Stimme ist die gewöhnliche Sprache der Leidenschaft.«[120] Auch hier wird der Ton einer nicht-begrifflichen Sprachlichkeit zugedacht. Schröders Argumentation geht dabei vom Tonbegriff der Musik aus: »Die Melodie erfordert eine Abänderung der Töne, einen Schwung. Der Schwung setzt einen Grundton mit seinen accordmäßigen Tönen, und Nebentöne mit ihren Accorden voraus [...] Lauter Regeln vor die Poesie! Man setze nur statt des Wortes Ton: Empfindung, die durch Worte und Silbenmaß ausgedrückt ist, so hat man hier Regeln der Poesie«.[121] Schröder denkt sich Dichtung offensichtlich nach einem Modell doppelter Kodierung. Während »die Musik nur den Ausdruck der Empfindung« (ebd.) bieten kann, hat der Dichter »doppelte Regeln« (ebd.). Er übersetzt jene zweite Sprache der Leidenschaft, die sich in einem Wechsel der Töne bzw., wie Schröder sagt, in einer »Abänderung der Töne« (ebd.) ausdrückt, in die Sprache der normalen Begriffe. Diese Übersetzung gibt dem musikalischen Ton die Qualität der poetischen

[117] *Einleitung in die Schönen Wissenschaften*. Nach dem Französischen des Herrn Batteux, mit Zusätzen vermehret von C. W. Ramler, Erster Band, Zweyter Theil, Leipzig 1756, S. 379.

[118] Ebd., 380.

[119] Vgl. Friedrich Joseph Wilhelm Schröder, *Lyrische, Elegische und Epische Poesien, nebst einer kritischen Abhandlung einiger Anmerkungen über das Natürliche in der Dichtkunst und die Natur des Menschen*, Halle 1759. Von Lempicki (^{2}1968, S. 299f.) verweist darauf, es sei aus Herders Nachlaß ersehbar, daß er Schröder »fleißig studiert« habe.

[120] Schröder, *Abhandlung*, S. 71.

[121] Ebd., 85.

Empfindung. Deshalb ist die »Poesie über die Malerei erhoben«[122]: »die Lehre vom Ton oder vielmehr vom Klange« (ebd.), die eigentlich »in das Musikalische und in die Lehre vom Affekt gehört« (ebd.), bildet ebenso die »Seele der Dichtkunst« (ebd.). Mit diesem Gedankengang ist ein komplexes Vermittlungsverhältnis formuliert. Schröder kann zum einen die Qualität des Tönens aus der sprachimmanenten und metrikorientierten Rede lösen, indem er von einer Sprache der Leidenschaft spricht. Poesie erscheint ihm als das Ergebnis einer doppelten Kodierung, die diese Sprache mit der Normalsprache überblendet. Zugleich aber bildet er die Natursprache der Leidenschaft auf den musikalischen Tonbegriff ab und gelangt auf diese Weise zu einer technischen Definition des Tons. Indem er nämlich die musikalische Theorie des Tons mit der Affektenlehre zusammendenkt, kann er die Affekte auf die Töne beziehen.[123] Nichts liegt näher, als dann von den Qualitäten der Töne zu reden, also von lyrischen, elegischen und epischen Tonlagen und diese Gattungstrias als jeweilige Empfindungsbasis von poetischen Texten zu verstehen. Wenn Schröder dann in seinen Ausführungen diese Terminologiemöglichkeit de facto kaum nutzt und statt dessen wieder in metrische Bestimmungen zurückfällt, so läßt sich dies darauf zurückführen, daß trotz eines neuen und tendenziell antimimetischen[124] Tonbegriffs die traditionelle Vorstellung vom Ton als einer nur sprachimmanenten Größe noch zu stark ist.

Wo Schröder eine Theorie hat, ihr aber in seiner Terminologiepraxis nicht folgt, dort finden sich bei Moses Mendelssohn deutlichere Formulierungen. Im *128sten Brief, die neueste Literatur betreffend* schreibt er: »Ich weiß wohl, daß die Lehr-Ode selbst noch von dem Lehrgedichte sehr unterschieden ist, und daß eine jede Gattung ihren besondern Ton habe, den der Dichter wohl zu unterscheiden hat«.[125] Daß Töne signifikative Differenzen aufweisen –

[122] Ebd., 28.

[123] Vgl. dazu auch ebd., 88.

[124] In Schröders Ausführungen taucht der Nachahmungsbegriff überraschend oft auf. So spricht er z. B. davon, daß der Poet »nachahmend empfinden« (S. 87) soll. Das steht in deutlicher Opposition zu der schon zitierten Qualifizierung, daß die Poesie über die Malerei erhoben sei. Ließe sich das Anschauliche noch nachahmen, so ist die Natursprache des Tons nichts, das Gegenstand einer Nachahmung sein kann. Vielmehr läßt sich *in* dieser Sprache der Leidenschaft nachahmen und zwar das, was anschaulich ist. Die Theorie von den Tönen, die Schröder entwirft, steht in Konkurrenz zur Terminologie der Nachahmung. Um es mit der alten Formulierung auszudrücken: Schröder könnte höchstens davon reden, der Natur nachzuahmen, aber nicht mehr davon, die Natur nachzuahmen, weil ihm die Natursprache nicht in dem Sinne gegenüberstehen kann, wie die Dinge der natura naturata.

[125] Moses Mendelssohn, *Gesammelte Schriften*, Hg.: G. B. Mendelssohn, Leipzig 1844, Bd. IV,2, S. 167.

jede Gattung hat ihren besonderen Ton – und sich somit unterhalb der Ebene allgemeinster sympathetischer Vermittlungen durchaus schon auf dem Weg zur Bedeutung befinden, leitet Mendelssohn etwa zeitgleich mit Schröder aus einer Einkopierung der Musik in die Dichtung her. In seiner Schrift *Ueber die Hauptgrundsätze der schönen Künste und Wissenschaften* (1757) hebt Mendelssohn mit der Differenz von natürlichen und willkürlichen Zeichen an.[126] Während die schönen Wissenschaften, also Dichtkunst und Beredsamkeit, ihre Gegenstände durch willkürliche Zeichen ausdrücken[127], bedienen sich die schönen Künste, also Malerei, Bildhauerei, Baukunst, Musik und Tanzkunst, der natürlichen Zeichen.[128] Freilich muß Mendelssohn gestehen, daß die Grenzen dieser dichotomischen Ordnung »öfters in einander laufen«.[129] Dies ist zumal bei der Dichtung der Fall: »Die Musik stehet mit dem lebendigen Vortrage der schönen Wissenschaften in einer natürlichen Verbindung. Die Stimme muß vornehmlich bey dem Ausdrucke der Empfindungen, Neigungen, und Leidenschaften, bald erhoben, bald erniedrigt werden. Der Leser muß das Starke, das Heroische, das Schreckliche, das Wehmütige, das Furchtsame und das Zärtliche, durch angemessene Töne, durch gehörige Einbeugung der Stimme, durch ein Steigen und Fallen, Abkürzen, Stillschweigen und geschwinderes Anfangen auszudrücken wissen.«[130]

Die Passage spielt unentschieden mit einem an Herder erinnernden Medienwechsel. Zunächst scheint es, Mendelssohn rede von einer Situation der Deklamation, des mündlichen Vortrags einer Dichtung. Dann aber spricht er vom Leser, der sein Lesen vermündlichen und als lautes Lesen und Deklamieren gestalten soll. Dadurch bekommt die Semantik der willkürlichen Zeichen eine Dimension, die den natürlichen Zeichen, also den Tönen zugehört. Ausdrücklich spricht deshalb Mendelssohn in den folgenden Zeilen davon, daß hier die »Tonkunst nur angewendet wird, den willkührlichen Zeichen der Poesie einen größern Nachdruck zu geben« (ebd.). Sobald aber die natürlichen Töne der Musik mit den willkürlichen Bedeutungen der Poesie zusammenkommen, entsteht eine »natürliche Verbindung« (ebd.). Die der Natursprache angehörenden Töne werden sekundär semantisiert, sobald sie in die Dichtung einkopiert werden. Dabei erhält, wie nahegelegt wird, das Willkürliche der poetischen Zeichen ein Moment des Natürlichen und Notwendigen. Folglich sind die Töne eine Art von Relais zwischen natürlichen und willkürlichen Zeichen, zwischen Musik und Semantik, zwischen sym-

[126] Ebd., 182.
[127] Ebd.
[128] Ebd., 183.
[129] Ebd., 186.
[130] Ebd., 190.

pathetischer Allvermittlung und speziellerer Bedeutung, zwischen fundierender Natursprache und monadischer Zeichenlogik. Mendelssohns Tonbegriff, der ähnlich wie der von Schröder aufgebaut ist, rückt damit in eine Vermittlungsstellung, wie sie in Herders Hermeneutikkonzept zentral werden soll.

Auch Klopstock entwirft eine Theorie vom Wechsel der Töne: »Wir können also nicht zweifeln, daß die Zusammensetzung, die eine gewisse Harmonie der Worte ist, welche dem Menschen angeboren sind, und ihm auch in die Seele, nicht ins Ohr allein dringen, eine Harmonie, die mannigfaltige Bilder der Benennungen, der Gedanken, der Sachen, der Schönheit, des Ebenmaßes, kurz alles dessen in uns erweckt, was von unsrer Geburt an auf uns wirkte; die zugleich mit der Mischung und Abwechslung ihrer Töne die Leidenschaft des Redenden in die Herzen derer, die um ihn sind, ergießt, und sie zur Teilnehmung bringt; die durch die Verbindung der Worte Großes mit Großem wie in ein Gebäude vereint, daß diese Zusammensetzung uns einnehme, uns mit Kraft und Würde und Hoheit, mit allen dem, was sie in sich begreift, erfülle, und unsre ganze Seele beherrsche!«[131] Die Mischung und Abwechselung von Tönen wird in diesem Zitat anthropologisch hergeleitet. Klopstock redet sowohl von einer Austattung mit Tönen durch die Geburt als auch von der Lebensgeschichte, in der die Töne eingesammelt werden. Die Seele, die auch bei Klopstock nach dem Modell des Saiteninstrumentes[132] gedacht wird, verfügt über eine Anzahl von Tönen, die als »Hauptton eines Gedichtes«[133] bezeichnet werden. Unterschieden werden die Töne des Lehrgedichtes, der Ode, der Hymne usw.[134]

[131] Ich zitiere Klopstocks umfangreichen Aufsatz *Vom deutschen Hexameter* (1779) aus der neueren Edition von Winfried Mennighaus, der den bislang selten edierten Text zum erstenmal kommentiert in einer Leseausgabe vorgelegt hat: Friedrich Gottlieb Klopstock, Vom deutschen Hexameter, in: Klopstock, *Gedanken über die Natur der Poesie. Dichtungstheoretische Schriften*, herausgegeben und mit Kommentar und Nachwort versehen von Winfried Menninghaus, Frankfurt am Main 1989, S. 145f.

[132] »Man fordert von demjenigen, der unsre Seele so zu bewegen unternimmt, daß er jede Saite derselben, auf ihre Art, ganz treffe« (Klopstock II,1000). Ohne daß der Begriff der Sympathie fällt (dafür aber das Wort: mitempfinden), formuliert Klopstock in derselben Schrift (*Von der heiligen Poesie* von 1755) den Grundgedanken der sympathetisch-harmonischen Übereinstimmung der Seelen: »Die Kräfte unsrer Seelen haben eine solche Harmonie unter sich, sie fließen, wenn ich es sagen darf, so beständig ineinander, daß, wenn eine stark getroffen wird, die andern mitempfinden, und in ihrer Art zugleich wirken« (Klopstock II, 1004).

[133] Zitiert aus den *Gedanken über die Natur der Poesie* (1759), in Klopstock II, 994. In der *Einleitung zu den geistlichen Liedern* (1758) formuliert Klopstock das Prinzip: »Jede Art zu dichten hat ihren eigenen Ton, der ihr angemessen ist« (Klopstock II, 1014).

[134] *Gedanken über die Natur der Poesie* (1759), in Klopstock II, 995.

Diesseits poetologischer Überlegungen steuert Moses Mendelssohn aus dem Kontext seines medizinisch gewendeten Tonbegriffs (s. o.) in seinen Briefen *Über die Empfindungen* (1755) einige weitere Begriffsbestimmungen bei. Auch er bringt wie Batteux die Töne mit den Leidenschaften in Verbindung: »Die Leidenschaften werden natürlicherweise durch gewisse Töne ausgedruckt, daher können sie durch die Nachahmung der Töne in unser Gedächtnis zurück gebracht werden.«[135] Hat man in Erinnerung, daß Mendelssohn den Tonbegriff als Zusammenhang der inneren Harmonie des Körpers eingeführt hat, so wird der zitierte Satz auch für das memoria-Thema interessant. Wenn nämlich, so wird man schlußfolgern müssen, der Körper durch Töne affiziert wird und in sich diese Affektion durch interne Sympathetik der Körperteile verarbeitet und wenn zudem eine solche Affektion aus dem Gedächtnis zurückgeholt werden kann, dann heißt das nichts anderes, als daß es ein vorsemiotisches, nämlich rein körperliches Gedächtnis[136] von Tonzuständen eines Gesamtorganismus gibt, auf das die Erinnerung einen Zugriff hat.

Mendelssohn benutzt diesen auch für Herder außerordentlich wichtigen Gedanken bei der Definition des angenehmen Affekts. Ein solcher entsteht, wenn man sich einer genossenen sinnlichen Lust erinnert: »die Einbildung, die uns bey dieser Gelegenheit tausend andere angenehme Empfindungen in das Gedächtnis zurück führet, ordnen die Fasern des Gehirns in den gehörigen Ton.«[137] Die harmonische Spannung, die dabei entsteht und die infolge der sympathetischen Wirkung den ganzen Körper in Behaglichkeit versetzt, ist der angenehme Affekt. Was Mendelssohn hier begründet, ist die Möglichkeit, daß ein Mensch alle Töne, in denen sein Körper sich jemals befunden hat, wieder aktivieren kann.

Man braucht dieses Theorem nur auf das Lesen zu übertragen, um bei Herders Grundannahmen zu sein. Im Lesen werden wir von einem Ton affiziert, unser Körper entspricht dieser Affektion intern-sympathetisch durch innere Schwingung und speichert den dabei entstehenden Harmoniezustand als Ton. Der Speicher ist aktivierbar, auch ohne daß das Erinnerte semiotischen Cha-

[135] Mendelssohn, *Ästhetische Schriften*, S. 68.

[136] Daß Herder hier an Mendelssohn anschließen kann, erhellt aus ähnlichen Gedankengängen, die sich im *Vierten Kritischen Wäldchen* finden. Es ist dort von den ersten sinnlichen Erfahrungen die Rede, die sich vorsemiotisch im »Sinn des Gefühls« (SWS IV, 52) habitualisieren. Dabei fällt der Ausdruck »Begrif körperlicher Wahrheit« (ebd.). Herders »Philosophie des Gefühls« (ebd., 53) rechnet offensichtlich mit vorsprachlichen Konzeptualisierungen, die sich ganz als sinnliche Konstellation des Körperlichen realisieren. Mendelssohns Körpergedächtnis ließe sich ohne Schwierigkeiten in diesen Kontext integrieren.

[137] Mendelssohn, *Ästhetische Schriften*, S. 71.

rakter haben muß. Grundsätzlich sind vergangene Körperzustände als solche wiederholbar: Man kann sich in einen Ton versetzen, in dem man schon einmal war. Folglich kann man das Lesen als diejenige anthropologische Tätigkeit verstehen, in der das Anlegen eines Archivs der Töne betrieben wird. – Was hier als Experiment mit Begriffen versucht wurde – nämlich: die Einsetzung des Herderschen Begriffs des Lesens in die Mendelssohnsche Theorie von den Empfindungen –, wird sich in der Tat als das Zentrum von Herders spezieller Hermeneutik erweisen.

Bei der medizinisch-physiologischen Dimension des spezielleren Tonbegriffs angelangt, ist wiederum ein Blick auf Krügers *Naturlehre* geboten. Dort findet sich eine Begründung für die individuelle Verschiedenheit der Töne. Sie resultieren, wie bereits dargelegt, bei ihm aus den saitenähnlich über das weiche Nerveninnere gespannten äußeren Nervenhäuten. Da die Nerven aber nicht alle gleich dick sind, sondern vielmehr unterschiedlich dimensioniert, »wird ein jedes Nervenfäsergen seinen eigenen Ton haben müssen«.[138] Da weiterhin Nervendicke und Nervenlänge bei den verschiedenen Menschen ebenfalls unterschiedlich sein werden, muß »der Ton der Nerven in verschiedenen Personen verschieden« (ebd.) sein. Mit diesem Gedanken ist Krüger auf der Basis seiner naturwissenschaftlichen Rede bei einer Begründung der Individualität der Töne angelangt. Er liefert auch die Antwort auf die entstehende Frage, wie ein Mensch fähig sein soll, die unendliche Vielheit von individuell verschiedenen Tönen als solche wahrnehmen zu können.

Krüger denkt sich das Ohrinnere (die Schnecke) als eine Staffelung von Nervenfasern, deren Länge »ganz unvermerckt zunimt.«[139] Dadurch ist das Ohr in der Lage, allen ankommenden Tönen eine harmonische Schwingungsentsprechung zu bieten.[140] Wenn bei einem hohen Ton die Luft schnell zittert, wird in der Ohrschnecke ein dazu passendes kurzes Nervenfäserchen mitschwingen.

Jeder noch so individuelle Ton der notwendig individuell tönenden Menschen kann daher in adäquater Weise individuell wahrgenommen werden. Folglich kann sich ein Mensch immer in den Ton eines anderen Menschen hineinversetzen; er tut es nach Krüger automatisch, da sein Ohr dies vorsieht. Wenn nun mit Mendelssohn das Theorem gegeben ist, daß diese Töne körperlich gespeichert werden und also zum anthropologischen Register eines Menschen gehören, und wenn weiterhin infolge der Ausweitung des Tonbegriffs zu einem medizinischen Terminus, der den Gesamtzustand des Ner-

[138] Krüger, *Naturlehre*, S. 654.
[139] Ebd., 746.
[140] Ebd., 745.

vensystems betrifft, Ton mit Empfindung synonym gesetzt wird, so ist damit die physiologische Begründung dafür gegeben, daß ein Mensch die individuellen Empfindungen eines anderen stets nachvollziehen kann. Das Lesen legt hierzu ein Archiv an. In ihm sind die Töne gespeichert, die die Substanz des Verstehenkönnens ausmachen.

Vom allgemeinen Begriff des Tönens als allvermittelnder Sympathetik über die poetologische Zwischenstellung von sich spezifizierenden Tönen (epischer Ton, heroischer Ton usw. im Wechsel der Töne) bis hin zu einer physiologischen Hermeneutik des individuellen Tons reicht also das Theoriespektrum, auf das Herder sich stützen kann, wenn er eine Hermeneutik des einstimmenden Sichhineinversetzens begründen will. Und wieder steht eine Gedächtnisvorstellung im Hintergrund. Man versteht um so besser, je mehr Töne man gespeichert hat, d. h.: je mehr man gelesen und das Lesen als Anlegen eines solchen Archivs betrieben hat. Damit das Verstehen in Gang kommen kann, verfügt Herders hermeneutische Reflexion, daß als Bedingung der Möglichkeit aller semantischer Rekonstruktion das Tönen vorauszusetzen ist.

e) Theorie der Töne bei Herder

Herders Überlegungen zum Begriff des Tons stellen sich, wie so oft, als Synthese von Vorgängertheorien dar. Daß die Qualität des Tönens vor allem der Sprache der Leidenschaft zukomme, übernimmt Herder von den analogen Bestimmungen bei Batteux. Allerdings ist sein Theoriemodell ein anderes. Standen bei Batteux die beiden Sprachen der logischen Vernunft und des leidenschaftlichen Herzens als zwei semiotische Systeme einander gegenüber, so vermittelt Herder diese Dichotomie in seinem phylogenetisch geprägten Monismus. Die Sprache der Leidenschaft gehört einer frühen Sprachstufe an, die im Prozeß der Kulturentwicklung durch Sprachformen zunehmender Rationalität überlagert wird.[141] Gleichwohl bleibt aber selbst in der Entwick-

[141] Zu Herders Theorie der onto-/ phylogenetischen Entwicklung von Sprachstufen bzw. semiotischen und vermögenstheoretischen Stufen vgl. den souverän eine Summe ziehenden Aufsatz von Gaier (1987). Wenngleich auch die elegante Systematik, die Gaier entwirft, an keiner Textstelle in dieser Deutlichkeit nachvollziehbar ist, so bietet sie doch als Zusammenschau denjenigen Theoriegrundriß, dem der frühe Herder implizit folgt, ohne ihn je zusammenhängend dargestellt zu haben. – Kritik an Gaiers Aufsatz wäre von meiner Seite aus dahingehend zu üben, daß das gesamte, von Gaier in Tabellen dargestellte (Gaier 1987, S. 206, 213, 214, 217) Bündel von Vermögen noch einmal gerahmt werden müßte und zwar durch den Gedächtnisbegriff. Gaier trägt das Gedächtnis nur innerhalb der Tabelle, als ein Vermögen unter anderen ein. Aber natürlich sind es rückwärts in das Gedächtnis hineinlaufende Analysestrategien, die das Gesamtkonzept überhaupt erst als solches entstehen lassen. ›Gedächtnis‹ müßte zugleich auch die Überschrift für das ganze Konzept sein.

lungsstufe der leidenschaftslosen Begriffssprache ein Moment der ursprünglichen Wildheit als sedimentiertes Residuum in der untersten, aber eben auch fundierenden Schicht erhalten.

Herder bestimmt es mit den Mitteln des etymologischen Denkens: »Eine Sprache in ihrer Kindheit bricht wie ein Kind, einsylbichte, rauhe und hohe Töne hervor« (SWS I, 152). In der »Dithyrambischen Sprache«, wie sie »vor ihrer Ausbildung ist« (ebd., 312), sind die »Töne der Sprache [...] abwechselnder« (ebd.) und deutlicher differenziert. Er beobachtet die Eigenheit früher Sprachen, sich in prägnanter Abwechslung von Tönen zu realisieren, vor allem bei Pindar und Homer. Letzterer bietet ihm geradezu das Muster für eine Poesie, die »einen Ton der Seele aus dem andern entwickelt, und in einen andern auflöset« (SWS III, 225). Für Herder ist die frühe und ursprüngliche Poesie die wesentliche Äußerungsweise der Seele, die sich in einem Wechsel von Tönen darstellt. Diese Markierungen eines ursprünglichen Phonozentrismus[142] wandern in die Sprache der Schrift ein und deponieren dort ein energetisches Potential. Der »lebende Wohllaut« nämlich, »der in unserer Sprache liegt und ihr das höchste Lob einer ursprünglichen Sprache giebt« (SWS II, 39), bringt in den etymologischen Bestandteilen der Worte jene Sprache zum Tönen, die als Sprache der Leidenschaft nicht in dem Sinne arbiträr ist, wie es die sie überformende Sprache der Konventionen und Begriffe ist. Die malenden Wurzeln der Worte, so führt Herder aus, »lassen das Wesen und die Beschaffenheit der Sache im Klange hören« (ebd.). In den »tiefsten Fundgruben der Sprache« (ebd.) und »in dem inneren Bau der Wörter« (ebd.) sind »Tonfarben« (ebd.) präsent und dienen in »Klangworten« (ebd., 40) oder »Machtworten« (ebd.)[143] den Dichtern, welche der Sprache

[142] Es ist nicht ganz selbstverständlich, grundsätzlich von einem ursprünglichen Phonozentrismus bei Herder auszugehen. Zumindest in bezug auf das Hebräische deutet Herder die Ursprungskonstellation der Schöpfungshieroglyphe als Identität von Stimme und Schrift (vgl. SWS VI, 297 ff.). Wenn nach der vorgeschlagenen Deutung die Schöpfungshieroglyphe eine Ursprungstheorie der Rationalität ist, so muß im Vorübergehenden der Stimme von vornherein ein Moment des Graphischen bzw. Schriftlichen enthalten sein, damit sich eine materiale Selbstreferenz entwickeln kann, an der sich Rationalität ausrichtet und stabilisiert. Die Ordnung, die die Schöpfungshieroglyphe darstellt, darf nicht mit der vorübergehenden Stimme einfach nur verhallen, sondern muß festgehalten werden, damit für die gefundene Struktur eine Konstanz garantiert ist. Ohne das Element des Graphischen würde die Ordnung spurlos verschwinden. Daß bei Herder trotzdem von einem Phonozentrismus gesprochen werden kann, motiviert sich u. a. aus den Empfindungsschreien (cri), mit denen er die Natursprache beginnen läßt. Was immer an späterer Sprachentwicklung hinzukommt – und die Schöpfungshieroglyphe ist ja die Ursprungskonstellation der menschlichen Sprache –, basiert stets auf jenem sympathetischen Tönen der Natursprache.

[143] Dem Begriff des Machtwortes ist in Breitingers *Critischer Dichtkunst* ein ganzes Kapitel gewidmet. Breitinger definiert: »Man verstehet nemlich durch Machtwörter eben sol-

eben diese Dimension abzuhören haben.[144] Wenn der Klang und die Beschaffenheit der Sache in den Machtworten zusammentreffen, so behauptet Herder, daß sie an jener frühesten Sprachlichkeit teilhaben (bzw. in der gegenwärtigen Sprache ein Analogon zu dieser Teilhabe darstellen), bei der das Tönen noch als Motivation für die charakterisierende Benennung diente. Das phonetische Moment des Klangworts und das semantische Moment des Machtworts laufen im Ursprung zusammen.

Mit diesem Gedanken hat Herder ein Modell, das nicht wie bei den Vorgängertheorien die Sprachen der Leidenschaft und der Vernunft dichotomisch gegenüberstellt, sondern sie als Sprachstufen in den einen Entwicklungsgang der Sprache einbindet. Die Theorie der Töne rückt damit an einen anderen Ort. Es ist bei Herder nicht nur von den Stimmungen der Seele, die

che, die einen weitläuftigen und in allen Stücken genau ausgemachten Begriff bezeichnen, welche hiemit viel gedencken lassen, und ein Ding mit besonderem Nachdruck zu verstehen geben« (Johann Jacob Breitinger, *Critische Dichtkunst*, 2 Bände, Zürich 1740, Bd. II, S. 50). Nachdrückliche Worte oder Redensarten, so führt Breitinger anhand von Beispielen weiter aus, sind solche, die dem Idiom einer Sprache besonders entsprechen und nur schwer zu umschreiben sind. Johann Bernhard Basedow gibt in seinem *Lehrbuch prosaischer und poetischer Wohlredenheit in verschiedenen Schreibarten und Werken* (S. 180 = § 145) eine sehr kompakte Zusammenfassung des Breitingerschen Terminus: »Oftmals, wenn die Kürze nöthig und die Materie dennoch wichtig und weitläuftig ist; so bedürfen wir mit wenig Worten viel zu sagen. Solche vielbedeutende Wörter und Redensarten heißen Machtwörter. Z. E. Das Gespräch abreißen. Sich mit süßen Vorstellungen weiden. Die Liebe loht wieder auf. [...] Die meisten obigen Redensarten sind Metaphern, oder bey nahe veraltete Wörter, die man mit vielen neu gemachten vermehren könnte, wie besonders Herr Haller und Herr Klopstock gethan haben.« – Der Terminus kommt allerdings schon bei Luther vor: »So ist sein wort freylich nicht ein nachwort, sondern ein machtwort, das da schaffet, was es lautet« (Martin Luther, *Werke. Kritische Gesamtausgabe*. I. Abteilung, Weimar 1883ff., Bd. XXVI, S. 283).

[144] Von den vielen Belegstellen, in denen Herder Poesie als Teilhabe an den Tönen in den schon begrifflich gewordenen Worten denkt, sei nur ein Satz aus der *Sprachursprungsschrift* zitiert: »Und auch selbst bei uns, wo freilich die Vernunft oft die Empfindung und die künstliche Sprache der Gesellschaft die Töne der Natur aus ihrem Amt setzet, kommen nicht noch oft die höchsten Donner der Beredsamkeit, die mächtigsten Schläge der Dichtkunst, und die Zaubermomente der Aktion, dieser Sprache der Natur, durch Nachahmung nahe?« (SWS V, 16). Die Töne der Natur, die auf der untersten Sprachentwicklungsstufe der Empfindung vorhanden sind, müssen bei poetischen Texten, die unter den Bedingungen einer Begriffssprache entstehen, wieder aus den Worten, nämlich ihren Wurzeln, erweckt werden, um ihre ursprüngliche Kraft wiederzuerlangen. – Auch im Zusammenhang mit der Fabel, die in Herders Reflexion zum Modell von Poesie wird (s. u.), spielt der etymologische Gedanke eine Rolle. »Dort (im Orient; R. S.) ist die Fabel erfunden, dort sind die Sprüchwörter, Sinnsprüche, Räthsel, selbst die Wurzeln der Sprache voll Fabel« (SWS XII, 14). Wenn die Fabel die Wurzel der Poesie ist und wenn zugleich die Fabeln in den Wurzeln der Wörter stecken, dann ist diese etymologische Dimension der Sprache die Schatzkammer des Poetischen, um mit Herders Terminologie zu sprechen.

sich sympathetisch in Tönen äußert, die Rede, sondern von einer in sich differenzierten Skala von Tönen als einer Eigenschaft, die sich in jeder Sprache, nämlich in ihren etymologischen Bestandteilen, versteckt. Zur allgemeinen Sympathetik, die bei Herder die hermeneutische Vermittlung grundlegend überhaupt erst ermöglicht, gesellt sich eine spezifischere Theorie von den Tönen. Sie setzt zwischen einem poetischen Text und seinem Leser eine genauere Einstimmung in Gang, als es beim nur allgemeinen Affiziertsein durch das Tönen der ersten und grundlegenden Natursprache der Fall ist.

Es läßt sich darüber spekulieren, ob die in der Etymologie der Worte versteckten Resonanzen ursprünglicher wilder Ausrufe und Schreie ein materiales Analogon zur physiologischen Basis der Töne darstellen. Wenn nach Herder das Sensorium des Dichters auf die Tonfarben von Klangworten reagiert, so wird es nach den Ausführungen von Krüger und Mendelssohn eben genau der Bau der Nerven sein, der dieses Sensorium bildet. Der Empfindungsweise des Dichters entspräche als materiales Korrelat in den Worten deren etymologische Spur des Phonetischen und als materiales Korrelat im Körper der individuelle Nervenbau. Herder würde diesem Gedanken zufolge sowohl das physiologische Modell als auch das poetologische vom Wechsel der Töne in seine Sprachtheorie transformieren. Da ihm die Sprache ein »Schatz von Begriffen« ist, korrespondiert zudem dem Archiv der Töne im körperlichen Gedächtnis ein sprachliches Archiv der Begriffe – wobei der Begriff des Begriffs wiederum sinnlich und körperlich zu verstehen ist, nämlich als Inbegriff des durch die Hand Be- und Ergriffenen (s. o.). Die Grundlegung zweier Archive – der tönenden Wurzeln in der Sprache und der Töne des Körpers – wäre dann die Begründung für das gelingende Verstehen von Sprache. Was die Korrespondenz zwischen einem Leser und einem Text stiftet, ist die Abbildbarkeit ihrer Archive. – Natürlich ist dieser Gedankengang spekulativ. Er schlußfolgert auf der Basis einer historischen Semantik.[145] Und er bestimmt Spekulation damit als ein Tun aus der Sache heraus. Herder hat, soweit ich seine Schriften überschaue, expressis verbis diesen Gedanken nicht formu-

[145] Wieder wäre der wahrscheinlich von Herder gelesene Charles de Brosses mit seinem *Traité de la Formation méchanique des langues et des principes physiques de l' étymologie* von 1765 zu nennen. Die von diesem unterstellte Korrespondenz zwischen den menschlichen Sprechorganen und der inneren tönenden Natur der Dinge (»vox repercussa naturae«: vgl. dieses Zitat bei Gauger 1973, S. 74) führt zu einer Analogie zweier Archive. Das Gesamt körperlich vorgegebener Artikulationsstrukturen und das Gesamt der Dinge werden aufeinander abbildbar. Wenn man diese Relation auf das Verstehen überträgt und Verstehen nicht über den Umweg einer ontologisch naiven Objektivität laufen läßt, dann führt der Weg unweigerlich zu einer Archiv-Korrespondenz, die auf der Ebene der Artikulation selber liegt. Die Natur der Dinge wird semiotisch zu den Wurzeln der Sprache und dies korrespondiert einer körperlichen Gegebenheit, nämlich dem körperlichen Gedächtnis.

liert. Aber viele seiner Strategien lassen sich vor dem Hintergrund dieses Modells plazieren.

Es lohnt sich an dieser Stelle, in einem kleinen Exkurs einen Blick auf Herders Versuch zu werfen, den Begriff der Poesie unter Zuhilfenahme des Ton-Begriffs zu definieren. Die Sachverhalte der hermeneutischen Theoriebildung hängen direkt von diesem Begriff ab.

Im 16. Kapitel des *Ersten Kritischen Wäldchens* setzt Herder sich mit Lessings Versuch auseinander, das bequeme Verhältnis des Zeichens zum Bezeichneten[146] als Ausgangspunkt für eine Differenzbestimmung von Malerei und Poesie zu benutzen. Weil die Malerei, so argumentiert Lessing, einen prägnanten Augenblick und damit eine räumliche Konfiguration des Nebeneinander (das Koexistierende eines Körpers) nachahmt, sind ihre Zeichen, nämlich die nebeneinander gemalten Gegenstände auf der Bildfläche, bequem in Hinsicht auf die Natur des Nachzuahmenden. Im Gegensatz dazu sind Handlungen der eigentliche Gegenstand der Poesie. Ihre fortschreitende Nachahmung hat im zeitlichen Fluß der Rede ein bequemes Zeichenverhältnis zur fortschreitenden Natur der nachzuahmenden Handlungen. Herder meldet gegen diese Argumentation Einwände an, und bezeichnenderweise sind es solche, die aus seinen ästhetischen Reflexionen folgen.

Der erste Einwand lautet, daß Lessing, wenn er differenzanalytisch zu seinen Definitionen kommt, in permanenter Unterbestimmung argumentiert. Eine Kunst ist nämlich nur dann definierbar, wenn sie durch das Feld aller Differenzen zu allen Künsten bestimmt wird. Da Lessing aber nur von der Differenz von Malerei zur Poesie handelt und die anderen Künste (Musik, Plastik, Tanz, Baukunst) unerwähnt läßt, fehlen ihm Bestimmungen, die er dann nur noch kriterienlos und ad hoc ergänzen kann.

Der zweite Einwand ist freilich noch stärker. Herder denkt den zentralen Begriff des bequemen Verhältnisses anders, weil er im Gegensatz zu Lessing nicht vom Begriff der Handlung ausgeht. In der Poesie ist nämlich der Sinn fast alles (SWS III, 136), die Natürlichkeit der Sukzession in der Materialität der Zeichen ist dagegen erst in zweiter Hinsicht von Wichtigkeit. Deshalb ist in ihr das Verhältnis von der Materialität der Zeichen (Sukzession) zum Bezeichneten (Handlung als Sinngeschehen) nicht in dem Maße ›bequem‹, wie es dasselbe Verhältnis in der Malerei ist (Nebeneinander der Zeichen entspricht der Darstellung von Körpern). Handelt es sich aber um jeweils andere ›Bequemlichkeiten‹, also um einen jeweils anderen Typ der Relation von Zeichen und Bezeichnetem, so fällt der Vergleichsgrund weg, den Lessing für

[146] Lessing, *Laokoon*, Kap. XVI, in: Lessing VI,102 ff.

seine Differenzanalyse voraussetzt. Letztlich fällt damit überhaupt die ganze Definition.

Herder muß also, da Lessings Argumentation sich für ihn in einem solchen Maße als brüchig erweist, einen eigenen systematischen Ansatz formulieren. Er nimmt dabei die Musik in die Differenzanalyse auf und steuert auf Baumgartens aisthetische Kunstdefinition zu. Weil die Poesie durch willkürliche Zeichen Sinn produziert und durch diesen Sinn auf die Seele wirkt, wirkt sie, wie Herder sagt, energisch, nämlich durch die Kraft der Worte. Als Kraft wirkt sie sowohl malerisch als auch musikalisch, und erst beides zusammen qualifiziert Poesie als sinnlich vollkommene Rede (ebd., 138).

Das Musikalische in der poetischen Rede realisiert sich in verschiedenen Modi: erstens, »so fern die Rede natürlicher Ausdruck ist, z. E. der Leidenschaften« (ebd.) und zweitens »durch die Schnelligkeit[147], durch das Gehen und Kommen ihrer Vorstellungen«, die in der »Abwechselung« auf die Seele wirken und darin einer Art von »Melodie« (ebd.) ähneln. Die Abwechslung der Vorstellungen als Melodie zu verstehen, ist im Kontext von Herders Rede nur unter Verwendung des Ton-Begriffs möglich.[148] Wenn »die Abwechselung der Töne das Mittel der Musikalischen Wirkung« (ebd., 136) ist und »Musik, und alle energischen Künste« (ebd., 137) in und durch den »künstlichen Zeitwechsel der Töne« (ebd.) wirken, dann kann in der Poesie das Äquivalent zu den Tönen der Musik nur dasjenige sein, was Herder als das Tönende in den Wurzeln der Worte bestimmt. Zwar betont er, daß zunächst immer der Sinn der Wortzeichen und nicht die Wortzeichen selbst (ebd.) empfunden werden. Aber die Insistenz, mit der er vom sinnlichen Empfinden des Sinns als einer wirkenden Kraft spricht, deutet darauf hin, daß hier keine semantischen Vorgänge allein gemeint sind. Was eine Rede mit poetischer Kraft ausstattet, ist ihre Eigenschaft, zusätzlich zur Bedeutung diejenige Kodierung fühlbar zu machen, die den Worten die Qualität verleiht, sie als Klang- und Machtworte (s. o.) zu verstehen.

[147] Auch Lessing spricht schon von der Geschwindigkeit. Der Poet will, »daß wir in der Geschwindigkeit die wahren sinnlichen Eindrücke ihrer Gegenstände zu empfinden glauben, und in diesem Augenblicke der Täuschung, uns der Mittel, die er dazu anwendet, seiner Worte bewußt zu sein aufhören« (Lessing VI, 110). Lessings Argument imaginiert eine halluzinatorische Lektüre: gänzlich in das Lesen vertieft, ohne Bewußtsein von der Tätigkeit vollkommen in ihr aufgehend, würde das ohne Besonnenheit agierende Bewußtsein die Zeichen des Gelesenen als reale Zeichen verstehen müssen. Geschwindigkeit vernichtet kritische Distanz und macht glauben, die willkürlichen Zeichen wären natürliche.

[148] Vgl. zu dem Gedanken von Melodie als Wechsel der Töne das folgende Zitat aus der *Adrastea*: »In vielen melodischen Gängen wandelt der Ton auf und nieder« (SWS XXIII, 21).

Das Malerische in der poetischen Rede ist der zweite Aspekt, der zu einer differenzanalytischen Poesiedefinition beigetragen werden muß. Denn Poesie geht in der Lessingschen Bestimmung, Handlungen durch das Nacheinander der Zeichen zu schildern, nicht auf. Herders Argument hält Lessings Handlungsbegriff für unterbestimmt. Wenn Lessing schreibt, daß »Gegenstände, die auf einander, oder deren Teile auf einander folgen«[149] Handlungen seien, so erwidert Herder, daß allein der Tatbestand der Sukzession noch lange keine Handlung sei.[150]

Im 7. Kapitel seiner *Poetik* definiert Aristoteles das Ganze einer Handlung lapidar als das, »was Anfang, Mitte und Ende hat«.[151] Anfang sei, so Aristoteles weiter, was nicht notwendig auf anderes folgt, Mitte, was sowohl auf anderes folgt als auch anderes nach sich zieht, und Ende, was auf etwas folgt, aber nichts mehr folgen läßt. Diese Minimalbeschreibung von Handlung läßt immerhin erkennen, daß zu einer Handlungseinheit eine Konsequentialität gehört. Eine eingangs grundgelegte Position (mindestens eine semantische Opposition) wird transformiert (Mitte: Permutation der Opposition) und diese Transformation in eine semantische Einheit so aufgelöst, daß diese sich auf die Position zurückbezieht. Der Begriff der Handlung impliziert also eine Selbstreferenz. Damit aus purer Sukzession Handlung werde, müssen die aufeinander folgenden Teile durch eine Idee zusammengehalten werden. Herder bestimmt diese als den Semantikaspekt der poetischen Rede. Poesie ist sinnvoll durch die Nachahmung von Einheiten, die eine stabile Konstellation bilden. Diese Konstellation ist aber als malerische, nämlich als sinnlich im Raum vorstellbare zu denken.

Nur beides zusammen: der die Semantik stützende Mimesisbegriff des Malerischen und das die Zeitfolge als Wechsel der Töne orchestrierende Musikalische, ergeben für Herder die spezifische Kraft, welche die Wirkung von Poesie als Synthese von Raum- und Zeitkunst hervorruft.[152] Und nur deshalb

[149] Lessing VI, 103.

[150] »Ich läugne es also, daß Gegenstände, die auf einander oder deren Teile auf einander folgen, deßwegen überhaupt Handlung heißen« (SWS III, 139).

[151] Aristoteles, *Poetik*, übersetzt und herausgegeben von Manfred Fuhrmann, Stuttgart 1982, S. 25.

[152] In der Abhandlung *Die Lyra* faßt Herder den Grundgedanken des *Ersten Kritischen Wäldchens* prägnant zusammen: »Das Auge erfaßt Bilder; die Seele erschaffet sich durch dasselbe Gestalten; seine Welt ist das Nebeneinander, der Raum. [...] Das Ohr höret den Schall, die mancherlei Töne, durch welche sich die Gestalten in ihrer Bewegung ankündigen; diese Folge von Empfindungen giebt der Seele das Maas der Zeit, die in unserm Innern eben das ist, was im Aeußern der Raum vorstellet« (SWS XXVII, 164). Die tönende Sprache des Poetischen wird von Herder nun als die Synthese dieser beiden Aspekte eingeführt; als Synthese also von Raum und Zeit, von Auge und Ohr, von Bild und Ton.

ist die Poesie, als deren Wesen der so gedachte Kraftbegriff erkannt wird, die »sinnlich vollkommene Rede« (ebd., 138).

Baumgartens vielgenannte Formel der oratio sensitiva perfecta ist hier von Herder an so prominenter Stelle zitierbar, weil die Wortzeichen erst dann vollständig determiniert sind, wenn sie erstens einen Sinn haben, dieser zweitens sinnlich dargestellt wird (durch malende Mimesis) und drittens die Zeichen selbst als tönende Zeichen Aufmerksamkeit erlangen. Jeder Rede, die nicht poetisch ist, mangelt es an einer dieser Bestimmungen. Und weitere Bestimmungen sind als solche nicht denkbar, da die Kraft der Worte als die Vereinigung von Raum- und Zeitkünsten vollständig gedacht ist.[153]

Herder bezieht die Synthesis von Raum- und Zeitaspekt vermögenstheoretisch auf Gedächtnis und Einbildungskraft: »Und dies ist die Kraft, die dem Innern der Worte anklebt, die Zauberkraft, die auf meine Seele durch die Phantasie und Erinnerung wirkt: sie ist das Wesen der Poesie« (ebd., 139). Erinnerung ist hier wohl mit dem Malerischen zusammengedacht und Phantasie mit dem Musikalischen. Die architekturale Vorstellung, die mit dem Gedächtnisbegriff einhergeht, legt die Orientierung am Malerischen und am Nebeneinander der Zeichen nahe. Auf der anderen Seite ist das fortschreitende Element der Phantasie mit dem Zeitaspekt des Musikalischen in Ver-

Gemäß seiner Theorie vom ursprünglichen Synkretismus der Sinne »schmelzen die Empfindungen beider Sinne in einander« (ebd., 165) und ergeben das Ganze einer poetischen Sprache. – Der kurze Text *Die Lyra* basiert knapp 30 Jahre nach den Grundgedanken des *Ersten Kritischen Wäldchens* noch gänzlich auf den dort entwickelten Grundanschauungen und bündelt sie in prägnanter Weise.

[153] Es gibt einige sehr mißverständliche Formulierungen in dem diskutierten 16. Kapitel des *Vierten Kritischen Wäldchens*. So schreibt Herder, daß in dem Willkürlichen der Worte und in ihrem Sinn »ganz und gar die Kraft der Poesie liege; nicht aber in der Folge der Töne und Worte, in den Lauten, so fern sie natürliche Laute sind« (SWS III, 139 f.). Man muß hier mit Herder geradezu gegen den Herderschen Wortlaut lesen. Natürlich liegt die Kraft der Poesie gerade auch in den Tönen, sofern aus ihnen die natürliche Sprache der frühesten Empfindungen spricht. Wovon Herder sich hier absetzt, ist Lessings Position. Ein Vers ist nicht aufgrund seiner realen Artikulation mitsamt ihrer kontingenten Abfolge von Lauten poetisch. Das aber wäre Lessings Behauptung, wenn er nur auf den Begriff der Sukzession setzt. Vielmehr ist ein Vers nach Herder u. a. dann poetisch, wenn sein Wortmaterial die in der Etymologie deponierten Töne zum Sprechen bringt. – Man muß das ganze 16. Kapitel des *Ersten Kritischen Wäldchens* mit einer doppelten Semantik lesen. Ton kann heißen: erstens oberflächliche Artikulation und zweitens Bezug auf die Wurzeln der Worte. Natürlicher Laut kann heißen: erstens die reale Artikulation von Rede in der Normalsprache und zweitens die Laute in der Natursprache, an der der Mensch noch als Tier teilnimmmt. Herder votiert jeweils für die zweite Möglichkeit und schiebt die erste Lessing zu. Aber auch der Leser des Herder-Textes muß sich dieser doppelten Bedeutungsschicht bewußt sein, will er nicht das zu Anfang dieser Fußnote gegebene Zitat dahingehend mißverstehen, daß Herder Poesie nur vom Aspekt der Semantik, aber nicht von ihrer sinnlichen Erscheinung her denkt.

bindung zu bringen. Daß Herder hier indirekt Poesie vermögenstheoretisch als Synthese von Gedächtnis und Einbildungskraft denkt, macht einmal mehr deutlich, daß er sich in Abgrenzung sowohl von Gottsched wie auch von Bodmer und Breitinger nicht exklusiv nur auf die Einbildungskraft, sondern viel mehr und viel zentraler auch auf das Gedächtnis bezieht.

Was haben die Überlegungen zu Herders Poesiebegriff mit der Ausgangsfrage nach dem Begriff des Tons und der speziellen Hermeneutik Herders als einer Theorie des Lesens zu tun? Die Eingangsthese war, daß Herder neben der allgemeinen Sympathetik eine speziellere Theorie der Töne entwickelt, die das konkrete Lesen ermöglicht. Sofern es um das Lesen von Poesie geht – und das ist bekanntlich bei Herder auch dann fast immer der Fall, wenn er über die Bibel schreibt –, war der Nachweis wichtig, daß eine Rede erst dann poetisch, nämlich sinnlich vollkommen ist, wenn sie neben einer Bedeutung und neben einem mimetischen Anteil die Töne, die sich in den Wortwurzeln verbergen, zum Sprechen bringt. Diejenige Lektüre von poetischen Texten, die auf deren Poetizität abzielt, muß daher diese Töne immer auch mitrealisieren. Wenn an die Hermeneutik von poetischen Texten die Anweisung ergeht, den Tönen zuzuhören, so kann dies nur geschehen, wenn Herder vorher in einem poetologisch-produktionsästhetischen Gedankengang sichergestellt hat, daß diese Töne auch in der Poesie zu finden sind: daher die Notwendigkeit, der Begründung einer speziellen Hermeneutik als Lesen eine fundierende Poetik voranzustellen.

Welche spezielle Erkenntnisfunktion haben die Töne für den Prozeß des Lesens? Mustert man die Texte Herders auf den Begriff des Tons durch[154], so wird man eine recht konstante Reihe von Bestimmungen finden, die den Begriff des Tons spezifizieren. Zu nennen sind: der parabolische[155] Ton, der epi-

[154] ›Ton‹ ist bei Herder eines der häufigsten Worte; man hätte bei Durchsicht des Gesamtwerks sicher mehrere hundert wichtiger Belegstellen zu verwalten. Im folgenden führe ich nur auszugsweise Verwendungen auf, die in den Bereich der Poesie gehören. Die Semantik des Tonbegriffs streut aber in diverse Richtungen. Neben den Bezeichnungen, die auf dichterische Gattungen abzielen, gibt es bei Herder: den musikalischen Sinn von Ton; eine Bedeutung, die nahe am Stilbegriff liegt; eine unspezifische Rede, die z.B. vom Ton des Jahrhunderts handelt; eine sich auf die sensualistischen Sprachursprungstheoreme beziehende Bedeutung von Ton im Sinne von wilden Ausrufungen und Schreien; Ton als Terminus der Konversation: guter Ton, zivilisierter Ton etc. Im 18. Jahrhundert wird man immer auch die rhetorische Dimension von Ton mitdenken müssen: In der pronunciatio gibt es eine Lehre von den Tönen, die sich mit der Affektenlehre verbindet. – Ähnlich wie beim schillernden Terminus der Sympathie sind die begriffsgeschichtlichen Einflüsse schwer auseinanderzuhalten. Herders weitreichender Gebrauch dieser Worte profitiert offensichtlich von der relativen Unbestimmtheit der Begriffe wie auch von ihrem weiten Anspielungsreichtum.

[155] SWS I, 271.

sche[156], prophetische[157], der Ton der Ballade[158], Ton der Elegie[159], Ton der Ode[160] etc.[161]

Die Spezifikationen der Töne qualifizieren sie als ein Mittleres zwischen allgemeiner Sympathetik als Basis des hermeneutischen Prozesses einerseits und ausgebildeter individueller Sprache andererseits. Die Töne sind schon auf dem Weg zur Semantik, haben aber dabei noch nicht den Zeichencharakter, der einer Sprache im engeren Sinne zukommt. Wenn nach Mendelssohn Töne Körperzustände sind, so sind sie zwar ein Bestimmtes, aber eben noch kein semiotischer Fakt, der Teil monadisch sich einkapselnder Sprachen wäre. Eine differenzierte Theorie der Töne ist folglich das Relais für eine spezielle Hermeneutik, die in monadische Sprachstrukturen eben doch einige Fenster einbauen muß.[162]

Daß die Töne durch Attribute spezifiziert und semantisiert werden, wird nicht nur bei Herder verhandelt. Im Artikel *Ton* argumentiert Sulzer in seiner *Allgemeinen Theorie der schönen Künste*[163] ähnlich. Auch hier hat »jede Gemüthsfassung und jede Leidenschaft, nicht nur eine ihr eigene Stimme, ihren eigenen Vortrag, sondern auch ihre eigene Sprache und eigene Wendung. Die Einfalt, die Unschuld, der Schmerz, die Liebe, der Zorn haben jeder eine Stimme, einen Vortrag, eine Wendung, die ihr eigen ist. Alles was dazu gehört, können wir den Ton der Rede nennen.«[164] Das Verführerische des Tons, so fährt Sulzer fort, wird um so größer, »je dunkeler die Gründe der Wirkung sind«.[165] Das Dunkle der Gründe ist in der Tradition der Baumgartenschen Ästhetik jenes Totum, das als fundus animae die unteren Vermögen

[156] Ebd., 279.

[157] Ebd.

[158] Ebd., 337.

[159] Ebd., 480.

[160] SWS II, 33.

[161] Klaus R. Scherpe (*Gattungspoetik im 18. Jahrhundert. Historische Entwicklung von Gottsched bis Herder*, Stuttgart 1968, S. 248) diskutiert den Tonbegriff Herders kurz im Kontext der Gattungstheorie. Er konstatiert, daß Herder die Gattungsbegriffe in lyrisierende Ausdrucksformen umdenkt und diese als Töne begreift. Vom Kontext der Hermeneutik her läßt sich der Gedanke integrieren: Gattungsmuster, verstanden als allgemeinere Ausdrucksformen, schematisieren den Verstehensprozeß vor und ermöglichen einen Einstieg in einen Text, der noch vor seiner individuellen Wahrnehmung liegt.

[162] Es sei daran erinnert, daß Herder stets gegen die Fensterlosigkeit der Monaden argumentiert (s. o.). Die Theorie der Töne ist dabei ein Mittel, das Fenster in monadischen Sprachidiomen zu öffnen.

[163] Johann Georg Sulzer, *Allgemeine Theorie der schönen Künste*, Zweyter Theil, Leipzig 1774, S. 1158–1160. – Herder hat den ersten Teil von Sulzers Werk (erschienen 1771 und 1773) ausführlich rezensiert (SWS V, 377–400).

[164] Sulzer, *Schöne Künste*, S. 1158, erste Spalte.

[165] Ebd., zweite Spalte.

bündelt und nur einer klaren, aber keiner deutlichen Erkenntnis fähig ist. Ein Ton ist damit wiedererkennbar, aber nicht in seine Begriffsmerkmale zerlegbar; sein Status ist ein aisthetischer (und ein körperlicher). Gleichwohl sind die Töne in sich differenziert. Wenn Sulzer sie als Stimme, Vortrag und Wendung bezeichnet, gibt er aber zugleich zu verstehen, daß es sich bei ihnen nicht schon um semantische Einheiten, sondern um noch jenseits manifester Bedeutung liegende sinnliche Komplexe handelt. Der Begriff der Gemütslage bzw. »Gemüthsfassung« bezeichnet die »Stimmung des Gemüthes«[166], in der ein Mensch sich stets befindet, so daß auch immer ein bestimmter Ton vorhanden ist. Was sich in den Äußerungen eines Menschen zuallererst mitteilt, ist dieser Ton, in dessen Stimmungslage sich eine Rede als semiotisches Ereignis einträgt. Die Worte sind immer nur ein Zweites, das sich im Bereich eines Tons ereignet. »Darum ist der Ton eine der wichtigsten Eigenschaften eines Werks der redenden Künste. Wir haben in dem Artikel über die Ode Beyspiehle von solchen Oden angeführt, die es gewiß nicht durch ihren Inhalt, sondern blos durch den Ton sind; der also würklich ofte wichtiger ist, als der Inhalt.«[167]

Die hermeneutische Relevanz dieses Gedankens ist deutlich. Vor allem Verstehen der Worte definiert der Ton diejenige Lage, die einen Text vorweg strukturiert. Das Verstehen der Worte als einer speziellen Tätigkeit hat immer schon begonnen, wenn nur der Leser eines Textes in den viel fundamentaleren Ton eingestimmt ist. Andererseits ist aber ein solcher Ton auf dem Weg zu einer semantischen Annäherung an die Bedeutung der Wortzeichen, da die Gemütslagen ein in sich differenziertes Feld von Tönen ausbreiten und diese Differenziertheiten die Bedeutung einer Rede mitbestimmen, ja sogar in einem solchen Maße determinieren, daß der Ton oft wichtiger ist als der Inhalt, wie Sulzer ausführt.[168]

Das Theorieprojekt, das diesem Gedankengang folgen müßte, bestände in dem Versuch, ein System der Töne aufzustellen: »Es wäre der Mühe wol

[166] Ebd., 1159, zweite Spalte.

[167] Ebd., 1160, erste Spalte.

[168] In der Vielzahl von Bemerkungen, die Klopstock zum Tonbegriff verfaßt hat, findet sich eine, in der seine Poetik der schnellen Bewegung mit dem Ton auf eine Weise zusammengebracht ist, daß die Semantik der Worte zugunsten der hervorstechenden Eigenschaft des Tons zurückgenommen wird: »Wenn man in der Leidenschaft so schnell spricht, daß die Buchstaben nur eben gehört werden, und darüber die Länge beinah weniger Zeit als sonst die Kürze hat, so ist es der Ton, was als unterscheidend hervorschallt« (Klopstock, *Hexameter*, S. 82). Während bei Sulzer die Töne der Wortsemantik vorangehen und ihr gleichsam einen Raum schaffen, konzipiert Klopstock ein Sprechen in hoher Geschwindigkeit als Auflösung der Semantik, so daß schließlich nur noch die materiale Substanz des Tönens übrig bleibt.

werth, dasz man versuchte, die verschiedenen Arten des Tones, nach dem eigenthümlichen Charakter jeder Art, zu bestimmen.«[169] Eine solche Charakteristik der Töne wäre das anthropologische Archiv der Äußerungsweisen von menschlichen Gemütslagen als der Voraussetzung eines jeden Sinngeschehens – sei es das einer Produktion von Sinn oder das eines Verstehens von Sinn.

Herders differenzierte Rede von den unterschiedlichen Tönen zielt exakt auf die hermeneutische Dimension eines solchen memoria-Archivs ab. Verstehen hieße, den Ton zu finden, den ein zu Verstehendes hat. Und das Finden kann als Aktualisierung eines schon einmal praktizierten und im Archiv des Körpergedächtnisses (Mendelssohn) abgespeicherten Tons realisiert werden oder als sympathetisches Einstimmen in einen neuen Ton, der dann als neues Element in das Archiv eingelagert wird.

Die ausdrückliche hermeneutische Relevanz des Ton-Begriffs wird bei Herder in Verbindung mit dem Übersetzungsproblem deutlich – jetzt im engeren Sinne als sprachinterner Vorgang verstanden. »Sich in den Ton eines anderen setzen, seinen Ton treffen, oder ihn verfehlen« (SWS IV, 328) wird ihm zu einem Kriterium der Übersetzung, wie er in bezug auf Tacitus ausführt. »Und diesen Ton des Tacitus eben, soll ein Uebersetzer vorzüglich studiren, und so lange studiren bis er ganz in ihn stimmet, und in sich einen ganz Harmonischen Gedankenschwung fühlet, oder er ist nicht zum Uebersetzer des Tacitus gebohren« (ebd., 329).

Gewährleistet die allgemeine Sympathetik jene hermeneutische Übersetzungsarbeit, von der oben die Rede war, so ermöglichen die Töne die nun im engeren Sinne linguistische Übersetzung. Offensichtlich ist es dazu nötig, sich als Übersetzer diejenige Ton-Konstellation zu eigen zu machen, die dem Original zukommt. Der Ton-Begriff zielt also ausdrücklich auf Individuelles ab, wie es eine Bemerkung in *Über Bild, Dichtung und Fabel* deutlich macht: »Jedes Kunstwerk hat seinen Ton, seine fortgehaltene Melodie, in der nichts vorschreien, nichts verstummen muß; eine wachsende oder abnehmende Empfindung stimmt diese Modulation von Anfange bis zu Ende. So ists mit der Arbeit eines jeden Dichters, Schriftstellers und Künstlers: er haucht dem Werk seinen Genius ein, daß es seinen Ton tönet« (SWS XV, 531). Die anthropologische Möglichkeit, für die Töne eines anderen Individuums ein Äquivalent in der eigenen Sprache zu finden, kann nur gewährleistet sein, wenn es eine Art anthropologisches Archiv gibt, das allen Menschen gemeinsam ist und an dem jeder partizipieren kann. Herder deutet so etwas ver-

[169] Sulzer, *Schöne Künste*, S. 1156, erste Spalte.

schiedentlich an.[170] Ebenfalls in der Fabelabhandlung spricht er davon, daß »die Klage, daß das Vorratshaus der Natur für uns erschöpft sei« (ebd., 530), ungerecht wäre. Vielmehr gilt: »die Wahrheit war zu allen Zeiten dieselbe« (ebd.). Das anthropologische Archiv – »Vorratshaus der Natur« – steht also allen Menschen nach wie vor offen, wenn es auch jeder nach seiner eigenen individuellen Weise nutzen kann (ebd.).[171]

Grundsätzlich gilt allerdings, was in Mendelssohns Text *Über die Empfindungen* nachgewiesen werden konnte (s. o.): Wenn sympathetische Affektion als körperlicher Ton speicherbar und auch wieder abrufbar ist, dann ist das anthropologische Archiv der Töne nicht allein qua menschlicher Natur immer schon gegeben. Vielmehr kann es jeder Mensch sich selbst erwerben und zwar im Prozeß des Lesens. Wenn Herder wiederholt darauf hinweist, daß zum Verstehen eines fremden Autors ein langes und intensives Studium gehört, so kommt damit offensichtlich ein Zeitfaktor ins Spiel. Es dauert seine Zeit, bis man sich in den Ton Homers oder Tacitus' gestimmt hat, es sei denn, man hat diese Erfahrung schon früher einmal gemacht und braucht sie nun nur noch zu aktualisieren. Das Archiv der Töne ist also gleichzeitig ein immer schon vorhandenes und ein immer erst entstehendes. Was Herder Einfühlung und Sichhineinversetzen nennt – die Reizvokabeln der Historismuskritik –, findet seinen Grund in diesem Archivgedanken, der in der Begriffstradition von Vokabeln wie Sympathie und Ton auftaucht.

f) Eine Schlußbemerkung

Hermeneutik ist der Name für eine zweite Reflexion, für das Nachdenken über die Logik von Verstehensprozessen, für das Verstehen von Verstehen. Eine reflektierte Hermeneutik wird wissen, daß es beim Verstehen keine Regeln für die korrekte Anwendung von Regeln gibt. Folglich hat eine Rede

[170] Im Kontext der Erörterungen über Herders Geschichtsphilosophie habe ich die Stelle (SWS V, 502) diskutiert, bei der die Möglichkeit, sich in alle historischen Erscheinungen einzufühlen, mit dem Vorhandensein einer entsprechenden Anlage in jedem Menschen begründet wird. Daß es diese Anlage gibt, ist durch die physiologische Fundierung der Hermeneutik Herders sichergestellt.

[171] In seinem Versuch einer Gattungstheorie der lyrischen Dichtkunst *Die Lyra* (1795) begründet Herder die Möglichkeit einer Gattungstheorie mit dem Satz: »Denn am Ende sind wir doch alle Menschen, mit Einerlei Organen des Genusses und Verstandes begabt, auf deren verschiedne Ausbildung auch hier alles ankommt« (SWS XXVII, 164). Daß es trotz widerstreitender Urteile über die Lyrik dennoch eine allgemeine, auf Zustimmung Anspruch erhebende Gattungstheorie geben könne, wird auch hier anthropologisch begründet. Jenseits der Art und Weise, wie die Menschen ihr Reservoir von Tönen, ihr Archiv von poetischen Möglichkeiten umsetzen, liegt doch jeder konkreten und individualisierenden Aneignung die Idee einer allgemeinen Gemeinsamkeit zugrunde.

über Herders Hermeneutik ihr Ziel erreicht, wenn sie die Möglichkeit des Verstehens, so wie Herder sie konzipierte, aufgedeckt hat. *Wie* Herder tatsächlich interpretiert, ist ein anderes Thema. Daß es eine Vielzahl von im engeren Sinne hermeneutischen Regeln in Herders Werk gibt, z. B. mehrfach die Aufforderung, die Einheit des Sinns zu wahren, ist kein Moment einer allgemeinen Theorie des Verstehens mehr. Die Bedingungen der Möglichkeit von Verstehen ergeben sich aus Herders Modell der Sympathetik und der Töne, das in eine in sich dialektische Sprachtheorie von monadischen und antimonadischen Sprachursprüngen eingearbeitet ist. Das dazu vergleichsweise konventionelle Regelrepertoire aufzuarbeiten, das Herder in einem traditionellen Sinne Hermeneutik nennt und das er in seinen Texten verstreut hat, kann gegenüber seiner hermeneutischen Theorie nur ein geringeres Interesse beanspruchen.

3. Exkurs: Mehrfacher Schriftsinn?

In den Kontext der Überlegungen, die ich zur strukturalistischen Deutung der Schöpfungshieroglyphe angestellt habe, läßt sich eine hermeneutische Reflexion einbringen. Der Aufsatz von Mueller-Sievers[172] bezieht Herders hermeneutische Praxis auf die vorprotestantische Auslegungstradition nach dem vierfachen Schriftsinn. Mueller-Sievers kommt zu diesem irritierenden Ergebnis freilich durch den Trick, den Begriff der Liebe, den Herder in seiner Hoheliedexegese benutzt, als Allegorie[173] auf seine Hermeneutik zu lesen. So wird ihm die Herdersche Interpretationspraxis zugleich zu einem metahermeneutischen Räsonnement und folglich zu einem, in dem mehr aufzuspüren ist als nur eine Exegese nach dem sensus litteralis.

Was Mueller-Sievers mit dem Begriff der Liebe anläßlich der Herderschen Hoheliedexegese vorschlägt, ließe sich z. B. auch mit dem Begriff des In-Zungen-Redens und dem des enthusiastischen Geistes der Auslegung in Herders Text *Von der Gabe der Sprachen am ersten christlichen Pfingstfest* (SWS XIX, 4 ff.) versuchen.[174] Herder weist nach, daß das In-Zungen-Reden

[172] Mueller-Sievers 1990.

[173] Diese Formulierung zielt wie ebenfalls einige folgende auf den Buchtitel Paul de Mans: *Allegories of Reading*. Ich rekonstruiere den Aufsatz von Mueller-Sievers als den Versuch, eine Textpraxis Herders poetologisch so zu wenden, daß Verfahrensweisen zugleich als allegorisch-figurative Aussagen über Verfahrensweisen lesbar werden. Dann läßt sich natürlich von einem mehrfachen Schriftsinn reden. Aber es sind eben doch nur Lektüren, die hier alte Strategien in neuer Weise zur Anwendung bringen.

[174] Weimar (1975, S. 85–88) beschäftigt sich kurz, aber prägnant mit diesem Text. Sein Resümee, in Herders Interpretationen liege ein hermeneutisches Wissen verborgen, das er

weder als Sprachwunder noch als Revision des babylonischen Sündenfalls zu verstehen sei, sondern als Bekehrung zum Christentum. Die Zuhörer der Ansprache des Petrus waren nicht unterschiedlicher Nationalsprache, sondern erst nur verschiedenen Geistes, verschiedener Meinung über Gegenwart und Nichtgegenwart des Göttlichen, über Prophetie und Erfüllung. Voll eines einigen Geistes sind sie aber, vielbegeistert, in dem Ereignis einer Rede, die enthusiastisch verkündet, daß die Prophezeihungen des Alten Testaments sich jetzt erfüllt haben. Christus erscheint in den Worten dieses Geistes für alle und in allen Zungen (SWS XIX, 32). Das Pfingstfest ist jenes Ereignis, bei dem in lebendiger Gemeinde manifest wird, was der Gehalt der Erscheinung des Jesus als Christus ist: Die Zuhörerschaft konstituiert sich als einem Geiste (zuge)hörig.

Spätestens wenn Herder das Pfingstfest als Symbol bezeichnet (SWS XIX, 55), könnte man auf die Idee kommen, diese Auslegung des Pfingstfestes als Allegorie auf die Auslegung selbst zu lesen. Das Pfingstfest erscheint in einer solchen Allegorie der Lektüre als eine in der Praxis des Vollzuges ausgeführte Theorie der Hermeneutik.

Ähnliches ist mit Herders Apokalypse-Deutung möglich. Der Sinn der Apokalypse ist nach Herder die Gewißheit, daß der Herr kommt (SWS IX, 237), sogar, daß er da ist (ebd., 264). Auch hier wäre der Vollzug einer Auslegung des Bibeltextes zugleich als allegorisch-figurative Theorie der Auslegung zu lesen, wenn man in den Text diese Reflexionsverdopplung investiert, die paraphrastisch[175] gesprochene Sätze zu hermeneutischen macht. Aber es bleibt eben ein Ergebnis dieser Investition, die den Text Herders als einen solchen lesbar macht, der in mehr Lesarten als nur dem senus litteralis spricht.

Immerhin bietet gerade *Maran Atha* eine Fülle von irritierenden Formulierungen, die die Frage hervorrufen, ob und wie Herder dem Lutherschen Prinzip der sola scriptura folgt. Eindeutig als Option für eine Lektüre allein nach dem sensus litteralis sind die folgenden Bemerkungen zu lesen: »Mein Hauptgesetz wars, kein Bild willkührlich anzunehmen, es nichts bedeuten zu lassen, was es nicht, wie jede Allegorie, jede Statue und Münze, offenbar bedeutet« (SWS IX, 233). Wörtlich ist also zu lesen, was natürlich impliziert, daß solche Textpassagen als allegorische behandelt werden müssen, die offensichtlich allegorisch gemeint sind.

selbst nicht gehoben habe (S. 88), weist darauf hin, daß hermeneutischer Theoriegehalt bei Herder weniger in expliziten Methodenreflexionen zu finden ist, als in den impliziten Rahmensetzungen. Aber auch Weimar, dezenter als Mueller-Sievers und näher an den Texten und ihrem hermeneutischen Umfeld, tendiert dazu, exegetische Verfahrensweisen als hermeneutische Theorie zu verstehen und damit Allegorien der Lektüre einzuführen.

[175] Zu Begriff und Theoriegehalt von Paraphrase bei Herder siehe weiter unten.

Crusius wählt für diese Maxime in seinen Ausführungen zur Auslegung innerhalb seiner Schrift *Weg zur Gewißheit und Zuverlässigkeit der menschlichen Erkenntniß* von 1747 die prägnante Formulierung, daß man den »Applications=Punkt des Tropi einsehen« solle, wenn in einem auszulegenden Text »tropisch oder figürlich geredet wird.«[176] Einen Tropus als Tropus zu erkennen und zu behandeln, ist bei Crusius wie bei Herder Ausweis gerade einer Hermeneutik des sensus litteralis. Dem Buchstaben gemäß zu lesen und sich des symbolischen oder mystischen Sinnes zu enthalten, heißt nämlich, auch die Buchstäblichkeit des Tropischen anzuerkennen. So erklärt Crusius in einer an Herders Auslegungspraxis gemahnenden Formulierung, daß man auch Idiotismen als solche zu behandeln habe: »Wenn etwas als ein Idiotismus einer Sprache oder eines Verfassers wegen anderweitiger Gründe angesehen werden kan; so ist es auch davor anzunehmen.«[177] Es scheint, daß erst eine auf den sensus mysticus verzichtende Hermeneutik einen starken Begriff von der Metaphorizität und Idiomatik der Sprache haben kann. Eine Deutung nach dem mehrfachen Schriftsinn würde metaphorische Stellen als begriffliche im Sinne ihrer Deutungshinsichten auslegen, aber erst eine an der Wörtlichkeit orientierte Hermeneutik entdeckt die Metaphorizität als solche.

Daß eine Lektüre nach dem literalen Sinn prinzipiell unterstellt wird, erhellt auch aus dem Satz: »Wer schreibt ein Buch ohne Schlüssel?« (SWS IX, 232). Unschwer ist diese Bemerkung als Axiom der hermeneutischen Billigkeit (aequitas hermeneutica) wiederzuerkennen. Wie oben im Kontext der Nemesis-Idee ausgeführt wurde, besteht die hermeneutische Billigkeit in der Unterstellung, kein Autor würde absichtlich dunkel schreiben, die literarischen Mittel seien die jeweils zweckangemessenen, und es sei grundsätzlich von der für den Text stärksten Lesart auszugehen. Folglich muß selbst für die Apokalypse vorausgesetzt werden, daß sie ohne allegorisierende Hermeneutiken lesbar sei, daß Johannes eine adäquate Form gewählt und gefunden habe und daß der Text jenseits möglicher Einwände gegen ihn auf der Ebene einer wohlwollenden Lektüre zunächst stimmig und in einer ›starken Version‹ rekonstruierbar wäre. Soweit sieht alles danach aus, daß Herder einer Exegesepraxis folgt, die mit protestantischen Prämissen in Übereinstimmung steht.

Aber es finden sich auch andere Formulierungen: »Dies sagt die Stelle: alle Bilder, in denen sie spricht, sind nur Symbole und haben, wie alles in diesem Buche, ihren geistigen Sinn« (SWS IX, 216). Von einem sensus spiritualis ist

[176] Christian August Crusius, *Die philosophischen Hauptwerke*, Hg.: Giorgio Tonelli, Sonia Carboncini, Reinhard Finster, 4 Bände, Hildesheim 1969–1987, Bd. III, S. 1081 = § 629.

[177] Crusius III, 1101 = § 640.

hier die Rede, freilich nicht von einem solchen, mit dem der Ausleger zu lesen hat, sondern den er im Text selbst findet. Aber schon der nachfolgende Satz verfügt, daß der Leser, der den geistigen Sinn übersieht, »keines vernünftigen Symbols, keiner Sprache und Allegorie fähig« (ebd.) sei – eine Bemerkung, die offensichtlich einen solchen Leser disqualifizieren soll. Man wird mit der Unterstellung nicht fehlgehen, daß Herder hier doch für einen sensus spiritualis optiert. Vernünftig muß er freilich sein, d.h. nicht so unvernünftig, wie der scholastisch-mittelalterliche sensus spiritualis: Man sieht, wie gering für den ersten Blick die Unterschiede zur mittelalterlichen Hermeneutik werden, wenn nur noch das Wort ›vernünftig‹ eine Differenzqualität anzeigt. Ein solcher Befund scheint sich zu bestätigen, wenn man Sätze wie »[...] und doch ist das ganze Buch im gesunden Sinne typisch und mystisch« (SWS IX, 234) zitieren kann. Reduziert sich die Differenz von Herders Hermeneutik zur mittelalterlichen auf Formeln wie gesunder Sinn und vernünftig? Hat Herder einen sensus spiritualis, eine mystische Lesart, einen Typologiebegriff? Hätte man der Tendenz zuzustimmen, in der Mueller-Sievers argumentiert?

Die Frage, in welchem Verhältnis bei Herder die buchstäbliche Lektüre zu einem geistigen Sinn steht, muß, so meine Option, anders als durch Allegorisierung der Herder-Lektüre angegangen werden. Wieder schlage ich vor, mit der strukturalen Anthropologie zu arbeiten. Lévi-Strauss deutet die mythische Sprache als eine solche, die metasprachliche Aussagen machen will, ohne eine Metasprache zu haben. Der Ödipus-Mythos macht eine Aussage über das Paradox, wie die Autochthonie des Menschen mit der Tatsache, daß ein Mensch aus der Vereinigung von Frau und Mann entspringt, zusammenzudenken sei.[178] Diese zur reinen Objektsprache des Mythos metasprachliche Aussage ist nun aber nicht allegorisch im Mythos versteckt (›verstecken‹ könnte es eine mythenproduzierende Gesellschaft nur, wenn sie eine Metasprache hätte, dann aber bräuchte sie keine Mythen mehr). Vielmehr ist die konstellative Kraft der mythischen Bilder und Semanteme schon die Aussage, die dem Strukturalisten durch seine Prozeduren zugänglich ist.

Roland Barthes formalisiert diesen Grundgedanken. Er denkt den Mythos als ein sekundäres semiotisches System.[179] Wird im primären semiotischen

[178] Lévi-Strauss 1977.

[179] Barthes 1964, S. 92. Barthes spricht von Semiologie; ich übersetze stillschweigend in Semiotik. Zur Diskussion über den Namen vgl. Barthes, *Elemente der Semiologie*, Frankfurt am Main ²1981; Umberto Eco, *Einführung in die Semiotik*, München ⁵1985, S. 17; Winfried Nöth, Handbuch der Semiotik, Stuttgart 1985, S. 18f. – Im Kapitel IV. der *Elemente der Semiotik* gibt Barthes im Zusammenhang der Diskussion der Begriffe Konnotation und Denotation ein seinem Mythosmodell ähnliches Schema.

System das Zeichen aus Signifikat und Signifikant gebildet, also z. B. das Wort ›Morgenröte‹ aus seiner lexikalischen Primärbedeutung und der Materialität des Lauts bzw. der Buchstaben, so würde in einem sekundären semiotischen System dieses Zeichen wiederum zu einem Signifikanten, dem ein neues Signifikat zugeordnet wird. Im Falle von ›Morgenröte‹ – Herders eigenem Mythos, den er in der *Aeltesten Urkunde* entwickelt – wäre der Bedeutungsgehalt mit dem Schöpfungsbericht zusammengebracht, mit einer Ursprungskonstellation von Stimme und Sprache, mit einer Konnotation an Jakob Böhmes *Aurora oder Morgenröte im Aufgang*, mit einem neuen Umgang mit der Lichtmetaphorik von Aufklärung, mit dem memoria-Konzept der Schöpfungshieroglyphe, mit den Wahrnehmungsweisen der Morgenländer etc. Das neue Zeichen ›Morgenröte‹, das aus dem zu einem Signifikanten gewordenen ersten Zeichen ›Morgenröte‹ und aus einem neuen Signifikat entstanden ist, wäre ein solches Zeichen, in dem der sensus litteralis der ersten semiotischen Ebene und der sensus spiritualis der sekundären mythenschaffenden Kodierung ineinander vermittelt sind.

Gleichwohl erscheint das neue Zeichen nur im Gewand des sensus litteralis. Will man es aber angemessen lesen – und lesen heißt hier präzis: den Buchstaben verstehen –, so muß man den ›Geist‹, also die sekundäre semiotische Kodierung analysieren. Herders Strategie ist also, den sensus spiritualis als Modus eines sensus litteralis zu verstehen, insofern dieser einer zweiten semiotischen Ebene angehört. Indem Herder die mythische Sicht des Morgenländers rekonstruiert – d. h.: er wird im Sinne der diskutierten Sympathetik und der sprachinneren Dialogik zum Morgenländer –, muß er, um überhaupt wörtlich lesen zu können, spirituell lesen. Nämlich: er muß sich, nach der oben gewählten Redeweise, idealisieren und palingenesieren. Sobald ein Interpret es mit mythischen Bedeutungsstrukturen zu tun hat, muß er im Interesse eines literalen Lesens diejenige Metasprache verstehen können, die der Mythos mit den Mitteln einer Objektsprache aufbaut. Formulierungen Herders, die an den vierfachen Schriftsinn erinnern, motivieren sich also aus einer Hermeneutik, die ihre Emphase auf das wörtliche Verstehen legt und dabei zugleich auch die nichtwörtliche Rede entdeckt. Will man diese spezifisch – nämlich wörtlich – verstehen, so braucht man dafür einen geistigen Sinn, der mit dem sensus spiritualis allerdings nichts zu schaffen hat. Herders Hermeneutik geht über den sensus litteralis hinaus, insofern das Literale selbst mehr ist als der Buchstabe und in diesem ›Mehr‹ verstanden werden muß. Mit dieser Position aber bleibt Herder jenseits eines vierfachen Schriftsinns.

Weil aber Interpretation einen Rationalitätsvorsprung gegenüber dem Auszulegenden behaupten muß, kann sie nicht selbst mit den Mitteln einer objektsprachlichen Metasprache agieren, sondern muß auch – z. B. neben der Verwandlung in den Morgenländer – eine Metasprache einführen. Diese Konstellation von einerseits einfühlender Verwandlung, die mit dem Morgenländer in seinem Idiom spricht und andererseits metasprachlicher Rationalität, die diese Verwandlung zurückübersetzt, hat als rhetorische Strategie den Namen Paraphrase. Hermeneutisch ist die Paraphrase die Praktizierung des sensus spiritualis unter den Bedingungen des sensus litteralis, also eine in der Form der Objektsprache geführte Metasprache – sofern es um sekundäre semiotische Systeme geht. Poetologisch – denn auch Poesie ist ein sekundäres semiotisches System – ist der in den sensus litteralis aufgehobene sensus spiritualis die Explikation der immanenten Poetik eines poetischen Textes.

Die These lautet, daß die Übertragung der hier unter dem Namen der Hermeneutik verhandelten Gedankenformationen auf das Gebiet der Literaturdeutung zu einer einerseits immanenten Interpretation führen muß – analog der Verwandlung in den Morgenländer –, andererseits zu einer immanenten Poetik. Diese realisiert sich bei Herder vornehmlich als Gattungstheorie. So ist z. B. die Gattungsstruktur der Fabel das im sensus litteralis des Sprechens über einen Fabeltext aufgehobene Allgemeine, das gleichsam als sensus spiritualis der Fabel rekonstruiert werden muß, wenn man jenseits sympathetischer Einfühlung in die Fabel- qua Tierrede wissen will, in welchem Kommunikationsspiel man überhaupt ist, an welchem Geist (verstanden als sekundäre semiotische Kodierung) man teilhat.

Es ist also im nächsten Argumentationsschritt davon zu reden, wie Herder die Rede über das Ästhetische denkt und wie er dabei den Begriff der Paraphrase plaziert. Der letzte und für den hier anvisierten Argumentationsgang wichtigste Schritt wird derjenige sein, der die Interpretationspraxis Herders in Augenschein nimmt: Die Literaturwissenschaft im engeren Sinne beginnt dort, wo Herder eine Poetik z. B. der Fabel entwirft oder Dichtungen interpretiert.

Dritter Teil
Das Ästhetische und die Rede über das Ästhetische

1. Zur Frage der Begründbarkeit einer interpretierenden Diskurslogik aus der Ästhetik

Auch zu diesem längeren Kapitel zum Begriff des Ästhetischen gebe ich zunächst einen kurzen Überblick. Aus Baumgartens Definition der Ästhetik – bekanntlich der Ausgangspunkt für Herders eigene Überlegungen – erwächst die Frage, ob die Ästhetik als Wissenschaft selbst schöne Rede sein solle. Literaturwissenschaftlich ist dies zugleich die Frage nach dem Genre ›Interpretation‹: soll sie selbst, als Auseinandersetzung mit dem Poetischen, poetisch sein? Die systematische Rekonstruktion des Ästhetik-Projekts vollzieht sich sodann in zwei Argumentationsgängen. Zuerst steht die Diskussion des Begriffs ›Individuum‹, wie er bei Baumgarten von Leibniz übernommen wurde, im Mittelpunkt. Ziel der Argumentation ist der Nachweis, daß sich bei Baumgarten die Begriffe poema und individuum weitgehend decken. Dem selben Ziel dient der zweite Argumentationsgang, der die Abbildbarkeit der beiden Begriffe über eine Erörterung des exemplum-Begriffs anstrebt. Wenn auf diese zweifache Art und Weise der Begriff des individuellen und sinnlich in sich bestimmten Kunstwerks gewonnen ist, läßt sich die Frage stellen, wie eine interpretierende Rede auf ein solchermaßen bestimmtes Kunstwerk adäquat reagieren kann. Die sowohl systematisch wie auch begriffsgeschichtlich herzuleitende These lautet, daß Herder zu einer Idee einer immanenten und paraphrasierenden Interpretation gelangt. Der Begriff der Praphrase wird ausführlich erörtert, bevor dann in dem abschließenden Kapitel dieser Arbeit die Interpretations- und Paraphrasepraxis Herders in Augenschein zu nehmen ist.

Wie also knüpft Herder an Baumgartens Überlegungen zur Ästhetik an? An Baumgartens Theorem, die Theorie vom Ästhetischen habe zugleich als Theorie ästhetisch zu sein, wollte Herder, wie seine Bemerkungen im *Vierten Kritischen Wäldchen* zeigen, nicht anschließen. Er zitiert dort im vierten Kapitel den § 1 der Baumgartenschen *Aesthetica* und moniert, daß die Bestimmung, Ästhetik sei die »Kunst schön zu denken« (SWS IV, 22) nicht mit den anderen Definitionen Baumgartens zusammenpasse. Seine reflexionstheoretisch fundierte Argumentation begründet in der Folge, daß die wissenschaftliche Ästhetik Reflexion des sinnlichen (sensitiven) Urteils sei. Damit ist sie nicht die immanente Analyse des Kunstschönen, sofern dieses das Ergebnis einer »natürlichen Fähigkeit, das Schöne zu empfinden« (ebd., 23) ist. Vielmehr reflektiert sie die natürliche Ästhetik, die im Genie gewohnheitsmäßig »zu einer zweiten Natur geworden« ist (ebd.). Was in der ersten ästhetischen Reflexion noch als Gewohnheitsartiges einer schönen Natur erscheint – wenngleich auch dies schon Urteilsvollzug des sinnlichen Urteilens (ebd., 24) und folglich kaschierte Reflexion ist –, wird zur wissenschaftlichen Ästhetik erst auf der Ebene einer zweiten Reflexion. Diese, als Reflexion vorangegangener Reflexion, zergliedert das sinnliche Urteilen, das vom Standpunkt der ersten Reflexion aus als natürliche Gabe erschien und zerstört im Akt dieser Zergliederung das schöne Ganze. Deshalb kann die Ästhetik als Wissenschaft, so die Schlußfolgerung Herders, nicht schönes Denken sein. Vielmehr zerstört sie es.

Gleichwohl ist es eine Eigenart der Herderschen Interpretationen, in einem bislang nicht gekannten Ausmaße die poetischen Texte in der Rede über sie noch einmal als poetische darzustellen. In seinem *Shakespear*-Aufsatz redet Herder nicht nur über Shakespeare, er erzählt ihn auch nach und versucht, Atmosphäre, Stimmung und charakteristische Eigenart in der Rede über ihn auferstehen zu lassen. Damit kommen seiner Interpretation zugleich diejenigen Eigentümlichkeiten zu, die den Gegenstand charakterisieren: Das Ästhetische wird eben doch auch zur Auszeichnung der Rede über es.

Wie läßt sich dies erklären? Verstößt Herder gegen sein eigenes Verdikt, die Theorie vom Ästhetischen habe nicht ästhetisch zu sein? Oder gibt es andere Anschlußmöglichkeiten an Baumgartens Ästhetikprojekt, von denen her die Notwendigkeit, vom Schönen sei auch schön zu sprechen, begründbar ist? Im folgenden wird Herders Auseinandersetzung mit Baumgarten zur Diskussion stehen.

Die Verknüpfung mit dem memoria-Thema liegt in diesem Kapitel über Baumgartens und Herders Ästhetikbegriffe nicht offen zutage. Gleichwohl gehört die Gedächtnistheorie zuinnerst der Gedankenformation an, die sich um die Idee des Ästhetischen gruppiert. Schon in Baumgartens § 1 der *Aesthetica* wird der Begriff des Ästhetischen durch den des analogon rationis definiert. Dieser wiederum läßt sich u. a., wie ich aufzeigen werde, durch den Begriff des Gedächtnisses genauer bestimmen. Wenn infolge der Baumgartenschen Bestimmungen schließlich das Kunstwerk als kompakte sinnliche Einheit verstanden wird, dann ist ihm die Öffnung dieser memoria-Archive des analogon rationis zugedacht. Das Kunstwerk selbst hat keine Hinterwelten, in denen Archivbestände gespeichert wären. Es ist das, als was es erscheint, und es erscheint ganz, nämlich als kompakte Oberfläche des sinnlich Gegenwärtigen. Wenn aber Interpretation diese Kompaktheit zur Darstellung bringen will, so muß ihre diskursive Sprache angesichts der sinnlichen Kompaktheit ein Ungenügen erfahren. Sie reagiert darauf, wie auszuführen sein wird, durch ein paraphrastisches Sprechen, das die ästhetische Kompaktheit des Sinnlich-Schönen noch einmal zu wiederholen trachtet.

Gedächtnistheoretisch ist diese Konstellation so zu verstehen, daß die diskursive Sprache der Interpretation Schwierigkeiten hat, das erscheinende Zugleich am Kunstwerk in einer adäquaten begrifflichen Gleichzeitigkeit darstellen zu können. Denn das Kunstwerk bringt das analogon rationis zur Erscheinung, d. h. es stellt eine durch Begriffsanalysis nicht zu bündelnde sinnliche Kompaktheit dennoch so dar, daß sie in vollkommener Präsenz vorhanden ist. Das Kunstwerk bringt also zur Anschauung, woran die Begriffsanalysis scheitern mußte: eine ganze Geschichte der sinnlich-synkretistischen Komplexität, wie sie in den Archiven der memoria, seien es die eines Individuums oder die einer Nation, eingelagert ist. Was dergestalt am Kunstwerk erscheint, birgt für die es auslegende Rede Schwierigkeiten.

Wie kann nämlich die Interpretation dieses sinnliche Erscheinen des analogon rationis diskursiv verarbeiten? Weil die begriffliche Rekonstruktion angesichts sinnlicher Kompaktheit zu komplex wird, muß sie in sich selbst eine Trennung vollziehen: das, was als ein Aspekt am Kunstwerk gerade besprochen wird, steht dem in jedem Moment Umfangreicheren gegenüber, das schon besprochen wurde oder immer noch besprochen werden muß. Um es stets herbeizitieren zu können, muß sich die Interpretation ihrerseits einen Gedächtnisraum schaffen, in dem sie die jeweils anderen Begriffsmomente ablegt. Dies geschieht durch begriffliche Verknüpfungen, die Denkwege habitualisieren und eine Art von Archiv bilden. Die paraphrastische Rede versucht die aus Gründen der Komplexität notwendige Trennung in gegenwärtige und deponierte Rede zu vermitteln. Sie verbindet nämlich sinnliche Poesiewiederholung (schöne Rede) mit begrifflicher Konstruktion Archiv der Begriffsvernetzungen) und damit den Aspekt des sinnlich Kompakten am Kunstwerk mit dem Begriffs- und memoria-Aspekt aller Interpretation.

Das Gedächtnisthema ist also dem Begriff des Ästhetischen, so wie er hier anhand der historischen Bestimmungen entwickelt wird, immanent. Vielleicht ließe sich sogar sagen, daß in diesem Kontext das Kunstwerk und sein Double, die Interpretation, ein Modell für einen Umgang mit den memoria-Formationen bietet. – Was in dem nachfolgenden Kapitel in kleinschrittiger Begriffsanalyse zu entwickeln ist, wird später im *Fabel*-Kapitel wiederum einer Konkretisierung zugeführt werden. Denn die Fabel, eines der Herderschen Modelle für den Poesiebegriff, wird sich als eine memoria-Gestalt zu erkennen geben.

Die Frage nach der Schreibweise der Ästhetik wie der Interpretation läßt sich historisch verfolgen, wenn man bei Baumgartens Definition ansetzt. »Aesthetica (theoria liberalium artium, gnoseologia inferior, ars pulchre cogitandi, ars analogi rationis) est scientia cognitionis sensitivae.«[1] Der Paragraph 1 von Baumgartens *Aesthetica* legt die Begrifflichkeit zugrunde, aus der bei Herder die für die Geschichte der Literaturwissenschaft – und wohl auch allgemeiner: für die Geschichte der Ästhetik – grundsätzliche Fragestellung entsteht, wie der Theorieanspruch der Ästhetik und die Schreibweise über Kunst ineinander zu integrieren seien. Baumgartens definitorische Intention bestand in dem Versuch, die Theorie der unteren Seelenkräfte[2] als gnoseologisch relevanten Theorieteil in die Schulphilosophie des 18. Jahrhunderts einzugliedern. Gegen die Tendenz, die unteren Vermögen als bloße Supplemente der gnoseologisch allein relevanten oberen Erkenntnisvermögen anzusehen, versucht Baumgarten, ihnen eine ursprüngliche und autonome Erkenntnisleistung zuzuweisen. Der für ein solches Vorhaben in der Philosophiegeschichte bislang ungenutzt bereitliegende Name war der der Ästhetik.[3] Folglich definiert Baumgarten sein Theorieprojekt unter dem Namen der Ästhetik als Wissenschaft der sinnlichen Erkenntnis (scientia cognitionis sensitivae) und als untere Erkenntnislehre (gnoseologia inferior). Zu untersuchen wären also Vermögen wie Einbildungskraft, Gedächtnis, Empfindungsvermögen, die Struktur der fünf Sinne usw.

[1] Alexander Gottlieb Baumgarten, *Aesthetica*. 2 Teile. Frankfurt/ Oder 1750 und 1758, § 1. Die deutsche Übersetzung nach der Ausgabe Alexander Gottlieb Baumgarten, *Theoretische Ästhetik*, Hg.: Hans Rudolf Schweizer, Hamburg 1988: »§ 1 Die Ästhetik (als Theorie der freien Künste, als untere Erkenntnislehre, als Kunst des schönen Denkens, als Kunst des vernunftähnlichen Denkens) ist die Wissenschaft der sinnlichen Erkenntnis.«

[2] Die Begriffe gnoseologia inferior und analogon rationis indizieren dieses Bestreben. In der *Sectio II* der *Aesthetica* (*Aesthetica naturalis*) mustert Baumgarten diejenigen unteren Vermögen (§ 30: facultates cognoscitivae inferiores) durch, die zur Natur eines erfolgreichen Ästhetikers (§§ 28, 29) gehören und also zum Gegenstand der wissenschaftlichen Behandlung durch die Ästhetik werden sollen. Er zählt dabei auf: Die Fähigkeit, scharf zu empfinden (§ 30), Phantasie (§ 31), Fähigkeit der Erdichtung (§ 31), Scharfsinn (§ 32), Gedächtnis (§ 33), dichterische Anlage (§ 34), Veranlagung zum guten Geschmack (§ 35), Fähigkeit, Zukünftiges vorauszusehen (§ 37), Fähigkeit, Vorstellungen auszudrücken (§ 37). – Der Begriff des analogon rationis wird im § 640 der Baumgartenschen *Metaphysica* als Zusammenfassung folgender unterer Vermögen definiert: Vermögen, die Übereinstimmung der Dinge zu erkennen; Vermögen, die Verschiedenheit der Dinge zu erkennen; sinnliches Gedächtnis; Vermögen zu dichten; Berurteilungsvermögen; Erwartung ähnlicher Fälle; sinnliches Bezeichnungsvermögen.

[3] Vgl. ausführlich Solms (1990, S. 15 ff.) zur Begriffsgeschichte von Ästhetik im Zusammenhang der deutschen Schulphilosophie; ebenso den Artikel *aisthesis* von Fritz-Peter Hager (in: Historisches Wörterbuch der Philosophie, Hg.: Joachim Ritter und Karlfried Gründer, Band 1, Darmstadt 1971, S. 119–121).

Der Begriff des Sinnlichen bzw. genauer: des Sensitiven im Gegensatz zum Sensuellen hat für Baumgarten eine spezifische Bestimmtheit. Zum einen tritt er formal ein für die undeutliche Erkenntnis, die diejenige Gesamtheit der Vorstellungen betrifft, die unterhalb der Schwelle streng logischer Unterscheidungen bleiben.[4] Sensitive Vorstellungen werden also durch die unteren Erkenntnisvermögen vermittelt[5], was etwas anderes ist als eine sinnliche Vorstellung, für die nur die fünf Sinne, also die Empfindung (sensatio) zuständig wäre. Infolge dieser Begriffsvorkehrung werden die sensitiven Vorstellungen reichhaltiger als es die nur sensuellen Vorstellungen sind, denn sie haben eine größere Mannigfaltigkeit der Verknüpfungsmodi, wenn auch noch die unteren Vermögen (Gedächtnis, Einbildungskraft, Witz etc.) beteiligt sind. Herder reflektiert die »bis zur Vieldeutigkeit reiche und prägnante« (SWS IV, 132) Bedeutung des Wortes sinnlich bzw. sensitiv bei Baumgarten ausdrücklich und übernimmt sie in sein Vokabular: »Sinnlich leitet auf die Quelle und das Medium gewißer Vorstellungen, und das sind die Sinne: es bedeutet die Seelenkräfte, die solche Vorstellungen bilden, das sind die sogenannten untern Fähigkeiten des Geistes: es carakterisirt die Art der Vorstellung, verworren und eben in der reichen, beschäftigenden Verworrenheit angenehm zu denken, d. i. sinnlich: es weiset endlich auch auf die Stärke der Vorstellungen, mit der sie begeistern, und sinnliche Leidenschaften erregen – auf alle vier Gedankenwege zeigt das vielseitige Wort sinnlich, sensitiv, nach Wolfs, Baumgartens, und Moses Bestimmung« (ebd.).

Damit dem neuen Theorieprogramm diejenige methodische Dignität zukommen kann, die es in die Systematik der Schulphilosophie integrierbar macht, ist Baumgarten bestrebt, den definitorischen Apparat in einem Parallelismus zu den Definitionsschritten des formalen Denkstils der Logik zu konzipieren.[6] Die Logik aber ist von einer Zweiteilung geprägt. Zum einen ist sie die Prinzipientheorie des Logischen. Ihr Gegenstand sind z. B. die Sätze vom zu vermeidenden Widerspruch oder vom ausgeschlossenen Dritten; ihr Räsonnement handelt von der Begründung dieser Sätze, ihres Zusammenhangs und der möglichen Schlußfolgerungen. Zum anderen ist die Logik aber auch die Lehre vom logischen Denken, also die anwendungsorientierte Theorie davon, wie man richtig, nämlich logisch, also unter Befolgung der entwickelten Prinzipien zu denken hat. Logik ist Prinzipientheorie des Logischen und zugleich die Kunst, logisch zu denken.

[4] Vgl. Baumgarten *Aesthetica* § 17: »complexus repraesentationum infra distinctionem subsistentium«.

[5] Vgl. Nivelle 1960, S. 10f.

[6] Vgl. Solms 1990, S. 79f., 126ff., u. ö.; Nivelle 1960, S. 14; Adler 1990, S. 30, 32.

Methodisch parallel zur Doppelbestimmung der Logik legt folglich Baumgarten in seinem Versuch, das Projekt seiner Ästhetik durch eine Orientierung an der Logik zu legitimieren, seinen Ästhetikbegriff an. Der Prinzipientheorie des Logischen entspricht in seiner Definition, daß die Ästhetik die Theorie der unteren Vermögen sei. Und der Kunst, logisch zu denken entspricht die Formulierung, daß die Ästhetik die Fertigkeit des schönen Denkens zu praktizieren habe (ars pulchre cogitandi). Zunächst aus dem Bestreben nach methodologischer Kohärenz taucht daher in dem Programm der neuen Wissenschaft eine Doppelbestimmung auf, die weitreichendere Konsequenzen nach sich ziehen wird, als es bei der Doppelbestimmung der Logik der Fall ist.

Es leuchtet ein, daß bei der formalen Selbstreferenz des Denkens, also bei der Logik, Grundlagentheorie und Anwendung nicht prinzipiell zweierlei Dinge sind. Die Lehre von den verschiedenen Schlußarten (Syllogistik) taucht etwa im Begründungsdiskurs der Grundlagentheorie ebenso auf, wie in der Praxis der logischen Denkvollzüge. Thema und Thematisierung sind innerhalb der Logik aufgrund der rein formalen Selbstreferenz identisch. Bei der Ästhetik ist es jedoch anders. Die Theorie von der Erkenntnisleistung der unteren Vermögen impliziert keine formale Selbstreferenz von der Art, daß daraus unmittelbar einsehbar wäre, warum eine Rede etwa über den Tastsinn zugleich eine Rede sein soll, deren charakteristische Eigenschaft es ist, eine ›schöne‹ Rede zu sein.

Um die Doppelbestimmung der Ästhetik durchführen zu können, muß ein Gegenstandsgebiet gefunden werden, in dem sowohl das schöne Denken als auch die Sinnlichkeit eine Rolle spielen. Es ist deutlich, daß dies nur die Kunst sein kann. Ästhetik wird deshalb bei Baumgarten zur Theorie der schönen Wissenschaften (theoria liberalium artium)[7], weil nur die Kunst die am

[7] Herder (SWS IV, 22) übersetzt die Formel theoria liberalium artium (Theorie der freien Künste) mit Verweis auf Sulzer und Mendelssohn mit »Theorie der schönen Künste und Wissenschaften«. Sulzer hat die Begriffe gleichgesetzt: »Die Künste werden eingetheilt in mechanische und in freye Künste, welche man auch die schönen Künste nennt« (Johann Georg Sulzer, *Kurzer Begriff aller Wissenschaften und anderer Theile der Gelehrsamkeit, worin jeder nach seinem Innhalt, Nuzen und Vollkommenheit kürzlich beschrieben wird*, Frankfurt und Leipzig [6] 1786, S. 55). Ähnlich verfährt Baumgarten in der deutschsprachigen Kollegnachschrift, wenn er dort, wo in der lateinischen *Aesthetica* von theoria liberalium gesprochen wird, den Terminus schöne Wissenschaften einsetzt (Alexander Gottlieb Baumgarten, *Kollegnachschrift einer deutschsprachigen Vorlesung über den ersten Teil der Aesthetica, in: Bernhard Poppe, Alexander Gottlieb Baumgarten. Seine Bedeutung und Stellung in der Leibniz-Wolffischen Philosophie und seine Beziehungen zu Kant. Nebst Veröffentlichung einer bisher unbekannten Handschrift der Ästhetik Baumgartens*, Borna-Leipzig 1907, § 1 = S. 65 f.). Er betont dabei, daß der Terminus vage ist: »Man hat den Namen schöne Wissenschaften lange gehabt, obgleich eigentlich nichts Wissenschaftliches drinnen

Modell der Logik abgeschaute Doppelbestimmung leisten kann. Damit rückt das eigentlich umfangreichere Forschungsprogramm einer gnoseologia inferior nur insofern in den Blickwinkel der Baumgartenschen Ästhetik, als es in eine Theorie der Kunst integrierbar ist. Aber es ist nicht nur diese Einschränkung der ursprünglich intendierten Theorie der unteren Vermögen auf eine Theorie der Kunst, die aus dem Formalismus des Definitionsschemas resultiert. Für die Geschichte der Ästhetik – sofern man jetzt Ästhetik konform mit dem reduzierten Sprachgebrauch als Theorie von der Kunst auffaßt – stellt sich das Problem, wie intern mit der Doppelbestimmung umgegangen werden soll. Was angesichts einer scientia cognitionis sensitivae eine offensichtliche Fehlbestimmung war, wird selbst einer Theorie der Kunst zum Problem: daß sie, als Theorie, ars pulchre cogitandi sein soll.

Zwei Möglichkeiten sind denkbar. Die eine formuliert Friedrich Schlegel, wenn er sagt, daß man über Kunst nur ästhetisch handeln könne: »[...] und so läßt sich auch eigentlich nicht reden von der Poesie als nur in der Poesie.«[8] Er schreibt in den *Kritischen Fragmenten* (1797): »Poesie kann nur durch Poesie kritisiert werden. Ein Kunsturteil, welches nicht selbst ein Kunstwerk ist, entweder im Stoff, als Darstellung des notwendigen Eindrucks in seinem

gewesen ist« (ebd., 66). Der Begriff der schönen Wissenschaften wird in der Regel als Sammelbezeichnung für Dichtkunst und Beredsamkeit (Rhetorik) benutzt, im engeren Sinne für die Lehrsätze, nach denen Poesie und Wohlredenheit gebildet werden sollen. So findet sich der Begriff definiert bei Basedow, *Lehrbuch,* S. 3; Johann Joachim Eschenburg, *Entwurf einer Theorie und Literatur der schönen Wissenschaften*, Berlin und Stettin 1783, S. 5; Johann Gotthelf Lindner, *Lehrbuch der schönen Wissenschaften, insonderheit der Prose und Poesie*, Königsberg und Leipzig, Band I (1767), Vorbericht, S. 4; Herder in seinem Text *Über den Einfluß der schönen in die höheren Wissenschaften* (SWS IX, 289 ff., bes. 304). Die schönen Künste sind nach der Auskunft Mendelssohns (*Ueber die Hauptgrundsätze der schönen Künste und Wissenschaften* von 1757) diejenigen, die im Gegensatz zu den willkürlichen Zeichen der schönen Wissenschaften natürliche Zeichen benutzen: Mendelssohn, *Ästhetische Schriften*, S. 183 f.; Eschenburg, *Schöne Wissenschaften*, S. 6. Schon früh fließt der Gehalt der Baumgartenschen Ästhetik in den Begriff ein, so daß Bestimmungen wie »sinnlich«, »niedere Seelenvermögen« etc. mit in die Begriffsdefinition hineingenommen werden, so bei: Mendelssohn, *Ueber die Hauptgrundsätze der schönen Künste und Wissenschaften* (1757) in: Mendelssohn, *Ästhetische Schriften*, S. 183; Lindner, *Lehrbuch* I, § 1; Herder SWS IX, 296. – Solms (1990, S. 26 ff.) weist darauf hin, daß unter den Bedingungen der Vorrangstellung der Logik die artes liberales immer weiter aus dem Blickfeld der systematischen Philosophie gerückt sind. An deren Stelle findet sich der Terminus schöne Wissenschaften, der freilich außerhalb der Philosophie Schwierigkeiten hat, ein präzis definierter Begriff zu sein. Ebenso verweist Weimar (1989, S. 68) auf das diffuse Übergangsfeld der beiden Termini: »Der Begriff der artes liberales um 1750 deckt sich nicht mehr mit dem mittelalterlichen, und auch derjenige der »schönen Wissenschaften« ist noch nicht eindeutig begrenzt.« Zu weiteren Stellen bei Herder vgl. vor allem die den schönen Wissenschaften gewidmeten Schulreden in SWS XXX, 24, 72 ff., 142 ff., 512.

[8] Fr. Schlegel, *Schriften*, II, S. 187 (= *Gespräch über die Poesie*)

Werden, oder durch eine schöne Form, und einen im Geist der alten römischen Satire liberalen Ton, hat gar kein Bürgerrecht im Reiche der Kunst.«[9] Die Konzeption der *Athenäums-Fragmente* nimmt im Begriff der Transzendentalpoesie die Reflexion auf die Poesie und mit ihr die Kritik in die Poesie hinein.[10] Kritik wird damit zu einem selbst mit den Mitteln der Poesie agierenden Instrument, das schon in der Idee von Poesie angelegt ist. Es ist freilich klar, daß solches Schreiben mit dem Begründungsanspruch in Konflikt gerät, den die Ästhetik als Theorie aufstellt. Wofür Schlegel eintritt, und was er in der Begriffschemie seiner Fragmente als Programm der Entbegrifflichung der Begriffe praktisch durchführt, ist die Idee eines Schreibens, das sich in einer Mitte zwischen Begrifflichkeit und Schönheit hält. Begriffe würden nach diesem Schlegelschen Gedankengang zu Metaphern, die Metaphern der Poesie würden in Richtung auf Begrifflichkeiten weiterentwickelt. Ein solches Schreiben müßte sich anmaßen, mit poetischer und wissenschaftlicher Kompetenz gleichermaßen arbeiten zu können, ohne sich je ganz auf eine Seite zu begeben. Der Diskursraum wäre der einer Vermischung des schönen und des wissenschaftlichen Diskurses, erlaubte sich etwa einen paraphrasierenden und einfühlenden Duktus, der selbst poetische Qualitäten hätte, aber dennoch schon einer Richtung auf begriffliche Schematisierung unterläge und in dieser Vermischung ironisch wäre.

Auch Jean Paul bevorzugt in seiner Vorrede (1804) zur ersten Auflage der *Vorschule der Ästhetik* eine Ästhetik, der selbst die Auszeichnung des Schönen und Dichterischen zukommt. Den »undichterischen Schönheit-Lehren« wirft er vor, sich in einem logischen Zirkel zu bewegen.[11] Der Versuch, ein ästhetisches Phänomen wie etwa den Humor zu erklären, realisiert sich, so Jean Pauls Beobachtung, durch den Gebrauch von Synonyma. Anstelle von Humor benutzt dann ein Ästhetiker paraphrasierende Termini. Der Erklärungswert solcher Reden bleibt gering und tendiert zur Tautologie. Jean Paul zieht deshalb die Schlußfolgerung, daß eine Ästhetik nur von einem Autor geschrieben werden kann, »der Dichter und Philosoph zugleich zu sein vermag.«[12] Die geforderte Enttautologisierung würde dann durch eine anwendungsorientierte Argumentation geleistet, für die der Dichter mit seinen praktischen Hinweisen zuständig wäre, während der philosophische Aspekt das Mannigfaltige der poetologischen Regeln unter die Begriffe der philoso-

[9] Ebd., I,249 (= *Kritische Fragmente*, Nr. 117).

[10] Vgl. *Athenäums-Fragmente* (1798) Nr. 116, 238, 255 (ebd., II, 114, 127, 129)

[11] Jean Paul Friedrich Richter, *Sämtliche Werke*, Hg.: Norbert Miller, 6 Bände, München 1971 ff., Bd. V, S. 24.

[12] Ebd.

phischen Ästhetik zu bringen hätte. Die im Dichter-Philosophen geforderte Personalunion von Schönheit und Begriff führt bei Jean Paul zu dem ausdrücklichen Theorem, daß über das Schöne wieder nur auf eine Weise gehandelt werden könne, die schön ist. »Alles Schöne kann nur wieder durch etwas Schönes sowohl bezeichnet werden als erweckt.«[13] Für das Projekt einer Ästhetik heißt das, daß unbeschadet vom begrifflichen Anspruch der Ästhetik, eine philosophische Disziplin zu sein, die Art ihrer Rede, mit Baumgarten zu sprechen, ars pulchre cogitandi zu sein hat. Nach Jean Paul ist Ästhetik als pure Wissenschaft aus Begriffen ein tautologisches Unterfangen, das erst durch das schöne Denken enttautologisiert zu werden vermag.

Die andere Möglichkeit bestände darin, Baumgartens Doppelbestimmung zu verwerfen. Genau dies tut Herder, wenn er anmerkt, daß die Ästhetik als Wissenschaft nicht »schön denken, schön urtheilen, schön schliessen« solle, sondern »richtig zu schliessen, scharf zu urtheilen, wahr zu denken« habe (SWS IV, 23).[14] Herders Intention, wenn er sich gegen Baumgartens Doppelbestimmung ausspricht, läßt sich paradoxerweise als die radikalere Orientierung an der Logik deuten. Gegen Baumgartens naiven Methodenparallelismus macht Herder die Formalität der Logik als Voraussetzung für Wissenschaftlichkeit geltend. Indem er an Baumgartens Projekt anschließt, aber die Orientierung an der Logik logikgemäß und nicht als äußerlichen Definitionsparallelismus auffaßt, gewinnt er die Möglichkeit zurück, Ästhetik grundsätzlicher zu verstehen, nämlich als Theorie der unteren Vermögen. Von dieser grundsätzlicheren Ebene her kann er dann – anders als Baumgarten in seinen recht traditionellen und rhetorischen[15] Ausführungen im weiteren Verlauf der *Aesthetica* – Kunst tatsächlich von einer Psychologie bzw. Physiologie der Sinnlichkeit her in den Blick bekommen.

[13] Ebd., 25.

[14] Noch um 1767, nur zwei Jahre vor der Abfassung des *Vierten Kritischen Wäldchens*, hat Herder in seinen unvollendeten Versuchen eines Baumgarten-Portraits an der Ansicht festgehalten, Baumgarten als »Philosoph des Gefühls« (W I, 686) und zugleich als »Lehrer des Geschmacks« (ebd.) zu begreifen. Die unmittelbar bildende Eigenschaft der Ästhetik wird ausdrücklich betont: »Du wirst meinen Scharfsinn schärfen, und meinen Witz feilen; mein Urteil des sinnlichen Verstandes prüfen, und in Schlüsse der Richtigkeit verwandeln können: und dies alles, weil du aus meiner Seele redest, und mich in meine Seele hinein lehrest. Philosoph der Schönheit, des Gefühls, und der Dichtkunst, alsdenn hast du Worte der Allmacht« (ebd.). Daß die Ästhetik zugleich ästhetisch sei und auf diese Weise wirke, ist für den jungen Herder von 1767 noch selbstverständlich.

[15] Vgl. zur Orientierung Baumgartens an der Rhetorik die Aufsätze von Bender (Rhetorische Tradition und Ästhetik im 18. Jahrhundert: Baumgarten, Meier und Breitinger, in: Zeitschrift für deutsche Philologie 99 (1980), S. 481–506) und Linn (Marie-Luise Linn, A.G. Baumgartens ›Aesthetica‹ und die antike Rhetorik, in: DVjs 41 (1967), S. 424–443).

Es stellen sich freilich Folgeprobleme ein. Wenn Herder nämlich, logisch konsequenter als Baumgarten, Wissenschaftlichkeit vom schönen Denken loslöst, so mag er zwar eine Ästhetik in einem umfassenderen Sinne entwerfen. Für die Praxis der Interpretation aber scheidet diese Theorie dann als Begründungsinstrument aus. Denn die Interpretation, sofern sie am Individuellen einer konkreten poetischen Rede interessiert ist, bleibt von dem rein wissenschaftlichen Programm einer in einer gnoseologia inferior fundierten Theorie der Kunst vollkommen unberührt. Indem Herder das schöne Denken aus der Theorie ausschließt, bleibt es der Interpretation zunächst als unbewältigtes und theorieloses Problem liegen. Die Interpretationspraxis Herders zeigt aber genau diejenigen Eigentümlichkeiten, die soeben als Schlegels Schreibweise charakterisiert wurden. Die Konflikthaltigkeit der Dichotomie zwischen Begründungsanspruch und Angemessenheit an den schönen Gegenstand, in der sich Interpretation stets befindet, sofern sie am Individuellen interessiert ist, taucht bei Herder – so zumindest stellt es sich vom jetzigen Stand der Argumentation her dar – unterhalb seiner Epistemologie wieder auf.

Offensichtlich braucht man für eine Theorie der Herderschen Interpretationspraxis andere Startbedingungen als die seiner gleichsam offiziellen Anknüpfung an die Ästhetik als Wissenschaft. Die Frage bleibt, ob sich Herder trotz der vordergründigen Ablehnung des bei Baumgarten naiven Methodenparallelismus von Logik und Ästhetik dennoch einer Konzeption anschließt, die aus der Ästhetik die Notwendigkeit ästhetischer (im Sinne von: schöner) Interpretation begründen kann. In der Tat lassen sich für diese spezifische Fragestellung einige Gedankengänge plausibel machen. Zum einen nämlich folgt aus der Baumgartenschen Ästhetikdefinition eine solche Verbindung des Begriffs von der poetischen Rede mit dem Begriff des Individuums, daß eine andere Diskursform als die aus Begriffen schlußfolgernde für die Interpretation notwendig wird. Zum anderen enthält Baumgartens Konzept implizit eine Theorie des Beispiels, die zu einer Rede über Dichtung zwingt, welche ebenso vor das Problem gestellt ist, wie über das Individuelle geredet werden kann, wenn nicht ihrerseits in ›schöner‹, ästhetisch prägnanter Weise.

Die Fragestellung, die sich hier ergibt, scheint schon als Frage gegenüber den Denkwegen bisheriger Herder-Lektüren zumindest deplaziert zu sein. Folgt man den Ausführungen von Solms und Adler[16], den beiden jüngsten und systematisch rekonstruierenden Arbeiten zu Herders Ästhetikbegriff in der Nachfolge Baumgartens, so taucht dort die Frage nach dem Status von Herders Interpretationsarbeit nicht einmal auf. Adler betont, die »Aspekte

[16] Solms (1990) und Adler (1990).

einer aesthetica specialis Herders«[17] nicht behandeln zu wollen, weil sich sein Interesse auf die Herausarbeitung des gnoseologischen Konzepts richte. Die Frage, ob es überhaupt einen Konnex zwischen Herders Überlegungen zur Ästhetik als Wissenschaft und seiner Interpretationspraxis gebe, ob vielleicht die Ästhetik eine implizite Begründungsfunktion für die Interpretationspraxis habe, steht jedoch nicht äußerlich zum Konzept einer Ästhetik. An ihr entscheidet sich, ob man das Problem der Interpretation unbewältigt und theorieirrelevant liegen lassen soll, weil man es aus dem Bereich der Ästhetik ausgeklammert hat. Daß gerade bei Herder eine neue Praxis des Interpretierens beginnt, wäre immerhin ein Indiz, das dazu verleiten könnte, dem Zusammenhang zur gleichzeitig entstehenden Ästhetik nachzugehen. Wenn, wie zu zeigen sein wird, das epistemologische Zentrum des Baumgartenschen Poesiebegriffs in der Idee des Individuellen liegt, dann wäre damit der Konnex zur Interpretation als der Arbeit an einem konkreten Text hinsichtlich seiner individuellen Gestalt gegeben. Nachzudenken wäre darüber, ob nicht zuallererst die Idee einer individualisierenden Begriffsbildung, wie sie nach Baeumler[18] von Baumgarten zum Zentrum seiner Überlegungen gemacht wird, zu der Idee einer nichtrhetorischen Rede über Poesie als Poesie führt. Dann aber wären Herders Überlegungen zur Ästhetik nur der Prolog für den Diskurs, der die Sache der Literaturwissenschaft, sofern sie Interpretation ist[19], in Gang setzt.

Dieser Fragestellung nachzugehen heißt, sich nicht auf die Analyse expliziter Begriffslinien und offen liegender Gedankenformationen verlassen zu können. Ob und wie Herder Ästhetik in Interpretation umsetzt, ist nicht begriffsgeschichtlich, nicht historisch oder einflußphilologisch, sondern einzig in problemorientierter Argumentation zu erkennen. Im folgenden wird also versucht, mit dem historischen Material der Leibniz-Baumgartenschen Gedankenmasse eine Diskussion zu inszenieren, als deren Ergebnis die Interpretationsarbeit Herders erscheint.

Daß gerade in Deutschland eine philosophische Ästhetik entstehen und diese ihr Zentrum in den Begriffen des Sinnlichen und des Individuellen finden konnte, hängt mit der Leibnizschen Philosophie zusammen. In England dominierte seit Bacons Erfahrungsphilosophie eine Tradition des Empirismus, in Frankreich bildete der Cartesianische Dualismus den Ausgangspunkt

[17] Adler 1990, S. X.

[18] Baeumler ²1967, S. 207ff.

[19] Nur insofern Literaturwissenschaft als Interpretation verstanden wird, ist hier, so die These, ihre historische (und auch: epistemologische) Startbedingung zu suchen. Für andere Schreibweisen in der Literaturwissenschaft gilt dies nicht. Dieses ›insofern‹ muß hier bei der Formulierung als einschränkende Bedingung mitgelesen werden.

für einen sich im Prozeß der Aufklärung radikalisierenden Sensualismus. In Deutschland aber war es die Leistung von Leibniz, einen idealistischen Rationalismus zu entwickeln, der die empiristischen Strömungen der Nachbarländer reflektierend integrieren konnte, aber zugleich eine Philosophie vorzustellen vermochte, die auf metaphysische Rahmenprämissen nicht verzichten mußte. Leibniz war es auch, der dem Begriff der Sinnlichkeit in seiner Theorie der petites perceptions eine neue Rolle und Wichtigkeit zuweisen konnte. In der Weltkonstruktion der Monade ist die Sinnlichkeit eine Weise des gradualistisch aufgefaßten aktiven Weltverhaltens. Leibniz entwickelt einen monistischen, metaphysisch fundierten Sinnlichkeitsbegriff, der durchaus wichtigere Theoriefunktionen beinhaltet, als der Sinnlichkeitsbegriff der Empiristen oder Materialisten. Diese theoretische Nobilitierung der Sinnlichkeit hat der deutschen Tradition die Möglichkeit eröffnet, überhaupt zu einer nicht empiristischen und nicht sensualistischen, aber gegen den Empirismus und Sensualismus auch nicht abstrakt erscheinenden Theorie der Sinnlichkeit zu gelangen. Eine aisthetische Ästhetik, die dennoch die Theorieintensität metaphysischer Systementwürfe hat, war wohl nur in Deutschland zu konzipieren.[20]

Aus der Leibnizschen Tradition stammt die Bestimmung, das Individuum sei ein ens omnimode determinatum. Baumgarten definiert das Kunstwerk als oratio sensitiva perfecta. Es läßt sich plausibel machen, daß beide Definitionen inhaltlich ›dasselbe‹ aussagen.

Der Begriff des Individuums[21] ist bei Wolff und Baumgarten in dieser Definition zuerst nur der formale Begriff des einzelnen Dings, insofern es in seiner Einzelheit aufgefaßt wird. Was nicht subsumierbar ist, ist individuell. In der Sprache der Logik ist das Individuum der einzige Fall seiner Klasse, eben weil es so in sich bestimmt ist, daß es keinerlei dominierende Merkmale besitzt, die es als einen Fall unter anderen Fällen einer Klasse subsumierbar machen. Jedes Einzelding, sofern es hinsichtlich seiner Konkretheit betrachtet wird, ist singulär. Erst die Abstraktion, das Herausnehmen einzelner Merkmale zuungunsten anderer, läßt es in eine Klasse von Dingen eingehen. Der Apfel, sofern er nicht individualisierend betrachtet wird, würde zum Fall seiner abstrakten Eigenschaft, ›Apfel‹ zu sein und folglich der Klasse subsumiert, die seine abstrakten und deshalb endlichen Merkmale definiert. Jeder

[20] Vgl. zu dieser Argumentation Waltraud Naumann-Beyer, Der Aufstieg der »Sinnlichkeit« in Deutschland, in: *Ästhetische Grundbegriffe. Studien zu einem historischen Wörterbuch*, Hg.: Karlheinz Barck, Martin Fontius und Wolfgang Thierse, Berlin 1990, S. 288f.

[21] Vgl. zum Begriff des Individuums die Bemerkungen bei Heinz (1994, S. 66f.). Siehe auch L. Oeing-Hanhoff, Individuum, Individualität, in: Historisches Wörterbuch der Philosophie, Hg.: Joachim Ritter und Karlfried Gründer, Band 4, Darmstadt 1976, S. 304–310.

Apfel ist aber unendlich in sich bestimmt, unterscheidet sich von jedem anderen Apfel und dies um so mehr, je genauer er beschrieben wird. Jedes Detail wird zum Merkmal seiner Insichbestimmtheit und individualisiert ihn. Es erhellt, daß solche individualisierende Beschreibung kaum je zu einem Ende finden wird. Sie ist im Leibnizschen Sinne eine infinitesimale Tätigkeit, die ein analoges Kontinuum digital zu beschreiben versucht[22], indem das Insichzusammenhängende der sinnlichen Konkretheit des Gegenstandes durch Diskreta in den Blick genommen wird. Es kommen keine externen Kontexte hinzu – das wären solche der Subsumtion –, sondern das in die Sprache der Digitalität erhobene sinnliche Moment des materialen Kontinuums tritt spezifizierend einem Beschreibungszusammenhang bei, also einem internen Kontext. Die Logik der Individualität heißt Autoreferenz.

Dieser zunächst logische Sinn von Individuum wird in der Leibnizschen Philosophie einer weitgehenden Umdeutung unterzogen. Leibniz steht vor dem Problem, wie er die aus seiner Merkmalsanalyse entwickelte Idee eines kombinatorischen Gedankenalphabets mit dem Moment des Stetigen und Kontinuierlichen zusammenbringen kann. Wenn nämlich eine ars combinatoria nur zu entwickeln ist, sofern die Ideen und Begriffe in kleine und diskrete Einheiten zerlegbar sind, um dann gemäß bestimmter Regeln wieder kombinierbar zu sein, so entsteht eine unlösbar scheinende Schwierigkeit, sobald Phänomene des Kontinuierlichen auftreten, die nicht mehr in Diskreta zerlegbar sind.[23] Nun entdeckt sich, daß gerade das Individuelle solch ein Kontinuierliches ist: Das Einzelne in seiner Einzelheit ist nicht in endlich viele Diskreta zerlegbar wie es ein Allgemeinbegriff wäre, sondern vielmehr als Konkretum ein Ding, das unendlich genau bestimmbar ist. In dem *Brief an Arnauld vom Juni 1686* formuliert Leibniz diesen Gedanken. »Denn der Begriff dieses meines besondern ›Ich‹ und der jeder anderen individuellen Substanz ist unendlich viel inhaltreicher und sehr viel schwieriger zu begreifen, als irgend ein allgemeiner Artbegriff, wie der der Kugel, der ja jederzeit

[22] Die Termini analog und digital übernehme ich aus der semiotischen Umdeutung der eigentlich aus der Sprache der Computerprogrammierung stammenden Begriffe. Das Problem, wie man ein Kontinuum in einer Sprache darstellen kann, die aus binären Wahlen und diskreten Elementen besteht, wird in der Computertechnik durch eine sehr hohe – immer endliche, aber virtuell unendlich weit vorantreibbare – Segmentierung des Kontinuums gelöst. Wenn eine Kurve in eine sehr hohe Anzahl von kleinsten geraden Einheiten zerlegt wird, erscheint sie dem Blick als Kurve. Stets läßt sich die eine Analogizität simulierende Digitalität soweit vorantreiben, daß sie pragmatisch als Analogizität gelten kann. Man sieht sehr leicht, daß dies Ähnlichkeiten mit Leibnizens Infinitesimalgedanken hat. Vgl. zu diesem Zusammenhang Eco [5]1985, Kap. B.1.IV.: »Analogisch und digital«.

[23] Vgl. Ernst Cassirer, *Das Erkenntnisproblem in der Philosophie und Wissenschaft der Neuzeit*, Darmstadt 1974 (Nachdruck der dritten Auflage von 1922), Bd. II, S. 151.

unvollständig ist und nicht alle Umstände einschließt, die praktisch notwendig sind, um zu einer bestimmten Kugel zu gelangen. Um zu verstehen, was dieses Ich ist, genügt es nicht, daß ich mir bewußt bin, eine denkende Substanz zu sein, sondern ich müßte außerdem in distinkter Weise begreifen, was mich von allen andren möglichen Geistern unterscheidet.«[24] Leibniz löst den Hiatus zwischen Allgemeinbegriff und Individuum auf, indem er die Auffächerung eines Allgemeinbegriffs in seine Merkmalsdifferentiale als unendlich fortführbar denkt und auf diese Weise zu einer Annäherung des Begriffs an das Individuelle kommt. Das Verfahren erinnert an das Infinitesimalkalkül: Analog zu diesem wird die Kluft zwischen Individuum und Begriff zwar nicht realiter zum Verschwinden gebracht, aber es erwächst immerhin eine Regel, nach der bei ihrer unendlichen Anwendung[25] der Begriff mit dem Individuum koinzidieren muß.

In den Kontexten der Metaphysik spricht Leibniz nicht von Individuum – der Begriff bleibt der Logik vorbehalten[26] –, sondern von Monade bzw. individueller Substanz. Die Monade repräsentiert in sich die ganze Welt und sie ist als in Bewegung befindlich gedacht. Die Bewegung hat ihren Grenzwert in der Vollkommenheit, also in der gänzlichen Aufklärung der Repräsentationen. Im logischen Sinne ist der Prozeß der Monade die infinitesimale Tätigkeit der Merkmalsanalyse: Weil nämlich jede Monade einem vollständigen Begriff entspricht[27], der alle möglichen Verhältnisse zur Gesamtheit der in der logischen Kombinatorik enthaltenen Prädikate impliziert, müßte die vollständige Aufklärung dieser Verhältnisse die vollständige Explikation des Individuellen der Monade sein. Da aber Individuelles und Allgemeines logisch nur in Wechselbeziehung gedacht werden können, wäre die vollständige Aufklärung der individuellen Lage einer Monade zugleich die Aufklärung der kombinatorischen Ordnung. Denn wenn eingesehen ist, wie sich eine Monade zu allen möglichen Prädikaten stellt, ist damit die Ordnung dieser Prädikate zugleich miterkannt. In der *Metaphysischen Abhandlung* (§ 8) formuliert

[24] Leibniz, *Hauptschriften*, II, 197.

[25] In den *Nouveaux Essais* (II, 43 = Buch III, Kap. 3, § 6) formuliert Leibniz: »Das Bemerkenswerteste ist dabei, daß die Individualität das Unendliche einschließt, und nur derjenige, der fähig ist, sie zu begreifen, könnte die Kenntnis des Prinzips der Individuation für diese oder jene Sache besitzen.«

[26] Vgl. dazu die Bemerkungen von Borsche (Individuum, Individualität, in: Historisches Wörterbuch der Philosophie, a. a. O., S. 311).

[27] Vgl. Leibniz in der *Metaphysischen Abhandlung* (§ 14): »[...] wenn man in Erwägung zieht, daß alles, was einer [ich ergänze sinngemäß aus dem Kontext: individuellen] Substanz begegnet, einzig und allein eine Folge ihrer Idee oder ihres vollständigen Begriffes ist, da diese Idee ja schon alle Prädikate oder Ereignisse in sich schließt und das ganze Universum ausdrückt« (Leibniz, *Hauptschriften*, II, 154).

Leibniz entsprechend: »Unter der Natur einer individuellen Substanz oder eines in sich vollständigen Seins wird daher ein Begriff zu verstehen sein, der so vollendet ist, daß alle Prädikate des Subjekts, dem er beigelegt wird, aus ihm hinlänglich begriffen und deduktiv abgeleitet werden können.«[28] Argumentiert man vom nie erreichbaren Grenzbegriff aus, daß sich die Monade in ihrer Bewegung hin zur Selbstvervollkommnung gänzlich durchsichtig geworden wäre, so bedeutete die Einsicht in die Verhältnisse, die sie zu allen Bestimmungen hat, daß sich ihre Zukunft, nämlich das Gesamt der noch anstehenden Realisationsverhältnisse, vorhersagen ließe. Leibniz fährt daher in der *Metaphysischen Abhandlung* fort: »Wenn ich imstande wäre, meinen jetzigen Zustand und die Erscheinungen dieses gegenwärtigen Moments distinkt zu erkennen, könnte ich in ihnen all das erblicken, was mir jemals zustoßen oder erscheinen wird« (ebd.).

Es ist eine präzise Begriffsbestimmung Wolffs, die aus dem komplexen Denkzusammenhang bei Leibniz eine handhabbare Formel macht. Im § 227 seiner *Ontologia* definiert er: »Cum entia singularia existant, evidens est, Ens singulare, sive Individuum esse illud, quod omnimodo determinatum est.«[29] Die prägnante Formulierung ›ens omnimode determinatum‹ kann beide Bestimmungen des Leibnizschen Begriffs vom Individuum in sich aufnehmen: den logischen Sinn des Einzeldings, das in seiner konkreten Kontinuität einer virtuell unendlichen Bestimmbarkeit unterliegt (vgl. mein Beispiel vom Apfel) und den metaphysischen Sinn von der individuellen Substanz, deren monadische Selbstexplikation die vollständige Bestimmtheit als Grenzwert einer fortlaufenden Differentialanalyse konzipiert.

Wie bekannt diese Formel im 18. Jahrhundert gewesen ist, zeigt ihr Einzug sogar in solche niedrigen Gattungen wie Roman und Autobiographie. In Moritz' *Anton Reiser*[30] findet sie sich nicht allein wörtlich wieder, sondern über-

[28] Leibniz, *Hauptschriften*, II, 143.

[29] Christian Wolff, *Philosophia prima sive Ontologia*, Frankfurt und Leipzig MDCCXXXVI (²1736). Nachdruck in: Christian Wolff, Gesammelte Werke, II. Abteilung, Lateinische Schriften, Band 3, Hg.: Jean Ecole, Hildesheim 1962, § 227; vgl. dazu auch Christian Wolff, *Philosophia Rationalis sive Logica*, Pars II, Frankfurt und Leipzig 1732. Nachdruck in: Christian Wolff, Gesammelte Werke, II. Abteilung, Lateinische Schriften, Band 1.2., Hg.: Jean Ecole, Hildesheim, Zürich, New York 1983, § 74.

[30] Von Anton Reisers Philosophiestudien wird berichtet: »Nun fing er an, den Begriff des *Individuums* zu verfolgen, der ihm schon seit einigen Jahren, da er zuerst etwas von Logik gehört hatte, vorzüglich wichtig geworden war, – und da er nun endlich auf den höchsten Grad des Bestimmtseins von allen Seiten und des *vollkommen sich selbst gleich seins* stieß – so war es ihm nach einigem Nachdenken, *als ob er sich selbst entschwunden wäre – und sich erst in der Reihe seiner Erinnerungen an das Vergangene wieder suchen müßte*« (Karl Philipp Moritz, *Werke*, Hg.: Horst Günther, 3 Bände, Frankfurt am Main 1981, Bd. I, S. 227). Die Formulierung vom Bestimmtsein von allen Seiten ist die Übersetzung von ens

dies ließe sich die These aufstellen, daß die psychologisch detailgenaue Beschreibungspraxis der Moritzschen Autobiographie ihren epistemologischen Hintergrund aus diesem Individualitätsbegriff zieht. In dem Aufsatz *Die Signatur des Schönen* spricht Moritz anläßlich der Nacktheit von der »vollkommensten Bestimmtheit aller Teile«.[31] Herkommend vom zunächst nur logischen Begriff des Individuums bei Leibniz ist die Formel vom Insichbestimmtsein und von der Aufeinanderbezogenheit der Teile zu einem Ganzen unterwegs zum Begriff des Organismus bzw. des organologischen Zusammenhangs.

In seiner Fabelabhandlung spricht Lessing davon, daß »Wirklichkeit nur dem Einzeln, dem Individuo zukömmt.«[32] Auch diese Formulierung schließt an den Leibnizschen Individualitätsbegriff an. Nur was in sich und vollkommen bestimmt ist, kann wirklich sein. Ein Etwas, das von einer Sache nur einen Aspekt isoliert oder das die Vielheit des Bestimmtseins unter wenige Begriffe subsumiert, ist eine Abstraktion und damit eben kein wirkliches Ding, sondern nur ein Wort.

Die Begriffslogik, die dem Lessing-Zitat zugrunde liegt, findet ihre ausdrückliche Formulierung im *Entwurf der nothwendigen Vernunft=Wahrheiten* (1745) von Christian Crusius: »Wenn dahero ein Ding noch nicht in Ansehung aller Umstände, welche zu einem vollständigen und wirklichen Dinge erfordert werden, determinirt ist, ich meyne, wenn darinnen noch nicht von einem iedweden abstracto des Wesens und der Existenz, welches zu einem wirklichen Dinge erfordert wird, eine Determination gesetzet wird: So kan es auch in dieser Verfassung nicht existiren. [...] Hingegen alles, was ist, das ist in Ansehung aller seiner Umstände vollkommen determiniret, und hierinnen bestehet das Wesen eines individui.«[33] Wirklichkeit, vollständige Bestimmtheit und Individualität stehen in dieser philosophischen Terminologie

omnimode determinatum. – Nebenbei bemerkt: in dem Zitat taucht die Problematik der Erinnerung auf. Das Individuum, das das Zugleich aller durcheinander bestimmten Teile ist, kann diskursiv nur im Nacheinander expliziert werden. Dieses Nacheinander bildet eine Vergangenheit aus und damit eine Art von Archiv. Moritz' autobiographisches Räsonnement läßt sich als ein Verfahren verstehen, das Individualität und Erinnerung zusammenbringt. Diese Gedankenkonstellation wird sich später (s. u.) in dem Verhältnis des Kunstwerks als Individuum und seiner paraphrasierenden Interpretation als memoria-Strategie wiederfinden.

[31] Moritz II, 582.

[32] Lessing V, 380.

[33] Crusius II, 38 f. = § 24. – In seinem *Weg zur Gewißheit und Zuverläßigkeit der menschlichen Erkenntniß* (Leipzig 1747) spricht Crusius von den Verhältnissen der Begriffe. Neben anderen Definitionen bietet er diejenige an, daß ein Begriff entweder determiniert oder undeterminiert sei und bezieht diese Unterscheidung auf Individualbegriffe und abstrakte Begriffe (vgl. Crusius III, 211 ff. = § 122). Die individualisierende Begriffsbildung Baumgartens wird eine sehr ähnliche Startposition wählen (s. u.).

in einem analytischen Begriffszusammenhang. Bei Crusius läßt sich im übrigen auch nachlesen, wie einfach man von einer begriffslogischen Definition von Individuum zu dem Begriff einer individuellen Person kommt: »Wenn das indiuiduum eine Substanz ist: So heißt dasselbe, wieferne wir es als eine einige Substanz betrachten, ein suppositum. Wenn das suppositum verständig ist, so wird es eine Person genennet.«[34]

Johann Martin Chladenius definiert 1742 in seiner *Einleitung zur richtigen Auslegung vernünftiger Reden und Schriften*: »Individuell aber nennen wir eine Vorstellung, darinne etwas auf alle Art determinirtes enthalten ist, dahingegen allgemeine Begriffe immer noch determiniret werden können.«[35] Der Subsumtionslogik von abstrakten Begriffen kann immer noch eine weitere Bestimmung zugefügt werden, freilich um den Preis, daß dann eine Konkretisierung eintritt. Der Grenzwert der Bestimmung, nämlich ihre Vollständigkeit, wäre eigentlich kein Begriff mehr, sofern es per definitionem keine vollkommen individualisierten Begriffe geben kann, sondern das Ding (res) selbst oder seine Vorstellung.

Baumgarten übernimmt die Wolffsche Formel vom individuum als ens omnimode determinatum.[36] Im Kontext seiner ästhetischen Überlegungen taucht sie schon in den 1735 erschienenen *Meditationes Philosophicae de nonnullis ad poema pertinentibus* öfter und an systematisch wichtigen Stellen auf. Sein Ästhetikbegriff zieht aus dieser Beschreibung von Individualität die Konsequenzen. Die neue Wissenschaft, die er zu etablieren versucht, wird von ihm zunächst in einer Nische plaziert, die das Wolffsche System offengelassen hatte; von dieser Nische aus unternimmt er den Versuch, das ganze System umzustrukturieren. Eine eingehendere Beschäftigung mit dem Ästhetikbegriff Baumgartens ist an dieser Stelle nötig, bevor von der Übernahme des Individualitätsbegriffs gesprochen werden kann.

Baumgarten geht in seiner *Aesthetica* in dem zentralen Kapitel über die ästhetische Wahrheit (veritas aesthetica)[37] vom Begriff der metaphysischen

[34] Crusius II, 40 = § 24.

[35] Johann Martin Chladenius, *Einleitung zur richtigen Auslegung vernünftiger Reden und Schriften*, Leipzig 1742, § 335 = S. 210.

[36] Vgl. Baumgarten, *Metaphysica*, § 148.

[37] Vgl. zum Folgenden die Ausführungen bei Baeumler (^{2}1967, S. 223 ff.), Adler (1990, S. 45 f), Solms (1990, S. 68 ff.), Schweizer (Hans Rudolf Schweizer, *Ästhetik als Philosophie der sinnlichen Erkenntnis*, Basel 1973, S. 40 ff.), Schmidt (Horst-Michael Schmidt, *Sinnlichkeit und Verstand. Zur philosophischen und poetologischen Begründung von Erfahrung und Urteil in der deutschen Aufklärung. Leibniz, Wolff, Gottsched, Bodmer und Breitinger, Baumgarten*, München 1982, S. 184 ff.), Gaede (Friedrich Gaede, *Poetik und Logik. Zu den Grundlagen der literarischen Entwicklung im 17. und 18. Jahrhundert*, Bern und München 1978, S. 106 ff.) und Paetzold in seiner Einleitung zu Baumgartens *Meditationes*, S. IL.

Wahrheit der Objekte als der Übereinstimmung dieser Objekte mit den allgemeinen Erkenntnisprinzipien aus.[38] Weil einerseits auf die Merkmale abgehoben ist, die den Objekten zukommen, und andererseits die den Objekten innewohnenden Prinzipien des Widerspruchs und des zureichenden Grundes gemeint sind[39], spricht Baumgarten auch von objektiver oder materialer Wahrheit. Denn es ist die Fülle der Objekte selbst, von der hier die Rede ist; deshalb kann Baumgarten die für heutige Leser verwirrende Gleichsetzung von metaphysischer und materialer bzw. objektiver Wahrheit vornehmen. Ermöglicht wird diese Definition wohl durch die Leibnizsche Erkenntnislehre.[40] In den *Nouveaux Essais* betont Leibniz, daß die Natur der Dinge und die Natur des Geistes koinzidieren: »La nature des choses, et la nature de l' esprit y concourent«.[41] Wenn nämlich die Tätigkeit des Geistes in der Analysis des ihm Gegebenen besteht, sodann im Aufbau einer Kombinatorik als Regelwerk, mit dem die analysierten Letztmerkmale wieder zusammengesetzt werden können, dann fallen die Gesetze der Realität mit denen des Geistes zusammen. Beide Ordnungen, das Generische des Wirklichen und das Konstruktive des Geistes sind homolog; das Empirische ist das Metaphysische. Folglich kann Baumgarten, sofern er hier Leibniz folgt – und der Verweis auf Leibniz ist von Baumgarten nicht umsonst im gerade diskutierten § 423 der *Aesthetica* plaziert worden –, die metaphysische mit der materialen bzw. objektiven Wahrheit identifizieren.

Sofern in der Seele eines Subjekts die metaphysische Wahrheit eines Objekts vorgestellt wird, nennt Baumgarten sie subjektive Wahrheit oder auch logische Wahrheit in weiteren Sinne.[42] Die subjektive Wahrheit steht der ob-

[38] Baumgarten, *Aesthetica*, § 423: »Veritatem obiectorum metaphysicam novimus convenientiam eorundem cum universalibus maxime principiis.« Schweizer übersetzt: »Die metaphysische Wahrheit der Objekte ist uns bekannt als deren Übereinstimmung mit den allgemeinsten Erkenntnisprinzipien« (S. 53). In der Nachschrift eines auf deutsch gehaltenen Ästhetikkollegs, das Baumgarten wahrscheinlich 1750 oder 1751 gehalten hat, findet sich im § 424 ein Stemma der Wahrheitsformen (Baumgarten, *Ästhetik*, S. 215):

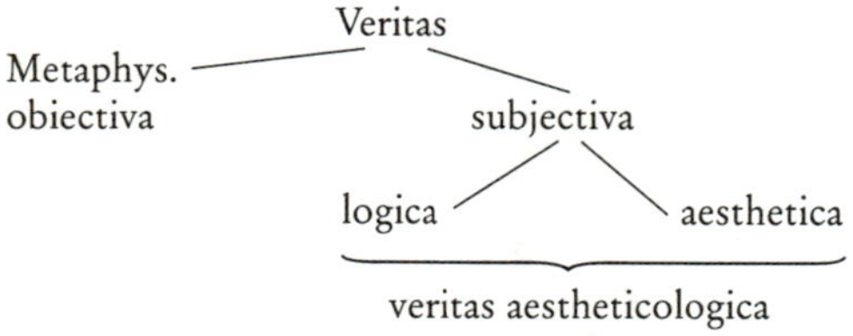

[39] Baumgarten, *Aesthetica*, § 423.

[40] Vgl. hierzu Cassirer ³1922, II, 137f.

[41] Leibniz, *Nouveaux Essais*, I, 41.

[42] Baumgarten, *Aesthetica*, §§ 423, 424.

jektiven und metaphysischen gegenüber. Die Auszeichnung ›subjektiv‹ scheint zunächst als Opposition zur objektiven bzw. metaphysischen Wahrheit sinnlos zu sein, wenn, wie soeben ausgeführt, das Subjektive des Geistes mit dem Objektiven der Wirklichkeit zusammenfällt. Wieso ist dann die erneute Trennung in subjektive und objektive Wahrheit nötig, wenn doch beider Koinzidenz schon im Terminus objektive Wahrheit gedacht ist? Die Formulierung, die Baumgarten im § 424 wählt, nämlich daß die subjektive Wahrheit die Vorstellung des objektiv Wahren in einer bestimmten Seele (in data anima) sei, führt erst dann zu einer Auflösung des Problems, wenn auch hier wieder der Hintergrund der Leibnizschen Philosophie unterstellt wird.[43] Eine bestimmte Seele wäre ihr zufolge eine individuelle Substanz. Sie repräsentiert die Welt nach Maßgabe ihres monadisch bedingten individuellen Gesichtspunktes.[44] Damit wird, je nach der Lage, die eine bestimmte Seele im Gesamt der Prädikate einnimmt, die Repräsentation dieses Gesamt, so dunkel oder angemessen sie auch sein mag, von dieser Lage aus in Angriff genommen. Das aber qualifiziert die subjektive Wahrheit als eine monadisch in sich verkapselte.[45] Wieder vom Grenzbegriff vollständiger Selbstexplikation her argumentiert, wäre die subjektive Wahrheit als Erkenntnis aller Bestimmungen mit der metaphysischen Wahrheit als der vollständigen materiellen Bestimmtheit des Wirklichen identisch. Da aber eine bestimmte Seele nie zu ihrer vollständigen Selbstexplikation gelangt, ist die Wahrheit, die sie repräsentiert, nicht mit der metaphysischen Wahrheit identisch.

Die subjektive Wahrheit wird von Baumgarten noch einmal unterteilt. Zum einen ist sie die logische Wahrheit im engeren Sinne, die sich dem Verstand zeigt, wenn er deutlich vorgestellte Objekte »im rein geistigen Sinne«[46] zu

[43] Vgl. Schmidt 1982, S. 184f.

[44] Vgl. zur Terminologie des Gesichtspunktes, der Perspektive und des point de vue: Leibniz, *Monadologie*, § 57 (in: Leibniz, *Hauptschriften*, II, 448). Zum Begriff point de vue bei Leibniz vgl. ausführlicher Rüdiger Böhle, *Der Begriff des Individuums bei Leibniz*, Meisenheim am Glan 1978, S. 90–97. – Daß in die Formel »in data animi« die Leibnizsche Monadentheorie hineingedacht werden muß, hat meines Wissens noch keiner der zahlreichen Kommentatoren Baumgartens erwogen.

[45] In der deutschsprachigen Kollegnachschrift seiner Ästhetikvorlesung bringt Baumgarten bei der Erörterung der ästhetischen Wahrheit genau dieses Begriffsmoment der monadischen Sichtweise ins Spiel. Im folgenden Zitat folgt der Begriff des Gesichtspunktes Leibnizscher Terminologie: »Die Vorstellungen von der Wahrheit sind unterschieden, aber nicht die Wahrheit selbst. Es bleibt nur eine Wahrheit und eine Vorstellung, aber wer darüber denkt, kann sie sich aus verschiedenen Gesichtspunkten vorstellen. Ein Theater sieht einer gerade in der Mitte, ein anderer von der Seite, und beide haben doch nur ein Theater gesehen« (Baumgarten, *Ästhetik*: § 427 = S. 215). Subjektive und objektive Wahrheit sind also ›an sich‹ dieselbe; nur ist die subjektive Wahrheit diejenige, wie sie im monadischen point de vue erscheint.

[46] Baumgarten, *Aesthetica*, § 424.

seinem Gegenstand hat, also solche, die, wie Leibniz definiert, durch eine »Aufzählung der zureichenden Merkmale«[47] eindeutig identifizierbar sind. Die höchste logische Wahrheit als die Unterscheidung aller Merkmale ist wie bei Leibniz nur der Allwissenheit zugänglich. Zum anderen ist aber die subjektive Wahrheit, sofern sie Gegenstand des analogon rationis und der unteren Erkenntnisvermögen ist, ästhetische Wahrheit.[48] Diese Dichotomie von logischer und ästhetischer Wahrheit im Bereich der subjektiven Wahrheit spaltet begrifflich den Leibnizschen Monismus dualistisch in die beiden Momente des Aisthetischen und des Logischen auf. Wo sich nach Leibniz die ständig bewegte Monade auf ihre Vervollkommnung hinentwickelt und diese Vervollkommnung als zunehmende Auflösung der aisthetischen Dunkelheit in deutliche Begriffe gedacht wird, insistiert Baumgarten darauf, daß das analogon rationis eine Kompaktheit sui generis sei, die nicht so einfach durch die Rationalität aufgelöst werden könne.

Welche Auswirkungen auf sein Theoriemodell hat es, wenn Baumgarten zum einen eng an Leibniz anschließt, dessen Monismus aber durch einen Dualismus unterwandert? Wäre nämlich das analogon rationis nicht in die Logik auflösbar – auch nicht als Zielbegriff einer infinitesimalen Tätigkeit –, so entstände die Paradoxie, daß in einer bestimmten Seele bzw. individuellen Substanz zwei verschiedene monadische Ordnungen konkurrieren. Baumgarten reagiert auf diese Gefahr, so interpretiere ich es, durch die Einführung eines neuen Begriffs: ästhetikologische Wahrheit.[49] Das Wort verbindet die aufgebrochene Dichotomie von ästhetischer und logischer (im engeren Sinne) Wahrheit. Schweizer versucht die Definitionsversuche Baumgartens folgendermaßen zu bündeln: »Ästhetikologisch wird jetzt die Wahrheit genannt, in der sich die ästhetische Intuition und die logische Distinktion zur Einheit verbinden oder [...] in der der Unterschied zwischen ästhetisch und logisch noch gar nicht aktuell geworden ist.«[50] Der Sinn dieser Verbindung der vor-

[47] Leibniz, *Betrachtungen über die Erkenntnis, die Wahrheit und die Ideen* (*Hauptschriften*, I, 24).

[48] Baumgarten, *Aesthetica*, § 424.

[49] Schweizer (1973, S. 42f.) bringt eine gewisse Ratlosigkeit in bezug auf diesen Begriff zum Ausdruck. Auch Solms (1990, S. 67f.) bleibt in seiner nicht sehr umfangreichen Diskussion eher zurückhaltend. – Daß Baumgarten diesen Begriff aufbietet, um einem drohenden Dualismus vorzubeugen, der seine ganz auf Leibniz basierenden Definitionsvorkehrungen außer Kraft setzen würde, ist, wenngleich Dunkelheiten bleiben, immerhin ein Interpretament, das die strategische Funktion des Begriffs deutlich zu machen vermag und gleichzeitig seinen Behelfscharakter erklärt.

[50] Schweizer 1973, S. 42. Auch Solms (1990, S. 67f.) plädiert dafür, die ästhetikologische Wahrheit als der Trennung in logische und ästhetische Wahrheit vorausliegende Form zu denken.

her sorgsam getrennten Wahrheiten wird aber erst einsichtig, wenn man die Trennung in logische und ästhetische Wahrheit, wie sie innerhalb der subjektiven Wahrheit stattfindet, auf eine Analyse der Endlichkeit bezieht. Während nämlich die metaphysische und objektive Wahrheit »der in Gott gründende Totalzusammenhang alles Tatsächlichen«[51] ist, tritt für die menschliche Wahrnehmung die Trennung von Sinnlichkeit und Logik auf. Sie verhindert, daß die unter diesen Bedingungen stehende monadische Perspektivität zu metaphysischer Wahrheit werden könnte. Gleichwohl weist aber auch die menschliche Wahrnehmung ein Analogon zur Einheitlichkeit der metaphysischen Wahrheit auf. Die ästhetikologische Wahrheit vereinigt nämlich auf niedriger Stufe sensitive und logische Wahrheit in der Kunstanschauung.[52] In der Kunst findet eine solche Einheit des Sensitiven und Logischen statt, die selbst wieder sensitiver Natur ist, aber als Einheitsfunktion derjenigen Einheit entspricht, die im nichtendlichen, nämlich nichtsinnlichen Wesen – Gott – per se gegeben ist.

Der Begriff des Ästhetikologischen, der im § 427 der *Aesthetica* eingeführt wurde, wird erst wieder im § 440 aufgenommen. Dort ist an seiner Funktion zumindest abzulesen, welches Problem zu lösen er angetreten ist. »Die ästhetikologische Wahrheit ist entweder die Wahrheit der Allgemeinbegriffe und der Begriffe überhaupt, auch der allgemeinen Urteile, oder die Wahrheit der Einzeldinge und der individuellen Vorstellungen. Jene sei die allgemeine, diese die individuelle ästhetikologische Wahrheit.«[53] Baumgarten kann mit dem Begriff des Ästhetikologischen die die monadische Einheit der individuellen Substanz sprengende Dichotomie einer logischen versus aisthetischen Ordnung in einen quantitativen Gradualismus überführen. Was vorher in den §§ 423 und 424 durch die Verschiedenheit von ästhetischer und logischer Wahrheit bezeichnet wurde, wird jetzt im § 440 in die Klammer der ästhetikologischen Wahrheit hineingenommen und dort nur hinsichtlich der Differenz allgemein versus individuell spezifiziert. Diese Differenz ist unter Leibnizschen Prämissen handhabbar. Ebenso ist durch diese Lösung die monadische Einheit der bestimmten Seele (anima data) zu retten, die als individuelle Substanz die Anfangsunterscheidung von objektiver / materialer / metaphysischer Wahrheit versus subjektiver / logischer (im weiteren Sinne) Wahrheit notwendig machte.

[51] Gaede 1978, S. 109.

[52] Ebd.

[53] Baumgarten, *Aesthetica*, § 440: »VERITAS AESTHETICOLOGICA vel est universalium et notionum iudiciorumque generalium, vel singularium et idearum. Illa GENERALIS, haec singularis esto.«

Baumgarten nivilliert nicht nur die Differenz von logisch versus ästhetisch in den auf niedrigerer Stufe stehenden Begriff des Ästhetikologischen, sondern muß auch, um letztlich dem Monismus folgen zu können, dem er sich mit der Übernahme der Leibnizschen Definitionsbestände anschließt, einen Transfer von der metaphysischen Wahrheit zur subjektiven Wahrheit konzipieren. Ist, wie schon ausgeführt, die subjektive Wahrheit die Darstellung der metaphysischen Wahrheit unter den Bedingungen der Monade, und ist weiterhin das nie erreichbare Telos der Monade die aus der Einsicht in ihre Individualität resultierende Erkenntnis des Gesamt der Bestimmungen, so müßten sich in einem Grenzwert der fortwährenden Selbstexplikation die subjektive und die metaphysische Wahrheit treffen. In der Tat geschieht dies im Begriff des Individuellen und, wie zu zeigen sein wird, damit auch im Begriff des poema.

Innerhalb der ästhetikologischen Wahrheit gibt es also eine Rangfolge nach Graden der Allgemeinheit bzw. Besonderheit.[54] Die individuellste, nämlich die auf das Einzelding oder die individuelle Vorstellung bezogene ästhetikologische Wahrheit hat am meisten Fülle und Gehalt und damit eine größere metaphysische Wahrheit als eine solche, die auf allgemeinere Begriffe und Vorstellungen zielt: »In einem Gegenstand der allgemeinen Wahrheit wird nie so viel metaphysische Wahrheit angetroffen, vor allem im Bereich sinnlicher Erfahrung, wie in einem Gegenstand der individuellen Wahrheit.«[55] Diese Präferenz der Fülle wird bei Baumgarten zum einen mit den Begriffen der Rhetorik beschrieben: Es ist von den Prinzipien der Größe, des Reichtums, der ästhetischen Würde die Rede.

Zum anderen erfolgt aber auch eine logische Bestimmung. Denn »es geht über menschliches Vermögen hinaus, den weiten Umkreis der Bestimmungen aller Art mit Zeichen vollständig auszudrücken.«[56] War noch die logische Wahrheit im engeren Sinne immerhin deutlich bestimmbar, weil sie auf die geringere Anzahl der Merkmale der allgemeineren Begriffe abzielte, so ist die individuelle ästhetikologische Wahrheit per definitionem mit einer solchen Merkmalsfülle versehen, daß eine Beschreibung ihres Gegenstandes, nämlich des Individuellen, nie an ein auch nur pragmatisch begründbares Ende käme. Es findet also eine Art von Tausch statt: Entweder es gibt einen »großen und bedeutenden Verlust an materialer Vollkommmenheit«[57], der durch »formale

[54] Vgl. bes. die §§ 556, 559, 564 der Baumgartenschen *Aesthetica*.

[55] Ebd., § 440: »Veritatis generalis in obiecto numquam tantum veritatis metaphysicae detegitur, praesertim sensitive, quantum in obiecto veritatis singularis.«

[56] Ebd., § 561: »[...] neque tamen est opis humanae determinationis omnimodae latissimum ambitum sibi complete signare.«

[57] Ebd., § 560.

Vollkommenheit der logischen Wahrheit«[58] erkauft ist, oder es gibt eine große Fülle metaphysischer Wahrheit, die aber nicht durch eine formale Erkenntnis eingefangen werden kann. Baumgartens berühmter Frage »Denn was bedeutet die Abstraktion anderes als einen Verlust?«[59] läßt sich die Frage an die Seite stellen: Was bedeutet die Fülle der materialen Wahrheit anderes als einen Verlust an logischer Erkennbarkeit?

Damit ist die Argumentation wieder beim Begriff des Individuellen angelangt. Die ästhetikologische Wahrheit hat dann am meisten metaphysische Wahrheit, wenn sie am individuellsten ist. Die allseitige Bestimmtheit des Individuellen garantiert zum einen, daß die materialen Determinationen vollständig sein müssen, damit das Individuelle seinen Begriff erfüllen kann. Genau dies war der Begriff der metaphysischen Wahrheit. Andererseits entspricht dieser punktuellen Kompaktheit gegenläufig auf der logischen Seite eine zunehmende Erkenntnis der logischen Struktur[60], da ja das Gesamt der Bestimmungen eines Individuellen zugleich das Gesamt der logischen Bestimmungen überhaupt ist. Und schließlich ist das Individuelle als Wirkliches wesentlich sinnlich, im Gegensatz zum Allgemeinbegriff, dem keine sinnliche Erscheinung, kein Phänomen-Werden[61] entspricht.

Daß Baumgarten seine Ästhetik auf den Begriff des Individuellen baut, erhellt schon in präziser Prägnanz aus seinen *Meditationes Philosophicae de nonnullis ad poema pertinentibus* von 1735. Im § 18 bestimmt er: »Es ist poe-

[58] Ebd.

[59] Ebd.: »Quid enim est abstractio, si iactura non est?«

[60] Baeumler (^{2}1967, S. 206) hat diesen Punkt vehement betont: »Nur auf dem Hintergrunde des Allgemeinen erkenne ich das Individuelle; nur aus dem Individuellen gewinne ich das Allgemeine.« Die Relation von Verallgemeinerung und Besonderung ist nicht allein spiegelbildlich strukturiert, sondern zudem logisch notwendig. Das Konkrete ist nur durch das Allgemeine hindurch, in zunehmender Bestimmung durch Allgemeinbegriffe denkbar. Baeumler betont diese Relation vor allem in seinem Kapitel über Baumgartens individualisierende Begriffsbildung (^{2}1967, S. 207ff.).

[61] Zu den Implikationen des Begriffs vom Individuellen gehört, daß es, wenn es vollkommen bestimmt ist, erscheinen muß (s. o. das Lessing-Zitat). Denn dann ist es ein wirkliches Ding, im Gegensatz zu einem Allgemeinbegriff, der nicht vollständig bestimmt ist und dem in diesem Sinne auch keine Wirklichkeit zukommt. Ist die vollkommene Bestimmung eines Individuellen sinnlicher Art, so kann man dies Schönheit nennen. Folglich muß das Schöne erscheinen, Phänomen werden: »Perfectio phaenomenon, s. gustui latius dicto obseruabilis, est PVLCRITUDO« (Baumgarten, *Metaphysica*, § 662). In der *Aesthetica* kommt zum Begriff des phaenomenons spezifizierend hinzu, daß sinnliche Vorstellungen erst dann schön genannt werden, wenn sie sich zu einer Einheit fügen und zwar zu einer in sich bestimmten und nicht subsumtiv zustandegekommenen (Baumgarten, *Aesthetica* § 18: inter se ad unum). – Vgl. zur Diskussion des schwierigen Begriffs und des problematischen Verhältnisses der Definitionen der *Metaphysica* und der *Aesthetica*: Schweizer (1973, S. 38f., 85), Solms (1990, S. 54ff.) und Franke (1972, S. 78ff., 88ff.).

tisch, in einem Gedicht die vorzustellenden Dinge so viel wie möglich zu bestimmen.«[62] Genau diese allseitige Bestimmtheit, die in den vorangegangenen Paragraphen als eine sinnliche definiert wurde und die nun als poetische ausgezeichnet ist, wird im § 19 mit dem Begriff des Individuums zusammengebracht: »Individuen sind durchgängig bestimmt. Folglich sind Einzelvorstellungen besonders poetisch.«[63]

Den argumentativen Hintergrund für diese Formulierungen bildet in den *Meditationes* die Aufnahme der Leibnizschen Terminologie der Deutlichkeitsgrade der Erkenntnis. Baumgarten bestimmt, daß dunkle Vorstellungen, da sie nach Leibniz nicht zur Wiedererkennung eines Dings hinreichen, ebensowenig poetisch sind[64] wie deutliche Vorstellungen, da deren logische Merkmalsstrukturen keine sensitive Qualität mehr haben.[65] Einzig die klaren Vorstellungen, sofern sie nicht deutlich, sondern verworren sind, erfüllen das Kriterium, poetisch zu sein.[66] Solche Vorstellungen sind nämlich hinreichend klar, um eine Sache wiederzuerkennen, aber noch so verworren, daß die logische Merkmalsstruktur nicht anzugeben ist.[67] Dieser Mittelstatus definiert solche Vorstellungen als sensitive: Sie haben einen gnoseologischen Wert (Wiedererkennbarkeit), aber noch keinen logischen (die Merkmale sind nicht aufzählbar).

Sensitive Vorstellungen sind um so poetischer, je extensiv klarer sie sind.[68] Ohne zur unästhetischen Deutlichkeit zu werden, läßt sich nämlich die verworrene Klarheit steigern, indem sie durch weitere sensitive Vorstellungen, die vom zureichenden Grund des Themas her möglich sind, ergänzt wird. Den Inbegriff dieser Fülle von sensitiven Vorstellungen nennt Baumgarten extensive Klarheit. Die größtmögliche extensive Klarheit, mit der eine Vorstellung realisiert würde, wäre ihre vollständige Bestimmtheit. Daß Baumgarten direkt nach dem § 17 der *Meditationes*, in dem er den Begriff der extensiven Klarheit einführt, in den §§ 18 und 19 (s. o.) die Terminologie des

[62] Alexander Gottlieb Baumgarten, *Meditationes philosophicae de nonnullis ad poema pertinentibus/Philosophische Betrachtungen über einige Bedingungen des Gedichtes* (lat./dt.), übersetzt und mit einer Einleitung herausgegeben von Heinz Paetzold, Hamburg 1983 (zuerst: Halle 1735): »§ XVIII. [...] In poemate res repraesentandas quantum pote determinari poeticum.«

[63] Ebd.: »§ XIX. Individua sunt omnimode determinata, ergo repraesentationes singulares sunt admodum poeticae.«

[64] Ebd., § XIII.

[65] Ebd., § XIV.

[66] Ebd., § XV.

[67] Vgl. Leibniz, *Hauptschriften*, I, 23.

[68] Baumgarten, *Meditationes*, § XVII: »Repraesentationes extensive clariores sunt maxime poeticae.«

Individualitätsbegriffs benutzt (ens omnimode determinatum), läßt eine sehr weitreichende Schlußfolgerung zu.

Baumgarten betreibt nichts Geringeres, als daß er den logischen und metaphysischen Begriff des Individuums, wie er aus der Tradition der Leibniz/Wolffschen Schulphilosophie naheliegt, in den Begriff des sinnlich Individuellen umarbeitet, ohne dabei die logische und metaphysische Dimension zu verlieren. Der logische Sinn von Individuum, daß ein Einzelding unendlich digitalisierbar und deswegen unendlich bestimmt ist, bleibt in Baumgartens sinnlicher Individualität ebenso erhalten, wie der metaphysische Sinn, nach dem der vollständigen Bestimmtheit des Individuums das Gesamt aller Bestimmheit überhaupt korreliert.[69] Was Baumgarten in dieser Versinnlichung von Individualität mit Vehemenz vorantreibt, ist der Versuch, unter den Prämissen der Schulterminologie der Ästhetik den Raum zu eröffnen, epistemologisch begründet ihr Gegenstandsgebiet als das einer spezifischen Wahrheit zu entdecken.

Diejenige Definition, in der Baumgarten seine Überlegungen zur Poetizität des sinnlich Individuellen bündelt, ist die vielzitierte des poema: »oratio sensitiva perfecta est poema«.[70] Die Baumgartensche Formel von der oratio sensitiva perfecta läßt sich, stellt man in Rechnung, daß es sich hier nicht mehr um das klassische Schullatein handelt, in zweierlei Varianten übersetzen: Es kann eine vollkommen sinnliche Rede oder eine vollkommene sinnliche Rede gemeint sein. Nach meiner Interpretation sind aber die beiden Übersetzungen dem Gehalt nach identisch. Eine Rede, die vollkommen sinnlich, d. h. in jeglicher Hinsicht sinnlich ist, ist zugleich eine solche, die als sinnliche Rede vollkommen ist und zwar genau dann, wenn das Wort sinnlich, wie ausgeführt, nicht im Sinne von sensuell, sondern in Sinne von sensitiv verstanden wird. Wenn nämlich Baumgarten den Begriff des Individuellen versinnlicht hat, so ist die Übersetzung der Formel vom ens omnimode determinatum in die Bedingungen der Sprache (Rede, oratio) eben genau die Formel, mit der er das poema definiert.

Das erste Ergebnis der Analyse lautet also: Baumgartens Begriff der Individualität und sein Begriff des poema sind in ihrer Definitionsmatrix iden-

[69] Frankes These, daß Baumgartens *Aesthetica* als »noch metaphysisch fundierte Theorie der Subjektivität aufzufassen« (Ursula Franke, *Kunst als Erkenntnis. Die Rolle der Sinnlichkeit in der Ästhetik des Alexander Gottlieb Baumgarten*, Wiesbaden 1972, S. 90) sei, ist zuzustimmen. Erst der Leibnizsche Begriff des Individuellen in seiner metaphysischen Bedeutung koppelt die vollständige Bestimmtheit an das Wirklichsein als In-Erscheinung-Treten-Müssen. Und Baumgarten fügt hinzu: sofern dieses erscheinende Individuelle spezifisch sensitiv bestimmt ist und einer nicht subsumtiven Einheit folgt, ist es, als erscheinendes, schön.

[70] Baumgarten, *Meditationes*, § IX.

tisch. Die Bestimmungen des poema erfüllen genau diejenigen Eigenschaften, die Baumgarten seiner Version des Individuellen zudenkt.

In der poema-Definition Baumgartens steckt aber noch eine weitere Interpretationsmöglichkeit. Das poema eröffnet nämlich nach Baumgarten die paradoxale Struktur, ursprüngliche Doublette zu sein, wie in der folgenden Diskussion des exemplum-Begriffs aus einem zweiten Gedankengang heraus abzuleiten sein wird.

»Oratio sensitiva perfecta est poema.« – Baeumler hat darauf hingewiesen, daß mit Baumgartens Begriff der Ästhetik eine Logik der individualisierenden Begriffsbildung angestrebt ist und daß diese sich in einer Theorie des Beispiels (exemplum) realisiert.[71] Baumgartens elementarer Gedankengang formuliert sich in folgenden Schritten. Ein Gedicht (poema) ist eine sinnliche Rede (oratio sensitiva)[72], es besteht aus Vorstellungen, die klar und verworren sind. Es ist klar, d.h. die Vorstellungen lassen sich unterscheiden; ein Gedicht fällt nicht in die dunkle Unterschiedslosigkeit zueinander indifferenter Vorstellungen zusammen. Es ist verworren, d.h. obwohl auf einer ersten Ebene Erkennbarkeit ermöglichende Unterschiede vorhanden sind, ist es sich dieser Unterschiede auf einer zweiten Ebene nicht bewußt. Das Gedicht kann die Unterschiede nicht als solche kontrollieren (es wäre dann schon begriffliche Rede), und es läßt sich nicht unter einem Begriff subsumieren, der alles, was in ihm erscheint, in sich fassen kann. Gleichwohl ist es aber eine Einheit, eine oratio, die in ihrem Verlauf die Abfolge der Vorstellungen aufeinander türmt. Technisch gesprochen: Ein Gedicht vertikalisiert seinen Verlauf, strukturiert das Nacheinander, paradigmatisiert das Syntagma. Vollkommen wird diese sinnliche (d.h. klare und verworrene) Rede (oratio sensitiva perfecta), wenn sie ein Maximum an Bestimmtheit enthält, also maximal individualisiert ist. Das ist ein relativer Grenzbegriff: Eine Rede ist

[71] Baeumler ²1967, S. 207ff.

[72] Weil in sensitiven Vorstellungen nicht nur das Sensuelle der fünf Sinne vorhanden ist, sondern auch die Leistungen der unteren Erkenntnisvermögen eine Rolle spielen, sind sensitive Vorstellungen reichhaltig: Sie haben eine Vielzahl von Verknüpfungsmodi. Baeumler (ebd., 217) weist zustimmend darauf hin, daß H.v. Stein den Terminus sensitivus mit »bunt« übersetzt hat. Franke (1972, S. 38f.) bringt sensitiv mit einer Formulierung von Bouhours zusammen, nämlich daß es darum gehe, sich in einem »bon sens vif et brilliant« auszudrücken. Weil das Sensitive sowohl vom Sensuellen wie auch von den intellektuellen Vermögen unterschieden ist, gleichwohl aber an den unteren Erkenntnisvermögen teilhat und folglich Erkenntnisfunktion besitzt, spricht Herder von seiner reichen und prägnanten Vieldeutigkeit (SWS IV, 132). Cassirer (³1973, S. 455), der die Baumgartensche Ästhetik als »Lehre von der sensitiven Erkenntnis« mit der Bezeichnung »logisches Zwitterding« versieht, bestimmt ebenfalls den Status des Sensitiven als einen zwar gnoseologisch relevanten, aber ebenso nicht intellektiven. Vgl. zum Begriff sensitiv auch Franke 1972, S. 37–50 u. ö.

dann vollkommen sinnlich, wenn sie zwar distinkte, aber nicht subsumierbare Vorstellungen in einer solchen Mannigfaltigkeit präsentiert, daß sie gerade noch als Einheit wahrnehmbar ist. Es geht also um die Relation von Einheit[73] und Vielheit. Die Einheit darf nicht dürr sein, sie darf aber auch nicht durch zu viele verschiedene Vorstellungen gefährdet sein (träfe dies zu, so begänne eine neue sinnliche Rede, ein neues poema).[74]

[73] Es stellt sich natürlich die Frage nach der Art und Weise, wie die Einheitsfunktion geleistet wird, wenn die Möglichkeit der Subsumtion ausfällt. Die Antwort findet sich schon im ersten Paragraphen der *Aesthetica*. Eine der Bestimmungen des Terminus aesthetica lautet ars analogi rationis. Nach dem § 640 der *Metaphysica* werden unter dem Begriff die niederen Vermögen zusammengefaßt. Angestrebt ist von Baumgarten offensichtlich eine vernunftähnliche Strukturierung mit den Mitteln der unteren Vermögen. Das analogon rationis kann Mannigfaltiges durchaus auf eine Einheit hin konzeptualisieren, aber eben nicht in der Weise des subsumierenden Begriffs. Es stellt sich ein Mannigfaltiges als Einheit vor, es erkennt die Verschiedenheit der Bestimmungen aus dem inneren Zusammenhang der sinnlichen Momente, ohne sie auf den Begriff zu bringen. Baumgarten versucht offensichtlich, eine sinnlich-ästhetische Vorstellung von Einheit zu denken, die eher einer Logik der Konstellation, als einer der Subsumtion folgt. – Jenseits dieser vermögenstheoretischen Bestimmung ist an den metaphysischen Einheitsgedanken zu erinnern, der im Begriff des phaenomenons als in Erscheinung Treten des individuell Schönen gefaßt ist (vgl. Fußnoten 61 und 69). Aus dem Kontext der rhetorischen Terminologie hat der Begriff des Themas als zureichender Grund der Vorstellungen eines Gedichts ebenso eine Einheitsfunktion (vgl. die nächste Fußnote).

[74] Baumgarten definiert in den *Meditationes* das Thema einer poetischen Rede als »dasjenige, dessen Vorstellung den zureichenden Grund der anderen in einer Rede vorkommenden Vorstellungen enthält« (§ LXVI: Id cuius repraesentatio aliarum in oratione adhibitarum rationem sufficientem continet, suam vero non habet in aliis, est THEMA). Sein Argument ist, daß das Vorhandensein mehrerer Themen bedeute, daß sie nicht verknüpft werden können. Könnten sie nämlich verknüpft werden, dann nur so, daß aufgrund der Verknüpfung eines der Themen der zureichende Grund des anderen sein müsse. Dann wären es aber nicht zwei Themen, sondern eines. Sind also zwei Themen vorhanden, so können sie auch nicht verknüpft werden. Das aber heißt zugleich, daß in diesem Fall die poetische Rede nicht mehr eine einheitliche ist, sondern eigentlich aus zwei voneinander unabhängigen Reden bestehen muß (vgl. zu dieser Argumentation § LXVII). Der Nexus der sensitiven Vorstellungen, dessen Poetizität Baumgarten stereotyp wiederholt (»nexus vero est poeticus«: §§ LXVII, LXVIII u. ö.), bildet die Einheit eines poema. Was an sinnlichen Vorstellungen im Verlaufe eines Gedichtes hinzukommt, muß auf dessen Thema bezogen sein und darf nicht ein neues Thema eröffnen: »ergo poema unius thematis perfectius illo, cui plura themata« (§ LXVII) (Also ist das Gedicht mit einem Thema vollkommener als dasjenige, welches mehrere Themata hat). – Die Bestimmung, das Thema des poema sei sein zureichender Grund (§ LXVI), qualifiziert das Thema zugleich als eine solche Einheit, die nicht als Teil des Gedichtes in ihm erscheint, sondern dessen Einheit als Folge sinnlicher Vorstellungen es allererst ermöglicht. Das Thema ist damit der Inbegriff einer konstellativen Ordnung. – Die Einheit des Themas hängt mit der Einheit der dichterischen Welt als einer möglichen Welt im Leibnizschen Sinne zusammen; zum Begriff der möglichen Welt siehe die Bemerkungen in dem Kapitel *Herders Interpretationspraxis*.

Wie kommen diese sinnlichen Vorstellungen zustande? Baumgarten entwickelt eine Theorie des Beispiels[75], die an Definitionsbestände der Rhetorik anknüpft. Lausberg formuliert für dasjenige exemplum, das per Induktion gebildet wird und eine Beweisfunktion hat, folgende Rezeptformel: »Die Basis des Glaubwürdigkeitsbeweises durch Induktion bildet ein außerhalb der causa stehender unbezweifelter Sachverhalt. Von dieser Basis aus wird zur causa (die ein dubium ist) hin eine Beziehung hergestellt, die in der Ähnlichkeit besteht.«[76]

Der Gedanke, bei Lausberg durch ein Cicero-Zitat eingeführt, stammt von Aristoteles.[77] Dort wird ein Beispiel nicht allein durch die einfache Induktion von einem besonderen Fall auf einen Allgemeinbegriff gebildet. Vielmehr kommt außerdem ein Analogieschluß ins Spiel: Aus mehreren Einzelfällen wird per Induktion eine allgemeine Regel – nämlich das in den Einzelfällen Analoge – gebildet, von der aus man dann auf denjenigen Einzelfall schließen kann, der in der Rede der Beweisgegenstand ist. In seiner *Rhetorik* schreibt Aristoteles: »Es ist bereits ausgeführt worden, daß das Beispiel eine Art Induktion sei und womit sich diese Induktion befasse. Seine Relation ist aber nicht die eines Teils zum Ganzen, noch die eines Ganzen zu einem Teil, noch die eines Ganzen zu einem Ganzen, sondern die eines Teiles zu einem Teil, einer Ähnlichkeit zu einer Ähnlichkeit: Wenn nämlich beide zu derselben Klasse gehören, das eine aber bekannter ist als das andre, dann handelt es sich um ein Beispiel. So wenn man sagt: Dionysius trachtete, indem er eine Leibwache forderte, nach der Tyrannis; denn auch Peisistratos forderte vor ihm mit der gleichen Absicht eine Leibwache, und als er sie erhalten hatte, wurde er Tyrann; ebenso Theagenes in Megara; desgleichen dienen alle anderen, von denen man es weiß, als Beispiel für das Ansinnen des Dionysius, von dem man es noch nicht weiß, ob er für den gleichen Zweck seine Forderung stellte. Alle diese Beispiele aber fallen unter den gleichen allgemeinen Satz: Wer nach Gewaltherrschaft trachtet, fordert eine Leibwache.«[78] Daß es im Beispiel um die Relation einer Ähnlichkeit zu einer Ähnlichkeit gehe, präjudiziert zunächst die Nähe zum Analogieschluß. Denkt man beim Begriff des

[75] Vgl. zum Folgenden auch Baeumler ^{2}1967, S. 210 ff., 220 ff. Auch Paetzold weist in seiner Einleitung zu Baumgartens *Meditationes* auf den Zusammenhang von exemplum-Begriff und der »logischen Rehabilitierung des Individuellen« hin (Peatzold in: Baumgarten, *Meditationes*, S. XXII).

[76] Lausberg ^{3}1990, § 419.

[77] Vgl. Josef Klein, Beispiel, in: Historisches Wörterbuch der Rhetorik, Hg.: Gert Ueding, Band 1, Tübingen 1992, S. 1430 ff.

[78] Aristoteles, *Rhetorik*, herausgegeben und übersetzt von Franz G. Sieveke, München ^{4}1993, S. 18 f. = I,2,19.

Beispiels unwillkürlich daran, daß ein Allgemeines durch ein Konkretum anschaulich gemacht wird, so lenkt Aristoteles den Blick darauf, daß in den meisten redepragmatischen Situationen Beispiele gesucht und verwendet werden, die wiederum ein Konkretum illustrieren wollen. Die Absicht des Dionysius ist im Beispiel des Aristoteles logisch gesehen nicht weniger konkret als der für dieses Beispiel herangezogene Fall des Peisistratos oder des Theagenes. Die Analogiereihe erzeugt als solche schon eine rhetorische Evidenz. Was die Reihe logisch zusammenhält, ist jener allgemeine Satz, den Aristoteles zum Schluß gibt: Er ist zwar per Induktion erschlossen, erscheint aber als das notwendige Gesetz der Reihe. Man glaubt weniger zu sehen, daß er das Ergebnis nur eines Induktionsschlusses ist als vielmehr, daß er eine Art von Analyse der Analogiereihe ist. Als Vermischung von Analogie- und Induktionsschluß ist das Beispiel, rhetorisch gesehen, ein schlagfertiges Beweisinstrument, das man nach Aristoteles dann mit Erfolg einsetzen kann, wenn man keine Syllogismen formulieren kann.[79]

Das Paradebeispiel für das Beispiel ist die Fabel.[80] In der Äsopischen Fabel von der Schlange, dem Wiesel und den Mäusen wird berichtet, wie Schlange und Wiesel gegeneinander kämpfen, aber davon ablassen, als sie die Möglichkeit haben, die sie beobachtenden Mäuse zu fangen. Die Episode ist ein Beispiel für den auf das Politische zielenden Satz, daß unversehens zum Opfer zweier Volksverführer wird, wer sich in ihren Streit einmischt. Es erhellt, daß hier die politische Sentenz schon eine Anwendung der allgemeineren Maxime ist, daß die Einmischung in einen Streit zuungunsten dessen ausgehen kann, der sich einmischt. Als sicher wird in dieser Fabel die politische Anwendung angesehen, ihr Verhältnis zur allgemeineren Regel gilt ebenfalls als sicher. Die narratio der Fabel ist eine Analogiebildung zum politischen Fall. Es ist sehr genau beobachtet, daß Beispiele nicht zustande kommen, indem man sich einfach einen konkreten Fall zu einem allgemeinen Satz ausdenkt, sondern so, daß man sich eine Analogie zu einem schon konkreten Fall sucht, um so den Obersatz zu illustrieren bzw. ihn als notwendige Analysis aus der Analogiereihe auszugeben.

Die rhetorische Theorie des Beispiels hat eine gewisse Ähnlichkeit mit Breitingers Definition des Gleichnisses.[81] Auch hier entsteht das Gleichnis

[79] Ebd., I,2,8 und 9 = S. 14f.

[80] Bei Wolff wird, worauf Baeumler ([2]1967, S. 221) hinweist, die Fabel nach der Theorie des Beispiels abgehandelt. Es sollte erwähnt werden, daß die Fabel mit dem mittelhochdeutschen bispel zusammenhängt. – Schon bei Aristoteles wird die Fabel als Unterart des Beispiels bezeichnet: Aristoteles, *Rhetorik*, II,29,2 = S. 134.

[81] Neben der Fabel ist bei Aristoteles das Gleichnis die zweite Unterart des Beispiels: Aristoteles (ebd.). Daß Breitingers Gleichnisdefinition mit Baumgartens Beispielbegriff übereinstimmt, mag an der gemeinsamen Partizipation am Aristotelischen Erbe liegen.

nicht aus der Intention, ein gedankliches Moment illustrieren zu wollen, sondern aus dem Vergleichen der sinnlichen Bilder. Breitinger, der eine Logik der Phantasie skizziert, führt in seiner *Critischen Abhandlung von der Natur, den Absichten und dem Gebrauche der Gleichnisse* (1740) dazu aus, daß ein Skribent die »Sinnen-Bilder«, die die Phantasie ihm gibt und die »unter sich an Art überaus verschieden sind, gegen einander halte, vergleiche, und was übereinstimmendes zwischen einem und dem anderen sich befindet, genau heraus lese. Wenn die zusammenstimmenden miteinander verbunden werden, so entstehen in der Logik der Phantasie die Gleichnis-Bilder, wie in der Vernunft-Lehre aus der Verknüpfung der Begriffe, die sich gedencken lassen, die Sätze hervorwachsen.«[82] Wie im Beispiel eine Analogie zu einem konkreten Fall gesucht wird und erst diese Analogie zu einem Obersatz führt, werden nach Breitinger im Gleichnis die Bilder der Phantasie miteinander verglichen, bevor ihre Zusammenstimmung gleichnishafte Qualität bekommt.

Baumgartens Idee war es nun, den Fortlauf der sinnlichen Vorstellungen im Gedicht als eine Abfolge von Beispielen zu denken, aber so, daß der Oberbegriff nicht gesagt wird. Das heißt natürlich nicht, daß er gesagt werden könnte und folglich nur willkürlich verschwiegen wird. Vielmehr zielt Baumgarten auf das Bildungsprinzip von Beispielen ab, per analogiam neue Bestimmungen, strukturanaloge Konstellationen zu finden. Unsubsumierbar wird diese sinnliche Vorstellungsreihe, wenn sie als Konstellation in sich stehen bleibt und inneren Zusammenhang bildet, ohne einen Oberbegriff illustrieren zu wollen. Da ja die ästhetische Rede eine sensitive ist, also eine klare und verworrene, ist in ihr der Nexus der Vorstellungen nicht durch ein logisches Verhältnis zu einem Allgemeinbegriff motiviert, sondern durch einen Zusammenhang, der als solcher selbst wieder sinnlich ist.[83]

Würde nur eine Illustrierung eines Allgemeinbegriffs stattfinden, hätten wir anstelle eines Gedichts eine Beschreibung.[84] Tritt aber die Konstellation der Beispiele an die logische Stelle, die ›eigentlich‹ vom Oberbegriff einge-

[82] Johann Jacob Breitinger, *Critische Abhandlung von der Natur, den Absichten und dem Gebrauche der Gleichnisse*, Zürich 1740, S. 8f.

[83] Vgl. Baumgarten, *Meditationes*, § LXV: »Nexus repraesentationum poeticarum debet facere ad cognitionem sensitivam« (Die Verknüpfung der sensitiven Vorstellungen muß zur sensitiven Erkenntnis beitragen). Wenn also die Verknüpfung der poetischen Vorstellungen zur sensitiven Erkenntnis beitragen *muß*, dann ist damit festgelegt, daß die Art der Verknüpfung selbst sensitiv zu sein hat. Andernfalls wäre die Erkenntnis keine sensitive.

[84] In den §§ LIV und LV der *Meditationes* spricht Baumgarten davon, daß Beschreibungen (descriptiones) zuhöchst poetisch (maxiopere poeticae) seien. Man darf aber dennoch poema und descriptio nicht verwechseln: in einem Gedicht kann eine Beschreibung poetisch sein, aber wenn ein Gedicht zur Gänze zu einer Beschreibung wird, ist dies nicht mehr poetisch, weil dann ein Subsumtionsverhältnis vorherrschte.

nommen werden sollte, jedoch nun vollständig von der Fülle der Beispiele besetzt ist, dann haben wir eine metaphorische Rede: ein poema. Im Paragraphen LV der *Meditationes* gibt Baumgarten eine recht umständliche Formulierung des Sachverhalts. Er spricht dort von Beschreibungen im poetischen Gedicht und setzt sich mit dem Problem auseinander, daß die extensive Beschreibung gleichsam wider Willen zu einer deutlichen Rede führen könnte und somit die klare Verworrenheit des Ästhetischen auflösen könnte: »Jener Zweifel kann sogleich beseitigt werden, der einem nachdenklichen Geist zu schaffen machen könnte, daß nämlich Beschreibung per definitionem bedeutet, in A B. C. D. zu unterscheiden, und daß A deshalb deutlich vorgestellt würde. Das würde gegen den Begriff des Gedichtes, wie er in § 9 gegeben worden ist, und gegen das, was daraus folgt, § 14, verstoßen. Daraus könnte die absurde These hergeleitet werden, daß Beschreibungen aus einem Gedicht ausgeschlossen werden müßten. Doch B. C. D. usw. sind sensitive Vorstellungen, da sie als verworrene unterstellt werden, § 3. Die Beschreibung setzt also an die Stelle des einen sensitiven A B. C. D., d.h. mehrere sensitive Vorstellungen. Infolgedessen könnte A durchaus deutlich werden, was dennoch selten geschieht. Das Gedicht würde nach einer durchgeführten Beschreibung nichtsdestoweniger vollkommener werden, als vor derselben, § 8.«[85]

Ich übersetze das Zitat in eine verdeutlichende Paraphrase: Nehmen wir an, daß mit A eine Landschaft gemeint sei und die Aufgabe des Poeten darin bestände, sie zu schildern. Das Totum einer Landschaft ist der Inbegriff einer klaren und verworrenen Vorstellung: klar deshalb, weil wir einen prägnanten Eindruck einer Landschaft haben; verworren, weil wir kaum je in der Lage sein werden, eine solche Merkmalsanalyse durchzuführen, daß am Ende alle logischen Merkmale vorhanden sind. Geschildert wird die Landschaft (die sensitive Vorstellung A), indem sensitive Vorstellungen, die in ihr sind, also z. B. ein Baum (B.), eine Wiese (C.) oder ein Bach (D.) beschrieben werden. *An die Stelle* (substituere) von ›Landschaft‹ treten diese Individua und spezifizieren – aber selbst wieder als klare und verworrene Vorstellungen und in klaren und verworrenen Verknüpfungen – was als Verworrenes (A) eigentlich

[85] Baumgarten, *Meditationes*, § LV: »Iam eximi potest ille scrupulus, qui haerere posset animo cogitanti descriptionem esse per defin. in A distinguere B C D, adeoque A distincte repraesentari, quod quum sit contra conceptum poematis § 9, et inde fluentem, § 14, inde deduci posse absurdum descriptiones es poemate esse eliminandas. Nam B C D etc. sunt sensitivae repraesentationes, quum confusae supponantur, § 3. Ergo descriptio loco unius A sensitivae substituit B C D, i.e. plures sensitivas. Hinc licet A prorsus fieret distinctum, quod tamen raro fit, nihilo poema minus post descriptionem admissam fieret perfectius quam ante eandem, § 8.«

Gegenstand der Vorstellung war. Würde man eine Landschaft so exakt und detailgenau beschreiben, daß alles in ihr aufgenommen wäre und keine sinnlich wahrnehmbare Nuance fehlte und würde zudem diese Beschreibung als Ganze in jedem Detail dem Geist präsent sein, so wäre es eine deutlich Beschreibung und folglich unpoetisch. Aber das geschieht selten, wie, ironisch wohl, Baumgarten bemerkt. Genau genommen kann es gar nicht geschehen, denn sinnliche Kontinua sind, wie ausgeführt, nicht restlos digitalisierbar. Deutlichkeit wäre hier im Sinne des Leibnizschen Infinitesimalgedankens ein Grenzwert.

Das Zusammenhängende von B., C., D., ist der Inbegriff der Landschaft: A. Die Reihe der B., C., D., ist – in der Übertragung der Beispielslogik auf die Logik des Poetischen – das, was in der Aristotelischen Theorie vom Beispiel die Reihe der durch Analogieschluß zustandegekommenen Einzelfälle ist. Der allgemeine Satz, der dann per Induktion gebildet werden soll, damit das Beispiel Beweiskraft erhält, wird freilich in der sensitiven Rede nicht gefunden. Denn es ist ja die bestimmte Landschaft A, die die Stelle dieses Allgemeinen einnimmt. Aber diese Landschaft ist nichts weiter als ihre Beschreibung; sie ist kein Allgemeines jenseits der Einzelfälle. Die Idee einer individuellen Landschaft kann – im Gegensatz zum Allgemeinen des Beispiels – als solche nicht gesagt werden; sie existiert nur in der Reihe der B., C., D. Und diese Reihe kann in ihrer sinnlichen Kompaktheit nicht resümiert werden. Baumgarten konzipiert die ästhetische Rede vom Vorbild des Beispiels her, ohne aber dessen Verallgemeinerung mitzumachen.[86]

Technisch kann man davon sprechen, daß anstelle einer direkten Idee eine Konstellation von Metaphern eintritt, deren jeweiliges tertium comparationis auf die Ausgangsidee bezogen ist. Die Metaphern bilden aber untereinander neue Bedeutungsüberschneidungen und bieten ein überstrukturiertes Paradigma an, das irreduzibel mehr ist, als was ausgedrückt werden sollte. Wenn es stimmt, daß nach dem bekannten Diktum jedes Gedicht von der Liebe oder dem Tod handelt, so wäre ein jedes in dem, was es aussagt, mit allen anderen identisch, würde nicht diese Strukturmaximierung eintreten, die *an die*

[86] Die Stelle in den *Meditationes*, an der Baumgarten das Beispiel definiert, bezieht sich nicht ausdrücklich auf Aristoteles: »§ XXI. Exemplum est repraesentatio magis determinati ad declarandam repraesentationem minus determinati suppeditata« (Ein Beispiel ist die Vorstellung von etwas stärker Bestimmtem, die zur Erklärung einer Vorstellung von weniger Bestimmtem beigebracht wird). Es ist jene entlegene Bemerkung zum soeben diskutierten Paragraphen LV, die sich der Sache nach mit dem Beispiel-Begriff zusammenbringen läßt. Meine Argumentation hat somit modelltheoretischen Charakter und ist nicht historisch im Sinne der Behauptung eines konkreten Einflusses gemeint. Deshalb bleibt auch die viel zu kurze Bemerkung Baeumlers zum Beispiel-Begriff (²1967, S. 210f.), zumal sie die Argumentation nur durch historische Einflüsse motiviert, sachlich unbefriedigend.

Stelle des Archisems Liebe oder Tod eine Paraphrase durch Beispiele setzte, die unter sich in ein Bedeutungsspiel geraten, das eine jeweils autonome Konstellation entwirft.

Eine oratio sensitiva perfecta ist also ein poema, insofern sie ihr Paradigma (im linguistischen Sinne) als eine Paraphrase ihres originalen Signifikats realisiert oder besser: Sie ist poema, sofern die Paraphrase *an die Stelle* gesetzt ist, wo ein solches Original zu stehen hätte, aber nie gestanden hat. Nicht mehr das Original ›Liebe‹ wird im poema als solches ausgesprochen, sondern die Reihe von Beispielen, die *an die Stelle* des Originals treten und als ursprüngliche Doubletten[87] zu Metaphern werden: Doubletten, weil es die sensitiven Vorstellungen des poema sind, die gleichsam als Ersatz an diejenige Stelle rücken, welche im exemplum durch den Allgemeinbegriff definiert ist; ursprünglich, weil dennoch die Stelle erst in dem Moment geschaffen wird, in dem die Vorstellungen sie besetzen. Im poema gibt es kein zugrundeliegendes Signifikat, das der Ursprung der poetischen Bewegung des Materials wäre. Ursprünglich sind vielmehr die Metaphern, Vorstellungen und Handlungsverknüpfungen, die als eine Konstellation unter einem Thema (einer möglichen Welt) vorstellig werden. Sie wirken als diese Oberfläche einer ästhetischen Vernetzung und sind einerseits Doubletten unter der irrigen Voraussetzung, dieser Zusammenhang verdanke sich einer ursprünglichen Bedeutung. Andererseits sind diese Vorstellungen jedoch ursprünglich durch die Erkenntnis, daß es jenseits dieser Doubletten keinen Ursprung gibt.

Nun ist, um den nächsten Gedankenzug zu eröffnen, in Baumgartens Argumentationsgang die Relation von Vielheit und Einheit aufgestellt. Ein Gedicht wird um so poetischer, je mehr sinnliche Bestimmungen es in seine Einheit hineinziehen, also als ursprüngliche Doublette an den sowohl usur-

[87] Vielleicht ist eine Anmerkung zum Begriff der ›ursprünglichen Doublette‹ nötig. Die Wortwahl erinnert an diverse postmoderne bzw. dekonstruktivistische Begrifflichkeiten. So spricht Winfried Menninghaus (*Unendliche Verdopplung. Die frühromantische Grundlegung der Kunsttheorie im Begriff absoluter Selbstreflexion*, Frankfurt am Main 1987, S. 89ff.) in seinem Versuch, die Frühromantik als Dekonstruktion zu lesen, mit Derrida von der »ursprünglichen Duplizität«, als die sich der Begriff der absoluten Reflexion erweist. Novalis (*Werke, Tagebücher und Briefe Friedrich von Hardenbergs*, Hg.: Hans-Joachim Mähl, Richard Samuel und Hans Jürgen Balmes, 3 Bände, München 1978–1987, Bd. II, S. 692) etymologisiert den Begriff des Individuums aus dem Wort Dividuum, legt also eine ursprüngliche Geteiltheit vor das zusammenziehende ›In‹. In seiner Freud-Lektüre (*Freud und der Schauplatz der Schrift*) redet Derrida vom »Supplement des Ursprungs« (Derrida ^{2}1985, S. 315) und formuliert: »Alles fängt mit der Reproduktion an« (S. 323). – Es wäre darüber nachzudenken, ob man an dieser Stelle der Baumgarten- und später der Herder-Deutung die Terminologien der Dekonstruktion plazieren könnte. Zunächst möchte ich aber darauf bestehen, daß die vorgeschlagene Begrifflichkeit unabhängig von solchen Hintergründen aus der Sache selbst motiviert ist.

pierten als auch originär gestifteten Paradigmaort setzen kann. Der Grenzwert ist die allseitige Bestimmtheit (immer unter der Voraussetzung gesprochen, daß dabei die Einheit gewahrt bleibt). Was allseitig bestimmt ist, nennt Baumgarten konform mit der philosophischen Tradition Individuum. Diese Terminologiemöglichkeit eröffnet, wie gezeigt, die Abbildbarkeit der Begriffe poema und individuum aufeinander. Die Konsequenzen sind offenbar: Im eröffneten Terminologietransfer hat Individuum als ursprüngliche Doublette zu gelten und das Kunstwerk in seiner Logik der metaphorischen Beispielreihe als ein ens determinatum, das um so poetischer ist, je weniger es durch subsumierende Begriffslogiken beschreibbar ist.

Diese Bestimmungen finden in Herders Odentheorie ihre exakte Umsetzung.[88] Herder denkt in seinen frühen Versuchen zur Ode die Empfindung als Nachahmung einer Empfindung. Schon der Dichter muß, will er Empfindung dichten, den Hiatus von unmittelbarer Empfindung und vermitteltem Dichten durch ein Sichselbstkopieren überspringen. Die Ode ist damit nicht direkter Ausdruck der Empfindung, sondern konstruiert erst in ihrem Verlauf diejenige Empfindung, die im ästhetischen Kalkül der den Leser simulierende Dichter durch seine Kunstmittel entworfen hat. Damit ist die Ode ursprüngliche Doublette der Empfindung, und zwar ist sie es um so mehr, je individueller sie es ist.[89]

Nachdem zuerst aus einer Analyse des Individuum-Begriffs der Leibniz-Wolffschen Tradition die Übereinstimmung von poema und individuum hergeleitet wurde, liegt nunmehr, nach einem zweiten Argumentationsgang, das Ergebnis vor, daß sich die beiden Begriffe ebenso durch einen Rekurs auf den Begriff des exemplums und den der ursprünglichen Doublette zusammenführen lassen. Und angesichts des identischen Ergebnisses dieser zwei Argumentationsgänge lassen sich zudem die beiden terminologischen Formationen aufeinander abbilden, so daß das Individuum als ursprüngliche Doublette begriffen werden kann. Die Analyse kann nun einen weiteren Schritt gehen, und sich der Frage zuwenden, wie eine interpretierende Rede über ein solchermaßen individuelles Kunstwerk aussehen kann.

Wie also beschreibt man ein Kunstwerk? Oder ausführlicher gefragt: Wie beschreibt ein Individuum, das seine eigene semantische Kompetenz als originäre Usurpierung seines eigenen Platzes denken muß, ein klar aber verworren organisiertes sinnliches Ganzes, das seinerseits ursprüngliche Doublette ist? Diese Fragestellung bedarf einer Explikation. Zunächst ist sie rein be-

[88] Vgl. W I, 57–99.

[89] Ich werde in dem Kapitel zur *Praxis der Interpretation bei Herder* ausführlich auf diesen Gedanken zurückkommen.

griffslogisch hergeleitet. Wenn erwiesen worden ist, daß das poema eine ursprüngliche Doublette ist und wenn weiterhin die Begriffe individuum und poema einer identischen Begriffslogik gehorchen, so läßt sich die Qualifizierung des poema, ursprüngliche Doublette zu sein, ebenso dem individuum zuschreiben – und zwar spezifisch auch einer personalen Individualität, wie oben aus dem Crusius-Zitat deutlich wurde.

Weitet man diese Begriffslogik auch auf die Frage der Interpretation aus, so ergibt sich eine Verdopplung des Arguments. Ein individueller Interpret wird seine eigene Individualität nicht durch die Unterstellung denken können, daß ihr als Ursprung ein exklusives und generierendes Signifikat zugrunde läge. Tatsächlich realisiert sich die Individualität im Diskurs selbst, also in der spezifischen Art der Verknüpfung von Argumenten und in der Modellierung von Vorstellungen. Auch hier rückt *an die Stelle* eines nur imaginären monologischen Ursprungs eine Konstellation der tatsächlichen Rede, in der sich Individualität zwar ausdrückt, aus der sie aber nicht generierbar ist. Das interpretierende Individuum ist genauso ursprüngliche Doublette wie die interpretierte individuelle Dichtung. Wie gestaltet sich die Interpretation eines individuellen poetischen Textes durch ein Individuum?

Die Antwort wäre in der folgenden These zu suchen: Interpretation erfolgt durch Projektion der jeweils eigenen Bestimmung eines interpretierenden Individuums – nur Doublette zu sein – in den imaginären Ursprungsort des Anderen. Das Kunstwerk ist seinem Begriff nach auf seinen Kommentar angewiesen[90] und eröffnet ihm gleichsam den Raum; ein Individuum findet im Reden über die Kunst eine Möglichkeit, die eigene Selbstreferenz, statt sie immer nur als ein Zweites erfahren zu müssen, in einen Ursprung zu ziehen. Kunstwerk und Kunstdeutung werden in diesem Moment zu *einer* Diskursstruktur, in welcher der Begriff des Individuellen auf beiden Seiten gleichzeitig gesetzt ist und in welcher die jeweils eine Seite die andere braucht, um des Ursprungs der eigenen Verspätung angesichtig zu werden.

In seinem Nekrolog zu Thomas Abbt formuliert Herder diesen Gedanken der Projektion als der Weise des Sich-im-Anderen-zur-Anschauung-Gelangens: »Selbst geben wir oft nicht auf unsre Gedanken Acht; allein den Augenblick erkennen wir uns, wie in der Platonischen Erinnerung aus dem Reich

[90] Ich habe oben (Fußnote 60) auf Baeumlers Gedanken hingewiesen, daß das Konkrete als solches nur wahrnehmbar ist, indem es durch das Allgemeine hindurch vermittelt wird. Genau in diesem Sinne ist das Kunstwerk als solches erst es selbst, wenn seine Differenzqualität zur begrifflichen Rede vor der Folie eben dieser artikuliert wird. Interpretation ist daher eine Art von Double des Kunstwerks: erst durch sie, nämlich in selbstkonstituierender Absetzung von ihr ist das Kunstwerk es selbst. Somit ist es seinem Begriff nach auf Interpretation angewiesen.

der Geister, wenn ein andrer Gedanken vorzeiget, die unsrer Seele entwandt scheinen. Selbst können wir nicht vollständig darauf antworten, wie die Gestalt unsres Antlitzes sey; wohl aber werden wir aus uns fahren, wenn uns ein Bild unsrer selbst, ein zweytes Ich, aufstieße« (SWS II, 258). Fast alle Motive der bislang geleisteten Analyse tauchen in diesen Sätzen auf. Der Biograph, der als Philosoph des »dunkeln Grundes unsrer Seele« (ebd.) zum »Geschichtsschreiber« (ebd., 259) werden muß, wenn er aus den Schriften eines Autors den individuellen »Geist eines Menschen, wie ein einzelnes Phänomenon« (ebd., 257) – hier ist der Begriff des phaenomenon im durchaus Baumgartenschen Sinne verwendet – explizieren will, kann dies nach Herder nur tun, weil er im Anderen Gedanken findet, die sein Eigentum sein könnten und ihm eine Art von Spiegelbild sind.

Spiegelbild dies ad

Die Differenz zwischen Gegenstand und Deutung wird bestätigt und zugleich aufgehoben: im Gegenstand findet die Deutung ihr Eigentlichstes wieder. Damit begründet Herder das Verhältnis der Interpretation zu ihrem Gegenstand als eines, bei dem jede Seite zwar ihre Wahrheit in sich hat, jedoch nur »anschauend, aber nicht deutlich« (ebd., 258). Dadurch, daß ein Anderer angeschaut wird, kann jedoch die verworrene Klarheit, die vorhanden ist, wenn nicht deutlich, so doch klarer werden, weil das Anschauen ein von sich Wegstellen ist und als Akt der Theorie eine Objektivierung leistet, die am Gegenüber Differenzen sinnlich wahrnehmbar macht, die in der Nähe des Selbstbezugs dunkel bleiben würden. Wenn nach der lancierten These Individualität die verdoppelnde Usurpation des eigenen Ortes ist und wenn sie diese Struktur mit dem Begriff eines poema teilt, dann wird die Kommunikation dieser zwei Größen ein sich in das Gegenüber Hineinprojizieren sein müssen, das zu einer gesteigerten Selbstwahrnehmung führt. Das Verhältnis von poetischer Sprache und interpretierender Metasprache wäre ein solches zweier Reden, die jeweils ihren Gegenstand immer schon in sich haben und ihn nach ihren eigenen Maßgaben darstellen.

Aber auch das Gedächtnis-Argument taucht auf. »Wie in der Platonischen Erinnerung« sind die Gedanken, die ein Biograph bei einem anderen entdeckt, für die eigene Selbsterkenntnis von Wichtigkeit. Die Projektion der Überkomplexität des allseitig in sich bestimmten Individuums auf eine Zeitachse historisiert nicht nur den Gegenstand des Erkennens, sondern auch die Erkenntnismethode. Als »Geschichtschreiber« (ebd., 259) tritt der Biograph auf, weil er den dunklen Grund eines Individuums beschreibt, um in ihm die Gesetze der Biographie zu entdecken. Notwendig muß der Biograph dabei seine eigene Geschichte hermeneutisch nutzbar machen, denn nur die Parallelität zweier Ontogenesen, ermöglicht durch die strukturierende Basis eines phylogenetischen Modells, eröffnet ein Verständnis eines Individuums durch ein anderes Individuum. Die Archive der memoria dienen der Hermeneutik des Individuellen, und zwar eines solchen Individuellen, das aisthetisch gedacht ist und folglich poetische Qualitäten haben kann und im Falle der Deutung von Poesie auch hat.

Die These lautet: Die Art und Weise, wie Herder als erster über Dichtung zu sprechen beginnt, trägt die Folgelasten emphatisch aus, die Baumgarten mit seiner Bestimmung des poema gesetzt hat. Ein Anschluß an Baumgarten kann nur seine Überwindung bedeuten, so daß der gleiche Schritt, mit dem Herder Baumgarten fortführt, ihn in die Opposition zu ihm bringt. Dem Baumgartenschen Poesiebegriff in praxi zu folgen heißt, sich in einen Diskurs der Reflexionscharaden zu begeben, der sich als Kunstexegese inszeniert und doch eine Selbstbeschreibung im emphatischen Namen des jeweils immer Anderen ist. Baumgartens Grundgedanken von der Individualität des ästhetischen Gegenstandes und seiner Erkennbarkeit nicht auf wissenschaftlichem, sondern auf einem der Vernunft analogen Wege[91] führen direkt aus dem Diskurs heraus, den er selbst führte, wenn man sich vor die Aufgabe stellt, nicht in abstracto davon zu handeln, wie über Kunst zu reden sei, sondern es zu tun.

Herders Anschluß an Baumgarten ist so vertrackt, wie die Ursprungsszene, die hier zu formulieren versucht wird. Gegen Baumgarten argumentiert er, daß Ästhetik nicht die Kunst, schön zu denken sein könne, sondern als Theorie der aisthesis so wahr und richtig zu sein habe, wie Theorie nun einmal sein müsse. Folglich schließt er, wenn er Dichtung interpretiert und dies – wie noch zu beschreiben sein wird – als schöne Rede inszeniert, nicht an Baumgarten an. Was immer Herder in den *Fragmenten Über die neuere deutsche Literatur*, im *Shakespear*-Aufsatz oder auch in seinen theologischen Schriften treibt: Ein Anschluß an Baumgarten ist es paradoxerweise in dem Maße nicht, wie es dennoch emphatische, poetische, nachempfindende, schöne Rede ist. Gleichzeitig aber zieht Herder die Konsequenz aus der Bestimmung Baumgartens, Dichtung nach dem Modell des Individuums zu denken. Denn ummittelbar ist diese Bestimmung des Gegenstandes poema die Bestimmung der Verhältnisse einer Kommunikation: der zweier Individuen, die ihre Struktur in der Projektion ins jeweils Andere thematisierbar machen. So wird Herder via negationis zum Vollstrecker Baumgartens.

Die Umschaltung von rhetorischer Produktionspoetik auf Ästhetik und aisthetische Rezeptionsästhetik in der zweiten Hälfte des 18. Jahrhunderts trägt dem soeben ausgeführten Gedanken Rechnung. Ironischerweise, wie

[91] Baeumler (^{2}1967, S. 230f.) bezeichnet diese beiden Gedanken als die beiden großen, die Baumgarten gehabt habe.

man wohl sagen muß: Denn Baeumler bemerkt vollkommen zu recht, daß Baumgarten eine »Ästhetik des objektiveren Werkes, nicht eine Ästhetik der Wirkung«[92] entworfen hat. Offensichtlich laden in einer dialektischen Verkehrung Rezeptionspoetiken weniger zu substantiellen Projektionen ein, als eine die Autonomie von Werken betonende Ästhetik. An einer recht entfernten Stelle, in Johann August Eberhards *Theorie der schönen Künste und Wissenschaften*[93], ist auf den Punkt gebracht, daß die Idee der ästhetischen Vollkommenheit eines Gedichtes (im Sinne Baumgartens) zur Explikation der Selbstreferenz des Rezipienten beiträgt, daß also uno actu mit der Idee eines solchen Werkes die Struktur einer Kommunikation über dieses in es hinein gesetzt ist. »Die Vollkommenheit eines Werkes kann uns nicht anders Vergnügen verursachen, als durch das Anschauen *unserer* Vollkommenheit.«

Insbesondere an der Autonomieästhetik, die Karl Philipp Moritz in den 80er Jahren des 18. Jahrhunderts zu entwickeln unternimmt, wird die behauptete Projektions- bzw. Simulationsstruktur deutlich. Abzulesen ist an den einschlägigen Texten, daß offensichtlich Autonomieästhetiken einen stärkeren Begriff der Rezeption haben, als selbst Rezeptionsästhetiken. In seinem kurzen Text *Über den Begriff des in sich selbst Vollendeten* führt Moritz aus, daß im Unterschied zum bloß Nützlichen das Schöne in sich vollendet sei und »um sein selbst willen Vergnügen gewährt.«[94] Die Formulierung, mit der Moritz diesen Gedanken einführt, läßt aufhorchen: »Bei der Betrachtung des Schönen aber wälze ich den Zweck aus mir in den Gegenstand selbst zurück« (ebd.). Natürlich ist im Ethikdiskurs die Formel von der Selbstzweckhaftigkeit zunächst nur eine Zuschreibung auf den Menschen. Wenn Moritz sie vom Kontext der Ethik loslöst und sie in die Ästhetik einschreibt, so ist dies zugleich eine Umschichtung von Diskursparadigmen. Die Formulierung, daß der Zweck vom Subjekt in den Gegenstand ›gewälzt‹ werde, deutet an, daß erst durch diese Arbeit der Umschichtung der Begriff des Schönen erlangt wird. Moritz' Theorie des Schönen ist keine Beschreibung des Schönen im Sinne einer Phänomenologie, sondern eine umschichtende Konstruktion, die Ethikzuschreibungen ästhetisch umkodiert. Wenn also das Schöne durch ›Umwälzung‹ jene Selbstreferenz erhält, die vorher nur der Mensch hinsichtlich seiner Moralität hatte, dann kommt nun in einem Gegenstand zur Anschauung, was vorher so ausschließlich wie unanschaulich dem Menschen zugedacht war. Das hat Folgen für das Verhältnis von Kunstgegenstand und Rezeption.

[92] Ebd., 228.

[93] Johann August Eberhard, *Theorie der schönen Künste und Wissenschaften*, Halle ^{3}1790, S. 12.

[94] Moritz II, 543.

»Wir bedürfen des Schönen nicht so sehr, um dadurch ergötzt zu werden, als das Schöne unserer bedarf, um erkannt zu werden. [...] Denn durch unsre zunehmende Anerkennung des Schönen in einem schönen Kunstwerke, vergrößern wir gleichsam seine Schönheit selber, und legen immer mehr Wert hinein.«[95] Deutlich ist in diesen Sätzen ausgesprochen, daß dem Schönen, um ›autonom‹ sein zu können, erst einmal seine Autonomie verliehen werden muß. Und was ihm verliehen wird, ist das Prädikat der Selbstzweckhaftigkeit, das als Zuschreibung auf den Menschen dessen Begriff der moralischen Integrität und Würde bildet. Entsprechend devot wird der Akt des Kunstrezipierens von Moritz beschrieben: »Auch das süße Staunen, das angenehme Vergessen unsrer selbst bei Betrachtung eines schönen Kunstwerks, ist ein Beweis, daß unser Vergnügen hier etwas Untergeordnetes ist [...] und eben dies Verlieren, dies Vergessen unsrer selbst, ist der höchste Grad des reinen und uneigennützigen Vergnügens, welches uns das Schöne gewährt. Wir opfern in dem Augenblick unser individuelles eingeschränktes Dasein einer Art von höherem Dasein auf.«[96]

Das Kunstwerk ist darin bestimmt, der zur Anschauung gekommene Begriff der Selbstzweckhaftigkeit zu sein und insofern eine im ästhetischen Objekt simulierte Diskursform der moralischen Selbstreferenz des Menschen darzustellen. Die Kunstrezeption ist dann demjenigen Akt des Aufhebens analog, der im moralischen Akt mit dem empirischen Ich geschieht, wenn es vom intelligiblen Ich an seine Zugehörigkeit zum reinen Reich der Zwecke erinnert wird. Daß wir uns in der Kunstanschauung »opfern« ist de facto eine Selbsterhöhung, weil die Kunst derjenige Ort ist, an den der formale Begriff der Moralität per Projektion gesetzt wurde.

Moritz denkt das Verhältnis von Kunst und Kunstrezeption offensichtlich als Projektionsverhältnis und damit als *eine* Diskursstruktur. Was zunächst ein Implikat der menschlichen Selbstreferenz ist, kommt nun dem ästhetischen Gegenstand zu. In einem zweiten Schritt wird die Projektion wieder ins Subjekt hineingeholt, indem dieses sich dem Höheren im Kunstwerk – also dem eigenen Höheren, das ins Kunstwerk nur ›gewälzt‹ ist – unterwirft, um auf diese Weise wieder unter die Herrschaft der Selbstzweckhaftigkeit zu kommen, die dem Subjekt seine moralische Würde und Identität garantiert. Der ganze Prozeß ist beschreibbar als das Anschaulichwerden dieser Selbstzweckhaftigkeit und der Aufhebung ihres Andersseins.

Eine Stelle aus *Über die bildende Nachahmung des Schönen* macht deutlich, daß Moritz mit dieser Struktur der Verdopplung der moralischen Selbstrefe-

[95] Ebd., 544.
[96] Ebd., 545.

renz im Kunstwerk und in der Kunstrezeption ein Analogon zu einer größeren Verdopplung denkt: »Jedes schöne Ganze aus der Hand eines bildenden Künstlers, ist daher im Kleinen ein Abdruck des höchsten Schönen im großen Ganzen der Natur.«[97] Weil »die Natur« Schönheit hervorbringt, die jedoch »unmittelbar« (ebd.) zu ihr steht, braucht sie eine Vermittlung, in der sie »mittelbar den Widerschein« (ebd.) ihrer Produktivität anschauen kann. »Und so brachte sie, durch diesen verdoppelten Widerschein sich in sich selber spiegelnd, über ihrer Realität schwebend und gaukelnd, ein Blendwerk hervor, das für ein *sterbliches* Auge noch reizender, als sie selber ist.«[98] Das Kunstschöne ist also für die Natur ein verdoppelndes Blendwerk und als Widerschein Möglichkeit zur Selbstanschauung. So wie die Natur das Kunstschöne unsubstantiell braucht – unsubstantiell, weil das Wesen einzig von ihr verliehen wird; braucht, weil sie ihrer selbst im Anderen anschaulich werden will –, wird der Mensch seiner Moralität im Kunstschönen angesichtig. Vom Menschen her gesehen wiederholt die Realität des Kunstwerks, was von der Natur her gesehen ontologisch – wenngleich als Blendwerk disqualifiziert – die notwendige Selbstanschauung ist.

Es erhellt, daß aus diesem Gedanken ein starker Begriff der Rezeption erwächst. Während Rezeptionsästhetiken auf didaktische Momente wie Erziehung, Bildung und Aufklärung oder auf hedonistische Momente wie Vergnügen setzen und damit Kunstrezeption einer Willkür unterstellen, da niemand Kunst zu rezipieren genötigt werden kann, der sich nicht bilden oder vergnügen lassen will, ist die Autonomieästhetik daran interessiert, einen notwendigen Begriff von Kunst zu entwickeln. Wenn Kunst Selbstanschauung der Selbstzweckhaftigkeit ist, dann wird das ästhetische Verhalten zum moralischen Imperativ. Unterstützt wird er dadurch, daß ontologisch die Selbstanschauung der Natur zum Kunstschönen führt. Offensichtlich kann gerade eine Theorie, die nicht bei den empirischen Interessen der Menschen ansetzt, einen argumentativ weitaus verpflichtenderen Begriff von Kunstrezeption entwickeln. Die Basis des ganzen Gedankenganges ist aber das grundsätzliche Verhältnis der Projektion. Moritz arbeitet wie Herder daran, Kunst und Kunstbeschreibung als eine einzige Diskursstruktur zu denken und damit Interpretation notwendig im Werk selbst zu fundieren.

Die Ausgangsthese war, daß das poema ursprüngliche Paraphrase eines imaginären Signifikats sei, das Individuum ursprüngliche Doublette und ihrer beider Kommunikation ein Projektionsverhältnis, in welchem im Gegenüber diejenige Konstitutionslogik anschaulich gemacht wird, die sich der

[97] Ebd., 560.
[98] Ebd., 561.

selbstreferentiellen Beobachtung entzieht. Diese in der Analyse Baumgartens entwickelten Begriffsbestimmungen konnten in einer Variante bei Moritz wiedergefunden werden. Wie aber formuliert Herder diese basale Kommunikationsstruktur aus?

Wenn poetische Texte als individuelle gedacht werden und wenn ihre sinnliche Kompaktheit nicht aus deutlichen, sondern aus klaren und verworrenen Vorstellungen erwächst, dann kann eine Rede über diese Texte, sofern sie von deren Individualität handeln will, nicht versuchen wollen, die extensive Klarheit des Ästhetischen durch wenige und im Baumgartenschen Sinne unästhetische Begriffe zu erkennen. Vielmehr muß sie bestrebt sein, sich ihrem Gegenstand anzunähern. Sie tut es, indem sie ihn intern noch einmal darstellt: Der poetische Text wird in der Rede über ihn wiederholt. Diese Struktur realisiert sich als Projektionsverhältnis. Anstatt dem poetischen Text als einem qualitativ Anderen gegenüber zu stehen, holt ihn die interpretierende Rede in sich hinein und behandelt den immanent dargestellten Text als das zu Interpretierende: Wenn Herder über Shakespeare oder Klopstock redet, dann wiederholt er das Poetische der Originaltexte in seiner Interpretation durch eine nacherzählende, deiktische und emphatisierende Rhetorik. Der Diskurs, der dabei entsteht, trägt den Namen Paraphrase. In ihr werden die poetischen Eigenschaften des zu Interpretierenden dargestellt, aber zugleich mit interpretierenden Begriffen vermischt.

Wenn nach der entwickelten These ein poema seine sinnlichen Vorstellungen paradigmatisch auftürmt, so ist eine Möglichkeit, von ihm zu sprechen, in der Ausformulierung dieser Vorstellungen gegeben. Interpretation wird nicht das grundsätzlich imaginär bleibende Signifikat selbst sagen können, an dessen Stelle in ursprünglicher Metaphorizität das poema seine paraphrasierenden Beispiele setzt. Aber sie wird in die Logik dieser Paraphrasierungen einsteigen können und sowohl immanent – in der Explikation der sinnlichen Vorstellungen – reden können als auch erklärend und von außen – im Verweis auf die Genese der Vorstellungen und durch die Investition von analysierenden Begrifflichkeiten. Paraphrase erscheint also als diejenige Redeform, die dem neuen Begriff des poetischen Textes als individuell-sinnlicher Kompaktheit angemessen ist.

Im folgenden sollen Begriff und Sache der Paraphrase entwickelt werden. Zunächst ist die Vorgeschichte des Begriffs aufzuarbeiten, dann stehen Herders Überlegungen zur Paraphrase zur Diskussion.

Der Begriff der Paraphrase ist nicht eindeutig der Rhetorik zuzuordnen. Natürlich erscheint er in diesem Kontext, aber die Paraphrase ist weder eine Redefigur noch eine Trope. In den Begriffsregistern der Rhetoriken des 18. Jahrhunderts findet sich der Begriff ebenso selten wie sein deutsches

Äquivalent Umschreibung.[99] Um so häufiger erscheint der Terminus aber im Umfeld hermeneutischer Überlegungen.

Schon Matthias Flacius Illyricus benutzt bei seinen hermeneutischen Überlegungen in der *Clavis scripturae sacrae*[100] den Gedanken der Paraphrase. Flacius unterscheidet im auszulegenden Text die grundsätzlichen und wesenhaften Sätze (illas quasi primarias & substantiales sententias) von den nur äußerlichen (externas).[101] Sich einen Text verstehend zu eigen machen, heißt diese wesentlichen Sätze mit anderen Worten schriftlich zu reformulieren (varie retextare)[102], so daß eine quasi anatomische Niederschrift entsteht, in der das Skelett eines Textes erkennbar ist.[103] Flacius macht diese Formulierung der Kernthesen eines Textes zum Ausgangspunkt für den hermeneuti-

[99] Der Begriff der Periphrase taucht, wenngleich immer nur kurz, in den rhetorischen Lehrbüchern des 18. Jahrhunderts auf (zum Verhältnis von Paraphrase und Periphrase s. u.). In Johann Andreas Fabricius' *Philosophische Oratorie, Das ist: Vernünftige Anleitung zur gelehrten und galanten Beredsamkeit* von 1724 (Leipzig) steht auf Seite 197 nur der knappe Eintrag: »Periphrasis, circumlocutio, umschreibt etwas«. – Ebenso kurz gibt sich Friedrich Andreas Hallbauer in seiner *Anweisung zur verbesserten Oratorie* (Jena 1725, S. 486): »Periphrasis, wenn man etwas, das mit wenigen Worten gesagt werden könnte, mit vielen Worten vorträgt.« – Daniel Peucer, *Anfangs-Gründe der Teutschen Oratorie* (Dresden ⁴1765) erwähnt die Begriffe Periphrase und Paraphrase, soweit ich sehe, gar nicht. – Einzig in Christian Schröters *Gründlicher Anweisung zur deutschen Oratorie* [...], Leipzig 1704 gibt es eine ausführlichere Passage zur Paraphrase. Schröter handelt die Paraphrase als die »dritte und schönste Art der Amplification« (S. 407) ab und unterscheidet mit der grammatischen, philologischen und historischen Paraphrase drei Formen. Die grammatische »bestehet darinnen / daß ich nur bloß mit andern Worten die Meynung und Verstand des angeführten Symboli oder Denckspruches gebe« (ebd.). Die historische Paraphrase »gehet auf die Gelegenheit / welche den Urheber eines Spruches dazu bewogen hat« (S. 408). Sind diese beiden Paraphrasearten noch als amplificatio-Techniken zu sehen, so ist die »Paraphrasis Philologica« eindeutig ein hermeneutisches Verfahren: sie »gehet genauer auf den Sensum, leget denselben / wenn er etwas versteckt ist / mit deutlichen Worten aus / als wenn unterschiedene Auslegungen können gemacht werden / trägt sie ein artiges Judicium bey / solte sie auch gleich mit herrlichen AEtiologien und Amplificationibus dem Wercke zu Hülffe kommen.« Auslegung ist ein dem auszulegenden Text gegenüberstehendes Verfahren und trägt zu seiner immanenten Erweiterung nichts bei. Somit wäre das »dem Wercke zu Hülffe kommen« eine Tätigkeit der Hermeneutik und kein rhetorisches amplificatio-Verfahren zur Erweiterung des Textes.

[100] Ich zitiere die Paragraphennummern aus der letzten Ausgabe von 1719 und nach der deutschen Übersetzung im Nachdruck von Lutz Geldsetzer, Düsseldorf 1968 (die Erstauflage der *Clavis* erschien 1567). Die Stellen zur Paraphrase finden sich in dem Kapitel »Anweisungen, wie man die heilige Schrift lesen soll, die wir nach unserem Urteil gesammelt oder ausgedacht haben« (Praecepta de ratione legendi sacras literas, nostro arbitrio collecta, aut excogitat a).

[101] Flacius, *Clavis*, § 26.

[102] Ebd., § 25.

[103] Vgl. zu dieser Metaphorik ebd.

schen Schritt der Paraphrase: »§ 27. Dieser gleichsam anatomischen Niederschrift könntest du mit Nutzen sowohl eine kurze Gesamtdarstellung oder kompendiarische bzw. zusammenfassende Niederschrift, als auch eine reichhaltigere Umschreibung beifügen.«[104] Wenn man nämlich versuche, so Flacius, den Gedankengang eines anderen Textes mit eigenen Worten so wiederzugeben, daß man dabei keinen neuen Gedanken hinzufügt und auch nichts wegläßt, so sei dies die intensivste Art, sich einen Text zu eigen zu machen. Die Paraphrase erscheint hier als hermeneutische Gegenprobe. Ein Verstehen war erfolgreich, wenn die Paraphrase gelungen ist, also ein Gedanke von der Sprache des Ausgangstextes in die Sprache des Interpreten transportiert werden konnte. Den Vorgang sollte man sich allerdings weniger in der sprachphilosophisch naiven Vorstellung des Transports denken, als vielmehr im Sinne einer Übersetzung (er wäre durchaus mit dem hermeneutischen Grundakt der Übersetzung vergleichbar, wie er hier als einer der zentralen Gedanken der Herderschen Hermeneutik entwickelt worden ist).

Johann Martin Chladenius schreibt in seiner *Einleitung zur richtigen Auslegung vernünftiger Reden und Schriften* (1742) ausführlicher über den Begriff der Umschreibung, den er als Übersetzung von Periphrase einführt.[105] Bei der Auslegung sinnreicher Beschreibungen kann der Leser auf metaphorische Wörter stoßen. Da nämlich, so Chladenius, Beschreibungen Sachen vorstellen, die in der Welt sind, jede Sache aber bestimmt ist, nicht aber jede Bestimmung ein passendes Wort hat, können Metaphern einspringen, wo ein direktes Wort fehlt.[106] Solche Metaphern können durch Umschreibungen ausgelegt werden. Chladenius betont, daß man Umschreibungen nur dann anfertigen kann, wenn man einen deutlichen Begriff der zu umschreibenden Sache hat.[107] Damit vertritt er freilich einen Rationalismus, der, anders als die Problematik von Paraphrase angesichts sinnlich kompakter Rede bei Herder, die Umschreibung nur billigt, sofern sie logischer Analysis kompatibel ist.

Crusius handelt im Kapitel IX des zweiten Teils seiner 1747 veröffentlichten Schrift *Weg zur Gewißheit und Zuverläßigkeit der menschlichen Erkenntniß* unter der Kapitelüberschrift »Von der Auslegung oder Interpretation« von den Grundsätzen der Hermeneutik. Sein rationalistisches Regelwerk zur Auslegung des Wortverstandes unter weitgehender Ausblendung der Lehre

[104] Ebd.: »§ 27. Huic quasi anatomicae scriptioni, possis non inutiliter, tum brevem ecphrasin aut compendiariam vel epitomicam scriptionem, adjungere; tum etiam uberiorem paraphrasin.«

[105] Chladenius, *Auslegung*, § 403 = S. 287.

[106] Ebd., § 402 = S. 286 f.

[107] Ebd., § 403 = S. 288.

vom mehrfachen Schriftsinn[108] stellt sich, wie Chladenius und Meier, noch nicht ausdrücklich dem Problem der Interpretation des Individuellen. Gleichwohl steht Crusius, wie die oben zum Begriff des Individuellen zitierten Sätze ausweisen, in der Begriffstradition des Leibniz-Wolffschen Individualitätsgedankens. Schon aus diesem Grund ist es einleuchtend, daß er auf den Begriff der Umschreibung bzw. Paraphrase[109], als Umgang mit individuellem sprachlichen Sinngeschehen, zu sprechen kommen muß. Im § 630 schreibt er: »Die Interpretation eines Textes kan auf zweyerlei Art geschehen. Man machet entweder die dunckeln Worte § 175 nur durch andere Worte deutlich, d.i. man giebt an stat der Worte, von denen iemanden die darzu gehörigen und bezeichneten concreten Ideen § 210 nicht bekannt sind, andere an, bey denen ihm die bezeichneten concreten Ideen sogleich, oder leichter, beyfallen. Dieses kan die *grammatische Interpretation* heissen. Wenn sie in einer andern Sprache geschiehet, so heisset sie eine *Uebersetzung*. Oder man schräncket die Bedeutung der Worte nach Maaßgebung gewisser Gründe ein, welche man in dem Texte selbst findet, oder anderwärts herholet. Dieses kan die *logikalische Interpretation* heissen. Eine *Umschreibung* (periphrasis) heisset ein solcher Vortrag eines Textes, er geschehe nun in der Grundsprache, oder in einer andern, da man gewisse Erklärungen mit einschaltet. Es kömmt also dabey auf den Zweck an, und man kann sich entweder bloß in den Schranken einer grammatischen Interpretation halten; oder man kan auch die logische hinzu nehmen; oder man kan auch gar etwas von der dogmatischen Erklärung der Sachen mit einschalten.«[110]

Die Umschreibung eines Textes kann also entweder dessen Wiedergabe mit anderen Worten sein (grammatische Interpretation) oder seine argumentationskritische Rekonstruktion (logikalische Interpretation). Beide Umschreibungsweisen aber haben gemeinsam, daß man in ihnen »gewisse Erklärungen mit einschaltet«, also die Wiedergabe, sei sie grammatisch oder logikalisch, mit der »dogmatischen Erklärung der Sachen« verbindet. Umschreibung ist in dieser sehr präzisen Definition – die genaueste, die ich im 18. Jahrhundert vor Herder finden konnte – der Name für einen Diskurs der Vermischung. Neben der Orientierung am auszulegenden Text durch dessen Wiedergabe tritt eine erklärende Begrifflichkeit, die sich zum wiedergegebenen Text schon in einem Verhältnis der Reflexion befindet. Dennoch handelt

[108] Crusius III, § 629 = S. 1080ff.

[109] Im folgenden Zitat von Crusius erscheint Umschreibung als Übersetzung von Periphrase. Richtigerweise müßte dort Paraphrase stehen, da Crusius von der Umschreibung eines Textes und nicht eines Wortes handelt. Aber die Begriffe Periphrase und Paraphrase lassen sich überhaupt sehr schwer voneinander unterscheiden: siehe dazu weiter unten.

[110] Crusius III, § 630 = S. 1082f.

es sich um einen einzigen Diskurs. In der wiederholenden Darstellung des Interpretandums wird mit der Paraphrase eine erklärende Begrifflichkeit deponiert. Der Text, der so entsteht, ist gleichermaßen von hermeneutisch-analysierender wie von darstellender Relevanz. Er vermischt daher auch die beiden Momente des Allgemeinen der Begriffserkenntnis und des Individuellen eines auszulegenden Textes. Wenn auch in den Ausführungen von Crusius das Problem des Individuellen als solches nicht thematisch wird, so stellt doch das Theorem der Paraphrase die begriffliche Bestimmung dessen dar, was die Interpretation eines poetischen Textes hinsichtlich seiner Individualität zu leisten hat; nämlich: die darstellende Wiederholung des individuellen Textes mit hermeneutischer Erkenntnis zu verbinden.

Georg Friedrich Meier hat in seinem *Versuch einer allgemeinen Auslegungskunst* (1757) nur einen kurzen Paragraphen zur Umschreibung verfaßt, die hier als Übersetzung von Paraphrase eingeführt wird: »Die Umschreibung (paraphrasis) ist eine logische oder ästhetische, doch weitläuftigere Beschreibung des Sinnes. Da dieselbe nun die Klarheit des Sinnes vermehrt und befördert, so muß ein Exeget den Sinn umschreiben, wenn und so viel es nöthig ist«.[111]

Vorher schon wurde die Tätigkeit des Exegeten bzw. des exegetischen Kommentators definiert als Erläuterung eines Sinns in Abhängigkeit von einem Text und zwar in bezug auf »die Bedeutung einzelner Worte, den Zusammenhang derselben, und den ganzen Context.«[112] An Meiers Definition ist einiges festzuhalten. Zunächst bestimmt er expressis verbis die Umschreibung als eine Technik der Textauslegung. Daß Paraphrase auch ein alltagspragmatisches Sprachspiel sein kann oder daß sie, zur Vermeidung von unanständigen Wörtern benutzt, einen moralischen Sinn haben kann, wird von ihm nicht erwogen. Die Umschreibung ist das, was ein Exeget, wenn er seinen exegetischen Text verfaßt, aus dem auszulegenden Text macht: Sie ist eine Technik des Verstehens. Zweitens aber differenziert Meier zwischen ästhetischer und logischer Paraphrase. Wenn die logische Umschreibung als die weitläufige Ausbreitung von begriffsanalytisch gefundenen Merkmalen bestimmt werden kann, dann muß die ästhetische Umschreibung etwas davon Verschiedenes sein. Meier führt weiter nichts aus. Es kann aber unterstellt werden, daß der Baumgartenschüler einen präzisen Begriff des Ästhetischen hat und unter ästhetischer Paraphrase eine Verfahrensart verstehen könnte, wie sie später Herder in seinen Interpretationen praktiziert: einerseits die paraphrastische Wiederholung des sinnlich Kompakten eines ästhetischen Ge-

[111] Meier, *Auslegungskunst*, § 230 = S. 120.
[112] Ebd., § 227 = S. 119.

genstandes zu sein und andererseits die Verschiebung dieses Wiederholten in die Richtung einer freilich nicht subsumierenden Begrifflichkeit.

Paraphrase scheint also eher der Hermeneutik als der Rhetorik zuzugehören. Auffällig ist die mangelnde Trennschärfe zum Begriff der Periphrase. Lausberg definiert die Paraphrase als »abwandelnde Wiedergabe des Textes der Vorlage«[113] und die Periphrase als »Umschreibung eines Wortes durch mehrere Wörter.«[114] Das Differenzkriterium scheint in der Anzahl der zu umschreibenden Wörter zu liegen: Gegenstand der Paraphrase ist ein Text, Gegenstand der Periphrase ist ein Wort. Die Periphrase scheint daher eher als die Paraphrase ein rhetorischer Begriff zu sein. Gleichwohl betont Lausberg, daß die Zuordnung der Periphrase zu den Tropen umstritten sei, weil zur immutatio verborum eben auch eine Vermehrung der Wörter hinzukomme.[115] Die Periphrase ist aber auch deshalb schwer als Figur zu bezeichnen, weil sie keine Vorschriften in bezug auf die Position der Worte in der Ordnung des Satzes oder in der Ordnung der Sätze zueinander macht. Wie die Paraphrase ist die Periphrase eher eine Tätigkeit des Verstehens, die einem Text oder Wort gegenüber geübt wird. In den Texten des 18. Jahrhunderts wird der Terminus Umschreibung sowohl für die Übersetzung von Paraphrase (siehe Meier[116]) wie auch von Periphrase (siehe Chladenius) benutzt. Lindner etwa verwendet beide Varianten.[117] Ich werde deshalb im folgenden zwischen Periphrase und Paraphrase keinen Unterschied machen, zumal eine Differenzierung in dem Moment unmöglich wird, in dem der Begriff der Umschreibung für beides stehen kann.[118]

[113] Lausberg ^{3}1990, § 1099.

[114] Ebd., § 589.

[115] Ebd., § 597.

[116] Führt Meier in der *Auslegungskunst* (§ 230) Umschreibung als Übersetzung von Paraphrase ein, so taucht der Terminus in den *Anfangsgründen* (I, § 143 = S. 321) als Übersetzung von Periphrase auf.

[117] In seinen *Anweisungen zur guten Schreibart überhaupt, und zur Beredsamkeit insonderheit, nebst eignen Beispielen und Proben*, Königsberg 1755, S. 23 (§ 26) schreibt Johann Gotthelf Lindner: »Zu synonimischen Redensarten kann man auch die Umschreibung (Paraphrasin) rechnen«. Anders steht es dann in Lindners *Lehrbuch der schönen Wissenschaften*, S. 117 (§ 14): »Umschreibung (Periphrasis), z. E. der jüdische gekrönte Dichter, d. i. David [...].« In einer Anmerkung zum Terminus Periphrase führt Lindner aus: »Paraphrasis bedeutet mehr eine weitläuftige Beschreibung, (Icon) Erweiterung oder Auslegung« (ebd.). Lindner unterscheidet die beiden Begriffe also nur durch Weitläufigkeit, was ein so ungenaues Kriterium ist, daß er sie im deutschen Terminus Umschreibung zusammenlaufen läßt.

[118] In Lausbergs Zitaten zu Periphrase aus *Ad Herennium*, Quintilian und Isidor tauchen die Begriffe circumscribens elocutione und circumlocutio auf, deren genaue Übersetzung Umschreibung wäre (Lausberg ^{3}1990, § 590, 591).

In Gottscheds *Ausführlicher Redekunst* wird Paraphrase bzw. Umschreibung in einem hermeneutischen Sinne gebraucht: »Einfältige Leute wollen weitläuftigere Umschreibungen und ausführlichere Vorstellungen haben, wenn sie sich ein Ding recht lebhaft einbilden sollen. Man muß ihnen also die wesentlichen Merkmale einer Sache, nach und nach, und auf allerley Art vorsagen.«[119] Diese Begriffsbestimmung ist recht präzis: Die Merkmale einer Sache sind die notiones, in die nach der Leibnizschen Analysis die Begriffe zerlegt werden sollen, damit man eine deutliche (distincte) und klare Erkenntnis habe. Wenn man dies nicht rein als Begriffsanalysis bewerkstelligen kann – weil entweder die Kommunikationspartner »einfältige Leute« sind oder weil, wie ich ergänze, die Gegenstände, die erkannt werden sollen, aisthetischer Natur sind –, dann hat man die Möglichkeit, zur Paraphrase zu greifen. Sie ist nämlich weitläufiger als die intensive Begriffsanalysis und läßt dem Rezipienten mehr Zeit, sich auf die Struktur der Merkmale einzulassen. Zudem entwickelt sie »nach und nach«, also narrativ: Sie behält die temporale Ordnung des zu Erklärenden bei, anstatt sie in das unanschauliche Zugleich logischer Bestimmungen aufzulösen. In dieses narrative Nach-und-Nach können zwischen die sowohl konsekutiven wie konsequentiellen Kardinalfunktionen jederzeit die bloß konsekutiven Katalysen[120] als rhetorische Abschweifungen, Verdeutlichungen etc. eingeschaltet werden. Paraphrase ist bei Gottsched eine ad hominem gesprochene Begriffsanalysis. Anstelle einer logischen Merkmalsordnung findet sich eine »recht lebhafte« Einbildung, die aber dennoch den logischen Gehalt der Analysis besitzt, bloß durch Weitläufigkeit und »allerley Art« des Sagens eine andere sinnliche Qualität aufweist. Die Paraphrase ist eine Art von Wucherung, eine amplificatio[121] des zu Erklärenden.

Was bei Gottsched in technischer Formulierung angedeutet ist, findet sich in mehreren Texten auf konkretere Weise angewandt. Stereotyp ist der Ge-

[119] Johann Christoph Gottsched, *Ausführliche Redekunst*, Leipzig ^{2}1739, S. 136f. Vgl. auch S. 249: »[...] Paraphrasis, die eine Erklärung, durch gewisse Anmerkungen oder Gedanken darüber, enthält.«

[120] Zu dieser Terminologie vgl. Barthes 1988, S. 113.

[121] Barbara Bauer (Amplificatio, in: Historisches Wörterbuch der Rhetorik, Hg.: Gert Ueding, Band 1, Tübingen 1992, S. 445) definiert *amplificatio* als »Verfahren, einem Argument oder dem Teil einer Rede mit Worten oder Gedanken zusätzliches Gewicht zu geben, so daß sie an Überzeugungskraft und affektiver Wirkung gewinnt«. In der Zeit der Aufklärung mache die amplificatio, so Barbara Bauer in ihrem Artikel, eine Wandlung durch: »Genaue Kenntnisse der Amplificatio als Voraussetzung für sublimitas werden allenfalls noch als Hilfsmittel zur Analyse poetischer Texte vermittelt« (S. 464). Wenn die amplificatio die rhetorische Strategie ist, die Paraphrase aufzubauen, dann ginge ihre Umkodierung in hermeneutische Verfahrensweisen mit der vorwiegend hermeneutischen Funktion der Paraphrase konform.

danke, daß eine Umschreibung dann am Platze sei, wenn man ein unanständiges Wort oder eine anzügliche Sache nicht direkt aussprechen will.[122] Aber Paraphrase ist auch dann gefordert, wenn ein Autor es mit Sprichwörtern zu tun hat. Dieser Gedanke leuchtet nicht direkt ein. Es geht nämlich nicht allein (aber auch) darum, in Texten, die eine hochstehende Bildungssprache praktizieren, volkssprachliche Idiome zu vermeiden. Vielmehr haben Sprichwörter eine semantische Ballung, die sich begrifflich nicht auflösen läßt und daher nur paraphrasierbar ist.

Breitinger spricht in seiner *Critischen Dichtkunst* anläßlich der Analyse der Machtwörter diesen Gedanken aus. Machtwörter bezeichnen, wie oben schon ausgeführt, einen weitläufigen Begriff durch eine prägnante und nachdrückliche, meist idiomatisch fixierte Formulierung.[123] Sie haben die Eigenschaft, als kurze Sätze eine Gesamtbedeutung hervorzurufen, die sich nicht aus der Bedeutung der Einzelwörter erschließen läßt. Weil sie auf diese Weise kräftig und nachdrücklich sind, »beschäftigen sie das Gemüthe des Lesers mit vielem Nachdencken; hingegen muß eine Rede, die aus lauter Erklärungen und Umschreibungen zusammengesezt ist, nothwendig matt und kraftlos werden.«[124] Die Weitläufigkeit der Umschreibung steht diesem Zitat nach im Gegensatz zur intensiven Bedeutung der Machtwörter. Im Laufe seiner Erörterungen verschiebt Breitinger aber das Verhältnis zwischen Machtwort und Paraphrase von einem Oppositionsverhältnis hin zu einem Explikationsverhältnis. Er stellt nämlich die These auf, daß der Reichtum einer Sprache in der Anzahl von Machtwörtern und nachdrücklichen Redensarten bestehe und schlägt das Projekt eines Wörterbuchs vor, in dem diese idiomatischen Wendungen gesammelt werden sollten. »Jeztlebende Verfasser« hätten dann den Vorteil, sich nicht »nur überhaupt mit weitschichtigen Umschweifungen auszudrücken«, sondern könnten sich befleißigen, »solche Machtwörter durch einen geschickten Gebrauch derselben, auf ein neues in Hochachtung und Ansehen zu bringen.«[125] Wenn Breitinger die Machtwörter wegen ihrer kurzen Prägnanz den Umschreibungen vorzieht, so wird doch auch deutlich, daß man mit ihnen dasselbe zu sagen vermag, wie in weitläufigen Paraphra-

[122] So argumentiert Johann Bernhard Basedow in seinem *Lehrbuch prosaischer und poetischer Wohlredenheit* (§ 173 = S. 247f.: Von der Umschreibung): die Umschreibung werde verwendet, »um alltägliche oder niedrige Ausdrücke zu vermeiden« und um »ekelhafte, anstößige und mißfällige Dinge« nicht beim Namen nennen zu müssen. – Charles Rollin schreibt in seiner *Anweisung* (IV,199): »Die Periphrasis oder Umschreibung. Diese Figur ist zuweilen unumgänglich nöthig, z. E. wenn man von Dingen redet, welche der Wohlstand nicht erlaubt bey ihrem Namen zu nennen.«

[123] Breitinger, *Critische Dichtkunst*, II, 50 f.

[124] Ebd., 58.

[125] Ebd., 60.

sen. Da Breitinger aber ebenso den Reichtum einer Sprache, das also, was ihr semantisches Wörterbuch ist, mit den Machtwörtern identifiziert, ist deren Paraphrase eine Art und Weise der Explikation und der Hervorhebung dieses Reichtums. Eine Sprache, die nur aus nachdrücklichen Redensarten bestände, hätte keine Möglichkeit, ihre intensiven Bedeutungsinseln zu einer zusammenhängenden Rede zu verknüpfen, wie andersherum eine Sprache ohne Machtwörter sich zu einer Umschreibung, die nichts mehr zu umschreiben hätte, entleeren müßte. Breitinger muß also eine ausbalancierte Relation von Bedeutungsintensität und Paraphrase aufstellen, wenngleich er stets für die intensiven Machtwörter optiert: »eben so bettlerisch ist es, wenn eine Sprache die Leser mit einem matten und weitläuftigen Geschwätze bezahlen muß, weil sie an solchen Wörtern Mangel leidet, welche an dem Nachdrucke ihrer Bedeutungen weitschweifigen Erklärungen und Umschreibungen gleichkommen und eben so viel gelten.«[126] Rein semantisch sind die Umschreibungen den Machtwörtern »gleich« und gelten »eben so viel.«[127]

Paraphrase ist bei Breitinger die Explikation des semantischen Tresors der Idiomatik einer jeden Sprache. Weil diese Idiomatik hermeneutisch opak ist, kann sie nicht analysiert werden. Wo die aisthetische Kompaktheit so dominant ist, wie in den Sprich- und Machtwörtern einer Sprache, muß an die Stelle einer Begriffsanalysis eine Umschreibung treten. Der Gedanke ist radikaler als der Gottschedsche: War dort Paraphrase ein didaktischer Modus der

[126] Ebd., 59.

[127] Drei Jahre vor Breitingers *Critischer Dichtkunst* (1740) erscheint die Übersetzung von Charles Rollins *Anweisung, wie man die freyen Künste lehren und lernen soll*. Im Band II von 1737 findet sich im Kapitel »Poetische Umschreibungen« folgender Passus: »Die besondere Sprache der Poesie, welche sie von der Prosa unterscheidet, bestehet eigentlich in gewissen Umschreibungen und Redensarten. Denn die Wörter haben sie beyde fast alle mit einander gemein. Dergleichen Umschreibungen und Redensarten machen die Anmuth und den Reichthum der Dichtkunst aus. Dadurch findet sie ein Mittel, die Rede unendlich zu verändern, einerley Sache unter tausend verschiedenen und immer neuen Gestalten zu zeigen, überall angenehme Bilder vorzustellen, für die Sinne und für die Einbildungskraft eine Sprache zu reden, welche sich für sie schickt, die geringsten Dinge mit einer Anmuth, und die größten mit einer edlen Art und Majestät zu sagen, welche alle Hoheit und allen Nachdruck derselben unterstützt« (Rollin, *Anweisung*, II, 60 f.). Nicht wenige Motive von Breitingers Gedankengang finden sich hier. Die Kraft des Poetischen wird aus den Redensarten und ihren paraphrastischen Expansionen begründet; ihr Reichtum besteht in diesen Redensarten und sie sind vor allem eine Rede an die Sinne und die Einbildungskraft. Rollin formuliert wie Breitinger, daß es gerade die irreduziblen Idiome einer Sprache sind, die deren Sinnlichkeit und Poetizität garantieren. Herder, der in der *Sprachursprungsschrift* dafür den Begriff des Idiotismus oder auch Idioms (SWS V, 125) verwendet, wird diesen Gedanken übernehmen. Daß Herder Rollin nicht nur als Historiker gekannt hat, zeigen seine Bemerkungen in SWS IX, 305; XI, 64 und XXX, 33.

Analysis, so tritt sie hier an die Stelle der Analysis, weil das zu Paraphrasierende so originär hermeneutisch ist, daß eine logische Bestimmung es nicht mehr zu fassen vermag. Machtwörter sind die Bedeutungskerne, die sich in den Umschreibungen zu einer Sprache ausweiten.

Es fällt sofort auf, daß dieser Gedankengang das Baumgartensche Argument vorwegnimmt, das poema sei eine ursprüngliche Paraphrase eines imaginären Signifikats. Sowenig wie ein Machtwort eine eindeutig feststellbare Bedeutung hat und erst in einer Umschreibung expliziert werden kann (wenngleich nicht vollständig), sowenig geht das poema in seiner Explikation eines eingebildeten Signifikats auf. Der Begriff der Paraphrase bzw. Umschreibung dient bei Breitinger also einem Modell der Generierung poetischer Rede aus den basalen Bedeutungsballungen, die den Reichtum einer Sprache ausmachen. Weil Paraphrase damit in einem produktionsästhetischen Zusammenhang eine konstitutive Rolle spielt, ist zugleich gesichert, daß sie als hermeneutisches Verfahren in der Auslegung poetischer Rede nicht erst äußerlich hinzukommt.

Dieser Gedanke bedarf einer deutlicheren Analyse. Schon in Meiers *Anfangsgründen* findet sich der Begriff der paraphrasis aestheticae.[128] Meier führt dort aus, daß ein schöner Geist, wenn er schön denkt, nicht logisch zergliedert, sondern lebhafte Beschreibungen macht. Dabei vertreten die ästhetischen Bilder im schönen Denken diejenige Stelle, die im begrifflichen Denken die logischen Erklärungen einnehmen. Weil die logische Rede ästhetisch gesehen arm, trocken und abstrakt sei, müsse das schöne Denken den gedrängten logischen Gehalt in eine extensive und konkrete Rede überführen. Der Begriff der Paraphrase steht für diesen Prozeß der Elaborierung, und damit ist er auch auf der Seite der poetischen Produktion zu finden und nicht allein auf der der Interpretation.[129]

[128] Meier, *Anfangsgründe*, III, 75 = § 574.

[129] Man könnte versucht sein, einen Blick in die strukturale Semantik zu werfen. Greimas (Algirdas Julien Greimas, *Strukturale Semantik*, Braunschweig 1971) geht davon aus, daß semantische Dichotomien auf der Tiefenebene von Texten deponiert sind, die in einem Prozeß der narrativen Elaborierung an die Oberfläche transportiert werden. Diese Elaborierung ließe sich in dem diskutierten Wortsinn als eine Art von Paraphrase verstehen: Der poetische Text paraphrasiert seine syntagmatisierten Paradigmen und installiert auf diese Weise materiale Äquivalenzen an der Oberfläche des Textes. Strukturale Theorien müssen, sofern sie von der Dichotomie von Tiefenstruktur und Oberfläche, auf der sich dieses Repertoire ausformuliert, ausgehen, einen Modus der Elaborierung haben: Das kompakt gebündelte semantische Repertoire muß an die Oberfläche des Textes kommen. In den diskutierten Poetiken des 18. Jahrhunderts taucht dieses Theoriemodell auf: Was Greimas semantische Basisdichotomien nennt, sind bei Breitinger die Machtworte. Und was strukturalistisch die Elaborierung ist, wird bei Meier Paraphrase oder amplificatio genannt.

Baumgarten, der das Individuelle als das vollständig Bestimmte und deshalb auch Poetische denkt[130], muß den Prozeß des Poetischen als Individualisierung konzipieren, also als amplifizierende Hinzufügung genauer bestimmender Eigenschaften. Die Paraphrase bzw. amplificatio wird zu einem Modus des Poetischen. Baumgartens Prinzipien des ästhetischen Reichtums (ubertas) und der Lebendigkeit (vita) wären in diesem Kontext als amplificatio- bzw. Paraphraseverfahren zu verstehen. Meier benutzt den Begriff der amplificatio genau in diesem Sinne: als Modus des poetisch Schönen, mit der Steigerung von Individualität auch das Poetische zu steigern.[131] In den Ästhetikkonzepten, die im 18. Jahrhundert aufkommen, hält ein neuer unrhetorischer Begriff von amplificatio und Paraphrase Einzug: Weil Individualität sinnliche Merkmalsfülle ist, muß sie in poetischer Darstellung paraphrastisch in reichhaltiger und lebendiger Bestimmtheit auftreten. Da die Paraphrase schon ein Modus im Poetischen ist, kann sie als Technik für die Interpretation des Poetischen adaptiert werden.

Man könnte – um dies in Parenthese einzufügen – auf den Gedanken kommen, hier eine Version des Jakobsonschen Poetizitätsprinzips zu sehen. Wenn Poetizität als Projektion des paradigmatischen Äquivalenzprinzips auf die Syntagmaachse bestimmt wird[132], so ist die amplifizierende Umschreibung von Bedeutungskernen nichts anderes als eine Weise, deren paradigmatische Bestimmungen auf die Achse der fortlaufenden Rede heraufzuholen. Auf der Syntagmaachse werden Äquivalenzen des Paradigmas in Form von paraphrastischen Textexpansionen etabliert.

Daß spezifisch die Paraphrase ein Thema in der Poetik und Ästhetik des 18. Jahrhunderts werden konnte, hängt mit dem systematisch entwickelten Gedanken von der wesentlichen Sinnlichkeit der poetischen Rede bzw. des ästhetischen Gegenstandes zusammen. Erst wenn gesichert ist, daß eine logische Merkmalsanalyse vor der sinnlichen Kompaktheit des Schönen resignieren muß, wird das Problem virulent, daß auch nur eine Rede von spezifischer Art sich einer solchen Kompaktheit annähern kann. An mehreren Stellen wird an der Idee einer der Logik unzugänglichen sinnlichen Opazität gearbeitet, die für den Begriff des Ästhetischen fundamental ist. Leibniz hat, wie ausgeführt, den Begriff einer cognitio clara et confusa entwickelt und damit das ostinate Problem aufgeworfen, wie mit einer wiedererkennbaren, aber nicht in Merkmale zerlegbaren Bestimmtheit umzugehen sei. Breitinger hat

[130] Baumgarten, *Meditationes*, § 19.
[131] Vgl. Meier, *Anfangsgründe*, III, §§ 572, 607, 608.
[132] Vgl. Jakobson 1979, S. 94.

1740 das Programm einer Logik der Phantasie formuliert.[133] Und Baumgarten, diese Bestrebungen bündelnd und ausführend, denkt den poetischen Text in jeglicher seiner signifikanten Werte als vollständig bestimmt (omnimode determinatum), und zwar genauer als sinnlich bestimmt. In allen diesen Modellen muß sich die Rede über die poetischen Texte in deren sinnliches Material hineinbegeben, und das kann nicht ohne Paraphrase geschehen.

Breitinger, Baumgarten und selbst Herder denken nicht eigens über den Status der interpretierenden Rede nach, der einem neu entworfenen Begriff des Poetischen korrespondieren müßte. Sofern die benannten Definitionen am Begriff des Poetischen und Ästhetischen arbeiten, gehört diese Rede nicht dem Genre der Interpretation an, sondern stärker theoretisierenden, aus Begriffen schlußfolgernden Schreibweisen: solchen der Ästhetik oder der Poetik. Zwischen diesem Theoriegenre und dem gleichsam auf der anderen Seite stehenden poetischen Text fällt die Interpretation in ein untheoretisiert gelassenes Niemandsland. Es scheint für ihre Theoretisierung keinen gattungstheoretischen Ort zu geben. Daß es eigentlich eine Theorie der Phänomenologie der interpretatorischen Einbildungskraft geben müßte, damit mit dem neuen Begriff des Poetischen angemessen über die tatsächliche Poesie geredet werden könne, führt zu keinem ausdrücklich bestimmten Genre. Einzig der Begriff der Paraphrase scheint diesbezüglich ein Problembewußtsein anzuzeigen.

Bei Herders Stellungnahme zum Begriff der Paraphrase ist zu bedenken, daß nicht allein der rhetorische und der hermeneutische Hintergrund eine Rolle spielen. Der Terminus Paraphrase ist auch der Name für eine Textsorte. Herder nennt die Paraphrasen eine »ganze Gattung von Exegese« (SWS X, 252). Die Paraphrase des Neuen Testaments, die Erasmus angefertigt

[133] Vgl. Breitinger in seiner *Critischen Abhandlung von der Natur, den Absichten und dem Gebrauche der Gleichnisse* von 1740. Er führt dort genauer aus, daß analog zur »Logik und Vernunft-Lehre« (Breitinger, *Critische Abhandlung*, S. 6) die Einbildungskraft bzw. Phantasie vom Einfachen zum Vielfachen fortgeht. Sie entwirft dabei ähnlich dem »Schatz von Begriffen« (ebd.) einen »Vorrath von sinnlichen Bildern« (ebd.), die durch Vergleichung nach der Maßgabe des Übereinstimmenden zu »Gleichnis-Bildern« (ebd., 9) so zusammengesetzt werden, wie die Begriffe aufgrund logischer Verknüpfungen zu Sätzen. – Eine solche Logik der Phantasie gewinnt ihre methodologische Dignität aus dem durchgängigen Parallelismus zu den logischen Verfahrensweisen, ohne dabei freilich der Spezifik einer sinnlichen Verknüpfungsweise entbehren zu müssen. Die Ähnlichkeit der Denkstruktur mit Baumgartens Ästhetikprojekt fällt sofort ins Auge. Und so wie Baumgarten in der Ausführung seines Gedankens immer mehr in das Fahrwasser der Rhetorik gerät, kann auch Breitinger seinen systematischen Gedanken nicht in ein tatsächlich ausgeführtes System umsetzen. Seine Abhandlung gerät zunehmend zu einer recht traditionellen poetologischen Studie über Begriff, Untergliederung und Ausführung des Gleichnisses.

hat, wird von Herder als der erste Text dieses exegetischen Genres bezeichnet (ebd., 187, 252). John Locke hat 1707 ein Buch mit dem Titel *A Paraphrase and notes on the epistles of St. Paul* veröffentlicht, auf das eine lange Reihe ähnlich lautender Texte folgte. Noch 1769 erscheint in Göttingen eine *Paraphrastische Erklärung des Briefs an die Römer* von dem Theologen Gotthilf Traugott Zachariä und von Semler folgt 1771 eine *Paraphrasis Evangelii Johannis.*[134] Diese Texte gehören in den Bereich der theologischen Exegese. Der Terminus Paraphrase hat in diesem Kontext eine exegetische Bedeutung, und es wird damit zu rechnen sein, daß Herders Überlegungen zur Paraphrase sich immer auch auf die Problematik dieser theologischen Textsorte beziehen.

Die erste Diskussion des Begriffs findet sich im 16. Brief der *Briefe, das Studium der Theologie betreffend*. Seinem Briefpartner rät der theologische Verfasser, er solle die biblischen Texte im Original lesen und sich vor Kommentatoren und Paraphrasten hüten (ebd., 185). Der Paraphrast nämlich »wässert alles in Eine langweilige Brühe, oder er giebt dem Text seine, d. i. eine ganz neue Verbindung« (ebd.). Und Herder fährt fort: »Fangen Sie einen Poeten an zu paraphrasiren, zu prosaisiren; er ist kein Poet mehr, hat Geist und Kraft verlohren, man lieset sich an ihm matt und müde« (ebd.).

Diese Sätze, die zunächst die Paraphrase überhaupt zu verdammen scheinen, werden allerdings im Laufe des weiteren Textes schrittweise zurückgenommen. Zunächst ist daran zu erinnern, daß sie zuvörderst die in Frage stehende Reihe von theologischen Texten treffen und erst in zweiter Linie die hermeneutische Funktion der Paraphrase meinen. Spätestens aber, wenn man in der Überschrift (ebd., 155) zum nachfolgenden 17. Brief liest, daß Herder dort neben einer Übersetzung des 110. Psalmes eine Paraphrase desselben gibt, wird deutlich, wie jene negativ wertenden Sätze gedacht waren. Wie so oft verbindet Herder eine überzogene Polemik mit einem eigenen Versuch, es besser zu machen. Die Paraphrase im 17. Brief (ebd., 194f.) dient einer exegetischen Fragestellung, nämlich dem theologischen Problem, ob

[134] Vgl. ausführlicher die bibliographischen Angaben im Kommentar W IX/I, 1048f. – Herder nennt selbst eine Liste von Autoren englischer Bibelparaphrasen: »Locke, Benson, Clark, Taylor, Whitby, Peirce, Pyle u. f.« (SWS X, 250). – Semlers *Paraphrasis Evangelii Johannis* hat Herder 1772 in den Frankfurter gelehrten Anzeigen rezensiert (SWS V, 440–444). Zwar lobt er die unprätentiöse Exegese Semlers, fragt sich aber zugleich, ob nicht die Paraphrase »den Sinn des begeisterten Johannes oft fast ganz wegspüle?« (ebd., 442). Der Bewertung der Paraphrase ist also ambivalent: Zum einen kann sie als hermeneutisches Instrument falsche Emphase, nämlich »mystische Deuteleien« (ebd., 441) unterbinden, zum anderen läßt sie aber die richtige Emphase, nämlich den Geist des Johannes, nicht mehr zum Worte kommen.

der 110. Psalm als Weissagung auf Christus gelesen werden darf. Nicht die Übersetzung, sondern erst Herders kommentierende Wiederholung des Gedankengangs führt zu einer Lösung des Problems. Herder setzt die Paraphrase hier dezidiert als hermeneutisches Instrument ein. Es war also die unhermeneutische Paraphrase, gegen die er sich im 16. Brief ausgesprochen hat.

Deutlicher wird dies in den Ausführungen im 22. Brief. Dort wird genauer bestimmt, daß es die »fortgehende Paraphrase« (ebd., 249) sei, die ein »widriges Ding« (ebd.) ist und die gegenüber den paraphrasierten Texten ihre hermeneutische Funktion verliert. Das Argument, auf das Herder hinauswill, ist das der Aufrechterhaltung von hermeneutischer Alterität. Wenn sich eine Paraphrase gänzlich an die Stelle des Originaltextes setzt, vernichtet sie seine Wahrnehmbarkeit.[135] Der Paraphrast schwemmt den Leser »gleichsam hinein in seine Erklärung; sobald ich sein Schif bestiegen habe, bin ich vom Lande weg und muß ihm folgen« (ebd., 251). Die fortgehende Paraphrase vernichtet das Original, ohne dem Leser die Möglichkeit zu geben, hermeneutische Thesenbildungen am auszulegenden Text zu verifizieren. »Nicht Paulus, nicht Petrus sprechen mehr zu mir; sondern der Paraphrast in ihrem Namen« (ebd., 250).

Herder argumentiert also gegen eine bestimmte Form der Paraphrase. Unangetastet bleibt ihm dabei die hermeneutische Grundmaxime: »Jeder dunkle Ausdruck, wenn ich ihn mit andern Worten erkläre, wird paraphrasirt und muß paraphrasirt werden« (ebd., 248). Paraphrase ist viel zu fundamental, als daß Herder sich gegen sie aussprechen könnte. Es kommt nur darauf an, die gute von der schlechten Paraphrase zu unterscheiden. Wie eine gute Paraphrase auszusehen hat, läßt sich via negationis erschließen. Was nämlich in der fortlaufenden Paraphrase auch noch verloren geht, ist nach Herder das »Gepräge jedes eigenthümlichen Autors« (ebd., 250), seine »Geistes-Mine« (ebd.) und »lebendige Gestalt« (ebd.). Beim Lesen einer fortlaufenden Paraphrase verliert man den »größten Reiz des Lesens« (ebd.), nämlich »das Urgepräge des Schriftstellers, mithin die intuitive Seelenkänntniß desselben« (ebd.).

Eine Paraphrase, wie sie nach Herder immer notwendig ist, sobald dunkle Worte erklärt werden, müßte so gestaltet sein, daß sie die hermeneutische Alterität des Originals in die Paraphrase hinüberrettet. Zum Verstehen eines Textes gehört, das an ihm Nichtverstehbare anzuerkennen, und eine Paraphrase muß auch diese Dimension in ihren Diskurs aufnehmen können. Herders Paraphrase-Praxis aus dem 17. Brief macht deutlich, wie das aussehen

[135] Den Gedanken formuliert Szondi (1977, S. 12): »Kein Kommentar, keine stilkritische Untersuchung eines Gedichts darf sich das Ziel setzen, eine Beschreibung des Gedichts herzustellen, die für sich aufzufassen wäre.«

kann. Zunächst gibt er eine Übersetzung des 110. Psalms, wobei er betont, daß er ihm seine »mystische Feyerlichkeit« (ebd., 194) gelassen habe. Was er in der folgenden Paraphrase an aufschließender Begrifflichkeit in der Nacherzählung unterbringt, ist also am Original – hier freilich schon dem übersetzten Original – nachzuprüfen. Die Paraphrase versucht sich nicht in der Übersetzung von hebräischen Idiomen in das Gelehrtendeutsch des 18. Jahrhunderts, sondern unternimmt es, das Idiomatische als solches herauszustellen, um ein Gefühl für die Eigenheit und auch Dunkelheit des Originals zu bewahren. Herders Paraphrase ist darauf angelegt, in anderer Sprache ein Äquivalent zur Sprache des Originals zu werden, nicht aber, das Original in Verständlichkeit zu übersetzen und dabei seine Eigenheit im Akt des Verstehens aufzulösen. Wenn Herder über Shakespeare schreibt, so besteht seine Intention darin, im Deutschen eine Sprache zu finden, die der Shakespeares entsprechen würde. Die Verstehensleistung besteht nicht in der Auflösung von Dunkelheit, sondern in der Schaffung einer zweiten, äquivalenten Dunkelheit.[136]

Diese Bestimmung von Paraphrase ist mit dem im Hermeneutik-Kapitel entwickelten Übersetzungsgedanken identisch. Wenn Herder das Lesen als »geheime Gedankenübersetzung« (SWS III, 126) definiert, in der die deutschen Gedanken dem griechischen Gesang Homers edel nachzufliegen suchen (ebd., 127), dann ist die Paraphrase die Verschriftlichung dieser ersten vorlinguistischen, nämlich hermeneutischen Übersetzung. Das Lesen, das im 22. Brief als im Innern des Gemüts geschehendes Hinüberdenken des Gelesenen in die eigene Sprache bestimmt wird (SWS X, 254), findet in der paraphrastischen Umschreibung seine äußere Form. Paraphrase gehört für Herder in den Kontext einer Hermeneutik, die die Alterität des Originals aufrecht erhält und ein Verstehen vorschlägt, das durch eine sympathetische Parallele mehreres zugleich ist: Aufbewahrung des Originals und Umformulierung, poetische Sprache und begriffliche Aufhellung.

Zur Paraphrase kommt neben der Übersetzung in ein paraphrastisches Äquivalent hinzu, daß in sie Begriffe und Kausalverhältnisse einfließen. Die

[136] Herders Grundgedanke der hermeneutischen Übersetzung und der hermeneutischen Paraphrase läßt sich mit Benjamins Übersetzungsbegriff vergleichen. Übersetzung habe nach Benjamin nicht das Gemeinte vom Original in die Verständlichkeit des Übersetzens zu transportieren. Vielmehr gelte es, der Art des Meinens, wie sie im Original vorliege, eine Art des Meinens zur Seite zu stellen, wie sie in der Übersetzungssprache erkennbar sei. Benjamins Ziel der reinen Sprache besteht in der Integration dieser Arten des Meinens (Benjamin IV.1, S. 9–21). Bei Herder entspricht diesem Motiv der reinen Sprache die Herstellung des integralen Menschen aus der Summe seiner Töne (im Volksliederprojekt) oder aus der Summe seiner Tiernachahmungen (in der Fabeltheorie).

Funktion des Begriffs läßt sich in zwei Dimensionen beschreiben. Zum einen markiert er Distanz. Die Paraphrase als Äquivalent des Originals ist ihrem Begriff nach vom Original unterschieden. Diesen Unterschied stets auch präsent zu halten, ist die Aufgabe von erklärenden Begriffen in der Paraphrase.

Zum anderen entwerfen Begriffe eine Art von hermeneutischer Proportionalitätsanalogie. Derjenigen Art und Weise, mit der in der Paraphrase eine Stelle mit einem Begriff assoziiert wird, entspräche per analogiam im Original die Assoziation der äquivalenten Stelle mit diesem Begriff. Das Original würde aber einer falschen Verständlichkeit zugeführt, wenn es direkt mit dem Begriff einer ihm fremden Sprache konfrontiert würde. Ein begriffliches Verstehen findet daher nur in der Paraphrase statt. Dieses Verhältnis ins Original zu übertragen, wird dem Leser durch die Analogie lediglich nahegelegt. Folglich ist der Akt des Übertragens ein metaphorischer Versuch mit Begriffen, aber eben keine Subsumtion. In der Paraphrase wird der Begriff seines logisch bestimmenden Charakters enthoben und zu einem hermeneutischen Instrument gemacht (mit Schiller zu sprechen: er spielt eine Rolle).

Mit der so bestimmten Paraphrase wird die Literaturinterpretation unrhetorisch, aisthetisch, immanent und hermeneutisch. Geistesgeschichtlich ist es wohl eine Entwicklung des 18. Jahrhunderts, daß von Dichtung immanent zu reden versucht wird. Solange Poesie von der Mimesis her konzipiert wurde, unterlag die Rede über sie einem Realismuspostulat. Nachgeahmte Handlungen oder nachgeahmte Affekte konnten verstanden und beurteilt werden, indem danach gefragt wurde, ob sie die Sache, die unabhängig von der Nachahmung existiert, angemessen dargestellt haben. Die Kriterien der Angemessenheit wurden rhetorisch bestimmt. Ebenso wurde die Frage nach der Qualität der Darstellung rhetorisch verstanden, nämlich als Anwendung von Kunstmitteln, die aus der Rhetorik entnommen und folglich auch problemlos in der Analyse erkannt werden konnten. In dieser Diskursform wurde die Rede über Poesie vor keine prinzipiellen Schwierigkeiten gestellt. Anders ist es jedoch, wenn die Rede über Kunst auf den Begriff des Individuums umgestellt wird und eine individuell-poetische Rede sich als sinnliche Kompaktheit realisiert.

Wieder läßt sich an einem Text von Moritz – *Die Signatur des Schönen. Inwiefern Kunstwerke beschrieben werden können?* (1788) – die Problematik deutlich machen. Am Beispiel der Nacktheit als dem höchsten Siegel der Vollendung menschlicher Schönheit[137] entwickelt er den Begriff des Schönen als den der »vollkommensten Bestimmtheit aller Teile« (ebd.). Das ist, wie ich oben schon bemerkt habe, nichts anderes als die Übernahme des Leibniz-

[137] Vgl. Moritz II, 582.

schen Begriffs vom Individuum als ens omnimode determinatum. Weil nun, so argumentiert Moritz, das Schöne vor allem das Gesehene ist, also vornehmlich die Werke der bildenden Kunst, und weil das Schöne als vollständig in sich Bestimmtes rein in sich ruht, kann ihm keine Rede beikommen. Das Wesen des Schönen besteht darin, »daß es sich selbst erklärt«,[138] und daraus folgt, »daß die Werke der bildenden Kunst selbst schon die vollkommenste Beschreibung ihrer selbst sind.«[139] Selbst Winckelmanns berühmte Beschreibung des Apollo im Belvedere »zerreißt daher das Ganze dieses Kunstwerks«[140] und wird von Moritz deshalb abgelehnt. Zum einen resigniert er also vor der Frage der Rede über Kunst, indem er sie für unmöglich erklärt. Zum anderen läßt er sich aber eine Hintertür offen. Beschreibung könnte nämlich dort erfolgreich sein »wo die Wahrheit der Dichtung Platz macht, und die Beschreibung mit dem Beschriebenen eins wird.«[141] Da »die Zunge [...] nur mittelbar das Schöne umfassen kann« (ebd.) – gemeint ist immer das Schöne der bildenden Kunst –, ist freilich auch Dichtung nicht einfach fähig, das Schöne zu fassen. Moritz argumentiert mit seinem dunklen Begriff der Spur: Worte ließen in der Einbildungskraft Spuren zurück, aus deren Linien, würden sie zusammengenommen, das Schöne erstehen könnte.[142] Mit dieser Metaphorik versucht Moritz der Schrift eine Dimension der physiognomischen Räumlichkeit und Körperlichkeit zurückzugeben, so daß sie in dieser Funktion dem Schönen des Gesichtssinns nahe kommen kann. Dann nämlich würde »die Sache mit ihrer Bezeichnung eins« (ebd.) werden.

Deutlich ist in diesem Gedankengang, daß mit dem neuen unrhetorischen Kunstbegriff, der die Definitionsbestände der Leibniz-Baumgartenschen Philosophie aufnimmt, die Rede über Kunst zum Problem wird, das, wenn es überhaupt gelöst werden kann, nur durch eine Sprache angehbar ist, die als Beschreibungssprache immanent bleibt, indem sie zur poetischen Sprache wird und sich ihrem Gegenstand paraphrastisch ähnlich macht: als eine Art von ästhetischer Mimikry, die ihr Anderes intern darstellt.

Man kann dies negativ werten: Paraphrastische Interpretation wäre dann ein parasitäres und vorpoetisch falsche Bedeutsamkeit erzeugendes Sprachspiel. Die Schwierigkeit, ihren epistemologischen Status zu verorten, wäre aber ebenso positiv zu sehen: Gerade ihr Verharren in der undefinierten Mitte zwischen Poesie und ästhetischer Theorie könnte sie dazu prädestinieren,

[138] Ebd., 581.
[139] Ebd., 587.
[140] Ebd., 588.
[141] Ebd., 534.
[142] Ebd., 535.

den Hiatus zwischen der Theorie des Ästhetischen auf der einen Seite und dem Poetischen auf der anderen Seite zu schließen. Gleichzeitig definiert diese positive Funktion den prekären Status der Interpretation, eine »Zwischensprache«[143] zu sein, die sich in einer nicht zu tilgenden Unschärfe der Kompaktheit eines poema nähert. Entgegen der begriffsgeleiteten ästhetischen Theorie vermag hier kein Kriterium das Gelingen der Paraphrase zu garantieren. Daß Interpretation als Kunst bezeichnet wurde, hängt mit der Unsicherheit der paraphrastischen Zwischensprache zusammen. Gelingt sie, so findet sich in der Interpretation eine Wiederholung des Poetischen, die zwanglos mit den Begriffen des Interpreten assoziiert wird und das sinnlich Kompakte der poetischen Rede immanent aufhellt. Mißlingt sie, so paart sich eine unbeholfene, parasitäre und schlechte Bedeutsamkeit erzeugende Poesiewiederholung mit ungenügenden Begrifflichkeiten. Da Paraphrase zwar Begriffe hat, nicht aber allein durch sie gesteuert wird, läßt sich kein epistemologisches Kriterium für ihr Gelingen angeben, ebensowenig wie ein ästhetisches Gelingen durch Kriterien programmierbar ist. Was Paraphrase zu leisten vermag, ist einzig an ihrer Praxis abzulesen. In einem letzten Schritt soll daher die Interpretationspraxis Herders analysiert werden.

[143] Heinz Schlaffer, *Poesie und Wissen*, Frankfurt am Main 1990, S. 188.

VIERTER TEIL
Poetik und Interpretation

1. Eine Vorbemerkung

Die These dieser Arbeit lautet, daß Herder einen neuen und für die Literaturwissenschaft folgenreichen Diskurstyp modellbildend entworfen und praktiziert hat. Als Theoriebausteine seiner Literaturwissenschaft wurden der Gedächtnisbegriff, die Hermeneutik und die Ästhetik analysiert. Was Herder in seinen konkreten Textanalysen praktiziert, wird sich vor dem Hintergrund dieser Theoriemodelle profilieren. Er denkt bestimmte Formen geschichtlicher Erinnerungen, um seine interpretierten Texte zu kontextualisieren, er führt einen einfühlungshermeneutischen Diskurs, und er redet von den poetischen Texten als sinnlich-individuellen Gebilden.

Sein literaturwissenschaftliches Repertoire kennt, soweit ich sehe, vor allem zwei Genres. Herder denkt zum einen betont gattungspoetologisch. Bevor er Texte interpretiert, entwirft er ihr Handlungsmodell. Wie er dies unter beständiger Bezugnahme auf seine im Hintergrund stehenden Theorien macht, soll am Beispiel der Fabel ausführlich diskutiert werden. Aber auch die Ausführungen zur Ode gehören in diesen Kontext. Das andere Genre ist die Interpretation poetischer Texte. Als Beispiele analysiere ich Herders *Shakespear*, die Auseinandersetzung mit Klopstock und seine Apokalypse-Interpretation.

Die Feststellung, daß Herder wirkmächtig einen neuen Diskurstyp durchsetzt, beinhaltet nicht zugleich ein Urteil darüber, ob er dies auch in seiner stärksten Variante tut. Als Theoretiker ist Herder um 1770 sicherlich einer der fortgeschrittensten und interessantesten Autoren in Deutschland. Seine geschichtsphilosophischen, theologischen, sprachphilosophischen und ästhetischen Überlegungen bilden ein kompaktes und hochreflektiertes Theorienensemble, das von keinem anderen Denker in dieser Intensität und Extensität erreicht worden ist. Die Frage ist, ob die literaturwissenschaftliche Umsetzung dieser starken Theorieoptionen auf demselben Niveau bleibt.

In der Analyse zu Herders Klopstock-Rezeption wird sich ergeben, daß Herder unfähig zu sein scheint, die Finten und Strategien komplexer Texte zu erkennen. Die spezifische Modernität von Klopstocks Selbstinszenierungen nimmt er nicht wahr. Stattdessen favorisiert er einen Empfindungsbegriff, der die Differenziertheit Klopstockscher Gedichte zur Emphase einer einheitlichen Stimmung vereinfacht. In seinem sehr genau kalkulierten Text zu Shakespeare stellt Herder zwar ein historisches und gattungstheoretisches Modell vor, aber die Interpretation der Stücke selbst realisiert sich wie auch bei seiner Rede über Klopstock vor allem durch eine Rhetorik der Emphase. In seinen Überlegungen zur Fabel muß Herder, um seine Theorie plazieren zu können, erst einmal die Fabelproduktion seines Jahrhunderts zu einem Irrtum erklären. Er schreibt eine Gattungspoetik, die eigentlich nur die Texte des Aesop zum Thema hat. Und es ist sehr die Frage, ob er dabei wirklich zu einer historisch konkreten Erkenntnis Aesops vorstößt. So stark, als Theorieentwurf, die Entdidaktisierung der Fabel auch ist, als Gattungspoetik bleibt Herders Modell den vorhandenen Texten gegenüber abstrakt.

Die Analyse von Herders literaturwissenschaftlicher Praxis wird also ein ambivalentes Unterfangen sein müssen. Daß Herder paraphrasierend interpretiert, setzt, so die These, ein Diskursgenre in Gang, das schnell, etwa mit Friedrich Schlegels Wilhelm-Meister-Essay, aufgenommen und dort vielleicht auch besser praktiziert wird. Und daß Herder Gattungspoetik mit der Idee einer historisch gewendeten Kulturanthropologie in Zusammenhang bringt, wird ebenfalls zu einem Modell werden (etwa bei den Grimms). Aber selbst bei einem seiner besten Texte – dem *Shakespear* – bleibt das Gefühl, daß Herder aus Shakespeare mehr hätte machen können. Er deutet nur an, was alles möglich wäre, wenn man seiner Rede folgte.

Die Aufgabe der folgenden Analysen wird darin bestehen, die Struktur von Herders Diskurspraxis in der Literaturinterpretation zu beobachten. Daß ein Autor emphatisch den poetischen Text, über den er redet, noch einmal wiederholt, daß eine kleine Gattung wie die Fabel zum Poesiemodell wird: das ist das Diskursereignis, das zur Diskussion steht.

Wichtig für den Zusammenhang dieser Arbeit ist, daß sich Herders Interpretationspraxis aus einer starken Theoriekonstellation motivieren läßt. Daß er selbst in seinen Durchführungen zuweilen unter seinen Möglichkeiten bleibt, ist gegenüber der zu begründenden These von keiner theoriekonstitutiven Wichtigkeit. Vielleicht hat es eine rhetorische Relevanz: Schön wäre es, wenn es mehr Texte Herders gäbe, welche alle Möglichkeiten ausschöpften, die er sich selbst als seinen Diskursraum eröffnen könnte; schön wäre es auch für die hier unternommene Argumentation, wenn es zu ihrer Illustration evidente Beispiele gäbe, auf die per Deixis zu verweisen wäre. So wird jedoch meist eine Einschränkung zu machen sein. Dennoch, unabhängig davon heißt über Herders Literaturwissenschaft nachdenken, sich die Frage zu stellen, was eigentlich eine die Poesie paraphrasierende Rede in einer interpretierenden zu suchen hat und warum das vielleicht eine begründbare Anwesenheit ist. Diese Frage hat ihre Relevanz bis hinein in die gegenwärtigen Debatten, in denen mit dem Poetischen mitlaufende Hermeneutiken diskutiert werden.

Wenn Herder anstelle rhetorischer Rede damit begonnen hat, gattungspoetologisch im Sinne von kulturanthropologisch einerseits und paraphrasierend andererseits zu interpretieren, und wenn dieser Beginn durch gedächtnistheoretische, ästhetische, hermeneutische, geschichts- und sprachphilosophische Überlegungen fundiert ist, dann ist eine interpretierende Praxis dieser Diskurse per se ein neues Modell, das seine Neuheit auch durchgesetzt hat, wenngleich sie nicht sofort in ihrer stärksten Version erschien.

Zum Tatbestand des nur teilweisen Gelingens der Interpretationspraxis bei Herder – gemessen an den Möglichkeiten, die seine Theoriemodelle eröffnen – gesellt sich eine weitere Überlegung. Zum Begriff der Interpretation gehört, daß sie ein schwieriges, stets am Rande des Scheiterns befindliches Unterfangen ist. Die Problematik der Paraphrase, zum einen Poesie in der Interpretation wiederholen zu sollen und zum anderen dieser Wiederholung Begrifflichkeiten und Terminologien an die Seite zu stellen, beinhaltet ihren immer möglichen Absturz in die schlechte Emphase der Poesieaffirmation und in die unglückliche Assoziation von poetischer mit begrifflicher Sprache. Man kann den Begriff der Paraphrase für den Diskurs der Interpretation stark machen, aber man kann nicht von vornherein verhindern, daß die Praxis paraphrastischer Interpretation doch alle Fehler begeht, die sie ihrem Begriff nach verhindern soll.

Herders Interpretationen sind auch in ihren Unzulänglichkeiten typische Interpretationen: so läßt er zuweilen die Paraphrase dermaßen in die Interpretation hineinwuchern, daß aus einer Hermeneutik der Apokalypse eine apokalyptische Hermeneutik wird; und so werden weiterhin die Klopstockschen Oden einer Empfindungseinheit unterstellt, die der Herderschen Odentheorie zufolge nur als eine Art von Selbstbetrug gelten kann, als ein sich künstlich Hintergehen mit der Wahrheit, wie seine eigene Formulierung lautet (s. u.).

Im Gegensatz zum bisherigen darstellenden und Theorie explizierenden Duktus, werden in diesem vierten Teil (vor allem im Kapitel *Die Praxis der Interpretation bei Herder*) kritische Stellungnahmen unausweichlich sein. Denn es geht um den Begriff und die Idee von Interpretation, wie sie als starke Theoriegestalt aus Herders gedächtnistheoretischen, ästhetischen und hermeneutischen Überlegungen folgt. Diese Idee wird mit einer Performanz der Rede selbst konfrontiert. In dieser Performanz steckt, wie ausgeführt, irreduzibel die Wahrscheinlichkeit eines Scheiterns. Um so wichtiger wird es für eine ›billige‹ Hermeneutik (aequitas hermeneutica) der Interpretationspraxis Herders sein, denjenigen Text, den er hätte schreiben können, und der als stärkste Version aus seinen vielen Texten konstruierbar scheint, zum Fluchtpunkt der Überlegungen zu machen.

2. *Herders Poetik: Fabel. Über das mimetische Vermögen*

Wenn es – wie ich es in der Deutung der *Sprachursprungsschrift* zu beschreiben versucht habe und wie es Ulrich Gaier im Zusammenhang mit der Schöpfungshieroglyphe betont – die Eigenart Herders ist, seine Argumentationsgänge so zu organisieren, daß die Syntax der Argumentation schon das Argument enthält, dann müßte ihm eine Gattung wie die Fabel[1], die auf der Trennung von narratio und moralisierendem Epimythion beruht, Schwierigkeiten bereiten. Die Zweiteilung, die die Fabel zwischen der Herleitung einer Moral und der Moral selber macht, so daß man als abstraktes Resultat die Moral mit nach Hause nehmen kann, ohne der nur didaktisch notwendigen narratio noch zu bedürfen, steht allen Versuchen Herders entgegen, Argumentationsformationen zu etablieren, die ihre Syntagmatik selbst schon als Vollzug des Resultats darstellen.

Als Chiffre für die Eigenart von Herders Schreibweise, die Thema/ Rhema-Differenz zum Zusammenfall zu bringen, firmiert in den verschiedenen Argumentationskontexten die Schöpfungshieroglyphe. Anstelle eines Sprachursprungstheorems verhandelt die Begründungsrede die Organisation mehrerer Ursprungstheoreme und bringt sie, jenseits eines bloßen Resultats, im Vollzug der Rede zur Darstellung; und anstelle einer These zum Mosaischen Schöpfungsbericht organisiert Herder seine Erörterung in der Syntaxis, die als innere Gestalt des Schöpfungsberichts nachzuweisen das Argumentationsziel wäre, wenn nicht schon längst die Argumentation diejenige

[1] Am informativsten sind zu Herders Fabelbegriff die Arbeiten von Jürgen Brummack: der Kommentar zur Fabelabhandlung in W IV, 1300–1344 und sein Aufsatz (Herders Theorie der Fabel, in: *Johann Gottfried Herder 1744–1803*, Hg.: Gerhard Sauder, Hamburg 1987, S. 251–266). Ansonsten ist in der Forschung von Herders Arbeiten zur Fabel bislang nur unter Ausblendung der fundierenden gnoseologischen Terminologie die Rede gewesen. – Schrader (1991) schreibt ein Kapitel über Herder, verbleibt dabei aber zu sehr in den Begriffskonstellationen der zeitgenössischen Fabeltheorien. Es entgeht ihr, daß Herder, obwohl sein Wortbestand mit den Vorgängertheorien kokettiert, dennoch einen ganz anderen Gedanken verfolgt. Daß sie etwa den Begriff des analogon rationis als Analogiedenken mißversteht (S. 123), zeigt, wie wenig die terminologische Redeweise Herders erkannt ist. – Fast nur referierend und dabei Differenzen eher zudeckend ist auch die Arbeit von Waltraud Briegel-Florig (1965). – Thomas Noel (1975) behandelt Herder unter dem Stichwort »romantic turn«. Diese Formel, die sich schon bei Briegel-Florig findet und ebenso bei Schrader, reagiert einerseits darauf, daß Herder aus dem Kontext der rationalistischen Fabeltheorien schwerlich zu erklären ist, resigniert andererseits aber vor einer Erklärung dadurch, daß Herder zum Romantiker avant la lettre gemacht wird. Daß für Herder die Fabel zu einem Symbol natürlicher Einheit (Noel 1975, S. 126) und zu einer Reflexion des »mythological golden age of cosmic unity« (S. 133) wird, verstellt auch eher seinen nicht in eine differenzlose Alleinheitspoesie aufgehenden Gedankengang.

Stelle eingenommen hätte, von der sie eigentlich handeln sollte. Daß seine Theologie ein für die Theologie apokalyptisches Unterfangen ist – worauf schon hingewiesen wurde –, wäre strukturell damit zu begründen, daß Herder, anstatt vom Schöpfungsbericht als dem Gegenstand seines Theoretisierens zu sprechen, selbst einen neuen Schöpfungsbericht schreibt, mit dem er den alten in sich aufheben kann. Der Argumentationsvollzug der *Aeltesten Urkunde* wiederholt in sich die Logik des Schöpfungsberichts, ist Rekonstruktion adamitischen Wissens (s. o.) und ist als Vollzug schon das Resultat, das jenseits des Vollzugs nicht resümierbar ist.

Wenn Herders Argumentationen dieser Struktur gehorchen, dann ist dazu die Struktur der Fabel gegenläufig, sofern sie auf der Trennung von Resultat und Herleitung besteht. Von der Fabel ließe sich keine Poetik formulieren, die eine Poiesis im Sinne der Herderschen Identifizierung der Syntaxis der Darstellung und des Dargestellten begründete. In seiner Abhandlung *Über Bild, Dichtung und Fabel* (1787) formuliert er: »Sobald ich einen jeden Allgemeinsatz auf einen besondern Fall zurückführen, ihm in einer erdichteten oder wahren Geschichte die Wirklichkeit ertheilen und ihn nachher aus derselben durch eine leichte chemische Kunst wieder abziehen will: so ist nichts leichter, aber auch nichts armseliger, als die Fabeldichtung« (SWS XV, 547). Um dieser Armseligkeit zu entkommen, bieten sich zwei Möglichkeiten an. Zum einen könnte Herder, wie er es in der im Zusammenhang des zweiten Teils der *Fragmente über die neuere deutsche Literatur* geschriebenen, aber erst aus dem Nachlaß publizierten Studie *Äsop und Lessing* (1768) formuliert, »die fabelnde Muse aus dem Gebiet der Poesie, wo sie sich das Bürgerrecht angemaßet, in ihr Vaterland, die lehrende Prose«[2] zurückführen. Nach diesem frühen Diktum wäre die Fabel aus dem Bereich der Poesie ausgegliedert, und die Schwierigkeit, wie eine ihre Syntax als Resultat darstellende Argumentation mit der Trennung von Moral und narratio umzugehen hätte, stellte sich zumindest nicht als poetologisches Problem.

Herder hat aber schon in dem Aufsatz *Äsop und Lessing* diese Schlußfolgerung unterlaufen.[3] Es erweist sich nämlich, daß die anfangs markierte Distanznahme in Wahrheit derjenigen Art der Fabel gilt, die die neuzeitlichen, auf das moralisierende Epimythion fixierten Fabeltheoretiker entwickelt haben. Herders Gegenentwurf, und das ist die zweite Möglichkeit, formuliert das Programm einer archäologischen Freilegung dessen, was jenseits der aufklärerischen Fabeltheorie der Gattung an ursprünglichem poetischen Be-

[2] Ich zitiere die frühe Studie Herders aus dem Anhang zu Band IV der Werkausgabe (W IV, 1311).

[3] Vgl. vor allem ebd., 1320f.

stand zukommt und was für die Poesie geradezu paradigmatisch an der Fabel zu entdecken bleibt. Am Beispiel der Äsopischen Fabel, so formuliert Herder in der zentralen Abhandlung von 1787, soll »auch hier die Entstehung das Wesen der Sache selbst« zeigen (SWS XV, 539), wobei die »Sache selbst« sowohl die spezielle Gattung der Fabel meint wie auch das, was überhaupt Dichtung sei.[4] Freilich wird sich die so entstehende Fabeltheorie in die Opposition zur zeitgenössischen Fabelproduktion begeben. Zur Startkonstellation von Literaturwissenschaft als einer autonomen Diskursvorrichtung scheint zu gehören, daß Theoriebildungen nicht mehr zwingend an einen gegebenen Phänomenbestand anschließen. Herder entwickelt eine Theorie der Fabel, die dem Großteil der Fabeltexte gegenüber abstrakt bleibt. Dies mag, verglichen etwa mit Lessings Fabeltheorie, ein Schwäche sein.

In seinen Gedanken über die Poetik der Fabel liefert Herder die Grundzüge einer allgemeinen Poetik. Er entwickelt dabei die Idee der Dichtung aus einer Argumentation, die unschwer als eine memoria-Praxis wiederzuerkennen ist. Diese zwei Gedankenlinien stehen also im folgenden zur Diskussion: wie gelingt es Herder, gegen die zunächst augenscheinliche Zweiteilung der Fabel dennoch die Identifizierung von Verlauf und Argument zu begründen; und: welchen konstitutiven Stellenwert hat im Gedankengang das memoria-Argument?

Der Versuch, die Fabel aus der abstrakten Zweiteilung von narratio und Epimythion zu befreien, muß bei der moralischen Sentenz ansetzen, auf die nach Ansicht der Fabeltheoretiker des 17. und 18. Jahrhunderts die Fabel hinausläuft. Herders erster Schritt besteht darin, den Terminus »moralischer Satz« durch die Ausdrücke »Erfahrungssatz« bzw. »praktische Lehre« zu ersetzen. So verfährt Herder schon in der frühen Studie *Äsop und Lessing* (W IV, 1312 ff.). In dem Aufsatz *Über Bild, Dichtung und Fabel* von 1787 nimmt er diese terminologische Vorkehrung gleich zu Beginn des Abschnitts *Von der Aesopischen Fabel* vor (SWS XV, 539), um sie im Laufe der späteren Argumentation auszuführen (ebd., 547 ff.). Auch der späte Aufsatz *Fabel* von 1801 steht in dieser Linie, indem er die Fabel auf die »ewigen Gesetze« der »Haushaltung der Natur« (SWS XXIII, 252) bezieht und damit eine nicht moralische, sondern ontologische Fundierung vornimmt.[5]

[4] Brummack (1987, S. 252) weist vollkommen zurecht auf die Semantik des Wortes Fabel im 18. Jahrhundert hin. Nicht allein die didaktische Kleingattung ist gemeint, ›Fabel‹ kann auch der Terminus für den Handlungskonnex sein, Synonym für eine erfundene Geschichte, Bezeichnung für Mythen, Sagen und Märchen. Daß ein Theoretiker wie Herder in seinen Gedanken zur Fabel von der Dichtung als solcher redet, ist also schon in der Semantik des Wortes nahegelegt.

[5] Mit den drei genannten Texten sind zugleich die wichtigsten Stellungnahmen Herders zur Fabel angeführt. Es finden sich in der *Aeltesten Urkunde* und in *Vom Geist der Ebräischen Poesie* weitere Überlegungen zur Fabel (s. u.).

Herder wendet mit diesem Eröffnungsschritt die Argumentationsrichtung aufklärerischer Fabelpoetiken um. Anstatt zu einem gegebenen moralischen Satz ein Beispiel zu suchen[6], verfährt die Fabel nach Herder so, daß sie, im Kontext elementarer lebenspragmatischer Situationen entsprungen, eine Bewältigung von vorher nicht begriffener Natur im Erfahrungssatz leistet. An der Fabel läßt sich paradigmatisch der Prozeß eines Denkens ablesen, das sich vom wilden Denken über das poetische zum begrifflichen läutert.

Herders Gedankengang setzt in der Abhandlung von 1787 elementar, nämlich aisthetisch[7] an: »Unser ganzes Leben ist also gewissermaassen eine Poetik: wir sehen nicht, sondern wir erschaffen uns Bilder« (ebd., 526). Daß das Sehen eigentlich das Konstruieren des Sehens ist, ist im *Vierten Kritischen Wäldchen* das Hauptargument für Herders Theorie des ursprünglichen Synkretismus der Sinne. Wenn die Produktion von Weltwahrnehmung aus einem Konstruktivismus aisthetischer Interferenzen folgt, dann gilt, wie schon oben ausgeführt wurde, daß Weltwahrnehmung überhaupt das Resultat von Überschneidungen, Überlagerungen und Übersetzungen ist. »Hieraus ergibt sich, daß unsre Seele, so wie unsre Sprache, beständig allegorisire« (ebd.). Herder nennt die Aufnahme von Empfindungsmaterial durch die Sinne und dessen

[6] Christian Wolff definiert die Fabel als die Erzählung eines Geschehens, das eine moralische Wahrheit lehren soll (*Philosophia practica universalis*, Frankfurt und Leipzig 1738, zitiert in der deutschen Übersetzung der §§ 302–316 von Hermann Kleber und Josef M. Werle, in: *Texte zur Theorie der Fabel*, Hg.: Josef M. Werle und Erwin Leibfried, Stuttgart 1978, § 302) und bestimmt ihre Wirkung darin, daß sie im Rezipienten diese moralische Wahrheit hervorzubringen habe. – Nach Breitingers *Critischer Dichtkunst* (I, 166ff.) ist das »lehrreich Wunderbare« der Fabel erfunden worden, um »moralische Wahrheiten und Lehren« in einer reizenden und heilsamen Weise »in die Gemüther der Menschen einzuspielen.« – Gottsched definiert (Johann Christoph Gottsched, *Versuch einer Critischen Dichtkunst*, Leipzig ^{4}1751, S. 436) die »eigentlichen Fabeln« als »erdichtete Begebenheiten, die ihre Sittenlehre bey sich führen«. – Lessing (V, 385) geht in seiner Fabeldefinition von einem allgemeinen moralischen Satz aus, der auf einen besonderen Fall, dem man die Wirklichkeit zu erteilen habe, zurückgeführt wird. – Die Liste der Fabeldefinitionen, die vom Subsumtionsverhältnis eines moralischen Satzes und seiner im Beispiel vorgeführten narratio ausgehen, ließe sich weiterführen. Erwähnt sei nur, daß Gellert eine Ausnahme bildet. Seine Überlegungen zur Fabel zielen, wie später die Herders, eher auf nützliche »Warnungen und Lebensregeln« ab und reden von einem pragmatischen und nicht zuvörderst moralischen Handlungsmodell (Christian Fürchtegott Gellert, Von dem Nutzen der Fabel, in: *Schriften zur Theorie der Fabel* (Hist.-krit. Ausgabe), Hg.: Siegfried Scheibe, Tübingen 1966, S. 57ff.).

[7] Schon in seinen frühen Fragmenten über die Ode (um 1765) spricht Herder davon, eine »allgemeine aesthetische Poetik« (W I, 78) aus den Grundsätzen der Baumgartenschen Theorie entwickeln zu wollen. Offensichtlich denkt er sich das Verhältnis von Ästhetik und Poetik als eines von allgemeiner Theoriegrundlegung und speziellerer Ausführung. Poetik wäre dann der Name für den Inbegriff ästhetischer Regeln, die nur auf die Dichtung zutreffen.

sofortige Weiterverarbeitung zwecks Weltkonstruktion Allegorisieren und Metaschematisieren (ebd.). Der »Umsatz der Sachen in Bilder, der Bilder in Worte oder andre Zeichen« (ebd.), aus dem in der *Sprachursprungsschrift* die grundsätzliche Metaphorizität der Sprache hergeleitet wird, dient in der Abhandlung über die Fabel der Herleitung dessen, was Herder hier Bild nennt. Dieser Begriff des Bildes scheint nicht allein ein visuelles Ikon zu meinen, sondern überhaupt jede aus dem ursprünglichen Synkretismus der Sinne resultierende Zusammenballung aisthetischer Phänomene.

Im nächsten Schritt versucht Herder die zunächst nur insularen Elementarbestände einzelner Bilder in den Zusammenhang zu bringen, den er Dichtung nennt. Zentral ist wieder einmal Sache und Begriff des Habitus. Wie schon ausgeführt wurde, begründet Herder die irreduzible Individualität aus der Reihenfolge und der Stärke erster, bahnender Sinneseindrücke. Die spätere Aisthesis ist vorprogrammiert durch die paradigmatischen Bahnungen der ersten Eindrücke, so daß es sein kann, daß verschiedene Menschen ihre Sinnlichkeit unter der konstruktiven Vorherrschaft jeweils unterschiedlicher Sinne konzeptualisieren. Den Inbegriff dieser zur Gewohnheit werdenden Urteilsvollzüge im Material des Sinnlichen nennt Herder Habitus. Folglich produziert der »Habitus unsrer Bilder-schaffenden Seelenkraft« (ebd., 532) »Reihen von Bildern« (ebd., 533), die insgesamt ein charakteristisches Gepräge auszeichnet.

Mit dem Begriff der Reihe ist eine erste, in sich noch ungegliederte Syntax von Dichtung gegeben. Modelliert wird sie durch das Argument, daß der Mensch schließen müsse, »daß der Wirkung eine wirkende Kraft, mithin ein Subject zum Grunde liege« (ebd.). Gedichtet werden also »persönliche Wesen« (ebd.), was eine »Belebung der ganzen Natur« (ebd.) bewirkt. Die sinnliche Ordnung der Personifikationen bringt in die Reihe der durch den Habitus entstandenen und unter sich schon homogenen Bilder eine Art von Grammatik, in der es Subjekte und Objekte gibt.

Indem er diesem elementaren Handlungsmodell Gesetze unterstellt, in denen er seine von Newton übernommenen Terminologien der Anziehung und Abstoßung[8] auf die Mythologie anwendet, gelangt Herder schließlich zu seiner Theorie der Dichtung. Die aus den Bilderreihen durch »Prosopopöien und Personificationen« (ebd.) gewonnenen Aktanten werden nämlich erst durch semantische Basisdichotomien wie »Liebe und Haß, Empfangen und Geben, Thätigkeit und Ruhe, Vereinigung und Trennung« (ebd., 535) zu handelnden Wesen, von denen sich erzählen läßt.

[8] Vgl. zu den über Kant an Herder vermittelten Einflüssen Newtons Nisbet (1970, S. 76ff., 134ff., 142ff. u. ö.).

Die Fabel ist in dieser Version von der Urgeschichte der Dichtung eine der ersten Formen. Mit der Terminologie von Jolles ließe sie sich durchaus als Geistesbeschäftigung[9] bezeichnen. Herder formuliert in *Über Bild, Dichtung und Fabel*: »Wenn es der menschlichen Seele eine eigene, fortwährende Beschäftigung ist, sich Bilder zu schaffen, sie aus dem Chaos der Naturgestalten zu sondern, ihre Wirkungsart zu bemerken und solche mit einem Namen, den ihr der anschauende Sinn gab, zu bezeichnen: so konnte es unmöglich fehlen, daß nicht bald auch die äsopische Fabel entstehen mußte« (ebd., 539). Dieser Beschreibung nach ist die Fabel für Herder weit mehr als nur eine der ursprünglichen Gattungen der frühesten Dichtung. An ihrer Struktur läßt sich die Entstehungsgeschichte von Dichtung ablesen. Die Fabel entsteht, so Herders Theorie, indem der Mensch Bilder schafft und diese vermöge eines Habitus in eine Reihe bringt, die Reihe »aus dem Chaos der Naturgestalten« durch Personifikationen und »Namen« »sondert« und zu Gestalten macht, um schließlich den anschaulichen Sinn durch »einen Erfahrungssatz oder eine praktische Lehre« (ebd.) für sich anzuerkennen (ebd.). Ist die narratio noch das Tun der ursprünglichen Weltwahrnehmung inmitten der Logik der Bilderschaffung und Personifikationen, so stellt das Epimythion eine Leistung des abstrakteren Denkens dar, eine in der Fabel plazierte Reflexion auf das Geschehen der Fabel. Diejenige Geistesbeschäftigung, die zunächst eine Situation durch einen Animismus ausdeutet, wird im Prozeß der Fabel zum Herr über die Situation vermöge einer distanzierenden Klugheitsregel als erster Akt begrifflicher Erkenntnis.

Das Modell erinnert frappant an Blumenbergs Genese des Mythos.[10] Aus dem Schrecken vor dem Terror der gestaltlosen Wirklichkeit (bei Herder: Furcht[11]) erwachsen die distanzschaffenden Benennungen, die zunächst per-

[9] André Jolles (*Einfache Formen*, Tübingen 1930) definiert Geistesbeschäftigung als die einem elementaren Handlungskontext (»Lebenswelt«) entsprechende Form des Denkens (»symbolische Handlungsablauftypen« nach: Alfred Schütz und Thomas Luckmann, *Strukturen der Lebenswelt*, Frankfurt am Main 1979 und 1984, 2 Bände, Bd. I, S. 115). Interaktionssoziologisch und handlungstheoretisch wäre die Geistesbeschäftigung eine kommunikative Gattung, in der symbolische Sinnwelten institutionalisiert werden (vgl. zu dieser Terminologie Peter Berger und Thomas Luckmann, *Die gesellschaftliche Konstruktion der Wirklichkeit*, Frankfurt am Main 1986). Die Fabel würde sich als eine Form begreifen lassen, in der sich die Verwandtschaft zum Tier in einer Sentenz zum Ausdruck bringt. Jolles zählt die Fabel nicht zu den Einfachen Formen, wahrscheinlich weil er Herder nicht zur Kenntnis genommen hat und mit den rationalistischen Fabeltheoretikern von der die Einfachheit dementierenden Zweiteilung der Fabel ausgeht.

[10] Blumenberg ^{2}1979, S. 9ff.

[11] Aus den »rauhen Begebenheiten der Welt«, die den Menschen »Schrecken und Furcht einprägen«, erwächst einer »sinnlichen Einbildungskraft das Bild unsichtbarer Ursachen, mächtiger Dämonen, höherer Kräfte, furchtbarer Götter« (SWS XXXII, 105f.). Die ersten

sonifiziert und zu göttlichen Aktanten in Kulten domestiziert werden, bis sie aus der Präsenz des Kultes in die mythische Erzählung und schließlich in die diese Erzählungen entmythologisierenden Philosophien übertragen werden. Herder liest diesen Prozeß an der Fabel ab. Die kleine Gattung wird ihm zum Modell seiner eigenen Theorie der Genese der Dichtung. Wichtig ist ihm, daß die Bewältigung einer Situation vermöge der Fabel schon in der Situation selbst geschieht. Die Fabel entdeckt sich als ein Handlungsmodell, als eines zudem, das auf die Emanzipation und die Selbstkonstituierung des Menschen aus der Übermacht der Situation setzt. Schon in *Vom Geist der Ebräischen Poesie* ist die Rede von »Begebenheiten« (SWS XII, 13), aus denen die Sentenzen erwachsen bzw. von »einem lebendigen Vorfall« (ebd., 14), bei dem die Fabel gemacht und die Lehre gezogen wird, unter anderem, um aus Gründen des Gedächtnisses (ebd.)[12] den Akt der Selbstbehauptung in einer Situation über diese hinaus zu retten.

Wenn die Fabel zum Symbol der Herderschen Theorie der Genese von Dichtung wird – und vielleicht kann man sogar sagen, daß sie hieroglyphisches Sinnbild dieser Theorie ist –, dann liegt der Gedanke nahe, die Form der Identifizierung von Verlauf und Struktur auf die Logik der Schöpfungshieroglyphe[13] zu beziehen. Das Epimythion der Fabel hat die strukturelle Position des Sabbats der Schöpfungshieroglyphe inne. Die Fabel ist in ihrer Struktur ein Analogon für die Struktur der Schöpfungshieroglyphe. Sie vollzieht in sich die Erkenntnis ihrer Genese und impliziert im Epimythion das Moment der Reflexion auf sich selbst.

Gebete und Gesänge resultieren daher, wie Herder im *Versuch zu einer Geschichte der lyrischen Dichtkunst* (um 1766) schreibt, aus einem »allgemeinen Schrecken«. Es ist offensichtlich diese »Furcht«, die »in unvermutheten Augenblicken uns alle noch zu Wilden« macht (SWS XV, 534) und uns die Notwendigkeit aufbürdet, durch Personifikationen Gegenstände der äußeren Welt als Ursachen zu setzen. Dieser erste aus der Furcht geborene Akt einer Ursachensetzung hat bei Herder offensichtlich den Status eines kulturschaffenden Antriebs. – Wahrscheinlich hat er den Gedanken aus David Humes Schrift *The Natural History of Religion* (1757), wie das bei Suphan aus Herders Nachlaß abgedruckte und mit Nummer XII bezeichnete Fragment ausweist (SWS XXXII, 148).

[12] »Bei einem lebendigen Vorfall ward die Fabel gemacht; aus ihr die Lehre gezogen und des Gedächtnisses, des kurzen Scharfsinns wegen in eine Metapher, ein Sprüchwort oder gar in ein Räthsel zusammengedrängt« (SWS XII, 14). Auch in dem Aufsatz *Über Bild, Dichtung und Fabel* taucht das Gedächtnisargument auf: »Zur Bildung solcher praktischen Klugheit erfand Aesop seine Fabeln [...] Er lehrte die Menschen, sich durch Erinnerung ähnlicher Fälle zurecht zu finden im Leben« (SWS XV, 552).

[13] Ich erinnere daran, daß ich in meiner Deutung der Schöpfungshieroglyphe das Moment der Identifizierung von Verlauf (die strukturale Generierung von Strukturalität) und Struktur gegenüber der ›kanonischen‹ Form der Siebenergliederung als den eigentlichen Kern der Figur herausgestellt habe. Es geht nicht um den Nachweis von Siebenerstrukturen, sondern um das allgemeine Moment einer in sich dialektischen Strukturierung.

Gegen die gängige Fabeltheorie, nach der zu einem moralischen Satz ein anschauliches Beispiel gesucht wird, ist Herder zufolge das Beispiel kein solches, sondern Vollzugslogik sinnlichen Dichtens und die Moral keine solche, sondern eine aus der Situation erwachsende Klugheitsregel. Noch in dem späten Aufsatz *Fabel* von 1801 bleibt er bei diesem Gedanken[14], versucht aber, seiner Fabeltheorie im Namen der Nemesis/ Adrastea eine kosmologisch-ontologische Fundierung zuzudenken. Auch hier betont er die Verbundenheit der Fabel mit frühestem Denken: Die schönsten Fabeln sind ihm »herausgerissene Blätter aus dem Buch der Schöpfung« (SWS XXIII, 253). Daß aber Fabeln ihre Bilder aus der Natur nehmen, hängt nun nicht mehr allein damit zusammen, daß der noch wilde Mensch zunächst gänzlich in die Natur versinkt und sich erst mühsam über Bilder, Personifikationen, Erzählungen und Klugheitsregeln aus ihr befreien muß. Vielmehr betont Herder jetzt, daß es die »Haushaltung der Natur« (ebd., 252) ist, die »nach ewigen Gesetzen, in unveränderlichen Charakteren« (ebd.) fortgeht und daß deren »Bestandheit, Ordnung, Folge der Dinge« (ebd., 253) dem Menschen überhaupt erst die Idee von Ordnung und Regelmäßigkeit gegeben hat. Indem die Fabel diese Natur in ihrer Regelmäßigkeit vorführt und die Tiere mit ihren unveränderlichen Charakteren präsentiert, ist sie ebenso auf die Basis dieser Naturordnung angewiesen, wie sie diese auch vorstellt und auf menschliche Weise anschaulich macht.[15] Herder fundiert in seiner späten Abhandlung die Fabel ontologisch: »Eben nur jene Naturordnung und Naturfolge nach allgemeinen, daurenden Gesetzen, die der Fabel zum Grunde liegt, macht den allgemeinen Satz in ihr erkennbar« (ebd., 260). Hat Herder in seinen früheren Abhandlungen zur Fabel die genetische Theorie der Fabel for-

[14] Die Kontinuität der Herderschen Überlegungen zur Fabel ist auch hier, als Teil eines allgemeinen Nachweises der Kontinuität seines Gesamtwerks, festzuhalten. Das Hauptmotiv noch der Abhandlung von 1801 findet sich schon in der Studie *Äsop und Lessing* von 1768 formuliert: »Ich halte die Fabel für einen Quell, für ein Migniaturstück der großen Dichtkunst, wo man die meisten Dichtungsregeln in ihrer ursprünglichen Einfalt und gewissermaßen in Originalgestalt findet« (W IV, 1320). So kann die Einschätzung von Briegel-Florig (1965, S. 87), »Herders Einstellung zur Fabel ist jedenfalls schwankend und auch die Methode, mit der er sie untersucht, wechselt stark«, nicht überzeugen.

[15] Die Formel von der »allgemein bekannten Bestandheit der Tiercharaktere« (Lessing V, 389 u. ö.), die bei Lessing vor allem didaktisch gedacht war (V, 389), bekommt bei Herder eine bewußtseinsgenetische Bedeutung. Denn ohne eine Konstanzgarantie seitens der Natur, so das Argument, wäre für das menschliche Bewußtsein kaum eine Möglichkeit vorhanden, sich aus dem Chaos der andringenden Eindrücke zu einer Besonnenheit zu retten. Die Tiercharaktere sind Ausdruck einer solchen Konstanz. Lessing hat mit seiner Formulierung wohl nur daran gedacht, daß die gleichbleibenden Tiereigenschaften das Modell für eine didaktisch gemeinte Reduzierung von Komplexität und für die Etablierung einer allgemein anerkannten Semantik zwecks Aufbau einer moralisierenden Dichtung abgeben.

muliert, so arbeitet er jetzt an einer ontologischen Fundierung in transzendentaler Begründungsfunktion.

Die Ersetzung des moralischen Satzes durch Termini wie Klugheitsregel eröffnet im Zusammenhang des metaethischen Nemesiskonzepts den zusätzlichen Sinn, daß die Fabel eben nicht Moralität zum Ausdruck bringt, sondern im Sinne einer grundsätzlichen kosmologischen Ordnung agiert.

Schon in der Schrift *Vom Geist der Ebräischen Poesie* findet sich die später auch in der Abhandlung *Über Bild, Dichtung und Fabel* formulierte Theorie von der Genese des Bildes als Ursprung von Poesie. Allerdings radikalisiert Herder im theologischen Kontext[16] das Ursprungsproblem durch die Frage nach dem Akt der Benennung, der in der Konstitution des Bildes, sofern es als Signifikant ein Signifikat braucht, enthalten sein muß. Das alte Zirkelproblem der Ursprungstheorie taucht in theologischer Formulierung wieder auf, nämlich als die Frage, ob nicht der Mensch, wenn er die Dinge benennt wie Adam die Tiere, dafür schon die Sprache hat benutzen müssen, die doch erst durch den Akt dieser Namengebung zustande kommen kann. Herder argumentiert ganz im Sinne der *Sprachursprungsschrift*, indem er diese Alternative zweier zirkulär zueinander stehender Theoreme nicht zugunsten eines Theorems entscheidet, sondern beide als Konstellation eines Arguments denkt. Der Ursprung – hier derjenige der Poesie – »ist beides« (SWS XII, 6), »menschlich und göttlich« (ebd.): göttlich, sofern Gott dem Menschen die Position des mit Sprache auf die Welt reagierenden Wesens verliehen hat; menschlich, sofern es eben das menschliche Maß als die spezifische anthropologische Ausstattung ist, nach der sich die Struktur der Sprache und der Poesie richtet (vgl. ebd.).

Diese Argumentationsfigur hat weitreichende Folgen für Herders Poesiebegriff. Indem der Mensch nämlich »alles nennt, und mit seiner Empfindung auf sich ordnet, wird er Nachahmer der Gottheit, der zweite Schöpfer, also auch poietes, Dichter« (ebd., 7). Wenn der Ursprung der Sprache und damit der Ursprung der Poesie als der ersten Sprache des Menschen sowohl menschlich als auch göttlich ist, dann muß Herder diese Doppeltheit der Be-

[16] Nicht geringe Teile der Schrift über die Hebräische Poesie versuchen den Theoriebestand der sogenannten adamitschen Sprache (1. Mose 2, 19–20) auszudeuten. Gerade der Beginn des zweiten Teils dieser Abhandlung, der noch einmal einen prinzipiell neuen Denkansatz in stringenterer Systematik vorträgt, ist hauptsächlich an der Benennungsszene interessiert. In ihrer Deutung muß sich mitentscheiden, inwiefern überhaupt Herders Ansatz, das Alte Testament als Poesie zu verstehen, als ein der Sache immanenter auszuweisen ist. Wäre der Ursprung von Poesie die adamitische Sprache, so wäre zweierlei gewonnen: Herder könnte theologisch fundiert seine Poetologie formulieren und überdies seine Poetisierung qua Enttheologisierung des Bibeltextes begründen.

stimmungen in den Begriff des Dichters mit hineinnehmen und folglich auch in das Ensemble der grundlegenden poetologischen Begriffe. Nachahmung wird ihm konsequenterweise zur Nachahmung nicht der natura naturata, sondern der göttlichen natura naturans, wie es eine theologisch radikale Deutung des Ebenbildgedankens[17] nahelegt: »Hat man das Wesen der Dichtkunst in eine Nachahmung der Natur gesetzt, so dörfte man diesem Ursprunge zufolge, es noch kühner in eine Nachahmung der schaffenden, nennenden Gottheit setzen« (ebd.).

Herder denkt nicht nur die Struktur von Sprache und Poesie (Was-Sein). Auch die ontologische Tatsache einer den Menschen auszeichnenden Positionalität in der Welt, die von außerhalb menschlicher Verfügungsmächtigkeit ihm schlechterdings als gegeben vorausgesetzt werden muß (Daß-Sein)[18],

[17] Hans Blumenberg weist darauf hin, daß seltsamerweise der Ebenbildgedanke in der Tradition der theologischen Spekulationen vor allem des Mittelalters nicht in seinem vollen Potential gedacht wurde. Die Herderschen Formulierungen lassen an die Rede vom Menschen als alter deus bei Nikolaus Cusanus denken. Herder wäre sicherlich denjenigen Autoren zuzurechnen, deren theologische Radikalisierung des imago-dei-Gedankens die Tendenz der Verselbständigung des Ebenbildes vom Urheber in sich birgt. Im Zusammenhang der Überlegungen Blumenbergs ist Herders Anschluß an die Tradition der radikalen Deutungen des Ebenbildgedankens in einer ähnlichen Doppelfunktion zu sehen, wie Blumenberg sie Cusanus zuschreibt. Indem dieser nämlich ein originäres Theologem ernst nimmt in dem Versuch, mittelalterliche Argumentationsformationen gegen die beginnende Neuzeit zu retten, autonomisiert er die menschliche Nachahmung als Analogon zur göttlichen in einem solchen Maße, daß »als Metaphorik der menschlichen Daseinsautarkie« (*Aspekte der Epochenschwelle: Cusaner und Nolaner*, Frankfurt am Main 1976, S. 85) fungieren kann, was doch als theologische Einordnung gedacht war. Zielsicher setzt Herder dort an, wo Cusanus mit der Theologie und zugleich gegen sie am weitesten in die Neuzeit vorgestoßen ist. Eine starke Deutung der Ebenbildlichkeit ist eine Art von innertheologischer Theologieopposition. Zum Ebenbildgedanken bei Cusanus vgl. Hans Blumenberg, Einleitung zu: Nikolaus von Cues, *Die Kunst der Vermutung*, Hg.: Hans Blumenberg, Bremen 1957, S. 40 und Hans Blumenberg, *Wirklichkeiten in denen wir leben*, Stuttgart 1981, S. 62, zusammenfassend aber vor allem in Blumenberg 1976, S. 84ff.

[18] Die Dichotomie von Was-Sein und Daß-Sein ist bekanntlich das große Thema von Schellings Spätphilosophie. Nach Schellings Argument ist philosophisch immer nur das Was thematisierbar, das Daß als ontologische Gegebenheit fällt unter die theologische Frage nach der Offenbarung. Herder, indem er die Ursprungsfrage in der Spannung beider Perspektiven beläßt und die Fragestellung als Konstellation dieser Problemlage entdeckt, hält die Alternative zweier gänzlich sich ausschließender Theorierichtungen offen. Dies mag die Beigabe seiner theologischen Ausrichtung sein. Philosophiegeschichtlich bliebe zu konstatieren, daß Herders Position, gegenüber der Alternative auf einer höheren Ebene diese Alternative selbst als Argument zu verwenden, eine Anschlußmöglichkeit an die nachhegelsche Philosophie eröffnet, die von Schellings Offenbarungsbegriff auf den Kierkegaardschen und schließlich Heideggerschen Existenzbegriff führt. Vgl. zusammenfassend zum späten Schelling und mit Hinweis auf die nichtidealistische Subjektstheorie als Fortsetzung Schellings das Buch von Walter Schulz (*Die Vollendung des deutschen Idealismus in der Spätphilosophie Schellings*, Pfullingen 1975).

bleibt im Horizont seines Denkens. Im theologischen Kontext der Schrift *Vom Geist der Ebräischen Poesie* taucht die ontologisch-theologische Fragestellung, die im poetologischen Kontext der Fabel-Abhandlungen weitgehend ausgespart werden konnte, notwendigerweise auf. Zu den Umwegigkeiten von Herders Art und Weise, enttheologisierend Theologie zu treiben, gehört, daß es gerade diese Hereinnahme der theologischen Fragestellung in die poetologische Argumentation ist, die ihm einen radikalen Poesiebegriff ebenso sichert, wie die Begründung einer Rede über die Poesie.

Wenn der menschlich-göttliche Ursprung der Poesie dazu führt, daß die poetologischen Anschlußbegriffe mit einer gesteigerten ontologischen Mächtigkeit ausgestattet werden – der Dichter als zweiter Gott tritt in eine Schöpfungskonkurrenz und ahmt poetisch der natura naturans nach, nicht mimetisch die natura naturata –, dann wird die Fabel, sofern sie hieroglyphisches Sinnbild jener Struktur ist, die unter dem Namen der Schöpfungshieroglyphe analysiert wurde, zum Modell dieser Doppelbestimmung.

Ein Blick von hier aus in die *Sprachursprungsschrift* bestätigt dies. Das Beispiel vom Blöken des Lammes (SWS V, 35 f.) ist eine Fabel im Herderschen Sinne. Die menschliche Seele, die nach Herder das Lamm nicht wie der Wolf oder der Löwe zum Zwecke des Fressens in Augenschein nimmt – auch dies typische Fabelsituationen –, sucht sich in ihrem Modus der Besonnenheit ein Merkmal. Wichtig ist, daß Herder vor dieses Merkmal, nämlich das »Blöcken«, einen Zustand setzt, der einer Nachahmung oder einer Verwandlung nahekommt. Das Lamm ist nämlich zunächst »weiß, sanft, wollicht« (ebd., 36), und diese Wahrnehmung ist im Kontext von Herders Rede eine cognitio clara et confusa. Der Mensch verwandelt sich zunächst diesem Komplex von Sensationen an. Erst in einem zweiten Akt, nämlich dem einer semiotischen Setzung des Merkwortes durch das deutliche Merkmal des Blökens kommt es zu einer Objektivierung der Sensationen in die Konstituierung des Gegenstandes ›Lamm‹. Der Prozeß der Fabel ist in diesem Beispiel wiederholt: Von einer Nachahmung in ein Tier kommt die Fabel zu einem Satz, der den Status einer Klugheitsregel hat. Die Anverwandlung an das Lamm führt schlußendlich zur Etablierung eines Merkmals, das in dem Satz »Ha! du bist das Blöckende!« (ebd.) artikuliert wird.

Die menschliche Sprache, die an diesem Argumentationsort der *Sprachursprungsschrift* erst nur »Wort der Seele« (ebd., 35) ist, reines Signifikat, wird von Herder – dies nur nebenbei bemerkt – sofort grammatikalisch gedacht. Es sind nämlich Sätze, die gebildet werden und keine nur insularen Merkmalsbezeichnungen, denen insulare Worte der Seele entsprächen. Notwendigerweise müssen es Sätze sein: Denn im Akt der Merkmalskonstitution befreit sich der Mensch aus seiner Verwandlung in das Tier und macht es sich zum Objekt. Damit ist die Erstellung eines Merkmals zugleich die Erstellung von Objektwelt, und folglich muß der innere Prozeß, der ein Sprachprozeß werden soll, immer schon das in der Merkmalskonstitution geschaffene Objekt mit dem Merkmal verbinden, was grammatikalisch einen Satz ergibt.

Die menschlich-göttliche Doppelbestimmung der Fabel ist zugleich die der ganzen Sprache. So menschlich die Nachahmung des Tiers ist, so göttlich ist die ontologische Tatsache, daß der Mensch eine besonnene Seele hat, mit der er Worte der Seele[19] schafft. Das Verhältnis von narratio und Epimythion wird in Herders Deutung zum Sinnbild auch dieser Doppeltheit. Aber es ist eine zu einer untrennbaren Einheit verflochtene Doppeltheit, die in der Fabel zum Ausdruck gebracht wird. Deshalb ist sie nach Herder als wesentliche Einheit zu denken, und die aufklärerische Betonung der Moral stellt sich als eine auf die Didaktik verkürzte Sichtweise dar.

Deutlich ist aber auch, daß die Spezifik zumindest der Äsopischen Fabel – und von ihr handelt Herder fast ausschließlich – darin besteht, daß in ihr von Tieren die Rede ist. Das Gefangensein des frühen Menschen im Terrorismus der fremden Wirklichkeit[20] und sein Sichbefreien im objektivierenden Akt eines Satzes wird von Herder dahingehend spezifiziert, daß der Mensch sich von seinem Mimikryverhältnis zu den Tieren befreien muß. Die Geschichte dieser Befreiung erzählt die Fabel.

Was hat es mit den Tieren auf sich? Mit der These, die Fabel sei ein hieroglyphisches Sinnbild für die mit der Schöpfungshieroglyphe gemeinte Textstruktur und das Epimythion habe die Funktion des Sabbats, ist die memoria-Funktion der Fabel von vornherein gegeben. Der die Situation bewältigende Satz ist im Hegelschen Sinne die ›Aufhebung‹ der Situation in den Satz und damit zugleich deren Konservierung und Aufbewahrung als Reflexion der Situation im Medium des Denkens.

Die Fabel hat aber noch einen tieferen Bezug zum Gedächtnisthema. Im Kapitel über *Philosophie als Analysis* habe ich kurz auf das Thema der Ver-

[19] Gaier weist in seinem Stellenkommentar (W I, 1305) darauf hin, daß dieser Terminus auf die Logosmystik von Augustin über Meister Eckhart und Luther bis zu Böhme verweist. Begriffsgeschichtlich ist wohl von Augustins Terminus vom verbum internum auszugehen, der bei Luther als Wort Gottes auftaucht. Der Gedanke der Logosgeburt in der Seele des Menschen als nicht vom Menschen verursachte scheint in Herders Sprachgebrauch ebenso wie von der Sache her in seinem Gedankengang gemeint zu sein. Vgl. zu dieser Tradition Karl-Otto Apel, *Die Idee der Sprache in der Tradition des Humanismus von Dante bis Vico*, Bonn ³1980, S. 80f., 255, 266 u. ö.

[20] Vgl. zum Begriff ›Terrorismus der Wirklichkeit‹ den Sammelband *Terror und Spiel. Probleme der Mythenrezeption* (Hg.: Manfred Fuhrmann, München 1971), bes. dort den Aufsatz von Hans Blumenberg. In seinem Buch *Arbeit am Mythos* (²1979) spricht Blumenberg dann vom Absolutismus der Wirklichkeit.

nunft der Tiere verwiesen. Philosophische Analysis geht nach Herder auf die elementaren Begriffe des aisthetisch-dunklen Grundes zurück. Sie sind im Gedächtnis gespeichert. Nun ist der Inhalt des Gedächtnisses nicht allein durch die individuellen sinnlichen Erfahrungen eines Menschen zustande gekommen. Jenseits der prägenden Erfahrungen in der frühesten Kindheit steht eine Geschichte, die weit vor die Geschichte des Menschlichen zurück reicht. Herder geht in Auseinandersetzung mit Theorien, die im 18. Jahrhundert noch intensiv diskutiert wurden[21], von der Vorstellung aus, der Mensch habe eine tierische Vorgeschichte, eine phylogenetische Tiefendimension, in die das Erbe der Tiere versenkt ist. Die Fabel ist in Herders Poetik der Ort, an dem der Mensch als dasjenige Lebewesen, das alle Tiere in sich versammelt, sich dieser Versammlung bewußt wird und die Gedächtnisarbeit an seiner vormenschlichen Stammesgeschichte ableistet.

Das Problem, welchen Sinn die Tiere in der Fabel haben, ist in den Fabeltheorien ein vieldiskutierter Gegenstand. Herder nimmt aber als erster Theoretiker eine Theorie des Mensch/ Tier-Verhältnisses in Angriff. Breitingers Argument, die Tiere seien um des Wunderbaren willen in der Fabel oder Lessings Argument, ihre allgemeine Bekanntheit entlaste die Fabel vom Aufbau einer komplexen poetischen Wirklichkeit und erlaube es sofort, zur Moral zu kommen, haben beide die Tiere für den poetischen Zweck funktionalisiert. Herders Gedanke stellt diese Zweck/ Mittel-Relation auf den Kopf: Er denkt die Fabel funktional in bezug auf seine Theorie von den Tieren. Weil die Fabel der Punkt des Umschlags von Tier (Mensch als Tier) zu Mensch ist – wie noch genauer auszuführen sein wird –, wird eine ernsthafte Rede über das Tier zum punctum saliens der Fabeltheorie bei Herder.

»Ohne Zweifel lernte der Mensch nicht blos Sprache von den Thieren, sondern Natur, Art, Kunst«, und ihm »ist keine Kunst angebohren, außer der, sich alle eigen zu machen, die ganze Schöpfung sich einzuverleiben« (SWS VII, 41 f.): Diese Formulierung aus der *Aeltesten Urkunde* bringt Herders Haupttheorem zum Verhältnis von Tier und Mensch auf den Begriff. Weil, wie es in den Vorarbeiten zur *Aeltesten Urkunde* heißt, »die Tiere, jedes in seiner Art und innerhalb seiner Spannensphäre der Schöpfung, mit ihren feinern Sinnen [...] eine weit innigere Naturkenntnis haben, als wir« (W V, 99), haben die Menschen, die von »Allem Etwas« (ebd.) mitbekommen haben, aber über keine tierische Instinktsicherheit verfügen, von den Tieren »die meisten Naturkenntnisse abgelernet« (W V, 100). Die Tiere waren den

[21] Vgl. dazu den materialreichen Aufsatz von Werner Krauss, Zur Tierseelentheorie im 18. Jahrhundert, in: Werner Krauss, *Zur Anthropologie des 18. Jahrhunderts*, Frankfurt am Main und Berlin 1987, S. 136–175.

frühen Menschen Brüder[22] oder gar, nach einer Formulierung aus der *Aeltesten Urkunde*, »unsichtbare Gottheit« (SWS VI, 370). Herder konzipiert offensichtlich eine Art von anthropologischem Archiv, das aus den Nachahmungen der Tiere besteht und stammesgeschichtlich die Tierseele des Menschen bildet. Die Substanz des Menschen ist die Summe der den Tieren abgelernten Fähigkeiten.[23]

Der Begriff der Tierseele taucht in Herders Texten verschiedentlich auf.[24] Schon der Begriff der Seele hat aber eine sehr verwickelte und problematische Begriffsgeschichte.[25] Bei Aristoteles bezeichnet der Begriff die innere Entelechie eines jeden lebendigen Körpers: Selbstredend haben daher nicht nur Menschen, sondern auch Tiere und Pflanzen eine Seele. Erst unter christlichem Einfluß wird die Seele zu etwas, das von oben her verliehen wird und das eine über den lebendigen Zusammenhang eines jeweiligen Organismus hinausgehende Transzendenz besitzt. Wenn im 18. Jahrhundert über die Möglichkeit von Tierseelen spekuliert wird, so ist dies im Zusammenhang der Diskussion zu sehen, ob es ein Kontinuum zwischen Mensch und Tier gibt oder ob von einem Bruch auszugehen sei, weil der Mensch durch seine Eigenschaft der Vernünftigkeit und durch eine unsterbliche Seele aus dem bloßen Naturzusammenhang herausgenommen ist. Die Kontinuitätsthese wird von den Materialisten vertreten, die des Bruchs von den Idealisten. Herder begibt sich mit seinem Versuch eines sensualistischen Idealismus zwischen beide Positionen, indem er Kontinuum und Bruch in einer Figur zu denken versucht. Daß der Begriff der Tierseele bei ihm auftaucht, obwohl er mit seinem Terminus der Besonnenheit den Menschen spezifisch denkt, zeigt diese Zwischenstellung an.

Selbst die Sprache wird in diesen Gedankengang einbezogen. Die adamitische Benennungsszene wird Herder im *Geist der Ebräischen Poesie* zu einer »fortwährenden Aesopischen Fabel« (SWS XI, 327). Das Benennen ist ein »lebendiges Anerkennen« (ebd., 326), an dem der Mensch seine »Anschauungskraft, seine Vergleichungs- und Abziehungsgabe, seine Vernunft und

[22] Vom »brüderlichen Umgange« (W V, 61) zwischen Mensch und Tier ist die Rede, von »Verwandtschaft« (SWS VI, 25) und »Brüderschaft« (SWS VI, 370).

[23] Dieser Gedanke ist seltsamerweise in den Abhandlungen zu Herders Fabeltheorie größtenteils übersehen worden; so bei Briegel-Florig (1965) und Noel (1975). Brummack (1987, S. 262) referiert den Gedanken als solchen, arbeitet aber weder den Hintergrund auf noch stellt er in ihn in den Kontext des Gedächtnisthemas.

[24] Vgl. W I, 85; am Ende der Studie *Äsop und Lessing* (W IV, 1322); zwar nicht als Begriff, aber der Sache nach auf der ersten Seite der *Sprachursprungsschrift* sowie im dritten der *Gespräche über die Seelenwanderung*.

[25] Vgl. zum Folgenden die Einleitung von Schütt im Sammelband *Vernunft der Tiere*, Frankfurt am Main 1990.

Sprache« (ebd.) bildet. Indem er in personifizierender Naturwahrnehmung die »lebendigen Thierlaute« (ebd.) in die »ersten Namen« (ebd.) übersetzt und dabei Gemütsarten und Charaktere der Tiere lernt, muß ihm die Tiersprache als Anlaß und Lehrerin der menschlichen Sprache erscheinen.

Natürlich ist es nicht so, daß Herder hier das Niveau seiner *Sprachursprungsschrift* verlassen und der naturalistischen Sprachursprungsthese nachhängen würde, die die Sprache onomatopoetisch aus der Nachahmung der Tiere erklären will.[26] Vielmehr entspricht das Theorem dem (oben schon diskutierten) Schritt vom vierten zum fünften Argument der *Sprachursprungsschrift*.[27] Innerliche »Worte der Seele« (SWS V, 35) werden gebildet, weil im sympathetischen Band das Tönen der Naturlaute beim Menschen eine interne Differenzierung in Gang setzt und Merkmalsordnungen schafft. Durch Nachahmung der Naturlaute bekommen die Merkmale, die zunächst nur reine Signifikate sind, einen Lautkörper, die Signifikanten. Daß Herder im *Geist der Ebräischen Poesie* davon redet, es werde zunächst »unausgesprochen, in der Seele des Menschen die Fabel gedichtet« (SWS XII, 13), verweist präzis auf das in sich dynamische Argumentationsgeflecht der *Sprachursprungsschrift*. Insofern der Prozeß der Fabel für Herder das Zusichkommen des

[26] Eco (1994, S. 84–126) behandelt im fünften Kapitel seines Buches in einem historischen Abriß »Die monogenetische Hypothese und die Ur-Muttersprachen«, wobei er die von Platons *Kratylos* ausgehende Theorietradition der Natursprache diskutiert. Für Herders Deutung der adamitischen Benennungsszene ist sicherlich die Tradition der spekulativen Etymologie von Wichtigkeit, sofern sie die ursprüngliche Sprache als eine von der Natur der Dinge motivierte und ihr Wesen aussprechende versteht. Nach Herder ist ja das brüderliche Miteinander von Tier und Mensch ein verstehendes Verhältnis und die Benennung zugleich die erste Intuition eines Tiercharakters (SWS XI, 326 f.). – Seit je hat in solchen Konzepten das Hebräische eine herausragende Rolle gespielt. Nach Mercurius van Helmont sollen die Laute des Hebräischen exakt den menschlichen Stimmbildungsorganen entsprechen (vgl. Eco 1994, S. 93 f.), so daß das Hebräische von sich aus die für die Nachahmung der Tiere bequemste Sprache sei (das Wort bequem verstehe ich hier im Sinne sprachphilosophischer Terminologie des 18. Jahrhunderts). Wenn Herder die hebräische Poesie analysiert (vgl. dazu auch SWS XIX, 28) und dabei von der Benennungsszene redet, so mögen die beiden Theorien – Angemessenheit des Hebräischen an die Stimmwerkzeuge als bequemste Art der Nachahmung und adamitische Wesenserkenntnis der Dinge durch den Namen – als strukturierende Theorietraditionen den Hintergrund bilden. Athanasius Kircher, den Herder öfters zitiert (z. B. in der *Sprachursprungsschrift* und mehrmals in der *Aeltesten Urkunde*), bündelt in seinem Werk diese verschiedenen Theorielinien. Wenn Herder stets nur polemisch auf ihn hinweist, so ist dies bei der bekannten Weise Herders, sich auf seine Quellen zu beziehen, kein Argument gegen einen Einfluß, zumal Herders dezent vorgebrachte Thesen auch eher auf Traditionshintergründe der skizzierten Art anspielen, als daß sie sie ausdrücklich benutzen.

[27] Vgl. dazu die Gliederung in sieben Argumentationsschritte, die Gaier (1988, S. 87 ff.) in seinem Buch ebenso vornimmt, wie im Stellenkommentar zur *Sprachursprungsschrift* (W I, bes. 1279 f.).

Menschen aus der nachahmend-sympathetischen Einfühlung in das Tier[28] ist, ist das Erfinden eines allgemeinen Satzes (ebd., 12) genau der Punkt, an dem die Nachahmung eines Tiers als Einheit – mit einem Wort aus der *Sprachursprungsschrift*: als Merkmal – konstituiert und im Inneren des Menschen als solche anerkannt wird. Das »punctum saliens der Fabel« (ebd., 13) ist diese Übung der Seele (ebd.), aus nachahmenden Haltungen zu solchen der Selbstkonstituierung sich zu befreien. Die adamitische Benennungszene ist dann das in Signifikanten Ausdrücklichwerden der Fabel als »fortwährende Aesopische Fabel« (SWS XI, 327).

Ganz in Übereinstimmung zu den Theoremen der *Sprachursprungsschrift* finden sich aber in vorliegenden Sprachen keine direkten Verweise auf jene Momente onomatopoetischen Sprachursprungs, die im Geflecht der Ursprungsthesen mitspielen. Sowenig die Wurzeln einer Sprache wegen ihrer im Synkretismus der Sinne fundierten Metaphorizität namhaft gemacht werden können, sowenig verweisen Tierlaute in Sprachen direkt auf ihren naturalen Ursprung. »Energisch« (ebd., 275), aber eben nicht manifest sind die Tierlaute in Sprachen vorhanden, was natürlich sekundäre Onomatopoetik nicht ausschließt.

Herders Gedanke einer Menschwerdung aus der Nachahmung der Tiere steht quer zum europäischen Diskurs von der Mensch-Tier-Differenz. Jede Anthropologie erörtert das Verhältnis des Menschen zum Tier, entweder als Bruch, der in der kontinuierlichen Kette der Wesen einen qualitativen Sprung zum Menschen anzeigt oder als Kontinuum, das den Menschen nur als eine quantitative Steigerung des Tiers denkt, ihm aber keinen Sonderstatus einräumt. Die bekannte Definition des Menschen als animal rationale denkt zwar den Menschen auch als zoologische Spezies, aber eben durch die spezifische Differenz, homo sapiens zu sein und damit eine qualitativ andere Weise des Weltverhaltens zu haben. Nun haben beide Thesen – die des Bruchs

[28] »Ahmt das mimetische Verhalten nicht etwas nach, sondern macht sich selber gleich, so nehmen die Kunstwerke es auf sich, eben das zu vollziehen« (Theodor W. Adorno, *Ästhetische Theorie*, Frankfurt am Main ⁵1981, S. 169). Der Gedankengang Herders erinnert an die Konzepte Adornos, der von Mimikry als der naturgeschichtlichen Basis des mimetischen Verhaltens spricht. Nach Herder macht sich der Mensch in der Tat zunächst dem Tier gleich, um dann in einem Prozeß, dessen hieroglyphisches Sinnbild die Fabel ist, aus dieser Mimikry zu einer Selbstkonstitution zu gelangen. Adorno spricht in diesem Zusammenhang von der »Urgeschichte des Subjekts« und von Mimesis »als der gleichsam physiologischen Vorform des Geistes« (S. 172) und benutzt ebenfalls den Begriff des Hieroglyphischen (S. 189). Schon Walter Benjamin (II.1, S. 210ff.) hat in seiner Skizze *Über das mimetische Vermögen* von der Mimikryfundierung von Mimesis gesprochen, die phylo-/ontogenetische Parallele eingeführt und in diesem Zusammenhang auch das Hieroglyphische erwähnt.

und die des Kontinuums – ihre definitorischen Schwierigkeiten, die sie in einen zirkulären double bind bringen. Würde man versuchen, Vernunft als das den Menschen Auszeichnende zu fassen, so hätte man, anstatt den Menschen vermittelst des Begriffs Vernunft zu definieren, immer schon Vernunft durch den Menschen verstanden. Andererseits vermag die Zuschreibung von Vernunft an die Tiere nicht zu klären, welche besondere Vernunft es denn sein soll, die den Menschen vom Tier unterscheidet.[29] Die Schwierigkeit, eine Unterscheidung denken zu wollen, die zugleich ein Kontinuum aufrechterhalten muß, führt zu dem Paradox, daß bei der Kontinuitätsthese eine Erklärungsbedürftigkeit entstehen muß, die auf die These des Bruchs rekurriert und umgekehrt. Die europäische Diskussion, die aus anthropologischem Interesse die Differenz von Mensch und Tier denken will, muß als Bedingung der Möglichkeit dieser Differenz die Identität zugrundelegen et vice versa. Ob nun Descartes[30] mit seiner Zweisubstanzenlehre die Tiere als Maschinen denkt, um allein dem Menschen Seele zuschreiben zu können, ob Montaigne[31] den Tieren einen Großteil ›menschlicher‹ Fähigkeiten zugesteht und ob Sulzer[32] gar darüber spekuliert, daß im Zuge der Evolution auch jetzt unver-

[29] Vgl. den Gedankengang bei Hans-Peter Schütt in seiner Einleitung zu der von ihm herausgegebenen Anthologie *Vernunft der Tiere* (1990, S. XIf.).

[30] Vgl. René Descartes im fünften Teil seines *Discours de la méthode* (1637), in dem er auf der Basis seiner Unterscheidung von res extensa und res cogitans die Tiere als Maschinen bzw. Automaten bezeichnet. Der Hintergrund dieser Redeweise ist in einer veränderten Semantik des Seelenbegriffs zu suchen. Descartes hat die Seele nicht mehr wie Aristoteles als Erklärungsgrund für die Lebendigkeit eines Organismus begriffen, sondern als eine immaterielle denkende Substanz, die nur den vernünftigen Wesen zukommt. Notwendigerweise mußte er mit dieser Zweisubstanzenlehre, die das Denken einerseits und das Ausgedehntsein von dinghaft Erscheinendem andererseits als kategorial verschieden denkt, die Kontinuität zwischen Mensch und Tier dementieren. In diesem Sinne vernunft- und seelenlos sind die Tiere für Descartes komplizierte Mechanismen. An die Stelle des Aristotelischen Gradualismus, in dem für Menschen eine intellektive, für Tiere eine sensitive und für Pflanzen eine vegetative Seele vorgesehen war, hat Descartes nur exklusiv für den Menschen eine – nach Aristoteles – intellektive Seele behauptet und für die Tiere gar keine. (Vgl. Schütt in *Vernunft der Tiere* 1990, S. XXX). Herder polemisiert verschiedentlich gegen die Cartesianische Entmaterialisierung der Seele und Entseelung der Materie: »O Mensch, die grausam vornehme Naturlehre ist nicht immer gewesen, daß die Thiere Nichts als Empfindungslose Maschienen [...]« seien (SWS VI, 26).

[31] Michel de Montaigne, Apologie des Raimund Sebandus in *Essais*, Hg.: Herbert Lüthy, Zürich [7]1991, S. 432ff.

[32] Johann Georg Sulzer schreibt am Ende seiner Schrift *Zergliederung des Begriffs der Vernunft* (zuerst 1758): »Ich will also nur eine einzige Anmerkung über die Seelen der Thiere hinzufügen. Sie haben soviel Gleichförmigkeit mit der vernünftigen Seele des Menschengeschlechts, daß ich nicht abgeneigt bin, zu glauben, daß der ganze Unterschied zwischen diesen zwo Arten von Seelen bloß von der Organisation des Körpers herkomme. Ich möchte also wohl die Muthmaßung wagen, daß die Thiere aus einem Zustande in den

nünftige Tiere einmal vernünftig werden könnten: Immer geht es um eine oszillierende Interpunktion der beiden Momente Kontinuum und Bruch.

Herders Theorem des Menschwerdens aus dem mimetischen Erbe der Tiere paßt nicht in dieses Schema, weil es als in sich komplexes Argument die sonst dichotomisch verteilte Diskussion in sich aufhebt und überwindet. Zum einen nämlich ist der Mensch in seiner Substanz nichts anderes als die Gesamtheit der Tiere, zum anderen ist er aber gerade darin spezifisch kein Tier, sondern dasjenige Wesen, das die Versammlung aller Momente ist und darum weiß.

Eine Quelle für diesen Gedanken läßt sich schwer ausmachen. Diderots zweiter Brief über Horaz *A mon ami Naigeon. Sur un passage de la première satire du second livre d'Horace* kann nicht als Quelle Herders gelten, da er erst 1798, bruchstückhaft 1793 veröffentlicht wurde.[33] Gleichwohl findet sich auch hier der Gedanke, daß der Mensch eine Summe der Tiereigenschaften sei: »Haben Sie, lieber Freund, nicht bemerkt, daß die Mannigfaltigkeit jenes Vorzuges, der uns eigen ist und den man Vernunft nennt, so groß ist, daß die Vernunft für sich allein der ganzen Mannigfaltigkeit des Instinktes der Tiere entspricht? Daher kommt es, daß es in der Luft, in den Wäldern und in den Gewässern kein harmloses und kein schädliches Tier gibt, das sich nicht in der zweifüßigen Gestalt des Menschen wiederfinden könnte. Es gibt den Wolfsmenschen, den Tigermenschen, den Fuchsmenschen [...] Nichts kommt seltener vor als ein Mensch, der durch und durch Mensch ist; jeder von uns hat etwas von dem Tier, das ihm verwandt ist. Es gibt nun auch soviel verschiedene Stimmen (cris), wie es Menschen gibt.«[34]

Herder zitiert den Aristotelischen Nachahmungsbegriff[35], wie er im vierten Kapitel der *Poetik* formuliert ist: »Nachahmung, sagt er, ist ein dem Menschen eingepflanzter Trieb, der sich von Kindheit auf bei ihm zeiget: er unterscheidet sich eben dadurch von anderen Thieren, daß er nachahmender ist als sie.«[36] Herder kann somit von Aristoteles den Gedanken gewinnen, daß der Mensch ein nachahmendes Tier sei, was freilich noch nicht der Gedanke

andern übergehen, daß sie in ihren künftigen Zuständen besser organisierte Körper haben, und zuletzt zur Vernunft gelangen werden« (Johann Georg Sulzer, *Vermischte philosophische Schriften*, Leipzig Band 1: 1773, Band 2: 1781, Bd. I, S. 281). – Schon Pross hat auf diesen Gedanken Sulzers hingewiesen (Pross II, 921 f.).

[33] Vgl. den Kommentar in: Diderot, *Ästhetische Schriften*, II, 809.

[34] Ebd., 390 f.

[35] Schon in dem Brief an Hamann vom April 1768 bestimmt Herder den Menschen als das »nachahmende Thier des Aristoteles« (Briefe I, 98).

[36] Ich zitiere den Text der Aristotelischen *Poetik* hier aus der Herderschen Abhandlung *Über Bild, Dichtung und Fabel* (SWS XV, 564).

ist, der Mensch sei die Summe aller Tiernachahmungen, also das Archiv aller Künste und Eigenschaften der Tiere.

In Platons *Protagoras*[37] wird die Mythe von der Schaffung des Menschen erzählt, nach der Epimetheus alle Wesen mit bestimmten Kräften und Fähigkeiten ausstattet, die ihnen auf je besondere Weise das Überleben sichern. Als er auf diese Weise die vernunftlosen Geschöpfe versorgt hatte, blieb ihm für die Ausstattung des Menschen keine Kraft mehr übrig, die er ihm hätte geben können. Prometheus kommt dem ratlosen Epimetheus zur Hilfe, indem er den Göttern das Feuer und die Weisheit raubt und dadurch den Menschen überlebensfähig macht.[38] Zum Nachahmungsgedanken des Aristoteles tritt mit Platon der Gedanke, daß die Kräfte und spezifischen Künste unter die Tiere verteilt seien, während der Mensch mit der Weisheit nur das Vermögen hat, sich Künste zweckbestimmt anzueignen.[39] Die Idee, daß die Tiere, beschränkt auf ihre Sphäre, perfektere und bessere Vermögen haben als die Menschen, wird im Mensch-Tier-Diskurs zu einem Topos und taucht auch noch bei Herder auf (s. o.). Der Herdersche Hauptgedanke scheint in seinen Grundzügen aus einer Kombination der Überlegungen von Plato und Aristoteles herleitbar zu sein.

Nicht in der Systematizität, aber im Kern schon formuliert, findet sich der Gedanke bei Rousseau: »Die Menschen, die zwischen ihnen [den Tieren, R. S.] zerstreut leben, beobachten ihren Fleiß, ahmen ihn nach und erheben

[37] Platon, *Protagoras*, 320c–322d (= Platon I, 61 ff.).

[38] Auf diese Mythe scheint die folgende Passage in Breitingers *Critischer Dichtkunst* (I, 205) zu verweisen, nur daß hier offensichtlich die Namen Epimetheus und Prometheus vertauscht worden sind: »[...] als Prometheus den Menschen bilden gewollt, habe er von einem jeden Thiere dessen herrschende Neigung genommen, und aus so verschiedenen Stücken unser menschliches Geschlechte zusammen gesetzt, dadurch sey das Werk entstanden, das man die kleine Welt heißt.« Jürgen Brummack, der in seinem Stellenkommentar (W IV, 1330 f.) auf diese Stelle bei Breitinger aufmerksam macht, verweist auf La Fontaine als Quelle Breitingers, nicht aber darauf, daß schließlich wohl Platon die Quelle von La Fontaine gewesen sein muß. – In der Passage, in der Breitinger von der Tierfabel handelt, finden sich eine Reihe von Formulierungen, die Ähnlichkeiten mit denen Herders haben. So ist von einer »genaueren Verwandtschaft« (*Critische Dichtkunst*, I, 201) der Tiere mit den Menschen die Rede; die Menschen leben »in einer fast ebenso engen Verbindung und Gesellschaft« (ebd., 202) mit den Tieren wie mit den Menschen; und schließlich haben die Tiere »eine gewisse natürliche Sprache« (ebd., 203), die zu einem Verständnis zwischen Mensch und Tier beiträgt.

[39] Im *Kratylos* (399c = Platon II, 142) gibt Platon eine spekulative Etymologie des Wortes ›Mensch‹, in dem der Mensch als dasjenige Wesen verstanden wird, das alles zusammenschauen kann: »Dieser Name Mensch bedeutet, daß die anderen Tiere von dem, was sie sehen, nichts betrachten noch vergleichen oder eigentlich anschauen, der Mensch aber, sobald er gesehen hat, auch zusammenstellt und anschaut. Daher wird unter allen Tieren der Mensch allein Mensch genannt, weil er zusammenschaut, was er gesehen hat«.

sich dergestalt bis zu dem Instinkt der Tiere, ja sie haben ihnen noch einen Vorteil voraus, denn während eine jede Art von Tieren nur ihren eigenen Instinkt besitzt, so eignet der Mensch, dem vielleicht kein besonderer zuteil geworden ist, sich alle zu, nährt sich ohne Unterschied von den meisten Arten der verschiedenen Nahrungsmittel, in welche sich die Tiere gleichsam verteilt haben, und findet daher sein Auskommen weit leichter als sie alle.«[40] Bei Rousseau ist nicht die Rede von anthropologisch verwandelten Tierseelen als der Substanz der menschlichen Seele, und ebenso fehlt die Wichtigkeit der Tiere für das wesentlich kulturschaffende Moment der Sprachlichkeit. Aber sicherlich ist es kein Zufall, daß gerade Rousseau, der ähnlich wie Herder quer zu typischen dichotomischen Strukturen des 18. Jahrhunderts steht, diesen Gedanken formuliert, der gleichermaßen die Differenz von Mensch und Tier aufhebt wie auch neu bekräftigt.

Für Herder wird das Nachdenken über die Tiere auch deshalb so wichtig, weil er damit sein anthropologisches Konzept einer Fundierung der Ästhetik in den rehabilitierten unteren Seelenvermögen vorantreiben kann. Jenseits der Alternative von Materialismus bzw. Sensualismus einerseits und Idealismus andererseits kann er, indem er die Dichotomie von Mensch und Tier in ein komplexes Argument auflöst, seine Version eines sensualistischen Idealismus formulieren. Auch mit der Idee, daß die Tiere ein sinnliches Gedächtnis haben, nimmt er Bezug auf den Begriff des analogon rationis, wie ihn Leibniz und Wolff bestimmt haben.

Leibniz hat der tierischen Perzeption »eine Verknüpfung, die eine gewisse Ähnlichkeit mit dem Vernunftschluß hat«[41] zugestanden, freilich dabei unterschieden zwischen der bloßen »Erinnerung an die Tatsachen oder Wirkungen« (ebd.), die noch nicht die »Erkenntnis der Ursachen« (ebd.) ist. In der *Monadologie* wiederholt er das Argument: Die Tiere hätten »eine Art von Schlußfolgerung, die, wenngleich eine Nachahmung der Vernunft, von ihr dennoch unterschieden werden muß.«[42] Wolff[43] hat dieses Vernunftähnliche dann in den Begriff des analogon rationis gefaßt, den wiederum Baumgarten

[40] So Rousseau 1755 in seiner Abhandlung *Discours sur l'origine et les fondemens de l'inégalité parmi les hommes*. Der Text wurde 1756 in einer Übersetzung von Moses Mendelssohn in Deutschland veröffentlicht (Rousseau, *Schriften*, I, 196).

[41] Leibniz, *Die Vernunftprinzipien der Natur und der Gnade* (1714), dort § 5 (Leibniz, *Hauptschriften*, II, 426).

[42] Leibniz, *Monadologie* (1714), dort § 26 (Leibniz, *Hauptschriften*, II, 441).

[43] Christian Wolff, *Psychologia empirica*, Frankfurt und Leipzig MDCCXXXVIII. Nachdruck in: Christian Wolff, Gesammelte Werke, II. Abteilung, Lateinische Schriften, Band 5, Hg.: Jean Ecole, Hildesheim 1968, § 506. Vgl. zum Begriff des analogon rationis auch Hans Adler (1990, S. 35): dort mit weiteren Literaturhinweisen; Friedhelm Solms (1990, S. 42 ff., 79 ff. u. ö.) und Alfred Baeumler (^{2}1967, S. 195 ff.).

als Bündelung der unteren Seelenvermögen reformuliert und in sein Ästhetikprojekt übernommen hat. Durch Baumgarten wurde damit der Gesamtkomplex der unteren Vermögen aus dem engeren Bereich der Tierpsychologie in den philosophisch relevanten Bereich einer aisthetischen Gnoseologie der unteren Vermögen übertragen. Innerhalb des analogon rationis ist das Gedächtnis das Leitvermögen.[44]

In der *Sprachursprungsschrift* redet Herder davon, daß die Tiere ein »nur immer sinnliches Gedächtniß« (SWS V, 96) hätten, das dunkel oder auch klar, aber undeutlich bei dem »Einzelnen sinnlichen Falle hangen« (ebd.) bleibt, jedoch nie durch Generalisierung der Erfahrungen und durch Reflexion zu einem Gedächtnis zu werden vermag, in dem die Progression des Erfahrenen durch Besonnenheit zur Vervollkommnung der Erfahrung führt (vgl. ebd., 97f.). Insoweit schließt Herder an die tierpsychologische Begriffslinie an. Er übernimmt aber nicht einfach nur entweder den tierpsychologischen oder aisthetisch reformulierten Begriff des analogon rationis mit seinem Leitvermögen des (sinnlichen) Gedächtnisses, sondern er wendet beide Begriffslinien in einer für ihn sehr charakteristischen Weise aufeinander an.

Tiere haben nämlich einen »Habitus« (SWS XV, 541 u. ö.), als »allgemein bekannte Bestandheit des Thiercharakters« (ebd.). Es ist Strategie, daß Herder hier denselben Begriff benutzt, den er in der physiologischen Fundierung der Ästhetik in *Vierten Kritischen Wäldchen* zugrundelegt.[45] Denn genau so wie dort die fünf Sinne jeweils individuelle Synkretismen eingehen, verteilen sich die Tierseelen – d.h. ihr jeweiliger Habitus – in je spezifischer Mischung in der Psyche der Menschen.

Im dritten *Gespräch über die Seelenwanderung* erörtern Theages und Charikles die Frage der »Anthropogenesie und Palingenesie der Thiere zu Menschen« (ebd., 283) und damit das heikle Problem, ob »jeder Mensch einen Thiercharakter habe« (ebd., 284). Die Spekulation ist nicht so abseitig wie es

[44] Hermann Samuel Reimarus spricht im 2. Kapitel (*Von den Vorstellungstrieben der Thiere*, §§ 18–19) seiner *Allgemeinen Betrachtungen über die Triebe der Thiere* (Band 1, Hamburg ^{2}1762) davon, daß »die verworrene Vorstellung des Vergangenen bei den Tieren nur eine Analogie mit unserer Erinnerung« (Reimarus, *Triebe der Thiere*, S. 30 = § 18) habe und ein »Schatten eines Gedächtnisses, ohne wahre Erinnerung« (ebd. = § 19) sei. Das Vergangene wird nicht als Vergangenes kognitiv isoliert und erkannt, sondern in konditionierten Sedimenten situationsspezifisch nach Lust- und Unlustgefühlen aktualisiert. Es ist bei den Tieren also, wie Herder sagt, nur ein sinnliches Gedächtnis vorhanden (SWS V, 96). Das analogon rationis drückt sich aber beobachtungsrelevant bei den Tieren eben dadurch aus, daß sie konditionierbar sind. Somit ist die wenn auch reduzierte Erinnerung diejenige Leistung, die das analogon rationis kognitiv bündelt und seine Funktion beobachtbar macht.

[45] SWS IV, 36.

scheint, wenn man sich den Herderschen Grundgedanken in Erinnerung ruft, daß das phylogenetische Archiv der Menschheit die Summe der Tiernachahmungen sei. Zwar ist nach den Erörterungen der beiden Gesprächspartner »die Thierbildung *nur eine* Grundlage des menschlichen Charakters« (ebd., 285; Kursivierung von mir), dessen andere das »Licht der Vernunft« (ebd.) ist. Aber immer noch im Sinne der Gnoseologie des dunklen Grundes beim frühen Herder gilt auch in den *Gesprächen über die Seelenwanderung*, daß »der Grund unsrer sinnlichen Kräfte und Charakterzüge, unsre etwanigen Reste von blos sinnlichen Geschicklichkeiten, Neigungen und Trieben thierisch« (ebd.) sei und »nachher von unsrer Vernunft *nur* überglänzt« (ebd.; Kursivierung von mir) werde. Die Frage »wer war ich? was für ein Thier bin ich gewesen?« (ebd., 284) zielt auf die Mimikryschicht, deren dunkler Grund (fundus animae) als analogon rationis zugleich derjenige Grund ist, aus dem Herder seinen Ästhetikgedanken entwickelt.

Ausdrücklich wird der Konnex von Tierpsychologie und Ästhetik im *Vierten Kritischen Wäldchen* benannt. Das fünfte Kapitel setzt mit dem Gedanken ein, daß »wir gleichsam Thierartige Geister sind« (SWS IV, 27) und die Tiere zu wenig kennen (ebd., 28). Unmittelbar daran schließt Herder seinen Hauptgedanken vom ursprünglichen Synkretismus der Sinne an, wendet ihn aber auf die Tiere an: »Wenn keine Menschliche Seele mit der andern völlig dieselbe ist: so ist auch bei ihren Wesen [nämlich: den Tieren, R. S.] vielleicht auch eine unendlich veränderte und modificierte Mischung von Kräften möglich« (ebd.), so daß bei diesem Tier »der Sinn über jenen; bei einem andern die Kraft über eine andre herrschet« (ebd.). Herder setzt dann die von der Pflanze bis zum vielleicht schon individuierten Tier begonnene Reihe mit dem menschlichen Embryo und Säugling fort. Da es ihm in der Analyse des analogon rationis auf die »geheimen Verbindungen« (ebd., 29) im »dunkeln Mechanismus der Seele« (SWS IV, 30) ankommt, der sich im ersten Traum als »das erste sichtbare Register des Reichthums unsrer Seele an Ideen äußert« (ebd.), kann er hier das Tier-Mensch-Kontinuum[46] unter Zurückstellung der Vernunft in den Vordergrund rücken.[47] Der Habitus der Tiere und derjenige

[46] Ausdrücklich formuliert Herder auch in seiner Auseinandersetzung mit Baumgarten, daß er einen identischen seelischen Grund von Mensch und Tier annimmt: »Nun siehe in den dunkeln Abgrund der menschlichen Seele hinunter, wo die Empfindungen des Tieres zu den Empfindungen eines Menschen werden, und sich gleichsam von fern mit der Seele mischen« (W I, 685).

[47] An anderen Stellen betont Herder das Moment der menschlichen Vernunft und ihre Unreduzierbarkeit auf tierische Bedingungen. Daß sich diese zunächst widersprüchlichen Zuweisungen finden, hängt eben damit zusammen, daß Herders komplexes Argument beide Positionen in sich aufhebt. In *Zum Sinn des Gefühls* schreibt Herder: »Menschliche Seele ist wesentlich von andern verschieden. Mensch bleibt Mensch« (Pross II, 249).

der Menschen stehen in enger Parallele zueinander. Phylogenetisch bilden die Tiernachahmungen das grundlegende anthropologische ›Register‹ – um die Gedächtnismetapher des vorangegangenen Zitats aufzunehmen. Ontogenetisch verläuft ein Kontinuum vom Tier zum Menschen, nach dem eine habituelle Parallele zwischen einem Tier und einem Menschen im Prozeß ihrer beider Individualisierung durchaus denkbar scheint.

Was hat dieser Gedankengang mit der Fabel zu tun und weiterhin mit Herders Poetik, wenn nach der vorgeschlagenen These die Fabel das hieroglyphische Sinnbild dessen ist, was Herder unter Dichtung versteht? Die Antwort wird in einem Satz aus der Abhandlung *Über Bild, Dichtung und Fabel* angedeutet: »Die menschliche Seele ist gleichsam unter alle Thiercharaktere vertheilt, und die Fabel sucht diese vertheilte Vernunft nur hie und da zu einem Ganzen zu bilden« (SWS XV, 543). Nichts weniger als das theologische Motiv einer restitutio ad integrum ist das Telos von Herders Fabel- und zugleich Poesiekonzeption. Das Projekt einer Fabelsammlung ist zugleich das Projekt, die »vertheilte Vernunft« als Ganze darstellbar machen zu wollen, das Erbe der Tiermimesis des Menschen auszubreiten. Ein kleiner Exkurs zu den Volksliedersammlungen Herders soll dieses Motiv erhellen.

Nach Ulrich Gaiers These betreibt Herder in seiner Volksliedersammlung implizit die Schaffung des »mystischen Menschen« (W III, 888), indem er die Lieder nicht nach ihren Inhalten, sondern nach den Tönen zu denken versucht. Während sich in der mündlichen Überlieferung die Inhalte der Lieder verändern können, bleibt ihre Identität durch ihre Tonart, ihre Modulation, ihren melodiösen Gang und ihre lyrische Weise gewahrt (W II, 246f.). Da der Ton das »Wesen des Liedes« (ebd.) jenseits aller speziellen Semantik ausmacht und Herders Projekt die Sammlung aller Lieder des ursprünglichen Volkes anstrebt, wäre diese Sammlung, unabhängig von der national bedingten Verschiedenheit der Inhalte, die Vereinigung aller Töne, die den Völkern möglich sind. Der Begriff des Tons bzw. des Tönens nimmt aber in Herders Sprachphilosophie die Initialstelle ein, nach der erst die vernommenen Töne der Natur eine Differenzierungsarbeit im Menschen in Gang setzen, um dann schließlich, erneut als Reaktion auf Töne, nachahmend diese internen Merkmale in Laute zu transformieren. Wenn in den Volksliedern Töne dieser Art transportiert werden, so steckt hinter ihrer Sammlung ein Interesse an der adamitischen Sprache. Denn nach den Überlegungen, die Herder in bezug auf die adamitische Benennung als »fortwährende Aesopische Fabel« (SWS XI, 327) anstellt, bei der die gegebenen Namen »lebendige Thierlaute« (ebd.) waren[48], ist die Ursprache in ihrer

[48] Auch in der *Aeltesten Urkunde* bringt Herder die adamitische Benennung sowohl mit der Fabel wie auch mit dem Tönen zusammen: SWS VII, 40f.

fundamentalen Sympathetik mit dem Habitus der Tiere das Artikulieren des jeweils richtigen, nämlich charakterisierenden[49] Tons.

Herder deutet an einigen Stellen seines Werkes an, daß die Vielzahl der möglichen Tonarten aus der Vielzahl der Tiernachahmungen resultiere. Zu Beginn der *Sprachursprungsschrift* redet er von der »Sprache der Natur« (SWS V, 7), die »der Mensch ursprünglich mit den Thieren gemein habe« (ebd.). Im Kontext dieser These einer ursprünglichen Verwandtschaft mit den Tieren fällt der Satz: »So viel Gattungen von Fühlbarkeit in unsrer Natur schlummern, so viel auch Tonarten« (ebd.). Die »Gattungen von Fühlbarkeiten« sind die Tiernachahmungen: Eine Fühlbarkeit entsteht, wenn ein Mensch sich vom Tönen eines Tieres sympathetisch affizieren läßt und in einem Akt der Mimikry sich den Tiercharakter zu eigen macht. Die Töne, über die der Mensch verfügt, hört Herder den Volksliedern ab. Von ihrer Entstehung aber berichten die Fabeln. Auch die *Aelteste Urkunde* bringt diesen Gedanken eines tönenden orbis vivus der Tiernachahmungen. Die adamitische Namengebung wird mit den Worten beschrieben, sie sei »ein lebendiger Auszug der Thierwelt, kein Orbis pictus, sondern vivus in Ton, Stimme, Art, Gebehrdung« (SWS VII, 40). Was später bei Hölderlin in philosophischer Systematik als Wechsel der Tonarten auftaucht[50], wird hier von Herder in einer anthropologischen Spekulation über das Tier-Mensch-Übergangsfeld[51] fundiert.

Ulrich Gaier begründet seine These, Herders Volksliedersammlung versuche die Rekonstruktion des mystischen Menschen (W III, 888) oder des idealen Ur-Menschen, der als Makroanthropos zugleich das Volk ist (ebd., 1083), aus dem zuweilen recht problematischen Nachweis, daß Herder die Samm-

Fühlbarkeiten

C Lamm

[49] In der Begriffsgeschichte von Charakter spielt stets der Gedanke eine Rolle, daß ein charakteristisches Zeichen eine Ähnlichkeitsbeziehung zu dem Bezeichneten habe. Das Charakteristische ist ursprünglich das Eingeritzte, Eingeprägte, Kennzeichen und Haupteigenschaft. Unter dem Einfluß von Paracelsus wird der Charakter eines Dings mehr als bloß dessen äußere Markierung. Der physiognomische Wert sagt etwas über das innere Wesen aus. Den Charakter eines Dings zu treffen, heißt, es gleichsam bei seinem Namen zu nennen und sein qualitatives Sein erkannt zu haben. Wenn Herder von den Charakteren der Tiere redet oder auch davon, daß es charakteristische Töne gibt, so ist neben dem Hauptakzent, ein solcher Ton sei äußerlich ein markant und prägnant wiedererkennbarer, auch die Nebenbedeutung mitzuhören, daß er ein ›richtiger‹ Ton sei, der dem inneren Wesen eines nicht korrumpierten Tons entspricht.

[50] Ulrich Gaier weist in seinem Hölderlin-Buch (1993, S. 256ff.) darauf hin, daß Herders ebenso wie Klopstocks Überlegungen zu den Tönen Hölderlins Theorie vom Wechsel der Töne vorgearbeitet hätten.

[51] Zum in der gegenwärtigen Anthropologie aktuellen Terminus ›Tier-Mensch-Übergangsfeld‹ (TMÜ) vgl. den entsprechenden Lexikonartikel in der *Europäischen Enzyklopädie* (1990).

Fehler!

lung nach dem Schema der siebengliedrigen Schöpfungshieroglyphe ordnet.[52] Dies könnte zugleich auf die sieben Glieder des Adam Kadmon[53] anspielen. Die These kann aber auch unter Absehung dieser gleichsam kanonischen Form aufgestellt werden. Wenn das Wesen der Lieder der Ton ist, und der Ton zugleich derjenige ist, der in der adamitischen Ursprache die Namen modelliert und das anthropologische Archiv des Menschen bildet, dann stellen die Lieder das Kompendium der adamitischen Sprache dar und treten an die Stelle jener in der Sprache wegen ihrer grundsätzlichen Metaphorizität unrekonstruierbaren spekulativen Etymologie.

Wenn Herder nun sagt, daß die menschliche Seele unter alle Tiercharaktere verteilt ist, so wäre eine vollständige Fabelsammlung die Darstellung eben dieser menschlichen Seele in ihrer Ganzheit. Die Versammlung der Fabeln als anthropologisches memoria-Archiv wäre die restitutio ad integrum der Seele: eine anschauliche Darstellung sowohl der Mimikry an die Tiercharaktere wie

[52] Problematisch ist mir der durchgeführte Rigorismus der Nominalbenennungen, den Gaier als Kodifizierung der Lieder durchführt. Er muß in jeweils einem Abschnitt der Volksliedersammlung ein Siebenerschema auffinden, um seine Struktur etablieren zu können. An nicht wenigen Stellen fragt sich der dem Kommentar folgende Leser, ob nicht erst die konstruktive Phantasie des Kommentators die Schöpfungshieroglyphe schaffe. Gaiers Vorgehen besteht darin, für jedes Lied jeweils eine charakterisierende Benennung zu finden, die dann mit den anderen Benennungen ein sinnvolles Ganzes ergeben muß. Der Akt der Kodifizierung ist – wie ich es oben diskutiert habe – den verschiedenen Strukturalismusvarianten immer schon eine Art von Gretchenfrage gewesen. In der Regel lassen sich Benennungen nicht operationalisieren. Zumindest einige Vorschläge Gaiers scheinen mir eher aus inneren Systematisierungsbestrebungen her motiviert zu sein als aus der Interpretation des jeweiligen Volksliedes. – Dennoch glaube ich, daß trotz schwer entscheidbarer Benennungsakte Gaier grundsätzlich Recht hat. Es wäre aber besser, wenn man weitere Argumente für Gaiers hermeneutische Praxis finden könnte (vgl. den Stellenkommentar zu W III)

[53] In der *Aeltesten Urkunde* (SWS VI, 314 ff.) handelt Herder im Zusammenhang einer Rede über die Gottesebenbildlichkeit von Adam und Christus als zweitem Adam, vom »Gliederbild« (ebd., 316) des Menschen und vom Menschen als »sichtbarem Nachbild und Hieroglyphe der Schöpfung« (ebd., 314). Solche Formulierungen könnten auf die kabbalistische Lehre vom Adam Kadmon anspielen, dessen Glieder mit der Ordnung der zehn Sefiroth korrespondieren. Dabei stehen, wie Gershom Scholem ausführt (*Von der mystischen Gestalt der Gottheit. Studien zu Grundbegriffen der Kabbala*, Frankfurt am Main 1977, S. 37), die unteren sieben Sefiroth für die »sieben Glieder des Urmenschen« und die oberen drei für die geistigen Kräfte. Der Gliederbau des integralen mystischen Adams vor dem Sündenfall entspräche also Herders hieroglyphischem Siebenerschema, wobei die graphische Figur, die Scholem gibt (ebd., S. 36), eine gewisse Ähnlichkeit mit Herders Skizze hat (SWS VI, 44). Schon Hamann redet, worauf Sven-Aage Jørgensen hinweist (1989, S. 104), vom hieroglyphischen Adam. – Wenn Herder also die Volksliedersammlung hieroglyphisch strukturiert und wenn die Töne ›charakteristische‹ sind, dann korrespondiert diese Struktur einer möglichen Rezeption, wie sie die des mystischen Adam Kadmon sein muß. Zu nichts geringerem will offensichtlich Herder seine Zuhörer bzw. Leser erziehen.

auch der befreienden Benennung als Selbstkonstitution des Menschen.[54] Herders Idee von Poesie erweist sich als eine theologisch fundierte, aber wiederum im Sinne einer Theologie, die ihre interne Apokalypse betreibt. Denn die Neuschaffung Adams wäre das Ende der Exegese.

Die Fabel wird bei Herder also identifiziert mit dem adamitischen Sprechakt, sie ist hieroglyphisches Sinnbild des Prozesses der Dichtung, ihre Sammlung konzipiert die Versammlung der Töne des ursprünglichen Menschen und damit die Rekonstruktion seines Wesens. Die für Herders Ästhetik zentrale Theorie des dunklen Grundes hängt zuinnerst mit dem Nachdenken über die Tiere zusammen, so daß die Fabel diejenige Gattung ist, die der Aisthesis zuerst in den Grund hinein und dann wieder aus ihm heraus gedichtet ist. Und schließlich erwächst aus dem Fabelprojekt der Gedanke vom Ziel derjenigen Fluchtlinien, die Herder mit seinen Gedächtniskonzepten anlegt: zu einer Sammlung zu kommen, die beanspruchen kann, die ursprüngliche Ordnung darzustellen. Alles was bei Herder unter dem Namen Gedächtnis und memoria analysiert wurde, findet hier sein Ziel in dem Bestreben – wie Kleist es formuliert – durch einen Hintereingang wieder in das Paradies zu finden. Es geht um Suchstrategien nach den Splittern adamitischer Sprache, und es geht darum, wie diese in die Ordnung gebracht werden können, die ihrer ursprünglichen Gestalt entspricht.

Es ist deutlich, daß bei einer solchen Konzeption, zumal bei einem Theologen, eine Theorie des Sündenfalls vorliegen müßte. Herder aber scheint den Sündenfall zu marginalisieren; so zumindest ist der Konsens der Forschung[55], und so lautet auch das Ergebnis meiner Analyse der theologischen memoria. Was die Fabel angeht, gibt es freilich einige recht interessante Überlegungen.

In dem schon erwähnten Brief an Hamann wird das Lernen der Tiercharaktere mit dem Sündenfall zusammengebracht. Mit dem Essen vom Baum der Erkenntnis nimmt der Mensch das »Risquo« auf sich, »außer seinen Schranken, sich zu erweitern, Erkenntnisse zu sammeln, fremde Früchte zu genießen, andern Geschöpfen nachzuahmen, die Vernunft zu erhöhen, und selbst ein Sammelplatz *aller* Instinkte, *aller* Fähigkeiten, *aller* Genußarten seyn zu wollen, zu seyn wie Gott (nicht mehr ein Tier) u. zu

[54] Schon Brummack konstatiert, daß Herder ein »anthropologisches Interesse« (1987, S. 265) an einer möglichen Fabelsammlung habe und bringt dies, wenngleich recht unspezifisch, in einen Zusammenhang zur Theologie.

[55] Vgl. zur Frage des Sündenfalls bei Herder die Arbeiten von Düsing (Die Interpretation des Sündenfalls bei Herder, Kant und Schiller, in: *Bückeburger Gespräche über Johann Gottfried Herder 1988. Älteste Urkunde des Menschengeschlechts*, Hg.: Brigitte Poschmann, Rinteln 1989, S. 227–244), Graubner (1989) und Schnur (1994, S. 102).

Gewalt

wisen« (Briefe I,98). Schon die anfangs zitierte Formel, daß der Mensch als nachahmendes Wesen »die ganze Schöpfung sich einzuverleiben« (SWS VII, 42) fähig sei, läßt nicht mehr an das brüderliche Miteinander von Mensch und Tier denken, sondern an ein Gewaltverhältnis. Nach dem Sündenfall ist das Verhältnis zu den Tieren eines, in dem sich die Art der Tiernachahmungen radikal verändert hat. Die Menschen nämlich erkennen, daß sie nackt sind und Kleider aus Fellen tragen: »die dauerhafteste, aber zugleich widernatürlichste, grausamste Kleidung« (ebd., 107). Vormals war der Mensch »der König der Thiere, ihr Freund und Erstgebohrner; jetzo ihr Räuber und Mörder!« (ebd.). Daß die Menschen sich in die Felle der Tiere kleiden, setzt die Mimikry fort, aber auf wenig brüderliche Weise. Eingehüllt in die Felle sind die Menschen den Tieren ähnlicher als zuvor, aber auf der Ebene einer rohen Körperlichkeit, die in Ausbeutung und Gewalt gründet. In die Felle gekleidet ist der Mensch »verhüllt« (ebd.), ein anderer als er scheint. Dieser Selbstentfremdung entspricht die das sprachliche Wesen des Tiers verkennende Einverleibung, die aus dem Menschen als Freund einen Mörder macht. Insofern der Sündenfall diejenige Sprache vernichtet, die als adamitische ursprünglich zwischen dem Menschen und den Tieren geherrscht hat, wird mit der neuen, blutigen Form von Mimikry eine neue Schicht von Nachahmungserfahrungen über die alte adamitische Schicht gelegt. Der sehr ambivalente Satz aus dem Brief an Hamann, der offen läßt, ob das Risiko der autonomen Selbstkonstitution des Menschen infolge des Sündenfalls ein Positivum oder ein Negativum sei, schreibt jedenfalls fest, daß die Emanzipations-, Fortschritts- und Erfolgsgeschichte des Menschen nur unter der Voraussetzung denkbar ist, daß sich der Mensch aus dem paradiesischen Zustand entfernt. Dadurch aber wird das anthropologische Archiv der ursprünglichen Tiererfahrungen verschüttet und zugedeckt von Ausbeutungs- und Gewalterfahrungen. An die eigentliche Fabel ist daher nicht so einfach heranzukommen. Genauso wie Herder die empirisch gefundenen Volkslieder in seinen Bearbeitungen erst wieder in den eigentlichen Ton zurückversetzen muß, damit sie Volkslieder werden können, müßte die eigentliche Fabel erst aus den vorliegenden befreit werden. Die didaktisierte Fabel, die Herder als seine zeitgenössische vorfand, müßte ihm jedenfalls in ihrer Zweiteilung von narratio und moralisierendem Epimythion als gewaltvolles Subsumtionsverhältnis erscheinen, das damit den Makel des Sündenfalls an sich trägt. Wie bei den Volksliedern scheint Herder die Textsorte Fabel in einer morphologischen Idealgestalt zu konstruieren, die immer erst noch in den vorliegenden Texten aus »Resten und Spuren«[56] erschlossen werden muß.

[56] In der *Aeltesten Urkunde* steht der aufschlußreiche Satz, der den Sündenfall vornehm-

Herder hat im wesentlichen zwei literaturwissenschaftliche Verfahrensweisen. Zum einen arbeitet er an dem Versuch, gattungspoetische Festlegungen jenseits rhetorischer Klassifikationen anzubieten, andererseits interpretiert er einzelne Texte. Zu seiner Interpretationspraxis – Interpretation im engeren Sinne des Worts verstanden – komme ich im nächsten Kapitel. In bezug auf die Gattungspoetik sind jedoch noch einige Anmerkungen von nöten.[57]

Herder wollte von der Fabel sprechen und hat de facto eine Ursprungstheorie der Poesie entworfen, in der an Fabeltexten, wenn überhaupt, nur die Fabeln des Aesop ihren Platz finden. Ähnlich geht er bei seinen gattungspoetologischen Texten zur Ode oder zur lyrischen Dichtkunst vor. Stets entsteht eine Rede, die vom Ursprung der Poesie handelt. Im Ursprung verschwinden aber die Gattungsdifferenzen in die eine Kraft, die in Herders sensualistischem Monismus am Beginn aller Ausdifferenzierung steht.

Aus der Opposition zu bloßer Begriffsklassifikatorik erwächst bei Herder das Konzept, Gattungstheorie als Gattungsgeschichte zu verstehen[58] und das Wesen eines Phänomens aus seiner Genese zu erklären. Dabei wird ihm die historistische Einkapselung eines jeden geschichtlichen Phänomens in seinen historischen Kontext zum Problem.[59] An die Stelle einer Gattungsgeschichte tritt daher die Interpretation von Ursprungstexten der Gattungsgeschichte, die in ihrer Singularität betrachtet werden. Da sie aber, als Ursprungstexte, in der Regel alte und älteste Texte sind, stehen sie nahe an jener Ursprünglichkeit, die für Herder mit dem Ursprung von Poesie konvergiert. So diskutiert Herder Aesop, Pindar, Sophokles, Ossian, Homer, die Bibel und Shakespeare. Eine Gattungsgeschichte der Ode, der Hymne, des Dramas oder des

lich ontologisch und nicht als weitergegebenes Schuldverhältnis deutet: »Noch jetzt, da die Kette gebrochen, und alles in Aufruhr ist, noch jetzt, da der Mensch, ein Tyrann, alles mißbrauchet und mit Fluch bezeichnet – sind demohngeachtet nicht Reste und Spuren gnug dieses ehemals gewesenen Königrechts und Menschlichen Scepters über die Thiere?« (SWS VII, 39). Solche Reste und Spuren zu finden, ist in den zentralen Theorieunternehmungen Herders das treibende Moment. Die Schöpfungshieroglyphe ist ein solches Suchverfahren; die Konzeptionen einer spekulativen Etymologie, einer Volksliedersammlung und der Fabeltheorie gehören dazu.

[57] Vgl. zum Folgenden Scherpe 1968, S. 234–259.

[58] Ebd., 237 ff.

[59] Friedrich Schlegel hat in seiner Rezension der Herderschen *Humanitätsbriefe* dieses Paradox, daß gerade der geschichtlich denkende Herder schließlich keinen Begriff von geschichtlichen Verläufen hat, formuliert. Der Befund deckt sich mit der hier gegebenen These zu Herders Geschichtsphilosophie, nach der erst eine Reflexionspotenzierung zu Narrationsprozessen führt, während Geschichtserzählung für Herder zunächst problematisch erscheint. Schlegels Formulierung lautet: »Die Methode, jede Blume der Kunst, ohne Würdigung, nur nach Ort, Zeit und Art zu betrachten, würde am Ende auf kein andres Resultat führen, als daß alles sein müßte, was es ist und war« (Fr. Schlegel, *Schriften*, I, 176).

Epos entwirft er aber nicht. Tendenziell löst er sein Vorhaben einer Gattungsgeschichte in Einzelinterpretationen auf, die er, wenn überhaupt, historisch vergleicht wie z. B. in der Gegenüberstellung von Sophokles und Shakespeare.

Herders ästhetischer Nominalismus unterliegt einer Tendenz zur Konkretion, die zuerst Gattungstheorie in Gattungsgeschichte und dann Gattungsgeschichte in vergleichende Interpretationen einzelner Ursprungstexte auflöst. Weil sein Projekt der Exegese poetischer Texte so sehr am Individuellen interessiert ist, entdeckt sich zuletzt selbst seine Gattungspoetik als Sonderfall der Interpretation.

3. Die Praxis der Interpretation bei Herder

Bei Herder erscheinen Ästhetik und Interpretation als zwei verschiedene Textgenres. Wenn sie gleichwohl im Kontext einer Fragestellung erörtert werden, so kann dies nur geschehen, wenn unterstellt wird, daß aus der Theorie der Ästhetik eine Begründung für die schöne Rede der Interpretation abgeleitet werden kann. Baumgartens Doppeldefinition (s. o.) fände dann ihre Einlösung, nicht indem sie Ästhetik ästhetisch konzipiert, sondern indem sie aus der Ästhetik heraus eine ästhetische Rede begründet, die selbst nicht mehr die Rede der Ästhetik ist, aber dennoch aus ihr die Legitimation zieht. Die Doppeldefinition wäre auf zwei Textsorten – Theorie und Interpretation – verteilt, aber so, daß man stets diese beiden Diskurse zusammenzudenken hätte.

Wenn Herder das dichterische Werk als Individuum denkt, so muß, folgt man der Baumgartenschen Semantik, seine Rede über Poesie ihre Zugriffsmöglichkeiten durch eine Logik der sinnlichen Erkenntnis erhalten. Aus dem Theoriebestand der Ästhetik läßt sich eine Rede über Kunstwerke plausibel machen, die ihrerseits schöne Rede zu sein hat. Die beiden Diskursgenres etablieren sich hier infolge der Baumgartenschen Doppeldefinition als ein Begründungsverhältnis. Sofern der Status einer interpretierenden Rede bestimmt wird, geschieht dies als Theorieprojekt innerhalb der nach logischen Prinzipien argumentierenden Ästhetik. Wird aber die so definierte interpretierende Rede praktiziert, so erscheint sie als schöne Rede.

Dieser Gedanke ist auf eine vielfache Weise vermittelt. Zunächst wird der Gegenstand, das Werk als Individuum, von der Theorie der Ästhetik als das Andere der eigenen Rede gesetzt. Diese nämlich folgt gänzlich einer Begriffslogik auf dem Niveau von Allgemeinbegriffen, indem sie terminologische Vorkehrungen, die klar und deutlich sind, zu einer Kombination bringt, aus der das Postulat einer zu findenden Diskurslogik ableitbar ist, als deren adäquater Gegenstand die cognitio clara et confusa auftritt. Somit muß also, um der Exterritorialisierung des Redethemas – also der Setzung des Kunstwerks als des Anderen – Rechnung tragen zu können, auf der Seite, die diese Exterritorialisierung vornahm, eine Konstruktion eintreten, die intern noch einmal darstellen kann, was sie aus sich ausschloß. Systemtheoretisch gesprochen: Im neu entstehenden System (Ästhetik) wird konstruiert, was das System im Akt seiner Selbstkonstitution von sich ausschließt und zur Umwelt macht (schöne Rede der Kunst und ihr entsprechend: schöne Rede über Kunst). Wie jedes System stellt auch dieses seine Umwelt noch einmal systemintern dar. Herder konstruiert also die Rede der Interpretation als die systemimmanente Reaktion auf die zum Anderen des Systems gemachte Kunst. Sie muß, obwohl sie aus der Logik der Vernunft folgt, auch die Logik der Sinnlichkeit haben. Die Literaturwissenschaft ist bei Herder eine Rede, die spezifisch ihr Anderes in sich trägt. Sie stellt die Poesie, obzwar diese sinnlicher Logik folgt, in sich als ihr Anderes sowohl sinnlich wie metasprachlich dar – eine Redeweise, die hier mit dem Begriff der Paraphrase charakterisiert wurde.

Wenn die Begriffe Poesie (als sinnliche bzw. sensitive Diskursivität) und Individuum ineinander verschränkt werden und wenn beiden Ideen kein aussprechbares Signifikat mehr unterliegt, weil die Poesie, wie ausgeführt, ursprüngliche Doublette ihres imaginären Signifikats ist, dann wird es zu einem Problem, wie überhaupt über Poesie gesprochen werden kann. Jedenfalls wird die Rede anders als die über die Dichtung als rhetorisch aufgefaßter Mimesis sein müssen. Nach der aufgestellten These von der ursprünglichen Doublette muß sie ihre eigene Problematik per Projektion austragen. Wie aber realisiert sich dies in concreto?

Herders Interpretationspraxis steht also zur Diskussion. Sie wird, soll anders das hier entwickelte Thesenbündel nicht falsch oder für eine Diskussion seiner Interpretationen irrelevant sein, einen Katalog von Eigenschaften vorweisen müssen, der im Laufe der Argumentation entwickelt wurde. Zunächst wäre auf die hermeneutischen Eröffnungsschritte zu achten. Wenn der ausgeführten Theorie zufolge die Einstimmung in den Ton die Voraussetzung für den Verstehensprozeß ist, so wird in Herders Interpretationen auf das Vokabular von Ton, Saite, Stimmung, Sympathie und Empfindung zu achten sein. Grundlegend ist Herders Denken, so die entwickelte These, ein Denken in den Kategorien der memoria. Interpretation wird demnach eine Weise der Erinnerung sein müssen, indem sie die zu deutenden Texte in Kontexte einbettet, die jenseits abstrakter normativer Regelvorkehrungen einen konkreten historischen Raum ins Gedächtnis rufen. Gleichzeitig aber wird der interpretierte Text einem Gedächtnis eingeordnet werden: jenem Schatzhaus nämlich, dessen Inbegriff die Gesamtheit einer aisthetisch gedachten Anthropologie und Kulturtheorie umfasst. Schließlich wird Herder, seiner Baumgarten-Rezeption folgend, Poesie als eine sinnliche Redeweise zu denken haben und als eine individuelle. Reagieren wird er auf einen so gearteten ästhetischen Gegenstand mit einer ihrerseits poetisierenden, nämlich paraphrastischen Rede. Das Ensemble dieser erstens hermeneutischen, zweitens gedächtnistheoretischen und drittens ästhetischen Verfahrensweisen und Analyseinteressen wird, so die Arbeitshypothese für das Folgende, die Rahmenprämissen und Argumentationsformationen der interpretatorischen Einbildungskraft bei Herder bilden.

Ein Blick auf die bekannten ›literaturwissenschaftlichen‹ Texte Herders bestätigt dieses Raster von Analysehinsichten. In seinem *Shakespear*-Aufsatz von 1773 besteht Herders erster Argumentationsschritt in der Eröffnung eines historischen Raumes. Über Shakespeare zu reden heißt, sich über die Referenzrahmungen der Interpretation klar zu werden, und dieser Prozeß der Klärung ist einer der Erinnerungsarbeit an historischem Material. Jenseits der Alternative, Shakespeare wegen seiner dramaturgischen Fehler entweder zu verspotten oder ihn zu entschuldigen (SWS V, 208), will Herder die Voraussetzung beider Reden, der kritischen wie der affirmativen, unterlaufen. Er tut dies, indem er die Beurteilungsbasis für die vermeintlichen Fehler historisiert. Aus einer Analyse der griechischen Tragödie ergibt sich, daß die Aristotelischen Regeln dasjenige auf den Begriff bringen, was in der Natur der griechischen Tragödie, also in ihrer Genese aus dem »Improptu des Dithyramben« (ebd., 210) liegt. Die griechische »Kindheit der damaligen Zeit« (ebd.) diktiert in der Entwicklungslogik (»Genesis«, ebd., 211) der Tragödie die durch den Chor bestimmte Einheit von Ort, Zeit und Handlung. »Natur« (ebd.) nennt Herder dies, weil die entstehende ästhetische Struktur der griechischen Tragödie eben aus jener genau definierten Situation erklärbar ist. Die Aristotelischen Regeln sind deshalb natürliche nur in bezug auf ihren besonderen Gegenstand.

Shakespeare ist nun seinerseits historisch konkret zu denken.[60] Weil er nicht in griechischer Einfachheit lebt, sondern vielmehr schon unter komplexen gesellschaftlichen Bedingungen und ihm eine Vielzahl von ästhetischen und poetischen Traditionen zur Verfügung stand, ist sein Drama von einer

[60] Herder betont die Historizität Shakespeares sogar mit der weitreichenden Vermutung, daß er sich an einer Alteritätsschwelle befinde, bei welcher er Shakespeare, im Gegensatz zu wahrscheinlich nachfolgenden Generationen, gerade noch begreifen könne (SWS V, 231).

Pluralität der Formen und Gestalten beherrscht. In bezug auf seine Zeit ist er genauso wie Sophokles in bezug auf sein Ethos »Diener der Natur« (ebd., 222). Herder kann daher »Shakespear Sophokles Bruder« (ebd., 225) nennen, weil er ebenso wie Sophokles der Natur, nämlich einer jeweils besonderen, nachahmt.

Es ist diese historische Situierung, die es Herder erlaubt, den normativen Aristotelischen Regelkanon auf das griechische Drama zu beschränken, für Shakespeare einen eigenen Raum zu eröffnen und ihn nach seinen eigenen Maßstäben zu behandeln. Herder benutzt den historischen Raum als einen der Erinnerung, in dem komplexe Mentalitätsverwerfungen entlang einer stillgestellten Zeitachse gespeichert und für einzelne dort einzugliedernde Phänomene abrufbar sind. Es ist die Lebensalteranalogie, die ihn zur Konstruktion der griechischen Simplizität führt. Die Kindheit (ebd., 210) als Erinnerungsweg weist einerseits zurück auf Herders Sensualisierung der Platonischen Anamnesis. Andererseits aber ermöglicht die Plazierung des Gedächtnisses als Metavermögen diesen konstruktiven Entwurf. Erst wenn sichergestellt ist, daß eine Erinnerung auch tatsächlich Substantielles heraufzuholen in der Lage ist, vermag sie als konstituierendes Element einzuspringen. Daß das Gedächtnis eine Art von Supervermögen ist, sichert ihm die Kompetenz, auf dem Weg der Erinnerung von Kindheit zu der Konstruktion eines Weltbildes zu gelangen. Herders interpretatorische Volte in seinem *Shakespear*-Text besteht genau in dieser Erinnerungsarbeit.

Es finden sich freilich auch die anderen aus dem Theoriekontext vermuteten Charakteristika. Nach der in meiner Baumgarten-Deutung begründeten These hängen Individualität und Sinnlichkeit der poetischen Rede ursprünglich zusammen. Herder betont denn auch das »Individuelle jedes Stücks« (ebd., 224), die »individuelle Bestandheit« (ebd., 225) des Lokalgeistes: Shakespeares Dramen sind gerade deshalb individuell, weil sie ihre Natur, also ihren historischen Kontext, nicht unter externe Regeln zwingen, sondern die »Disparatesten Auftritte« (ebd., 222) artikulieren. Sie tun dies, indem sie in einer Vielheit von Szenen die Vielheit der »Charaktere, Stände und Lebensarten« (ebd., 219) zu einer polyphonen Inszenierung vereinen. Wenn das Individuelle ein ens omnimode determinatum ist, so kann es sich als poetischer Text nur realisieren, wenn sich das Drama einerseits zu einem Ganzen zusammenfaßt, andererseits aber die allseitige Bestimmtheit als Vielheit erhalten bleibt. Es resultiert ein »Vater- und Kinder, Königs- und Narren- und Bettler- und Elend-Ganzes« (ebd., 221).

Herder expliziert diese Vielheit in Paraphrasen. Zum *Lear*, *Macbeth*, *Hamlet* und *Othello* fertigt er Zusammenfassungen im Umfang von jeweils etwa einer Seite an, in denen er die Szenenfolge der Stücke unter dem Aspekt ihrer jeweiligen Besonderung in die Diversität der Lebensformen und Artikulationsweisen Revue passieren läßt. Das Sinnliche des Individuellen läßt sich nicht in trockenen Versicherungen vergegenwärtigen, sondern nur in der konkreten Fülle des Verweisens. So wird die Rede über die Texte zu einer deiktischen und nacherzählenden, die Poetizität der Shakespeareschen Dramen in die Prosa der Paraphrase übersetzenden Charakteristik. Herders Text kreiert damit einen neuen Ton in der Diskursform Interpretation. Zum *Macbeth* hört sich das so an: »Die bereitende Nachtscene Bankos mit Fackel und Schwert! Der Dolch, der schauerliche Dolch der Vision! Glocke – kaum ists gesehen und das Pochen an der Thür! – Die Entdeckung, Versammlung – man trabe alle Örter und Zeiten durch, wo das zu der Absicht, in der Schöpfung, anders als da und so geschehen könnte. [...] Nun Zauberhöle, Beschwörung, Prophezeiung, Wuth und Verzweiflung! Der Tod der Kinder Macdufs unter den Flügeln ihrer einsamen Mutter! [...] ich müßte alle, alle Scenen ausschreiben, um das idealisirte Lokal des unnennbaren Ganzen, der Schicksals-, Königsmord- und Zauberwelt zu nennen« (ebd., 223f.).

»Zu nennen«: darum geht es in diesem Diskurs offensichtlich. Herder benennt den Text, gibt seinen Szenen und Figuren charakterisierende Namen. In diese Abfolge von deiktischen Sprechakten plaziert er aber gleichzeitig allgemeinere Theoreme. Raum und Zeit werden ihm zu Bestimmungen einer individuellen Lage. Denn jede hervorgebrachte Welt, so Herders Argument, hat ihre eigene Struktur von Raum und Zeit als Bestimmungsmodus jener individualisierenden Insichbestimmtheit, die überhaupt erst ein Ding zu einem wirklichen Ding in dieser Welt macht.[61]

Das Argument als solches stammt aus der in die Breitingersche Ästhetik übernommenen Leibnizschen Konzeption der möglichen Welten.[62] Auch Baumgarten formuliert in seinen *Meditationes* und später in der *Aesthetica* diesen Gedanken. So unterteilt er in den *Meditationes*[63] diejenigen Vorstellungen (repraesentationes), die als poetische phantasmata fungieren, in solche, die in der bestehenden Welt (in mundo existente) entweder möglich oder unmöglich sind. Erstere sind wahre Erdichtung (figmenta vera), letztere Erdichtungen (figmenta): ›wahr‹ heißt hier, daß es sich um poetische Mög-

[61] Vgl. ebd., 226–229.

[62] Leibniz formuliert sein Theorem der möglichen Welten u.a. im § 53 seiner *Monadologie* (Leibniz, *Hauptschriften*, II, 447). Breitinger übernimmt das Theorem in seine *Critische Dichtkunst* und macht es zum Bestandteil ästhetischer Reflexion (vgl. den dritten Abschnitt *Von der Nachahmung der Natur*). Neuerdings informiert Dolezel (Lubomir Dolezel, *Occidental Poetics: Tradition and Progress*, Lincoln und London 1990, S. 33–52) über die Ästhetik im Rahmen der Leibnizschen Philosophie.

[63] Vgl. die §§ L bis LIII in Baumgartens *Meditationes*.

lichkeiten handelt, die mit der Struktur der bestehenden Welt problemlos zusammengehen. Ist nun die erdichtete Welt mit allen möglichen Welten nicht zusammenzubringen, so wird sie utopisch genannt. Poetisch sind aber nur solche erdichteten Welten, die in der bestehenden Welt realiter nicht vorhanden sind, aber mit dem Begriff der bestehenden Welt in keinen Widerspruch geraten. Baumgarten nennt sie heterocosmica.

Herder äußert nun in seinem *Shakespear*-Aufsatz den Gedanken, daß in solchen fiktiv generierten Welten der heterocosmica Raum und Zeit jeweils Modi der Bestimmung sein müssen. Die Dinge in diesen anderen Welten werden nämlich nach ihrer Lage in Raum und Zeit bestimmt, d.h. individualisiert. Da aber andere Welten andere Chronotopoi[64] haben, sind auch jeweils andere Raum-Zeit-Kontinua zugrundezulegen. Herder macht dieses Argument nicht allein für die Konstruktion möglicher fiktiver Welten geltend, sondern er benutzt es auch für die Phänomenologie anderer historischer Chronotopoi. So wird ihm Shakespeares Dramaturgie jenseits aller normativer Regeln zur Einheit von Raum, Zeit und Handlung zu einer konkreten und individuellen Ausprägung eines spezifischen Chronotopos.

Einen Chronotopos nachzuzeichnen ist nur durch eine tatsächliche Rede über seine Organisation möglich. Folglich muß Herder, will er die sinnliche Individualität *dieser* Shakespeareschen Welt *darstellen*, sie paraphrastisch reproduzieren. Sein implizites Theorem lautet: Jedes Drama Shakespeares ist eine in sich geschlossene Welt mit einem eigenen Raum-Zeit-Zusammenhang, welcher die individualisierende Bestimmung der in ihm eingeschlossenen Dinge leistet. Herder muß damit zweierlei nachweisen: erstens, daß es viele Dinge in diesen Welten gibt (denn nur eine Vielheit von Dingen kann eine Welt ausfüllen) und zweitens, daß es trotz der Vielheit der Dinge dennoch immer eine Welt ist und nicht einfach nur eine additive Unterstellung von Einheit. Die Vielheit kann Herder recht einfach, nämlich in der paraphrastischen Benennung der jeweiligen Szenen, aufweisen. Schwieriger wird es mit dem Einheitsnachweis, also mit der positiven Bestimmung, die Viel-

[64] Der Begriff des Chronotopos ist von Michail Bachtin (*Formen der Zeit im Roman. Untersuchungen zur historischen Poetik*, Frankfurt am Main 1989, zuerst Moskau 1975) in die Literaturwissenschaft eingeführt worden. Bachtin versteht den Zusammenhang von Raum und Zeit in dem Entwurf fiktionaler Weltbilder als Modi der Ausprägung konkreter ästhetischer Einheiten. Chronotopoi definieren vor allem Genres: so behandelt Bachtin z. B. den griechischen Abenteuerroman, den Ritterroman oder den Schelmenroman als Ausprägungen bestimmter Zeit- und Raumstrukturen. Die ästhetischen Welten bestimmen sich jeweils durch die Art und Weise, in der Welt extensiv, durch Erstreckung in einem Erfahrungsraum und intensiv, durch die zeitliche Dimension der Erfahrbarkeit dieses Raums, modelliert wird. Herders Ausführungen zu Raum und Zeit bei Shakespeare (SWS V, 226–229) lassen sich sehr gut mit diesem Konzept vergleichen.

heit habe einen Einheitsindex, also eine einzige Art und Weise, durch einen Chronotopos individualisiert zu werden.

»Hätte ich doch Worte dazu, um die einzelne Hauptempfindung, die also jedes Stück beherrscht, und wie eine Weltseele durchströmt, zu bemerken« (ebd., 224f.). Es ist die »Empfindung Einer lebendigen Welt« (ebd., 225), die Herder eher beschwört, als daß er sie nachweisen kann. Seine Shakespeare-Paraphrasen, so wäre kritisch anzumerken, führen denn auch nicht zu einer Rede, die man als Interpretation bezeichnen könnte. Die ästhetische Welt eines Dramas wird durch eine deiktische Geste nach dem Rezept: für jede Szene eine paraphrastische Satzformel, dargestellt. Es entsteht aber kein Diskurs, der Interpretamente zu bestimmten Texten so plazierte, daß dabei eine Aussage über ein Drama Shakespeares resultierte, die gegenüber anderen Interpretationen eine spezifische argumentative Differenz hätte. Herder setzt die Paraphrase, die seinem eigenen Argument nach die Vermittlung von Interpretament und Poesiewiederholung zu leisten hätte, nur als Darstellung einer ästhetischen Welt ein und als Versuch, ihre Einheit als mögliche Welt wenn auch nicht nachzuweisen, so doch zu unterstellen.

Nun ist aber ein solcher Nachweis ein recht schwieriges Unterfangen: Eine mögliche Welt nicht allein dichterisch darzustellen, sondern sie zu konstruieren und zu demonstrieren, wäre die Aufgabe eines Gottes, und er wird in Herders Text ausdrücklich genug aufgerufen.[65] Wäre sie in der Tat konstruiert, käme man in ontologische Probleme, denn eine vollständig demonstrierte Möglichkeit müßte ihrem eigenen Begriff nach wirklich werden[66], wie bei Borges der *Orbis Tertius*.

[65] Pross (1988, S. 168–172) entziffert einige in Herders Text verstreute Formulierungen als Hinweis auf einen Diskussionskontext, in dem der mythenschaffende Orpheus und der gottlose Pantheist Spinoza einerseits und Lukrez andererseits als häretischer Hintergrund unterstellt werden können. Das Eingangsbild des *Shakespear*-Aufsatzes, die Formeln »ein Sterblicher mit Götterkraft begabt« (SWS V, 218), »heidnische Schicksals- und Sternenphilosophie« (SWS V, 221) und »Riesengott des Spinosa« (SWS V, 226) verweisen in der Lektüre von Pross darauf, daß Herder eine Bastelei aus verschiedenen der Häresie und des Atheismus verdächtigten Schriften vornimmt. Da ja in der Tat Herders Interpretation darauf hinausläuft, Shakespeare als den Schöpfer seiner eigenen Welt zu denken, liegt es nahe, auf Modelle zurückzugreifen, die dem schaffenden Dichter die ontologische Macht eines alter deus zuschreiben.

[66] Wenn man eine Welt als individuum auffaßt und dieses onmimode determinatum ist, ist es wirklich. Nur wenn ihm noch etwas fehlt, ist es ein Begriff. Im Moment seiner vollkommenen Bestimmtheit aber wird der Begriff – dies ist seine infinitesimale Grenze – zum wirklichen Ding. Vgl. zu diesem Gedanken meine Ausführungen in dem Kapitel *Das Ästhetische und die Rede über das Ästhetische* (dort vor allem die Zitate von Lessing und Crusius zum Begriff des Individuellen).

Borges konstruiert in seiner philosophischen Erzählung *Tlön, Uqbar, Orbis Tertius* einen an der Leibnizschen Philosophie orientierten Geheimbund, der das Projekt verfolgt, die Enzyklopädie einer erfundenen Welt zu schreiben. Die umfangreiche Arbeit nimmt über mehrere Generationen, beginnend im 17. Jahrhundert, eine Geheimgesellschaft von verschiedenen Wissenschaftlern in Anspruch. Ausdrücklich wird das Projekt als Schöpfungskonkurrenz zu Gott verstanden. Die Erzählung endet damit, daß in dem Moment, in dem die Enzyklopädie abgeschlossen und die neue Welt als mögliche demonstriert worden ist, Gegenstände auftauchen, die in unserer Welt nicht möglich wären, wohl aber in jener. Die vollständige Konstruierbarkeit einer möglichen Welt führt zu ihrer Wirklichkeit, wie Borges, ein genauer Kenner der Universalkonzepte des 17. Jahrhunderts, zu verstehen gibt. – Herder kann nun freilich die Möglichkeit der Welten Shakespeares nicht demonstrieren: er müßte, wie Borges imaginiert, in der Schöpfungskonkurrenz zu Gott eine solche Enzyklopädie ganz allein schreiben. Da er nicht demonstrieren kann, interpretiert er. Daß er die Einheit der dramatischen Welt nur interpretierend und paraphrasierend insinuieren kann, liegt also in der modallogischen Notwendigkeit der Sache begründet.

Immerhin aber benutzt Herder in seiner Rede über die Einheit der jeweiligen Dramen und der Welt Shakespeares eine Terminologie, die aus seinen hermeneutischen Überlegungen bekannt und in ihnen begründet ist. Denn die »Hauptempfindung« (ebd., 224f.) wäre mit demjenigen Ton zusammenzubringen, der nach Herder einem individuellen Saitenspiel der Nerven zugrundeliegt und sympathetisch von einem anderen Individuum vernommen werden kann. Da nämlich der hermeneutische Eröffnungsschritt sowohl physiologisch wie auch esoterisch gedacht ist, weil der Ton eines Individuums in der Korrespondenz der Nervenschwingungen wie auch in magischer Sympathie übernommen werden kann, ist – wie Herder hier wohl zu verstehen sein wird – die Hauptempfindung als der hermeneutische Nachweis der Einheit einer fiktiven Welt zu denken. An die Stelle der aus sachlichen Gründen nicht ausführbaren philosophischen Demonstration der realen Möglichkeit der fiktiven Welt tritt eine hermeneutische Rede, die in interpretierenden Vollzügen insinuiert, was tatsächlich zu denken unausführbar wäre. Die Empfindung des Haupttons ist also eine Art von Statthalter: Physiologisch begründete Einfühlungshermeneutik tritt an die Stelle eines philosophischen Beweises, der eigentlich aus einer ars combinatoria heraus die mögliche Welt demonstrieren sollte.

An dieser Stelle läßt sich noch einmal auf das Problem zurückkommen, warum bei Herder Interpretation de facto schöne Rede ist, obwohl er Baumgartens Theorem, analog zur Logik habe die Theorie des Schönen schöne

Theorie zu sein, attackiert. Dem Argumentationsgang des Kapitels *Das Ästhetische und die Rede über das Ästhetische* läßt sich nämlich jetzt ein weiteres Argument hinzufügen. Daß Interpretation zu einem – durchaus emphatischen – Statthalter der ihrem Begriff nach uneinlösbaren Demonstration einer möglichen Welt wird, qualifiziert sie zugleich als schöne Rede. Sie kann nicht philosophisch sein, ist aber, da das auszuführende Projekt sich der philosophischen Darstellbarkeit entzieht, insofern gerechtfertigt, als sie eben doch eine andere Art von Darstellung realisieren kann. Diese Darstellung ist jedoch eine, die nicht den Begriff der möglichen Welt philosophisch ausführt, sondern in der paraphrasierenden Aufnahme des poetischen Weltentwurfs den Zusammenhang (nexus) der sensitiven Vorstellungen hermeneutisch nachzeichnet – und zwar wiederum auch (aber nicht nur) in sensitiver Art und Weise.

Paraphrase wird damit zu einer Entlastungsstrategie: Sie steht mitten inne zwischen begreifender Hermeneutik und poetischer Rede. Sie tritt an, um nicht allein die sinnliche Insichbestimmtheit des individuellen Kunstwerks darzustellen, sondern auch, um den Weltcharakter ästhetischer Werke auf vorphilosophische Weise darzulegen. Daß Interpretation bei Herder schöne Rede ist, hat also eine tiefere Begründung, als bei Baumgarten. Wenn Herder dessen Theorem, Ästhetik habe auch die Kunst des schönen Denkens zu sein, ablehnt, weil er dem naiven Methodenparallelismus zur Logik nicht beipflichten kann, so kommt er doch, wenngleich auf Umwegen und in vertrackteren Argumentationsgängen, in seiner Interpretationspraxis auf diese Bestimmung zurück. Interpretation ist deshalb schöne Rede, weil sie der sinnlichen Bestimmtheit des Individuellen nur im paraphrasierenden Duktus habhaft werden kann und zusätzlich, weil sie den Charakter des poetischen Werkes, eine mögliche Welt zu sein, philosophieentlastet und ästhetikorientiert darzustellen hat. Gegenüber Baumgartens Argument ist dies die reflektiertere Position. Herder kann also Baumgarten in diesem Punkt zurückweisen und dennoch seine Interpretationen als schöne Rede begründen.

Damit relativiert sich die oben geübte Kritik, daß Herder nicht zu eigentlichen Interpretationen Shakespearescher Stücke komme. Einmal davon abgesehen, daß er selbst formuliert hat, seinen Ausführungen müßten nun erst die sie einlösenden Deutungen folgen[67], haben die paraphrastischen Passagen im *Shakespear* die Theoriefunktion, philosophieentlastet eine hermeneutische

[67] Am Ende des zweiten Entwurfs von 1771 weist Herder darauf hin, er wolle »ein ander Mal« (SWS V, 252) entwickeln, wie Shakespeare die Auftritte und disperaten Gestalten zusammenführe, wie er also die ästhetische Welt als Einheit tatsächlich gestalte. Das skizzierte Projekt einer näher an den Stücken orientierten Interpretation wird freilich auch in der Endfassung von 1773 nicht eingelöst. Von diesem Kontext her wird man den *Shakespear*-Aufsatz als eine Art von Vorwort für eine nie ausgeführte Reihe von Einzel-

Rede zu führen, die durch Poesiewiederholung die Einheit jeweils einer poetischen Welt glaubhaft zu machen versucht.

Herders *Shakespear* ließe sich passagenweise als Gründungsdokument immanenter Interpretation und poetologischer Deutung lesen. Auf den ersten Blick wären Einfühlung, Nacherzählung, Paraphrase, emphatisierendes Pathos und unkritische Distanz Gegenstände einer ideologiekritischen Analyse, wenn es darum ginge, eine Ideologiegeschichte der immanenten Deutung zu schreiben. Dem zweiten Blick aber zeigt sich philosophische Substanz: Herder übernimmt das in der von Leibniz ausgehenden Ästhetik des 18. Jahrhunderts virulente Konzept der möglichen Welten, versteht Raum und Zeit als Individualisierungsmodi und konstruiert daraus einen Shakespeareschen Chronotopos. Er baut seine Rede aus der ästhetisch reflektierten Verbindung von poetischer Individualität und sinnlicher Konkretion auf und benutzt dazu die hermeneutische Technik der Paraphrase. Die Konstruktion historischer Tiefenräume erweist sich, wenn man sie vor dem Hintergrund des Theoriebestandes der Herderschen Gedächtnis-Konzepte denkt, als in sich reflektiertes Verfahren. Was zunächst – in bezug auf die Passagen, die von Shakespeares Stücken handeln – nur eine unkritische Einfühlung in Shakespeare zu sein scheint, ist genau plazierte Theorie, als in die Performanz der Interpretation überführte. Am deutlichsten wird dies bei der hermeneutischen Dimension: Interpretation tritt mit der Terminologie des Tons und der sympathetischen Empfindung exakt an die Stelle, die eine philosophische ars combinatoria einnehmen müßte, aber nicht einlösen kann.

Methodologisch wäre hier anzumerken, daß Herders überraschend präzise Anwendung aller seiner Theoriebausteine in der Shakespeare-Deutung zugleich als eine hermeneutische Gegenprobe auf die Plausibilität der in dieser Arbeit vorgelegten Theoriekonstellation verstanden werden kann. Daß sich Interpretation aus der Versammlung von Gedächtnistheorie, Hermeneutik und Ästhetik herleiten lasse, wird wohl spätestens dann glaubhaft geworden sein, wenn dabei nicht allein ein Begriff der Interpretation entsteht, sondern wenn sich zudem die Interpretationspraxis auf diesen Begriff beziehen läßt.

Die argumentative Topographie von Interpretation als in Performanz überführtes Theoriebündel von hermeneutischen, ästhetischen, philosophischen und gedächtnistheoretischen Überlegungen: Diese Gedankenmasse, die Herders Literaturwissenschaft ein beträchtliches Maß an Komplexität zudenkt, befreit nicht von kritischen Nachfragen. Sie seien an einer Analyse von Herders Klopstock-Rezeption exponiert.

interpretationen zu lesen haben. Erst dort hätte man dann legitimerweise der Frage nachgehen können, wie Herder Paraphrase als Teil von Interpretation einsetzt.

In seiner 1773 veröffentlichten *Rezension* der Ausgabe der Klopstockschen Oden (1771) zieht Herder eine bedenkliche Konsequenz aus seinen hermeneutischen Überlegungen. »Allein, sollte er [Klopstock; R. S.] nicht wenigstens fodern können, so fern du mich als Dichter liesest, so mußt du mit mir mindestens sympathisiren wollen: d. i. setze dich in meine Umstände, Denk-Fühlungsart, Lieblingsbegriffe u. s. w. Solltest du diese auch blos für Mythologie anzusehen geneigt seyn: habe wenigstens die Billigkeit, sie mir als etwas mehr zu gönnen [...] Möge der Autor als Mensch, als Religionsverwandter denken, was er wolle: als Dichter mußt du ihm glauben« (SWS V, 352). Zu den Postulaten der hermeneutischen Billigkeit gehört, wie oben ausgeführt, daß ein Interpret einen Dichter aus seinem Blickwinkel zu verstehen suche. Und Sympathetik gilt Herders Hermeneutik als Strategie, sich den point de vue zu eigen zu machen, der einer Dichtung charakteristisch zukommt. Daß man aber dem Dichter glauben müsse, bringt gegenüber diesen hermeneutischen Voraussetzungen einen zusätzlichen Gedanken ins Spiel. Denn weder die hermeneutische Billigkeit, obwohl sie fordert, einen Text immer in seinem stärksten Aspekt zu denken, noch die Sympathetik als vorsemiotischer Eröffnungsschritt des hermeneutischen Geschehens schließt Kritik aus. Im Gegenteil: Erst wenn ein Interpret einen Text so stark gemacht hat, wie er zu machen ist, kann ihn eine Kritik substantiell treffen. Und erst wenn ein Interpret sich sympathetisch in den Text eingestimmt hat, kann er ihn von innen her kritisieren. Herder verwechselt formale Rahmenbedingungen mit inhaltlichen Aussagen. Und er tut dies nicht allein auf der Ebene der Theoreme, sondern auch in der Interpretationspraxis: »In solcher Sympathie nun wie ächt und zart und schön charakterisirt sich beinahe jedwedes Klopstockisches Stück![68] Welche eigne Farbe und Ton des Ausdrucks ruhet auf jeglichem, die sich von der ganzen Mensur, Haltung und Beäugung des Gegenstandes bis auf den kleinsten Zug, Länge und Kürze des Perioden, Wahl des Sylbenmaasses, beinahe bis auf jeden härtern oder leisern Buchstab, auf jedes O und Ach! erstrecken« (ebd., 352 f.). Das durchgängige Harmoniepostulat der verschiedenen Ebenen wäre an sich noch nicht kritikwürdig: Apriori zu präjudizieren, daß Texte solche Harmonie nicht hätten, wäre ebenso unausgewiesen, wie die entgegengesetzte Annahme. Wichtiger ist jedoch, daß Herder diese These zu Klopstock theoretisch herleitet und, weil er sie zum Beobachtungsinstrument macht, normativ einsetzt. Oden seien nämlich, so

[68] Auch hier läßt sich wieder die Tendenz beobachten, jedes Gedicht als Individuum zu denken und dies mit einer Rede über die Sinnlichkeit des Zusammenhangs der Bestimmungen zu realisieren. Die bei Shakespeare gewonnenen Analyseergebnisse lassen sich hier reproduzieren.

Herder, jeweils von der begeisterten Einbildungskraft und der Ordnung des Affekts gebildet (ebd., 354f.). Folglich werden ihm alle Oden Klopstocks, wenn auch jeweils anders, zu notwendigen Äußerungen eines dominierenden Affekts[69], und der Affekt ist stets unmittelbar derjenige Klopstocks (nicht als Dichter, sondern emphatisch als ›Mensch‹).

An keiner Stelle seiner vielen und umfangreichen Bezugnahmen auf Klopstocks Lyrik stellt Herder diese Prämisse in Frage. Und nie kommt er deshalb zu einer genauen Lektüre eines Klopstockschen Gedichtes. Er nennt immer nur in emphatisierender Paraphrase das Individuelle eines Gedichtes, aber diese Benennung hat in der Regel nur die Länge eines Satzes. In dem Kapitel über die Fabel habe ich die These aufgestellt, daß Herders Urworte eigentlich Ursätze sind, weil sie ein Objekt mit einem Merkwort verbinden. Es wäre darüber nachzudenken, ob die Sätze, die Herder zu Klopstockschen Gedichten und zu Shakespeareschen Szenen schreibt, einen analogen Status zu jenem »Ha! du bist das Blöckende!« (ebd., 36) haben. Gefunden werden in ihnen nämlich Namen für Individuen: dieses Schaf, diese Szene, dieses Gedicht, z. B. »*Braga* welch ein lebendig Gemählde voll Wintermorgen, Reif, Mond und Schrittschuhtakt!« (ebd., 353). Oder zu *Thuiskon*: »Welch' eine herrliche Abenddämmerung geht z. E. durch die Erscheinung des Thuiskon!« (ebd.). »Welch'« und Ausrufezeichen: das sind sprachimmanente Gesten der Deixis, in die Akte der Namengebung eingelagert sind. Im Raum der Deixis wird man wohl das »Ha!« mit dem »Welch'« austauschen können: »Ha! du bist das Blöckende!« – »Welch' ein lebendig Gemählde *Braga*!«

Herders Sprechakte, die er in bezug auf die individualisierende Erkenntnis poetischer Texte prägt, sind tendenziell auf singuläre Sätze und magische Benennungsakte begrenzt. Die Tendenz verstärkt sich, je näher Herder den Dichtern seiner Gegenwart kommt. Dem Zeitgenossen Klopstock steht er so unmittelbar gegenüber, wie seiner eigenen Theorie zufolge der sinnliche Mensch in der Kindheit des Menschengeschlechts der Welt. Auf deren Ereignisse reagiert der Mensch wie Herder auf Klopstocks Gedichte mit Ausrufen und Inselbegriffen, sinnlich und direkt. Damit zeigt Herder, daß er keinerlei Ahnung von der Inszeniertheit der Klopstockschen Gedichte und vom durchgängig Modernen an Klopstocks Poetik der künstlich gestauten Empfindung hat. Von der Metrik Klopstocks redet Herder, nicht aber von den nach Interpretation verlangenden Gedichten, deren Verlaufskurven jedenfalls nicht unter die Einheit eines unmittelbaren Affekts zu bringen sind. Ausgeklügelte Texte wie gerade die Schlittschuhgedichte (zu denen *Braga* gehört)

[69] Auch hier finden sich wieder die paraphrasierenden Sätze, die das Wesentliche eines Gedichtes benennen sollen; vgl. SWS V, 353.

mit ihren vertrackten mythopoetischen Transformationen griechischer in germanische Götterwelt lassen sich kaum nur mit dem Begriff der Empfindung angemessen denken.[70]

Was Herders Interpretationen fehlt, ist ein rhetorisches Repertoire, mit dem er die Finten und Verschachtelungen von Texten, ihre Kompliziertheiten und Inszenierungen denken kann. Seine Beobachtungen laufen auf hermeneutische Verflüssigungen[71] hinaus, nämlich auf die Übersetzung von Text in Sprechen und vom Sprechen in den Autor. Daß aber Texte in sich eine Komplexität der Schriftlichkeit haben können, die sich im Komplexitätsgefälle der Mündlichkeit nicht reproduzieren läßt, gelangt nicht in den Horizont seiner Deutungen. Chladenius schreibt in seiner Hermeneutik: »Weil die Menschen nicht alles übersehen können, so können ihre Worte, Reden und Schrifften etwas bedeuten, was sie selbst nicht willens gewesen zu reden oder zu schreiben: und folglich kan man, indem man ihre Schrifften zu verstehen sucht, Dinge, und zwar mit Grund dabey gedencken, die denen Verfassern nicht in Sinn kommen sind«.[72] Herder käme aufgrund seiner hermeneutischen Prämissen nie auf die Idee, anhand eines Textes »mit Grund« an Dinge zu denken, die dem Autor mutmaßlich nicht im Sinn gelegen haben. Verstehen ist bei Herder dann erfolgreich, wenn es sich auf diejenige Einheit verständigen kann, die mit der lebendigen Seele eines Autors und seiner Zeit gegeben ist. Das Lesen von komplizierten Texturen, das den Schleifen und Verwerfungen der textuellen Rhetorik nachspürt und dabei den Kontakt zum Geist eines lebendigen Autors »mit Grund« zwar, aber dennoch verliert, war Herders Bestreben nicht. Die ausgeprägte Orientierung an dem Übersetzungsmodell der Hermeneutik beschneidet das Verstehen der intern produzierten Komplexität des Textes zugunsten des mündlichen verdolmetschten Sinns. Ist vom Hermeneuten ein solcher Geist des Autors wie hier bei Klopstock erst

[70] Die beiden umfangreicheren Spezialuntersuchungen zu Herders Klopstock-Rezeption bestätigen diese These. So betont Lohmeier (1968, S. 164), daß Herder an Klopstocks Lyrik systematisch die Artifizialität und Inszeniertheit übersehe: »In Herders Verständnis aber wird die Inspiration zur Empfindung verweltlicht und die bewußte Arbeit übersehen. Klopstock stellt sich die Lyrik immer auch als etwas Gemachtes vor, Herder immer nur als etwas Gewordenes.« Wendorff (1990, S. 111) formuliert: »Durch seine zeitgenössische Nähe verkennt Herder das Ausmaß reflektierender Bewußtheit in Klopstocks Gedichten.«

[71] Aleida und Jan Assmann (Schrift und Gedächtnis, in: *Schrift und Gedächtnis. Beiträge zu einer Archäologie der literarischen Kommunikation*, Hg.: Aleida und Jan Assmann, Christoph Hardmeier, München ²1993, S. 266) sprechen, die Hermeneutik charakterisierend, von der »verflüssigenden Rückverwandlung von Schrift in Rede« und von einer »Revitalisierung toter Buchstaben in lebendigen Geist«. Herders Hermeneutik, die ausdrücklich Lesen als Hören konzipiert (s. o.), arbeitet in ihrer Praxis an genau diesem Transfer.

[72] Chladenius, *Auslegung*, S. 87.

einmal erstellt, dann wird es unter diesen Voraussetzungen sehr schwer, die Texte anders, nämlich hinsichtlich ihrer Textualität zu lesen.

Dennoch verwundert die schwache Klopstock-Interpretation, wenn man Herders frühe Studien zur Ode kennt und die dort sehr ausdrücklich formulierte Theorie der Inszeniertheit selbst des ursprünglichen Gefühls bedenkt (dazu gleich). Herder hätte eigentlich die Möglichkeit, gerade bei Klopstock zu einer Interpretationspraxis zu finden, die poetische Texte auf ihre Textualität hin analysiert. Die Frage ist, warum dies nicht geschieht. Eine mögliche Antwort könnte darin bestehen, daß seine interpretatorische Kompetenz in dem Maße stärker wird, wie der memoria-Raum wächst. Je älter die Texte, desto differenzierter ist seine Hermeneutik. An den ältesten Poesien der Bibel läßt sich daher am besten studieren, zu welcher Komplexität von Textbeobachtungen Herder fähig ist (s. u.). Die mit der Alterität der zu deutenden Texte anwachsende Vermittlungsleistung vergrößert das, was aus dem memoria-Speicher herangezogen werden muß. Damit wird zugleich die Intertextualität vergrößert und mit ihr die argumentative Komplexität. Zu Klopstock steht Herder historisch unmittelbar und er reagiert unmittelbar. Offensichtlich kann er Komplexität besser erzeugen, wenn er entfernte Text nahe bringen soll. Nahe Texte in die Entfernung der Analysierbarkeit zu rücken, bedarf einer Texttheorie, die mit expliziten Verfahren rechnet, Kunstmittel erkennen kann und rhetorische Strategien zur Anwendung zu bringen fähig ist. Friedrich Schlegel wird dies in der Nachfolge Herders praktizieren können, und Jean Paul wird, ebenfalls als Herderschüler, in seiner Ästhetik ein Ensemble der Kunstmittel formulieren. Aber auch Herder hat in seiner Interpretationspraxis durchaus mehr zu bieten als die dürren Ausrufe zu Klopstocks Oden. Dies sei nun zuerst an seiner Odentheorie und dann an seinen theologischen Schriften aufgezeigt.

Das Wort ›Ode‹ bezeichnet in dem von Gaier im ersten Band der Studienausgabe zugänglich gemachten Textkonvolut nicht die Kunstform Ode mit ihren festgelegten metrischen Schemata, sondern ist der Name für die Idee einer ursprünglichen Poesie, genauso wie in anderen Texten Herders die Begriffe Hymne, Gesang, Dithyrambe und Lied. Was die Entwürfe zu einer Theorie der Ode so spannend macht, ist das Nebeneinander der Idee von ursprünglicher und reiner Poesie und der Notwendigkeit, diese Ursprünglichkeit dementieren zu müssen, um sie als Ergebnis einer grundlegenden Inszenierungsabsicht auszugeben.

»Des eigentlichen Dichters Trieb ist Wut; seine Worte Pfeile; sein Ziel das ganze Herz; dies ist das göttliche Unaussprechliche der Dichtkunst« (W I, 92 f.). Am Anfang steht die Vorstellung, ein ›eigentlicher‹ Dichter artikuliere Totalität und ziele auf Totalität; daß seine Worte Pfeile seien, rekurriert auf einen animistischen Sachcharakter des Worts, das noch nicht als bloßes Zeichen verstanden ist, sondern magische Kraft hat. »Poetische Wut« (ebd., 90) in die Ode ausfließen zu lassen, »ist das Originalgenie eines Idealpoeten« (ebd.). Der Terminus poetische Wut bezieht sich auf Herders zentralen Theoriebestand einer Temporalisierung der Vermögenstheorie.[73] Die zunächst stratifikatorische Gliederung der Vermögenstheorie in Empfindung, Einbildungskraft und Verstand wird von Herder in phylo- wie ontogenetischer Perspektive historisiert, indem auf die unmittelbar rührende, sich in wilden Artikulationen und Inselbegriffen äußernde Empfindung als deren Ausdifferenzierung und Logifizierung die Einbildungskraft und dann der Verstand folgen. Während die Einbildungskraft mittelbar vorstellt, Bilder benutzt, Merkmale unterscheidet und schon Verbindungen herstellt, ist der Verstand reflexiv, arbeitet mit Zeichen und kann seine Inhalte rational darstellen.

Poetische Wut gehört noch in den Bereich der Empfindung: »so ist die erste Ode, das nächste Kind der Natur, gewiß der Empfindung am treusten geblieben« (W I, 89). Die Formulierung deutet aber auch schon an, daß die Ode nicht direkt als Äußerung der Natur verstanden wird, sondern nur als ihr nächstes, treustes Kind. Herder weiß sehr genau, daß jene ursprüngliche Sprache der Empfindung für uns als Sprache gar nicht wahrnehmbar wäre. Sie wäre »eine Menge Inselbegriffe, ohne Ordnung, ohne Zusammenhang, ohne Brücken und ohne Dämme« (SWS IV, 8), und die erste Poesie in ihrem rohen Ursprunge wäre »ein kurzes sinnliches Gebet voll ausgesuchter starker Worte« (SWS XXXII, 107). Ein Volk, das noch im Stande seiner »Wildheit« (SWS I, 309) ist, wird nach Herder in trunkenen, gewalttätigen, rohen Worten sprechen (ebd.), eine tierisch-sinnliche Sprache führen (ebd., 310), kühn, unförmlich und verflochten konstruieren (ebd., 312). Sich in diesem Zustande der Menschheit den Begriff eines ›Dichters‹ zu denken, wäre ein Anachronismus; wenn überhaupt, so könnte von kollektiven Gesängen die Rede sein, welche in kultischen Kontexten von Priestern und Regenten (SWS XXXII, 106) aufgeführt werden. Was dem sinnlichen Zustand der Empfindung an leidenschaftlichen Affekten zukommt, fehlt ihm an ordnender, Zusammenhang stiftender Funktion.

Diese Fähigkeiten des Ordnens stehen dem Menschen aber im Zustande der Einbildungskraft zur Verfügung. Analog der Vermittlungsfunktion, die die Einbildungskraft in den vermögenstheoretischen Diskursen des 18. Jahrhunderts zwischen der Sinnlichkeit (bei Herder umfassender: Empfindung)

[73] Vgl. im folgenden Gaier (1987), der den Bestand der Herderschen Vermögenstheorie mitsamt ihren semiotischen Implikationen aufarbeitet.

und dem Verstand zu erfüllen hatte[74], tritt bei Herder zwischen die Epochen der Empfindung und des Verstandes die der Einbildungskraft. In ihr ist vom einen Ende her der Bezug auf die Sinnlichkeit der Empfindung noch gegeben, während von der anderen Seite her schon die Verstandesfunktionen, freilich noch im Kleid sinnlicher Vorstellungen, eintreten. »Die Einbildungskraft, deren Gemälde noch mit dem Affekt der Natur gränzen, ist die stärkste, und beste; je näher ihre Bilder an einen Affekt der Einbildungskraft reichen; desto stärker und fehlerhafter wird sie in der Poesie« (W I, 91). Die Doppeldeutigkeit dieser Plazierung wird in dem Zitat deutlich: Zum einen ist die stärkste, also die mit der Leidenschaft und dem Affekt der Empfindung versehene Einbildungskraft die »beste« – insofern sie an die noch ungebrochene Sinnlichkeit grenzt. Andererseits, nämlich in bezug auf den Verstand, ist sie »fehlerhaft«, da die Kraft der Empfindung den Zusammenhang zerreißt und den Konnex der Einbildungskraft in Frage stellt.

Herder plaziert den Dichter nun an den Ort der Einbildungskraft, der dem sinnlichen Affekt der Empfindung am nächsten kommt. Zwei sich in ihrer geschichtsphilosophischen und vermögenstheoretischen Konstruktion eigentlich ausschließende Bestimmungen will er damit vereinen. Erstens soll nämlich der »eigentliche Dichter« noch die Wut besitzen, noch aufs ganze Herz zielen, noch mit Worten schießen, denen ein Fetischcharakter innewohnt, der die Gewalt der fremden Wirklichkeit bannen soll. Andererseits soll er sich aber nicht mehr in stammelnden Inselbegriffen ohne Zusammenhang artikulieren, sondern in poetischen Handlungen, denen ein gewisses Maß an Zusammenhang und Verstehbarkeit zukommt. Dieses Sowohl-als-Auch ist in Herders Theorieentwurf eigentlich ausgeschlossen – »gute« Stärke wäre für die Einbildungskraft »fehlerhafte« Ordnung. Deshalb bleibt seine Reflexion auch nicht bei dieser aporetischen Plazierung des Dichters im Niemandsland zwischen zwei Vermögen stehen, sondern sie versucht eine Integration.[75]

Anstatt nämlich »im ganzen Strome des Affekts zu schwimmen« (ebd.), wird uns dies zur »Idealvorstellung« (ebd.): »wir kopieren uns selbst schon

[74] Vgl. zur Einbildungskraft und Phantasie: Vietta 1986.

[75] Nicht im Zusammenhang mit der Ode, aber in einer Erörterung Homers kommt Herder auf dieses Theorem zu sprechen. Homer trifft nämlich »auf den Punkt«, »da Natur und Kunst sich in der Poesie vereinigten« (SWS I, 173). Dieser Punkt ist »schmal wie ein Haar und scharf, wie die Schärfe des Schwerts« (ebd.). »Natur« bezeichnet in dem Zitat wohl die Empfindung, also das Eingelassensein des Menschen in den reflexionslosen Strom des Wahrnehmens, während »Kunst« für die Unterbrechung steht, die schon der Ordnung der Einbildungskraft folgt. Die kaum mögliche Vereinigung beider Bestimmungen wird von Herder auf diesen haarschmalen und schwertscharfen Punkt fixiert und somit als eine konzeptionelle wie historische Unwahrscheinlichkeit ausgewiesen.

etwas merklich« (ebd.). Herders Schlußfolgerung ist radikal: Wenn gilt, daß »aus der Empfindung der Natur doch wohl nie eine Ode fließen wird« (ebd., 67), und wenn außerdem gelten soll, daß der Dichter im Strome des Affekts schwimmend die »*wahre* Empfindung« (ebd., 91) braucht, dann kann dies nur so vonstatten gehen, daß der Dichter sich selbst als einen im Affekt begriffenen Menschen beobachtet und aus dieser Beobachtung seinen Begriff der Leidenschaft zieht.

Im Ursprung dieser Vorstellung von poetischer Produktion steht eine Verdopplung: »wir kopieren uns selbst« heißt, daß der Dichter einer ist, der »sich selbst in seinen Empfindungen nachahmt« (ebd., 67). Der Dichter ist immer schon als ein doppelter da: Er beobachtet seine Beteiligung an einem solchen Affekt, der seinem Begriff nach Beobachtung ausschließt. Nun kann man nicht in den Strom steigen und ihn gleichzeitig von außen sehen. Folglich muß, wenn mit der Beobachtung von vornherein das Schwimmen im Strom der Affekte vereitelt ist, jene Ebene wesentlicher Beteiligung an den Affekten zum Gegenstand einer Simulation werden. Die Simulation geht naturgemäß nach zwei Seiten. Zum einen muß der Dichter, will er eine Ode schreiben, »die nicht empfindet, sondern Empfindung malet« (ebd., 69), »sich selbst in seinem Empfindungen nachahmen« (ebd.), sich »etwas merklich« (ebd., 91) selbst kopieren, eine Art poetischer Selbstaffektion vollziehen. Zum anderen aber muß für den Leser simuliert werden, daß er mit einer Ode ein Ganzes der Empfindung bekommt, so daß er, sie lesend, von ihr so affiziert wird, wie der Dichter sich affizieren muß, um sie zu schreiben und damit die Affektion des Lesers zu bewirken. Herder entwickelt diesen bemerkenswerten Gedanken eines Zusammenschlusses zweier Simulationen als poetisches Ereignis in einem Gedankengang, der der Länge nach zitiert zu werden verdient: »Ich dichte also die Ode vor dies poetische Gefühl; wohl so werde ich mich auch ihm bequemen und meine Empfindung aus diesem Gesichtspunkt schildern, wo er die Auflösung am besten einsehen kann; folglich schildre ich auch der Form nach nicht mehr *wahre* Empfindungen, sondern ein Perspektiv von ihnen, in dem sie der andre siehet. Beide sind voneinander so verschieden, daß der künstliche Odendichter schon nie seine Empfindungen malen will, sondern sich völlig außer sich, an die Stelle des Lesers setzt. Wäre eine Ode der Naturempfindung möglich, so würde sie so dunkel, eintönig, verworren, hart, sein, daß sie alten kalten Leuten lächerlich wäre; aber jetzt da er schreibt (um gelesen zu werden) so ordnet er alle Bilder der Empfindung nach dem Gesichtspunkt und der Ordnung des Lesenden; je mehr er diese trifft, desto künstlicher ist die Ode; verbirgt er seine Kunst; so sage ich: sie ist Natur: Er hat die Gegenstände geschildert, wie ich sie würde empfunden haben, so daß ich mich künstlich hintergehe mit der Wahrheit« (ebd., 68).

»Daß ich mich künstlich hintergehe mit der Wahrheit«: das ist die Quintessenz der von Herder angestellten Reflexion, die in äußerster Klarheit den Diskurs der Poesie und den ihrer Rezeption als *eine* Diskursstruktur zu denken unternimmt. Im Gegensatz zu seiner Interpretationspraxis bei Klopstock denkt Herder hier die Ode als eine im Ursprung verdoppelte Simulation der Empfindung und eben nicht als deren direkten Ausdruck.

Die Struktur dieses Gedankenganges deckt sich mit den Ergebnissen meiner Baumgarten-Interpretation.[76] In der Deutung der sinnlichen Vorstellungen als exempla ohne Allgemeinbegriff wurde die Ansicht verneint, dem poetischen Text, aufgefaßt als Individuum, läge ein Signifikat zugrunde. Vielmehr erwies sich das poema – der Nexus sensitiver Vorstellungen unter einem Thema – als ursprüngliche Doublette. Die Idee einer bestimmten Landschaft ist ihre Beschreibung – so mein Beispiel (s. o.) –, nicht aber liegt der Beschreibung ein sie generierendes Signifikat zugrunde. Der Zusammenhang der sensitiven Vorstellungen steht im poema ursprünglich an der Stelle, an der im exemplum der allgemeine Satz stände, nur daß das poema diesen Ort nie anders als durch den Vollzug der sensitiven Vorstellungen überhaupt konstituieren kann.

Überträgt man dieses Modell auf die Ode, so resultiert exakt Herders Argument. Der Ode liegt keine Empfindung zugrunde, deren direkter Ausdruck sie wäre. Vielmehr ist der Zusammenhang der in einer tatsächlichen Ode abfolgenden Vorstellungen diese Empfindung, sofern sie im ästhetischen Prozeß erst erzeugt wurde. In der Ode werden, wie Herder formuliert, die Empfindungen nachgeahmt, und allein für dieses poetische Gefühl wird sie geschrieben und gelesen, um dann erst, im hermeneutischen Transfer, empfunden zu werden. Damit ist auch die Ode ursprüngliche Doublette. Direkter Ausdruck wilder Empfindungen kann sie nicht sein, also muß sie an die Stelle der authentischen Empfindung eine »etwas merklich kopierte« Empfindung setzen. Die bewußte Strategie, sich künstlich mit der Wahrheit zu hintergehen, macht dem Leser durch Kunstmittel glauben, er habe an direkter Empfindung teil. Tatsächlich aber ist die Empfindung in der Ode immer schon eine nachgeahmte. Die Ode ist in dem Maße ursprüngliche Doublette, wie die in ihr künstlich erzeugte Empfindung durch den Nexus der sensitiven Vorstellungen zunehmend bestimmt, also individualisiert wird. Herders Odentheorie läßt sich als direkte Anwendung von Baumgartens Modell des poema lesen.

Die Struktur der ursprünglichen Doublette führt zu der These, Herder konzipiere überhaupt jeden Text, über den er redet, als einen intertextuellen.

[76] Vgl. dazu das Kapitel *Das Ästhetische und die Rede über das Ästhetische*.

Genauer formuliert: Herders Rede über poetische Texte konzipiert sie rhetorisch als reine Texte, während gleichzeitig die Interpretationspraxis notwendig auf die Intertextualität des jeweiligen Textes setzen muß. Der Prozeß des Empfindens ist textuell daher immer schon einer, dem ein Lesen inhärent ist.[77]

Daß für Herders Interpretationen die Unterstellung von Intertextualität notwendig ist, wird aus der aporetischen Plazierung des Dichters bzw. der Dichtung evident. Wenn nach dem obigen Zitat Dichtung die Simulation von ursprünglicher Poesie qua wahrer Empfindung ist, findet im Ursprung dessen, was Herder Ode und Baumgarten poema nennt, eine Verdopplung statt. Vermögenstheoretisch gesprochen simuliert die Einbildungskraft den ihr vorgelagerten Zustand der Empfindung. Das reine Original erweist sich als Idee, weil die ursprüngliche Empfindung realiter eine solche Sprache ist, die aus für uns unverständlichen, wilden Ausrufen bestehen würde. Ebensowenig wie in Herders Sprachphilosophie die Wurzelworte einer Sprache jemals gefunden werden können, aber dennoch die energetischen Bahnungen aller weiteren Sprachbildung bereiten und daher immer präsent sind, ist die ursprüngliche Poesie des leidenschaftlichen Affekts als solche zu haben. Aber dennoch ist für die Theoriebildung die Unterstellung einer ursprünglichen und wilden, jedoch nie erweisbaren Poesie eine notwendige erkenntnisleitende Prämisse.

Reale Poesie simuliert die Idee idealer Poesie: Dies ist die Konstruktionsidee, die Herder zugrundelegt. Und damit findet in seiner Rede Poesie an zwei Orten statt, ist ihre eigene Verdopplung: die Kopierung des Eigentlichen, aber nicht Sagbaren in ein solches Sagbares, das das Eigentliche als solches ausschließt, aber von ihm soviel wie möglich retten will. Poesie ist ihr eigenes Double und deshalb nicht opaker Text, sondern in sich schon gezeichnet vom Bruch der Reflexion, von der Andersheit der beiden ›Perspektiven‹ bzw. ›Gesichtspunkte‹ erster und zweiter Reflexion. Poesie besteht daher immer schon aus zwei Ebenen bzw. aus einer Textur auf der Ebene der Simulation, die eine natürlich texterzeugte, aber mündlich vorgestellte Idee des direkten Ausdrucks zu kopieren versucht. Nichts anderes ist mit dem Namen Intertextualität gemeint: In der Tiefenebene des Genotextes findet eine alle Phänotexte modellierende Überschneidung verschiedener Organisationsmodi statt.[78] Diejenige Textur, die Herder Poesie nennt und der er

[77] Die Begrifflichkeit der Intertextualität ist seit ihrem Beginn auch eine Theorie des Lesens. Daß Texte die strukturalen Schemata anderer Texte in ihren genotextuellen Tresor aufnehmen, wird schon bei Kristeva als ein Lesen verstanden: »Für den Sachkenner ist Intertextualität ein Begriff, der anzeigt, wie ein Text die Geschichte »liest« und sich in sie hineinstellt« (Kristeva 1972, S. 255).

[78] Vgl. zur Intertextualitätsterminologie von Geno- und Phänotext Kristeva 1972.

emphatisch Reinheit zuschreibt, ist ihrem innersten Begriff nach Vermischung.

Nur deshalb kann der Gedanke der Reinheit eine solche Wichtigkeit bekommen. An und für sich nämlich wäre Reinheit opak; sie wäre das sich Verlauten einer Stimme, die insular Affekte durch Ausrufe artikuliert und in einen Ausruf packt, was unserer Differenziertheit als ein Gefühl zu rekonstruieren unmöglich scheinen muß. Reinheit wäre, anstatt einstimmige Transparenz zu sein, die pure Vielheit einzelner solcher Ausrufe und damit das Gegenteil dessen, was sie ihrer Idee nach sein soll. Erst auf der Ebene einer weiteren Beobachtung kann die Idee von Reinheit als einstimmiger Transparenz überhaupt ästhetisch sinnfällig gemacht werden.

Das präzise Beispiel für diese Konzeption ist Herders Begriff des Volksliedes. Die Texte, die er als Volkslieder ausgibt, sind nicht dem Volk – also dem imaginären Ursprung, einem absoluten Signifikat – vom Munde abgehört. Es sind in der Regel gedruckte Texte, die Herder in den verschiedensten Quellen findet und in seiner Bearbeitung reoralisiert.[79] Gemäß seiner These, daß nicht die Inhalte das Wesentliche seien, sondern der melodische Gang und die Tonart, ändert er (bzw. produziert er, sofern er übersetzt) die Texte in einer Weise, daß daraus die Idee des Ursprungs reiner zum Ausdruck kommt. Seine Philologie ist nicht das authentische Edieren vorgefundener Texte, sondern in einem anderen Begriffssinn die Authentifizierung des zu Edierenden durch eine Arbeit, die als Kunstgriff Natürlichkeit zum Effekt haben soll. Was Herder als Volkslied ediert, ist ein mehrfach intertextueller Text. Im besten Falle liegt einem von ihm gelesenen Text tatsächlich ein Volkslied zugrunde: Dies wäre schon die erste Stufe der Intertextualität. Herder bearbeitet dann diesen ›Text‹ mit dem Ziel, ein Volks›lied‹ aus ihm zu machen, und versenkt in das Geschriebene ein solches Schreiben, das sein Ziel darin findet, sich als Schreiben zu kaschieren und Stimme werden zu wollen: eine weitere Stufe der Intertextualität – und hermeneutisch genau derjenige Transfer von Schrift in Oralität, der als Zentrum von Herders impliziter Theorie des Verstehens erarbeitet wurde.

Indem Intertextualität zum Grundbestand des Begriffs der Poesie – und gerade des Begriffs reiner Poesie – wird, ist damit auch ihre Interpretierbarkeit ermöglicht. Herder schreibt die Volkslieder so um, daß *für uns* die Fiktion des Poetischen entsteht: aber sie ist *nur* Ergebnis einer Theorieidee und ihres Eingreifens in den Text. Und weil dieser Prozeß als poetischer Prozeß zwar ausgegeben wird, aber auf der Seite der thematisierenden Rede stattfin-

[79] Vgl. zu Herders Bearbeitungstendenzen das instruktive Nachwort von Gaier im Band III der Studienausgabe (W III, 848–865, 915, 917 f. u. ö.).

det, ist das Poetische eben kein Anderes, sondern nur ein als Anderes gesetztes Eigenes.

In dem langen Zitat aus den Entwürfen zur Ode (s. o.: W I, 68) ist noch ein Weiteres zu beobachten. Es taucht der Begriff des Lesers auf und zwar gleich in einer Verdopplung. Der »künstliche Odendichter«, so formuliert Herder, setzt sich »völlig außer sich, an die Stelle des Lesers« (ebd.): Herder versteht das Sichselbstkopieren als Lektüreprozeß. Der im Schreiben mitlaufende Lektüreakt des Autors simuliert auch die Lektüre von Lesern und läßt sich folglich als die Selbstkonzeptualisierung rezeptionsbezogenen Schreibens deuten. Der Autor legt Lesepfade an, die seiner Idee von einem Verständnis des eigenen Textes entsprechen. Weil schon der Dichter sein eigener Rezipient ist, kann die Rezeption dichterisch sein: Dem Leser außerhalb korrespondiert eine Struktur im Text. Daraus läßt sich im Kontinuum des Herderschen Gedankenganges die Schlußfolgerung ziehen, daß Interpretation kein Tun ist, das außerhalb des Textes und schon gar nicht außerhalb der Idee des Poetischen stattfinden würde. Vielmehr ist sie das explizite Tun des Poetischen: Selbstexegese, Bezug auf dasjenige Lesen, das der Text schon in sich selbst vollzogen hat.

Die Rezeptionsästhetik spricht freilich noch von einem weiteren textinternen Leserkonstrukt. Iser zufolge ist der implizite Leser derjenige, der alle Textperspektiven (also auch die Leserrolle des Autors im Text, die für den realen Leser nur eine weitere Textperspektive ist) in ein »System der Perspektivität«[80] aufheben kann. Der implizite Leser steht für das Konzept, das einen Text »adäquat« (ebd.) zu erfassen vermag. Iser betont allerdings, daß reale Lektüren das heuristische Postulat einer Systematizität der Textperspektiven immer nur »selektiv«[81] realisieren werden. Dem Begriff nach ist es aber diese Gesamtheit der Textperspektiven, in die der künstliche Odendichter sich idealiter zu versetzen hat, um dem Leser eine vollständige Darstellung einer »wahren« Empfindung bieten zu können.

Der Verdopplung des Dichters in empfindenden und die Empfindung kopierenden Dichter entspricht also die Verdopplung des Lesers in den tatsächlichen und in den textimmanenten. Wenn die Selbstreferenz der poetischen Funktion nach Jakobson den Empfänger in den Text hineinzieht[82], muß not-

[80] Wolfgang Iser, *Der Akt des Lesens*, München 1976, S. 62.

[81] Ebd., 64.

[82] Roman Jakobson betont, daß infolge der poetischen Selbstreferenz die sprachliche Botschaft mehrdeutig wird, weil sie nur in internen Kontexten zirkuliert, aber keine äußere Referenz mehr findet. Dadurch wird aber auch die Empfängerposition mehrdeutig, indem sie sich z. B. in den realen Leser und in den von der Dichtung angesprochenen und konstruierten (unterstellten) Leser aufspaltet. Der Leser wird zumindest teilweise zu einem Konstruktionsmoment der poetischen Fiktion (vgl. Jakobson 1979, S. 111).

wendigerweise dem realen Leser ein immanenter korrespondieren, und in einem weiteren Schritt muß sogar der Leser außerhalb des Textes noch intern als idealer Leser konstruiert werden. Verdopplung des Senders, Verdopplung des Empfängers und Selbstreferenz des Textes mitsamt seiner Verdopplungsstruktur infolge der Differenz aller Selbstreferenz: Dieses kompakte Theorieensemble strukturiert Herders Gedankengang zur Poetik der Ode.

Im nächsten Schritt soll diese Struktur wiederum in der Interpretationspraxis aufgewiesen werden. Herders Klopstock-Deutungen erreichen nicht das Niveau seiner Odentheorie. Der Grund mag, wie schon vermutet, in der historischen Nähe liegen, also darin, daß der memoria-Raum geschlossen bleibt oder, noch einmal anders formuliert, darin, daß die Intertextualität Klopstocks für Herder nicht erkennbar ist. Um so präziser setzt Herder seine Idee von Interpretation aber in den theologischen Schriften um. Da er zudem die meisten Bücher der Bibel als poetische Texte versteht, wären hier vor allem die Paradigmen für seine ›literaturwissenschaftliche‹ Praxis zu finden.

An Herders Apokalypsedeutung – die Texte um *Maran Atha* – läßt sich das Verhältnis von Intertextualität und Reinheit am besten beobachten. Und es ist für die Interpretationstheorie von Wichtigkeit, daß sich der Vollzug des Herderschen Textes als paraphrasierende Interpretation beschreiben läßt.

Herder konstruiert den Text der Johannes-Apokalypse als intertextuelle Bricolage aus dem Material der biblischen Bücher[83], insbesondere der prophetischen Bücher des Alten Testaments. Dabei geht seine Deutung zwei Wege. Der eine besteht im Nachweis dieser Bastelei: Es wird der Formalismus der verdichtenden Zitierung aufgezeigt. Was sich an dunklen Metaphern in der Offenbarung des Johannes findet, wird seiner Opazität dadurch beraubt, daß es als Kombination eines schon vorhandenen Sprachmaterials erkennbar wird.[84] Die apokalyptische Rede ist keine in Engelszungen, sondern

[83] Zum Beispiel bezieht Herder den »Regenbogen um den Thron« (SWS IX, 20) auf das »Zeichen des Bundes der Gnade« (ebd.) in 1. Mose 1,14ff.; die »sieben Fackeln« (ebd., 21) findet er im Buch Zacharia; zu Offenbarung 10, 8–11 bemerkt er: »Die ganze Einkleidung ist aus Ezechiel und war jedem verständlich« (ebd, 46); viele biblische Bilder werden der »Chaldäischen Bilderlehre« (ebd., 24 und öfter) zugeordnet bzw. als Grundbestand orientalischen Bilddenkens ausgegeben (»Bilderlehre des Morgenlandes«: ebd., 35 und öfter). Die Beispiele ließen sich häufen. Als Maxime formuliert Herder: »Mein Hauptgesetz wars, kein Bild willkührlich anzunehmen« (ebd., 233). Ein Bild, indem es auf andere Texte bezogen wird, bekommt in Herders Deutung seinen Sinn nicht allein aus der immanenten Kohärenz des apokalyptischen Textes, sondern durch die Referenz auf seinen Sinn in den anderen Prätexten.

[84] Der Rekurs auf die bekannten Bilder vor allem der prophetischen Bücher des Alten Testaments (SWS IX, 206, 212, 231 u. ö.), die Herder mit der Mythologie der Griechen und Römer vergleicht (ebd., 231), führt direkt zur Auflösung der Opazität des Offenbarungstextes: »Es ist Weibermähre, daß ein besonderer Schlüssel dazu gehöre oder verlohren ge-

sie ist beschreibbar als eine Arbeit an Metaphern, als Zusammenziehung eines Sprachstils, der sich in der Bibel anderenorts findet. Als Text aus Texten, die ihrerseits schon intertextuell sind, erscheint die Dichte der apokalyptischen Rede: eine Intertextualität in mehrfacher Potenz.

Der zweite Weg ist der einer Pragmatisierung. Während die innere Struktur der Rede formal beschreibbar ist, wird ihre kommunikative Absicht aus der realhistorischen Situation[85] hergeleitet, nämlich aus der politisch bedingten Notwendigkeit, verschlüsselt zu sprechen, und aus der religiöse Identität stiftenden Funktion, einer Gruppe von Eingeweihten zu den Zwecken der Beförderung ihrer sozialen Kohärenz eine interne Sprachregelung zuzudenken.

Damit ist die apokalyptische Rede zweierlei: ein sich auftürmender Metaphernkomplex und dessen Pragmatisierung durch rahmende Funktionalisierungen. Weil erst die Pragmatisierung die theologische Wirkintention in den Text hineinbringt, kann der Dunkelheit erzeugende Formalismus intertextueller Steigerung rein intern und säkular interpretiert werden. Herders Kommentar kann sich in die apokalyptische Rede per Paraphrase einschalten, ohne an der theologischen Bindung, die seiner Rede stets nur der Gegenstand realhistorischer Explikation ist, teilnehmen zu müssen.[86]

Weil Paraphrase eine solche Aufnahme des Originals ist, die durch zwischengeschaltete Explikationen und Parallelformulierungen den dunklen Ausgangstext in die Länge zieht und in dieser Länge das aufklärende Potential entmythologisierender Exegese deponiert, ist gerade die Offenbarung des Johannes für dieses Sprachspiel der geeignete Text. Herder, der seinen Kommentar als Satz-für-Satz-Paraphrase – wobei die zu paraphrasierenden Sätze schon Interpretamente, nämlich Übersetzungen sind – anlegt, kann

gangen sei; wer schreibt ein Buch ohne Schlüssel?« (ebd., 232). Herders Argument lautet also, daß der Schlüssel dem Text immanent zu sein hat; ein von außen schließender Schlüssel käme nie in den Text hinein. Ist er aber schon drin, dann ist ein Text stets auch schon ein Selbstverhältnis. Er enthält seine eigene Hermeneutik und ist damit in prinzipieller Hinsicht – nicht allein durch externe Zitationen – intertextuell.

[85] SWS IX, 10: »Wer ihnen [den Briefen der Offenbarung des Johannes, R. S.] das Historische nimmt, hat ihnen die erste Beweis- und Urkraft des Inhalts, den sie begleiten sollen, genommen.« Ein gewisser Bestand von Vernichtungsbildern wird als »Anspielung auf einen Umstand der Zerstörungsgeschichte des heiligen Landes« (ebd., 43; vgl. auch 47 und öfter) gelesen.

[86] Entsprechend setzt Herders Deutung auf Entmythologisierung. Was aus internen Verknüpfungen zureichend erklärbar ist, braucht keine theologische Motivierung: »Er [Johannes, R. S.] wollte keine Räthsel schreiben« (SWS IX, 76). Die Bekanntheit der intertextuell versammelten Bilder wird ausdrücklich zu einem Argument gegen ein direktes Eingreifen göttlicher Offenbarung: »Schöne Probe, wie Gott offenbahret. Er verrückt nicht den Kopf« (ebd., 32).

seiner These der Intertextualität gemäß bei Auftürmungen von Metaphern die Parallelstellen zitieren. Er untermauert dadurch philologisch seine These und zieht semantisch die konzentrierte Dunkelheit des Textes in die Länge deutlicherer Formulierungen. Weil wie gesagt die theologische Funktion eine des Rahmens ist, bleibt Herders Interpretationsarbeit von der Theologie selbst unberührt.

In dem Maße, wie das Original durch Paraphrase gleichsam durchlöchert wird, wächst es aber über die Paraphrase in den Text der Interpretation ein. Denn Paraphrase ist als ein Sprachspiel zwischen Interpretament und Original schwerlich genau einem der beiden Texte zuzuweisen. Wird durch Paraphrase das Original seiner Fremdheit beraubt, so können umgekehrt die Momente des Originals in die Rede der Interpretation hinüberwandern. Was dabei mit der Interpretation geschieht, sei an einigen Beispielen aufgezeigt.

Herder übersetzt Off. 17,1: »Es kam Einer der sieben Engel, die die sieben Schalen hatten und sprach mit mir: Komm! ich will dir das Gericht der großen Hure zeigen, die auf vielen Wassern sitzt« (SWS IX, 197). Sein Kommentar schließt sich direkt an: »(Mit andern Worten: ich will dich auf ihren Untergang bereiten, den du bald in andern Bildern zu höherm Zweck sehn wirst. Die große Stadt, das Babel, das untergehn soll, wird hier zum Weibe personificirt[87], und so wie dies ein aus allen Propheten gnug bekanntes Bild ist, so werden wir in der Folge noch die nähere Ursache hievon sehen.)« (ebd.).

Der Kommentar verfolgt mehrere Strategien. Zum einen paraphrasiert er den Gedanken, indem er die Metaphorik in Prosa übersetzt. In der Paraphrase wird die Sprechperspektive des Originals (das ja hier schon die Übersetzung Herders ist) beibehalten. ›Perspektive‹ und ›Gesichtspunkt‹ sind in der Terminologie der Zeit ebenso wie in Herders Rede Begriffe der Hermeneutik.[88] Herder benutzt sie ausführlich innerhalb jener Denkstrategien, die später mit dem Namen Historismus bezeichnet wurden. Seine Intention ist, nicht von außen zu allegorisieren, sondern sich in die Perspektive des Sprechenden zu versetzen, also letztlich den Gesichtspunkt der apokalyptischen

[87] Herder setzt hier eine Fußnote, die auf »Jes. 47,1. u. 4.« verweist.

[88] Die philosophische Dimension des Begriffs wird wohl bei Leibniz zu suchen sein. Der point de vue, aus dem die Monade jeweils die Welt wahrnimmt und konstruiert, bestimmt ihre Version der Welt (vgl. Böhle 1978, S. 90–97). In die Hermeneutik wird diese Terminologie u. a. bei Chladenius mit dem Begriff des Sehe-Punktes übernommen (Chladenius, *Auslegung*, §§ 309 ff.). Der Begriff findet sich aber allenthalben bei Meier, Mendelssohn, Moritz u. a. Bei Herder ist der Begriff in einem solchen Ausmaß rekurrent, daß sich einzelne Nachweise erübrigen; in der *Aeltesten Urkunde* bezeichnet er den Gesichtspunkt als »Schlüssel zum Ganzen« (SWS VI, 263).

›Stimme‹ einzunehmen, was in theologischer Sicht ein nicht konfliktloses Unterfangen ist. Eine historistische Bibelexegese ist, sofern sie Ernst macht mit dem Historismus, stets dem Verdacht einer hybriden Mißachtung der Nichtprofanität des Textes ausgeliefert. Wenn der Interpret der Apokalypse sich soweit in den Text einfühlen kann, daß er die ›Stimme‹, die in der Offenbarung redet, zu simulieren fähig ist, dann verwischt er die Trennlinie zwischen heiliger und profaner Rede. Historistische Interpretation heiliger Texte wird zur hybriden Komplizenschaft mit der göttlichen Sprechinstanz.

Textlogisch läßt sich diese Konsequenz daran beobachten, daß der Kommentar die apokalyptische Sprache sukzessive in sich hineinzieht. Herder stattet seine Rede mit einem Pathos aus, das sie schließlich vom Offenbarungstext ununterscheidbar macht. So schreibt er zu Off. 15,5: »Der Anbruch dieser letzten Gerichte! Es sind himmlische Priester, die die Plagen austheilen sollen; es ist Zorn Gottes gleichsam in heiligen Opferschalen« (ebd., 191). Der interpretierte Text wird im Kommentar noch einmal wiederholt: Darstellung von Poesie in der Metasprache als metasprachinterne poetische Funktion. Kontextlos zitiert, hat der Herdersche Kommentar keine explikative Kraft mehr; er wirkt so dunkel, wie der Text der Offenbarung selbst. Offensichtlich ist das Sprachspiel der Paraphrase als interne Simulation von Poesie nur aussagekräftig in bezug auf den paraphrasierten Text und in bezug auf die Lektürebewegung, die sich im Akt des Lesens langsam in die Sprache hineinarbeitet. Am Ende der Lektüre wird die Paraphrase mit dem Paraphrasierten identisch, weil die Einfühlung die ihr zunächst fremde Sprache so gut gelernt hat, daß die Kompetenz, sie zu sprechen, nunmehr auf der Seite der Interpretation ist. Die ›Stimme‹ ist schließlich Herder selbst. Damit wird aus einer Hermeneutik der Apokalypse eine apokalyptische Hermeneutik. Die Paraphrase verliert ihre exegetische Funktion und wird zu einem hybriden Text.

Wenn auf der Ebene der Textanalyse die Paraphrase ihre Funktion des in die Länge Ziehens dadurch erlangt, daß sie den Text in die vielen Zitationen vervielfacht, muß dieser philologischen Arbeit, die die Einheit des Textes durch Verweise auf andere Texte gefährdet, eine noch weitere Deutungsinstanz zur Seite stehen, die der Bricolage eine Einheitsfunktion einschreibt. Der Strategie, die Opazität des Textes durch Intertextualität aufzubrechen, muß die gegenläufige Strategie entsprechen, auf einer anderen Ebene einen Ursprung des einen Sinns zu reklamieren, der durch die Vielheit der Buchstaben nicht korrumpiert wird. Es ist dies der Punkt, an dem die Paraphrase die Vermittlung der gegenläufigen Momente leistet: die Intertextualitätsthese als die Startbedingung von Interpretation und die Reinheitsthese als immanente Folge und notwendiger Gegenwurf zur Intertextualität werden in einer Figur zusammengedacht.

Herder unterscheidet die »Geschichte des Ursprungs dieser Bilder« (ebd., 211) von ihrer »höheren Bedeutung und Anwendung« (ebd.). Intertextualität wird in Opposition zur Idee des Nicht-Brüchigen, der Einheit, des Nicht-Doublettenhaften gebracht. »Alle Bilder, in denen sie spricht, sind nur Symbole und haben, wie Alles in diesem Buche, ihren geistigen Sinn« (ebd., 216). Der »geistige Sinn« bzw. die »höhere Bedeutung« bestimmt Herder als Einheitsfunktion: »Es ist nur Eine Stimme in ihm [dem Buch, R. S.] durch alle Briefe, Siegel, Trommeten, Zeichen und Plagen: der Herr kommt« (ebd., 237). Herder schreibt die Vielheit des apokalyptischen Textes in die Siebenergliederung seiner Schöpfungshieroglyphe ein (ebd., 326) und kann auf diese Weise auf der Ebene der Sinndeutung wieder in eine Einheit integrieren, was auf der Ebene der Paraphrase in die intertextuelle Vielheit auseinanderzubrechen droht. Die Gliederung der Schöpfungshieroglyphe stellt eine Einheitsdimension des Sinns dar, der als in sich differenzierte Artikulation der ›Stimme‹ erscheint.

Was die Stimme verkündet, ist die zur Permanenz erklärte Parusie: »Seele des Christenthums ist, daß Niemand des Herrn Zukunft wisse, daß jeder sie stündlich erwarte« (ebd., 263). Das »Gefühl der Nähe Gottes und Christi« (ebd.) wird als die hinter der Vielheit der Reden präsente Einheit des Sinns begriffen. Insofern kann Herder auf der Ebene der Paraphrase intertextuelle Bricolage betreiben und die den apokalyptischen Text kennzeichnenden Sprachcharakteristika in den eigenen Text hinüberziehen, während er gleichzeitig auf einer anderen Ebene die Reinheit der ›Stimme‹ als den Ursprung dieses divergenten Bildermaterials behauptet.

Natürlich muß man diesen Interpretationsvollzug an Herders eigenen Argumenten messen, wenn man das Theorieniveau seines Paraphrasebegriffs gegen seine Interpretationspraxis zur Geltung bringen will. Die Schöpfungshieroglyphe als ein ursprüngliches Signifikat zu denken, zu dem der als intertextuell erwiesene Text der Signifikant sein soll, wird schon durch die interne reflexiv-gedächtnistheoretische Struktur der Schöpfungshieroglyphe dementiert. Intertextuell ist sie nämlich in sich selbst: als Vollzug einer Struktur und ihrem gleichzeitig im Sabbat geschehenden Eingedenken. Und zudem: die ›Stimme‹ spricht zwar in der Struktur der Siebenergliederung, ist aber im reinen Akt des Verlautens die pure punktuelle Selbstpräsenz. Daß Herder auch sie mit Strukturalität infiziert, zeigt auf, wie weit die Unterstellung der Vermitteltheit gehen muß, wenn überhaupt interpretiert werden soll.

Herders Apokalypsedeutung entzieht sich beharrlich dem Versuch, eine reine Stimme als transparente Einheit manifest machen zu wollen. Die Stimme ist einerseits nur die jeweils punktuelle Permanenz einer Gegenwart. Andererseits ist die Struktur ihrer Rede aber intertextuell, weil sie der Schöpfungshieroglyphe folgt, die der Ort vielfacher Vermittlungen ist: der von Sprache und Schrift, von Struktur und Geschehen, von Entwurf und Gedächtnis. Gerade in der Apokalypsedeutung setzt Herder seine Interpretationsstrategie durch: Die ›Stimme‹ wird ihm zur reinen punktuellen Gegenwart und ihre Artikulation zur Intertextualität. Reinheit als transparente Einheit der ganzen erscheinenden Rede kommt der Stimme also nicht zu. Damit zieht Herder noch seinen stärksten hermeneutischen Gegner, die apokalyptische Stimme, in sein Konzept, die poetische Rede als ursprüngliche Doublette und nicht als Reinheit zu konzipieren, hinein. Im Gegenzug wird die Interpretation zum Apokalypsediskurs.

An Herders Auslegung der Johannes-Offenbarung sind die Momente des in dieser Arbeit behaupteten Theorieensembles eines interpretierenden Diskurses deutlich abzulesen. Die praktizierte Intertextualität setzt das memoria-Thema in Textstrategien um. Die mit der Schöpfungshieroglyphe gegebenen Strukturierungen werden von Herder von einer memoria-Figur in eine eigenmächtige Ordnung umgedacht, so daß hier der Umschlag von Gedächtnis in Ontologie zu beobachten ist. Und der paraphrastische Duktus partizipiert sowohl an der Herderschen Einfühlungshermeneutik wie auch an dem Theoriebestand, daß über das Poetische als sinnlich-individuelle Kompaktheit nur poesiewiederholend, nämlich paraphrastisch zu reden sei.

Die Apokalypsedeutung übersetzt Herders Hintergrundstheorien in die Performanz der Interpretation. Bei der Paraphrase kommt dabei allerdings ein neues Moment hinzu, das auf die innere Problematik paraphrasierender Literaturwissenschaft verweist. In *Maran Atha* zumindest greift keine Stopregel ein, um das Hineinwuchern der Apokalypse in die Interpretation zu verhindern. Herders emphatisierende Rhetorik gerät auf diese Weise zur apokalyptischen Hermeneutik. Mit seinen eigenen Worten praktiziert er hier eine »fortgehende Paraphrase« (SWS X, 249), die ein »widriges Ding« (ebd.) ist, weil sie dem Text »eine ganz neue Verbindung« (ebd., 185) gibt.[89] Herders eigene Überlegungen zur Paraphrase weisen diejenige Paraphrasepraxis, die er in *Maran Atha* als apokalyptische Hermeneutik anvisiert, in ihre Schranken.

[89] Ohne die Paraphraseproblematik als die grundlegende der Interpretation zu erkennen, kommt Haym in seinem Herderbuch auf Herders praphrastischen Duktus in *Maran Atha* zu sprechen: »Die Erläuterung Herders ist in der Begeisterung selbst befangen; sie wird zur schwungvollen Paraphrase, der es unmöglich gelingen kann, den nicht im gleichen Rausche befangenen Leser mit sich zu führen« (Rudolf Haym, *Herder*, Darmstadt 1957, 2 Bände, Bd. I, S. 683). Hayms Beobachtung trifft freilich nur die Oberfläche des Textes; Herders apokalyptische Hermeneutik muß aus umfassenderen Problemstellungen her begriffen werden.

So zeigt sich auch an diesem Beispiel, daß Herder zwar den Begriff einer neuen Literaturwissenschaft formuliert und daß er, verteilt auf verschiedene Texte, alle ihre Implikationen in Interpretationspraxis umsetzt. Aber dennoch gibt es keinen einzelnen Text, der alle diese Momente vollständig in sich versammelte und in ihre stärkste Konstellation brächte. Als Fragmente, Wäldchen, Sammlungen und Fakta wird man also Herders Texte zu lesen haben: nämlich als verstreute Formulierungen eines kompakten Theorieaufrisses. Vielleicht kann es das Ziel einer ›Rettung‹ (im Lessingschen Sinne) sein, diese Version eines Herdertextes, die alle Stärken in sich bündelt, zu konstruieren.

Literaturverzeichnis

1. Werke Herders

Johann Gottfried Herder, Sämmtliche Werke, Hg.: Bernhard Suphan, Berlin 1877–1913, 33 Bände (Sigle: SWS).
– Werke, Hg.: Wolfgang Pross, Mün. 1984ff., 3 Bände (zwei erschienen) (Sigle: Pross).
– Werke, Hg.: Martin Bollacher, Jürgen Brummack, Ulrich Gaier, Gunter E. Grimm, Hans Dietrich Irmscher, Rudolf Smend u. a., Frankfurt am Main (Deutscher Klassiker Verlag) 1985 ff., 10 Bände (Sigle: W).
– Briefe. Gesamtausgabe 1763–1803, Hg.: Wilhelm Dobbek und Günter Arnold, Weimar 1977ff., 10 Bände (Sigle: Briefe).
– Schriften zur Literatur 1 (Über die neuere deutsche Literatur), Hg.: Regine Otto, Berlin und Weimar 1985.
– Schriften zur Literatur 2 (Kritische Wälder), 2 Bände, Hg.: Regine Otto, Berlin und Weimar 1990.

2. Weitere Quellen

Abbt, Thomas: Vermischte Werke, Berlin und Stettin 1768–1781, 6 Bände.
Adelung: Grammatisch-kritisches Wörterbuch der hochdeutschen Sprache, von Johann Christoph Adelung, Wien 1811, 4 Bände.
Aristoteles, Nikomachische Ethik, Hg.: Günther Bien, Hamburg 1972.
– Poetik, übersetzt und herausgegeben von Manfred Fuhrmann, Stuttgart 1982.
– Rhetorik, übersetzt und herausgegeben von Franz G. Sieveke, München [4]1993.
– Über die Seele, Hg.: Horst Seidl, Hamburg 1995.
Augustin, Aurelius: Bekenntnisse, übertragen von Herman Hefele, Berlin 1961.
Basedow, Johann Bernhard: Lehrbuch prosaischer und poetischer Wohlredenheit, Kopenhagen 1756.
Baumgarten, Alexander Gottlieb: Aesthetica. 2 Teile. Frankfurt/Oder 1750 und 1758 (Nachdruck: Hildesheim 1961). (Eine deutschsprachige Übersetzung der grundlegenden Abschnitte der Aesthetica findet sich in: Alexander Gottlieb Baumgarten, Theoretische Ästhetik, Hg.: Hans Rudolf Schweizer, Hamburg 1988.)
– Kollegnachschrift einer deutschsprachigen Vorlesung über den ersten Teil der Aesthetica, in: Bernhard Poppe, Alexander Gottlieb Baumgarten. Seine Bedeutung und Stellung in der Leibniz-Wolffischen Philosophie und seine Beziehungen zu Kant. Nebst Veröffentlichung einer bisher unbekannten Handschrift der Ästhetik Baumgartens, Borna-Leipzig 1907.
– Meditationes philosophicae de nonnullis ad poema pertinentibus / Philosophische Betrachtungen über einige Bedingungen des Gedichtes (lat./dt.), übersetzt und mit einer Einleitung herausgegeben von Heinz Paetzold, Hamburg 1983 (zuerst: Halle 1735).

– Metaphysica, Halle 1739 (Nachdruck der Ausgabe Halle [7]1779: Hildesheim 1963).

Baumgarten, Siegmund Jakob: Evangelische Glaubenslehre, Halle, Band I: 1759 und Band II, III: 1760.

– Theologische Moral in Tabellen herausgegeben von Johann Christian Prager mit einer Vorrede von Johann Peter Miller, Halle 1768.

Blumenbach, Joachim Friedrich: Institutiones physiologicae, Göttingen [2]1798 (Erstauflage 1787).

Breitinger, Johann Jacob: Critische Abhandlung von der Natur, den Absichten und dem Gebrauche der Gleichnisse, Zürich 1740 (Nachdruck Stuttgart 1967).

– Critische Dichtkunst, 2 Bände, Zürich 1740 (Nachdruck Stuttgart 1966).

Chladenius, Johann Martin: Einleitung zur richtigen Auslegung vernünftiger Reden und Schriften, Leipzig 1742 (Nachdruck: Düsseldorf 1969).

Cicero, Marcus Tullius: De oratore/ Über den Redner (lat./ dt.), übersetzt und herausgegeben von Harald Merklin, Stuttgart [2]1991.

Condillac, Étienne Bonnot de: Die Logik oder die Anfänge der Kunst des Denkens/ La Logique, ou les premiers Dévelopements de l'Art de Penser (1780), übersetzt von Erich Salewski, Hg.: Georg Klaus, Berlin 1959.

Crusius, Christian August: Die philosophischen Hauptwerke, Hg.: Giorgio Tonelli, Sonia Carboncini, Reinhard Finster, 4 Bände, Hildesheim 1969–1987 (Nachdrucke der Originalausgaben).

Descartes, René: Abhandlung über die Methode des richtigen Vernunftgebrauchs/ Discours de la méthode pour bien conduire sa raison et chercher la vérité dans les sciences (1637), Hg.: Hermann Glockner, Stuttgart 1977.

– Meditationes de prima philosophia (1641)/ Meditationen über die Grundlagen der Philosophie (lat./ dt.), Hg. Lüder Gäbe, Hamburg [2]1977.

– Regulae ad directionem ingenii (1701)/ Regeln zur Ausrichtung der Erkenntniskraft (lat./ dt.), übersetzt und herausgegeben von Heinrich Springmeyer, Lüder Gäbe und Hans Günter Zekl, Hamburg 1973.

Diderot, Denis: Ästhetische Schriften, Hg.: Friedrich Bassenge, Berlin und Weimar 1967, 2 Bände.

– Philosophische Schriften, Hg.: Theodor Lücke, Berlin 1984, 2 Bände.

Eberhard, Johann August: Theorie der schönen Künste und Wissenschaften, Halle [3]1790.

Eschenburg, Johann Joachim: Entwurf einer Theorie und Literatur der schönen Wissenschaften, Berlin und Stettin 1783.

Fabricius, Johann Andreas: Philosophische Oratorie, Das ist: Vernünftige Anleitung zur gelehrten und galanten Beredsamkeit, Leipzig 1724 (Nachdruck: Kronberg 1974).

Flacius Illyricus, Matthias: Clavis scripturae sacrae, Frankfurt und Leipzig 1719 (zuerst 1567), Nachdruck des Anfangs des zweiten Teils »De ratione cognoscendi sacras literas« mit deutscher Parallelübersetzung von Lutz Geldsetzer, Düsseldorf 1968.

Flögel, Carl Friedrich: Einleitung in die Erfindungskunst, Breslau und Leipzig 1760.

Gellert, Christian Fürchtegott: Von dem Nutzen der Fabel, in: Schriften zur Theorie der Fabel (Historisch-kritische. Ausgabe), Hg.: Siegfried Scheibe, Tübingen 1966, S. 57ff.

Goethe/ Schiller: Der Briefwechsel zwischen Schiller und Goethe, Hg.: Paul Stapf, Berlin und Darmstadt, o. J.

Gottsched, Johann Christoph: Auszug aus des Herrn Batteux Schönen Künsten, aus dem einzigen Grundsatze der Nachahmung hergeleitet, Leipzig 1754.

– Versuch einer Critischen Dichtkunst, Leipzig ^{4}1751 (Nachdruck Darmstadt 1962).

– Ausführliche Redekunst, Leipzig ^{2}1739.

Hallbauer, Friedrich Andreas: Anweisung zur verbesserten Oratorie, Jena 1725 (Nachdruck: Kronberg 1974).

Hamann, Johann Georg: Briefwechsel, Hg.: Walther Ziesemer und Arthur Henkel, Frankfurt am Main 1955 bis 1979, 7 Bände.

– Sokratische Denkwürdigkeiten (1759). Aesthetica in nuce (1762), Hg.: Sven-Aage Jørgensen, Stuttgart 1979.

Hegel, Georg Wilhelm Friedrich: Werke in zwanzig Bänden (Theorie Werkausgabe, Suhrkamp), Hg.: Eva Moldenhauer und Karl Markus Michel, Frankfurt am Main 1970 ff.

Hölderlin, Friedrich: Werke in zwei Bänden, Hg.: Günter Mieth, München und Wien 1978.

Humboldt, Wilhelm von: Werke in fünf Bänden, Hg.: Andreas Flitner und Klaus Giel, Darmstadt ^{3}1980 ff.

Hume, David: Eine Untersuchung über den menschlichen Verstand/ An Enquiry Concerning Human Understanding (1748/58), übersetzt und herausgegeben von Herbert Herring, Stuttgart 1990.

Iselin, Isaak: Geschichte der Menschheit, Zürich 1768 (neue und verbesserte Auflage).

Jean Paul Friedrich Richter: Sämtliche Werke, Hg.: Norbert Miller, München 1971 ff., 6 Bände.

Kant, Immanuel: Rezensionen zu Johann Gottfried Herder: Ideen zur Philosophie der Geschichte der Menschheit, in: Immanuel Kant, Schriften zur Anthropologie, Geschichtsphilosophie, Politik und Pädagogik (Band 2), Hg.: Wilhelm Weischedel, Frankfurt am Main ^{8}1991, S. 779–806.

– Untersuchung über die Deutlichkeit der Grundsätze der natürlichen Theologie und der Moral (1764), in: Immanuel Kant, Vorkritische Schriften bis 1768 (Band 2), Hg.: Wilhelm Weischedel, Frankfurt am Main ^{3}1981, S. 741–773.

Klopstock, Friedrich: Ausgewählte Werke, Hg.: Karl August Schleiden, Wiesbaden o. J., 2 Bände (Nachdruck der Ausgabe des Hanser-Verlags).

– Gedanken über die Natur der Poesie. Dichtungstheoretische Schriften, herausgegeben und mit Kommentar und Nachwort versehen von Winfried Menninghaus, Frankfurt am Main 1989, (darin: Vom deutschen Hexameter, S. 60–156).

Krüger, Johann Gottlob: Versuch einer Experimental=Seelenlehre, Halle und Helmstädt 1756.

– Naturlehre, Zweyter Theil (Physiologie), Halle ^{2}1748.

Leibniz, Gottfried Wilhelm: Hauptschriften zur Grundlegung der Philosophie, übersetzt von A. Buchenau und herausgegeben von E. Cassirer, Hamburg 1966, 2 Bände.

– Nouveaux Essais sur l' Entendement Humain/Neue Abhandlungen über den menschlichen Verstand (frz./dt.), Hg.: Wolf von Engelhardt und Hans Heinz Holz, Frankfurt am Main 1961, 2 Bände.

Lessing, Gotthold Ephraim: Werke, Hg.: Herbert G. Göpfert in Zusammenarbeit mit Karl Eibl, Helmut Göbel, Karl S. Guthke, Albert von Schirnding, Jörg Schönert, München 1970ff.

Lindner, Johann Gotthelf: Anweisungen zur guten Schreibart überhaupt, und zur Beredsamkeit insonderheit, nebst eignen Beispielen und Proben, Königsberg 1755.

– Lehrbuch der schönen Wissenschaften, insonderheit der Prose und Poesie, Königsberg und Leipzig, Band I: 1767, Band II: 1768.

Locke, John: Versuch über den menschlichen Verstand/An essay concerning human understanding (1690), übersetzt von Carl Winckler, Hamburg [4]1981, 4 Bücher in 2 Bänden.

Luther, Martin: Werke. Kritische Gesamtausgabe. I. Abteilung, Weimar 1883ff.

Meier, Georg Friedrich: Abbildung eines Kunstrichters, Halle 1745.

– Anfangsgründe aller schönen Wissenschaften, Halle, Band I: 1748, Band II: 1749, Band III: 1750.

– Versuch einer allgemeinen Auslegungskunst, Halle 1757 (Nachdruck Düsseldorf 1965).

Meissner, Heinrich Adam: Philosophisches Lexikon aus Christian Wolffs sämtlichen deutschen Schriften, Bayreuth und Hof 1737 (Nachdruck Düsseldorf 1970).

Mendelssohn, Moses: Gesammelte Schriften, Hg.: G. B. Mendelssohn, Band IV, 2: Leipzig 1844.

– Ästhetische Schriften in Auswahl, Hg.: Otto F. Best, Darmstadt [2]1986.

– Schriften über Religion und Aufklärung, Hg.: Martina Thom, Darmstadt 1989.

Montaigne, Michel de: Essais, Hg.: Herbert Lüthy, Zürich [7]1991.

Moritz, Karl Philipp: Werke, Hg.: Horst Günther, Frankfurt am Main 1981, 3 Bände.

Muratori, Ludovico Antonio: Über die Einbildungskraft des Menschen. Mit vielen Zusätzen herausgegeben von Georg Herman Richerz, Leipzig 1785 (zuerst: Venedig 1745).

Nietzsche, Friedrich: Werke, Hg.: Karl Schlechta, Frankfurt am Main, Berlin und Wien [6]1979–1981, 3 in 5 Bänden. (Zitation nach der dreibändigen Paginierung der Originalausgabe des Hanser-Verlags).

Novalis: Werke, Tagebücher und Briefe Friedrich von Hardenbergs, Hg.: Hans-Joachim Mähl, Richard Samuel und Hans Jürgen Balmes, München 1978–1987, 3 Bände.

Pascal, Blaise: Gedanken (Pensées, 1670), übers. von Wolfgang Rüttenauer, Basel o.J.

Peucer, Daniel: Anfangs-Gründe der Teutschen Oratorie, Dresden [4]1765 (Nachdruck: Kronberg 1974).

Platon: Sämtliche Werke in der Übersetzung von Friedrich Schleiermacher, Hg.: Walter F. Otto und Ernesto Grassi, Hamburg 1957–1981, 6 Bände.

Quantz, Johann Joachim: Versuch einer Anweisung die Flöte traversiere zu spielen; mit verschiedenen, zur Beförderung des guten Geschmackes in der praktischen Musik dienlichen Anmerkungen, Berlin 1752 (Nachdruck Wiesbaden 1988).

Quintilianus, Marcus Fabius: Institutio oratoria/Ausbildung des Redners (lat./dt.), übersetzt und herausgegeben von Helmut Rahn, Darmstadt [3]1995, 2 Bände.

Ramler, Karl Wilhelm: Einleitung in die Schönen Wissenschaften. Nach dem Französischen des Herrn Batteux, mit Zusätzen vermehret von C. W. Ramler, Erster Band, Zweyter Theil, Leipzig 1756.

Reimarus, Hermann Samuel: Allgemeine Betrachtung über die Triebe der Thiere, hauptsächlich über ihre Kunsttriebe, Hamburg ²1762 (Band 1), Hg.: Jürgen von Kempski, Göttingen 1982.
Rhetorica ad Herennium (lat./dt.), herausgegeben und übersetzt von Theodor Nüßlein, Darmstadt 1994.
Rollin, Charles: Anweisung, wie man die freyen Künste lehren und lernen soll, übersetzt von Joh. Joachim Schwaben, Leipzig 1737.
Rousseau, Jean-Jacques: Musik und Sprache, Hg.: Dorothea und Peter Gülke, Wilhelmshaven 1984.
– Schriften, Hg.: Henning Ritter, Frankfurt am Main u. a. 1981, 2 Bände.
Schiller, Friedrich: Sämtliche Werke, Hg.: Gerhard Fricke und Herbert Göpfert, München ⁶1980 ff., 5 Bände.
Schlegel, Friedrich: Kritische Schriften und Fragmente, Hg.: Ernst Behler und Hans Eichner, Paderborn u. a. 1988, 6 Bände.
Schröder, Friedrich Joseph Wilhelm: Lyrische, Elegische und Epische Poesien, nebst einer kritischen Abhandlung einiger Anmerkungen über das Natürliche in der Dichtkunst und die Natur des Menschen, Halle 1759.
Schröter, Christian: Gründliche Anweisung zur deutschen Oratorie nach dem hohen und sinnreichen Stylo der unvergleichbaren Redner unsers Vaterlandes, Leipzig 1704 (Nachdruck: Kronberg 1974).
Sulzer, Johann Georg: Kurzer Begriff aller Wissenschaften und anderer Theile der Gelehrsamkeit, worin jeder nach seinem Innhalt, Nuzen und Vollkommenheit kürzlich beschrieben wird, Frankfurt und Leipzig ⁶1786 (zuerst 1745).
– Allgemeine Theorie der schönen Künste, Zweyter Theil, Leipzig 1774.
– Vermischte philosophische Schriften, Leipzig Band 1: 1773, Band 2: 1781.
Thaer, Albrecht von: De actione systematis nervosi in febribus, Göttingen 1774.
Walch, Johann Georg: Philosophisches Lexikon, Leipzig 1726.
Wieland, Christoph Martin: Werke in 40 Bänden, Hg.: Heinrich Düntzer, Berlin o. J. (1839–1853).
Winckelmann, Johann Joachim: Kleine Schriften und Briefe, Hg.: Hermann Uhde-Bernays, Leipzig 1925, 2 Bände.
Wolff, Christian: Vernünfftige Gedanken von Gott, der Welt und der Seele des Menschen, auch allen Dingen überhaupt, Halle 1751. Nachdruck in: Christian Wolff, Gesammelte Werke, I. Abteilung, Deutsche Schriften, Band 2: Vernünftige Gedanken (2) (Deutsche Metaphysik), Hg.: Charles A. Corr, Hildesheim, Zürich, New York 1983.
– Der vernünfftigen Gedanken von Gott, der Welt und der Seele des Menschen, auch allen Dingen überhaupt, Anderer Theil, bestehend in ausführlichen Anmerckungen, Franckfurt am Mayn 1740. Nachdruck in: Christian Wolff, Gesammelte Werke, I. Abteilung, Deutsche Schriften, Band 3: Anmerkungen zur Deutschen Metaphysik, Hg.: Charles A. Corr, Hildesheim, Zürich, New York 1983.
– Philosophia Rationalis sive Logica, Pars II, Frankfurt und Leipzig 1732. Nachdruck in: Christian Wolff, Gesammelte Werke, II. Abteilung, Lateinische Schriften, Band 1.2., Hg.: Jean Ecole, Hildesheim, Zürich, New York 1983.
– Philosophia prima sive Ontologia, Frankfurt und Leipzig MDCCXXXVI (²1736). Nachdruck in: Christian Wolff, Gesammelte Werke, II. Abteilung, Lateinische Schriften, Band 3, Hg.: Jean Ecole, Hildesheim 1962.

– Philosophia practica universalis, Frankfurt und Leipzig 1738, zitiert in der deutschen Übersetzung der §§ 302–316 von Hermann Kleber und Josef M. Werle, in: Texte zur Theorie der Fabel, Hg.: Josef M. Werle und Erwin Leibfried, Stuttgart 1978, S. 34–42.
– Psychologia empirica, Frankfurt und Leipzig MDCCXXXVIII. Nachdruck in: Christian Wolff, Gesammelte Werke, II. Abteilung, Lateinische Schriften, Band 5, Hg.: Jean Ecole, Hildesheim 1968.
– Von Verfertigung und Nutzen der Tabellen, in: Christian Wolff, Gesammlete kleine philosophische Schriften, Zweyter Theil, Halle 1737. Nachdruck in: Christian Wolff, Gesammelte Werke, I. Abteilung, Deutsche Schriften, Band 21.2., Hg.: Jean Ecole u.a., Hildesheim, New York 1981, S. 669–731.
Zedlers Universallexicon aller Wissenschaften und Künste, Leipzig und Halle, Band I: 1732 bis Band LXIV: 1750.

3. Forschungsliteratur

Adler, Hans: Fundus animae – der Grund der Seele. Zur Gnoseologie des Dunklen in der Aufklärung, in: DVjs 62 (1988), S. 197–220.
– Die Prägnanz des Dunklen: Gnoseologie, Ästhetik, Geschichtsphilosophie bei Johann Gottfried Herder, Hamburg 1990.
Adorno, Theodor W.: Ästhetische Theorie, Frankfurt am Main 5 1981.
Aequitas (Lexikonartikel, größtenteils von Kipp), in: Pauly/ Wissowa, Realencyclopädie der classischen Altertumswissenschaft, Band 1, Stuttgart 1893, S. 598–605.
Apel, Karl-Otto: Die Idee der Sprache in der Tradition des Humanismus von Dante bis Vico, Bonn 3 1980.
Arnold, Günter: Das Schaffhauser Urmanuskript der »Ältesten Urkunde des Menschengeschlechts« und sein Verhältnis zur Druckfassung, in: Bückeburger Gespräche über Johann Gottfried Herder 1988. Älteste Urkunde des Menschengeschlechts, Hg.: Brigitte Poschmann, Rinteln 1989, S. 50–63.
Assmann, Aleida: Zur Metaphorik der Erinnerung, in: Mnemosyne. Formen und Funktionen der kulturellen Erinnerung, Hg.: Aleida Assmann und Dietrich Harth, Frankfurt am Main 1991, S. 13–35.
– Die Wunde der Zeit. Wordsworth und die romantische Erinnerung, in: Memoria. Vergessen und Erinnern (Poetik und Hermeneutik XV), Hg.: Anselm Haverkamp und Renate Lachmann, München 1993, S. 359–382.
Assmann, Aleida und Jan: Schrift und Gedächtnis, in: Schrift und Gedächtnis. Beiträge zu einer Archäologie der literarischen Kommunikation, Hg.: Aleida und Jan Assmann, Christoph Hardmeier, München 2 1993, S. 265–284.
Bachtin, Michail M.: Formen der Zeit im Roman. Untersuchungen zur historischen Poetik, Frankfurt am Main 1989 (zuerst Moskau 1975).
Baeumler, Alfred: Das Irrationalitätsproblem in der Ästhetik und Logik des 18. Jahrhunderts bis zur Kritik der Urteilskraft, Tübingen 2 1967 (Nachdruck: Darmstadt 1981).
Barthes, Roland: Mythen des Alltags, Frankfurt am Main 1964.
– Elemente der Semiologie, Frankfurt am Main 2 1981.

– Einführung in die strukturale Analyse von Erzählungen, in: R. B., Das semiologische Abenteuer, Frankfurt am Main 1988, S. 102–143.
Bauer, Barbara: Amplificatio, in: Historisches Wörterbuch der Rhetorik, Hg.: Gert Ueding, Band 1, Tübingen 1992, S. 445–471.
Bauer, Markus: Melancholie und Memoria. Zur Theorie von Gedächtnisschwund und fixer Idee im 17. Jahrhundert, in: Ars memorativa. Zur kulturgeschichtlichen Bedeutung der Gedächtniskunst 1400–1750, Hg.: Jörg Jochen Berns und Wolfgang Neuber, Tübingen 1993, S. 313–330.
Baum, Manfred: Herder's Essay on Being, in: Herder today, Hg.: Kurt Mueller-Vollmer, Berlin/ New York 1990, S. 126–137.
Baumanns, Peter: Fichtes Wissenschaftslehre. Probleme ihres Anfangs. Mit einem Kommentar zu §1 der »Grundlage der gesamten Wissenschaftslehre«, Bonn 1974.
Becker, Bernhard: Phasen der Herder-Rezeption von 1871–1945, in: Johann Gottfried Herder 1744–1803, Hg.: Gerhard Sauder, Hamburg 1987, S. 423–436.
Bender, Wolfgang: Rhetorische Tradition und Ästhetik im 18. Jahrhundert: Baumgarten, Meier und Breitinger, in: Zeitschrift für deutsche Philologie 99 (1980), S. 481–506.
Benjamin, Walter: Gesammelte Schriften, Hg.: Rolf Tiedemann und Hermann Schweppenhäuser, Frankfurt am Main 1980.
Berger, Peter und Luckmann, Thomas: Die gesellschaftliche Konstruktion der Wirklichkeit, Frankfurt am Main 1986.
Bien/ Sladeczek: Billigkeit, in: Historisches Wörterbuch der Philosophie, Hg.: Joachim Ritter und Karlfried Gründer, Band 1, Darmstadt 1971, S. 939–943.
Birus, Hendrik: Zum Verhältnis von Hermeneutik und Sprachtheorie im 18. Jahrhundert, in: Sprachtheorie. Der Sprachbegriff in Wissenschaft und Alltag (= Jahrbuch des Instituts für deutsche Sprache 1986. Sprache der Gegenwart, Band 71), Hg.: Rainer Wimmer, Düsseldorf 1987, S. 143–174.
Blumenberg, Hans: Einleitung zu: Nikolaus von Cues, Die Kunst der Vermutung, Hg.: Hans Blumenberg, Bremen 1957.
– Paradigmen zu einer Metaphorologie, Bonn 1960.
– Beobachtungen an Metaphern, in: Archiv für Begriffsgeschichte 15 (1971), S. 161–214.
– Der Prozeß der theoretischen Neugierde, Frankfurt am Main 1973.
– Säkularisierung und Selbstbehauptung, Frankfurt am Main 1974.
– Aspekte der Epochenschwelle: Cusaner und Nolaner, Frankfurt am Main 1976.
– Ausblick auf eine Theorie der Unbegrifflichkeit, in: Hans Blumenberg, Schiffbruch mit Zuschauer, Frankfurt am Main 1979, S. 77–93.
– Hans Blumenberg, Arbeit am Mythos, Frankfurt am Main [2]1979 (Sigle: [2]1979).
– Die Genesis der kopernikanischen Welt, Frankfurt am Main 1981 (Sigle: 1981a).
– Die Lesbarkeit der Welt, Frankfurt am Main 1981 (Sigle: 1981b).
– Wirklichkeiten in denen wir leben, Stuttgart 1981 (Sigle: 1981c).
Böhle, Rüdiger: Der Begriff des Individuums bei Leibniz, Meisenheim am Glan 1978.
Borsche, T.: Individuum, Individualität, in: Historisches Wörterbuch der Philosophie, Hg.: Joachim Ritter und Karlfried Gründer, Band 4: Darmstadt 1976, S. 310–323.

Briegel-Florig, Waltraud: Geschichte der Fabelforschung in Deutschland, Diss. Freiburg 1965.

Brummack, Jürgen: Herders Theorie der Fabel, in: Johann Gottfried Herder 1744–1803, Hg.: Gerhard Sauder, Hamburg 1987, S. 251–266.

Büchsel, Elfriede: Hermeneutische Impulse in Herders »Aeltester Urkunde«, in: Bückeburger Gespräche über Johann Gottfried Herder 1988. Älteste Urkunde des Menschengeschlechts, Hg.: Brigitte Poschmann, Rinteln 1989, S. 151–161.

Bückeburger Gespräche über Johann Gottfried Herder 1988. Älteste Urkunde des Menschengeschlechts, Hg.: Brigitte Poschmann, Rinteln 1989.

Bultmann, Christoph: Herder als Schüler des Philologen Michaelis. Zur Rigaer Erstfassung der »Archäologie«, in: Bückeburger Gespräche über Johann Gottfried Herder. Älteste Urkunde des Menschengeschlechts, Hg.: Brigitte Poschmann, Rinteln 1989, S. 64–80.

Bunge, Marica: Text and Reader in Herder's Interpretations of the New Testament, in: Johann Gottfried Herder. Language, History, and the Enlightenment, Hg.: Wulf Koepke, Columbia 1990, S. 138–150.

Camassa, Giorgio: Phantasia, in: Historisches Wörterbuch der Philosophie, Hg.: Joachim Ritter und Karlfried Gründer, Band 7: Darmstadt 1989, S. 516ff.

Cassirer, Ernst: Das Erkenntnisproblem in der Philosophie und Wissenschaft der Neuzeit, Bände I und II, Darmstadt 1974 (Nachdruck der dritten Auflage von 1922) (Sigle: ³1922).

– Die Philosophie der Aufklärung, Tübingen ³1973.

Dammann, Rolf: Der Musikbegriff im deutschen Barock, Köln 1967.

Deleuze, Gilles und Guattari, Félix: Rhizom, Berlin 1977.

Derrida, Jacques: Die Schrift und die Differenz, Frankfurt am Main ²1985.

Dolezel, Lubomir: Occidental Poetics: Tradition and Progress, Lincoln und London 1990.

Dorner-Bachmann, Hannelotte: Erzählstruktur und Texttheorie, Hildesheim 1979.

Dreike, Beate Monika: Herders Naturauffassung in ihrer Beeinflussung durch Leibniz' Philosophie, Wiesbaden 1973.

Düsing, Wolfgang: Die Interpretation des Sündenfalls bei Herder, Kant und Schiller, in: Bückeburger Gespräche über Johann Gottfried Herder 1988. Älteste Urkunde des Menschengeschlechts, Hg.: Brigitte Poschmann, Rinteln 1989, S. 227–244.

DWB: Deutsches Wörterbuch von Jacob und Wilhelm Grimm und der Deutschen Akademie der Wissenschaften zu Berlin, Leipzig 1854 bis Göttingen 1971 (Nachdruck München 1984).

Eco, Umberto: Einführung in die Semiotik, München ⁵1985.

– Die Suche nach der vollkommenen Sprache, München 1994.

Engfer, Hans-Jürgen: Philosophie als Analysis. Studien zur Entwicklung philosophischer Analysiskonzeptionen unter dem Einfluß mathematischer Methodenmodelle im 17. und frühen 18. Jahrhundert, Stuttgart und Bad Cannstatt 1982.

Europäische Enzyklopädie zu Philosophie und Wissenschaften, Hg.: Hans Jörg Sandkühler, Hamburg 1990.

Fink, Gonthier-Louis: Von Winckelmann bis Herder. Die deutsche Klimatheorie in europäischer Perspektive, in: Johann Gottfried Herder 1744–1803, Hg.: Gerhard Sauder, Hamburg 1987, S. 157–176.

Foucault, Michel: Die Ordnung der Dinge. Eine Archäologie der Humanwissenschaften, Frankfurt am Main 1974.
Franke, Ursula: Kunst als Erkenntnis. Die Rolle der Sinnlichkeit in der Ästhetik des Alexander Gottlieb Baumgarten, Wiesbaden 1972.
Frenz, Peter: Studien zu traditionellen Elementen des Geschichtsdenkens und der Bildlichkeit im Werk Johann Gottfried Herders, Frankfurt am Main 1982.
Freudenfeld, Regina: Gedächtniszeichen. Mnemologie in der deutschen und französischen Aufklärung, Tübingen 1996.
Friedrich, Hugo: Die Struktur der modernen Lyrik, Hamburg [6]1974.
Fürst, Gebhard: Sprache als metaphorischer Prozeß: Johann Gottfried Herders hermeneutische Theorie der Sprache, Mainz 1988.
Gadamer, Hans-Georg: Wahrheit und Methode, Tübingen [4]1975.
Gaede, Friedrich: Poetik und Logik. Zu den Grundlagen der literarischen Entwicklung im 17. und 18. Jahrhundert, Bern und München 1978.
Gaier, Ulrich: Poesie als Metatheorie. Zeichenbegriffe des frühen Herder, in: Johann Gottfried Herder 1744–1803, Hg.: Gerhard Sauder, Hamburg 1987, S. 202–224.
– Herders Sprachphilosophie und Erkenntniskritik, Stuttgart-Bad Cannstatt 1988.
– Herders »Älteste Urkunde des Menschengeschlechts« und Goethe, in: Bückeburger Gespräche über Johann Gottfried Herder 1988. Älteste Urkunde des Menschengeschlechts, Hg.: Brigitte Poschmann, Rinteln 1989, S. 133–150.
– Metadisziplinäre Argumente und Verfahren Herders. Zum Beispiel: Die Erfindung der Soziologie, in: Herder Yearbook 1 (1992), S. 59–79.
– Hölderlin, Tübingen und Basel 1993.
– Poesie oder Geschichtsphilosophie? Herders erkenntnistheoretische Antwort auf Kant, in: Johann Gottfried Herder. Geschichte und Kultur, Hg.: Martin Bollacher, Würzburg 1994, S. 1–17.
Gauger, Hans-Martin: Die Anfänge der Synonymik: Girard (1718) und Roubaud (1785), Tübingen 1973.
Goldmann, Stefan: Statt Totenklage Gedächtnis. Zur Erfindung der Mnemotechnik durch Simonides von Keos, in: Poetica 21 (1989), S. 43–66.
Graubner, Hans: »Origines«. Zur Deutung des Sündenfalls in Hamanns Kritik an Herder, in: Bückeburger Gespräche über Johann Gottfried Herder 1988. Älteste Urkunde des Menschengeschlechts, Hg.: Brigitte Poschmann, Rinteln 1989, S. 108–132.
Greimas, Algirdas Julien: Strukturale Semantik, Braunschweig 1971.
Guthke, Karl S.: Der Mythos der Neuzeit. Das Thema der Mehrheit der Welten in der Literatur- und Geistesgeschichte von der kopernikanischen Wende bis zur Science Fiction, Bern/ München 1982.
Häfner, Ralph: Die Weisheit des Ursprungs. Zur Überlieferung des Wissens in Herders Geschichtsphilosophie, in: Herder Jahrbuch 1994, S. 77–101.
– Johann Gottfried Herders Kulturentstehungslehre. Studien zu den Quellen und zur Methode seines Geschichtsdenkens, Hamburg 1995.
Hager, Fritz-Peter: Aisthesis, in: Historisches Wörterbuch der Philosophie, Hg.: Joachim Ritter und Karlfried Gründer, Band 1, Darmstadt 1971, S. 119–121.
Hardt, Dietrich: Kultur als Poiesis. Eine Kritik an Herders kulturphilosophischen

Denkbildern, in: Johann Gottfried Herder 1744–1803, Hg.: Gerhard Sauder, Hamburg 1987, S. 341–351.
Haym, Rudolf: Herder, Darmstadt 1957, 2 Bände.
Haymes, Edward R.: Das mündliche Epos, Stuttgart 1977.
Heinz, Marion: Sensualistischer Idealismus. Untersuchungen zur Erkenntnistheorie und Metaphysik des jungen Herder (1763–1778), Hamburg 1994.
– Historismus oder Metaphysik? Zu Herders Bückeburger Geschichtsphilosophie, in: Johann Gottfried Herder. Geschichte und Kultur, Hg.: Martin Bollacher, Würzburg 1994, S. 75–85 (Sigle: 1994a).
Herder, Johann Gottfried. Innovator through the ages, Hg.: Wulf Koepke, Bonn 1982.
Herz, Andreas: Dunkler Spiegel – helles Dasein. Natur, Geschichte, Kunst im Werk Johann Gottfried Herders, Heidelberg 1996.
Hjelmslev, Louis: Prolegomena zu einer Sprachtheorie, München 1974 (zuerst 1943).
Hofe, Gerhard vom: Schöpfung als Dichtung, Herders Deutung der Genesis als Beitrag zur Grundlegung einer theologischen Ästhetik, in: Was aber bleibet stiften die Dichter? Zur Dichter-Theologie der Goethezeit. Hg.: Gerhard vom Hofe, Peter Pfaff, Hermann Timm, München 1986, S. 65–87.
Irmscher, Hans Dietrich: Aus Herders Nachlaß, in: Euphorion 54 (1960), S. 281–294.
– Grundzüge der Hermeneutik Herders, in: Bückeburger Gespräche über Johann Gottfried Herder 1971, Hg.: Johann Gottfried Maltusch, Bückeburg 1973, S. 17–57.
– Beobachtungen zur Funktion der Analogie im Denken Herders, in: DVjs 55 (1981), S. 64–97.
– Grundfragen der Geschichtsphilosophie Herders bis 1774, in: Bückeburger Gespräche über Johann Gottfried Herder 1983, Hg.: Brigitte Poschmann, Rinteln 1984, S. 10–32.
– Rezension zu Pross I, in: Germanistik 25 (1984), S. 514f.
– Zur Ästhetik des jungen Herder, in: Johann Gottfried Herder 1744–1803, Hg.: Gerhard Sauder, Hamburg 1987, S. 43–76.
– Nachwort zu: Herder, Auch eine Philosophie der Geschichte zur Bildung der Menschheit, Stuttgart 1992, S. 140–159.
Iser, Wolfgang: Der Akt des Lesens, München 1976.
Jacobs, Jürgen: »Universalgeschichte der Bildung der Welt«. Die Problematik des Historismus beim frühen Herder, in: Johann Gottfried Herder. Geschichte und Kultur, Hg.: Martin Bollacher, Würzburg 1994, S. 61–74.
Jakobson, Roman: Poetik. Ausgewählte Aufsätze 1921–1971, Frankfurt am Main 1979.
Jantzen, Jörg: Physiologische Theorien, in: Friedrich Wilhelm Joseph Schelling, Historisch-Kritische Ausgabe. Ergänzungsband zu Werke Band 5 bis 9. Wissenschaftshistorischer Bericht zu Schellings naturphilosophischen Schriften 1797–1800, Stuttgart 1994, S. 373–668.
Jöns, Dietrich Walter: Begriff und Problem der historischen Zeit, Göteborg 1956.
Jolles, André: Einfache Formen, Tübingen 1930 (Nachdruck Tübingen 1958).
Jørgensen, Sven-Aage: »...Wenn sie wüßten, wie ich buchstabire«. Herder als Dolmetscher Hamanns in der »Ältesten Urkunde«, in: Bückeburger Gespräche über Johann Gottfried Herder. Älteste Urkunde des Menschengeschlechts, Hg.: Brigitte Poschmann, Rinteln 1989, S. 98–107.

Kathan, Anton: Herders Literaturkritik. Untersuchungen zur Methodik und Struktur am Beispiel der frühen Werke, Göppingen 1969.
Kaufmann, E.: Billigkeit, in: Handwörterbuch zur deutschen Rechtsgeschichte, Band 1, Berlin 1971, S. 431–437.
Kemper, Hans-Georg: Gottebenbildlichkeit und Naturnachahmung im Säkularisierungsprozeß. Problemgeschichtliche Studien zur deutschen Lyrik in Barock und Aufklärung, 2 Bände, Tübingen 1981.
Klein, Josef: Beispiel, in: Historisches Wörterbuch der Rhetorik, Hg.: Gert Ueding, Band 1, Tübingen 1992, S. 1430–1435.
Koepke, Wulf: Nemesis und Geschichtsdialektik?, in: Herder today, Hg.: Kurt Mueller-Vollmer, Berlin / New York 1990, S. 85–96.
Kondylis, Panajotis: Die Aufklärung im Rahmen des neuzeitlichen Rationalismus, München 1986.
Koselleck, Reinhart: Geschichte, Historie, in: Geschichtliche Grundbegriffe. Historisches Lexikon zur politisch-sozialen Sprache in Deutschland, Hg.: Reinhart Koselleck, Werner Conze und Otto Brunner, Stuttgart 1979, Band 2, S. 593–717.
– Vergangene Zukunft, Frankfurt am Main ²1992.
Kraus, Hans-Joachim: Geschichte der historisch-kritischen Erforschung des Alten Testaments, Neukirchen-Vluyn ³1982.
Werner Krauss, Zur Tierseelentheorie im 18. Jahrhundert, in: Werner Krauss, Zur Anthropologie des 18. Jahrhunderts, Frankfurt am Main und Berlin 1987, S. 136–175.
Kristeva, Julia: Probleme der Textstrukturation, in: Strukturalismus in der Literaturwissenschaft, Hg.: Heinz Blumensath, Köln 1972, S. 243–262.
Lausberg, Heinrich: Elemente der literarischen Rhetorik, München ⁷1982.
– Handbuch der literarischen Rhetorik, Stuttgart ³1990.
Le Goff, Jacques: Geschichte und Gedächtnis, Frankfurt am Main 1992.
Lehwalder, Heinrich: Herders Lehre vom Empfinden. Versuch einer Interpretation von Herders Schrift »Vom Erkennen und Empfinden der menschlichen Seele« und zugleich ein Beitrag zur modernen Problematik des Empfindungsbegriffs, Kiel 1954 (masch. Diss.).
Lempicki, Sigmund von: Geschichte der deutschen Literaturwissenschaft bis zum Ende des 18. Jahrhunderts, Göttingen ²1968.
Lévi-Strauss, Claude: Die Struktur und die Form, in: Claude Lévi-Strauss, Strukturale Anthropologie II, Frankfurt am Main 1975, S. 135–168.
– Die Struktur der Mythen, in: Claude Lévi-Strauss, Strukturale Anthropologie I, Frankfurt am Main 1977, S. 226–254.
Linn, Marie-Luise: A.G. Baumgartens ›Aesthetica‹ und die antike Rhetorik, in: DVjs 41 (1967), S. 424–443.
Löwith, Karl: Weltgeschichte und Heilsgeschehen, Stuttgart 1983.
Lohmeier, Dieter: Herder und Klopstock. Herders Auseinandersetzung mit der Persönlichkeit und dem Werk Klopstocks, Bad Homburg v.d.H. 1968.
Lovejoy, Arthur O.: Die große Kette der Wesen, Frankfurt am Main 1993.
Lugowski, Clemens: Die Form der Individualität im Roman, Frankfurt am Main 1976.
Luhmann, Niklas: Soziale Systeme, Frankfurt am Main ²1988.
Lyotard, Jean-Francois: Das postmoderne Wissen, Wien 1986.

– Randbemerkungen zu den Erzählungen, in: Postmoderne und Dekonstruktion, Hg.: Peter Engelmann, Stuttgart 1990, S. 49–53.

Marchand, James W.: Herder: Precursor of Humboldt, Whorf, and modern language philosophy, in: Johann Gottfried Herder. Innovator through the ages, Hg.: Wulf Koepke, Bonn 1982, S. 20–34.

Markworth, Tino: Zur Selbstdarstellung Herders in den ersten Bückeburger Jahren, in: Bückeburger Gespräche über Johann Gottfried Herder. Älteste Urkunde des Menschengeschlechts, Hg.: Brigitte Poschmann, Rinteln 1989, S. 81–97.

– Unterwegs zum Historismus. Der Wandel des geschichtsphilosophischen Denkens Herders von 1771 bis 1773, in: Johann Gottfried Herder. Geschichte und Kultur, Hg.: Martin Bollacher, Würzburg 1994, S. 51–59.

Marx, Werner: Hegels Phänomenologie des Geistes. Die Bestimmung ihrer Idee in »Vorrede« und »Einleitung«, Frankfurt am Main ^{2}1981.

Maurer, Michael: Nemesis-Adrastea oder Was ist und wozu dient Geschichte?, in: Herder today, Hg.: Kurt Mueller-Vollmer, Berlin/ New York 1990, S. 46–63.

Meinecke, Friedrich: Die Entstehung des Historismus, München ^{2}1946.

Memoria. Vergessen und Erinnern (Poetik und Hermeneutik XV), Hg.: Anselm Haverkamp und Renate Lachmann, München 1993.

Menges, Karl: Vom Vorurteil des Vorurteils, in: Begegnung mit dem »Fremden«: Grenzen – Traditionen – Vergleiche. Akten des VIII. Internationalen Germanistenkongresses, Tokyo 1990, Hg.: Eijiro Iwasaki, München 1992.

Menninghaus, Winfried: Unendliche Verdopplung. Die frühromantische Grundlegung der Kunsttheorie im Begriff absoluter Selbstreflexion, Frankfurt am Main 1987.

Meyer, Heinz: Überlegungen zu Herders Metaphern für die Geschichte, in: Archiv für Begriffsgeschichte 25 (1981), S. 88–114.

Mörsdorf, Klaus: Aequitas canonica, in: Lexikon für Theologie und Kirche, Band 1, Freiburg 1957, S. 784 f.

Mülder-Bach, Inka: Eine »neue Logik für den Liebhaber«. Herders Theorie der Plastik, in: Der ganze Mensch. Anthropologie und Literatur im 18. Jahrhundert, Hg.: Hans-Jürgen Schings, Stuttgart 1994, S. 341–370.

Müller-Sievers, Helmut: »Gott als Schriftsteller«. Herder and the Hermeneutic Tradition, in: Herder Today. Contributions form the International Herder Conference, Nov. 5.–8., 1987, Stanford, California, Hg.: Kurt Meller-Vollmer, Berlin und New York 1990, S. 319–330.

Naumann-Beyer, Waltraud: Der Aufstieg der »Sinnlichkeit« in Deutschland, in: Ästhetische Grundbegriffe. Studien zu einem historischen Wörterbuch, Hg.: Karlheinz Barck, Martin Fontius und Wolfgang Thierse, Berlin 1990, S. 281–311.

Nisbet, Hugh Barr: Herder and the Philosophy and History of Science, Cambridge 1970.

– Die naturphilosophische Bedeutung von Herders »Ältester Urkunde des Menschengeschlechts«, in: Bückeburger Gespräche über Johann Gottfried Herder 1988. Älteste Urkunde des Menschengeschlechts, Hg.: Brigitte Poschmann, Rinteln 1989, S. 210–226.

Nivelle, Armand: Kunst- und Dichtungstheorien zwischen Aufklärung und Klassik, Berlin 1960.

Noel, Thomas: Theories of the fable in the eigtheenth century, New York und London 1975.

Norton, Robert E.: Herder's Aesthetics and the European Enlightenment, Ithaca und London 1991.

Nöth, Winfried: Handbuch der Semiotik, Stuttgart 1985.

Oeing-Hanhoff, L.: Individuum, Individualität, in: Historisches Wörterbuch der Philosophie, Hg.: Joachim Ritter und Karlfried Gründer, Band 4: Darmstadt 1976, S. 304–310.

Otto, Regine: »Was bleibet aber« – stiften es die Editoren? Herders Vorarbeiten zur Ältesten Urkunde des Menschengeschlechts« in handschriftlicher Überlieferung, in: Bückeburger Gespräche über Johann Gottfried Herder 1988. Älteste Urkunde des Menschengeschlechts, Hg.: Brigitte Poschmann, Rinteln 1989, S. 29–49.

Pekar, Thomas: Dekonstruktion, in: Historisches Wörterbuch der Rhetorik, Band 2, Hg.: Gert Ueding, Tübingen 1994, S. 512–521.

Pfaff, Peter: Hieroglyphische Historie. Zu Herders *Auch eine Philosophie der Geschichte zur Bildung der Menschheit*, in: Euphorion 77 (1983), S. 407–418.

Plett, Heinrich F.: Einführung in die rhetorische Textanalyse, Hamburg ²1973.

Propp, Vladimir: Morphologie des Märchens, Frankfurt am Main 1975 (zuerst 1928).

Pross, Wolfgang: Johann Gottfried Herder: Abhandlung über den Ursprung der Sprache. Text, Materialien, Kommentar, München und Wien 1978.

– Herders Shakespeare-Interpretation. Von der Dramaturgie zur Geschichtsphilosophie, in: Das Shakespeare-Bild in Europa zwischen Aufklärung und Romantik, Hg.: Roger Bauer, Bern 1988, S. 162–181.

Rieger, Reinhold: Interpretation und Wissen. Zur philosophischen Begründung der Hermeneutik bei Friedrich Schleiermacher und ihrem geschichtlichen Hintergrund, Berlin und New York 1988.

Said, Edward W.: Orientalism, London 1978.

Scherpe, Klaus R.: Gattungspoetik im 18. Jahrhundert. Historische Entwicklung von Gottsched bis Herder, Stuttgart 1968.

Schiewer, Gesine Lenore: Cognitio symbolica. Lamberts semiotische Wissenschaft und ihre Diskussion bei Herder, Jean Paul und Novalis, Tübingen 1996.

Schlaffer, Heinz: Einleitung zu: Jack Goody, Ian Watt und Kathleen Gough, Entstehung und Folgen der Schriftkultur, Frankfurt am Main 1976, S. 7–23.

– Poesie und Wissen, Frankfurt am Main 1990.

Schmidt, Horst-Michael: Sinnlichkeit und Verstand. Zur philosophischen und poetologischen Begründung von Erfahrung und Urteil in der deutschen Aufklärung. Leibniz, Wolff, Gottsched, Bodmer und Breitinger, Baumgarten, München 1982.

Schmidt-Biggemann, Wilhelm: Geschichte der Erbsünde in der Aufklärung. Philosophiegeschichtliche Mutmaßungen. in: Wilhelm Schmidt-Biggemann, Theodizee und Tatsachen, Frankfurt am Main 1988, S. 88–116.

– Robert Fludds Theatrum memoriae, in: Ars memorativa, Hg.: Jörg Jochen Berns und Wolfgang Neuber, Tübingen 1993, S. 154–169.

Schnur, Harald: Schleiermachers Hermeneutik und ihre Vorgeschichte im 18. Jahrhundert. Studien zur Bibelauslegung, zu Hamann, Herder und F. Schlegel, Stuttgart und Weimar 1994.

Scholem, Gershom: Von der mystischen Gestalt der Gottheit. Studien zu Grundbegriffen der Kabbala, Frankfurt am Main 1977.

Scholz, Oliver R.: »Hermeneutische Billigkeit« – Zur philosophischen Auslegungskunst der Aufklärung, in: Philosophie der Endlichkeit. Festschrift für Erich Christian Schröder, Hg.: Beate Niemeyer und Dirk Schütze, Würzburg 1992, S. 286–309.

Schrader, Monika: Sprache und Lebenswelt. Fabeltheorien des 18. Jahrhunderts, Hildesheim u. a. 1991.

Schütz, Alfred und Luckmann, Thomas: Strukturen der Lebenswelt, Frankfurt am Main 1979 und 1984, 2 Bände.

Schulz, Walter: Die Vollendung des deutschen Idealismus in der Spätphilosophie Schellings, Pfullingen 1975.

Schweizer, Hans Rudolf: Ästhetik als Philosophie der sinnlichen Erkenntnis, Basel 1973.

Seeba, Hinrich C.: Word and Thought. Herder's Language Model in Modern Hermeneutics, in: Johann Gottfried Herder, Innovator through the Ages, Hg.: Wulf Koepke, Bonn 1982, S. 35–40.

Simon, Josef: Wahrheit als Freiheit. Zur Entwicklung der Wahrheitsfrage in der neueren Philosophie, Berlin und New York 1978.

Smend, Rudolf: Herder und Göttingen, in: Bückeburger Gespräche über Johann Gottfried Herder 1988. Älteste Urkunde des Menschengeschlechts, Hg.: Brigitte Poschmann, Rinteln 1989, S. 1–28.

Solms, Friedhelm: Disciplina aesthetica. Zur Frühgeschichte der ästhetischen Theorie bei Baumgarten und Herder, Stuttgart 1990.

Stadelmann, Rudolf: Der historische Sinn bei Herder, Halle 1928.

Stierle, Karlheinz: Das bequeme Verhältnis. Lessings Laokoon und die Entdeckung des ästhetischen Mediums, in: Das Laokoon-Projekt. Pläne einer semiotischen Ästhetik, Hg.: Gunter Gebauer, Stuttgart 1984, S. 23–58.

Szondi, Peter: Poetik und Geschichtsphilosophie II, Frankfurt am Main 1974.

– Über philologische Erkenntnis, in: Peter Szondi, Hölderlin-Studien, Frankfurt am Main 1977, S. 9–34.

Terror und Spiel. Probleme der Mythenrezeption, Hg.: Manfred Fuhrmann, München 1971.

Thiel, Detlef: Schrift, Gedächtnis, Gedächtniskunst. Zur Instrumentalisierung des Graphischen bei Francis Bacon, in: Ars memorativa, Hg.: Jörg Jochen Berns und Wolfgang Neuber, Tübingen 1993, S. 170–205.

Utz, Peter: Das Auge und das Ohr im Text. Literarische Sinneswahrnehmung in der Goethezeit, München 1990.

Die Vernunft der Tiere, herausgegeben und eingeleitet von Hans-Peter Schütt, Frankfurt am Main 1990.

Vietta, Silvio: Literarische Phantasie: Theorie und Geschichte. Barock und Aufklärung, Stuttgart 1986.

Wefelmeyer, Fritz: Glück und Aporie des Kulturtheoretikers. Zu Johann Gottfried Herder und seiner Konzeption der Kultur, in: Naturplan und Verfallskritik. Zu Begriff und Geschichte der Kultur, Hg.: Helmut Brackert und Fritz Wefelmeyer, Frankfurt am Main 1984, S. 94–121.

Weimar, Klaus: Historische Einleitung zur literaturwissenschaftlichen Hermeneutik, Tübingen 1975.
– Klaus Weimar, Geschichte der deutschen Literaturwissenschaft bis zum Ende des 19. Jahrhunderts, München 1989.
Weinrich, Harald: Semantik der kühnen Metapher, in: DVjs 37 (1963), S. 324–344.
Wendorff, Ingrid: Herders Klopstockrezeption im Lichte seiner frühen Kunsttheorie, Hamburg 1990 (Diss.).
Wetz, Franz Joseph: Hans Blumenberg zur Einführung, Hamburg 1993.
White, Haydn: Metahistory. Die historische Einbildungskraft im 19. Jahrhundert in Europa, Frankfurt am Main 1991.
Yates, Francis A.: Gedächtnis und Erinnern: Mnemonik von Aristoteles bis Shakespeare, Weinheim [2]1991 (Erstveröffentlichung: 1966).
Zimmermann, Rolf Christian: Das Weltbild des jungen Goethe. Studien zur hermetischen Tradition des 18. Jahrhunderts, München 1969–1979, 2 Bände.
Zippert, Thomas: Bildung durch Offenbarung. Das Offenbarungsverständnis des jungen Herder als Grundmotiv seines theologisch-philosophisch-literarischen Lebenswerks, Marburg 1994.

Personenregister

Abbt, Thomas 173, 190, 261
Addison, Joseph 7
Adler, Hans XXIII, XXV, 32, 58f., 138-140, 161, 231, 237, 243, 307
Adorno, Theodor W. 303
Aesop 255, 286, 289f., 290, 294, 299, 301, 310, 315
d'Alembert, Jean Le Rond 175
Alsted, Johann Heinrich 142
Andreae, Johann Valentin 195
Apel, Karl-Otto 299
Arnold, Günter 73
Aristoteles 14, 69, 134, 145f., 164, 175, 213, 254f., 258, 301, 304-306, 318f.
Assmann, Aleida 9f., 45, 328
Assmann, Jan 328
Augustinus, Aurelius 24, 35

Bachtin, Michail M. 321
Bacon, Francis 104, 141, 237
Baeumler, Alfred XXIII, 54, 59, 237, 243, 249, 252, 254f., 258, 261, 263f., 307
Barthes, Roland 100f., 109, 223, 273
Basedow, Johann Bernhard 209, 233, 274
Batteux, Charles 200f., 207
Bauer, Barbara 273
Bauer, Markus 18f.
Baum, Manfred 58
Baumanns, Peter 29
Baumgarten, Alexander Gottlieb XV, XVI, XXI, 7, 32, 34, 51, 56, 61, 66, 141, 190, 212, 214, 216, 227-267, 276f., 278, 283, 291, 308f., 316, 318-320, 323f., 333
Baumgarten, Siegmund Jakob 107f.
Becker, Bernhard XV
Bell, Daniel 120
Bender, Wolfgang 235
Benjamin, Walter 122, 281, 303
Benson, George 279
Berger, Peter 293
Birus, Hendrik 156f.
Blumenbach, Joachim Friedrich 168
Blumenberg, Hans 1, 78, 81f., 87f., 110, 116, 119f., 120, 126, 292, 297, 299
Bodmer, Johann Jacob 215
Böhle, Rüdiger 245
Böhme, Jakob 299
Borges, Jorge Luis 322f.
Borsche, Tilman 240
Bouhours, Dominique 252
Breitinger, Johann Jacob 208f., 255f., 274-278, 291, 306, 320
Briegel-Florig, Waltraud XXIV, 288, 301
Brosses, Charles de 65f., 210
Brummack, Jürgen 288, 290, 301, 306, 313
Bruno, Giordano 104
Büchsel, Elfriede 157
Bultmann, Christoph 73, 83
Bunge, Marica 157

Camassa, Giorgio 14
Cassirer, Ernst 9, 147, 239, 244, 252
Chladenius, Johann Martin 243 269f., 270, 328, 339
Cicero, Marcus Tullius 10f., 18f., 22f., 42, 76, 104, 107, 134, 141f., 254
Clark, Samuel 279
Condillac, Étienne Bonnot de 13, 47, 175
Crusius, Christian August 7, 222, 242f., 261, 269-271, 322
Cusanus, Nikolaus 297

Dammann, Rolf 171
Dante (Dante Alighieri) 88
Deleuze, Gilles 112
Derrida, Jacques 126, 259

Descartes, René XX, 13f., 30, 43, 52, 56, 59, 61, 83, 147, 237, 304
Diderot, Denis 31, 43f., 141, 175, 305
Dilthey, Wilhelm 170
Dolezel, Lubomir 320
Dorner-Bachmann, Hannelotte 101
Dreike, Beate Monika 161
Düsing, Wolfgang 313

Eberhard, Johann August 264
Eckhart, Johann (Meister Eckhart) 299
Eco, Umberto 88, 223, 239, 302
Eichhorn, Johann Gottfried 127
Engfer, Hans-Jürgen 51-53, 58
Epikur 194
Erasmus von Rotterdam 278
Eschenburg, Johann Joachim 233
Euklid 51
Euler, Leonhard 175

Fabricius, Johann Andreas 268
Fichte, Johann Gottlieb 31
Fink, Gonthier-Louis 75
Flacius Illyricus, Matthias 269
Flögel, Carl Friedrich 41f.
Flood, Robert 86
Foucault, Michel 166, 184
Franke, Ursula 249, 251f.
Frenz, Peter 125
Freudenfeld, Regina XXV, 6, 13, 23, 66
Friedrich, Hugo 111
Fürst, Gebhard 158

Gadamer, Hans-Georg 46, 153, 156
Gaede, Friedrich 243, 247
Gaier, Ulrich XXIII, 3f., 7, 39, 58, 84, 91, 94, 98f., 103, 105, 130, 144, 147, 159, 161-163, 168, 172, 176, 178f. 181, 207, 288, 299, 302, 310, 311f., 329, 330, 335
Gassendi, Pierre 75
Gauger, Hans-Martin 66, 210
Gellert, Christian Fürchtegott 291
Goethe, Johann Wolfgang XV, 99, 130, 165
Goldmann, Stefan 189
Gottsched, Johann Christoph 200, 273, 275, 291
Graubner, Hans 79, 313
Gravesande, Wilhelm Jakob van s' 175
Greimas, Algirdas Julien 276
Grimm, Jacob und Wilhelm 286
Guattari, Félix 112
Guthke, Karl S. 78

Häfner, Ralph 79, 123
Hager, Fritz-Peter 230
Hallbauer, Friedrich Andreas 268
Haller, Albrecht von 170, 209
Hamann, Johann Georg 65, 79, 86, 108, 183, 305, 312, 313f.
Hardt, Dietrich 113
Haym, Rudolf 342
Haymes, Edward R. 5
Hegel, Georg Wilhelm Friedrich XVI, 59, 92, 98, 124, 179, 185, 299
Heidegger, Martin 33
Heilmann, Johann David 190
Heinz, Marion XXV, 28, 58, 71, 113, 238
Helmont, Mercurius van 302
Herz, Andreas XXV, 100
Hippokrates 167f.
Hjelmslev, Louis 180
Hölderlin, Friedrich 99, 199, 200, 311
Hofe, Gerhard vom 79, 91
Home, Henry 7, 62
Homer 133, 194, 197, 208, 219, 315, 331
Horaz 145f., 305
Humboldt, Wilhelm von 156, 187
Hume, David XIX, 10, 13-17, 21, 149, 164, 294

Irmscher, Hans Dietrich XVI, XXIII, 51, 66, 112, 121, 129, 157, 162, 176, 181, 188
Iselin, Isaak 129
Iser, Wolfgang 336
Jacobs, Jürgen 113
Jakobson, Roman 139, 277, 336

Jantzen, Jörg 67, 170
Jean Paul Friedrich Richter 99, 234f., 329
Jöns, Dietrich Walter 128
Jolles, André 293
Jørgensen, Sven-Aage 79, 312

Kant, Immanuel 33, 54-56, 69, 108, 162, 292
Kathan, Anton XXIV
Kaufmann, E. 134
Kemper, Hans-Georg 172f.
Kierkegaard, Sören 297
Kircher, Athanasius 175, 302
Klein, Josef 254
Kleist, Ewald Christian von 77
Kleist, Heinrich von 313
Klopstock, Friedrich XXII, 8, 77, 200, 204, 209, 217, 267, 285, 287, 311, 325-329, 333, 337
Koepke, Wulf 128
Kondylis, Panajotis 28, 164, 182
Koselleck, Reinhart 111, 141-143
Kraus, Hans-Joachim 156, 179
Krauss, Werner 300
Kristeva, Julia XIX, 334
Krüger, Johann Gottlob 44f., 168-170, 194, 206, 210

La Fontaine, Jean de 306
Lambert, Johann Heinrich 129
Lausberg, Heinrich 105, 145, 254, 272
Le Goff, Jacques 189
Lehwalder, Heinrich 67
Leibniz, Gottfried Wilhelm XX, XXI, 25, 32, 35-37, 57-59, 60f., 64f., 82, 161, 182, 184, 227, 237-253, 258, 260, 270, 273, 277, 282f., 307, 320, 323, 325, 339
Lempicki, Sigmund von 156f., 201
Lessing, Gotthold Ephraim 83f. 174, 184, 192f., 210-214, 242, 249, 289, 290f., 294, 322, 343
Lévi-Strauss, Claude 76, 99-102, 223
Lindner, Johann Gotthelf 233, 272
Linn, Marie-Luise 235
Löwith, Karl 123
Locke, John XIX, 10, 18f., 26-29, 35f., 59, 178, 184, 279
Lohmeier, Dieter XXIV, 146, 328
Lovejoy, Arthur O. 125
Luckmann, Thomas 293
Lugowski, Clemens 119
Luhmann, Niklas 137, 187
Lukrez 129, 322
Lullus, Raimundus 104
Luther, Martin 119, 209, 221, 299
Lyotard, Jean-François 79f., 119

Malthus, Thomas Robert 129
Man, Paul de 220
Marchand, James W. 78
Markworth, Tino 83, 113
Marx, Werner 180
Maurer, Michael 128, 142
Meier, Georg Friedrich 105, 131f., 134, 270-272, 276f., 339
Meinecke, Friedrich 113
Mersenne, Marin 175
Meissner, Heinrich Adam 20
Mendelssohn, Moses 21, 32, 62f., 168, 170f., 202-206, 210, 216, 218f., 231-233, 307, 339
Menges, Karl 46
Menninghaus, Winfried 204, 259
Meyer, Heinz 110
Michaelis, Johann David 66
Miller, Johann Peter 108
Mörsdorf, Klaus 134
Montaigne, Michel de 304
Moritz, Karl Philipp 241f., 264-267, 282f., 339
Mülder-Bach, Inka 52
Müller-Sievers, Helmut 157, 20, 223
Muratori, Ludovico Antonio 17, 46f., 50

Naumann-Beyer, Waltraud 238
Newton, Isaac 37, 292
Nietzsche, Friedrich 49, 182f.
Nisbet, Hugh Barr 79, 129, 292

Nivelle, Armand XXIII, 231
Noel, Thomas XXIV, 288, 301
Nöth, Winfried 223
Norton, Robert E. 51 f., 162, 178
Novalis (Friedrich von Hardenberg) 40, 99, 259
Nüßlein, Theodor 11

Oeing-Hanhoff, Ludger 238
Ossian XV, 2, 34, 148, 315
Otto, Regine XVI, 70

Paracelsus (Philippus Aureolus von Hohenheim) 311
Pascal, Blaise 40
Peirce, James 279
Pekar, Thomas 126
Peucer, Daniel 268
Pfaff, Peter 84, 94 f., 123
Pindar 2, 75, 145 f., 208, 315
Platon XIX, 1, 5, 18, 25 f., 28 f., 32-35, 37, 39, 63, 71, 148, 164, 261 f., 302, 306, 319
Plett, Heinrich F. 105
Plutarch 146
Prager, Johann Christian 108
Propp, Vladimir 102
Pross, Wolfgang XVI, XXIII, 58 f., 145, 161, 163, 168, 172, 175, 305, 322
Pyle, Thomas 279

Quantz, Johann Joachim 173
Quintilianus, Marcus Fabius 10-12, 18 f., 22, 30, 42, 115, 133, 272

Rameau, Jean-Philippe 175
Ramler, Karl Wilhelm 200, 201
Ramus, Petrus 104
Reimarus, Hermann Samuel 308
Richerz, Georg Herman 17 f., 46 f.
Riedel, Friedrich Just 62
Rieger, Reinhold 156
Rollin, Charles 133, 274 f.
Rousseau, Jean-Jacques 21, 175 f., 306

Said, Edward W. 73
Saussure, Ferdinand de 186
Sauveur, Joseph 175
Scherpe, Klaus R. 216, 315
Schiewer, Gesine Lenore XXV
Schiller, Friedrich 99, 143, 282
Schlaffer, Heinz 5, 284
Schlegel, Friedrich 139 f., 199, 233 f., 286, 315, 329
Schlegel, Johann Adolf 200
Schleiermacher, Friedrich 155, 157
Schmidt, Horst-Michael 243, 245
Schmidt-Biggemann, Wilhelm 82, 104
Schnur, Harald 155, 313
Scholem, Gershom 312
Scholz, Oliver R. 131
Schrader, Monika XXIV, 288
Schröder, Friedrich Joseph Wilhelm 201 f., 204
Schröter, Christian 268
Schütt, Hans-Peter 301, 304
Schütz, Alfred 293
Schulz, Walter 297
Schweizer, Hans Rudolf 243, 246, 249
Seeba, Hinrich C. 158
Semler, Johann Salomo 193, 279
Shakespeare, William XV, XVIII, XXII, 146, 228, 267, 285, 315 f., 318-325
Simon, Josef 43
Simonides von Keos 10, 20, 189
Smend, Rudolf 73, 81, 89
Solms, Friedhelm XXIII, XXV, 14, 9, 61, 175, 180 f., 230 f., 233, 243, 246, 249, 307
Sophokles 146, 192 f., 315 f., 319
Spinoza, Baruch de 83, 322
Stadelmann, Rudolf 128
Stierle, Karlheinz 82
Süßmilch, Johann Peter 87
Sulzer, Johann Georg 216-218, 232, 304 f.
Swift, Jonathan 176
Szondi, Peter 199, 280

Tacitus, Cornelius 218 f.
Taylor, John 279
Thaer, Albrecht von 167 f.

Thiel, Detlef 104
Thomasius, Christian 6

Utz, Peter 192
Vergil (Publius Vergilius Maro) 133
Vietta, Silvio 17, 40, 331
Voltaire (i.e. François Marie Arouet) 123

Walch, Johann Georg 20, 50
Wefelmeyer, Fritz 120, 127
Weimar, Klaus XXIII, 157, 220, 233
Weinrich, Harald 111
Weise, Christian 6
Wendorff, Ingrid XXIV, 328
Wetz, Franz Joseph 110
Wieland, Christoph Martin 164
Winckelmann, Johann Joachim 62, 74, 192f., 283
Whitby, Daniel 279
White, Haydn 117
Wolff, Christian 19f., 30f., 33, 38, 49f., 61, 106, 182, 231, 238, 241, 243, 251, 255, 260, 270, 291, 307

Yates, Francis A. 10, 104

Zachariä, Gotthilf Traugott 279
Zimmermann, Rolf Christian 164f.
Zippert, Thomas 73

Sachregister

Abstraktion 238, 242, 249
Adam Kadmon / mystischer Mensch 4, 310-312
Adjektivierung der Gattungsbegriffe 199
Adrastea, s. Nemesis
Aisthesis 25, 51f., 54, 66, 238, 291f.
Aktdifferenz der Selbstreflexion 29, 31
Allegorie 76, 89f., 220-222, 292
Alterität 147, 151, 280f., 329
Akkomodation 83
Analogie 78, 116, 130, 162
analogon rationis 7, 32, 34-37, 54, 229f., 246, 253, 288, 307-309
Analyse / analysis 25, 48, 51-72, 244, 272, 300
Anamnese 25f., 32, 35f., 39, 63, 148, 319
Animismus 91, 181
Anthropologie 4, 37, 51, 66, 72, 139, 146, 148f., 199, 204, 206, 218f., 286, 301, 307, 311f., 314
Anziehung und Abstoßung 37, 181, 292
Apokalypse 86, 88-90, 92, 103, 125, 142, 221f., 287, 289, 313, 337-343
Arbitrarität 184, 186, 188, 208
Archiv 23, 155, 206f., 210, 218f., 229, 263, 301, 306, 309, 312, 314
ars combinatoria 56, 59, 239, 323, 325
ars mnemonica, s. Gedächtniskunst
Assoziation 9, 10-26, 59, 64
Ästhetik 9, 66, 227-284, 307, 316f., 325
– natürliche 228
– wissenschaftliche 228
ästhetikologisch 246-249
Autonomieästhetik 264-266

Baummetaphorik 111-114
Begriff (Begriff des Begriffs) 62, 210, 240
Begriffe, unzergliederliche / unauflösliche / elementare / letzte 51, 55-58, 63, 161
Begriffsgeschichte 50
Beispiel, s. exemplum
Benennung 101, 121, 183, 296, 301, 303, 310f., 320
Beobachtung / Beobachter / Ebenen der Beobachtung 114, 125, 127, 129, 135-137, 139f.
bequem 82, 184, 211, 302
Besonnenheit 77, 178, 187, 195, 298, 301, 308
Billigkeit 131-135
– hermeneutische / aequitas hermeneutica 131-133, 197, 222, 287, 326
Buchstabe 5, 89, 189, 222-224

Charakter / Charakteristik 65, 144, 311
characteristica universalis 64f., 72
Chimären 14
Chronotopos 321, 325
cognitio clara et confusa, s. Vorstellungen, klare und verworrene
conjunction 21
connexion 21

déjà-vu 28f., 32, 34f., 63
Denkbild 113f.
Dekonstruktion 87, 89, 112, 114, 123, 125-127, 136, 160, 259
Dialogisieren, inneres 180, 194, 196, 198, 224
dispositio 22, 104
Doublette, ursprüngliche 252, 259, 260f., 266, 317, 333

Ebenbild 79, 90f., 297, 312

Einbildungskraft / Phantasie / Imagination 7, 9, 14, 17, 20, 33, 37, 40, 43, 46-48, 50, 69, 73, 214, 330f., 334
Einfühlung 77-79, 113, 116-118, 156, 170, 188, 197, 219, 340
Einfühlungshermeneutik 170, 207, 323, 342
Eingefaltetsein 32, 37, 63
Einheit 89f., 252, 253, 259, 321-323
elocutio 22, 104
Empfindung 4, 260, 328, 330-333
Energie / energetisch 24, 65, 185, 208, 212, 303, 334
ens omnimode determinatum 238, 241, 243, 283, 319, 322
Epigenese 112, 119, 124
Epimythion 288-290, 293f., 299, 314
Erinnerung / Erinnern 26, 49, 179
Erkenntnisvermögen, untere 230f., 233, 235, 307
Esoterik 165, 172, 323
Etymologie 24, 65, 183-185, 208-210, 312
exemplum 143, 236, 352-260

Fabel 209, 225, 229, 255, 285f., 288-316, 327
Familie 53, 95, 121, 186
Fiktionen 14
Fortschritt 112, 122f., 136
Freiheit 177f.
Fülle 248, 250, 257
Fundbuch 8
fundus animae / dunkler Grund der Seele 32-34, 37, 52f., 61, 138f., 187, 216, 262, 300, 309, 313
Furcht 149, 293f.

Gattungstheorie 285f., 315
Gedächtnis 1-151, 154f., 214, 228f., 262, 290, 308, 313, 317, 325, 329, 337
– körperliches 205, 218f.
– künstliches 10, 19, 107
Gedächtniskunst / ars mnemonica / Mnemotechnik 3, 10-13, 16, 18-20, 23, 42, 75f., 94, 104, 189
Gefühl 52, 67f., 70, 191
Gehör 52, 68, 70, 169f., 173, 178, 191, 206
Geist 89, 220, 225
Gerechtigkeit 134
Geruch 70
Geschichtsphilosophie 84, 103, 110-145, 149
Gesicht 52, 67, 68, 70
Gesichtspunkt / Sehepunkt / point de vue / Perspektive 245, 326, 332, 334, 339
Gewohnheiten 15f.
Gleichnis 255f.
gnoseologia inferior 58, 230, 233, 236
Gott 27, 60, 91, 97f., 247, 298, 323
Grazie 6

Habitus 13-15, 24, 53, 58, 292f., 307, 309, 311
Handlung 211, 213
Harmonie 58, 161, 164, 166f., 175, 205, 326
Haß 122
Hermeneutik 85, 89, 132f., 147, 151, 153-225, 325, 328-240
Hermetik 164-167, 171f.
Hintergrundsmetaphern 1, 24, 26, 190
Historismus 113, 115, 117f., 142, 145, 156, 188, 219, 339
Homöostase 181

Idealismus 116, 181, 307
Ideen 15, 26
Ideologie 53
Imagination, s. Einbildungskraft
imago agens 11, 13, 16, 20, 22, 63, 76, 93f., 103, 107, 149
impressions 15
Individualität 54, 67, 69-72, 97, 113, 187f., 218, 239, 242f., 262f., 267, 271, 277, 292, 321
Individuum / individuum 54, 56, 187, 236f., 238-252, 260, 263, 266, 270, 282f., 316-320, 322f., 325, 333
Infinitesimalkalkül 240, 246, 258

Interpretation 145f., 148, 150, 224f., 228f., 236f., 261f., 267, 270f., 277f., 284-287, 315-317, 320, 323-325, 333-335, 339f., 342
Intertextualität 102, 329, 333-335, 337f., 340-342
inventio 22, 85, 104-106, 108f.
Irrtum 69

Kind / Kindheit 29, 31f., 34-36, 148
Klima / Klimatheorie 75, 83, 123, 186
Kodifizierung 100f., 103
Kopernikus / kopernikanisches Weltbild 78, 115
Körper 205, 210
Kontingenz, doppelte 187
Kulturkritik 6, 114, 127f., 130f.
Kunstwerk 35, 66, 148, 228f., 261, 264
Kraft 36, 52, 57, 68, 130, 212f.

Lage 245, 320
Lagerhaus 23
Lebendigkeit 61, 277
Lebensaltermetaphorik 94, 137, 139f., 150, 319
Lehrmethode Gottes 87
Leidenschaft 201f., 205, 207-209
Lesen / Leser 125, 154, 157, 189-197, 205-207, 281, 332, 336, 340
Liebe 96-98, 200
Logik 195, 231-233, 235f., 247, 324

Machtwort 208f., 212, 274-276
Magazin 41, 46f.
Maieutik 26, 63f.
Malerei 52, 68, 202, 211
Mathematik 54, 169
Medientransfer / Medienwechsel, hermeneutischer 190f., 194-196, 203
Melodie 212, 218
memoria, s. Gedächtnis
– theologische 22, 24, 72-110
memoria rerum, s. Sachgedächtnis
memoria verborum, s. Wortgedächtnis
Merkmale 57, 60, 64, 178, 273, 298
Merkwort 64f., 72, 179f., 185, 188, 194f.
Merkzeichen 64
Metaerzählung 80, 119, 123, 127, 149
Metapher, absolute 87, 110-116, 125f.
Metaphorizität 24, 69f., 182f., 185, 192, 222, 258, 292, 303
Metaphorologie 110
Metaposition des Gedächtnisses 17, 42, 45, 48, 148, 319
methodo tabellari 41, 105-108
Metrum / Metrik 5, 199
Mimesis, s. Nachahmung
Mimikry 303, 309, 311f., 314
Mitleid 161, 164, 175
Mnemonik, s. Gedächtniskunst
Mnemotechnik, s. Gedächtniskunst
Monade 32, 36, 58, 154, 160f., 177, 185-188, 204, 216, 238, 240f., 246, 248
Morgenländer 73f., 91, 224f.
Morgenröte 81, 88f., 91, 224
Mündlichkeit / Oralität 5f. 75, 154, 195
Musik 52, 68, 162, 166, 171, 200, 203, 212
Musiktheorie 164, 169, 175
Mythem 76, 99, 101
Mythos 99, 102, 109, 148, 173, 223f., 292f.

Nachahmung / Mimesis 146, 202, 213f., 282, 303, 305
Nachbarschaft, ursprüngliche der Sinne 68-70, 182, 191
narratio (der Fabel) 288-290, 293, 299, 314
Nation 53, 56, 64, 71, 117-122, 124, 155, 186, 188
Naturgesetz 130, 135
Natursprache 64, 160, 162, 173, 177, 179, 201, 204, 210, 214, 302, 311
Negation 121
Nemesis / Adrastea 128-136, 142f., 295f.
Nerven 62, 163, 167-170, 173f., 206, 210, 323

Neugierde / curiositas 81 f., 86
nexus 253, 256, 324, 333
Nominalismus, ästhetischer 316

Ode 145, 260, 285, 291, 329-334
Offenbarung 75, 81-83, 85-89
Ontogenese 23, 39, 72, 150, 310, 330
oratio sensitiva perfecta 212, 214, 238, 251 f., 259
Orient 73 f.

Pädagogik 6 f., 89
Palingenese, s. Seelenwanderung
Paradigma 21, 29, 76, 99, 102, 138-140, 252
Parallelismus 3, 5, 75, 92, 138
Paraphrase 64, 221, 225, 229, 259, 266-284, 287, 317-319, 321-325, 327, 338-342
Parusie 88, 342
Perzeptionen (auch: petites perceptions) 36 f., 58, 328
Phänomen (Erscheinen-Müssen des Schönen) 249, 253, 262
Phantasie, s. Einbildungskraft
Phonozentrismus 208
Phylogenese 9, 39, 73, 149, 150, 207, 309 f., 330
Physiologie 46, 62, 162-164, 167, 171 f., 174, 176, 180 f., 188, 207, 323
Plastik 52, 68
poema 141, 248, 251 f., 257, 259, 261, 263, 266 f., 276, 333 f.
Poesiebegriff 4, 211-214
Poetik 150
Polemik 188 f.
Posthistoire 94, 124, 127
Postmoderne 80, 119
Präformationstheorie 112
Prägnanz 61, 138
Problemgeschichte 50
Programmierung 100-103
Prosopopoiie 105, 190, 292
protoreflexiv 32-35

Rationalität 81, 85, 88, 90-95, 208
Raum (auch: memoria-Raum, Merkraum) 11 f., 16, 52, 57, 63 f., 76, 93 f., 103, 312f., 320, 325
Register 23, 310
Reichtum 61, 248, 277
Reim 3, 5
res 2

Sabbat 74, 77, 84, 89, 91-95, 124, 127, 149, 294, 299, 341
Saite (auch: Saiteninstrument) 68, 160, 162, 167, 169, 171, 175, 187, 194, 204, 317, 323
Sachgedächtnis 22-24
Schatz / Schatzkammer / Schatzhaus 7 f., 23, 41 f., 62, 140, 142, 209 f.
Schöne Wissenschaften 6, 203, 232 f.
Schönes Denken / Schöne Rede 232, 236, 263, 316 f., 323 f.
Schöpfungshieroglyphe 2 f., 12, 22, 24, 74-110, 123-125, 149, 208, 220, 224, 288, 294, 298 f., 312, 341 f.
Schöpfungsteleologie 27
Schrei / cri 175, 208, 205
Schrift 5, 154, 192, 195, 197 f.
Schriftsinn, mehrfacher 220, 222
Seele 68, 301
Seelenwanderung / Palingenese 2, 29, 39
Segmentierung 100 f., 103
Sehen 191
Sein 57, 59, 161, 163
Seinsgewißheit 57, 63, 161-163, 182, 188
Selbstbewußtsein 27, 32, 39, 92, 94
Selbstreferenz 27, 29 f., 92, 117, 265
Semiotik 65 f., 185, 207
sensitiv 227, 231, 247, 250-252, 256, 324
Sensualismus / sensualistisch 26, 28, 34, 39, 47, 59, 64, 162, 181 f., 238, 307
sensus litteralis 220-222, 224 f.
Sinnlichkeit 47, 51, 54, 56, 58, 63, 66, 71, 97, 238, 277
Sphäre 177
Sprache 8, 121, 140
– adamitische 183, 185, 296, 303, 310 f., 313

Sprachursprung
– erster 162, 173
– zweiter 163, 173, 176
– dritter 178
– vierter 178, 302
– fünfter 181, 302
– sechster 183, 185
Sprachwelten 58
struktural / Strukturalismus 99-103, 108-110, 220, 223-225, 276, 312
Sündenfall 37-39, 79-82, 85, 313 f.
Symmetrie 3
Sympathie / Sympathetik 154, 160, 163-176, 194, 199, 205, 210, 215 f., 218, 302, 311, 317, 323, 325 f.
Synkretismus, ursprünglicher 54, 67 f., 70, 72, 138, 181, 187, 191, 214, 291 f., 303, 309
Syntagma 21, 29, 99, 102, 138-140, 152
System, sekundäres semiotisches 223-225

Tanz 2 f., 5
Tastsinn 67
Text / Textualität 154, 327-329
Thema 253, 259, 333
Theodizee 132
Theologie 86, 91, 289, 298, 339
Thesaurus 7, 23, 64, 144
Tiere 64, 174, 298-314
Tierseele 301, 309
Ton 3 f., 155, 161-176, 178-180, 188, 191, 194, 196, 198-219, 302, 311, 314, 317, 323, 325
Topik 41
Transzendentalpoesie 234
Traum 29, 34, 43

Übersetzung 153, 192, 194-198, 218, 281, 328
Unterricht 87-89
Ursprungstheorie 45, 92, 208
Urteilshandlungen, unmittelbare / habitualisierte 58, 67-69
Urteilskraft 6

verbum 22
Vernunft 26, 28, 48, 59, 66, 130, 143, 209, 310
Vermögenstheorie 9, 33, 37, 41, 69, 147, 330
Vorratskammer 41
Vorsehung 123
Vorstellungen, klare und verworrene / cognitio clara et confusa 60, 277, 298, 317
Vorurteil 46, 59
Volk 25, 54, 186, 311
Volkslied 3 f., 103, 155, 196, 199, 310 f., 314, 335

Waage 144
Wahrheit (Baumgartens Wahrheitsbegriffe) 243-249
Wechsel der Töne 199, 201, 204, 208, 212 f., 311
Welt, mögliche 253, 259, 320-325
Weltbild 53, 55, 62
Wiedererinnerung 33, 39
Wirklichkeit 242, 245, 249, 322
Wissen, adamitisches 79, 81, 85, 91, 289
Witz 48 f.
Wörterbuch 8, 195, 201
Worte der Seele 178, 298 f., 302
Wortgedächtnis 22-24
Wurzeln (linguistisch) 24, 55, 188, 192, 209, 212, 214 f., 303
Wurzelworte 24, 55, 65, 334

Zeichen, natürliche 131 f., 203, 233
– willkürliche 131 f., 184, 203, 233
Zeit 52, 57, 214, 320, 325
Zelt des Morgenländers 12, 22, 76, 93

Band 16. **Naturrecht – Spätaufklärung – Revolution**
Herausgegeben von Otto Dann und Diethelm Klippel.
1995. VII, 304 S. 1108-4 Geb.

Band 17. MARION HEINZ. **Sensualistischer Idealismus**
1994. XXIV, 200 S. Geb.

Band 18. **Volk – Nation – Vaterland**
Herausgegeben von Ulrich Herrmann.
1996. 407 S. Geb.

Band 19. RALF HÄFNER
Johann Gottfried Herders Kulturenstehungslehre
1995. XVII, 355 S. Geb.

Band 20. ASTRID VON DER LÜHE
David Humes ästhetische Kritik
1996. 264 S. Geb.

Band 21. BARBARA POTTHAST. **Die verdrängte Krise**
1997. 202 S. Geb.

Band 22. MARTIN MULSOW
Monadenlehre, Hermetik und Deismus
1998. IX, 302 S. Geb.

Band 23. RALF SIMON
Das Gedächtnis der Interpretation
1998. XXVI, 371 S. Gb.

Band 24. **Aufklärung und Esoterik**
Herausgegeben von Monika Neugebauer-Wölk. Gb. i.V.

Die Bände 1-3, 6-8 und 10 sind vergriffen.

S. 324:

Ringe und Bayarde

328

Ahr in Kellerwand: Verweis auf fehlendes Rhet. Repertoire

S. 337: zu wenig Tiefe ihm bzgl. der Einstellung möglich

334 Rhetorik-Kurse.

1341 fraglich "Zeitschrift" Begr.

Reil der Igo

§ 131: Verh. zu Baumgarten:
Individuality; § 138: Einheit
139: Terminologie!
§ 141 f.: intell. Vorwegnahme ... Reiz
poetica: Individuelles (Baumgarten)
§ 257: Begriff. Ansatz, Kletsch (Einzelding Begriff
261: Individual-Begriff [illegible] Christian ...
anders als [illegible]

S. 187: Schellings Affinierung

191: Quadrivium
FN 7: vergröbert [illegible] Poetik

196 "Alles ist" nicht bedeute

197: Anspr. auf Schelling
198: Lesebeispiel!

311: Fülle ..., Tonunterschied

§ 316 f: Anderes ... (Abadarowicz,

§ 310 wichtig: Nennen vs Paraphrase
heterocosmica. Weltbegriff